사회주의 100년

One Hundred Years of Socialism : The West European Left in the Twentieth Century

20세기 서유럽 좌파 정당의 흥망성쇠

국립중앙도서관 출판시도서목록(CIP)

사회주의 100년 : 20세기 서유럽 좌파 정당의 흥망성쇠. 2 /
지은이: 도널드 서순 ; 옮긴이: 강주헌, 김민수, 강순이,
정미현, 김보은. ─ 서울 : 황소걸음, 2014
   p. ;   cm

원표제: One hundred years of socialism :
the West European left in the twentieth century
원저자명: Donald Sassoon
참고문헌과 색인수록
영어 원작을 한국어로 번역
ISBN 978-89-89370-91-8 04920 : ₩44000

진보 정당[進步政黨]
유럽 정치사[―政治史]
서유럽[西―]

346.2-KDC5
324.24-DDC21   CIP2014022526

One Hundred Years of Socialism: The West European Left in the Twentieth Century
Copyright © 1996 Donald Sassoon
Published by Arrangement with I. B. Tauris & Co Ltd, London
All rights reserved.

Korean translation copyright © 2012 by Slow & Steady Publishing Co.
Korean translation rights are arranged with I. B. Tauris & Co Ltd via Pubhub Literary Agency.

이 책의 한국어판 저작권은 PubHub 에이전시를 통한 저작권자와 독점 계약으로 **도서출판 황소걸음**에 있습니다. 저작권법에 의해 한국 내에서 보호를 받는 저작물이므로 무단 전재와 무단 복제를 금합니다.

사회주의 100년

One Hundred Years of Socialism : The West European Left in the Twentieth Century

20세기 서유럽 좌파 정당의 흥망성쇠

도널드 서순 Donald Sassoon | 강주헌 김민수 강순이 정미현 김보은 옮김

2

황소걸음
Slow & Steady

일러두기

1. 이 책에서 중요하게 다뤄진 정당과 단체 이름은 '약어 목록'에 따로 정리했습니다.
본문에는 맨 처음 나올 때 영문 약자를 병기하고, 이후에는 한글로 표기했습니다.
예 : 독일 사회민주당SPD → 독일 사회민주당
2. 익히 알려진 단체 이름은 맨 처음 나올 때 한글 표기를 병기하고,
이후에는 영문으로 표기했습니다.
예 : OECD(경제협력개발기구) → OECD
3. 단행본과 잡지는 『 』로 표시했습니다.
예 : 『사회주의 100년One Hundred Years of Socialism』 『리나시타Rinascita』
4. 국내에 번역 출간되지 않은 원서는 맨 처음 나올 때 이탤릭과 번역 제목을 병기하고,
이후에는 영문으로 표기했습니다.
예 : *The Future of Socialism*(사회주의의 미래) → *The Future of Socialism*
5. 신문과 논문, 강령 등은 「 」로 표시했습니다.
예 : 「파이낸셜타임스Financial Times」 「마르크스주의와 인격 이론Marxisme et la Théorie de la personnalité」 「에르푸르트 강령Erfurt Programme」
6. 연설, 강연, 노래, 그림 등은 작은따옴표로 표시했습니다.
7. 통일 전 서독도 독일이라고 표기했으며, 꼭 구분해야 할 때만 서독과 동독으로
표기했습니다.
8. 서유럽에 북미권을 포함하는 경우 서구로 표기했습니다.

차례·2권

BOOK THREE | 위기 CRISIS

6부 | 자본주의 대호황의 종말 19

16장 세계적 위기와 좌파에 대한 개괄적 고찰 21
  자본주의 황금기의 종말 21 | 좌파의 흥망성쇠 52

17장 군소 국가의 사회민주주의 :
  오스트리아, 스웨덴, 네덜란드, 벨기에 63
  오스트리아 64 | 스웨덴 82 | 네덜란드 96 | 벨기에 104

18장 독일과 영국 : 정권을 잡은 사회민주당과 노동당 113

19장 프랑스의 정치 실험 181

20장 이탈리아 공산주의의 실패 253

21장 서유럽 독재 정권의 종말 : 포르투갈, 스페인, 그리스 295
  경제적 조건 295 | 포르투갈의 혁명 318 |
  스페인의 절충된 단절 334 | 그리스의 변화 355

7부 | 사회주의의 대위기 387

22장 노동자, 여성, 환경보호주의자 389
  노동자들만 중요한가? 389 | 노동자의 감소 397 | 일하는 여성 408
  양성평등 421 | '새로운 정치' 430 | 환경보호주의자들 437 |
  여성의 진출 447

23장 1980년대 : 마지막 보루에서 급진주의 469
영국 노동당 좌파의 흥망성쇠 472 |
스웨덴의 임금노동자기금 498 |
독일 사회민주당의 새로운 정치 510

24장 신수정주의 541

에필로그 587
주석 628
참고 문헌 705
찾아보기 791

차례 • 1권

2014년판 서문 5
약어 목록 37
서문 43

BOOK ONE | 확장 Expansion

1부 | 정치권력을 향한 험난한 여정 59

1장   1914년 이전 사회주의의 성립   61

2장   1차 세계대전에서 2차 세계대전까지(1914~1940년)   101
전쟁 101 | 현대 공산주의의 탄생 109 |
사회주의 : 북유럽의 성공과 스페인의 실패 128 | 독일 사회민주당 140 |
프랑스 인민전선 146 | 영국 노동당의 실패 154

3장   좌절된 대안들   161
'신사회주의' 계획경제론자 161 |
오스트리아–마르크스주의와 오토 바우어 179 |
이탈리아 공산주의와 그람시 187

4장   전쟁, 저항운동과 그 후 :
1939~1948년 서유럽 공산주의의 성쇠   203

BOOK TWO | 통합 Consolidation

2부 | 복지사회주의 건설(1945~1950년) 257

5장 1945년 이후의 사회주의자들 259

6장 사회적 자본주의 건설(1945~1950년) 295

　　　복지국가 295 | 자본주의 통제하기: 국유화와 경제계획 320

7장 외부의 제약: 사회주의 외교정책? 351

3부 | 수정주의를 향하여(1950~1960년) 389

8장 자본주의의 황금기 391

9장 중립주의와 범대서양주의의 기로에서 429

10장 수정주의의 토대 489

4부 | 혼란의 1960년대: '새로운 기운이 감돌다' 555

11장 좌파의 귀환 557

　　　번영 557 | 선거 564 | 야당 570 | 집권 616

12장 합의에 바탕을 둔 외교정책 641

5부 | 대논쟁 705

13장 투쟁적 노동계급의 부활(1960~1973년) 707

14장 이데올로기의 부활과 학생운동 753

15장 페미니즘의 부활 799

주석 863

약어 목록

ACLI Associazioni Cristiane Lavoratori Italiani 이탈리아 기독교노동자협회

ADGB Allgemeiner Deutscher Gewerkschaftsbund (general German trade union federation) 독일 노동조합총동맹

AEC African Economic Community 아프리카경제공동체

AES Alternative Economic Strategy 대안경제전략

AN Alleanza Nazionale 이탈리아 국민연합

AP Alianza Popular (Spain) 스페인 국민동맹

CBI Confederation of British Industry (UK) 영국 산업연맹

CC.OO. Comisiones Obreras (Spanish trade union federation) 스페인 노동자위원회

CDS Centro Democrático Social (portugal) 포르투갈 민주사회중도당

CDU Christlich Demokratische Union (German Christian Democratic Party) 독일 기독민주당

CFDT Confédération Française Démocratique du Travail 프랑스 민주노동동맹

CFTC Confédération Française des Travailleurs Chrétiens 프랑스 기독교노동자동맹

CGIL Confederazione Generale Italiana del Lavoro (Italian trade union confederation) 이탈리아 노동총동맹

CGT Confédération Générale du Travail (French trade union federation) 프랑스 노동총동맹

CGTU Confédération Générale du Travail Unitaire 프랑스 통일노동총동맹

CHU Christelijk-Historische Unie (Holland, Christian Historical Union) 네덜란드 기독교역사연합

CISL Confederazione Italiana Sindacati Lavoratori (Italian Catholic trade union confederation) 이탈리아 가톨릭노조연맹

CND Campaign for Nuclear Disarmament 핵군축운동

COMECON Council for Mutual Economic Assistance 코메콘(상호경제원조회의)

COMISCO Comité de Défense Socialiste Internationale 국제사회주의자회의위원회

CPGB Communist Party of Great Britain 영국 공산당

CPSU Communist Party of the Soviet Union 소련 공산당

CSC Confédération des Syndicats Chrétiens (Belgium) 벨기에 기독노조연합

CSCE Conference on Security and Co-operation in Europe 유럽안보협력회의

CSU Christlich-Soziale Union (Christian-Social Union, Bavaria) 독일 기독사회당

CVP-PSC Christelijke Volkspartij - Parti Social Chrétien (Belgium)
벨기에 기독민주당-기독사회당 연합

DC Democrazia Cristiana (Italy) 이탈리아 기독민주당

DGB Deutscher Gewerkschaftsbund (German trade union federation)
독일 노동조합연맹

DKP Deutsche Kommunistische Partei (German Communist Party) 독일 공산당

DNA Det Norske Arbeiderparti (Norwegian Labour Party) 노르웨이 노동당

EAM National Liberation Front (Greece) 그리스 민족해방전선

EC European Community 유럽공동체

ECSC European Coal and Steel Community 유럽석탄철강공동체

EDA Eniaia Dimokratiki Aristera (United Democratic Left Greece)
그리스 좌파민주연합

EDC European Defence Community 유럽방위공동체

EEC European Economic Community 유럽경제공동체

EFTA European Free Trade Association 유럽자유무역연합

EK Enosis Kentrou (Union of the Centre, Greece) 그리스 중도연합당

ELAS National Popular Liberation Army (Greece) 그리스 민족인민해방군

EMS European Monetary System 유럽통화제도

ERM European Exchange Rate Mechanism 유럽환율조정장치

ETA Euskadi Ta Askatasuna 자유 조국 바스크

EU European Union 유럽연합

EURATOM European Atomic Energy Community 유럽원자력공동체

FDP Freie Demokratische Partei (German Free Democratic Party) 독일 자유민주당

FEN Fédération de l'Education Nationale (French teaching union)
프랑스 전국교육연맹

FGDS Fédération de la Gauche Démocratique et Socialiste (France)
프랑스 민주주의 좌파와 사회주의 연합

FGTB Fédération Générale du Travail de Belgique 벨기에 노동자총연합

FI Forza Italia 전진 이탈리아당

FIM Federazione Italiana Metallurgici (Italian engineering union)
이탈리아 금속연맹

FIOM Federazione Impiegati Operai Metallurgici (engineering union, Italy)
이탈리아 금속노조

FO Force Ouvrière (French trade union) 프랑스 노동자의 힘

FPÖ Freiheitliche Partei Österreichs (Austrian Freedom Party) 오스트리아 자유당

GATT General Agreement on Tariffs and Trade 관세무역일반협정

GAZ Grüne Aktion Zukunft (Germany) 독일 녹색행동미래

GLC Greater London Council 대런던의회

IBRD International Bank for Reconstruction and Development 국제부흥개발은행

ICBM Inter-Continental Ballistic Missiles 대륙간탄도미사일

IG Metall Industriegewerkschaft Metall 독일 금속노조

ILP Independent Labour Party (UK) 영국 독립노동당

INF Intermediate-range Nuclear Forces 중거리핵전력

IRI Istituto per la Ricostruzione Industriale (Italy) 이탈리아 산업부흥공사

IU Izquierda Unida 스페인 좌파연합

KKE Kommounistiko Komma Elladas (Greek Communist Party) 그리스 공산당

KKE-es Kommounistiko Komma Elladas-esoterikou (Communist Party of Greece-Interior) 그리스 개혁파 공산당

KPD Kommunistische Partei Deutschlands (Communist Party of Germany) 독일 공산당

KPÖ Kommunistische Partei Österreichs (Austrian Communist Party) 오스트리아 공산당

KSC Czechoslovak Communist Party 체코슬로바키아 공산당

LO Landorganisationen (Swedish trade union confederation) 스웨덴 노조연맹

LRC Labour Representation Committee (UK) 영국 노동대표위원회

MFA Movimento das Forças Armadas (Armed Forces Movement, Portugal) 포르투갈 군부운동

MRP Mouvement Républicain Populaire (France) 프랑스 인민공화운동당

MSI Movimento Sociale Italiano (Italy) 이탈리아 사회운동당

NAFTA North Atlantic Free Trade Area 북대서양 자유무역지역

NATO North Atlantic Treaty Organization 북대서양조약기구

ND Nea Dimokratia (New Democracy, Greece) 그리스 신민당

NEB National Enterprise Board (UK) 영국 국가기업위원회

NEC Nitional Executive Committee (영국 노동당) 국가집행위원회

NL Lega Nord (Northern League) 이탈리아 북부동맹

NUM National Union of Mineworkers (UK) 영국 광부노조

OAU Organization of African Unity 아프리카통일기구

OECD Organization for Economic Cooperation and Development 경제협력개발기구

OEEC Organization for European Economic Cooperation 유럽경제협력기구(OECD의 전신)

ÖGB/OeGB Österreichischer Gewerkschaftsbund 오스트리아 노동조합총연맹

OPEC Organization of Petroleum Exporting Countries 석유수출국기구

ÖVP Österreichs Volkspartei (Austrian People's Party) 오스트리아 국민당

PAK Panellinio Apeleftherotiko Kinima 범그리스 해방운동(1974년 그리스 사회당으로 바뀜)

PASOK Panellinio Sosialisrlko Kinima (Pan-Hellenic Socialist Movement) 그리스 사회당

PCdI Partito Comunista d'Italia (later PCI) 이탈리아 공산당

PCE Partida Comunista de Espana 스페인 공산당

PCF Parti Communiste Français (originally Parti Communiste de France) 프랑스 공산당

PCI Partito Comunista Italiano (Italy) 이탈리아 공산당

PCP Partido Comunista Portugues (portugal) 포르투갈 공산당

PDS Partei des Demokratischen Sozialismus (Democratic Socialist Party, Germany) 독일 민주사회당(동독 공산당 후신)

PDS Partito Democratico della Sinistra (Democratic Party of the Left, Italy) 이탈리아 좌파민주당

POB Parti Ouvrier Belge (in Flanders, Belgische Werklieden Partij - BWP) 벨기에 노동당

POF Parti Ouvrier Français (pre-1905, led by Jules Guesde) 프랑스 노동당

PPD Partido Popular Democrata 포르투갈 대중민주당(포르투갈 사회민주당의 전신)

PPI Partito Popolare Italiano (Italy) 이탈리아 인민당

PRC Partito della Rifondazione Comunista 이탈리아 공산주의재건당

PS Partido Socialista Portugues (Portugal) 포르투갈 사회당

PSB/BSP Parti Socialiste Belge/Belgische Socialistische Partij (Belgium) 벨기에 사회당

PSD Partido Social Democrata (portugal) 포르투갈 사회민주당

PSDI Partito Social Democratico Italiano (Italy) 이탈리아 사회민주당

PSI Partito Socialista Italiano (Italy) 이탈리아 사회당

PSIUP Partito Socialista Italiano di Unita Proletaria (Italy) 이탈리아 통일사회당

PSOE Partido Socialista Obrero Español (Spain) 스페인 사회노동당

PSP Partido Socialista Popular 스페인 대중사회당

PSU Parti Socialiste Unifié (France) 프랑스 통합사회당

PSUC Partit Socialista Unificat de Cataluña 카탈루냐 통합사회당

PvdA Partij van de Arbeid (Labour Party, Holland) 네덜란드 노동당

RPR Rassemblement pour la République 프랑스 공화국연합

SAF Svenska Arbetsgivareforeningen (Swedish Employers' Association) 스웨덴 고용주연합

SAP Socialdemokratiska Arbetarepartiet (Swedish Social Democratic Party) 스웨덴 사회민주당

SDAP Sociaal Democratische Arbeiders Partij (Dutch Social Democratic Party) 네덜란드 사회민주노동당

SDF Social Democratic Federation (UK) 영국 사회민주연맹

SDP Social Democratic Party 영국 사회민주당

SDS Sozialistische Deutscher Studentenbund 독일 사회주의학생동맹

SED Sozialistische Einheitspartei Deutschlands (Socialist Unity Party, German Democratic Republic) 독일 사회주의통일당

SF Socialistisk Folkeparti (Socialist People's Party, Denmark) 덴마크 사회국민당

SFIO Section Française de l'Internationale Ouvriere (France) 인터내셔널 프랑스지부

SKDL Finnish People's Democratic League 핀란드 인민민주연맹

SKP Suomen Kommunistien Puolue (Finnish Communist Party) 핀란드 공산당

SPD Sozialdemokratische Partei Deutschlands (German Social Democratic Party) 독일 사회민주당

SPÖ Sozialistische Partei Österreichs (Austrian Socialist Party) 오스트리아 사회당 (1991년 당명이 오스트리아 사회민주당으로 바뀌는데, 약칭은 그대로 사용)

SPP Socialist People's Party 덴마크 사회주의인민당, 노르웨이 사회주의인민당

SSTP Suomen Sosialisrlnen Työväenpuole (Finnish Socialist Workers' Party) 핀란드 사회주의노동자당

SV Socialistisk Venstreparti (Socialist Left Party, Norway) 노르웨이 사회당

TGWU Transport and General Workers' Union (UK) 영국 운수일반노동조합

TUC Trades Union Congress 영국 노동조합회의

UCD Union Centro Democratico (Spain) 스페인 민주중도연합

UDF Union pour la Démocratie Française 프랑스 민주연합

UDI Unione Donne Italiane (Union of Italian Women) 이탈리아 여성동맹

UGT Union General de Trabajadores (trade union federation, Spain)
  스페인 노동자총연맹

UIL Unione Italiana del Lavoro (left of centre trade union confederation)
  이탈리아 노동조합연맹

UMA Union du Maghreb Arabe 아랍 마그레브 연합

UNRRA United Nations Relief and Rehabilitation Administration
  유엔구제부흥사업국

USPD Unabhangige Sozialdemokratische Partei Deutschlands (Independent SPD, Germany) 독일 독립사회민주당

VVD Volkspaztej voor Vrijheid en Democzatie 네덜란드 자유민주당

WEU Western European Union 서유럽연합

WSPU Women's Social and Political Union 여성사회정치동맹

BOOK THREE

위기
Crisis

one hundred years of socialism

6부

자본주의 대호황의 종말

16장

세계적 위기와 좌파에 대한 개괄적 고찰

자본주의 황금기의 종말

     1970년대 초반 선진 자본주의의 전례 없는 경제성장이 종말을 고했다. 이는 수많은 사회주의자들이 수십 년간 예상한 바와 달리, 자본주의의 '바로 그 위기'가 아니라 '여러 위기 중 하나'가 닥쳤다는 신호였다. 두 위기의 차이를 이해하기는 어렵지 않다. 일반적인 위기가 아닌 최후를 암시하는 '바로 그 위기'란 비자본주의적 노선을 따라야 벗어날 수 있는 재앙을 뜻한다. 이런 재앙은 전통적인 사회민주주의(카우츠키Karl Kautsky와 그의 추종자들), 레닌주의자와 그 변종을 포함한 폭동적 공산주의(1970년대에 이르러 입지가 좁아지고 축소된 비교적 미미한 집단들)에 모두 통하는 개념이다. 이처럼 자본주의의 미래에 대한 비관적 관점은 사회주의자들이 낙관론을 펴는 이유였다. 사회주의자들은 마르크스Karl Marx의 표현대로 '자본주의적 외피'가 '산산이 파열'될 때 궁극적으로 사회주의로 이행된다고 믿었다. 그렇다면 이런 선언도 나올 법했다. "자본주의의 사적 소유의 종말을 알리는 조종弔鐘이 울린다. 수탈자들이 수탈당한다."[1]

사실 1970년대 '위기'는 마르크스의 관점에서 본 위기와 유사했다. 그가 말한 위기란 '현존하는 모순을 언제나 그렇듯 일시적이고 강제적으로 해결하는 방법'이며, '흐트러진 균형을 잠깐 동안 회복하게 해주는 격렬한 분출'[2]이었다. 1970년대 위기는 특정 유형의 자본주의 성장에 닥친 위기였다. 신규 투자가 지속적으로 새로운 노동력을 흡수하면서 완전고용의 안정기에 도달하고(사회복지의 가장 중요한 조건), 노동생산성이 임금을 앞서가는 상황에서 맞닥뜨린 위기였다. 이런 자본주의는 장 푸라스티에Jean Fourastié가 영광의 30년(1946~1975년)[3]이라고 칭한 기간 동안 서구 세계를 확실히 장악했고, 사회민주주의를 실현하는 데 핵심적인 역할을 했다. 자본주의의 지속적 성장과 완전고용 덕분에 최소한의 사회민주주의적 강령(「에르푸르트 강령Erfurt Programme」에서 미리 보여준 요구 사항—1장 참조)이 앞서 말한 영광의 30년 동안 이행되었다. 잉여생산물은 수요와 공급이 펼쳐지는 시장의 힘이 아니라 정치적 수단에 따라 교육, 교통, 의료, '고급' 문화, 보육, 노령 인구 보호 등에 상당량 배분되었다. 자본주의 체제는 이런 조치로 제정된 법과 노동조합 세력의 규제, 즉 노동시간과 유급휴가, 보건 안전기준, 최저임금에 대한 제약을 견디면서 안정될 수 있었다.

이처럼 놀라운 사회적 안정은 경쟁하는 자본가들의 무정부주의적 행동에 분배를 맡겼다면 결코 성취되지 못했을 것이다. 마르크스를 비롯한 19세기 사상가들은 크게 규제받지 않는 자본주의에 대해 기술했다. 완전한 실패작인 이런 자본주의는 국제적 전쟁, 권위주의 체제, 대량 실업 등 끔찍한 정치적 영향과 더불어 끊임없는 경제적 위기를 피할 수 없었다. 현실에서 영광의 30년으로 대변되는 자본주의의 승리는 사실상 자본주의에 대한 규제의 승리였다. 그런 체제 아래 국가들은 민주주의와 평화의 시기, 최고의 번영기를 누렸다.

자본주의 모델이 위기에 직면하자, 사회민주주의 정치 모델 역시 마찬가지였다. 사회민주주의자와 보수주의자의 새로운 정치적 충돌이 뒤따랐다. 이보다 앞서 1950~1960년대에 일어난 두 진영의 싸움은 잉여생산물 분배를 둘러싼 것이었다. 1970~1980년대에는 그람시Antonio Gramsci의 표현대로 새로운 '진지전positional warfare'이 벌어졌다. 이는 자본주의 관계의 재편성에서 국가의 역할을 두고 벌어진 전투다. 좌파는 지배적인 규제 제도를 한층 확장하려 했고, 우파는 국가의 대폭적인 긴축정책과 민영화로 확대된 시장 자유화를 옹호했다.

1990년대 초반 좌파가 서유럽에서 완패하는 사이, 동구권에서는 공산주의 실험이 연기로 자욱한 잔해가 되었다. 그것은 사적 자본주의 축적 체제가 전 세계적으로 명백히 승리했음을 나타내는 흔적이었다. 사회민주주의와 규제 자본주의의 동반 쇠퇴, 1970~1980년대에 나타난 좌파와 우파의 복잡한 경쟁 관계는 이 책의 나머지 부분에서 다루는 주요 관심사다.

이 장에서는 오래 지속되던 자본주의 호황기가 막을 내린 원인과 1973~1989년 서유럽에 나타난 경제적 성과를 살펴볼 것이다. 그런 다음 이 기간에 좌파가 어떤 정치적 역정을 거쳤는지 전반적으로 고찰해볼 것이다.

1945~1970년 노동생산성은 앞선 80년 평균치보다 세 배 이상 성장했다.[4] 1970년 이후에는 GNP(국민총생산) 성장률과 고용률, 생산성이 감소한 반면 물가가 상승했다. 이것이 전 세계적인 스태그플레이션(경기 침체 속 물가 상승)의 시작이었고, 그 여파는 지금도 여실히 느껴질 정도다. 8장에서는 저임금 노동과 값싼 원료(값싼 식품 포함), 저리 자금, 미국에서 지속적으로 넘어온 기술 이전 등 대호황의 주원인을 차례로 다뤘다. 1970년에 이르면 이런 과정에 제동이 걸린다. 생산성 둔화라는 특징이 갑자기 두드러지면서 거의 전 세계적으로 그 양상이 고르게 퍼졌다. 바로 여기에서 글로벌 거시경제의 기원을 찾을 수 있다. 지금까지 경제학은 전후 선진 산업화 세계의 역사에서 가장 중대한 분수령이 된 이 현상에 설득력 있는 설명을 내놓지 못했다.[5] 이때가 서유럽 사회주의 운동사에서 가장 중요한 휴지기이기도 했다.

1970년대 초반에는 미국 경제와 비교했을 때 드러나던 유럽 경제의 상대적 후진성이 거의 사라졌다. 선진국인 미국의 생산성이 지속적으로 성장하지 않은 원인은 여전히 수수께끼다. 그러나 미국과 격차를 줄이고 회복세에 접어든 유럽은 선진국의 기술을 모방함으로써 힘들이지 않고 성장할 수 있는 여지가 줄었음을 깨달았다.[6] 더구나 당시 여러 국가가 차례차례 유럽을 '따라잡는' 실정이었다. 일본을 비롯해 '네 마리 작은 용' 타이완, 한국, 홍콩, 싱가포르가 유럽을 바짝 추격했다. 전후 시대가 막을 내렸다. 완전고용과 그에 따른 노동조합의 세력 강화로 저임금 노동의 시대가 끝났다. 이제는 서독 경제의 동력이던 동독산 숙련 노동력의 공급이 끊겼다. 1950년대 이탈리아와 프랑스의 지방 노동자 보유량도 대폭 감소했다. 1973년에는 독일과 오스트리아로 밀려들던 외국인 노동자의 발길도 뚝 끊겼다. 영국은 새 이민법을 발효하면서 예전 식민지에서 유입되는 노동력을 통제했다. 1960년대에 프랑스의 순 이민자 수가 상당한 비율을 차지한 데 비해 1970년대에는 무시해도 될 정도로 미미한 수준이었다. 따라서 원활한 구조조정과 임금 억제에 필요한 외부의 유동적 '산업예비군'을 활용할 수 없었다.[7] 미숙련 노동인구의 고용 기회가 줄어 공공 부문에만 그 기회가 남아 있는 실정이었다. 전반적인 생산성 면에서 공공 부문의 기여도가 상당할 것이 틀림없지만, 그 기여도를 추산하거나 수량화할 수는 없다. 당시 현지의 여성 노동력이 공공 부문으로 대량 유입되었다.

제3세계에서 수입되는 원자재 가격이 점점 올라갔다. OPEC(석유수출국기구) 가입국들은 1973년과 1979년 유가를 12배 넘게 인상했다. 이것은 경제적 자유주의 원리의 관점에서 유리한 시장 조건에 대한 합리적인 반응이었다. 그러나 대다수 서구 여론과 매체는 이 상황을 탐욕스러운 아랍인들(실제 기사에서 이란인, 베네수엘라인, 나이지리아인을 포괄한 일반 용어)이 서구 세계를 빈곤에 빠뜨리려는 술책으로 여겼다.

모든 국가에서 유가가 인상됐고, 1차 생산물 가격도 상승했다. 에너지를 절약하고 다른 연료로 대체하는 데 들인 비용 때문에 전반적인 성장이 둔화되었다.[8] OPEC의 도전 행보에 실질적인 제동이 걸렸다는 점도 언급할 필요가 있다. 1989년에는 1982년 최고조에 달하던 유가가 반 토막 났고, 선진 경제권은 단기적인 경제 회복

속에서 행복감에 사로잡혔다. 그러나 석유파동 이전에 OECD(경제협력개발기구) 회원국 전반에서 임금 상승으로 수익이 감소했고, 일본과 미국, 독일 등 주요 OECD 회원국의 생산성이 둔화되었다.⁹

보수주의 사상가들은 유럽의 경기가 침체된 주원인이 국가의 월권에 있다고 주장하기 시작했다. 사회복지 제도는 자주성을 억압했다는 이유로 비난받았다. 이를테면 비능률적인 회사에 보조금을 대고, 최저임금을 도입하고, 생산적인 투자 부문의 자원을 다른 데로 돌리고, 기업가 활동을 대신하고, 징벌적 조세 한계율로 성취 의욕을 꺾었다는 혐의를 받았다.¹⁰ 높은 실업수당이 사람들의 구직 의지를 낮췄다는 말도 나왔다. 국가 보건의료 체계 같은 자원의 비시장적 배분은 한계 비용 책정이 아니라 (줄 서서 받는) 배급 제도라는 결과를 낳았다. 이런 반反복지 관련 주장은 항상 존재했고, 1950~1960년대에 별로 신통치 않게 여기저기 유포되었다. 1959년 노먼 매켄지Norman MacKenzie는 이른바 영국병(English Disease : 노동자의 태업에 따른 생산 저하 등 사회적 병폐—옮긴이) 이론에 몹시 분개했다. "논쟁이 도처에 떠다니는 동안 우리는 국가적 문제들로 고통받는다. 다시 말해 일종의 정치적 경화증을 앓고 있다. 우리는 죽을 만큼 과중한 부담을 지면서 칭얼대는 사람들의 응석을 받아주다가 무덤으로 들어간다. 노동자들은 퇴근 시간을 기다리며 시계만 흘끗거린다. 노동조합의 탐욕이 인플레이션의 원인이다."¹¹ 성장이 막을 내렸을 때 새로운 정치적 분위기는 이런 반복지국가적 관점을 더욱 대중화했다. 이 같은 관점은 1990년대 초반 지배적으로 확산되어, 사회주의 정당 내에서도 공공연히 지지를 받았다.

일정 수준으로 유지되지 않는 성장도 문제지만, 그보다 중요한 문제가 있었다. 1970년 이후 성장은 주로 생산성 증가를 통해 성취되었는데, 노동자 해고를 발판 삼아 생산성이 증가되는 경우가 많았다. 따라서 정말 우려할 만한 원인은 실업률 증가였다. 1986년 무렵 OECD 유럽 회원국들의 실업률은 11퍼센트가 넘었고, 1995년까지도 비슷한 수준이었다. (2013년 7월 16일 OECD 보고서에 따르면 2014년 말 유로존 국가들의 실업률은 12.2퍼센트에서 12.3퍼센트로 소폭 상승할 것으로 예상된다―옮긴이)

실업률이 얼마나 중요한 의미를 띠는지는 아무리 강조해도 지나치지 않다. 토머스 발로프Thomas Balogh는 완전고용만이 "노예근성을 없애주므로 삶의 방식과 계급의 관계를 변화시킨다. 경제에서 힘의 균형을 바꿔주기도 한다. 이것은 완전고용의 뛰어난 성과이자 실로 혁명적인 결과다"라고 이야기했다.[12] 실업은 노동조합 세력의 축소에 결정적 역할을 하는 유일한 원인이다. 사회민주주의는 실업률이 높은 상태에서 지속 불가능하다. 1992년 마스트리흐트 조약(Maastricht Treaty : 정식 명칭은 유럽연합 조약Treaty on the European Union으로 1992년 2월 7일 네덜란드 마스트리흐트에서 서명, 1993년 11월 1일 발효됨. EC[유럽공동체] 12개국이 시장 통합을 넘어 정치 · 경제적으로 결합하는 EU[유럽연합]를 설립하기 위해 구성국 정부의 조인을 얻어 발효한 조약―옮긴이)에 서명할 당시 인플레이션에 대항해 싸우는 것은 정부가 꼭 해야 할 일이지만, 실업률에 맞서 싸우는 것은 가망 없거나 부차적인 일이라는 의견이 통념이 되었다. 이는 보수주의 세력의 이념적인 승리를 가장 명확하게 보여주는 징후였다.

실업률 증가가 특히 사회적 보호의 축소와 결부될 때 실질적으로 개인의 자유가 줄어든다. 적정 소득을 보장하는 직업 확보의 중요성은 개인 소비의 규모와 직접적으로 비례한다. 자본주의 사회에서 실질적 자유란 대부분 개별 소비자의 자유다. 돈벌이가 되는 직업과 개인 재산이 없는 사람들은 소비자가 '왕'인 곳에서 사실상 권리를 박탈당한 존재일 수밖에 없다. 역으로 부유한 사람들은 자유로운 존재다. 그들은 보다 부유하고 자유로워질 수 있다. 돈이 수많은 형식적 권리를 현실적이고 실질적인 권리로 바꾸는 힘인 셈이다. 아무리 많은 자유주의 수사법을 동원해도, 개인의 권리에 관심을 기울이라고 아무리 소리 높여 부르짖어도, 시장이 지배하는 곳에서 돈 없는 이들이 소비사회의 구성원 자격을 박탈당한다는 사실은 감출 수 없다. 돈 없는 사람들은 점점 사기가 꺾이며 빈곤의 늪으로 빠진다. 그러면서 이른바 사치품(부자들의 필수품을 지칭하는 용어), 삶을 편안하고 쾌적하게 만들어주는 물품을 입수할 힘을 빼앗기고 만다. 뿐만 아니라 문화와 교육 같은 상품에 '접근'할 수 있는 권리를 실제로 박탈당한다. 결국 가진 게 없는 이들은 일종의 저주 같은 운명에 억눌린 채 살아갈 수밖에 없다. 그들은 금전 관계에 강박적으로 매달리고, 하루하루 먹고사는 걱정에서 한시도 벗어나지 못한다. 자신을 원하는 곳이 없고, 취업할 수 없으며, 어디에도 받아들여지지 못하는 존재라는 분노를 품는다. 또 어딘가 흡수될 수 없는 잉여인간이 되었다는 좌절감에 사로잡힌다. 잉여인간이 경제적으로 존재 가치가 있다면 고용된 이들을 고분고분하고 통제에 잘 따르는 상태로 잡아두고, 그들의 임금을 낮은 수준으로 유지할 수 있게 하기 때문이다.

'권리'의 순수한 법적 혹은 공식적 정의는 분명히 자유주의 전통에 닿아 있다. 권리라는 문제에 사회주의가 특별히 기여한 바가 있다면, 사회 내 힘의 분배가 법적 관계뿐만 아니라 부의 불균등한 분배까지 반영한다는 인식을 환기한 부분이다. 자유주의가 얻은 위대한 성과는 모든 사람이 법 앞에 평등하다는 명제를 설정한 데 있다. 사회주의의 원대한 계획은 현실적 평등이 가능한 경제체제를 건설하는 것이었다. 완전고용이 실현되지 않는 상황에서 이런 계획은 넘어서기 힘든 장애물과 맞닥뜨릴 수밖에 없었다.

이 때문에 자본주의 전성기의 종말은 사회주의 실현 가능성을 높이기는커녕 사회주의 발전에 제동을 걸었다. 자본주의 황금기가 막을 내리는 것은 높은 성장률이 멈췄다는 신호일 뿐 아니라 완전고용이 사회의 핵심 목표 중 하나라는 전반적 합의, 즉 사회주의자와 보수주의자의 암묵적 계약이 끝났다는 암시였다.

황금기의 종말은 이 암묵적 계약의 재협상을 시작하는 단계이기도 했다. 자본주의의 새로운 단계는 이전 단계와 똑같이 혹은 훨씬 더 많이 사회주의 사상의 흔적을 지닐까, 아니면 사회주의 사상을 점점 더 변방으로 밀어내 쓸모없는 것으로 만들까? 사회주의자와 보수주의자 진영은 확실한 전략이 없는 상태로 당시 전개된 사건들에 주목했다. 이 시기의 특징은 경제학적 추정과 달리 높은 인플레이션율이 고실업률이나 저성장률과 공존할 수 있다는 것이었다. 하지만 적어도 1970년대에는 모든 국가가 똑같은 방식으로 어려움을 겪지 않았다.

실업률 억제의 성공 여부는 경제 당국이 인플레이션을 어느 정도까지 용인하느냐와 직결되는 문제였다. 정부 내 좌파의 존재와 물가 안정에 대한 무관심 사이에는 어느 정도 상관관계가 있다. 북유럽 국가들의 사회민주주의 정부가 이에 해당된다. 독일의 경우 인

표 16.1 1973~1989년 유럽 14개국의 실업률과 물가 상승률

단위: %

	실업률		물가 상승률	
	1974~1979년	1979~1989년	1973~1979년	1980~1989년
OECD-유럽	5.1	9.1	11.9	7.4
오스트리아	1.8	3.3	6.3	3.8
벨기에	5.7	11.1	8.4	4.8
덴마크	6.0	8.0	10.8	6.9
핀란드	4.4	4.9	12.8	7.3
프랑스	4.5	9.0	10.7	7.3
그리스	1.9	6.6	16.1	19.4
네덜란드	4.9	9.8	7.2	2.8
이탈리아	6.6	9.9	16.1	11.1
노르웨이	1.8	2.8	8.7	8.3
포르투갈	6.0	7.3	23.7	17.5
스페인	5.3	17.5	18.3	10.2
스웨덴	1.9	2.5	9.8	7.9
영국	4.2	9.5	15.6	7.4
서독	3.5	6.8	4.7	2.9

출처 OECD, *Economic Outlook, Historical Statistics 1960~1989*, Paris, 1991, p. 43. 네덜란드: OECD 자료에 따른 계산 수치. 소비자물가지수에 따라 계산된 물가 상승률. 터키와 아이슬란드는 OECD-유럽 물가 상승률 평균에서 제외됨. 앵거스 매디슨Angus Maddison 수치를 기초로 계산된 1974~1979년 오스트리아와 덴마크의 실업률 자료. *Dynamic Forces in Capitalist Development: A Long-run Comparative View*, Oxford University Press, Oxford, 1991, p. 263.

플레이션을 억제하는 전통은 그런 분위기를 조성하는 여론 주도층 덕분에 일종의 숭배 대상이 되었다. 그 전통이 중요했다는 것은 물가 안정을 공공 정책의 근본적인 목표로 여긴다는 뜻이었다. 네덜란드에서는 적정한 임금 인상을 요구하는 합의 체제가 확고하게 자리 잡았다. 이탈리아에는 약한 정부와 기세등등한 노조가 있었다. 노조는 강력한 야당을 등에 업고 점점 더 자신만만하게 노조 운동을 했다. 정치기구는 가급적 대립을 피하고 차라리 인플레이션 쪽을 택하면서, 전체 유권자를 강력한 물가연동제로 보호했다.[13]

표 16.2 1973~1989년 유럽 14개국의 연평균 GDP(국내총생산) 성장률

단위 : %

	1973~1979년	1979~1989년
OECD-유럽	2.6	2.3
오스트리아	2.9	2.0
벨기에	2.2	2.0
덴마크	1.9	1.8
핀란드	2.3	3.7
프랑스	2.8	2.1
그리스	3.7	1.8
네덜란드	2.7	1.5
이탈리아	3.7	2.5
노르웨이	4.9	2.8
포르투갈	2.9	2.8
스페인	2.2	2.7
스웨덴	1.8	2.0
영국	1.5	2.3
서독	2.3	1.8

출처 OECD, *Economic Outlook, Historical Statistics 1960~1989*.

표 16.1은 1970~1980년대 석유파동 이후 유럽 14개국의 실업률과 물가 상승률을 비교한 수치다. 표 16.2는 전년 대비 성장률 수치를 보여준다.

14개국 모두 실업률이 증가하는 경향을 보인다. 석유파동 이후 유가가 인상된 기간 내내 실업률과 물가 상승률이 평균보다 낮은 '모범적인' 국가들도 있었다. 오스트리아, 덴마크, 프랑스, 독일(서독), 노르웨이, 스웨덴의 수치가 이에 해당된다. 그리스는 낮은 실업률과 높은 물가 상승률의 두드러진 상충 관계를 보였다. 스페인과 이탈리아는 1970~1980년대 내내 실업률과 물가 상승률이 평균 수치보다 높았다. 독일은 OECD 평균치 절반에도 미치지 않는 물가 상승률을 보였다. 전반적인 성공담을 들려준 국가는 오스트리

아, 스웨덴, 노르웨이 정도였다. 이들 국가는 실업률이 매우 낮고, 물가 상승률도 평균치 아래로 유지했다.

해당 기간 동안 이탈리아, 포르투갈, 노르웨이만이 성장률에서 평균치보다 높은 수준을 지켜냈다. 노르웨이는 실업률과 물가 상승률이 평균치보다 낮고, 성장률이 평균치보다 높은 유일한 국가다.

경제 상태의 구체적 특징과 제도적 원인은 국가 간 차이를 설명하는 기준이 되기도 한다. 이탈리아는 임금 물가 연동 덕분에 높은 물가 상승률을 견딜 수 있었다. 지하경제로 인해 실업을 그럭저럭 참아낼 수준이었다. 엄청난 석유 수익은 노르웨이를 실업률과 물가 상승률에서 최강자의 자리에 올려놓았다. OPEC이 유가를 높인 결과 노르웨이가 케인스John Maynard Keynes의 리플레이션(reflation : 통화 재팽창. 디플레이션에서 벗어나 심한 인플레이션까지는 이르지 않은 상태—옮긴이)을 지속적으로 누리는 사이, 다른 나라에는 디플레이션(물가하락, 통화수축)이 시작되었다. 이들 나라는 정부 지출을 늘리는 동시에 세금을 내릴 수 있었다. 뒤이어 일어나는 인건비 상승은 어떤 정상적인 경제도 제대로 기능하지 못하게 만들면서 대량 실업을 유발했을 것이다. 노르웨이 정부는 석유 수익 덕분에 일자리 20퍼센트에 보조금을 지급하면서 인건비를 억제할 수 있었다.[14] 이런 조치는 국가의 석유 수익금을 전면적으로 재분배하는 것이나 마찬가지였다. 1981~1986년에 집권한 노르웨이 보수 정권은 여느 사회주의 정부 못지않게 경기부양을 위한 리플레이션 정책을 펼쳤다. 노르웨이의 이런 경제 상황이 기이하게 보일지도 모른다. 그러나 유전을 발굴해 벼락부자가 된 유일한 서유럽 국가(영국)는 더 특이했다. 영국산 석유가 대량으로 채굴된 1980년대에 영국 정부는 자국의 석유 정책 덕분에 세금을 삭감하고, 실업 급여를 지불하고, 산업 경쟁력이 지속적으로 하락하는데도 국제수지가 악화되지 않게 보호할 수 있었다.[15] 영국 석유의 정치적 수혜자는 대처Margaret Thatcher 정부다. 보수당의 승리를 보장해준 소득세 감면에 따른 세입 부족분을 석유로 메웠기 때문이다. 데니스 힐리Denis Healey가 잔뜩 불만을 토로했듯이,[16] 노동당 정부가 집권한 1974~1979년에 북해 원유는 대규모 자본 투자 때문에 오랜 시간 국제수지를 악화시킨 원흉이 되었다. 1979년 이후 보수당 내각은 석유를 이용해 소비자 호황 분위기를 조성했고, 이 호황의 직접적 수혜자는 영국의 소비자, 일본의 수출업자, 외국의 와인 이익집단, 도르도뉴Dordogne 관광산업이었다. 그러나 노르웨이도 재정 낭비에 따른 결과는 피해 가지 못했다. 1980년대에 유가가 하락할 당시 노르웨이는 심각한 경제 위기에 빠졌고, 코레 빌로크Kåre Willoch의 보수파가 주도한 연립정부는 1986년 봄에 물러나고 말았다. 그 이후 정부는 그로 할렘 브룬틀란Gro Harlem Brundtland이 이끄는 소수 노동당 정부로 대체되었다. 이 여성 당수는 크로네화를 12퍼센트 평가절하 할 수밖에 없었다.[17] 여타 유럽 국가들에 비해 운이 좋던 노르웨이조차 풍요의 시대를 마감하는 듯했다.

노르웨이의 상황은 특별했다. 아무도 노르웨이야말로 스태그플레이션의 폐해를 모면하는 방법을 보여준 모범 사례라고 주장하진 않았다. 당시 경제 현상(특히 실업)의 원인에 대한 연구는 케인스 학설의 지배 아래 억압받던 신자유주의 경제학자의 목소리가 발현되는 토론의 장을 열어줬다. 밀턴 프리드먼Milton Friedman을 이은 신자유주의 경제학자들은 안정된 물가와 맞닿은 독특한, 혹은 '자연스러운' 실업률의 존재를 가정했다.[18] 이들은 케인스식 방법이나 다른 수단을 통해 수요가 자극을 받는다면, 실업률은 지금 수준 아래로 떨어지겠지만 인플레이션을 가속화할 것이라고 주장했다. 다시 말해 중·장기적으로 실업률과 물가 상승률이 충돌한다는 것이다. 이는 경제학자 필립스Alban William Phillips가 처음으로 도출한 결론이다.[19] 신자유주의 경제학자들은 높은 실업률을 동반한 높은 인플레이션을 비롯해 무엇이든 단기간에 가능하다고 보는 것 같다. 그들은 수많은 유럽 국가에서 이런 사례가 나타났다는 점을 지적한다. 이 관점에 따르면 1960년대 실업률 수준으로 돌아가려는 모든 시도는 결국 당시 도달 수치를 훌쩍 넘는 인플레이션을 불러온다.[20] 이 말은 곧 안정된 물가와 양립할 수 있는 '자연' 실업률, 전문 용어로 물가안정실업률(NAIRU : 물가 상승률이 더 높아지거나 낮아지지 않고 안정적으로 유지될 수 있는 실업률—옮긴이)이 1970~1980년대보다 1960년대에 훨씬 낮았다는 뜻이다.[21] 영국의 거시경제학자 패트릭 민퍼드Patrick Minford는 1980년대 영국의 '자연' 실업률이 약 13.5퍼센트(약 325만 명)라고 추정했다. 당시 노동조합 결성이 줄어들고 국민보험 추징금이 폐지(자연스러운 일로 받아들여졌다)되면서 '자연' 실업률이 200만~250만 명으로 떨어졌다.[22]

'자연' 비율 같은 게 있다는 생각 자체가 극히 추상적인 소리로 들린다. 이런 비율은 '과거의 실업률 같은 불특정한 힘의 영향력 아래 3년 주기로 한 번씩 껑충 도약하는 것'처럼 보이기 때문이다.[23] 더구나 물가안정실업률이 왜 국가마다 그렇게 차이가 나야 하는가? 자연 실업률에 영향을 미치는 국가적 원인이 있다고 주장한다면, 어떤 국가적 원인이 실업률에 영향을 주는 결정적 변수인가 하는 점에 모든 관심이 집중될 수밖에 없다. 이런 맥락에서 '자연'이라는 단어의 사용은 전적으로 이념적이다. 변하지 않는다는 의미에서 '자연'이라는 표현을 붙인 물가안정실업률이라는 개념은 얼마든지 버릴 수 있다. 단 "물가안정실업률은 어느 시점에 얼마가 되든 수요를 늘림으로써 고용을 확대하려는 모든 시도에 걸림돌이 된다"는 원칙은 받아들일 수 있다.[24]

과도한 고임금 이론(전통적인 임금 이론은 노동자의 생산성에 따라 임금이 결정된다고 본 반면, 효율성 임금 이론은 임금의 수준이 생산성을 결정하는 원인이 된다고 본다. 즉 노동자에게 높은 임금을 지급하면 효율성이 높아지므로 기업에 이익이 된다는 이론이다.―옮긴이)이 옳고 그 증거가 확실하다면, 어떤 정부나 사회주의자 혹은 그 반대 세력도 인플레이션 가속화에 적극 맞서지 않는 이상 전통적인 방식으로 실업률을 낮출 수는 없다. 물가 상승률과 똑같은 수준으로 수입을 늘릴 수 있는 사람들은 심하게 쪼들리지 않겠지만 인플레이션은 전체 유권자에게 영향을 미친다. 그에 반해 실업률은 일자리를 잃은 사람들에게만 영향을 미친다. 정치적으로 말해서 일자리를 잃을 가능성이 있는 사람들은 좌파 쪽에 투표할 가능성이 높다. 인플레이션에 영향을 받는 인구는 대개 실업에 영향을 받는 인구보다 훨씬 많으며, 이들은 모든 진영의 정치인들이 관심을 쏟는 대상이 될 수밖에 없다. 아직 발표된 연구 결과는 없지만 누군가 1970~1980년대의 커다란 수수께끼 한 가지, 즉 1992년 EC 마스트리흐트 조약에 구체적으로 표현된 대(對)인플레이션 합의의 의미를 밝혀낼지도 모르겠다. 이 합의는 인플레이션에 대항해 싸우는 것이 안정된 정부의 기반이나 다름없음을 확증해주었다.

물가안정실업률을 거론하는 이론가들은 안정된 물가와 양립 가능한 실업률이 1960년대에 비해 1970~1980년대에 훨씬 높은 것으로 나타난 원인을 설명하고자 애썼다. 정통파 신고전주의의 답은 분명하다. 실질임금이 지나치게 높다는 것. 이런 관점은 1980년대에 점차 일반적인 견해가 되었다. 대신 케인스 경제학자들은 1970년대 중반의 실업이 총 수요 하락 때문에 유발되었다는 관점을 고수했다. 총 수요가 하락한 원인은 인플레이션 억제를 목적으로 한 정부의 통화수축 정책이며, 유가 상승이 결국 인플레이션을 유발했다는 것이다. 경제학자들 사이에서도 의견이 일치하지 않는다. 물론 물가안정실업률 상승에 대한 폭넓은 설명이 나오는 가운데 대다수는 고임금이 실업을 결정하는 주요소라는 점에 동의한다.[25] 실업이 임금을 통제하기 위한 방법이라고 생각하는 사람들은 고임금과 실업을 연관 짓는다. 가장 정교한 계량경제학 연구도 고임금에 따른 실업과 주기적 원인, 낮은 총 수요에 따른 실업을 명확히 구분 짓지 못했다. 일부 실업은 주기성을 띠고, 일부는 과도한 실질임금 때문에 나타난다는 관점에 만족하면서 다음과 같이 솔직히 인정한 연구 결과도 있다.

> 이런 결론은 실망스러운 것일 수도 있다. 그러나 임금동결에 찬성하는 이들의 말대로 실업의 원인이 오직 높은 실질임금 때문이라는 주장에 지금까지 아무 증거도 제시되지 못했음을 강조할 가치는 있다. 우리는 안정화 프로그램의 일환인 실질임금 삭감이 그 자체로 경기회복과 안정화를 보장하기에는 부족하다는 결론을 내린다. 상호 보완적인 수요 확대가 필요하다.[26]

흔히 있는 일이지만 전문가들은 한목소리로 의견을 내는 법이 없다. 경제학은 한두 세기 이전의 의학과 거의 비슷한 단계에 있다. 치료한 환자 수보다 죽인 환자 수가 많다. 실업의 원인을 설명해주는 확실한 이론은 예전에도 없었고, 지금도 없긴 마찬가지다. 이는 드물지만 경제학자들이 겸허하게 인정한 부분이다. 그래서 1974~1979년 노동당 출신 수상의 고문이던 버나드 도노휴Bernard Donoughue는 다우닝가Downing Street 10번지(런던London에 있는 영국 수상의 공식 관저. 다우닝가는 영국 정부의 대명사로 사용된다.—옮긴이)에 회의를 소집해 실업의 원인과 대책에 관한 세미나를 열었다. 제임스 캘러헌James Callaghan 수상에게 경제학 분야의 최근 동향을 설명하기 위한 자리였다. 리처드 라야드Richard Layard, 아마르티아 센Amartya Sen, 데이비드 헨드리David Hendry를 포함해 고문단 일곱 명이 모였다. 논의는 오랫동안 진행되었다. "우리는 그 분야를 다뤘지만 어떻게 된 일인지 이렇다 할 성과를 거두지 못했다. 우리가 이해하지 못한 실업 문제의 일면이 있다는 점을 깨달았다. 그 부분에 우리가 할 수 있는 일이 거의 없다는 사실을 확실히 이해했다."[27]

이런 상황에서 정치인들은 정치적 편의성에 따라 자기 입맛에 맞는 기술적 설명을 까다롭게 고른다. 사실 이들은 학문적인 경제학자보다 영향력 있는 언론인에게 설득당할 가능성이 높다. 전문적인 경제학자는 도통 이해하기 힘든 전문 용어를 늘어놓을 때가 많고 아무것도 확신하는 경우가 거의 없는 반면, 언론인은 간단명료하게 글을 쓰기 때문이다. 앵거스 매디슨이 지적하다시피 고정환율제 폐지나 석유파동처럼 체제를 뒤흔드는 충격적인 사건으로 인해 새로운 정책 도구가 필요할 것이다. 그러나 이런 정책 도구가 늘 가장 합리적인 기준에 따라 선택되진 않는다.[28] 더구나 기술적 설명은 대부분 반드시 택할 수밖에 없는 한 가지 정치적 결론을 가리키지 않는다. 실업과 고임금을 다룬 이론이 그런 경우다. 보수주의자와 신자유주의자가 실업과 고임금 이론을 수용할 경우, 노동시장을 자유화하고 보호 제도와 고용 안정성을 제한하고 노동조합의 운신을 힘들게 하는 요구가 나올 수 있다. 사회주의자와 사회민주주의자가 실업과 고임금 이론을 받아들일 경우, 이 이론에서 나오는 정치적 결과를 추론해보면 친親노동당 정부(즉 노동조합의 신임을 받은 정부)만이 조합원을 설득해 실질임금을 제한할 수 있다는 결과가 도출된다.

1970년대에는 대체로 좌파적 관점이 우세했다. 소득정책을 도입하려는 시도가 유럽 전반에 높은 수위로 나타났다. 사람들의 합의에 따른 정책과 사람들의 의견이 상충되는 정책을 비교할 때, 전자가 후자보다 고용 보호에 큰 힘을 발휘한다는 가정이 나올 수 있다. 많은 사람들은 그런 가정 아래 정부와 고용주, 노조의 협상, 다시 말해 협동조합주의적 중재를 위한 법인 조직이 필요하다고 믿었다. 모든 국가가 이런 발전을 이룩할 환경을 갖추진 않았다. 즉 모든 국가에 중앙 집중적이고 이념적으로 통합된 노조 운동과 강력한 고용주 단체가 함께 존재한 것은 아니다. 그러나 그런 조건을 갖추기 위해 노력하는 분위기를 조성할 수는 있었다. 처음에는 이런 분위기가 사회주의자들에게 도움이 되었다. 노조와 협상하는 일과 이념적으로 우호적인 정부가 이상적인 파트너라고 설득하는 일을 그 누가 사회주의자들보다 잘하겠는가? 노조와 정부의 신뢰 문제는 생각보다 중요한 사안이다. 실질임금에 관한 협상이 사실은 운에 맡길 만큼 불확실한 문제이기 때문이다. 노조는 고작해야 명목임금을 협상할 수 있을 뿐, 물가가 급등하지 않기를 바라는 수밖에 없다. 그러나 물가는 단순히 명목임금에 반응하는 게 아니라 무수히 많은 원인에 반응을 보인다. 노조는 직접 협상에 임하면서 내부적으로 차츰 분열될수록 다른 노조의 요구와 전략에 대해 점점 아는 바가 없어진다. 실질임금과 인플레이션에 무지한 상태에서 협상에 나설 수밖에 없다. 이런 상황에서 생각 있는 노조원들이라면 최대한 많은 것을 얻어내려고 힘쓸 것이다. 정부는 노조의 절제가 좋은 결과를 낳을 것이라고 노조를 설득할 줄 알아야 하고, 그러기 위해서는 가능한 한 경제의 많은 부분을 조정해야 한다. 이 때문에 자발적 소득정책(임금 상승 폭을 줄여 물가 상승을 억제함—옮긴이)에는 신중하게 계산된 고도의 간섭주의 경제 전략이 필요하다. 1970년대가 남긴 교훈은 협동조합주의의 적당한 틀 없이 소득정책을 지속하기 어렵다는 것이다.

몇몇 국가는 협동조합주의 규모에서 상위를 차지했다. 스웨덴과 노르웨이, 오스트리아가 선두에 있고 덴마크와 네덜란드, 벨기에, 독일이 그 뒤를 이었다. 1970년대에 최악의 스태그플레이션 상황을 피한 몇몇 국가가 이 그룹에 속하기 때문에 협동조합주의가 실업 문제를 해결할 수 있다는 인식이 생겼다. 그러나 협동조합주의의 영향력과 고용 기록을 체계적으로 비교해도 당시의 인식이 사실임을 증명하지는 못한다.[29]

협동조합주의는 정치적 의사 결정의 중심에 노동조합이 개입한다는 것을 의미했다. 1970년대에 지지를 받은 인기 만점의 만병통치약인 산업민주주의도 비슷한 방식으로 단일 기업에 개입했다. 제도와 계획, 어떤 경우에는 법률이 노동자의 권리를 증진하는 방법을 제시했다. 관리직 노동자를 지명하거나 선출하기도 하고, 노동자에게 정보 접근권을 제공하기도 했으며, 해고와 근로조건을 다루는 절차를 만들기도 했다. 이 부분은 나중에 상세히 논의할 것이다. 여기에서는 1970년 이탈리아의 노동자법(13장 참조), 1976년 독일의 공동결정법Co-Determination Law(18장 참조), 1977년 1월 영국의 「불록 보고서Bullock Report」(18장 참조), 1982년 프랑스의 오루법Auroux Law(19장 참조), 1973년 노르웨이 국회법으로 도입된 '민주주의공장 평의회Bedriftsforsamlinger', 1976년 스웨덴의 노사협의법Joint Consultation Act, 산업민주주의의 독일식 모델을 지지하는 회사법 관계 EEC(유럽경제공동체) 위원회 5호 지령이 있었다는 정도만 언급하고 넘어가자.

 협동조합주의적 해법은 높은 실질임금 문제를 해결하기 위한 대안 가운데 하나였다. 실업에 대한 고임금 이론을 떠받드는 몇몇 경제학자들은 노조와 정부가 노동시장에 지나친 '경직성'을 부여했다고 주장했다. 그러면서 지역이나 직업에 따른 임금격차, 노동자 고용과 해고에 대한 규제, 높은 실업수당, 근로시간 제한, 건강과 안전 규정, 연금 계획, 빡빡한 주택 시장, 강력한 노조 등을 '경직성'의 예로 들었다.[30] 이런 관점에서 비롯된 정치적 결과는 친親협동조합주의 입장과 정반대로 나온다. 경직성을 낳은 장본인은 '사회민주주의 국가'다. 이런 국가가 지급하는 후한 실업수당은 노동자를 독려해 성장 분야에서 적극적으로 일자리를 찾고 고용 노동자들과 경쟁하게 만드는 대신, 침체된 영역에 머물러 있게 한다. 고용과 해고를 더 어렵게 만드는 '사회주의적' 규정은 조정 과정에 방해가 되며, 높은 사회보험료는 인건비(고용주가 지불한 '실질'임금)를 인상한다. 시장의 힘은 억눌리고 만다. 1980년대에 폭넓은 지지를 받은 해법은 사회복지 제도를 폐지하고, 시장의 힘을 촉발하고, 노동조합의 힘을 약화하는 것이었다. 고통스럽지만 피할 수 없는 '조정'(예를 들면 대량 실업) 기간을 거치면 성장, 물가 안정, 완전고용의 행복한 나날이 다시 우리 곁에 오리라는 기대가 있었다.

1985~1990년에는 생산량이 연간 3퍼센트 증가했고 실업률은 2.5퍼센트 감소했지만, 노동시장 자유화는 거의 기여하지 못했다. 이 시기에 성장의 도화선은 유가 급락과 사업 기대치 증가였다. 이 기대치는 1992년에 시작된 유럽 단일 시장에 대한 예측을 바탕에 둔 것이었다. 1985~1988년 영국의 성장은 정부가 주도한 경기 부양책, 특히 감세 덕분에 달성되었다. 이 정책은 영국의 대외 경쟁자들에게 상당한 도움을 주었다. 경쟁자들은 현재 더 부유해진 영국의 납세자와 외국 상품(이즈음 영국의 수입 물량이 30퍼센트 증가함)에 돈을 쓴 소비자들의 기호에 힘입어 실적을 올렸다.[31]

대량 실업의 해법 차원에서 시장의 힘을 강화하자는 대안이 지식층에게 지지를 받으면서 정치인을 통해 시행될 수도 있었다는 점은 그리 놀랄 일이 아니다. 절박한 상황에서는 필사적인 해결책이 필요한 법이다. 실업의 해법을 시장의 힘에서 찾는 이런 생각이 1990년대에도 지지를 받았다는 사실은 인간의 어리석음을 극명하게 보여준다. 1995년이 되자 그전 20년간 모든 사람이 원하던 하락치 이상으로 유가가 하락했다. 그즈음 노동조합은 유럽 전역에서 이 빠진 호랑이 같은 집단이 되었다. 노동시장은 실직자 1800만 명으로 인해 1970년대에 수많은 보수주의자들이 소망하던 것보다 느슨하고 유연한 상태가 되었다. 금리가 몇 년간 바닥을 쳤다. 파업은 거의 없었고, 그나마 임금 인상보다는 공공 부문의 일자리 지키기에 국한되었다. 그럼에도 선진국이 대량 실업과 저성장이라는 딱지를 붙인 미래와 맞닥뜨렸다는 점은 이해가 되지 않는다.

1980년대 영국에서 마거릿 대처의 고문이던 패트릭 민퍼드 같은 보수주의 경제학자를 비롯한 여러 사람들은 실업이 고임금을 낮추지 못했다고 확신하면서, 그 원인을 노조의 힘과 사회복지 제도에 따른 시장 왜곡에서 찾았다. 민퍼드는 몇 가지 제안을 내놓았다. 노동조합의 법적인 면책특권을 모두 없애야 하고, 파업 금지 규정을 도입해야 하며, 중소기업이 모든 고용 보호법의 규제를 받지 않아야 하고, 보건 안전 규칙이 권고 사항이 되어야 한다는 것이었다.[32] 민퍼드는 고용 보호법이 "모조리 폐지되어야 하고, 노동자가 퇴장이라는 방식으로 반대 의사를 표명함으로써 열악한 환경에 맞서 자신을 보호하게 해야 한다"고 했다. 그 결과 1978년 고용보호법Employment Protection Act, 1970년 동일임금법Equal Pay Act, 1975년 성차별금지법Sex Discrimination Act이 폐지됐다. 민퍼드는 '국민의 경제적 자유' 증진이라는 기치 아래 '부당 해고'의 개념, 해고수당, 해고 법정 통지(혹은 해고 사유 제시 의무), 출산에 관한 법정 관리, 출산 전 관리 휴가, 출산 휴가 수당, 출산 후 직장 복귀권 등의 폐지를 지지했다.[33] 그는 미성년 노동 재도입을 옹호하는 선까지 가지는 않았다. 물론 논리적이고 일관된 관점에서 보면 열 살짜리 아이가 굴뚝이나 탄광으로 들어갈 자유, 혹은 부모가 최대한 돈벌이가 되는 방식으로 자식을 다룰 자유를 제지할 근거는 없을 것이다.

민퍼드가 권장한 새로운 제도적 정비 가운데 상당 부분은 성장

재개 촉진을 목적으로 대처 행정부에서 시행되었다. 물론 수많은 무역 보호 법령은 손대지 않은 상태로 있었지만, 민퍼드와 여타 우파 사상가들의 제안이 채택된 범위는 정부에 입김을 넣으려는 학계 경제학자들의 야심 찬 희망을 넘어선 수준이었다. 그러나 경제적 관점에서 이런 상황은 성공담으로 이어지지 못했다. 1993년 영국의 실업률은 실질적으로 전후 사상 최고치였고, 영국의 제조업은 파탄 상태였다. 반노조 정책과 노동자 권리 파기는 실질임금을 낮추는 데 일조하지 못했다. 대처의 임기(1979~1989년) 동안 실질임금은 2.6퍼센트 올랐고, 이는 노동당 집권 시기(1973~1979년)의 0.9퍼센트에 비하면 거의 세 배에 달하는 수치였다.[34] 핀란드와 스웨덴, 노르웨이처럼 노동시장이 강력한 규제를 받는 국가는 오랜 기간 영국보다 나은 성과를 거뒀다. 요란 테르본Göran Therborn이 보여주다시피 실업률 수준과 과세율 혹은 사회복지 지출 수준 사이에는 직접적인 상관관계가 없다.[35] 가장 분명한 원인은 산업 보조금을 철회할 경우 국가가 모아둔 돈이 해당 산업에서 해고당한 노동자들의 실업을 지원하는 데 곧바로 지출되기 때문이다.

경제학자들이 제시한 것과 반대로 실업수당 수준과 노동 의지에는 상관관계가 없다. 과거에는 실직 중이라는 수치심 때문에 쥐꼬리만 한 임금이나 근로조건이 지독한 일도 울며 겨자 먹기로 받아들이는 사람들이 많았는데, 이제는 그런 수치심이 줄어든 게 사실이다. 실업수당이 높은 스웨덴은 수년간 실업률이 낮았다. 영국은 1966년 이래 순수익에 대한 수당 비율이 변하지 않았으므로 1970년대 후반의 실업률 증가를 해명할 수 없었다. 더욱이 일하려는 사람들의 의지가 줄었다면 어떤 일자리에서든 실업률은 급격히 증가

했을 것이다. 이런 현상이 벨기에와 영국에서 나타났으나, 독일은 예외였다.[36]

확실한 증거가 부족한데도 신자유주의적 견해가 이런저런 형태로 세계 여러 곳에 흡수돼 지배적 이념으로 자리 잡았다. 즉 시장은 임금을 포함해 모든 가격을 배분하는 가장 능률적인 분배기이므로, 시장이 최대한 자유화되어야 한다는 견해는 좌파 다수를 비롯해 사실상 정치적 의견을 내놓는 계층 전반의 지지를 얻었다.

제도적 문제가 실업률이 높은 시기에 고임금을 하향 조정하는 데 방해가 된다는 의견은 우파 경제학자들의 전유물이 아니었다. 좌파 다수는 1960년대 초 유럽에서 시작해 이후 미국과 일본에서 자리 잡은 경색된 노동시장이 노동조합을 강화했다는 점, 부족한 총수요에 관한 전적인 케인스식 설명이 전혀 설득력이 없었다는 점을 인정했다.[37] 복합사회에서 임금은 단순히 수요와 공급에 따라 정해지는 게 아니다. 그렇다면 불완전고용 상태에서 회사가 실직 노동자에 의존해 강제로 임금을 낮추거나, 실직 노동자가 자신의 노동력을 현행 가격 이하로 팔기 위해 공장 정문에 나타날 수도 있음을 예상해야 한다. 실생활에서 회사는 고용과 해고 비용이라는 문제에 직면한다. 종전의 노동자들은 갓 들어온 신참들과 협력하기를 거부하거나 심지어 그들을 괴롭힐 수도 있다. 따라서 노동 이동(異動 : 그만둔 노동자 대신 고용된 신규 노동자나 그 비율—옮긴이)의 부작용에는 사실상 다른 비용이 포함되었다.[38] 부유한 지역에서 경제적으로 중요한 부문에 종사하는 주요 노동자군이 임금 추세를 만들면 실제 경제의 필요조건에 상관없이 모든 사람이 그 추세를 따르는 경우가 많다. 상황은 더 나빠질 수도 있다. 실업률이 높은 지역의 실직 노동자들이 일부러 잘 사는 지역으로 가서 높은 임금을 끌어내리지는 않기 때문이다. 그들은 있던 자리에 머물면서 주택정책에 단단히 기반을 두고 실업수당을 받으며 산다. 그런 식으로 형성된 실업 인력 풀은 실질임금을 억제하는 데 거의 아무런 역할도 하지 못한다.[39] '인사이더-아웃사이더' 모델에 따르면 실업 부문은 이론적으로 두 가지 범주로 나뉜다. 장기 실업자 혹은 '아웃사이더'는 고용 부적격자이므로 임금에 아무런 영향을 끼치지 못한다. 일시적 실업자 혹은 '인사이더'는 여전히 실제 인력시장에 포함되므로 임금 억제에 도움이 된다.[40] '아웃사이더', 즉 장기 실업자는 나이 들고 건강 상태가 좋지 않고 기술 훈련이 안 된 이들로 구성된 추방자 그룹이다. 1977년 독일의 경우 1년 이상 실직 상태에 있는 모든 장기 실업자 가운데 74.5퍼센트가 55세 이상이거나 건강이 나쁘거나 직업 관련 자격 요건을 갖추지 못했다.[41]

이런 사실은 고실업률이 저인플레이션이라는 유일한 혜택을 가져오지 않고, 수요의 증가가 고실업 상황에서도 임금을 높일 수 있는 까닭을 설명해준다. 하지만 애초에 실업률이 증가한 원인은 설명하지 못한다. 이와 같이 실업률 증가의 진짜 주범이 사회민주주의의 사회복지 제도라면 어떻게 성장, 완전고용, 저인플레이션이 '사회민주주의적인' 1950~1960년대에 행복하게 공존할 수 있었을까? 가장 확실한 답은 1970년대에 서유럽 경제가 겪은 외생적 충격에 있다. 그 충격은 고정 평가(fixed parity : 무역 거래, 국제 자본 이동과 결제 시 가치가 다른 각 통화 간의 교환 비율을 확정한다. 이렇게 확정된 일국 통화의 대외 가치를 환평가parity라 하며, 그 평가가 변동하지 않고 고정된 것을 고정 평가라 한다.—옮긴이) 포기에서 초래된 환율 변동과 OPEC 국가들의 유가 인상이었다.

고정환율제 폐지라는 결과가 나온 것은 달러의 신용이 급격히 떨어졌기 때문이다. 이는 미국의 국제적 장악력이 떨어졌음을 방증한다. 미국이 베트남전쟁에 엄청난 돈을 쏟아부었고, 1893년 이후 처음으로 무역 적자(1971년)를 기록했으며, 미국과 국제적 경쟁국의 물가 상승률이 차이가 났고, 유럽과 일본의 정치·경제적 힘이 커졌다. 미국의 국제수지가 거듭 적자를 보면서 전 세계에 달러가 넘쳐났다. 유러달러 시장의 급성장은 물가 상승 압박의 주원인인 과잉유동성(금융시장에서 통화량 공급이 수요를 상회하는 상태—옮긴이)을 불러왔다. 미국은 1971년 8월 15일 달러화의 금 태환성(금이 다른 통화나 재화, 용역의 대가로 자유롭게 교환될 수 있는 것—옮긴이)을 중지했다. 같은 해 12월 스미스소니언 협정Smithsonian Institute Agreement으로 달러는 평가절하 되었다. 달러를 지원할 생각이 없는 서독인에 대한 대응으로 1973년 3월 19일 실질적으로 브레턴우즈 체제(Bretton Woods system : 1944년 7월 전후의 국제통화 질서 공조를 제도화한 것—옮긴이)를 종료하고 변동환율제를 쓰자는 결정이 났다. 1976년 자메이카에서 열린 IMF(국제통화기금) 주요 10개국 재무부 장관 회의에서 새로운 변동 시세 제도가 정식으로 승인되었다.[42]

경제 판도를 좌우하던 달러의 역할이 끝나가는 사이, 긴 호황을 떠받치던 또 다른 주춧돌(즉 저렴한 유가라는 기둥)이 무너졌다. 앞서 보았다시피 인플레이션의 압박은 석유파동 전에 시작되었다. 그렇기는 하지만 유가 상승이 급격하고 극적인 양상(이집트와 이스라엘의 4차 중동전쟁이 이 시기 동시에 일어남)으로 나타나서인지 대중은 1970년대 어마어마한 인플레이션 소용돌이를 OPEC의 유가 인상 결정이 빚은 직접적 결과라고 인식했다.[43] 전례 없는 유가 상승으로 나타난 외부적 충격이 결국 스태그플레이션의 시발점이 되었다고 볼 수 있다. 그러나 그것이 유일한 원인은 아니었다.[44] 긴 불황을 보면 알 수 있듯, OPEC이 일으킨 석유 위기는 물가 안정과 양립되는 실업률에 변화를 준 도화선이나 기폭제 정도에 불과했다.[45] 1980년대 후반 유가와 원자재 가격이 다시 낮아지자, 미미하지만 경제성장이 뒤따랐다.

유가가 점점 올라가는 상황에서 약간의 인플레이션이 차라리 고실업률보다 나았을 것이라는 의견이 나올 수도 있다. 인플레이션이 사람들에게 실업보다 많은 영향을 끼치는 것은 사실이지만, 수입이 인플레이션과 보조를 맞춘다면 직업이 있는 사람들은 딱히 힘든 생활을 하지 않을 것이다. 수당과 물가가 연동되면 연금 수급자와 실업자도 궁핍하게 살 일이 없다. 진짜 문제는 서유럽 경제가 국제무역에 적극적으로 임했고, 결과적으로 상대가격이 변하면(다시 말해 각국의 물가 상승률이 조금이라도 다르면) 국제경쟁력과 경제 실적, 성장, 고용에 당연히 영향을 끼쳤을 것이라는 점이다. 국내에 기반을 둔 사회민주주의 국가들이 국제수지의 제약을 받은 것은 자본주의가 진정한 국제적 시스템이 되었기 때문이다. 고정환율 체제였으면 조정 문제는 심각해졌을 테지만, 1971년 이후 국제무역이 변동환율에 기반을 둔 덕분에 조정은 더 간단해졌다. 스웨덴과 이탈리아는 국제경쟁력 유지 차원에서 정기적 평가절하에 의존했다.

한 국가에서는 확대 정책(경기 부양 정책)이 실행되는데 다른 국가에서는 그렇지 않다면, 확대 정책이 실행되는 국가의 물가 상승률이 다른 국가보다 빨리 높아질 것이다. 더 싼 수입품을 끌어들이면서 경쟁력이 약해지기 때문이다. 다른 국가들을 끌고 가는 '경제 성장의 견인차' 역할을 원하는 미국이나 독일, 일본 등 몇몇 국가의 꿈은 환상에 불과했다. 협조적 확대가 정답일 수도 있다. 다른 나라들이 경제 규모를 축소할 때 수요를 확대하면 역효과를 낳는다. 다른 나라들이 경제 규모를 확대할 때 수요를 줄이는 건 어불성설이다. 1970년대는 협조적 확대로 보다 큰 이득을 얻을 수 있는 시기였지만, 조정이 부재한 상태였기 때문에 모든 경제가 위축되었다. 그러나 민족국가가 계속 힘을 유지하고, 동시대 수많은 정치 공작이 단기적인 속성을 띠기 때문에 초국가적 조정이 효과적으로 진행될 수 없었다. 좌파는 유럽 전역에서 케인스식 협조적 통화 재팽창을 실행하는 데 가장 적합했던 세력으로, 1970년대에도 국가의 경제적 주권이 침식되는 상황에 직면하기를 꺼렸다. 이처럼 좌파 잔존 세력은 국가의 경제적 주권에 대한 신념을 버리지 않았지만, 주목하고 넘어가야 할 두 가지 작은 예외가 있었다. 첫째, 헬무트 슈미트Helmut Schmidt가 1978년 7월 본Bonn 경제 정상회담의 압력에 따라 일방적으로 통화 재팽창 결정을 내린 점이다. 이로 인해 독일 경제는 서구의 경제 회복을 주도하는 '경제성장의 견인차' 위치를 차지할 계획이었다.[46] 하지만 이 시도는 실패로 돌아갔다. 이란혁명과 뒤이어 일어난 2차 석유파동 때문이다. 나중에 슈미트는 이에 대해 크나큰 유감을 표했다. 둘째, 프랑수아 미테랑François Mitterrand이 1980년대 중반 유럽 통합에 전적으로 헌신한 점이다. 미테랑이 유럽 통합에 헌신한 이유는 1981~1983년 프랑스의 독자적 통화 재팽창이 실패했기 때문이다.

이와 같이 실패한 시도를 예외로 친다 해도 국가 경제의 협조

전략은 가망 없는 염원이 넘실대는 공해상에 표류했을 뿐이다. 국제적 통합과 유럽 통합을 논의한다고 많은 노력을 기울이고 이야기를 나눠도, 1930년대 보호무역주의가 남긴 뼈아픈 교훈을 대학과 학교에서 꼬박꼬박 가르쳐도, 대중매체에 자극을 받은 정치인들이 세계 지도자인 체하면서 전형적인 오만함을 드러내는 곳에서 그들이 이해할 수도 없는 힘에 휘둘리며 사치스러운 정상회담으로 끝없이 위장해도, 결국 경제 공조는 갈 길을 잃고 방황했다.

고정환율의 브레턴우즈 체제가 무너지면서 국가 간 조정을 어렵게 만들었다. 변동환율은 의사 결정자들의 운영 범위를 넓혀주었고, 외부적으로 강요된 규율에서 자유로워진 그들은 나름의 거시 경제적 목표를 추구할 수 있게 되었다. 하지만 이것은 독이 든 성배가 되었다. "정책 협조는 거의 언제나 바람직하며, 특히 공급 충격 이후에는 중요해지기" 때문이다.[47]

1970~1980년대에 거시 경제정책은 여전히 국가적 사안이었다. 유럽 각국의 경제는 국제적 추세에 뒤흔들리고 점점 더 상호 의존적이 되었지만, 나름대로 정책을 추진해갔다. 앞서 언급했다시피 유럽 경제는 대세에 따라야 했으나, 똑같은 방식으로 순응하진 않았다. 실업률과 물가 상승률은 어디나 증가했지만, 그 비율이 똑같지는 않았다. 성장이 부진했어도 일률적인 양상을 보이진 않았다. 유가 상승 같은 외생적 충격은 위기를 유발한 원인은 설명할 수 있어도 국가적 차이는 설명하지 못한다. 초국가적 거시 경제모델은 흥미를 불러일으키며 후한 자금을 끌어들일 수는 있으나, 박식한 경제학자들이 잘 알다시피 그런 경우는 흔치 않다. "우리는 대개 제도적 차이를 심각하게 받아들이지 못한다. 한 가지 모델은 언제

어느 곳에서나 적용되어야 한다."[48]

제도적 차이의 주원인은 정책에 있다. 요란 테르본과 프리츠 샤프Fritz Scharpf의 작업가설에 따르면 실업 수준을 결정하는 중대한 원인은 실업을 타개하기 위해 얼마나 헌신하느냐에 달렸다.[49] 이는 단순히 '올바른' 정책을 실행하면 높은 고용률을 달성할 수 있다는 뜻이 아니다. 사회민주주의자들이 사회민주주의자답게 처신할 수 있도록 해주는 특정한 국가적·국제적 상황도 분명 있어야 한다. 결국은 전략적 선택과 유리한 여건이 만났을 때 구체적인 정책 결과가 결정된다. 페터 카첸슈타인Peter Katzenstein이 작은 국가에 관해 다루며 발전시킨 가설을 모든 유럽 국가에 확대 적용해야 한다. "소규모 유럽 국가들은 독특한 방식으로 정치적 선택 사항의 틀을 잡는다. 그 국가들의 선택을 좌우하는 두 가지 힘이 있다. 역사적으로 형성된 국내 구조와 세계경제의 압력. 이 두 가지 힘이 상호작용을 한다."[50]

사회주의 정부가 보수주의 정부보다 지속적으로 완전고용을 옹호했다는 가정을 실증적으로 증명하기란 거의 불가능하다. 누군가는 영국 노동당이 1964~1967년에 파운드화 보호를 우선시했으며, 1976~1979년에 실업보다 인플레이션 억제에 힘썼다는 사실을 손쉽게 입증하겠지만, 같은 기간에 보수당이 훨씬 높은 실업률을 감수했을 수도 있음은 어떻게 증명하겠는가? 스웨덴의 사회민주주의자들은 1970년대에 완전고용이라는 소중한 원칙을 성공적으로 지켰지만, 1976~1982년 실권을 쥔 '부르주아' 연정 역시 똑같은 원칙을 위해 열심히 싸웠다. 1980년대 스페인과 프랑스 사회주의 정부는 일자리를 지켜내는 척하던 태도를 버렸고, 높은 실업률을 감내

할 준비를 했다. 보수당이라면 일자리 보호라는 측면에서 훨씬 더 나쁜 결과를 내지 않았을까?

결국 테르본이 주장하는 바는 '누군가는 일하고 누군가는 실업자가 되는 원인'을 설명해주는 것은 (정당이 아니라) 완전고용에 대한 사회의 헌신 정도라는 점이다. 어쩌면 이런 주장이 타당해 보일 수 있으나, 그것은 실직에 대한 장기적 저항을 설명할 뿐 영원히 지속되는 완전고용을 설명하지는 못한다.

1994년에 이르면 좌파 정부가 더 나은 고용 보호 정책을 제시한다는 관점이 차츰 사라졌다. EC 내부를 들여다보면, 스페인은 EC 평균 실업률(10.9퍼센트)의 두 배가 넘는 23.4퍼센트를 기록했다. 사회주의 세력이 집권한 1981년 이후의 상황이다. 그에 비해 각각 1982년과 1985년부터 보수당이 집권한 독일과 포르투갈은 실업률을 8.3퍼센트, 5.9퍼센트로 유지하며 훨씬 나은 성과를 거뒀다. 사회당이 이끄는 그리스는 4.6퍼센트로 독일과 포르투갈 이상의 성과를 보였다. 보수당이 집권한 룩셈부르크는 실업률 2.2퍼센트를 기록하며 최고의 실적을 올렸다.[51]

완전고용을 위해 전념해도 결국 스웨덴조차 실업률 증가를 받아들일 수밖에 없었다. 애초에 완전고용을 위한 노력과 국가적 개입이 왜 존재했을까? 사회민주주의 전통의 영향력 때문인가? 그렇다면 왜 노르웨이와 스웨덴이 덴마크보다 실업률이 낮았을까? 사회민주주의 전통이 전혀 없는 스위스와 일본의 실업률은 왜 그렇게 낮았을까? 1976~1979년 노동당이 유난히 높은 여론의 지지를 받았다고 알려졌는데, 왜 당시 영국은 노동당 집권 아래에서 완전고용 앞에 백기를 들었을까? 상대적으로 고용 보호 정책을 펼치기 쉬운 나라가 있고 그렇지 못한 나라가 있기 때문에 국가 간 실업률 수준이 차이 났을까? 좌파가 자본주의 황금기의 종말에 어떻게 대면했는지 면밀히 들여다보면 이런 질문들을 보다 날카로운 시선으로 직시할 수 있다.

| 좌파의 흥망성쇠

자본주의 황금기가 막을 내리는 시점은 외견상 좌파의 회생기와 일치했다. 독일에서는 사회민주당SPD이 1972년에 전후 최대의 성과(조기 총선에서 기독민주당CDU을 앞서는 45.8퍼센트로 제1당이 되었으며, 자유민주당FDP과 소연정을 통해 20년 만에 집권했다―옮긴이)를 거뒀다. 영국에서는 에드워드 히스Edward Heath의 보수당 내각이 기나긴 두 차례 파업 기간 동안 광부들의 호된 도전을 받고 무너졌다. 프랑스에서는 1969년 드골Charles de Gaulle이 국민투표에 패하며 사퇴했다. 뒤이어 사회주의 정당이 재편성되었고, 사회주의와 공산주의 통합 작업이 시작되었다. 이런 통합은 1981년 좌파의 승리를 위한 필수 전제 조건이었다. 스페인과 포르투갈, 그리스에서는 독재 정부가 자연스레 사라졌다. 세 나라에서는 1970년대 말, 민주주의가 성공적으로 뿌리내렸다. 북유럽 사회민주주의 정당들이 1970년대에 전성기를 누렸고, 남유럽 사회민주주의 정당들이 1980년대에 굵직한 승리를 거뒀다는 주장은 어느 정도 설득력이 있다.[52] 남유럽 국가에서 사회주의의자들이 거둔 정치적 승리

표 16.3 1970~1989년 14개국의 좌파 주요 당 득표율

단위 : %

	1970	1971	1972	1973	1974	1975	1976	1977	1978	1979	1980	1981	1982	1983	1984	1985	1986	1987	1988	1989
오스트리아	48.4	50.0	-	-	-	50.4	-	-	-	51.0	-	-	-	47.6	-	-	41.3	-	-	-
벨기에	27.2	-	-	-	26.6	-	-	26.5	25.4	-	-	25.1	-	-	-	28.3	-	30.6	-	-
덴마크	-	37.3	25.6	-	-	29.9	-	37.0	-	38.3	-	32.9	-	-	31.6	-	-	29.3	29.9	-
핀란드	23.4	25.8	-	-	-	24.9	-	-	25.0	23.9	-	-	-	26.7	-	-	-	24.1	-	-
프랑스	-	-	19.2	-	13.6	-	-	25.3	-	-	-	37.8	-	-	-	45.8	32.8	-	37.5	-
그리스	-	-	-	-	-	-	-	-	-	-	-	48.1	-	-	-	-	-	-	-	40.7[a]
네덜란드	-	24.6	27.3	-	-	-	-	33.8	-	-	-	28.3	30.4	-	-	-	33.3	26.6	-	-
이탈리아	-	-	27.2	35.3	-	-	34.4	42.3	-	30.4	-	-	-	29.9	-	41.2	-	22.7	-	-
노르웨이	-	-	-	-	-	-	-	-	-	-	-	37.1	-	-	-	-	-	-	-	-
포르투갈	-	-	-	-	-	40.7	36.7	-	-	28.9	28.7	-	-	36.1	-	20.7	44.1	-	-	-
스페인	45.3	-	-	43.6	-	-	42.7	-	-	30.5	-	-	46.5	-	-	45.1	-	-	43.7	-
스웨덴	43.1	-	45.8	-	39.2[a]	-	-	-	-	43.2	-	-	45.6	-	-	-	-	30.8	-	-
영국	-	-	-	-	-	-	-	30.3	-	37.0	-	28.3	-	27.6	-	-	-	-	-	-
서독	-	-	-	-	-	-	42.6	-	-	-	42.9	-	-	38.2	-	-	-	37.0	-	-

주 a 영국(1974년)과 그리스(1989년) : 각각 1974년 10월, 1989년 11월에 치러진 재선거 결과. 영국 노동당의 1974년 2월 득표율은 37.2퍼센트였고, 그리스 사회당의 1989년 6월 득표율은 39.1퍼센트였다.

좌파 주요 당 오스트리아, 포르투갈, 프랑스의 사회당. 스페인의 사회노동당. 노르웨이, 영국, 네덜란드의 노동당. 스웨덴, 덴마크의 사회민주당. 이탈리아의 공산당. 벨기에의 수치는 왈룬Walloon과 플랑드르Flandre의 사회당 득표수를 합한 것이다.

는 1970년대에 좌파로 이행된 전반적 변화를 통해 준비된 것이었다. 그 시기 스페인과 포르투갈, 그리스에서는 독재정치가 막을 내리고, 이탈리아에서는 공산당이 상승세를 탔다.

살아남은 일부 서유럽 공산당은 예전보다 전망이 밝아졌다. 특히 국가의 부흥, 소련과 거리 두기에 박차를 가하던 이탈리아인들은 단기 '유러코뮤니즘'(서유럽 공산당의 자주·자유·민주 노선—옮긴이) 단계에 이르렀다. 대다수 유럽 국가는 격동의 1960년대를 거쳤다. 급진주의 청년층, 페미니스트, 평화주의자 같은 주도적 계층이 새로운 정치를 대중화하며 환경보호론자들과 손잡았다. 그러나 좌파에게 유리한 이런 전개 과정이 성공적인 선거 결과로 이어지진 않았다. 표 16.3은 이 시기에 좌파의 주요 정당이 득표한 비율을 나타낸다.

벨기에와 핀란드, 스웨덴에서는 좌파 주요 정당이 안정세를 유지했다. 비율로 보면 유럽 내 좌파 중 가장 강력한 오스트리아 사회당SPÖ은 1980년대에 쇠퇴 일로를 걸었지만, 열성적인 추종자들이 남아 있었다. 독일 사회민주당도 내리막길로 접어들어, 더디지만 분명 가차 없는 하락세를 보였다. 영국 노동당은 차근차근 표를 잃어갔다. 특히 1980년대에는 영국 역사상 최악의 결과를 맞이했다. 이탈리아 공산당PCI은 1976년에 최고의 결과를 얻었고, 그 후 쇠퇴하기 시작했다. 그러나 공산당보다 규모가 작던 경쟁 상대 사회당은 1980년대 내내 선전했다. 덴마크와 노르웨이 사회주의자들의 득표율은 심하게 오르락내리락했다. 1980년대 덴마크 사회주의 진영의 득표 결과는 이전의 평균치를 한참 밑돌았다. 포르투갈에서는 민주주의로 변환하는 복잡한 상황 속에 사회주의 정당이 처음에는 무시할 수 없는 세력처럼 부상했으나, 1980년대 말에는 유럽 내 약체 사회주의 정당 중 하나로 꼽혔다. 그리스에서는 1981년과 1985년에 유럽 내 강력한 좌파 정당 중 하나로 부각되던 사회당 PASOK이 1989년 회생이 불가능한 위기에 봉착했다. 그렇지만 1993년에 충분히 힘을 되찾으며 정권에 복귀했다. 스페인과 프랑스는 1980년대 선거에서 승리하며 대성공을 거뒀다. 그러다 1993년에는 프랑스의 사회주의 정당이 대참사 수준으로 패했고, 그사이 스페인 사회주의 정당은 과반수 의석을 잃었다. 1994년 이탈리아 사회주의 정당은 1945년 이래 서유럽 국가들을 흔든 금융 스캔들의 격랑에 침몰했다.

이와 같은 통계치는 좌파 주요 정당들을 반신반의하는 표심을 보여준다. 하지만 이를 통해 사회민주주의의 잦은 사망 기사가 사실로 드러났다는 결론을 내리기 전에 두 가지 요소를 살펴봐야 한다. 첫째, 좌파의 주요 정당들이 '잃은' 표를 다른 '좌파' 정당(즉 환경보호론자나 군소 정당 혹은 보다 과격한 사회주의 편대)이 가져갔을 수도 있다. 이로 인해 좌파의 분열이 가속화되었다. 둘째, 선거 결과는 정치적인 힘을 나타내는 유일한 지표가 아니다. 다른 당과 연합을 통해 권력을 유지하는 능력이 그에 못지않거나 그보다 중요할 수 있다.

오스트리아 1986년은 제1당이던 사회당이 심각한 좌절을 맛본 해다. 득표율이 1983년 47.6퍼센트였다가 1986년 41.3퍼센트로 떨어졌다. 보수당은 현상 유지 상태였고, 단일 명부를 제시한 다양한 환경보호 집단으로 구성된 녹색연합과 우파 자유당은 확실한 수혜자가 되었다. 이 신세력은 사회당이 잃은 득표율과 거의 비슷한 4.8퍼센트를 획득했다. 녹색연합을 자연스레 좌파 진영으로 묶어 생각할 수는 없다 해도 녹색연합 측 하원 의원 여덟 명 가운데 일곱은 자신들을 '보수파' 녹색당에 대항하는 녹색대안Grune Alternativen의 일원이라고 선언했다는 점에 주목해야 한다.

벨기에 사회주의 세력은 해당 기간에 비교적 안정을 유지했는데, 1980년대 후반에 이르면 환경보호 정당이 나타나 6~7퍼센트를 확보했다.

핀란드 사회민주주의 세력 역시 비교적 안정적이었다. 그러나 여러 가지 면에서 핀란드 급진주의의 중핵을 상징하던 공산당이 심하게 분열되면서 세력이 약화되었다. 1980년대를 보면 모든 공산당 집단을 합해도 1979년 17.9퍼센트에서 1991년 10.1퍼센트로 떨어진 수치를 확인할 수 있다. 핀란드 녹색당은 1987년에 4퍼센트, 1991년에 6.8퍼센트를 얻었다.

독일 1983년과 1987년에 녹색당은 의회 대의원 선출권을 얻는 데 필요한 5퍼센트가 넘는 득표율을 기록했다. 이들 세력 덕분에 자를란트Saarland 같은 특정 주에서 '사회당과 녹색당' 연대가 생겨났다. 독일 녹색당의 '좌파' 자격은 논쟁할 문제가 아니다. 녹색당이 기독민주당과 연합한 사례가 없었을 뿐 아니라, 그런 연합 자체도 거의 상상할 수 없었다. 1990년 독일이 재통일되었을 때 처음 치른 선거에서 녹색당은 대의원 선출권을 잃었지만, 좌파의 민주당(예전 동독 공산당)은 몇 석을 건졌다.

프랑스 1980년대에는 좌파의 분열이 가속화되지 않았고, 주목할 만한 녹색 정당이 출현하지도 않았다. 1993년의 사회당 완패에 앞서 좌파 득표수가 하락한 것은 전적으로 공산당PCF이 퇴락한 데서 원인을 찾을 수 있다.

그리스 사회당의 성장세는 과거 중도 연합 정당(1980년대에 정치적 생명이 다함)을 중심으로 결집한 중도파의 표를 끌어오는 능력에서 기인한다. 그리스 공산당은 1990년까지 득표율 10퍼센트를 유지했다.

포르투갈 좌파인 사회당PS과 공산당PCP이 함께 쇠퇴했다. 처음 치른 자유선거에서 공산당이 17.9퍼센트(사회당 득표율의 절반 이하)를 획득했고, 1987년에는 사회당이 22.7퍼센트, 공산당이 12퍼센트를 얻었다. 전체 좌파 득표율이 한시적으로 절반 가까이 줄긴 했지만, 비율은 크게 변하지 않았다.

스페인 유럽 전반의 추세와 다른 양상을 보인다. 사회노동당PSOE이 해당 기간 내내 세력을 유지할 수 있었으나, 1982년에는 득표율이 46.5퍼센트였다가 1993년에는 38.7퍼센트로 하락했다. 스페인 공산당PCE은 1979년에 10.8퍼센트로 정점을 찍었다가 1986년에 4.6퍼센트를 기록하며 하향세를 보였지만, 여러 좌파 연합의 보호 아래 점차 가능성을 높여갔다(1989년 9.1퍼센트, 1993년 9.6퍼센트).

스웨덴 녹색당이 도약(1988년 5.5퍼센트)했다고 좌파 지지층이 약해지진 않았다. 좌파는 큰 변화 없이 득표율을 유지했다. 사회민주당은 43~45퍼센트대를 지켰고, 공산당은 4~5퍼센트에 머물렀다. 스웨덴의 좌파가 영역을 넓히긴 했으나, 점점 조직이 파편화되었다.

네덜란드 노동당 득표율은 전체 투표율의 30퍼센트 정도였다. 전반적 정치체제가 점점 분열되는 상황이었지만, 노동당 득표율은 영향을 받지 않았다.

노르웨이 1973년에 노동당DNA 득표율이 눈에 띄게 곤두박질친 원인은 좌파 세력인 사회인민당이 11.2퍼센트를 얻으며 부상한 데 있을 것이다. 이 당은 1975년에 사회당SV이 되었다.

덴마크 덴마크의 상황은 주요 사회주의 정당의 대안으로 꽤 규모가 큰 좌파 정당이 있었다는 점에서 노르웨이, 프랑스, 포르투갈, 그리스와 비슷했다. 이 경우 노르웨이와 마찬가지로 급진적인 사회국민당SF이 대안이 되었다. 1988년에는 대세인 사회민주당이 29.9퍼센트, 사회국민당이 13퍼센트를 얻었다.

영국 영국은 선거제도 때문에 어떤 새로운 정치 진영도 주요 세력으로 부상할 수 없었다. 따라서 노동당의 뚜렷한 하락세가 녹색당이나 급진당이 출현했기 때문은 아니다. 하지만 1981년에는 노동당이 분열되었고, 그 결과 나타난 중도파 사회민주당이 자유당과 동맹(1983년)을 맺은 뒤 결국 통합되었다. 이 중도파 진영은 1983년에 제1야당으로서 노동당을 거의 몰아낼 기세였다. 최소한 선거라는 측면에서 노동당과 중도파(자유민주당) 사이가 보다 팽팽해졌다는 점을 볼 때 야당에 더 큰 분열이 일어났음을 알 수 있다.

이탈리아 좌파 주요 정당인 공산당은 1976년에 정점을 찍은 뒤 쇠락하기 시작했다. 그에 반해 사회당PSI은 공산당과 간극을 많이 좁혔다. 1976년 선거에서 공산당이 사회당보다 네 배 정도, 1987년에는 두 배가 살짝 넘는 득표율을 기록했다. 이렇게 된 배경에는 이탈리아 정치제도의 지속적 분열이 있었다. 좌파에는 군소 급진당, 좌파 정당(프롤레타리아 단결당PDUP), 녹색당이 있었다. 1987년에 공산당이 가차 없이 곤두박질칠 운명처럼 보이긴 했지만, 국민 선거에서 좌파 정당(공산당, 사회당, 급진파, 극좌파, 녹색당) 통합 득

표 16.4 1970~1980년대 좌파 정치 운명의 변화

두드러진 상승세	프랑스(사회당) 그리스(사회당) 네덜란드(노동당) 이탈리아(사회당) 스페인(사회노동당)
두드러진 하락세	오스트리아(사회당) 덴마크(사회민주당) 독일(사회민주당) 이탈리아(공산당) 포르투갈(공산당, 사회당) 영국(노동당) 프랑스(공산당)
큰 변화 없음	벨기에(사회당) 핀란드(사회민주당) 노르웨이(노동당) 스웨덴(사회민주당)

표율은 47퍼센트를 기록했다. 이는 이탈리아의 좌파가 도달한 수치 중 역사상 최고 기록이었다. 1992년에는 인민당인 북부동맹NL이 이탈리아 북부 대다수 지역에서 가장 우세한 세력이 되었고, 반反마피아 정당인 라 레테La Rete는 여러 정당들이 점점 복합적으로 확산되는 흐름에 합류했다. 1992년 이후 이탈리아 정치 체계가 전면적으로 수정돼 사회당이 사라지기에 이르렀고, 공산당은 좌파민주당 PDS이 되었다.

1970~1980년대에 좌파 주요 정당들이 선거에서 어떤 성과를 보였는지 위의 표에서 확인할 수 있다.

표 16.4는 전체 지형도에서 일부만 보여준다. 오스트리아 사회

당, 영국 노동당, 프랑스 공산당은 전부 '쇠퇴'했지만 그 과정은 제각각이었다. 오스트리아 사회주의 세력의 '쇠퇴'는 수치상으로 큰 낙차를 보였을지 모르나, 이들은 1980년대 내내 오스트리아 제1당으로서 정권을 유지했다. 반면 영국 역사상 가장 뚜렷한 하락세를 보인 노동당의 쇠퇴는 많은 이들 눈에 불치병처럼 비쳤다. 프랑스 공산당에도 비슷한 예측이 나왔다. 전반적으로 보면 명확하게 정리되는 일반적 경향이 나타나진 않았다.

이쯤에서 실제로 집권에 성공한 사례를 살펴볼 필요가 있다. 1981~1984년 프랑스에서 수립된 사회주의와 공산주의 연정처럼 오로지 좌파 정당으로 구성된 정부, 1980년대 후반의 오스트리아 정부나 1970년대 독일의 사회민주당과 자유민주당 연정처럼 좌파 제1당이 우세한 정부만 보자. 표 16.5의 별표는 '좌파' 집권 연도를 나타낸다.

포괄적으로 일반화할 부분은 보이지 않는다. 좌파는 해당 기간 내내 오스트리아에서 정권을 장악했다. 스웨덴에서는 상당 기간, 노르웨이와 덴마크에서는 1980년대보다 1970년대에, 독일에서는 1970년대와 1980년대 초에만, 프랑스와 스페인에서는 1980년대에만 좌파가 정권을 잡았다. 벨기에, 핀란드, 포르투갈, 네덜란드, 이탈리아는 좌파 다수당이 집권한 적이 거의 혹은 아예 없을 정도다. 영국은 노동당이 1970년대에 고작 몇 년간 실권을 잡았다(근소한 표 차이로 의석을 차지한 수준). 1980년대에 영국과 독일의 좌파가 맥을 못 추고, 이탈리아 좌파가 의견 차이를 봉합하거나 권력을 얻는 능력을 보여주지 못한 사실(유럽에서 유일하게 좌파가 권력을 한 번도 잡지 못한 국가가 이탈리아) 자체가 사회주의의 위기를 드러내는 중요

표 16.5 1970~1989년 유럽 14개국의 좌파 정부

	오스트리아	벨기에	덴마크	프랑스	핀란드	독일	그리스	네덜란드	이탈리아	노르웨이	포르투갈	스페인	스웨덴	영국
1970년	*					*							*	
1971년	*	*				*							*	
1972년	*	*				*							*	
1973년	*					*				*			*	*
1974년	*					*				*			*	*
1975년	*		*			*				*			*	*
1976년	*		*			*				*	*			*
1977년	*		*			*				*	*			*
1978년	*		*							*				*
1979년	*		*							*				
1980년	*		*											
1981년	*			*			*							
1982년	*			*			*					*	*	
1983년	*			*			*					*	*	
1984년	*			*			*					*	*	
1985년	*						*			*		*	*	
1986년	*									*		*	*	
1987년	*									*		*	*	
1988년	*			*								*	*	
1989년	*			*						*			*	

한 단서다. 그러나 독재 정부의 종말에 뒤이어 좌파가 부활한 스페인, 포르투갈, 그리스의 사례와 전후 최초의 사회주의 정부가 주도한 굵직한 시도를 보여준 프랑스의 경우를 앞선 국가들과 비교해봐야 한다. 국민투표 득표율, 국회에서 확보한 의석수, 집권하는 동안 보여준 영향력이 1900년대 후반 수십 년간 사회주의 전통의 유효성을 확립하는 데 중요한 의미를 띤다지만, 전체적인 그림은 여전히 흐릿해 보인다. 전성기 이후 좌파의 여정을 제대로 정찰하려면 보다 깊이 있는 역사적·정치적 분석이 필요하다.

17장

군소 국가의 사회민주주의 :
오스트리아, 스웨덴, 네덜란드, 벨기에

16장에서 살펴본 1970~1980년대 경제 관련 자료에는 완전고용을 유지한 오스트리아와 스웨덴, 노르웨이의 두드러진 성과가 잘 나타난다. 세 나라에는 1970~1990년 거의 모든 기간 동안 사회주의 정부가 있었다. 사회주의 세력을 포함한 사실상 영구적 연합 정부가 집권한 스위스는 고용과 물가 안정 측면에서 앞의 세 나라와 비슷한 성과를 올렸다. 완전고용과 물가 안정은 스위스의 사회적 평화에 중요한 경제적 근간이 되었다. 따라서 스위스는 마이너스 성장이나 다름없는 비용을 지불하면서까지 완전고용과 물가 안정이라는 두 기둥을 지켜내고자 전력을 다했다. 스위스의 이 같은 성과는 전체적인 맥락에서 살펴봐야 한다. 스위스는 대다수 실직 노동자가 임시 허가를 받은 외국인인데다, 실직하면 스위스를 떠나야 하는 규제가 있었기 때문에 실업률이 대체로 낮았다.[1] 스위스는 사실상 실업률을 수출한 셈이다. 스위스가 석유파동이라는 역경을 무사히 헤쳐 나가게 해준, 가혹한 디플레이션의 최대 희생자는 외국인 노동자였다. 오스트리아나 독일 역시 이민 제한과 본국 송환에 기댈 수밖에 없었다. 그렇지만 규제 강도가 스위스 같진 않았다. 이런 정책은 사회주의자들 사이에서 논란을 일으켰으나, 그 정도는 미미했던 것 같다. 적어도 오스트리아에서는 노동조합이 이민 제한과 본국 송환 정책을 적극적으로 지지했다. 영국은 보수당과 노동당 모두 이민을 점차 제한했지만, 실현 가능하거나 바람직한 선택 사항으로 본국 송환을 심각하게 고려하는 분위기는 아니었다(영국에서는 다른 나라와 달리 대다수 이주 노동자들이 영국 국민이 되거나 시민권을 얻기가 쉬웠다). 극우파, 민족주의자, 이노크 파월Enoch Powell 같은 보수당 안팎의 인종차별주의자들만 본국 송환 정책을 옹호했다.

이 장에서는 1970~1980년대 서유럽 사회민주주의의 성공 모델로 꼽히는 오스트리아와 스웨덴의 이야기에 집중하고자 한다. 두 나라는 좌파가 힘을 못 쓰는 네덜란드나 벨기에와 대조되고, 인구와 사회적 안정 측면에서도 비교할 만하다.

오스트리아

스웨덴은 서유럽 사회민주주의를 보여주는 가장 확실한 모범 사례다. 그렇지만 오스트리아는 또 다른 면에서 사회민주주의의 유력한 성공 사례로 꼽힌다. 스웨덴 사회민주당SAP이

집권 44년 만인 1976년에 처음으로 패배를 맛보며 1982년까지 정권에서 물러나 있는 동안 오스트리아 사회당은 1970~1980년대에 줄곧 권력을 유지했다. 1970~1983년에는 독자적 힘으로, 1983~1986년에는 오스트리아 자유당FPÖ과 연정 형태로, 1986년 이후에는 보수주의 오스트리아 국민당ÖVP과 연정 형태로 정권을 이어갔다. 사회당은 1971년 국민투표에서 절대다수의 지지를 얻었다. 이는 서유럽에서 보기 힘든 성과였다. 정치적 결과보다 중요한 성과는 경제 분야에서 나타났다. 이 기간 동안 오스트리아는 매우 높은 고용률을 유지하며 인플레이션을 억제하는 이례적인 위업을 달성했다. 전후 기간이라는 전체적 상황을 고려한다면 오스트리아의 성장률이 그리 대단해 보이지 않기도 한다. 1950년대의 높은 성장률은 1960년대로 이어져 OECD 회원국 평균치(3.9퍼센트)와 비슷한 수준을 보였다. 제대로 된 성과가 나온 시기는 오스트리아가 경기 불황의 흐름에 맞선 1970년대였다. 이 시점은 사회당 집권기인 '크라이스키Bruno Kreisky 시대'와 맞아떨어진다.[2]

훌륭한 경제 운영 능력은 사회당이 20여 년간 선거에서 연이어 승리를 거둔 주된 근거였다. 다른 요소들 또한 사회당이 국민투표에서 다수표를 확보하는 데 중요하게 작용했다. 우선 국가의 중립 정책이 널리 받아들여졌다. 이 정책은 1955년 평화조약의 대가로 소련과 벌인 협정 내용 가운데 한 부분이었다. 중립 입장으로 전환하는 데 압박은 전혀 없었다. 중립 정책은 대중적 지지를 받았고, 국익에 부합한다는 면에서 대다수 사람들이 받아들였다. 다른 나라에서는 좌파 정당이 동서의 갈등에 대처하는 데 우파 정당들보다 신뢰가 떨어진다고 평가받았다. 오스트리아와 스웨덴의 사회주의자들은 그런 문제에 시달리지 않았다. 오스트리아 총리 브루노 크라이스키는 스웨덴 수상 올로프 팔메Olof Palme, 서독 총리 빌리 브란트Willy Brandt처럼 국제 문제에 명확한 태도를 취했다. 그는 동서 간의 대화, UN(국제연합, 오스트리아군은 중동과 키프로스에서 꾸준히 평화 수호 임무를 수행했다), 제3세계를 위한 더 나은 협정 등에 찬성하며 부단히 노력했다. 크라이스키는 특히 팔레스타인Palestine 사람들의 정식 대표 격인 PLO(팔레스타인해방기구)를 인정하는 데 적극적으로 동조하면서 두각을 나타냈다. 중립국의 수장이자 독립심 강한 유대인 지식인이니 1979년에 국가원수로서 야세르 아라파트Yasser Arafat를 예우하며 환영하는 배포를 보여줄 수 있었을 것이다. 당시만 해도 서구 언론은 팔레스타인 지도자를 국제 테러리스트 정도로 평했다.

크라이스키의 노력은 올로프 팔메나 사회주의 인터내셔널 대표 빌리 브란트의 노력과 마찬가지로 국제 정세에 별다른 영향을 미치지 못했다고 주장할 수도 있다. 국제 관계 통제권은 초강대국들의 수중에 있어서 주변 군소 국가나 무력한 국제기구의 영향을 받을 리 없었다는 이유에서다. 하지만 이런 주장은 중요한 부분을 놓치고 있다. 특정한 목적을 위해 중립 정책을 활용하는 것, 이를테면 동서 간의 중재나 다른 여러 나라가 국교를 맺지 않은 나라에 문호를 개방하는 것은 사소한 사안이 아니다. 냉전 정치에는 특별한 유형의 부정적 자세, 즉 가식적인 태도가 필요했다. 어떤 대상과는 대화도 하지 않고, 어떤 대상은 좀처럼 인정하지 않았다. 당시 국제 정세가 이렇다 보니 상황이 더 악화되지 않는다면, 어느 한쪽을 선택하지 않고 다른 이들이 배척하는 대상과 대화할 수 있는 정치인과 정당도 필요했다. 군소 중립국의 기능은 대결의 정치에서 벗어나 비공식적인 소통 창구를 지키려는 노력에 있었다. 이처럼 유연한 태도는 결과적으로 초강대국에 도움이 되었다. 크라이스키는 본국에서 상당한 지지를 받으며 이 모든 상황을 노련하게 이용했다. 작은 나라 국민의 입장에서 자기 나라가 국제적인 역할을 수행할 수 있으며, 다른 나라의 부하나 볼모 위치에 있지 않다는 인식은 언제나 커다란 자부심으로 작용한다. 따라서 사회당의 외교정책은 사회주의 외교정책의 이중 임무를 수행했다. 즉 국가 간 긴장 완화에 기여했고, 동시에 대중이 사회주의를 받아들일 수 있는 가능성을 높였다.

오스트리아 사회주의의 수많은 자산 중 첫째가 '유리하게 이용할 수 있는' 국제적 지위였다면, 둘째는 국민당과 오랜 동거(1945~1966년)를 통한 집권 기간 동안 자신들의 당을 완벽하게 정당화正當化한 것이었다. 이제 아무도 사회당이 경제를 운영하지 못할 것이라거나, 사회당 단독으로 정부를 이끈다면 오스트리아가 사회적으로나 경제적으로 위험한 실험을 할 수밖에 없다는 강경한 주장을 펼 수 없게 된 것이다. 공공 부문의 직책을 정당 간 분할하는 비례대표제 proporz는 사회당이 강력한 기득권층과 대결하지 않게 확실히 지켜주는 방패막이 되었다. 말하자면 영국처럼 '정당보다 우위'에 있거나 프랑스와 이탈리아처럼 반대파를 지지하는 보수적인 기득권과 맞설 필요가 없었다. 사회당은 비례대표제 덕분에 재정·경제 기관에 참여하게 되었고, 공공 부문 행정에서 전문 지식과 풍부한 재능으로 역량을 발휘했다. 가치관을 공유하지 않는 전문가를 써야 하거나, '중립적인' 공무원에게 의존하거나, 과거의 정적을 지명(영국 노동당은 국영화된 산업 분야에 과거 정적들을 임명했다)할 필요가 없었다. 비례대표제 원칙은 대형 국영화 부문에도 적용되었는데, 보수적인 국민당이 정당 차원에서 국영 분야 보호에 큰 관심을 기울였다(이탈리아의 기독민주당이 그랬다). 이런 상황은 오스트리아에서 대처 스타일 신자유주의가 발전하는 데 어느 정도 장애물이 되었다.

셋째, 오스트리아 사회당은 매우 크고 조직이 든든한 사회주의 정당이었다. 당원 규모가 줄어들긴 했어도(1971년 70만 3000명에서 1989년 61만 7000명으로 줄었다) 강력한 정당이었다.³ 비율로 따져보면 오스트리아 사회당은 서유럽 최대 정당이었다. 오스트리아 전체 유권자 가운데 3분의 1이자, 총인구의 9.6퍼센트가 사회당 당원이었다.⁴ 오스트리아 사회당도 스칸디나비아와 독일의 사회민주당이나 이탈리아 공산당처럼 수많은 보조 단체의 지지를 기꺼이 받아들였다. 이중에는 사회당과 긴밀한 관계인 단체들도 있었다. 예를 들면 '사회주의 자유 전사와 파시즘 희생자 연맹'(1990년 회원 수 1982명), '스포츠와 신체 문화 노동자협회'(1990년 회원 수 108만 명) 같은 단체가 있었다. 사회당과 느슨한 연대 관계를 유지하는 단체도 있었다. 우습게 들릴 수도 있지만 실제로 '오스트리아 소규모 정원사 중앙협회' '소규모 농장주와 애완동물 사육업자 모임' '노동자 우표 수집자 제1오스트리아연합' 같은 단체가 사회당과 관계를 맺었다.⁵ 사회당 당원 중 열에 하나는 '신뢰받는 대리인Vertrauenspersonen'이었다. 말하자면 이들은 각 당원을 정기적으로 만나 고충을 들어주는 훈련된 활동가였다.⁶

사회당의 넷째 자산은 규모가 상당한 오스트리아 공공 부문이었다. 오스트리아인들이 선호하는 표현에 따르면 '공동경제

Gemeinwirtschaft'다. 5장에서 언급했듯이 공동경제의 기원은 2차 세계 대전 이후 독일 자산의 국유화에서 찾을 수 있다. 이런 국가 차원의 인수는 당시 오스트리아를 점령하던 서방 연합국과 국민당의 승인을 받아 진행되었다. 따라서 공공 부문은 자유 시장 철폐에 급급한 사회주의 '도그마'의 결과물이 아니었다. 오스트리아는 노동인구 중 20퍼센트가 종사하는 광업, 화학공업, 기계공업 등 산업 분야의 주주인 상위 은행 세 곳이 주도하는 상황이었다.[7] 국영 은행에는 사회적 책임이라는 명목으로 산업 분야에 대출해주라는 정치적 압력이 가해졌다. 그러나 상업 논리를 무시한 결과는 부정적이었다. 1981년 악성 부채가 누적되어 오스트리아 두 번째 대형 은행인 오스트리아국가은행Österreichische Länderbank이 무너졌고, 정부에서 막대한 자금을 투입해야 했다.[8]

중앙 조직화도 덜 되고, (철과 석탄 산업을 제외하면) 거의 공익사업 체계였던 영국의 공공 부문과 달리 오스트리아의 국가 소유 체제는 이탈리아 상황과 유사했다. 국유재산은 공영 지주회사인 오스트리아산업지주회사ÖIAG가 관리했다. 이 회사는 200개가 넘는 국영기업을 감독했다. 집권당은 이런 수단을 마음껏 활용해 제조업과 은행에 상당한 권한을 행사할 수 있었다. 제조업 분야의 임금과 관련해 국가가 직접적으로 발언할 권리가 있었기 때문에 소득정책에 대한 노동조합과 합의는 더 신뢰를 받았다. 게다가 높은 고용률을 유지하기 위해 인위적으로 공공 부문을 확장할 수 있었다. 1973~1983년 국영 부문 정리 해고 비율은 민영 부문의 절반이었다.[9] 나중에 살펴보겠지만 이와 유사한 정책이 스웨덴과 이탈리아에서도 채택되었다. 공공 부문에 인원을 초과 배치하는 것을 나쁘게만 보는 것은 흔한 오해다. 실제로 그 안에는 간혹 경제적 이유가 포함되기도 하니까 무조건 나쁘다고 단정 짓지 않는 편이 현명하다. 예를 들어 1966~1967년 회복기에, 노동력이 남아도는 오스트리아 공공 부문은 경쟁 상대인 독일의 민영 부문에 비해 상당히 유리한 위치에 있었다. 남아도는 노동력을 바탕으로 생산을 확대할 수 있고, 그로 인해 새로운 시장에서 기회를 선점한다는 점이 그렇다. 많은 비용을 들이고 힘들게 감원해서 규모를 줄인 독일 기업들은 오스트리아에 비하면 대처 능력과 의욕이 부족했다.[10]

사회당의 또 다른 정치적 자산은 노동조합과 의견 일치를 보는 기업에 기댈 수 있었다는 점이다. 오스트리아의 소득정책은 영국을 비롯한 몇몇 나라들처럼 임금 상승을 막기 위한 비상수단이 아니라 1945년 이후 경제 운영의 특징이 된 사회적동반협력제도 Sozialpartnerschaft의 중심 요소였다. 이 소득정책은 전후 재건 기간이나 뒤이은 자본주의의 대호황 혹은 그다음에 이어진 전 세계적 불황에도 끊임없이 정치 생활의 핵심적인 부분으로 작용했다. 이것을 경제 불황의 대가를 노동자들에게 치르도록 강요하는 정치적 도구로 볼 수는 없다. 오스트리아의 소득정책에는 고도로 집중화된 노동조합 운동(오스트리아 노동조합총연맹ÖGB)이 필요했다. 이런 노동조합주의 양상은 스웨덴과 노르웨이에서도 특징적으로 나타나고, 그보다 약한 강도로 독일에서도 특징을 보이지만 프랑스와 영국, 이탈리아에서는 거의 나타나지 않았다. 1980년대 초반까지 주요 경제적 변수는 정부, 노동조합, 고용주협회 구성원이 포함된 이른바 노사정위원회Parity Commission에서 따로 결정했다.

오스트리아 노동조합총연맹은 영국을 제외한 다른 나라 노동조합과 마찬가지로 공식적으로 사회당과 분리된 상태를 유지했다. 그러나 내부는 조직화된 사회민주주의자들이 지배했다. 크라이스키 내각의 5분의 1, 사회주의 하원 의원 가운데 3분의 1이 노동조합원이었다. 오스트리아 노동조합총연맹은 영국 노동조합회의TUC와 달리 노동조합 연합보다 월등한 수준이었다. 구성원들은 노동조합총연맹에 직접 회비를 냈고, 노동조합총연맹은 다양한 조합에 지속적으로 자금을 제공했다. 노동조합총연맹은 파업자금을 유치하면서 어떤 파업을 지원해 노동분쟁에 통제권을 유지해야 할지 결정했다. 오스트리아 노동조합총연맹은 스웨덴과 달리 화이트칼라와 블루칼라 노동자를 모두 포함하는 조직이었다. 노동조합총연맹의 강점과 중앙집권화 덕분에 효과적인 소득정책이 행해졌다. 그 바탕에는 정부가 노동조합의 전반적인 협상 조건에 힘을 실어줌으로써 노동조합을 보완해줄 것이라는 믿음이 있었다. 오스트리아는 1980년대에 다른 나라에서 사회주의 정당을 약하게 만든 공영과 민영 부문 노동조합의 극심한 분열을 겪지 않았다.

오스트리아 경제가 여러 가지 원인 덕분에 위기에 큰 영향을 받지 않았다는 점 또한 사회당에 분명한 이점이었다. 첫째, 1960년대 중반에 채택된 제한적 임금정책과 정부의 산업투자 동시 촉진 방안이 석유파동 이전부터 오스트리아의 국제경쟁력을 상당히 높여줬다. 둘째, 모든 소규모 경제가 그렇듯 오스트리아 경제가 주변의 큰 국가들에 의존하긴 했으나 다행스럽게도 이웃에 성공한 독일이 있었다. 물론 1930년대에는 이를 다행이라고 말하지 않았겠지만, 이후 독일은 충분히 의존할 만한 나라였다. 더군다나 오스트리아 수출품 5분의 1은 코메콘(COMECON, 상호경제원조회의 : 소련을 중심으로 한 동유럽 공산권 경제협력 기구—옮긴이) 국가들을 비롯해 당시 경제·정치적 안식처였던 유고슬라비아로 직행했다.[11] 셋째, 오스트리아의 서비스산업(관광산업, 소매업, 공공 부문)에 빈자리가 아주 많았다. 서비스산업은 1960년대 후반의 호황기 동안 제조업과 임금 경쟁이 되지 않았기 때문이다. 이 부분은 나중에 경기 불황이 시작된 이후 오스트리아에 유리한 점으로 작용했고, 서비스산업은 일자리를 제공할 수 있는 주요 경제 분야가 되었다. 마지막으로 석유파동 자체가 전 세계적으로 1차 생산물 붐을 일으켰고, 덕분에 오스트리아와 스웨덴의 원자재 산업이 직접적으로 이득을 봤다. 원자재 산업은 대부분 국가가 장악하고 있었다.[12]

오스트리아 사회주의의 '현대화'는 극단적인 유혈 사태 없이 달성되었다. 많은 사회주의 정당들처럼 오스트리아 사회당에게 '현대화'란 본질적으로 산업 노동계급의 중요성을 희석하거나 포기하는 것이며, 자본과 노동의 계급투쟁을 의미했다. 이 점은 얼마간 정당의 탈脫프롤레타리아화(유럽 전역의 좌파 정당 사이에 나타난 추세)를 반영했다. 1970~1978년 사회당 당원 가운데 노동계급이 차지하는 비율이 38.3퍼센트에서 29.9퍼센트로 떨어졌다.[13]

1975년에는 정책을 재검토했다. 정당 민주주의, 여성, 청소년, 레저 등의 사안을 다루는 실무진이 꾸려졌다. 관련 문서가 작성되었고, 가톨릭교도와 진보주의자들이 지지를 호소했다. 이데올로기는 그리 강조되지 않았다.[14] 소득분배가 등한시되었다[15]고 여러 번 항의한 에곤 마츠너Egon Matzner는 1978년 정강위원회 수장으로서 사회주의자들의 미해결 '문제 목록Problemkatalog'을 작성했다.[16] 마지막 문건 「자유, 평등, 정의, 연대Freedom, Equality, Justice and Solidarity」

는 1978년 만장일치로 정당의 새로운 기본 강령이 되었다. 그러나 영국 노동당 당헌 4조(생산 분배와 교환 수단의 공동소유—옮긴이)나 프랑스 공산당의 '프롤레타리아 독재'처럼 결속력을 높이는 이념적 접착제, 즉 마르크스주의에 대한 헌신과 '계급 차별이 없는 사회'라는 목표는 건드리지 않았다.[17] 이런 정책 재검토가 정당 내의 좌파를 끌어들이려는 의도였으며, 그사이 정부가 실리적으로 자기 길을 갔음을 암시하는 증거는 상당히 많다.[18] 하지만 좌파의 「바트고데스베르크 강령 Bad Godesberg Programme」(독일 사회민주당이 1959년 11월 바트고데스베르크 전당대회에서 채택한 강령. 2차 세계대전 이후 상황 변화에 따라 생산수단의 사회화 같은 사회주의적 지향에서 탈피해 그리스도교의 윤리, 자유, 공정, 인도주의에 입각한 민주주의 등을 강령으로 채택했다.—옮긴이)이 선거에 영향을 끼친 것 같지는 않다. 투표 결과를 보면 시민 가운데 64퍼센트가 새로운 강령에 대해 들었다 해도 그 내용은 막연하게 알았다. 즉 모든 유권자는 일자리 보장과 완전고용 유지가 주요 공약일 것이라고 추측할 뿐이었다.[19]

당의 결속력을 적정 수준으로 유지하면서 현대화한 것은 마땅히 성공으로 평가받아야 한다. 크라이스키는 당의 강령에서 장기 목표를 없애거나 '신좌파'를 제거하기 위해 실용주의를 이용한 적이 전혀 없었다.[20] 이에 반해 크라이스키는 1976년 3월 12일 중요한 연설 '1980년대를 향하여 Aufbruch in die 80er Jahre'에서 오스트리아 사회주의가 직면한 장기 과업, 즉 복지국가 Wohlfahrtsstaat 넘어서기를 언급했다.[21] 스웨덴 사회주의의 영향을 받은 그는 사회민주주의가 세 가지 단계를 밟아 성취되어야 한다는 견해를 받아들였다. 첫째, 정치적 민주주의(선거권). 둘째, 복지국가. 셋째, 사회 모든 영역의 완전한 민주화.²² 장기적인 목표를 향한 이런 노력 덕분에 정당의 좌파 지도자 요세프 힌델스Josef Hindels는 1974년 당대회에서 발표한 크라이스키의 현대화 계획을 열렬히 찬성하게 되었다. 힌델스는 사회적 동반협력제도를 또 다른 계급협조이론이라고 끊임없이 공격한 인물로, 크라이스키를 지지하면서도 "현대 오스트리아가 자본주의적인 오스트리아로 남아 있다"고 개탄했다.²³ 크라이스키는 지속적으로 좌파의 지지를 받았다. 그는 1979년 전당대회에서 오토 바우어Otto Bauer의 가르침에 경의를 표했고, 힌델스는 크라이스키를 진정한 오스트리아 마르크스주의자라고 칭하며 경의를 표했다.²⁴

마지막으로 사소하지 않은 요소를 꼽자면, 오스트리아 사회당은 브루노 크라이스키 개인의 신뢰성과 긍정적 정치인이라는 이미지 덕분에 수월하게 임무를 수행했다. 1975년 선거 구호는 '크라이스키—그 말고 누가 있는가?', 1979년 구호는 '오스트리아는 크라이스키가 필요하다'였다. 별로 특색 없는 정치가들이 연이어 대표 자리에 오른 오스트리아 국민당은 무력한 모습을 보여 사회당의 행보에 힘을 실어줬다. 사실 국민당은 사회당의 과도한 국가관리주의étatisme에 대항한답시고 사회적동반협력제도의 원리를 지나치게 많이 가져다 썼다. 1971~1975년 국민당은 사회당의 전체 법률 가운데 88퍼센트를 지지했다.²⁵ 그 안에는 사회당이 공표한 사회 개혁안이 대부분 포함되었다. 이를테면 법정 유급휴가를 연간 4주에서 5주로 늘리는 법안, 남녀평등 법안 등이 그에 해당된다.²⁶ 1970~1975년에는 주당 법적 노동시간이 차츰 줄었다. 1970년에 두 시간이 줄고, 1973년에는 한 시간, 1975년에는 두 시간이 더 줄었다. 그 결과 전체 고용률이 1.5퍼센트 증가했다.²⁷ 1972~1975년에는 정부가 학생들을 위해 무료 통학, 교재 무료 배부 제도를 도입했다. 연금과 가족수당이 늘어났다. 신혼부부와 출산 가정은 현금 보조를 받았고, 모든 사람들이 무료 건강진단을 받을 수 있었다.[28] 1979년 사회당의 선거공약을 보면 오스트리아 국민이 이보다 풍족한 생활을 누린 적이 없으며, 어느 때보다 잘 입고 잘 먹고 산다는 점을 강조했다.[29]

종합적으로 볼 때 이 모든 요소들이 1970년대 오스트리아 사회주의의 전반적인 성공에 일조했다. 온건한 노조와 실링화의 강세(1969년 평가절하 이후 마르크화에 묶임) 덕분에 인플레이션이 억제되었다. 정부와 협력을 통해 민영 부문이 현대화되면서 성장세가 유지되었다. 사회당이 시종일관 예산 부족보다 일자리 창출 프로그램에 집중했기 때문에 완전고용이 지켜졌다. 이런 정책 혼합의 성공을 오스트리아식 케인스주의라고 한다면 이것이 여러 나라에서 하나의 '모델'이 된 것, 그리고 재정적 건실성에 집착하는 통화주의자들(특히 영국 우파)의 정통 통화주의와 비교해서 호의적으로 받아들여지는 것은 그리 놀랍지 않다.[30]

이 같은 사회민주주의의 기적은 투자를 촉진하는 친자본주의 정책에 확실하게 의존한 결과였다. 물론 우리는 여기에서 말하는 '자본주의'의 많은 부분이 국가의 수중에 있었다는 점을 명심해야 한다. 그렇다고 오스트리아에 합리적 산업 정책이 있었다는 뜻은 아니다(오스트리아의 목표가 완전고용이었다는 점은 예외로 둔다).[31] 대신 매우 효과적인 단기 위기관리 정책이 있었다. 문제가 생기면 막대한 자금이 투입되었고, 문제는 일시적으로 사라졌다. 수많은 계획안으로 투자 촉진에 성공했다. 가장 중요한 것은 간접세에 기초한 우대 조치—사실상 기업이 자본금을 늘리지 않게 하는 감가상각 충당금 제도 같은 것—와 이자율 보조금 지급이라는 고비용의 대규모 프로그램이었다. 오스트리아가 개인기업 경영자들에게 제안한 재정적 유인책은 세계 최고 수준으로, OECD 국가 중에서도 상위였다. 석유 호황의 덕을 본 노르웨이와 일본 정도가 오스트리아보다 높은 GNP 대비 투자율을 책정했다.[32]

높은 성장률과 고용률, 낮은 물가 상승률은 오스트리아가 사회주의 정권에서 얻은 성과였다. 그렇다면 잃은 것은 무엇일까? 신자유주의자들은 보조금 지급이 혁신을 저해한다고 주장하면서 오스트리아의 공공 부문 기업이 민영 기업만큼 현대화되지 못한 사실을 가장 대표적인 실패 사례로 제시했다. 전통적인 노동조합 사회주의자들은 자본가들이 노동자보다 많은 것을 얻는다고 항의함으로써 신자유주의자들 의견에 상응하는 타당한 주장을 내놓았다. 1980년대 내내 오스트리아의 실질임금 상승률은 다른 나라에 비해 낮았다.[33] 그러나 대다수 오스트리아 노동조합원들은 기업과 확실한 공감대를 형성했다(국가가 매우 많은 기업을 소유했다). 그들은 대결보다 협상에 익숙했고, 분배보다 성장을 간절히 원했다. 이는 국유화 지지자들이 원하는 바는 아니지만, 국영 부문의 상당한 규모가 노동조합이 '친자본주의적' 관점을 갖게 했을 수 있다. 그럼에도 이런 사회민주주의 모델의 운명은 국가자본주의의 운명과 밀접하게 연관되었고, 국가자본주의의 운명은 국제경제의 운명에 달렸음이 분명했다. 이처럼 국가자본주의와 국제경제의 중요성 때문에 오스트리아 사회당은 야당에 회유적인 태도를 취하긴 했으나, 의회 다수당이라는 위치 덕분에 정적을 함부로 다룰 수 있었을 것이다. 이쯤에서 잠정적 결론이 나온다. 오스트리아 모델은 더 잘 알려진 스웨덴 모델처럼 하나의 모범으로 삼을 수 있는 게 아니다. 이는 모방하거나 들여와서 쓸 수가 없다. 말하자면 이 모델은 역사적으로 결정된 상황과 제도적 발전에 기초한 것이다. 그 여러 상황과 발전 중 많은 부분은 외부적으로 강요된 중립 정책부터 오스트리아 경제의 구체적인 특징까지 사회주의자들의 자유의지라든가 그들의 강령 혹은 능력에서 비롯된 결과물이 아니었다. 보수 야당은 사회당 못지않게 많은 부분에서 사회주의적 성취에 기여했다. 따라서 이 이야기는 역설로 가득하다. 사회당이 성공한 바탕에는 그들이 '친자본주의적'이었고, 정적들은 반노동계급이 아니었다는 이유가 있다.

오스트리아 모델은 역경에 흔들리지 않고 성취한 놀라운 성공담도 아니다. 1983년 사회당은 전체 의석의 과반수를 잃었다. 존경받는 브루노 크라이스키가 건강상의 이유로 사임했고, 카리스마가 다소 부족한 프레트 지노바츠Fred Sinowatz가 총리에 취임했다. '절대다수당이 없는' 의회였다. 두 주요 정당은 각각의 하위 집단에 대한 통제력을 잃어갔다. 이것은 유럽 전역에 나타난 현상으로 벨기에와 네덜란드에서는 '탈지주화de-pillarization', 영국에서는 '탈편성de-alignment'이라고 불렀다. 이 지점에서 "오스트리아 정당 체제에서 사회당이 패권을 잡던 시절이 막을 내렸다"는 주장이 가능해진다.[34] 지노바츠는 오스트리아 자유당과 연정을 협상했다. 자유당은 이름과 어울리지 않게 오랫동안 민족주의자의 보루, 심지어 친親나치파의 정치적 본거지였다.

1986년 사회당은 심각한 문제에 봉착했다. 전직 UN 사무총장이자 친나치 이력이 있다고 두루 의심을 받는 보수주의자 쿠르트 발트하임Kurt Waldheim이 사회당의 결사반대에도 공화국 대통령으로 선출되었다. 전임 연방 대통령들은 전부 사회주의자거나 1974년과 1980년에 선출된 루돌프 키르히슐래거Rudolf Kirchschläger처럼 사회당이 후원한 정치인이었다. 극우 민족주의자 외르크 하이더Jörg Haider는 자유당을 인수했다. 사회당과 자유당 연합 구도는 이제 정치적으로 불가능해졌고, 사회당은 1987년 1월에 국민당과 새로운 거대 연정을 구성할 수밖에 없었다.

  1979년에 2차 석유파동이 나면서 1970년대의 눈부신 성장률을 지속하기 어려워졌다. 1980년대 중반 세계적인 경제 회복 추세는 보조금에 의존하던 모든 노동력을 흡수할 만큼은 아니었다. 결국 비용이 지나치게 많이 들어 보조금을 계속 지급할 수 없었다. 그러나 1980년대 국제적인 자본의 변화는 오스트리아 경제의 근간이자 전통 산업인 기계공업과 철강업의 생산성과 능률을 급격히 떨어뜨리는 치명적인 결과를 낳았다. 문제는 종전의 자본주의를 어떻게 지키느냐가 아니라 전통적인 산업 분야의 노동력을 어떻게 줄이느냐, 다른 국가와 경쟁하기 위해 새로운 산업 분야를 어떻게 찾느냐 하는 점이었다. 실업률이 증가하면서 오스트리아 국민들은 공공 부문에 대한 보조금 지급 기준 강화와 조기 퇴직 장려라는 압박을 받았다. 완전고용은 여전히 최우선순위였다. 국민당은 확고한 태도를 유지하며 완전고용을 위해 노력했고, 유럽 전역에서 논의되는 노골적인 규제 완화를 자제하는 문제에도 사회당과 거리를 두지 않았다.[35] 오스트리아 사회당에 필요한 것은 통제 속에서 자본주의의 황금기 이후로 전환할 수 있는 새로운 제도적 장치였다. 그들은 이 부분에 성공하지 못한 대신 종전의 체제를 부분적으로 조금씩 해체하는 쪽을 택했다.

1987년 결성된 새로운 대연정은 공공 지출을 줄이고 재정 제도를 개선하고 국고를 다시 채우기 위해 민영화(예를 들어 국유 은행이나 국영 항공사의 채권과 주식 매각)를 추진할 필요가 있다는 점을 어느 정도 인식했다.36 민영화를 추진할 때는 사회적동반협력제도의 규칙을 따랐다. 모든 단계에서 노조의 동의를 구했다. 비록 마지못해 해주는 것이지만, 노조는 단계마다 동의했다. 그리고 사회당과 국민당은 단계마다 변화 내용을 협상하며 합의를 도출했다. 따라서 공공 부문 축소가 사회주의자들에게 위안을 줄 수는 없었지만, 합의라는 원칙은 확실히 지켜졌다.

공공 부문 축소가 탄력을 받은 까닭은 국유 기업 푀스트알피네Voestalpine 그룹이 1985~1986년 극심한 손실을 봤기 때문이다. 푀스트알피네는 1973년 도나비츠Donawitz의 알핀과 린츠Linz의 푀스트를 합병해서 정부가 만든 회사다. 세계 유수 철강 그룹 중 하나인 이 회사는 국제적 철강 위기로 피해를 봤을 뿐만 아니라 석유에 투기하고, 다른 나라에 설비를 구축하고, 새로운 산업 분야로 다각화하려는 시도를 하느라 금전적 손해가 났다. 이 모든 상황이 전반적으로 국영 부문에 대한 공신력을 떨어뜨렸다. 대형 국영기업을 향한 국민의 반감이 나날이 커져갔다. 국민들은 이런 대기업이 직원을 과보호하면서 그들에게 더 나은 고용 안정성과 추가적인 복지 혜택을 베푼다고 생각했다. 환경에 관심이 커지던 시점에서 전통적인 제조업 분야의 공공 기업은 최악의 공해 유발 기업으로 낙인찍히는 분위기였다. 푀스트가 완패한 뒤 민영화라는 주제는 사회당에서도

금기시되지 않았다.[37]

1988년 오스트리아는 정부의 긴축 조치보다 독일의 호황 덕을 본 면이 많지만, 실제로 회복세에 접어든 것 같았다. 정부는 (자유당에게 표를 잃고 있던) 국민당과 좌파의 압력 때문에 긴축정책을 중단했다.[38] 연정의 공식 정책인 실질적 규제 철폐는 거의 진행되지 않았다.[39] 민영화의 위협과 노동인구의 대량 감축은 공공 부문이 다시 활성화되는 데 일조했다. 이런 과정에는 상당한 정치적 대가가 뒤따랐다. '확실히 자리 잡은' 사회민주주의 정책을 포기했기 때문에 오스트리아가 회복되었다는 중론이 있었다. 공공 부문의 노동계급 같은 사회당의 전통적 지지층이 감소했다. 국가 안정화의 근간으로 여겨지며 온건한 입장 때문에 널리 칭송을 받던 노동조합들은 공공 부문 재편성에 반대한다는 이유로 이제 '애국심'이 줄었다는 평가를 받았다.[40] 노사정위원회의 중요성도 퇴색했다. 관직 임명권의 전반적 체계가 위험에 직면했다. 국가가 경제의 중심적 역할을 포기한 것으로 비쳤기 때문이다. 노동조합과 사회당이 사실상 우호적 결별 수순을 밟고 있었다. 국영 지주회사의 대규모 재건 사업, 대형 복합기업의 해체, 그에 따른 실업은 노동조합의 '정치적 영향력'을 현저히 축소했다.[41]

1990년대 초반의 경기 침체는 오스트리아의 전통적 산업 정책을 끝장내다시피 했다. 1993년에는 통합 알루미늄 공공 부문 기업 아마크AMAG가 무너지면서 국가 주도 산업 정책의 종말 신호를 보냈다. 국민당은 물론 사회당도 민영화를 촉진하기로 했다. 이제 오스트리아의 대형 공공 부문은 사회주의자들이 짊어진 영원한 원죄가 되었다.

1980년대 하반기에는 정치적 흐름이 우파로 이동했고, 이런 변화 역시 오스트리아의 외교 문제에 영향을 끼쳤다. 크라이스키는 전적으로 중립적인 외교정책을 발전시켰고, 제3세계주의를 표방했으며, 아랍 세계와 친교를 맺었다. 그런데 이 모든 것의 강도가 서서히 약해졌다. 외교정책은 점차 서구권과 EC 쪽으로 향했고, 마침내 오스트리아는 EEC에 가입 신청을 했다(1995년 스웨덴, 핀란드와 함께 가입). 그러나 이와 동시에 동유럽 쪽에서도 오스트리아를 끌어당기는 새로운 힘이 생겨났다. 이는 공산주의의 몰락과 헝가리, 체코 공화국, 슬로바키아에서 부상하는 시장경제의 결과로 나타난 현상이었다. 오스트리아의 기업들은 인건비가 현저히 차이 나는 점에 끌려 해외투자를 시작했다. 오스트리아 작업장 노동자 25명의 인건비가 슬로바키아 공장노동자 200명의 인건비를 충당할 정도였다.[42] 이때쯤 사회당은 국민당이 1986년에 41퍼센트를 얻었다가 1990년에 32퍼센트 득표에 그치며 비참한 선거 결과를 보여줬음에도 국민당과 손잡고 있을 수밖에 없었다. 1991년 6월 사회당이 당명을 '사회민주당'으로 바꾸기로 했을 때 크라이스키 시대는 끝난 것이나 다름없었다.

오스트리아 사회당이 상당히 많은 업적을 남기긴 했지만, 그 성과를 보다 균형 잡힌 시각으로 검토해야 한다. 오스트리아 사회주의자들은 실업률 증가 추세를 견뎌내는 능력과 급변하는 상황을 장악하는 결단력을 확실히 보여줬다. 1993년 실업률이 7퍼센트로 사상 최고치를 기록했어도 유럽 전체 기준으로 보면 여전히 낮은 수준이었다. 오스트리아 사회주의자들은 뒷방으로 밀려난 존재가 아니었다. 그들이 놀라운 정치 지능(가장 희소성 있는 필수품)을 보여줬다는 점은 부인할 수 없으나, 사실 그들은 앞서 논의된 우호적인 상황과 제도적 이점을 전면에서 누린 세력이었다. 1980년대 후반 그들이 직면한 문제는 객관적인 제약 때문에 발생한 것일 뿐, 변하지 않는 이데올로기에 대한 철 지난 헌신이라든가 현대 세계를 이해하지 못하는 무능함 때문에 생긴 것이 아니었다. 정치 세계에도 실생활과 마찬가지로 넘기 어려운 장벽이 있는 법이다. 그 장벽을 무너뜨리거나 돌아서 갈 수 없다면 그 장벽과 충돌하지 않도록 조심하면서 함께 살아가야 한다. 이 장벽은 바로 국제적 상호의존관계다. 유럽 중심부의 작은 국가 오스트리아도 이 관계에서 벗어날 수는 없다.

스웨덴

스웨덴은 오스트리아와 비교해서 제법 흥미로운 점을 보여준다. 실업과 싸우며 얻은 성과는 두 나라의 공통점이다. 그래도 이 두 나라는 뚜렷이 구별되는 특징을 나름의 방식으로 활용했다. 스웨덴과 오스트리아의 공통분모는 사회민주주의의 승리, 적은 인구, 잘 확립된 중립 정책, 고도로 숙련된 노동인구, 강력한 중앙집권적 노동조합, EC 비회원국 등이다.

물론 두 나라는 두드러지게 다른 점도 있다. 스웨덴 산업의 공공 부문은 유럽에서 규모가 작은 축에 들었고, 오스트리아는 큰 축에 속했다. 스웨덴의 크로나화가 주기적으로 평가절하 된 반면, 오스트리아의 실링화는 독일의 마르크화에 굳건히 닻을 내린 선박 같았다. 스웨덴의 사회민주주의는 겁 많고 무능하고 첨예하게 분열된 야당을 누르고 실질적 국가 이념으로서 진정한 주도권을 장악했다. 오스트리아 사회주의는 비례대표제에 전념했고, 체계적 협상 결과로 나오는 요구 조건에도 온 힘을 쏟았다. 오스트리아 사회당은 스웨덴 사회민주당과 달리 야당일 때든 연정일 때든 경쟁자 하나와 대결했고, 언제든 대체 정부가 될 준비가 되어 있었다. 스웨덴 사회민주당은 정치적 힘이 있는데도 1976~1982년 권좌에서 물러난 반면, 오스트리아 사회당은 1970~1980년대에 줄곧 집권했으나 대개 연정 형태를 유지했다. 사회당이 오스트리아를 개혁하고자 진지하게 시도한 적이 전혀 없는 당이라면, 스웨덴 사회민주당은 그런 시도를 하는 유럽 내 몇 안 되는 사회주의 정당이었다. 1970~1974년에 일어난 제도적 개혁이 스웨덴 사회민주주의자들에게 늘 유리하게 작용하진 않았다. 새로운 선거제도에서는 사실상 사회민주당이 과반수를 차지할 자신이 있던 스웨덴 국회 제1원(지방의회에 의한 간접 선출)이 없어졌다. 제2원 임기는 3년으로 줄었고, 더 균형 잡힌 비례대표제가 정착했으며, 의회에 들어가는 문턱이 낮아졌다.[43] 그러나 단원제가 정치적 균형추를 우파로 옮기진 못했으며, 오히려 좌파 쪽으로 전환했다고 볼 수 있다. 단원제 때문에 조금이나마 공산당의 지지를 받았기 때문이다. 의회 문턱이 낮아진 덕분에 공산당은 '사회주의 연합'에 없어서는 안 될 존재가 되었고, 그 결과 반사회민주주의 흐름에 영향력을 행사하고 싶은 충동을 누그러뜨렸다.[44]

두 나라는 계급 구조 또한 달랐다. 스웨덴은 '탈산업화(후기 산업주의)'를 거의 다 이룬 반면, 오스트리아는 1970~1989년에 핀란드를 제외한 프랑스, 중유럽, 북서유럽의 모든 국가보다 농업 부문의 규모가 컸다. 오스트리아의 제조업 부문은 서유럽 다른 지역처럼 서서히 쇠퇴하고 있었지만, 1974년 이후 독일에 이어 세계 2위를 유지했다.[45] 스웨덴의 경제는 오스트리아와 달리 조선업이나 자동차 산업 등 몇몇 수출 중심 산업이 주도했다. 오스트리아는 소기업이 큰 비중을 차지했으며, 사실상 국제적인 기업이 전무했다. 오스트리아 국내 최대 기업이 세계 상위 300개 기업 중 173위에 올랐을 뿐이었다. 오스트리아의 산업 정책은 국내시장의 요구를 만족시키는 국내 업체들을 지원하도록 마련되었다.[46] 이는 스웨덴이 오스트리아보다 국제시장의 예측할 수 없는 변화에 많이 노출되었다는 뜻이다.

8장에서 우리는 스웨덴의 렌–마이드너 모델Rehn-Meidner model과 두 가지 중심 특징, 즉 연대·평등 임금정책과 적극적 노동시장 정책을 살펴봤다. 이 모델은 1950년대 초반에 고안되었으나, 정부와 노사 양측이 받아들여 제대로 운영한 시기는 1960년대 초부터다. 1970년대 초반에 특히 노동시장과 관련해 이 모델의 유효성이 제대로 입증되었다. 이 모델은 완전고용, 낮은 인플레이션, 수준 높은 주기적 안정성, 만족할 만한 성장률을 보장했고, 국제수지 문제나 눈에 띄는 구조적 불균형 문제를 방지했다.[47] 전대미문의 소득평등이라는 배경에 기대서 이런 업적을 달성했다는 사실은 사회민주주의자들에게 중요한 의미였다. 숙련 노동자들의 임금격차는 세계 최저 수준이었고, 경영자라고 해서 직원보다 상당히 많은 액수를 벌어들이는 것도 아니었다.[48] 이는 많은 급료가 경제적 성공의 필수 조건이 아니라 경영자들에 의한 일종의 약탈이라는 증거일지도 모른다. 스웨덴 사회복지 제도의 근본적 토대와 힘은 관대한 보편성이었다. 에스핑-안데르센Gøsta Esping-Andersen의 말처럼 최소한의 평등이라는 오래된 개념은 상향 평준화를 위해 자리에서 물러났다.49 이와 같이 스웨덴의 사회복지 제도는 1960년대에 줄곧 사회민주당에게 도움이 되던 중산계급 지지층을 상당수 끌어들였다. 그러나 이 제도의 아킬레스건은 공공 지출 비용이 많이 필요했다는 점이다.50

스웨덴의 노동조합은 유럽 다른 국가들과 마찬가지로 회사 내 의사 결정 과정에 직접 영향을 미칠 수 있는 권한을 요구하는 쪽으로 변했다. 그에 따라 1976년 공동협의법Medbestammandelagen, MBL이 생겨났다. 이 법안이 '노동 생활의 민주주의를 위한 돌파구'가 되지는 못했지만, 경영자의 특권을 제한하는 포괄적인 개혁이라고 여긴 사람들도 있었다.51 이는 1960년대 후반 비공식 파업으로 심한 몸살을 앓은 뒤 노동조합이 새로운 변화를 시도한 결과였다. 이와 같은 노동조합의 인식 변화를 거쳐 산업민주주의(16장 참조)에 대한 보고서가 나왔다.52 1971년 스웨덴 노조연맹LO 회의에서 채택된 이 보고서는 노동자들에게 뜨거운 열정을 촉발하기는커녕 고용주들의 적개심만 불러일으켰다.53 1976년 선거 패배로 공동 결정 법안 채택이 늦춰졌다. 스웨덴 사회민주당이 또다시 정권을 잡은 1982년, 노조연맹은 1975년의 자본주의 기업 통제 계획안을 실행할 준비가 되었다. 급진적 성격을 띤 이 계획안은 임금노동자기금에 관한 마이드너 플랜Meidner Plan(23장 참조)이었다.

대략 1970년대까지 블루칼라의 임금은 다른 업종의 모든 임금과 비교해서 선두를 달렸다. 전문직노동자연맹TCO이나 주류 스웨덴 노조연맹의 기치 아래 모여 있던 화이트칼라층과 공공 부문 조합은 제조업 임금의 뒤를 따랐다. 1970년대 초반 임금 경쟁이 다시 효력을 발휘하면서 이런 양상이 무너지기 시작했다. 고용주 연합은 물가 상승에 따라 임금이 덩달아 상승하는 악순환 가능성을 방지하기 위해 임금이 '객관적' 기준에 근거해야 한다는 의견을 내놓았다. 스웨덴 노동조합은 정부가 일방적으로 객관적 기준을 강요할 수는 없다고 주장했다. 노조는 소득 결정에 대한 정부의 개입에 강력한 반대 의사를 표했다. 대신 이외 다른 장치는 무엇이든 받아들일 준비가 되었다. 심지어 노조가 직접 통제할 수 없는 방법도 수용할 태세가 되었다.

결국 1970년 국제경쟁력에 가장 많이 노출된 스웨덴 경제 분야, 즉 경제의 3분의 1을 대표하던 수출 분야 임금수준이 임금의 일반적 수준을 반영한다는 결론이 나왔다. 건축업, 소매업, 서비스업, 행정 같은 '보호' 분야 임금은 주도적 분야의 뒤를 따랐다. 임금노동자기금EFO 모델로 알려진 임금 결정 모델은 이를 고안한 경제학자들(예스타 에트그렌Gösta Edgren, 칼-올라프 팍센Karl-Olaf Faxén, 클라스-에릭 오드너Clas-Erik Odhner)의 이름을 딴 것으로, 그 출발점은 분명 렌-마이드너 모델이었다. 당시 임금은 협상의 결과물이 아니라 세계시장이라는 외부 발생적 원인에 따라 결정되었다.[54] 스웨덴의 임금은 이런 식으로 보호 영역 내 노동자들의 힘이 아니라 '실제' 경제를 반영했을 것이다.[55] 이런 움직임의 영향으로 스웨덴 경제의 사회민주주의식 운영이라는 운명은 그 어느 때보다 세계시장과 밀접한 관계를 맺었다.

애초에 1차 석유파동(1973년)은 스웨덴에 별 영향을 끼치지 않는 것 같았다. 스웨덴에도 오스트리아와 마찬가지로 원자재 수출 붐이 있었다. 처음에는 인플레이션이 일정 범위에 머물렀다. 성장률은 마이너스가 되지 않는 선에서 하락했고, 수익은 급등했다. 1975년에는 실질임금이 임금노동자기금 수준을 월등히 넘어서서 7.4퍼센트 증가했다.56 이와 더불어 연금보험에 대한 고용주의 기여가 동반 상승하면서 인플레이션이 뒤따랐고, 결과적으로 스웨덴의 경쟁력이 급격히 떨어졌다. 최악의 타격을 받은 경제 부문은 규모에서 세계 3위를 자랑하는 조선업이었다. 1차 석유파동의 직접적 결과는 초대형 유조선 시장의 붕괴였기 때문이다. 이런 상황이 회복되었을 때는 한국을 비롯한 신생 산업국가들이 조선업 분야를 장악한 뒤였다.

경제와 산업 위기는 주요 정치적 논란과 때를 같이했다. 사회민주당은 이런 정치적 논란으로 인해 1930년대 이후 최초로 선거에서 패배했다. 농업 공동체를 대표하는 전 농민당인 중앙당은 환경보호를 이유로 들어 핵에너지 반대 세력의 대의를 받아들였다. 이 점은 1976년 선거운동에서 확실히 눈에 띄는 사안이 되었고, 44년 만에 처음으로 비사회주의 정부가 들어서는 결과를 낳았다. 이는 보수당(현재 중도당), 자유국민당, 중앙당이 동맹을 맺은 결과였다. 부르주아 연정은 자신들의 승리가 사회민주주의 모델에 대한 불만족 때문이 아님을 분명히 인식하고 있었다. 이들 연합 세력은 역사의 시계를 거꾸로 돌리거나, 사회복지 제도를 파기하거나, 완전고용 정책을 중단하려는 의도가 아님을 피력하느라 선거운동 기간 내내 힘을 쏟았다.

1976년 영국 노동당 정부가 완전고용과 향후 사회민주주의까지 포기하고 공공 지출을 대폭 삭감하려는 시점에 스웨덴의 비사회주의 중도파 연정은 사회민주주의자들뿐만 아니라 사회민주주의 의제까지 지킬 수 있음을 보여주기로 결심했다.

역설적인 상황은 거기에서 끝나지 않았다. 중도파 연정은 완전고용을 지켜내기 위해 사회주의 정부 선임자들이 받아들인 일부 재정적 건실성을 포기해야 했다. 크로나화가 1976년, 1977년, 1981년에 또다시 평가절하 되어 임금 상승을 부추기는 외부의 주요 압박이 사라졌고, 제지용 펄프와 철광석, 강철 같은 스웨덴 산업 수출품이 국제경쟁력을 회복했다. 그 대가는 높은 물가 상승률이었다. 1980년대 초반 스웨덴의 수출업자들은 임금 규제보다 정부의 정기적 평가절하를 수익원으로 삼고자 했다. (유사한 분위기가 이탈리아에도 널리 퍼졌다. 과도한 임금 상승 때문에 국제경쟁력을 잃었는데, 항상 평가절하 하는 리라화 덕분에 고용주들은 그나마 국제경쟁력을 유지할 수 있었다.)

이른바 부르주아 정부는 사회주의 경제 운영의 첫 시험을 아주 높은 점수로 통과했다. 스웨덴 정부는 독일이나 영국 사회주의 정부와 달리 인플레이션보다 완전고용을 선택했다. 일자리 보조금 정책과 적극적인 노동시장 개입이 확대되었다.[57] 조선소는 거액의 보조금을 받고 고용률을 지속적으로 유지했으나, 판매할 수 없는 선박을 제조했다. 선박은 폐기되었고 정부는 고철을 사들였다.[58] 이런 정책을 오래 지속할 수 없다고 판단한 연립정부는 1979년 조선소 국유화를 완료함으로써 1975년 사회민주당이 처음 실시한 정책을 연장했다.[59] 철강 산업과 원자재 산업도 마찬가지였다. 스웨덴 모델의 중추인 적극적인 노동시장 정책에는 비용이 매우 많이 들었다. 1975~1977년 총지출 비용이 두 배가 되었다. 프리츠 샤프에 따르면 적극적인 노동시장 정책이 없었을 경우 실업률이 2.2퍼센트가 아니라 6.1퍼센트였을 것이다.

사회민주주의의 스웨덴 모델은 아직 위협을 받지 않은 상태였다. 완전고용은 깊게 뿌리박힌 가치 체계처럼 난공불락 상태를 유지했다. 국가는 좌파 쪽으로 이동하는 것 같았다. 부르주아 연정은 1982년, 1985년, 1988년 세 번 연속으로 패배했다. 이중 마지막인 1988년에는 1970년대 이후 처음으로 사회민주당이 부르주아 정당 세 곳의 표를 합친 것(152석)보다 많은 의석(156석)을 얻었다. 공산주의자들은 득표율 5.9퍼센트로 20년 만에 가장 높은 결과를 달성했다. 신당인 녹색당은 5.5퍼센트로 20석을 차지했다.[60] 원자력발전 관련 친환경 문제는 사회민주당이 재빠르게 가라앉혔다. 원자력발전에 대한 보수당(중도파 동맹)의 열정에 힘입은 결과였다. 대중은 사회민주주의자들의 뛰어난 경제적 역량을 믿었고, 그 믿음은 1980년대 말까지 흔들림 없이 유지되었다. '사회주의'라는 사상에 대한 부정적 이미지가 점점 커졌지만, 유권자들은 사회보장 제도에 계속 호의를 보였다.[61] 사회민주당은 마침내 변해가는 시대 분위기를 놓치지 않고 오랫동안 헌신해온 중앙집권주의 국가로 돌아가기 시작했다. 1980년대에는 행정 책임이 점차 지방 당국으로 이양된 반면, 대처 수상이 영국에서 하던 것처럼 중앙정부의 재무 통제권은 유지했다.[62]

그러나 사회민주당은 1982년에 재집권할 당시 경제 회복을 마무리하지 못하면 대중적 지지를 지켜낼 수 없음을 확실히 인지했다.

아르네 루스Arne Ruth가 언급했다시피 "성공만큼 큰 실패는 없다. 스웨덴 모델은 거듭된 성과를 내는 추진력이 없었다면 살아남을 수 없었다. …미래에 대한 약속을 계속 고쳐야 하는 과정이었다".[63]

부르주아 정부의 시대는 무시하고 넘어갈 만한 막간극이 아니었다. 이전에 사회민주주의의 권력 독점은 눈에 띄는 참사는 없어도 깨진 바 있다. 유권자들은 선거 유동성의 맛을 알게 되었다. 노동조합은 부르주아 정당이 집권하는 동안 정부에서 독립하는 태도를 키워갔다. 독립성은 노조가 좀더 손에 쥐고 싶은 카드였을 것이다.[64] 야당은 사회민주당을 급진주의 방향으로 이끌어 마이드너 플랜을 채택하게 했다. 마이드너 플랜은 민간 자본에 대한 일종의 공동 통제권 확립을 겨냥한 계획이었다. 새로운 사회민주주의 정부가 맞닥뜨린 가장 시급한 문제는 이전에 실행하던 대로 막대한 보조금을 지급해서는 2차 석유파동으로 붕괴된 경제를 회복할 수 없다는 점이었다. 정부는 크로나화를 16퍼센트나 평가절하 함으로써 수출 중심의 빠른 성장세를 택했다. 이 방법은 효과가 있어 보였다. 1980년대 후반 국제적 회복세를 촉진한 유가 하락이 도움이 되기도 했다. 예산 적자가 줄면서 흑자로 돌아섰다. 1986~1988년 스웨덴의 국제경쟁력은 한층 높아졌다. 크로나화가 그림자처럼 따라다닌 달러화의 약세 덕분이었다. 이런 경제적 상승 추세는 오래 지속되지 못했다. 1989년 경제 상황 악화 때문에 스웨덴 사회민주당의 인기가 뚝 떨어졌다. 1991년에는 최악의 선거 패배가 뒤를 이었다. 1930년대 이후 처음으로 득표율이 40퍼센트 아래로 곤두박질쳤다. 그러나 사회민주당은 1994년에 정권을 되찾았다.

스웨덴의 공공 부문은 오스트리아와 마찬가지로 노동력을 흡수하는 주요 수단이 되었다. 그러나 스웨덴에는 오스트리아와 달리 대규모 국영 제조업 회사가 없어 공익사업이 고용 창출 기관 역할을 맡았다. 1973~1985년 정부 고용이 3분의 1 상승했다.[65] 여성 인력의 대규모 확대가 이 가운데 상당 부분을 차지한다. 과세 법안이 맞벌이 부부 가족에게 유리한 쪽으로 개정된 덕분이었다. 이에 따라 스웨덴 노동 계층의 구조에 중대한 변화가 생겼다. 제조업이 우위를 차지하지 못했고, 여성 임금노동자들이 많아졌다. 국영 부문의 영향력이 커졌으며, 시간제 노동력이 증가했다. 여성 고용 증가는 많은 부분에서 사회복지 제도의 확장과 연관이 있었다. 가장 중요한 성과는 보육 시설의 증가였다. 덕분에 더 많은 여성들이 노동 인구로 투입됐을 뿐만 아니라, 여성들이 유치원 돌보미로 일할 기회도 늘었다. 많은 여성 인력이 노동 현장으로 동원되는 것이 스웨덴 모델의 핵심적인 특징이 되었다. 여성의 노동 참여율이 1960년에 50퍼센트였다가 1980년에는 75퍼센트까지 증가했다. 이는 OECD 국가 중 최고였다. 1980년 OECD 국가 평균은 50퍼센트였다.[66] 스웨덴은 이런 식으로 완전고용의 새로운 개념을 창출했다. 말하자면 남성 노동력뿐만 아니라 일하고 싶은 모든 이들이 고용되는 완전고용의 개념을 다져가는 중이었다. 1975년 사회민주당 강령이 '완전고용' 대신 '모든 이들을 위한 일자리'라는 용어를 사용하며 개념의 변화를 강조한 것처럼, 장기 고용정책은 취업 기회 수치를 지속적으로 높이는 데 목표를 두었다.[67]

이에 따른 대가는 공공 부문과 민간 부문의 임금격차 증가였다. 개정된 임금노동자기금 모델도 사실상 '연대' 임금정책의 종말을 알리는 예고편이었다. 임금노동자기금 모델은 사문死文이 되고 말았다. 민간 부문의 임금 드리프트(노동력 부족 현상이 나타남에 따라 고용주가 노동력을 확보하기 위해 협약 임금을 상회하는 임금을 지급하는 것—옮긴이), 즉 개별적인 임금 협약이 가속화되었다. 이 현상은 고용주와 노조의 국내 협상으로 블루칼라 산업 노동자들이 공공 부문 노동자들보다 임금을 적게 받는 결과가 나온 데 대한 반응이었다. 공공 부문 노동자가 가장 많은 임금을 받았다.[68] 임금 드리프트가 확산되면서 중앙 집중형 교섭 체제는 이제 임금을 정하는 우선순위 방법이 아니었다. 1980년대 후반, 민간 산업 블루칼라들은 소득의 60퍼센트를 임금 드리프트로 확보했다.[69] 1983~1988년 대규모 화이트칼라 산업 노조와 금속 노조로 분리된 중앙 집중형 교섭 체제는 개별적으로 협상을 진행했다.[70] 1988년 4월 노조들은 한 가지 협상을 받아들였다. 이 협상은 개개인의 장점과 노동시장 상황에 근거한 개별적 교섭에 중요한 역할을 부여했고, 이로 인해 40년 된 중앙 집중형 교섭 체제에 중대한 변화가 나타났다.[71]

정부가 임금에 직접 개입하려는 것은 당연했다. 노조는 완강하게 저항하다가 정해진 범위에서 임금 인상 요구를 억제하기 위해 1984~1985년 로젠바드Rosenbad 회의를 통해 일종의 사회계약을 맺기로 합의했다. 이 합의 사항은 국영 부문에서 집행하기가 특히 어려웠다. 1986년 공공 부문 노동자 150만 명이 스웨덴 최대의 노동쟁의에 참여했다.[72] 공공 부문의 높은 고용률은 스웨덴 모델이 낳은 의도치 않은 결과였고, 결국 스웨덴 모델이 실패한 원인 중 하나가 되었다. 산업화 이후 스웨덴 공공 부문의 중산층은 사회민주당에 신세를 졌지만, 노동계급처럼 정치적 지지를 보내는 전통은 전혀 없었다.

표 17.1 총 고용률 중 정부 인력 비율

단위 : %

	1974년	1980년	1990년
덴마크	22.2	28.3	30.5
핀란드	13.8	17.8	22.4
프랑스	자료 없음	20.0	22.6
이탈리아	13.4	14.5	15.5
일본	6.3	6.7	6.0
노르웨이	19.0	23.2	27.7[a]
스웨덴	24.8	30.3	31.7
영국	19.6	21.1	19.2
미국	16.1	15.4	14.4
서독	13.0	14.6	15.1

주 a는 1989년 수치.
출처 OECD, 「파이낸셜타임스Financial Times」 1993년 3월 15일자.

시간제 근무 증가는 특히 1980년대에 많은 국가에 영향을 미쳤다. 영국과 미국에서는 주로 민간 부문에 이런 현상이 나타났고, 이탈리아에서는 민간 지하경제에 나타났다. 스웨덴과 다른 스칸디나비아 국가(핀란드 포함)에서는 표 17.1의 수치가 보여주다시피 공공 부문의 확장으로 시간제 일자리가 늘어났다.

이 대목은 기술적 중요성 그 이상을 보여준다. 민간 부문의 시간제 고용은 공공 부문에 비해 보수가 훨씬 좋지 않았다. 민간 부문 시간제 일자리에서 고용주는 강자, 노조는 약자 입장이 된다. 규제 집행은 더욱 어려워진다. 공공 부문에서는 노조가 비교적 힘이 세고, 고용주는 곧 국가다. 따라서 공공 부문은 대중의 압력에 더욱 민감하게 반응하고, 경쟁에서 보호받는다. 영국과 이탈리아, 미국의 민간 부문 시간제 노동자들은 형편없는 임금을 받기 때문에 결과적으로 노조와 규제의 보호를 받는 공공 부문을 보조하는 데 일조한다. 스칸디나비아 국가에서는 납세자들이 조달한 자금으로 시간제 고용이 증가했다. 납세자들의 부담은 적지 않았다. 1980년대 중반 평균적인 스웨덴 노동자의 한계 소득 세율은 무려 64퍼센트였다.[73]

이처럼 완전고용 실행에 제약이 되는 두 가지 원인이 있었다. 첫째, 스칸디나비아 자본주의는 높은 공공 지출에 걸맞은 성장률을 달성하기 위해 국제경제에서 경쟁해야 했다. 둘째, 납세자들이 기꺼이 높은 세금 부담을 감내해야 했다. 징세에 반대하는 포퓰리즘 정당이 유럽에 처음 나타났고, 이 정당들이 모겐스 글리스트루프 Mogens Glistrup가 이끄는 진보당처럼 스칸디나비아 국가들에 있었다는 사실은 우연이 아니다. 이 진보당은 1971년에는 의석을 하나도 확보하지 못했으나, 1973년에는 덴마크에서 두 번째로 큰 정당이 되었다.

더 큰 문제는 공공서비스의 생산성 측정이 어렵다는 점에서 비롯됐다. 이 부문은 윌리엄 보몰William Baumol이 '비非혁신적인 분야'라고 밝힌 경제활동 유형과 대략 일치한다. 그는 과학기술이 발달함에 따라 생산성이 점차 증가해서 임금 상승을 보충하는 분야와 이런 보충 정도가 훨씬 낮은 비혁신적 분야를 구분했다. 성능이 더 좋은 신제품 기계가 제조업자의 생산성을 높이겠지만, 이발사의 생산성은 시간이 흘러도 급속히 높아지지 않을 것이다.[74] 공공 부문 확대를 통해 높은 고용률이 보장된다면, 시장의 자극에 민감하지 않고 생산성 변화가 더디게 나타나거나 측정될 수 없는 분야에 의해 GNP 증가 비율이 나온다는 결론이 도출된다.[75]

사회민주당이 (신자유주의자들처럼 2차 세계대전 이후 정착된) 다른 나라와 자본 거래를 제한하던 외국환관리 제도를 폐지하자,

국제경제의 변화에 대한 스웨덴의 종속성이 1980년대 내내 눈에 띄게 높아졌다. 사회민주당은 이 과정에 다국적기업과 국제자본시장이 주도하는 세계에서 외국환관리의 효력이 많이 줄었음을 인정했다.[76] 1980년대 중반이 되자 오래된 스웨덴 모델의 또 다른 전략적 조건, 즉 정치적 자율성을 위한 국제적 공간이 사라졌다. 스웨덴은 선진국의 통제 정책에 따를 수밖에 없었다.[77] 1991년 사회민주당은 세금 제도를 개혁했고, EC에 가입 신청을 했다. '부르주아' 정부 집권 2년 차인 1993년, 스웨덴은 여기저기 얻어맞은 만신창이 사회민주주의 모델의 본거지가 되었다. 완전고용의 귀감이던 스웨덴이 이제는 노동인구 13퍼센트의 실업률을 보유하게 되었다.[78] 국가 재정 상태가 급속히 악화되면서 실업수당이 삭감됐고(그래도 봉급의 80퍼센트라는 후한 수당은 유지되었다), 의료 서비스 비용이 높아졌으며, 병가 규정이 엄격해졌다. 주요 변화는 국민 의료 서비스 기관에서 나타났다. 중앙 집중형 합리적 계획 모델과 멀어지면서 의사들의 권한을 확대하는 내부 시장 쪽으로 돌아섰다.[79] 1991년 가을에 사회민주당은 민간 보육에 반대하던 것을 중단했고, '개개인의 기회'를 확대할 필요성을 인정한다는 미명 아래 이윤 중심의 민간 사회복지사업 원칙을 받아들였다.[80] 1993년에 이듬해 치러질 선거를 대비하던 사회민주당은 스웨덴이 EU 회원국이 되고 협조적 통화 재팽창(리플레이션) 상태가 되지 않는 한 완전고용을 회복할 가능성이 없다고 판단했다.[81] 그럼에도 스웨덴은 복지 공급 측면에서 여전히 유럽의 선두 자리를 지켰다. 이를테면 어디에서나 이용할 수 있는 아동 보육 지원과 부모 양쪽에게 제공되는 넉넉한 출산·육아 휴가를 유지했기 때문이다.[82]

다국적기업의 존재는 각기 다른 국가에서 각기 다른 방식으로 사회주의자들에게 악영향을 미쳤다. 1950~1960년대 국내 대량 소비 추세는 국내에 강력한 기반을 둔 제조업 확립에 도움을 주었다. 1990년에는 국내시장이 협소해져서 수많은 스웨덴 기업이 다국적화되었다.[83] 스웨덴 사회주의자들은 조금 덜 '국가적'인 자본주의와 대면한 셈이다. 물론 고용된 노동력만 놓고 보면 여전히 다국적기업이라기보다 스웨덴 기업에 가까웠다. 볼보Volvo의 수출 추진력은 대단했으나 노동자는 대부분 스웨덴에 있었다. 그러나 1993년 볼보의 기관 투자자들이 르노Renault와 합병을 반대했음에도 볼보는 국제화 대열에 합류했다(르노가 민영화를 코앞에 둔 상황은 프랑스의 '국영' 자동차 산업 분야의 종말이 시작되었음을 예고했다).

네덜란드

벨기에와 네덜란드는 오스트리아나 스웨덴처럼 상당한 합의를 바탕으로 정치적 문제들을 처리했다. 정치학자들은 이 체계를 협의주의라고 부른다. 네덜란드의 사회경제평의회SER는 정부와 노동조합, 고용주뿐만 아니라 정부가 임명한 전문가들로 구성된 기구다. 오스트리아의 노사정위원회, 벨기에의 중앙경제협의회CEC와 마찬가지로 만들어졌다. 이런 협의 기구가 있었지만 벨기에와 네덜란드의 고용률은 오스트리아나 스웨덴에 한참 못 미친다. 따라서 정당 간이나 '산업의 노사 양측' 혹은 '사회적 동반자들'의 이해가 인플레이션 방지 정책과 친고용 정책의 적절한 균형을 보장해준다고 보긴 힘들다.

1970년대에는 (오스트리아와 스웨덴 그리고 거의 모든 다른 나라와 마찬가지로) 네덜란드와 벨기에 양국에 합의가 우세했지만, 1980년대에는 노동조합의 힘과 영향력이 쇠퇴했듯이 합의도 줄곧 맥을 못 췄다.

네덜란드의 1970년대 상황도 프랑스를 제외한 나머지 유럽 국가들처럼 좌파에 우호적인 듯했다. 자본주의 황금기 말미에 정권을 잡는 것이 좋은 일이라고 말할 수 있다면 그렇다(사회주의자들은 자본주의적인 성공으로 구제받을 거라는 부당한 기대를 품은 적이 없었다). 네덜란드 노동당PvdA은 1960년대 중반 짧은 기간을 제외하면 15년 동안 줄곧 야당이다가 1973년에 정권을 되찾았다. 노동당 출신 수상 욥 덴 윌Joop den Uyl은 기독민주당을 포함한 폭넓은 연정을 이끌었다. 1960년대 후반의 문화 변동으로 네덜란드 내에 신앙고백 포기 혹은 세속화ontkerkelijking 과정이 일어나면서 종교 정당은 기반을 잃어갔다. 기독교 정당 세 곳의 총 득표율이 1959년 50퍼센트였다가 1972년에는 31퍼센트로 하락했다.[84] 1961~1975년에는 가톨릭교도의 주일 미사 참석률이 71퍼센트에서 33퍼센트로 줄었다.[85] 1960~1971년 각종 국가 인구조사 결과를 보면 종교적 선호도가 없다고 응답한 사람들의 비율이 5퍼센트 증가했다.[86]

정치에서 종교의 중요성이 줄어듦에 따라 노동조합 운동이 영향을 받았다. 개신교노동조합 외에 가톨릭노동조합연합NKV은 1976년 사회주의 연합과 통합해 네덜란드노동조합연합을 결성했다. 1980년에는 가톨릭당과 대규모 개신교 정당 두 곳이 통합해 기독민주당Christen Democratisch Appel을 만들었다. 신앙고백이 지배하던 시기가 막을 내린 것은 '현대 네덜란드 정치에 가장 극적인 사건'으로 기록되었다.[87] 네덜란드 사회의 특징이던 '지주화pillarization' 혹은 사회분화가 무너지고 있었다.

네덜란드의 사회복지 제도는 세계에서 가장 선진화된 제도로 꼽혔다. 그 적용 범위가 스웨덴의 사회복지 제도와 쌍벽을 이룰 정도였다.[88] 네덜란드의 제도는 사회민주주의가 지배해서 만든 결과가 아니라 기독교 정당의 우월함이 낳은 결과였다. 기독교 정당은 비록 경기 침체기에는 예외일 수 있지만, 호황기에는 폭넓은 복지 제도를 발전시킬 준비가 된 정당이었다.[89]

네덜란드 정치사에 자주 나타나는 연정 체제에서는 동맹을 맺는 능력이 선거의 성과보다 훨씬 중요했다. 1970~1980년대 노동당 득표율은 유럽 평균치보다 낮았지만, 이전 20년에 비해 약간 나아졌다. 1950~1960년대를 살펴보면 노동당은 1956년에 32.7퍼센트로 고점을 찍었다가 1967년에 23.6퍼센트로 저점을 찍으며 그 사이를 오르내렸다. 그러다 1971년에 24.6퍼센트, 1972년에 27.3퍼센트, 1977년에 33.8퍼센트로 꾸준히 오르다가 1981년에 28.3퍼센트로 떨어졌고 1982년 30.4퍼센트, 1986년 33.3퍼센트로 다시 올라갔다.

1973~1977년 노동당이 주도한 정부는 두 가지 굵직한 문제에 봉착했다. 첫째, 최대 가톨릭당과 정권을 나눠 가질 수밖에 없었다. 가톨릭당은 과거에 친親사회복지 제도 정책을 추구했지만, 완전고용이라는 사안에 착실하게 전념하지는 않았다. 이 당의 복지국가주의에는 여성의 취업에 몹시 보수적인 태도를 보이는 가부장적 관점이 배어 있었다. 네덜란드의 여성 노동인구 참여율은 유럽에서 가

장 낮은 수준에 속했다.⁹⁰ 둘째, 네덜란드의 경제가 국제 경쟁에 크게 노출되었으며 공기업 부문이 오스트리아처럼 거시 경제 전략 수단(예컨대 실업률을 해결하기 위한 수단)으로 역할을 다하기에는 규모가 작았다.⁹¹ 네덜란드는 세계 최대 다국적기업들의 본거지였으나, 상당수 노동인구가 다른 곳에 있었다. 1990년 유엔무역개발회의UNCTAD 보고서에 따르면 영국-네덜란드계 다국적기업인 로열 더치 셸Royal Dutch Shell, 필립스전자Philips Electronics, 유니레버Unilever의 대외 자산이 각각 세계 1위, 9위, 11위를 차지했다.⁹² 더 넓은 시장인 EC로 접근할 방법을 모색하던 외국계 기업들이 네덜란드와 벨기에에 투자하는 경우가 많았다. 이에 비해 스웨덴과 오스트리아에 투자하는 기업은 오스트리아와 스웨덴 시장 자체에 관심이 있기 때문에 투자를 진행했다.⁹³ 네덜란드는 스웨덴과 이탈리아가 이용하는 경쟁적인 평가절하 책략을 쓸 수 없었다. 원래 반제품을 수입해 다시 수출하는 '운송' 경제 전략을 썼기 때문이다. 이 말은 네덜란드 정부가 화폐를 평가절하 하는 대신 정반대 진로를 택해야 했다는 뜻이다. 민간 부문이 기운을 차릴 수 있도록 네덜란드의 길더화를 독일의 마르크화에 고정해 상승세를 따라갔다.

이런 상황에서 노동당이 주도하는 새 연립정부는 비용을 억제하고 수익을 회복하기 위해 소득정책에 의존했다. 정부는 1974년 1월 특별권한법Special Powers Act을 통해 물가, 임금, 배당금, 잉여 인력, 노동시간, 외국 인력 계약 등을 규제할 권한을 갖게 되었다.⁹⁴ 사실 특별권한법은 임금을 통제하기 위한 임시방편이었다. 그러나 이듬해 노조와 합의에 이르지 못했다. 경제 위기에 직면한 정부가 사회 정책을 실시하고자 새로운 보완 조치를 도입하며 사회복지의 폭을 넓히고, 장애 보상 급여를 확대하는 등 눈에 띄는 시도를 하는데도 협동조합주의는 별 효력을 발휘하지 못했다. 임금과 관련된 사회적 편익이 이제는 최저임금이 아니라 평균임금에 맞춰졌다. 노동조합은 노동시간을 줄이고, 직무 분담(한 사람이 할 일과 보수를 2인 이상 노동자가 나눠 갖는 것—옮긴이)을 도입하며 공공 부문에 신규 임시직을 만들어 실업 문제를 해결하자고 제안했다. 기독교 정당의 지지를 받는 고용주들은 노동시장 경직성을 없애고 싶어 했다. 젊은 강성 좌파 그룹 신좌파New Left의 압력을 받던 노동당은 장기간 미뤄둔 토지 소유권의 변화에 관한 제안을 가결했고, 공동 결정과 이윤 분배, 산업투자 억제책을 도입했다.[95] 결과적으로 노동당 중심 연정은 1975~1976년에 물가 상승률이 두 자릿수가 되고 실업률이 두 배가 된 이후 우파로 방향을 돌리기 시작했지만, 1977년에 와해되었다. 네덜란드의 완전고용에 끝이 찾아왔다는 것은 영국과 마찬가지로 전후 경제정책에 중대한 분기점이라는 의미가 있다. 그뒤를 이은 정부들은 공공 부문 성장을 제한하며 인플레이션 억제와 민간 부문 확대를 우선순위로 삼았다.[96]

노동당은 1977년 선거에서 10석을 얻었지만, 기독교 정당들과 연정에 다시 참여할 수는 없었다. 기독교 정당들은 자유당과 손잡고 가톨릭교도 반 아흐트van Agt가 이끄는 정부를 구성했다. 노동당은 1981년에 연립 여당으로 재입성하는 데 성공했으나, 그리 오래 가지 않았다. 노동당은 조직적인 긴축정책이나 네덜란드 땅에 크루즈미사일을 설치하자는 제안을 소화할 여력이 없었다. 경제 상황은 급격히 악화되어 1981년 성장률이 역대 최저 수치인 −1.4퍼센트를 기록했다. 당시 성장률이 4.5퍼센트는 되어야 복지 지원 체계를 요구하는 실직자들의 늘어나는 수요를 감당할 수 있는 상황이었다.[97] 무역에서 막대한 손실이 있었고, 수익성이 하락했으며, OECD 국가 중 실질자본 투자 측면에서 가장 큰 하락세를 보였다.[98] 줄어들고 있지만 대량 확보한 가스 매장량으로 획득한 오일 길더(원유 수출로 획득한 외화. 보통 오일달러로 통칭하는데, 여기에서는 네덜란드 화폐인 길더를 붙여 표현했다.―옮긴이)가 없었다면 상황은 더욱 나빠졌을 것이다.[99]

이제 전후 시대의 합의를 끝장내는 길이 열렸다. 점차 신자유주의 노선에 가까워진 네덜란드 자유민주당VVD과 동맹을 맺은 기독민주당 뤼트 뤼버스Ruud Lubbers는 새로운 보수 정부를 꾸려 1982년 선거에서 낙승했다. 이 정부는 1986년에 다시 유권자들의 지지를 얻었다. 당시 자유민주당이 잃은 표는 기독민주당이 얻은 표로 메웠다. 기독민주당은 5석을 늘리는 데 그쳤지만, 노동당을 제치고 의회에서 가장 큰 정당이 되었다. 뤼버스 정부는 사회적 복리 후생 수준과 최저임금을 낮췄다. 그래도 실업수당은 유럽에서 가장 높은 수준(1986년 영국 실업수당의 세 배)을 유지했다.[100] 뤼버스 정부는 이탈리아처럼 임금을 물가와 연동시키지 않았고, 노사와 상의 없이 공공 부문 임금을 3퍼센트 삭감함으로써 그때까지 신성시되던 합의 정치라는 개념을 폐기했다. 서유럽에서 기꺼이 그런 조치를 취할 수 있는 유일한 정부였다. 뤼버스 정부는 유럽에서 노동조합 조직 수준이 가장 낮은 축(노동자 가운데 25퍼센트 남짓)에 들고, 노조원 수가 지속적으로 감소한 덕분에 수월하게 과업을 수행했다.[101] 이런 정책들로 인해 사회복지 제도가 부분적으로 축소됐다.[102] 뤼버스는 공공 부문 급여를 삭감하고, 민간 부문 노조를 물가 연동 메커니즘에서 벗어나게 해줬다. 민간 부문 노동자들은 공공 부문 노동자들보다 높은 임금을 받게 되었다.[103] 이들은 자율 임금 교섭 체제가 결정적으로 득이 되는 상황에서 (영국의 민간 부문 노동자들이 그랬듯이) 우파로 돌아서 사실상 보수 정부의 지지자가 되었다. 정부는 1980년대에 줄곧 14퍼센트가량 유지되던 실업률을 기꺼이 견뎌낼 용의가 있다고 솔직히 밝혔다.[104]

스웨덴과 오스트리아에서 공공 부문이 잉여 노동력을 수용해 실업률을 계속 낮게 잡아두는 동안, 네덜란드는 이탈리아에서 알게 모르게 통용되던 처리 방식과 유사한 '수법'을 썼다. '장애' 인구를 대거 늘린 것이다. 1973년까지 10년 동안 등록된 장애인 수가 67퍼센트 증가했고, 1973~1982년에는 다시 두 배가 되었다. 1987년 1월 등록된 장애인 가운데 13.2퍼센트만 실제 '장애인'으로 나타났다. 이는 세계 최고의 사회복지 제도를 갖춘 나라가 보여준 단면이다.[105] 일을 하다 장애가 생긴 사람들(네덜란드에는 이 범주에 속한 인구가 약 100만 명이었다)은 은퇴할 때까지 급여의 75퍼센트를 지급받을 수 있었다. 1980년대 뤼버스 정부의 우경화 노력에도 네덜란드의 복지비 지출 규모는 거의 영향을 받지 않았다. 사회보장 제도는 예전처럼 유럽에서 가장 후한 수준을 유지했다. 복지비를 과감히 삭감하지 못한 이유는 실업자 증가가 복지비 지출을 밀어붙였기 때문이기도 하지만, 보편적 규정과 직접적 복지 지원이 대중의 폭넓은 지지를 받았기 때문이다. 노동자 여섯 명 중 한 명이 정부가 고용한 인력이고, 이들 가운데 55퍼센트는 임대주택에 거주하며 널리 보급된 임대료 규제 제도의 혜택을 받았다.[106] 주요 정당이 기독교적 원칙의 영향을 받았고, 태생적으로 불안정하던 연립정부는 더 과감한 복지비 삭감이 정치적으로 불가능한 조치임을 깨달았다. 1989년 윌렘 빔 콕Willem Wim Kok이 이끄는 노동당이 정권을 되찾는 데 성공했지만, 노동당 정부도 방어적인 태도를 취할 수밖에 없는 상태였다. 그럼에도 OECD는 여전히 말을 듣지 않는 네덜란드에 세금을 줄이고, 관대한 이전 지출을 제한하고, 실업수당 요구에 보다 엄격한 기준을 부과하라고 촉구했다.[107]

당시 모든 것이 자유주의 시장경제로 이행하는 분위기에서 네덜란드가 아무런 상처 없이 버틴 것은 아니다. 데커위원회Dekker Committee의 제안에 따라 영국처럼 자유 시장 방식이 공공 의료 서비스에 도입되었다. 민간 의료보험이 국민을 위한 공공 의료보험 기금과 경쟁하게 된 것이다.[108] 1994년에는 국가보조금 문제가 도저히 해결될 기미가 보이지 않았다. 1994년 5월 선거에서는 대격변이 일어나 현대 네덜란드 역사상 처음으로 기독민주당이 없는 정부가 탄생했다. 최장수 수상 뤼트 뤼버스는 사임을 표명한 뒤였다. 노동당 당수 빔 콕이 이끄는 새 정부에는 보수적 자유주의 세력인 자유민주당과 의회 개혁을 공약으로 내건 급진 자유주의 정당 민주66이 포함되었다. 정식으로 발표된 강령에 따르면, 빔 콕 정부의 목표는 관대한 복지 체제가 근로 의욕을 저해하는 주원인이라는 가정 아래 고용 창출을 위한 사회보장 제도의 철저한 '시장 중심적' 개혁이었다.[109] 마치 사회보장 문제가 여전히 중요한 쟁점이라는 것을 보여주기라도 하듯이, 연금 생활자들을 대변하는 자유민주당과 민주66은 150석 가운데 7석을 확보했다.

벨기에

　　　　　벨기에 사회주의 세력은 득표율로 보면 1978년부터 플라망어를 사용하는 사회당BSP과 프랑스어를 쓰는 사회당PSB으로 갈라진 뒤 네덜란드 사회주의 세력만큼 약해졌다. 그러나 연이은 연정의 일원으로 가담하면서 더 자주 정권에 참여했다. 1981년 사회당PSB은 프랑스어권인 왈론 지역에서 제1당이 되었다. 1987년 플랑드르와 왈론 지역 사회주의 정당들의 득표율 총합은 30.6퍼센트였다. 이것은 전후에 다수당이 되어 1958년 이후 벨기에 정치를 장악한 기독사회당의 득표율(27.5퍼센트)보다 높은 수치였다.

　벨기에 좌파는 네덜란드 사회주의자들 못지않게 우여곡절을 겪었다. 1970년대에 정치적으로 약진했다가 1980년대에는 연달아 패했다. 전반적인 정치 체계가 우파 쪽으로 흔들린 시기였다.

　1970년대는 인건비를 적정 수준으로 억제하는 것이 불가능하다고 입증된 시기다. 석유파동이 남긴 가장 눈에 띄는 결과는 임금과 물가연동제로 촉진된 비용 상승 인플레이션(cost-push inflation : 임금수준과 이에 수반되는 생산비 상승에 따른 인플레이션—옮긴이)이다. 1971~1980년 벨기에의 실질임금은 OECD 국가 중 가장 높은 비율로 상승했다. OECD 평균치가 연간 4.6퍼센트였고 일본 4.2퍼센트, EC 나머지 국가의 평균치는 3.2퍼센트, 영국 2.3퍼센트, 미국 1퍼센트였다.[110] 벨기에의 제조업 분야는 인건비 상승과 그에 따른 국제경쟁력 하락이라는 문제와 부딪혔다. 높은 인건비가 이윤을 줄였다. 노동자들이 정리 해고당하는가 하면, 전 세계적으로 수요가 하락해서 벨기에 수출업체는 가격을 올려 임금 비용을 떠넘길 수가

없었다. 시장점유율도 낮아졌다.[111]

　재정 적자가 들쭉날쭉 늘어나는 동안 기독사회당 중심의 새로운 연립정부가 1977년에 구성되었다. 이 정부에는 1974년부터 야당이던 기 스피타엘스Guy Spitaels 중심의 사회당PSB/BSP이 포함되었다. 실업률은 여전히 주요 현안이었으나 조기 퇴직 계획부터 청년층 도제 제도, 충분한 보조금을 지급받는 실업자 고용까지 수많은 특별 프로그램이 개발되었다. 이런 프로그램이 없었다면 1980년대 내내 10퍼센트를 상회한 실업률이 5퍼센트는 더 높아졌을 것이다.[112] 중도좌파 정부는 1980년 인건비를 억제하기 위해 임금동결을 시행했다. 스피타엘스는 임금동결이 일시적인 조치이며, 저임금 노동자에게 적용되지 않는다는 점에 근거해 이 정책을 정당화했다.[113]

　플라망어권과 프랑스어권의 언어적 갈등이 서유럽에 비교 대상이 없을 만큼, 외부 시선으로는 전혀 이해할 수 없을 정도로 격렬해졌다 해도 그때까지 벨기에 정치는 합의주의가 주도했다. 사회주의자들도 벨기에의 다른 정당들과 마찬가지로 1978년에 민족·언어학적 노선에 따라 분열되었지만, 그들이 구체적으로 직면한 문제는 따로 있었다. 사회주의자들의 노동계급적 기반은 왈론에 있었다. 이 지역은 유럽 대륙에서 처음 산업혁명이 일어난 본거지이자, 1970년대 경기 불황에 극심한 타격을 받은 철강 산업 등 여러 전통 산업 분야의 본부 같은 곳이었다. 전통적으로 농업 성향이 강한 플랑드르는 1945년 이후에 훨씬 성장했고, 1960~1970년대에는 탈공업화 성장과 새로운 과학기술의 중심지가 되었다. 1966~1975년 평균 성장률은 5.3퍼센트, 1975~1984년에는 2.7퍼센트였고, 같은 기간에 왈론의 평균 성장률은 각각 3.9퍼센트, 1.6퍼센트였다.[114] 결과적으로 왈론의 실업률이 플랑드르에 비해 훨씬 빠르게 증가했다. (극소수만 사회주의 경향을 띤) 플랑드르의 납세자들은 프랑스어권에 유리해 보이던 실업수당에 들어가는 공공 지출이 늘어나자 이의를 제기했다. 사회주의 지도자 카렐 반 미어트Karel van Miert를 비롯한 플랑드르의 정치가들은 카커릴 삼브레Cockerill Sambre 같은 거대 국영 철강 산업에 주로 지급되는 막대한 보조금에 분개했다. 그들은 당시까지 굳건하게 유지되던 중앙 재정 체계에 반대하는 운동을 벌였다. 더불어 자원을 직접 통제하기 위해 영향력을 행사했다. 국고보조를 플랑드르, 왈론, 브뤼셀Brussel 세 지역으로 양도하자는 구상이 승리하자, 애초에 양도를 반대하면서 1980~1981년에 관직을 떠났던 사회당 대표 기 스피타엘스가 입장을 180도 바꿔 각 언어권은 각자의 경제적 미래에 책임을 져야 한다는 경제 연방주의를 옹호했다.[115] 그사이 두 사회주의 정당의 쌍방 비난이 증폭되었다. 스피타엘스는 강경한 친親왈론파가 되었고, 분리주의자가 대부분인 좌파 정당 왈론 랠리(Walloon Rally, 프랑스어로는 Rassemblement Wallon)를 흡수했다. 그는 1987년 왈론 지역에서 44퍼센트를 얻으며 큰 승리를 거뒀다. 이것은 1980년대에 사회당이 기록한 최고 결과 중 하나로 꼽혔다.[116] 프랑스어권과 플라망어권이 극심하게 분열하는 가운데 해당 지역에는 정책 입안, 주택, 환경, 경제정책, 문화 등 폭넓은 권한이 주어졌다. 브뤼셀이 세 번째 자치 지역으로 자리 잡은 1987년, 교육까지 각 언어권으로 이양되었다. 1993년 주요 헌법 개정안이 가결되면서 벨기에는 1987년 이후 플랑드르와 왈론이 브뤼셀처럼 개별적으로 직접 의회를 선출하는 실질적 연방 국가로 변모했다.[117]

벨기에의 경제는 언어적 민족주의라는 불가항력적인 요소와 절대 분리해서 생각할 수 없다. 이 점은 대부분 국가 소유인 철강 산업에 나타난 변화를 통해 입증된다. 1980년대 초반 카커릴 삼브레는 공장폐쇄와 신규 투자를 계기로 완전히 재편성되었다. 1985년 이 회사는 여전히 수익성과 거리가 먼 상황이었고, 종업원 수도 1974년의 3분의 1에 못 미쳤다. 플랑드르의 입김에 영향을 받아 실시된 이 같은 공장폐쇄와 신규 투자는 역효과를 낳았다. 조선업, 유리와 직물 산업, 특히 석탄 산업처럼 국가 산업이라고 불리는 나머지 산업도 비슷한 영향을 받았다. 이런 분야는 주로 플랑드르에 있었다. 플랑드르 동부의 랭부르Limbourg 지역에 있는 대규모 탄광 켐펜세Kempense에는 점점 더 많은 보조금이 흘러들었다.[118] 이는 국가가 자금을 대는 방식으로 돌아가려는 플랑드르 정치가들의 부질없는 시도였다. 플랑드르의 광산은 '산업합리화' 되고, 노동자 1만 명이 해고수당을 받았다. 이와 같은 합의 정치의 종료는 언어적 분리를 심화할 뿐 아니라, 불경기에 맞서는 국가적 산업 전략 채택이 사실상 불가능함을 시사했다. 언어적 분리는 벨기에 사회주의의 대의에 아무런 도움이 되지 않았다.

사실상 자유당이 승리를 거둔 1981년 총선거는 전환점이 되었다. 자유당은 시장규제 완화라는 개념을 새롭게 받아들였다. 자유당은 1978년에 15.5퍼센트를 득표하고 1981년에는 21.5퍼센트를 얻으며 상승세를 탄 반면, 기독사회당은 36.1퍼센트에서 26.4퍼센트로 득표율이 하락했다. 새로운 기독자유동맹이 등장했고, 합의 정치는 이제 신용을 잃은 듯했다.

기독민주당 빌프리드 마르텐Wilfried Martens이 이끄는 새로운 중도 우파 정부는 네덜란드의 기독민주당과 마찬가지로 우편향 노선을 택했다. 1982년 2월 2일에 승인된 법률은 그해 말까지 정부가 공공 지출을 제한하고, 사회보장 연금을 줄이고, 제한된 기간 동안 임금물가연동제를 막아 인건비를 줄일 수 있는 특별권한을 부여했다. 마르텐 정부는 공공 부문 노조와 대결하는 데 주저하지 않았다.[119] 그사이 일반 노동자의 실질임금이 3퍼센트 하락했다.

1980년대는 벨기에 사회당이 쓰라린 경험을 한 시기다. 득표율은 나아졌다지만, 사회당은 모든 직위에서 자유당과 기독민주당에 차근차근 밀려났다. 사회당은 왈론에서 틀림없는 다수당인데도 그 지방 정부는 물론 플랑드르 정부, 심지어 벨기에 동부의 독일어권 소규모 자치 구역의 행정위원회에서도 축출되었다.[120] 그들이 이른바 '신사실주의' 노선으로 상당 부분 나간 1988년에야 두 사회당은 기독민주당과 플랑드르의 민족주의 세력인 보수민족당Volksunie과 손잡고 다시 한 번 연립정부를 결성했다. 벨기에 '신사실주의'는 다음과 같은 배경에서 만들어졌다. 사회당은 벨기에 경제의 상호 의존성이 자신들의 정책에 제약을 가한다는 점을 받아들여야 했다. 이를 나타내고자 신사실주의라는 용어가 생겨났다. 이런 사실주의 개념이 뒤늦게 나타난 원인은 확실치 않다. 1958년 이후 벨기에에 엄청난 해외투자 바람이 불었다. 1971년 외국자본이 신규투자의 80퍼센트 정도를 공급했다. 1990년에 상위 100대 기업 중 62개가 외국인 소유 회사였다. 여기에는 화학공업 기업 71퍼센트와 토건 회사 72퍼센트가 포함되었다.[121] 사실상 벨기에 제조업 통제권은 '신사실주의' 시대보다 훨씬 전에 해외로 넘어간 상태였다.[122] 결국 '신사실주의'란 사회당이 상호 의존을 위해 꼭 필요한 신자유주의 경제 분석을 수용했다는 의미다.

1988년 노동조합 역시 「파이낸셜타임스」가 '유럽에서 가장 매력적'—아마 고용주에게 한해서—이라고 쓴 유연한 작업 시간에 관한 법률을 받아들임으로써 '사실주의'를 직접 선보였다.[123] 노동조합은 1980년대 중반 마르텐 정부의 긴축 조치를 처음에 극구 반대했지만, 플랑드르에서 노조는 힘이 약하고 정치적으로 불리한 분위기에서 싸워야 했기 때문에 결국 실패하고 말았다. 사회당은 심화된 언어적 갈등 때문에 다시 한 번 피해를 봤다. 노동조합들은 그 자체로 벨기에 사회의 분열을 보여주는 축소판이었기에 힘이 약할 수밖에 없었다. 즉 자신들을 야당으로 본 벨기에 노동자총연합FGTB, 사실상 정부 내에 있던 벨기에 기독노조연합CSC, 자유노조연합CGSLB까지 여러 노동조합 연합이 있었다. 노동자총연합이 왈론에서 강세를 보인 반면, 좀더 큰 기독노조연합은 플랑드르에서 우세했다. 그런 추세는 언어별 노선에 따라 노조가 분열될 때까지 지속되었다. 이처럼 '이단 변속'의 벨기에 대형으로 나가는 분위기가 굳어졌다. 상대적으로 높은 성장률과 생산성, 낮은 실업률과 파업률을 보여주는 플랑드르는 벨기에 수출의 70퍼센트에 기여하며[124] 외국인 직접투자를 유치했다.

그러나 벨기에 보수주의 세력은 자신들에게 가해지는 '사회주의적' 제약을 제거할 만큼 힘이 세지 않았다. 1992년에는 사회당이 다시 연립정부에 합류했다. 여전히 지나치게 후하다는 평가를 받은 사회보장제도는 벨기에 재정 적자(GDP의 7퍼센트)에 결정적 원인이 되었다.[125] 임금 물가연동제는 엄청난 공격을 받았음에도 여전히 존속했고, 전후 노사 화해 분위기에서 유럽의 마지막 유물이 되었다.

유사한 합의 추구 체제가 나타나지 않는 한 임금 물가연동제는 폐지되거나 수정될 가능성이 별로 없었다. 이처럼 우파 역시 강력한 제약에 직면했다.

통화의 평가절하는 수익성을 재확립하고 국제수지 적자(수출 강화보다 수입 제한이 큰 원인)를 줄이는 데 어느 정도 도움이 되었다. 그러나 이런 조치는 실업률을 낮추지 못했고, 어느 때보다 늘어난 재정 적자를 줄이지도 못했다.[126] 어떤 산업 정책도 도입되지 않았다. 1988~1991년에 생산성은 오르고 물가 상승률은 낮았지만, 국가 생산량의 125퍼센트에 맞먹는 정부 부채를 억제하는 데 기여하지 못했다. 성장 동인은 주로 외부에 있었다. 수출은 GDP의 3분의 2와 맞먹었다. 수출의 3분의 2가량은 이웃 국가인 독일, 네덜란드, 프랑스로 향했다.[127] 이 나라들이 불황에 시달리면 벨기에도 마찬가지였다. 일반적으로 추론해보면 네덜란드 같은 벨기에나 오스트리아 같은 스웨덴이나 정부가 할 수 있는 일이란 민간 제조업에 유리하다고 판단되는 상황을 조성하는 것이었다. 말을 강가로 끌고 갈 수는 있지만, 억지로 물을 먹일 수는 없는 법이다.

고도성장하는 시기에 작은 나라의 정부, 특히 좌파 정부는 공공 부문을 확대하는 길을 택했다. 성장이 멈출 조짐이 보이면 회복세가 따라올 때까지 공공 부문이 체제를 안정화해주길 기대하며 공공 부문을 확대했다. 경제가 회복되지 않을 경우 벨기에와 네덜란드(그리고 영국) 정부는 공공 지출을 억제하고 공공 부문 노조와 맞서며 민간 부문에 유리하도록 임금격차를 벌이는 고용주로서 자기 역할을 다했다. 스웨덴과 오스트리아는 다르게 처신하면서 취업률을 유지하기 위해 공공 부문을 이용했다. 두 나라 사회주의 세력은 국가를 통제했지만, 벨기에와 네덜란드 사회주의자들은 그렇지 못했다. 여기에서 차이가 난다. 사회주의가 정권을 잡았는지, 얼마간 목적을 달성하기 위해 임시나마 활용할 수 있는 국가기구를 통제할 정치력이 충분한지 아닌지에 따라 달라졌다. 오스트리아 국민당과 스웨덴의 '부르주아' 정당은 사회민주주의 세력과 수많은 목표를 공유했다. 벨기에와 네덜란드도 마찬가지지만, 그 시기는 1970년대로 국한되었다.

1980년대에 일어난 사건들을 보면 알 수 있듯, 한정된 사회민주주의적 목표(수준 높은 복리 후생, 완전고용)가 달성되는 데는 사회민주주의의 주도권뿐만 아니라 국가 자본이 보다 넓은 세계경제와 상호 연결되는 방식도 영향을 미쳤다. 오스트리아는 다국적기업의 부재, 스웨덴은 국가 기반이 확고한 다국적기업 때문에 국가 차원에서 실행할 수 있는 부분이 제약을 받았다. 벨기에는 국가 중심부의 광산 지역 고용률 급감을 방지하는 지역 정책이 실행되려면 외국자본에 의존할 수밖에 없었다. 카첸슈타인이 설명했듯이, "벨기에 정부가 실업률을 급격히 낮추기를 희망했다 해도 국내 자본이나 공적 자금보다 외국자본과 민간자금에 주로 의존하는 국가에서는 선택할 수 없는 정책이었다".[128]

기 스피타엘스가 1982년 벨기에 사회당에 제출한 「혁신과 행동 Rénover et Agir」이라는 문건에서 강조한 부분은 다음과 같다. 벨기에 경제는 규모가 매우 작고, 전환 경제의 성격을 띠었다. 그리고 공채가 많아서 어떤 산업 정책도 불가능하다는 것이었다.[129] 네덜란드도 비슷한 분석이 나올 수 있었다. 소규모 개방경제에서 세계 제도가 점점 국제화되는 상황에 직면한 사회주의자들은 강력한 제약 아래 움직여야 하는 현실을 받아들였다. 그러나 이것이 단순히 몇몇 국가에 해당하는 규모와 개방의 특수성이었을까? 상호 의존 시대에 모든 서유럽 경제는 개방된 상태였다. 어느 국가도 국내시장에만 의존할 만큼 크지 않았으므로, 모든 국가는 수출할 수밖에 없었다.

서유럽 사회주의자들은 항상 자본주의 국가의 강점과 구조에 의지했다. 자본이 특정 민족국가들을 중심으로 모이는 경향이 약해지자, 사회주의자들은 곤경에 처했음을 깨달았다. 그들은 집권할 때 야망을 누그러뜨릴 수밖에 없는 여러 제약에 부딪혔다. 그렇지 않을 때는 신용을 잃거나 정권 복귀를 위해 친親시장경제적 의견을 채택해야 했다. 사회주의 세력이 직면한 이런 곤경은 덩치가 큰 유럽 국가들의 상황을 살펴보면 뚜렷해질 것이다. 일단 영국과 서독의 좌파가 보여주는 유사한 역사를 조사해보면 그렇다. 한쪽에는 1970년대 영국 노동당의 역사적인 패배를 낳은 사건들이 있었고, 다른 쪽에는 독일 사회민주당 독일 모델Modell Deutschland의 흥망성쇠가 있었다.

18장

독일과 영국 : 정권을 잡은 사회민주당과 노동당

17장에서는 1970~1980년대에 드러난 유럽의 작은 네 나라의 차이를 설명했다. 지나치게 도식적인 표현이지만, 이 시기에는 눈에 띄는 흐름이 있었다. 즉 1970년대에는 노동조합과 협력, 노동인구 흡수 차원의 공공 부문 활용을 통해 완전고용을 유지하고 높은 생산성을 되찾기 위한 '사회민주주의적인' 시도가 진행됐다. 그 밑바닥에는 시장의 실패를 치료하기 위해서는 정치가 적극적으로 개입해야 한다는 이념적 가설이 있었다. 그러다 1980년대에는 정치가 정반대 방향으로 움직였다. 규제 완화, 민영화, 공공지출 억제가 그 시대의 암호가 되었다. 가장 중요한 목표는 고용이 아니라 인플레이션을 억제하는 것이 되었다. 이렇게 시대에 따라 양극단을 오가는 경향은 (나중에 다룰 남유럽은 예외) 정치권력이 좌파에서 우파로 이동한 흐름과 어느 정도 상관관계가 있었다. 오스트리아 사회당은 1970년대에 단독으로 정권을 잡았으나, 1980년대에는 연합 노선을 따를 수밖에 없었다. 벨기에와 네덜란드 사회주의자들은 1970년대의 중대한 시기에 몇 년간 집권했지만, 1980년대에는 대부분 정권에서 물러나 있었다. 스웨덴에서는 어울리지 않는 조합이 나타난다. 스웨덴 사회민주당은 1976~1982년에 야당이었는데, 그동안 부르주아 연립정부가 스웨덴 모델의 기본 원칙을 수호했다. 그런가 하면 1982년 이후 정권을 되찾은 사회민주당은 방어적인 태도를 취해야 했다. 이와 비슷한 변화가 영국과 독일에서도 나타났다.

1972년 빌리 브란트가 이끄는 독일 사회민주당은 자유민주당과 연정으로 재집권에 성공했다. 사회민주당이 전후에 딱 한 번 기독민주당의 득표율을 추월했는데 바로 이때다. 영국 노동당은 노동계급의 표를 잃고 있었지만, 독일 사회민주당은 가톨릭 노동계급의 표밭으로 서서히 침투했다. 특히 가장 큰 노르트라인베스트팔렌 Nordrhein-Westfalen 주에 영향을 미치기 시작했다.[1]

영국은 1970년에 선출된 에드워드 히스가 이끄는 보수당 정부가 처음에는 반反간섭주의 정책을 채택함으로써 전후 합의 체제와 결별 수순을 밟을 것처럼 보였다. 무역부 장관 존 데이비스John Davies가 유명한 연설문에서 공표했듯이, 영국은 "남의 도움을 받지 않는, 자기 앞가림할 능력이 있는 대다수 사람들" "무능하게 보조금이나 받으면서 질척거리는 늪에 빠져" 살지 않는 사람들에게 적합하도록 정책을 맞출 필요가 있었다.[2] 보수당이 집권한 1970년 6월부터 1972년 2월까지, 다시 말해 석유파동 훨씬 전에 영국의 실업인구는 60만 명에서 100만 명으로 치솟았다. 실업인구가 증가한 원인은 정부의 지원 축소에 있다기보다 그전에 노동당 소속 재무부 장관 로이 젱킨스Roy Jenkins가 펼친 통화수축 정책의 효과가 늦게 나타난 데 있었을 것이다. 하지만 에드워드 히스는 보수주의 집단에서 한물갔다는 평가를 받는 방식으로 반응했다. 다시 말해 그는 '실업률에 감정적으로 관심을 보이는' 태도를 취했다.[3] 결과적으로 정부는 침체된 조선 회사 어퍼클라이드Upper Clyde Shipbuilders를 살리고자 공적 자금을 투입했으며, 롤스로이스Rolls-Royce를 인수했다. 그리고 1972년 의회를 통해 간섭주의산업법안을 정비했으며, 1973년 교육훈련법에 따라 삼부로 구성된 인력고용위원회를 신설했다. 돌이켜 생각해보면 이 최후의 조치는 하원에서 통과된 마지막 '사회주의' 법안으로 꼽혀야 한다. 여기에 소득 격차라는 측면에서 히스의 소득정책 2단계와 3단계의 평등주의 영향도 보탤 만하다. 전후 합의 체제는 난공불락의 요새처럼 보였다. 보수당은 완전고용을 포기한 최초의 정부가 될 용의가 없는 듯했다.

당연히 보수당은 간섭주의를 진지하게 받아들여 그 적용 폭을 노동조합까지 연장해야 한다고 믿었다. 노동조합 역시 규정에 따르고 임금 제한을 받아들여야 할 상황이었다. 뒤이어 일어난 노조와 충돌, 그중에서도 영국 광부노조NUM와 대립은 정부의 몰락으로 이어졌다. 당시 정부 전복은 좌파의 대승, 특히 노조의 승리로 여겨졌다. 보수당은 '누가 국가를 운영하는가? 노조인가, 정부인가?'라는 물음으로 총선 선거전을 벌였다. 보수당은 근소한 차로 석패했다. 일부 주장에 따르면, 히스의 선거 패배가 "영국에 노동계급이 처음 조직화된 이후 노동자가 자본가를 이긴 가장 극적인 승리를 상징했다. 현대 유럽 역사상 경제 파업이 정부의 정치적 붕괴를 재촉한 유일한 시기였다".[4]

그러나 보수당의 패배가 노동당의 약진을 보여주는 전조는 아니었다. 토리당(보수당)이 1974년 1차 선거에서 37.9퍼센트로 부진한 득표율을 기록했다 해도 여전히 노동당을 0.7퍼센트 앞선 결과였다. 영국 선거제도가 변덕스럽게 바뀌었기 때문에 노동당 당수 해럴드 윌슨Harold Wilson이 최다 의석을 확보하고, 소수 여당 정부를 구성했을 뿐이다. 말하자면 윌슨은 토리당원 이노크 파월의 불필요한 지원을 받은 셈이다. 반反유럽주의 민족주의자 파월은 의견이 비슷한 사람들에게 EU 지지자 히스보다는 반反EEC 입장인 노동당에 투표하라고 강권했고, 이는 결과적으로 윌슨 입장에서 거부할 이유 없는 지원사격이 되었다. 같은 해 10월 선거에서 노동당은 득표율 39.2퍼센트를 기록하며 보수당(35.8퍼센트)을 앞서갔다. 이 수치는 그때까지 토리당이 얻은 최악의 결과였다. 그러나 연이은 보궐선거 패배로 의석이 급속히 줄어든 노동당은 근근이 과반수 의석을 확보한 채 국가를 운영할 운명에 처했다. 권력에 넌더리가 난 해럴드 윌슨은 1976년 3월에 사임했다. 윌슨의 사임과 무관한 이유로 파운드화 투매 현상이 있었다. 노동당이 맞닥뜨린 임무는 신임 수상 선출이었다. 보수적인 노동주의가 낳은, 기민하되 통찰력 없는 인물로 평가받는 제임스 캘러헌이 무능한 마이클 풋Michael Foot을 압도했다. 풋은 여전히 좌파의 총아였으며, 캘러헌과 정반대로 시야가 넓고 교활함이라곤 없는 인물이었다. 이후 몇 달간 신임 수상은 정략적 측면에서 노동당에 불리한 IMF와 힘든 협상을 벌이며 나쁘지 않은 성과를 냈다. 그러나 캘러헌과 그의 정부가 천벌을 받은 시점은 동맹군으로 여긴 노동조합과 전쟁을 벌이던 때다.

노동조합은 히스와 그의 추종자들을 무찌른 다음 캘러헌의 노동당 정부에 돌이킬 수 없는 상처를 주었다. 그렇게 노조는 새로운 혈통의 보수당이 지배력을 높이는 데 중요한 역할을 했다. 이 부분은 한참 뒤에야 분명해졌다. 대처 정부가 이 모든 상황에서 얻은 최고의 교훈이 있다. 성공적인 인플레이션 방지 정책은 노조와 협력에 기댈 수 없다는 점이다.

1974~1979년에 노동당 정부는 전임 보수당 정부의 고용정책을 이어갔다. 고용 창출 계획을 확대하고, 침체된 기업을 구제했으며, 직업훈련 프로그램 범위를 넓혔다. 그러나 이런 정책은 공공 지출 삭감이라는 경기 순행적인 전략과 함께 시행되었다.

영국과 독일이 일자리 창출, 직업훈련, 인플레이션 억제를 위한 경제 긴축이라는 모순된 정책을 추구한 방식에는 상당한 유사점이 있다. 지금까지 경제학자들은 물가와 실업률이 동시에 상승할 수 없다고 가정했다. 두 가지 병폐에 직면한 정치가들은 스태그플레이션(경기 침체기의 인플레이션)이 불가능하다는 잘못된 가정을 하며 전통적인 치료법을 적용했다. 전략적 일관성은 절대 없었다. 이를테면 훈련된 인력을 목표로 한 산업 정책이 일자리를 없앤 예산 정책과 공존하는 식이었다.

영국 노동당은 노조가 독일 노조를 본받아 임금 협상을 자제하기 바랐다. 이른바 '사회계약'은 처음에 무리 없이 성공했다. 1976년에는 국제수지 문제로 파운드화 매도가 쇄도했고, 과도한 재정 적자에 대한 인식이 생겨나면서 공공 지출의 대대적 삭감과 완전고용 포기로 이어졌다. 1978~1979년 파업 덕분에 마거릿 대처의 새로운 모델인 보수당이 승리하고 1980년대 급진적 신자유주의 시도가 성공하는 상황이 조성될 즈음, 사회계약은 만신창이가 되었다.

노동당 경제정책에 변화가 찾아왔다. 파운드화 투매로 IMF에서 막대한 대출을 받기에 이른 1976년이 전환점으로 알려졌다. 정부는 차관 때문에 공공 지출을 줄일 필요가 있었다. 실업률이 증가하는 상황에서 노동당 각료들은 통화수축이 성공으로 가는 길이라고 설명해야 했다. 노동당의 주요 경제원칙인 케인스식 통설은 정반대 구제책을 지시했다. 단 주적은 인플레이션이 아니라 실업률이며, 리플레이션의 영향이 국제수지에 심각한 해를 끼치지 않을 것이라는 가정에서였다. 이 원칙은 스태그플레이션을 해결할 수 없음이 명백해진 뒤 맹비난을 받았다. 통화주의(통화정책이 경제활동을 결정하는 중요한 원인이라고 보는 경제사상—옮긴이)가 유행하기 시작했다. 이는 파악하기 쉽고, 노조와 부딪힐 일도 만들지 않고, 특정 개인과 관계없는 '상식적인'('주변에 돈이 지나치게 많아서 인플레이션이 일어날 뿐') 어떤 것에 책임을 전가하지도 않았다. 바쁜 정치가들이 거의 읽지 않는 글을 쓰는 학자보다는 언론인이야말로 새로운 주의를 내놓는 주요 제안자였다. 가장 영향력 있는 인물은 「타임스The Times」의 피터 제이Peter Jay와 「파이낸셜타임스」의 새뮤얼 브리턴Samuel Brittan이었다.[5]

케인스 학설은 노동당 출신 수상 제임스 캘러헌에게 공식적으로 버림받았다. 1976년 9월 28일 오전 블랙풀Blackpool 노동당 회의에서 캘러헌은 그 유명한(혹은 악명 높은) 연설을 통해 다음과 같이 의중을 밝혔다.

> 우리가 듣던 화기애애한 세상은 세금 삭감, 적자 지출이라고 쓰는 수상의 펜 놀림 한 번으로 완전고용이 보장되는 곳에서나 지속될 것이

다. 그런 아늑한 세상은 사라졌다. 실업의 원인은 무엇인가? 간단하고 명확하게 말하면 실업은 우리가 생산하는 것의 가치보다 우리가 받는 임금 액수가 크기 때문에 발생한다. 죄를 대신 짊어질 희생양은 없다. 우리는 세금을 줄이고 정부 지출을 늘리면 불황에서 벗어날 길을 찾고, 고용을 늘릴 수 있다고 생각했다. 솔직히 말하면 그런 선택권은 이제 존재하지 않는다.[6]

캘러헌이 이런 연설을 한 의도는 오래된 정책에서 대탈출을 표명하기 위해서라기보다 재정적 건실성이라는 자신의 신용 증명을 해외 은행가나 미국인에게 확실히 보여주기 위해서였을 것이다.[7] 그렇다 해도 캘러헌의 최측근 보좌관 버나드 도노휴는 이렇게 이야기했다. "현재의 익숙한 언어로 함께 묶어 '대처주의'라고 규정하는 광범위한 정책은 사실상 1976년 캘러헌 집권 시 재무부와 은행, 무엇보다도 IMF와 미국 재무부에서 초기 형태가 나왔다."[8] 대처주의와 캘러헌의 정책에는 근본적으로 다른 점이 있었다. 캘러헌의 정책은 공공 지출을 줄이고 더 많은 실업자를 내는 사이에 노조와 협약을 통해 케인스식 임금 억제 정책을 추구했다.

캘러헌의 연설은 경제 전문 언론인이자 그의 사위인 피터 제이가 작성했다. 그는 「타임스」 칼럼에서나 다른 기회를 통해 새로운 '통화주의' 원칙을 가장 소리 높여 주장했다.[9] 신케임브리지학파인 마이클 풋과 토니 벤Tony Benn이 이끄는 좌파, 스튜어트 홀랜드Stuart Holland 같은 경제학자들의 목소리는 점점 줄었다. 이렇게 된 근본적인 원인은 좌파가 국가 전반은 물론, 노조 운동과 노동당 의원들, 언론 등에서 거의 지지를 받지 못한 데 있다. 좌파는 EEC의 회원 지위에 반대하는 승산 없는 싸움에서 해럴드 윌슨이 가입 조건을 재조정한 뒤에도 사실상 패배했다. 이런 쓸데없는 전투는 유권자 절대다수가 국민투표에서 회원 가입을 지지함에 따라 좌파 노동당의 참패로 끝났다. 그 과정에서 좌파는 많은 시간과 감정을 소모하고 말았다. EEC 국민투표가 실시된 1975년부터 윌슨 대신 캘러헌이 당선된 1976년 4월을 지나 IMF와 협상이 벌어진 1976년 말까지, 노동당 좌파는 백전백패했다. 정부의 수명이 남아 있는 동안 좌파는 미미한 힘을 근근이 유지했을 뿐이다.

1977년 3월, 정부는 다수당 자리를 잃고 자유당과 강제로 전략적 협정을 맺어야 할 처지가 되었다. 노동당 내각은 정부 실각을 막기 위해 자유당 의원들의 의견에 귀 기울여야 했다. 그들은 실제로 정부를 협박할 수 없던 다수 좌파 노동당 의원들과 함께할 필요가 없었다. 노동당은 협의회와 국가집행위원회NEC에서 모임 기간 내내 정부의 외면을 받았다. 1976년 국가집행위원회는 정부의 뜻과 엇갈리는 노동당 강령을 정식으로 발표했다. 임금통제가 정부 전략의 핵심이었는데도 '소득정책'이라는 단어나 그에 상응하는 표현이 전혀 등장하지 않았다.10 당정의 이례적인 균열은 유럽 어디에서도 볼 수 없는 전대미문의 사건이었다. 이는 노동당이 야당으로 돌아갔을 당시 내분의 상당 부분을 차지하는 근본 원인이었을 것이다.

노동당 좌파는 오랫동안 케인스 학설에 불만이 있었고, 정확히 말하면 이를 앤서니 크로스랜드Anthony Crosland 같은 우파 사회민주주의자들의 이념이라고 여겼다.11 그러나 유럽 전역에 케인스 학설의 경종이 울렸을 때 이는 새로운 급진적 경제학의 열풍이 아니라 이른바 통화주의의 출현을 예고했다. 영국에서는 수년간 노동당 자문 역할을 한 니콜라스 칼도어Nicholas Kaldor 같은 저명한 경제학자들, 윈 고들리Wynne Godley와 프랜시스 크립스Francis Cripps 같은 신케임브리지학파 구성원, 정부 고위층 학자들 대다수가 여전히 케인스 학설을 옹호했지만, 과거에 비해 지지자가 많이 줄었다. 급기야 해럴드 윌슨과 제임스 캘러헌의 자문이던 영국 정부의 정책 분과 수장 버나드 도노휴는 케인스 학설이 현대사회와 무관하다는 결론을 내렸다.[12] 1974년부터 재무부 장관을 지낸 데니스 힐리는 1975년에 자신을 케인스 학파의 경제학자로 여기지 않았다.[13]

독일에서는 이런 정책 역전이 일어나지 않았다. 역사적으로 1966~1967년에 카를 실러Karl Schiller 말고는 케인스 학설의 미세 조정을 지지하는 사람이 거의 없었다. 영국의 케인스 학설에 맞먹는 독일의 '독트린'은 이른바 사회적 시장 원칙이었다. 이것은 경제 운영 기법이 아니라 모든 사람이 동의한 원칙을 담은 일종의 성명이었다. 엄격한 케인스 학설을 가로막는 주요 장벽은 독일연방은행Bundesbank의 자립과 인플레이션 방지 전략에 관해 법에 명시된 약속이었다. 중앙정부에서 독립하려는 성향은 전 세계적 상호 의존성과 함께 커졌다. 고정환율 체제(브레턴우즈 체제)가 막을 내린 뒤 유럽 통화의 회전축으로서 마르크화의 중요성이 커짐에 따라 독일연방은행의 역할이 확대되었다.

독일의 의사 결정자들은 세계경제에 의존해서 생기는 부정적 여파를 자국의 강력한 경제기구의 힘으로 잘 견뎌낼 수 있었다. 영국 정부는 이런 특혜를 누리지 못하고 통제할 수 없는 환경에 둘러싸여 고군분투했다. 수출 기록이 점점 악화되었다. 파운드를 상당량 보유한 외국인들은 예고 없이 자금을 옮길 준비가 돼 있었다. 영국은 예측 불가능하고 종종 매우 불합리한 환율 압박에 시달릴 수밖에 없었다. 영국 정부는 내부적으로 광부노조가 지시한 높은 요구액에 따라 광부들의 분쟁을 해결하고, 히스의 급여 정책 아래 축적된 노조의 임금 인상 요구에 대처해야 했다. 결정적으로 인플레이션이 진행됨에 따라 고액의 어음을 지급해야 했다. 이는 이전 행정부가 체결한 인플레이션 관련 물가 상승분 지급 협약이 도화선이 된 결과였다. 물가 상승분 지급 협약은 석유파동으로 인플레이션이 거의 확실하게 가시화되기 전에 보수당이 고안한 것이다. 물가 상승률이 증가하면서 자동적으로 생겨난 이 협약은 노동자들이 물가 상승으로 받을 충격을 상당히 완화했다. 영국의 물가 상승률이 유럽과 여타 지역의 경쟁국에 비해 현저하게 높은 주원인이 바로 이 협약이었다.[14] 노조가 임금 인상 요구를 누그러뜨리지 않는 사이, 물가 상승률은 두 자릿수가 되었다. 노동당 지도부는 노조가 사회계약의 약속을 지키지 않았다고 비난했다.[15] 히스와 광부노조의 싸움에서 히스의 패배는 영국 정치에 두드러진 족적을 남긴 터라, 윌슨은 법정 소득정책과 비슷한 기미가 보이는 것은 무엇이든 피하기로 결심했다.[16] 그렇지만 노동당 신화에 등장하는 변화무쌍하고 예측 불가능한 신들에 해당하는 존재를 '시장market'이라 할 때, 이 시장이 노동당 지도자들에게 가르친 점이 있으니, 영국 경제의 문제점을 해결하려면 반드시 소득정책이 필요하다는 것이었다. 윌슨이 1975년 7월의 상황을 기술했듯이 "재무부는 완전히 침체되었다. 그렇게 의기소침한 상태가 될 때 재무부는 물신숭배자가 되는 경향이 있다. 이런 상황에 대한 재무부의 집착은 급여를 법적으로 통제하라는 국제시장의 요구를 반영했다".[17]

그렇지만 영국의 세계경제 의존도를 두드러지게 보여준 사건은 1976년 IMF 위기다. 이 위기는 1976년 3월 파운드화 투매와 함께 시작됐다. 이는 정부 입장에서 파운드화 가치가 과대평가되었다는 시장의 인식 때문에 촉발된 결과다. 힐리는 잉글랜드은행Bank of England을 비난했다.[18] 몇몇 평론가들은 1976년 파운드화에 가해진 심각한 투기 공격과 관련해 사실상 경제적 이유가 없었다는 데 동의한다. 이들은 정부가 환율에 일관성 있는 정책을 시행하지 않아 시장이 환율을 예측하게 만들었다고 비난했다.[19]

영국에 닥친 대규모 인플레이션 때문에 노동당의 경제 운영 능력에 대한 국제적 신뢰도가 크게 떨어졌다. 「월스트리트저널The Wall Street Journal」이나 『이코노미스트The Economist』처럼 권위 있는 금융 관련 언론 매체가 영국의 상황에 관한 사설을 발표했다. 영국이 경제적 퇴보라는 유죄 선고를 받고 모든 재산이 몰수될 체제를 향해 나간다는 내용이 골자였다.[20] 7월에 파운드화 가치가 12퍼센트 하락했다. 독일과 미국이 뒷받침해주는 국제적 구조 대책이 마련되었다. 영국 정부한테 숨 돌릴 틈을 주기로 한 단기 신용 대출에 까다로운 조건이 붙었다. 정부는 인플레이션을 유발하는 적자를 줄이기 위해 공공 지출을 삭감해야 했다. 1976년 12월까지 대출을 상환할 수 없다면 추가 지원을 요청하기 위해 IMF를 찾아가야 했다. 실제로 영국은 자국의 경제정책이 IMF의 승인을 받아야 한다는 조건을 수락했다.

노동당 내각을 분열시킨 고통스러운 논쟁이 벌어졌다. 그 논쟁에 참가한 이들의 회고록에서 눈에 띄는 부분을 보면 한 가지 핵심 쟁점에 집중했음을 알 수 있다. 정부가 외환시장을 가라앉히기 위해 외국 대출 기관이 요구한 조건을 충족하고자 공공 지출을 삭감해야 하느냐 마느냐가 문제였다.[21] 공공 지출 삭감이 '실물'경제의 문제를 해결하는 데 필요한지 아닌지는 정황상 부차적인 문제였다. 시장이 만족해야 한다는 관점을 견지한다면 그랬다. 이런 논리에 따르면 통화수축(디플레이션)의 주원인은 IMF의 승인을 얻는 것이었다. 결국 영국 경제가 안전하다고 외환시장을 설득하기 위해서 이 승인이 필요했다. 이것은 데니스 힐리의 입장을 뒷받침하는 근거였다.

삭감 정도는 공공 부문에 필요한 차관 금액에 대한 재무부의 예측에 달렸는데, 그 정도가 심하게 부풀려졌다. 영국은 생각한 것처럼 많은 차관을 도입할 필요가 없었다. 힐리는 나중에 회고록에서 공공 부문 차관 금액 예측은 항상 빗나간다[22]며 다음과 같이 밝혔다.

> 전부 쓸데없는 일이었다. 재무부는 공공 부문에 필요한 차관 금액의 견적을 너무나 높게 잡았다. 재무부가 아무 처방도 내리지 않았다면 차관 금액은 IMF의 한계 범위에 들어갈 액수였다. 이후에 그 수치는 IMF 종합 대책이 경상수지 적자에 영향을 끼치기 전인 1977년에 그 적자분을 없앨 수 있었다는 점을 보여줬다.[23]

내각에는 공공 지출이 노동주의의 본질이라고 여기는 사회민주주의자들이 있었다. 오랫동안 케인스 학설을 지지하던 이들은 공공 지출 삭감에 반대하는 의견을 기탄없이 내놓았다. 이들의 선두에는 크로스랜드가 있었다. 처음에는 해럴드 레버Harold Lever와 셜리 윌리엄스Shirley Williams가 그를 지지했고, 로이 해터슬리Roy Hattersley도 나중에 힘을 보탰다. 크로스랜드는 *The Future of Socialism*(사회주의의 미래)에서 실업 문제가 해결되었다고 전했다.[24] 그는 실업률이 증가하는 상황에서 통화수축은 불필요하다고 꽤 타당한 주장을 내놓았다. 그보다 10년 전에 리처드 크로스먼Richard Crossman은 유사한 정책적 관점에서 크로스랜드를 지지하며 이렇게 말했다. "우리는 사회주의자로서 취임했다. 사회주의 정책의 본질은 민간 지출을 공공 지출로 전환하는 것이다."[25] 크로스랜드는 IMF 차관이 시장을 충족하는 데 필요하다는 점은 받아들였지만, IMF 측이 부담스러운 조건을 집요하게 요구하면 영국은 독일이나 키프로스에서 병력을 철수하고 농성 경제(전쟁, 경제제재 등으로 완전히 고립된 경제—옮긴이)를 도입하며 EEC에서 탈퇴할 것이라고 전했다. 그렇지 않으면 영국 정부는 미얀마 석유 주식을 판매하고 수입담보를 부과함으로써 공공 부문 차관 필요액에서 10억 파운드를 줄이는 요구를 충족할 수 있다고 덧붙였다.[26] 토니 벤이 회상한 바에 따르면, 크로스랜드는 당시 의도된 디플레이션을 "경제적으로나 사회적으로 잘못되었고 자신이 평생 믿은 것에 해를 끼치는 것"으로 평가했다.[27]

따라서 낡은 '수정주의적' 우파, 토니 벤과 마이클 풋의 좌파, 수입 규제를 옹호하는 '소小영국주의자'(영국이 국제 문제에 관여하지 말아야 한다고 믿는 영국인—옮긴이) 피터 쇼어Peter Shore가 동맹을 맺을 근거가 있었다. 벤의 입장은 내각에 잘 알려졌다. 그는 크로스랜드와 마찬가지로 통화수축(디플레이션)에 반대했다. 벤이 몇 달 동안 주장한 내용은 수입 규제의 부담과 '대안 경제 전략'의 핵심적인 부분이었다. 이 전략은 야당인 노동당 좌파에게 정책 정강으로 제시할 수도 있는 것이었다.28 통화수축이 아니라 통화 재팽창(리플레이션)이 답이었지만, 이는 수입 규제의 보호와 산업 정책의 지원을 받아야 했다. 노조와 협상하는 것만이 높은 임금 인상 요구에 대비한 보장책이었다.29 벤은 크로스랜드처럼 IMF를 협박이라도 할 태세였다. 우리한테 통화수축을 강요하면 워싱턴Washington이 질색하는 보호무역주의 조치를 취할 수밖에 없다는 식이었다. 이런 견해에 반대 주장을 펼치던 사람들은 영국 경제가 얼마나 허약한지, 타국의 선의에 얼마나 의존하는지, 무역의존도가 얼마나 높은지, GATT(관세무역일반협정)와 EEC 같은 다양한 국제 협정에 얼마나 강요당하는지 강조했다. 벤의 일지에 상술된 대로 캘러헌은 기나긴 논의를 마치고 힐리를 지원하기 위해 힘썼다. 이는 그야말로 과단성 있는 처신이었다.30 그가 투표에서 졌다면 사임했을지도 모른다. 앤서니 크로스랜드가 말했다시피 "제임스 캘러헌이 내각에게 패배했음이 알려진다면 살인이나 다름없을 것이다. 그는 우리에게 비장의 카드 같은 존재다. 우리는 수상을 지지하지 않을 수 없다".31 노동당이 패배할 수밖에 없는 선거가 있었을 것이다. 후임 보수당 정부가 노동당보다 훨씬 큰 힘으로 통화수축의 칼날을 휘둘렀을지도 모른다. 대다수 장관들은 IMF의 조건을 충족하기 위한 통화수축 결정을 받아들였다. 힐리의 결정적 주장에 따르면, 크로스랜드 입장에서는 상황이 통제되었고 차관이 필요하지 않다는 의견을 고수하는 것이 옳다 해도 "시장은 그것을 믿지 않을 것"이라고 했다.32

이 서사시 같은 무용담은 나중에 국제 자본주의가 노동당 정부를 무너뜨린 날로 노동당 신화집에 자리 잡았다. 이것은 '시장'을 충족하는 것이 어마어마하게 중요하기 때문에 전개된 이야기였다. 힐리 역시 재무부가 내놓은 수준 이하의 경제예측을 비난했다.

> 우리와 세계가 당시의 진상을 알고 있었다는 가정 아래 말하면, 우리는 IMF 차관 없이 상황을 풀어갈 수 있었을 것이다. 그러나 1976년에 우리 예상이 너무나 비관적이었고, 우리는 여전히 공공 지출이 금융시장 내 우리 입지에 막대한 손상을 준다는 식으로 설명했다.[33]

힐리는 젊은 층을 더욱 비난했다. 새파랗게 젊은 그들은 도시에 나도는 속보나 쓰는 금융 관련 기자 같은 어린 '작가'들의 영향을 받았기 때문에 파운드화를 과소평가했다. 그들은 통화주의 경제학의 2~3가지 원칙이 십계명이나 되는 양 의존했다. 예컨대 이런 식이다. "적자가 인플레이션을 유발한다. 그러므로 인플레이션을 목격한 즉시 파운드화를 팔아 치웠다."[34] 그 좋던 브레턴우즈 시절에는 이런 일이 쉽게 일어나지 않았을 것이다.

노동당 좌파에게 호환 마마보다 무서운 대상은 IMF였다. 칠레를 비롯해 수많은 제3세계 국가들에게 거대한 재앙 같은 통화수축 정책을 강요한 국민의 원수, 그런 이들로 구성된 인간미 없는 관료체제가 공포였다. IMF 직원들이 관대한 태도를 취하길 꺼린 이유는 영국보다 가난한 국가들에 엄격한 조건을 내세운 데서 드러나기도 했다. IMF는 자체적으로 자금을 보유하지 않았다. 이 기구의 기능은 다국 간의 대출금을 마련하는 것이었다. 실제 자금은 10개국 재무장관회의G10의 중앙은행에서 나왔고, 현금은 주로 독일과 미국이 조달했다.

노동당 정부는 반감을 품은 외국 정부가 보여준 반사회주의 반응의 희생자였을까? 미국에는 공화당 정부가 있었지만, 캘러헌에 따르면 포드Gerald Rudolph Ford Jr. 대통령과 제임스 캘러헌은 절친한 친구였다. 그런데도 포드는 미 재무부가 IMF와 협상을 체결하기에 앞서 구제 방안에 동의하도록 만들 능력이 없었거나 그러길 원치 않았다. 차관과 관련해 미국 측 책임자 세 명의 반대에 부딪혔을 것이다. 그 세 명은 전직 채권 중개인이자 현 재무부 장관 윌리엄 사이먼William Simon, 전직 피츠버그Pittsburgh 은행가이자 포드의 보좌역 스티븐 여Stephen Yeo, FRB(연방준비제도이사회) 의장이자 스스로 '구석기시대 보수주의자'라고 인정하는 아서 번스Arthur Frank Burns다. 캘러헌과 힐리는 사이먼과 여를 만났을 때 이 미국인들이 믿을 수 없을 정도로 우편향이고, 여차하면 '막장까지 갈 준비가 된' 사람들이라고 생각했다.[35] 독일 쪽으로 넘어가면, 물론 헬무트 슈미트는 캘러헌의 보수적인 사회주의에 대체로 공감하는 사회민주주의자였지만, 그는 자신의 정부와 독일연방은행 때문에 옴짝달싹 못하는 처지였다.[36]

이 위기 상황을 두고 가장 전통적으로 풀어낸 사회주의식 해석이 진실에 가깝다는 결론이 나왔다. "국제 자본주의는 언제나 사회주의 정부에 가장 이익이 되는 방향과 정반대로 작동할 것이다." 노동당 정부는 자본주의, 즉 시장의 힘에 제약을 받았다. 국내에서 늘 그런 양상이 나타났다. 그러나 1960년대와 고정환율제가 막을 내린 1970년대에 그 양상이 심화되었고, 노동당 정부는 국제시장에서도 시장의 힘에 제약을 받았다. 이런 의존도는 여타 유럽 국가들보다 영국에 많은 영향을 미쳤다. 노동당이 파운드 잔고(영국 이

외 파운드 사용국의 잔고)를 없애려고 애썼으나 그다지 성공하지 못해 파운드 잔고가 많은 상태였기 때문이다. 이런 상황은 대다수 국가에서 비슷하게 나타났다. 이를 타개하기 위해 적용 가능한 세 가지 전략이 있었다. 첫째 전략은 덧문을 닫고 농성 경제로 돌입해 국가 내에 사회주의를 구축하고, 영국 상품에 반대하는 다른 국가의 불가피한 보복을 잘 견뎌내고, 유권자들에게 앞으로 생활수준이 현격히 떨어질 것이며 마음대로 사용할 재화의 범위가 줄어드는 상황이 10~20년간 지속될 수 있다고 설명하고, 다음 선거에서 승리하는 것이다. 둘째 전략은 국가 주권의 소멸을 선언하고, 경제적으로 국내 정치가 요령부득한 상황임을 언명하고, EEC나 UN 같은 다국적 정치기구만이 국제시장을 통제할 수 있음을 공표하는 것이다. 셋째 전략은 실용주의적으로 그럭저럭 넘기는 것이다. 이 방법은 과거 노동당에게 꽤 도움이 되었고, 앞으로도 계속 효과가 있기를 바라는 대안이었다.

이런 비관주의는 독일 사회민주주의자들에게 근거 없어 보였을 것이다. 그들은 경제가 자기들 책임 아래 있음을 의심하지 않았다. 영국을 비롯한 다른 국가들이 1차 석유파동으로 고통을 겪는 동안 독일은 고비를 잘 넘기는 듯했다. 독일 사회민주당은 자유민주당과 연합해 능력 있는 정부를 책임지고 있었다. 물가 상승률과 국제수지 측면에서 주요 경쟁국들을 능가하는 데 성공한 것 같았다. 사회민주당은 경제 운영 비법을 찾아냈다고 큰소리칠 만했다. 한 국가의 문제를 해결하는 국가 차원의 해법은 다른 나라에서도 쓸 수 있었을 것이다. 말하자면 기적은 수출될 수도 있었다. 독일 모델의 구호가 이런 식으로 생겨났다.

독일은 영국과 대조되는 면이 대단히 많았다. 1973~1979년 독일의 평균 물가 상승률은 4.7퍼센트로, OECD 유럽 국가 평균(11.9퍼센트)의 절반 이하였다. 같은 기간에 영국의 물가 상승률은 15.6퍼센트로 고공비행했다. 양국의 물가 상승률 차이는 다른 무엇보다 중요한 문제로 보였다. 독일 모델이 물가 상승률을 억제한 비결이었다.

당시 영국은 지독한 산업 분쟁으로 악화 일로에 빠져 오랜 사투를 벌이고 있었다. '영국병'(1960~1970년대 영국의 사회현상. 고복지·고비용·저효율이 특징이며, 영국인의 무기력하고 방임적인 태도 등을 일컫는 말―옮긴이)이라는 용어가 북유럽에서 널리 쓰였다. 이 말은 대체로 영국의 노동조합이 지나치게 투쟁적이라는 의미로 사용되었다. 사실 영국의 파업률은 독일과 스웨덴, 오스트리아보다 높았지만, 이탈리아나 미국, 캐나다에 비하면 비슷하거나 더 낮았다. 영국병의 원인을 다시 진단해보니 감염원은 노조뿐만 아니라 강력한 생산 집단에 부과된 통제 정책에 있다는 사실이 밝혀졌다. 진짜 원인이 무엇이든 경제가 병약해진 상태이므로, 감염된 부분을 잘라내야 한다는 중론이 영국 내에 퍼졌다. 케인스주의와 통화주의 경제학자들의 지속적인 갈등은 세 정당의 리더십을 통합한 보편적 합의를 무색하게 만든다. 영국의 임금수준은 여전히 지나치게 높은 상태였다. 사실 1975년 기준으로 미국, 캐나다, 스웨덴, 독일에 비해 영국의 임금이 훨씬 낮은 것을 보면 단순히 임금 문제가 아니라 생산성이나 부실 경영 혹은 두 가지 다 문제였을 공산이 크다. 더구나 영국이 쓸데없이 돈을 들이부은 분야는 보호 장벽 안에 있었고, 영국은 2차 세계대전 '패전국' 일본과 독일뿐만 아니라 프랑스

보다도 씀씀이가 헤펐다.37

고임금이라는 가정은 영국 정치에서 새로운 화두도, 석유파동이나 고정환율제 붕괴로 야기된 문제도 아니었다. 13장에서 살펴봤듯이, 1964~1970년 노동당 정부 역시 임금이 지나치게 높다고 생각했다. 정부는 노조가 급여와 관련해 무엇이든 하도록 회유 혹은 설득당하거나 어쩌면 강요당해야 했을 것이라고 믿었다. 뒤이어 유럽에는 전례 없이 광포한 반노조법의 파고가 높아졌다. 대처 정부가 이 법안을 도입했다. 이런 흐름은 1960~1970년대 합의안에서 그 기원과 정당성을 찾을 수 있다. 대처식 해법의 특징은 노조가 설득이나 회유의 대상이 될 필요가 없다는 것이었다. 노조는 법률로 굴복시킬 수 있었다.

노동당의 임금정책은 대부분 어떤 사안에 대한 반응으로 변화를 보였다. 노동당은 노동조합을 잘 상대할 수 있을 것이라는 기대를 바탕으로 1974년 선거에서 승리했다. 「1973년 노동당 강령Labour's Programme 1973」에서 물가통제를 약속하고, 임금 제한에 대한 언급은 자제한 결과라 할 수 있다.38 하지만 사회계약이 '올바른' 여론 동향을 조성하리라는 것을 의심하는 사람은 아무도 없었다. 즉 노조가 임금 인상 요구의 정치·경제적 영향을 고려할 테고, 그런 여론 분위기는 사회계약을 통해 형성된다는 중론이 있었다. 노동당은 히스 정부의 반노조법을 철폐하는 것과 관련한 선언 서약을 이행할 테고, 노조는 임금 요구를 자제하리라는 기대가 있었다.

얼마나 자제하느냐는 절대 수치상으로 정해지지 않았다. 그렇지만 1974~1975년에 임금 협상의 속도가 물가 상승분 지급 협약의 누적된 결과에 더해졌을 때, 그 속도는 인플레이션을 유발할 정도였다. 노조는 사회계약을 지키지 않은 반면, 노동당 정부는 서약을 이행하느라 분주했다. 뒤이어 소득정책 관련 내용이 한층 명확하게 기술되었다. 물론 처음에는 노조 입장에서 불쾌할 만한 용어는 사용되지 않았다.

임금정책은 각 단계가 전 단계의 끝을 향해 나가는 식으로 고안돼 4단계가 유기적으로 연결되었다. 달리 말하면 이 정책은 완전히 무계획적이었다. 처음 세 단계는 전반적으로 임금이 규정된 허용치를 따랐다는 점에서 대체로 성공적이었다. 1975~1979년에 물가 상승률이 15.6퍼센트에서 8퍼센트로 감소한 가장 중요한 원인이 임금이었는지 아닌지는 인플레이션 원인 이론에 달렸다. 이 임금정책은 공공 부문의 임금을 억제하는 데는 확실히 성공했다. 아마도 민간 부문 임금 억제의 근본적인 원인은 소득정책의 여러 단계와 함께 빠른 속도로 늘어난 실업률이었을 것이다.[39] 임금정책의 네 번째이자 마지막 단계의 실패를 감지할 수 있었고, 실업률은 그 실패의 범위를 나타낸다. 4단계 실패는 '불만의 겨울'(winter of discontent : 노동당 정부가 공공 부문 임금 인상률을 5퍼센트로 제한해 대규모 연대 파업이 벌어진 1978~1979년 겨울—옮긴이)로 이어졌다. 노동당이 노조를 통제할 능력이 안 되고 전반적인 전략이 철저하게 실패했다는 견해가 일반적이었다. 그런데 그 증거를 개략적으로 살펴보면 이런 부정적인 견해가 틀렸음이 입증된다. 뒤이어 보수당이 선전 목적으로 유포한 정보 때문에 부정적 여론이 강화되었다. 증거를 무시하는 것이 정치계에 흔한 일임을 감안하면 딱 예상한 수순이었다. 더구나 배턴을 이어받은 노동당과 노동조합 지도자들이 기록을 바로잡길 꺼렸기에 부정적 여론이 커지고 말았다.

임금정책 1단계(1975년 7월~1976년 7월)는 소득이 8500파운드 이하인 모든 사람들의 허용 가능한 임금 인상분을 주당 6파운드로 정했다. 이 방침은 영국 운수일반노동조합TGWU 사무총장이자 전후 영국 노동조합계의 명물 잭 존스Jack Jones가 구상한 독창적인 계획이었다. 재분배 정책이 확실히 받아들여지도록 보장한 그의 역할은 아무리 높이 평가해도 지나치지 않다.⁴⁰ 하지만 일률적 인상은 단체교섭과 보수 격차에 오랫동안 매달려온 영국 노동조합의 관례를 전적으로 위반한 것이었다. 이를 보면 왜 영국 노동조합회의 내에 존스의 계획안에 대한 열정이 전혀 보이지 않았는지,⁴¹ 공산당뿐만 아니라 노동당 좌파도 노골적 반대를 표했는지 설명된다. 공산당은 계획안 수립에 전념했음에도 노사 관계에 관한 한 철저히 자유방임주의 입장이었다. 노동당 국가 산업 조직 위원으로서 노동조합에 영향력을 행사하던 버트 래멀슨Bert Ramelson은 그 정책이 결국 "일반적으로 인정된 임금격차를 왜곡하기에 이른다. 그것은 노동자와 사장의 재분배 정책이 아니다. 더 가난한 이들의 삶을 개선하는 대가를 지불하는 사장이 아니라 노동계급 내 더 부유한 노동자들의 재분배 정책이다"라는 이유로 비판했다.⁴² 공직자 대표이자 고정액 정책으로 가장 득을 볼 노동자 집단의 일원인 앨런 피셔Alan Fisher도 처음에는 그 정책에 반대했다.

결국 노조는 임금정책을 받아들였다. 한편으로는 순수하게 노동당 정부를 돕고 싶어서였고, 다른 한편으로는 그 정책이 임시로 실행될 것이라고 생각했기 때문이다. 법으로 정해진 정책이 아니기 때문이기도 했다. 임금정책 2단계(1976년 8월~1977년 7월)에는 보다 가벼운 재분배가 포함되었다. 균일하게 주당 2.5파운드를 손에 넣는 저임금 계층을 제외하고 최대 주당 4파운드까지 전반적으로 5퍼센트 인상되는 단계였다. 노조는 이 단계 역시 엄격히 준수했다. 영국 노동조합회의는 10퍼센트로 정해진 3단계를 공식적으로 거부하면서 '우리는 거기에 관여하지 않겠다'는 애매한 신조를 내세웠다. 흐름을 따라잡는답시고 임금 인상분을 크게 하면 오히려 문제를 키우는 '자멸적인' 결과를 낳을 수 있다고 지적했다.[43] 대다수 노동자들은 정책 지침 내에서 합의를 봤다. 그때까지는 물가 상승률이 8퍼센트로 떨어졌다. 이후에 힐리는 "무엇보다도 우리의 임금 정책 덕분에 이런 성과가 나왔다"고 주장했다. 영국을 제외한 유럽 전역에서는 인플레이션이 약해지지 않는다는 듯한 발언이었다.[44]

임금정책 4단계(1978년 7월)는 5퍼센트를 목표로 설정했다. 임금 인상률을 5퍼센트로 제한했다는 자체가 비현실적이었다. 경제가 회복세에 있고, 정부가 원하는 바를 노조가 수행하도록 자극을 주던 긴박감이 더는 없었기 때문이다. 정부는 노조원들을 제재하고 싶지 않아 지침을 위반한 고용주들을 블랙리스트에 올리고, 공적인 계약이나 보조금 지급을 거부하면서 그들을 제재할 수 있겠다고 판단했다. 1978년 11월, 기술직 노조는 긴 파업 끝에 포드Ford Motor Company에서 16.5퍼센트를 확보했다. 정부는 본보기 차원에서 포드를 블랙리스트에 올렸다.[45] 하원의 노동당 좌파 의원들은 당시 정부를 물리치기 위해 보수당에 합류했다. 그해 겨울 공공 부문 파업이 훨씬 많이 알려졌고 널리 기억되는 사건이라고는 하나, 사회계약을 파기하고 정부의 신뢰를 무너뜨린 것은 노동당 좌파가 보수당과 손잡은 사건이었다. 힐리는 다음과 같이 기술했다.

'불만의 겨울'은 장기간 임금 제한 이후 일반 노동자들의 불만 때문에 야기된 것이 아니다. 지역의 노동조합 활동가들에게서 비롯된 제도적 압력이 그 원인이다. 지역 노조 활동가들은 자기네 전국 대표들이 합의한 3년간의 소득정책으로 자신들의 역할이 심하게 제한받았다고 느꼈다.[46]

정치적으로 폭발력이 있으나 경제적으로 별 의미가 없는 일련의 파업이 공공서비스 부문에서 잇따라 일어났다. '불만의 겨울'을 보낸 해의 파업 일수는 이전 보수당 정부가 집권했을 때 평균치보다 적었다.[47] 정부는 비타협적인 태도로 저항했으나 나중에는 이를 후회했다. 당시 BBC와 민간 부문의 임금격차가 과도해진 상황에서 결국 정부는 BBC에 굴복하고 말았다.[48] 정부가 모든 위험을 감수했다 해도 차마 영국 대중에게서 크리스마스 TV 프로그램을 빼앗을 수는 없었다.

수거되지 않은 쓰레기가 런던 공원에 쌓여가는 광경이 TV 화면에 노출되었다. 심지어 사토장이들은 고인을 묻는 작업도 거부했다. 이는 노동조합 역사상 가장 공격적인 파업으로 꼽힌다. 그러는 사이 노조에 대한 분노와 반감이 유권자들 사이에 널리 퍼졌다. 하원 신임투표에서 패배한 노동당은 1979년 3월 선거를 공표할 수밖에 없었다. 보수당은 엄청난 득표로 귀환했고, 대처 시대의 막이 올랐다.

노조는 사실상 완전고용의 끝을 인정하면서도 영구적인 임금정책은 반대했다. 그들은 실업이 임금을 억제하는 가장 강력한 수단임을 인식하지 못했다. 토머스 발로프가 설명했듯이, 완전고용은 지속적인 물가 상승을 유발한다. 물가 상승으로 불만이 생겨나고 모든 사람들은 자신의 노동 대가를 높이기에 이른다. "점점 고통을 겪는 사람들이 있고, 이들의 고통은 소득정책이 뒷받침해주지 않는 완전고용 정책의 사회적 기반을 약화한다. 이렇게 고통을 겪는 이들과 모든 사람들이 맞서는 갈등이 생긴다."[49]

사회계약이 근거로 삼은 것은 자본주의의 황금기, 곧 완전고용과 주기적인 성장의 시대라는 가정이었다. 좌파 세력은 '정부 규제가 없는' 단체교섭과 완전고용을 둘 다 지켜내고 싶었다. 이는 (규정에 따라 제한되지 않는 노동조합적 교섭의 의미에 기댄) 자유로운 단체교섭과 (노동조합원의 완전고용이라는 좁은 의미에서라도 지켜내려던) 완전고용을 의미했다. 이런 바람을 품은 좌파는 현실감이 결여된 세계에 살고 있었다. 이것이 그들의 패인이다. 대처는 고용주에게 유리하도록 노사 관계를 조정했고, 실직자 수백만 명의 영향 아래 '정부 규제가 없는' 단체교섭을 다시 시행했다. 정부는 공공 부문의 임금 인상을 억제하기 위해 고용주로서 권한을 행사했다.

1980년대에는 시간이 갈수록 소득정책이 거의 무의미해졌다. 유럽 대륙 국가들을 보더라도 실업률이 높아지자 노조가 힘을 잃었기 때문에 소득정책이 중요성을 잃어갔다. 영국도 마찬가지였다. 더구나 몇 가지 이유로 임금 제한이 받아들여지지 않았다. 보수당은 임금 제한이 지나친 간섭주의라며 거부했고, 노조는 임금 제한이 정부 규제가 없는 단체교섭을 깨뜨린다는 이유로, 노동당은 그것이 실패했다는 이유로 거부했다.

실업으로 노조는 힘이 약해졌다. 특히 영국 노조가 힘을 잃었다.

전자공학과 '마이크로칩'에 기초한 과학기술 혁명이 노사 관계에 영향을 미치면서 노조의 힘은 더욱 약해졌다. 영국 노동조합주의의 주된 특징은 기능 중심의 기풍이 계속 강하게 나타났고, 일자리 간에 그리고 그 일의 임금격차 간에 분명한 경계선이 있어야 한다고 주장했다는 점이다. 이런 특징은 마이크로칩 기술혁명에 맞지 않았다. 이 분야 기술혁명은 경계를 없애면서 기술을 끊임없이 재분류하고, 특히 새로운 인쇄 산업 같은 전자공학적인 기반을 둔 분야에서 일을 재분류했기 때문이다. 노조는 곤란한 상황에 봉착했다. 변화에 저항하면 폐업을 부추기는 꼴이 되고, 융통성을 인정하면 노동력이 자본으로 대체되는 결과 역시 받아들여야 했다. 일자리를 유지하는 숙련 노동자들은 상당한 혜택을 얻겠지만, 정리 해고된 노동자들은 고용 부적격자가 되는 운명이었다. 유럽 전역의 노동조합들이 고통 받았지만, 그중에서도 영국 노조가 가장 힘겨워했다. 노조의 구조 때문이기도 했고, 임금 외에 다른 협상 문제를 그리 중요하지 않은 사항으로 취급했기 때문이기도 했다.50 사회계약은 노사 관계와 노동조합이 본질적으로 임금을 둘러싸고 존재한다는 생각을 강화하는 데 크게 기여했다.

  1980년대에 사회계약을 겨냥한 비판 중에는 그 시대 협동조합주의 정신의 또 다른 예가 사회계약이라는 의견이 있었다. 사실은 그렇지 않았다. 진정한 협동조합주의 계약이라면 모든 면에서 영국 산업연맹CBI을 포함했을 테지만, 산업연맹은 협상에 포함된 적이 거의 없고 고용주 쪽의 합의를 전하기에는 역부족이었다. 노동조합이 합의 사항을 전달하는 데 힘을 발휘한 것보다 훨씬 약했다. 의사 결정 과정에 보다 깊이 개입된 더 강력한 영국 산업연맹이었다면 고용주들 사이에서 위신을 높이는 것은 물론, 그들에게 보다 큰 공감대를 이끌어냈을지도 모른다. 새 상황에 적응하지 못하는 경제적 자유주의와 급속한 반노동조합주의가 팽배한 분위기보다는 합의의 기운을 유도했을 것이다.

진정한 삼자 협동주의(노사정의 주체가 주요 현안을 상의하고 결정함―옮긴이)에 근접한 협동조합주의는 독일에서 실행되었다. 2차 석유파동의 영향이 표면화된 1981~1982년에는 독일이 직면한 주요 경제문제를 다루는 정치기구에서 실질적 합의가 진행되었다. 그 내용은 다음과 같다. 에너지 비용이 지나치게 높아졌으므로 긴급히 에너지 절약 조치를 실행해야 한다. 임금이 지나치게 높으므로 이를 억제해야 한다. 공공 지출이 과하므로 삭감해야 한다.[5] 독일도 다른 유럽 국가들과 같은 길을 걷고 있었다.

하지만 그때까지 독일 모델은 성공적이라는 평가를 받았고, 확실히 다른 나라로 수출할 수 있는 본보기로 여겨졌다. 독일 모델은 기발한 발명품이자 정권을 잡은 사회민주주의의 성과처럼 보였다. 이것은 헬무트 슈미트가 내놓은 모델로 알려졌다. 어찌 되었건 이 모델의 개념은 좌파 용어에서 핵심적인 부분을 차지한다. 사회주의자와 공산주의자들은 양쪽의 국가자본주의가 충분히 비슷하고, 사회주의의 목표가 대단히 집중성이 있으며, 양쪽의 원칙이 유사하기 때문에 비교적 균일한 정치 운영 모델을 고려해 실행할 수 있다는 주장을 고수했다. 또 11장에서 살펴봤듯이, 영국과 독일이 특히 제도나 구조에서 다른 점을 보이며 적지 않은 차이를 나타낸다 해도 그 차이가 양국의 상당한 유사점을 능가할 정도는 아니었다. 두 나라 모두 규모가 크고 안정된 사회주의 정당이 있었고, 국가 규모와 인구, 경제구조에서 닮은 구석이 있었다.

독일 모델은 무엇이었을까? 그 경제모델은 성공적이었나? 영국이나 여타 국가들이 이를 차용하거나 응용할 수 있었을까? 종전의 문헌에 따르면 이 모델은 세 가지 뚜렷한 특징이 있는 것으로 나타난다. 쇠퇴하는 산업을 관리·감독하고 지식 기반의 새로운 첨단산업을 촉진하는 데 목표를 둔 산업 정책, 이런 변화가 부정적인 사회적 영향을 미치지 않았음을 보장하는 사회정책, 회사와 노동조합의 합의된 관점 달성을 목표로 한 협동조합주의 정책이 그 특징이다.[52] 이처럼 독일 모델을 구성하는 특징에 덧붙여 연방제와 연방헌법, 독립적인 중앙은행, 산업민주주의 체제를 특징 목록에 올리는 문헌도 있다.[53] 그러나 이렇게 추가된 특징은 독일 모델이 독일의 전체적 정치·경제체제와 동일시된다는 뜻이다.

독일 사회민주당이 새로 도입한 가장 획기적인 제도는 산업 정책이었다. 사회정책과 협동조합주의 정책은 종전에 있던 정책이다. 1970년 이전에 산업 정책이 있었지만, 이 정책은 정부보다 은행 체계와 관련되었다. 영국의 은행들이 산업 구조조정을 장려하지 않고 그에 관여하지도 않은 반면, 독일의 은행들은 가장 강력한 독일 기업 성격을 띤 수출 회사들의 이사회에서 충분히 대표 역할을 했다. 수출 부문 경영을 하는 회사들과 공급 업체, 은행 간에 상당한 교합이 있었다. 전통적으로 영국 은행은 종전 자산에 기대는 산업에 자금을 제공했고, 독일 은행은 미래 전망에 기대는 산업에 자금을 지원했다. 영국 은행이 독일 은행과 차이가 그리 크지 않다고 주장하는 경우가 많았다고 해야 한다.[54] 그럼에도 독일 은행들이 영국 은행들보다 전체적으로 경기 동향에 큰 이해관계가 있었다는 데는 의심할 여지가 없다(영국의 은행은 해외 쪽에 더 많이 관여했다). 따라서 독일에서는 실질적인 '계획'이나 합의된 행동이 있긴 했으나, 이는 민영 제조업체와 협력한 일반은행의 성과였다.55 국가와 정부는 전면에 나서지 못하고 뒤에서 배회했을 뿐이다.

독일에서 금융 분야와 제조 분야의 조율은 독일연방은행, 노동조합, 정부가 동참할 수 있는 조직적 틀을 만들어냈다. 각기 자기 역할이 있었다. 경제적 패자와 승자가 판가름 났다. 은행은 대출을 해줬고, 노동조합은 임금 인상 요구를 완화했다. 독일연방은행은 마르크화를 안정화하고 저평가 상태로 유지해서 수출에 도움을 줬다. 정부는 모든 국제기구에서 자유무역의 기치를 높이 들고 자기 역할을 다했다. 독일 총리는 경영주와 노동조합원, 은행가, 연구기관 등과 지속적으로 접촉했고, 우선순위를 정한 뒤 이를 공개적으로 발표했다. 그 선결 과제를 해결하기 위해 세금 감면이든, 합병 지지든 구체적인 정책을 마련하고 시행했다. 이것이 최고 수준의 '조직화된 자본주의'였다.

합의가 확산되었다고 해서 연립 여당이 분열되었다는 사실을 감출 수는 없다. 독일 자유민주당은 산업투자를 시장에 맡겨야 하며, 국가의 지원자 역할은 세금을 축소하고 이에 따른 공공 지출의 성장률을 줄이는 형태를 취해야 한다고 주장했다. 사회민주당은 투자가 매우 중요하므로 자본가에게 전적으로 맡길 수는 없다고 믿었다. 또 국가가 폭넓은 지원을 해주는 상황을 예상했다. 공공 지출 이용, 산업 정책 개발, 훈련 프로그램 감독, 연구·기술 부서를 통해 마이크로 전자공학이나 통신, 에너지 기술 등 주요 수출 부문 개발 목표화 같은 방식으로 국가가 지원자 역할을 하는 그림을 그

렸다.[56]

　독일 사회민주당은 '국가 현대화' 전략을 기꺼이 받아들였다. 이 맥락에서 현대화는 두 가지 의미가 있다. 첫째, '보다 선진화된 국가'를 '따라잡는다'는 뜻이다. 여기에는 명백한 가정이 포함된다. 전략은 다양할 수 있으나 목표는 동일하다. 즉 경제의 기본 세 분야(1차, 제조, 서비스)의 '올바른'(즉 '현대적인') 혼합비를 달성하는 것이다. 실제로 이런 현대화 방식을 추구하는 국가들은 목적론적 시각에서 선진국을 자국의 미래를 나타내는 표본으로 대한다. 결국 '선진국'은 실제로 주도권을 쥐고 있다. 이들 국가는 '현대적'이라고 받아들여지면서 그 자체로 다른 국가의 발전에 현안을 제시한다.

　독일과 스웨덴에 해당하는 현대화의 둘째 의미는 종전의 구성을 예상된 구성으로 조정하는 과정을 포함한다. 경쟁력이 없는 산업은 완전히 탈바꿈하거나, 계획에 따른 쇠퇴 수순을 밟는 것이 일반적이다. 승자는 합당한 인정을 받고 지지를 얻어야 한다. 현대화는 '자연 발생적으로' 일어날 수 있다. 이는 특정한 현대화 정책의 결과가 아니라 자본주의 발전 자체의 성과라는 의미에서 그렇다. 예를 들어 생산성이 낮은 회사가 문을 닫고 시장이 붕괴되고 새로운 기업이 출현할 때 혹은 과학기술의 발전과 새로운 시장의 등장에 발맞춰 기업이 재편성될 때 현대화가 일어난다.

　정치 권력층이 판단하기로 거시 경제적 개입(총 수요, 이자율, 예산 정책)을 통해 경제 구조조정의 환경을 조성하기가 충분치 않다고 보되, 국가가 고도성장 부문을 촉진하고 쇠퇴 분야를 '연착륙'하는 적극적인 역할을 취해야 한다고 믿을 때 '국가 현대화' 전략이 나타난다. 구 산업을 조심스럽게 안락사시키는 것과 신진 산업에 적극적 산파술을 시행하는 것이 국가 현대화의 사회민주주의적 전략을 떠받치는 양쪽 기둥 역할을 한다. 집권당인 독일 사회민주당의 전략이 이것이었을까? 이에 답하기 위해 구분 지어 파악해야 할 부분이 있다. 상당수를 차지하는 여러 병약한 산업에 대한 정부의 역할, 두드러지지 않은 신진 부문 발전에 대한 정부의 기여다.

철강 산업은 구조적 위기가 심각한 수준이었고, 유럽의 모든 국가들이 그 위기 상황에 영향을 받았기 때문에 쇠퇴 분야의 한 가지 예로 꼽힌다.[57] 독일의 철강 산업은 루르Ruhr와 자르Saar 두 지역에 집중되었다. 자르 지방의 위기가 더욱 심각했다. 1977년에는 주요 제조업체인 뢰히링 부르바흐Roechling Burbach와 노인키르쉐 제철소Neunkircher Eisenwerke가 파산 위기에 빠졌다. 독일 사회에서 정치적으로나 경제적으로 주역을 담당한 정부, 사회민주주의 세력, 자유당, 최대 노동조합인 독일 금속노조IG Metall, 자르 행정부를 관리하던 기독민주당, 타격을 받은 두 회사와 관련되었고 그 회사의 감독위원회를 대표하던 은행들은 가만히 보고 있을 수 없었다. 룩셈부르크 철강 회사 아르베드ARBED SA가 자르 철강 회사를 인계하는 '위기 카르텔'(불황을 극복하기 위해 공정거래법에서 예외적으로 허용하는 공동행위가 '불황카르텔'인데, 이 개념과 비슷하다—옮긴이)이 가능하게 한 원인은 사회민주주의 정책이 아니라 각 주체의 이해관계가 맞물린 데 있었다. 위기에 봉착한 두 철강 회사는 잠정적으로 화를 면했다. 노조는 연방 정부의 확약을 받아냈다. 핵심 고용 노동자들이 보호받으며 실직 노동자들에게 충분한 퇴직수당이 지급된다는 약속이었다. 아르베드는 어마어마한 연방 원조를 받았고, 자르는 특별 지역 원조 혜택을 받았다.

이런 노력이 전부 성공하지는 못했다. 1982년 새로 설립된 아르베드자르철강은 또다시 파산 위기에 몰렸다. 이번에는 독일 기독민주당이 연정 내 주요 협력 주체였다. 두 번째 위기 카르텔이 설정되었고, 자르는 더 많은 원조를 받았다. 독일 철강 산업은 어마어마한 실업률이라는 대가를 치르고 구조조정에 성공했다. 자르에서만 실업률이 12퍼센트였다. 그렇다 해도 상대적인 관점에서 이 상황은 결코 절망적인 실패담이 아니었다. 유럽 어느 국가도 철강 산업의 위기를 비켜 가지 못했다. 독일은 다른 국가들에 비해 위기를 잘 벗어났다. 국가의 경제 개입 축소에 힘쓴 후임 중도 우파 행정부는 자르를 특별한 경우로 여겼다. 이전 정부부터 일종의 연속성이 나타났다. 모든 정당은 가급적 오랫동안 독일 모델의 수명이 연장되도록 온 힘을 기울였다.

이런 위기관리 체계는 독일 자본주의 자체가 조직화된 방식 덕분에 실행 가능했다. 연방 정부는 산업 정책에 적당히 관여한다. 약해진 부문을 보조하는 것은 별개로 하고, 국가 중심 차원은 물론 지역적 측면에서 정부의 주된 역할은 '일정한 결과를 유발하는 소인素因 창출에 있다. 특히 교육, 과학, 기술에 있다'.[58] 이 점이 시사하는 바는 국가 현대화 전략이 어떤 사회주의 정부든 이를 하나의 모델로 '수입'해 채택하기만 하면 언제든 적용할 수 있는 선택 사항이 아니었다는 것이다. 이 전략은 특정한 정치·경제적 상황에서 활용될 수 있다. 구체적인 제도 개혁이 선행되지 않는다면 후임 노동당 정부라도 영국 정부에 입성하자마자 가동할 수 있는 전략이 아니었다.

새로운 산업 전략을 마련하려는 노력이 진행되는 가운데 당시 야당이던 노동당은 1970~1974년에 이를 주제로 연구를 이어갔다. 분과 위원회가 신속하게 일을 추진했지만, 당의 선임 지도층인 해럴드 윌슨과 제임스 캘러헌, 로이 젱킨스, 앤서니 크로스랜드 등에게 조언을 구하지 않았다. 1970년대 주도적 노동조합주의자 휴 스캔런Hugh Scanlon과 잭 존스의 경험이나 협력도 구하지 않았다.[59] 정당의 정책 결정 기구와 의회 노동당, 노동조합의 분리 양상은 다른 사회민주주의 정당의 경우보다 확연히 드러났다. 노동당 실무 팀과 위원회, 스튜어트 홀랜드 같은 교수들이 지적인 측면에서 실권을 쥔 분과 위원회는 마치 압력단체인 양 일을 추진했다. 그들의 노력을 바라보는 지도부의 시선에는 정책 제안이 결국 좋은 평을 받지 못하리라는 불안감과 경멸이 뒤섞여 있었다. 새로운 산업 정책의 핵심 이론가인 스튜어트 홀랜드가 이런 조롱을 대부분 뒤집어썼다.[60]

영국 국가기업위원회NEB 설립과 계획 협정 수립이 새로운 산업 전략의 핵심이었다. 국가기업위원회는 유럽 대륙의 다른 국가들을 본떠 만든 국영 지주회사라고 볼 수 있다. 이탈리아 산업부흥공사IRI를 가장 많이 참조했고, 프랑스 산업개발협회IDI와 스웨덴 평가회사Sattsföretag, 독일의 종합 무역상사 피아크VIAG도 일정 부분 본보기로 삼았다. 노동당이 유럽 대륙 국가의 경험을 통해 배우는 경우는 드물었다. (노동당의 국가집행위원회가 채택한) 분과 위원회 보고에 따르면 국가기업위원회의 주요 목적 가운데 하나는 지방에서 고용을 창출하는 것이었다.[61] 국가기업위원회가 국영 혹은 민영 국내 기업이나 다국적기업과 합작 사업을 맡고, 독자적 회사를 설립하고, 민간 부문에 튼튼한 기초를 확보하면 고용 창출이 가능하다고 예상했다. 이중 가장 논쟁의 여지가 많다고 드러날 만한 부분은 민간 부문 기초 확보였다. 결과적으로 국영 부문을 확장하는 전략이나 마찬가지였기 때문이다.

국가기업위원회는 5년 임기의 막바지에 경제 전반에 지배적 이권을 행사해야 한다. 상위 100개 제조업체는 제조 분야 순 산출량의 반 정도를 담당한다. 100대 제조업체 매출액의 3분의 1, 이윤의 5분의 2, 고용 인원의 절반 정도가 국가기업위원회에 귀속되어야 한다.

이 말은 국가기업위원회가 20~25개 회사에 영향력을 미친다는 뜻이었다.[62] 결국 이 계획은 완화된 형태로 실행되었다. 국가기업위원회가 성공적인 결과를 내진 못했다. 그러나 영국 정책의 예측할 수 없는 변화와 보수당 때문에 활동 기간이 서서히 축소된 점을 감안하면 단기간에 산업 정책을 향한 첫걸음을 내딛었다는 데 의미가 있다.[63]

계획 협정과 국가기업위원회를 도입하겠다는 서약이 「1973년 노동당 강령」에 포함되었다. 이는 국가집행위원회가 제시하고 연례회의가 승인한 사안이었다. 강령에 명확히 서술된 부분을 보면 국가기업위원회는 참여 기업의 이익을 항상 통제하고, '위원회 임기 초창기부터 최대 제조업체 중 25개'를 인수하기로 되어 있었다.[64]

강령에는 '이 국가의 모든 대기업들… 분명 100개 남짓 되는 최대 제조 회사들'이 계획 협정 체제에 들어간다고 명시되었다.[65] 이 회사들이 하는 일은 무엇이었을까? 향후 계획에 포함된 활동 관련 정보를 정부에 제공할 수 있었다. 정부는 이를 통해 목표 설정에 도움을 받았을 것이다. 예를 들어 지정된 지역에 일정 수의 새로운 일자리를 공급하는 등 정부 목표를 달성하는 데 기업들이 동의해야 했다. 강령에는 고상한 설명을 덧붙여 재량껏 방법을 정해도 된다고 했으나, 정부와 뜻을 같이해야 했다.[66] 결과적으로 이 기업들은 정부의 원조를 받았다. 다소 빈약하게 작성된 문서상으로는 기업이 계획 협정에 사인했는지 여부가 명확하지 않다. 1974년 선거공약 선언문에 따르면 강령의 방침에 따라 강력한 국가기업위원회를 만들기로 약속하고[67] 계획 협정을 언급했지만, 관련 기업의 수와 강제성은 거론하지 않았다. 선언문에 명시된 공약 가운데 유일한 국유화는 채굴, 조선, 항구, 항공기 제조였다. 처음에 윌슨이 국가기업위원회와 계획 협정에 얼마나 열의를 쏟았는지 충분히 알 수 있다. 윌슨은 "정당이 100대 기업 가운데 25개 회사를 국영화하기로 약속하는 희한한 제안"을 거론하면서 국가기업위원회와 계획 협정의 도움으로 노동당이 그 제안에서 멀어질 수 있다고 봤다.[68] 노동당 내각에는 계획 협정에 적개심이 상당했다. 로이 젱킨스는 1970년대 초반의 새로운 접근법을 기꺼이 받아들였으면서도 계획 협정이나 국가기업위원회에 관해서는 회고록에 언급하지 않는다.[69] 충실한 지지층과 노동조합을 결집시킨 노동당 회의에서 언급된 부분이 있었다. 윌슨이 입회한 1974년 11월 회의에서 "국가기업위원회는 전후 경제정책은 물론 경제사상 측면에서 가장 비약적인 발전"이라는 말이 나왔다.[70] 사실 그는 국가기업위원회의 전반적인 활동에 의문을 품었다.[71] 1974년 정부 백서는 계획 협정이 정부와 관련 회사의 협의를 바탕으로 해서 자발적으로 진행될 것이라고 명시했다.[72] 다시 말해 회사가 뜻을 같이하기로 하고 정부도 동의한다면 두 주체는 협력에 합의한다는 뜻이다. 정부와 기업이 손잡겠다고 나서자 좌파 세력은 격분했고, 산업 전략을 배제한 상태에서 자기 입장을 고수했다. 힐리는 다음과 같이 설명했다. "더 나은 산업 성과를 확보하기 위해 내가 주로 집어든 도구는 공공 지출뿐이었다. 그런데 알고 보니 이것은 아주 무딘 도구였다."[73]

1975년 산업법은 여전히 국가기업위원회의 기능 가운데 한 가지가 제조업 중에서 수익을 내는 업종을 더 많이 골라 국유화하는 것이라고 상정했다. 1976년 3월이 되자 이런 추정이 자취를 감췄다. 국가기업위원회는 병든 회사를 위한 병원 같은 존재가 되었다.[74] 그에 비해 계획 협정은 1977년 3월에 제너럴모터스GM가 소유한 크라이슬러Chrysler와 맺은 것이 유일했다. 제너럴모터스의 행보 뒤에 숨긴 본심은 준비된 공공자금을 손에 넣는 것이었다. 정부는 수완 좋은 협박범처럼 보였다. 스코틀랜드 자치권 이양 법안을 추진하던 정부가 린우드Lynwood에 있는 제너럴모터스의 스코틀랜드 공장 폐점을 허가할 가능성은 거의 없었다.[75] 1978년 7월 제너럴모터스가 크라이슬러 UK를 프랑스의 푸조Peugeot에 매각하기 편한 시점이 되었을 때, 제너럴모터스 측은 정부에 알리지도 않고 일을 진행해 상호 협정 원칙을 확립한 그 유명한 조항을 웃음거리로 만들었다.[76] 에드먼드 델Edmund Dell의 냉소적 평가에 따르면 1974년 3월에 계획 협정을 어떻게 받아들여야 할지 아는 사람이 전혀 없었다.[77] 심지어 4년이 흐른 뒤에도 계획 협정에 대한 수수께끼는 남아 있었음이 분명했다.

국유화는 분명 일어날 일이었다. 모든 것은 다양한 근거를 바탕으로 정당화될 수 있었다. 노동당은 조선업을 국유화했고, 1977년 위기 상황에서는 BAE시스템스British Aerospace Systems가 국가사업에 전적으로 의존해서 수익 감소가 비공개로 거론될 수 있었다. 영국 석유공사의 국유화만이 좀더 거시적인 전략에 따랐다. 이것은 근해 석유산업에 중대한 영향을 끼치기 위해서였고, 결국 이 목적은 달성되었다.[78]

인플레이션과 싸워야 한다는 어마어마한 요구에 부응하는 것이 경제정책의 주목적이 되었다. 그 원인을 규명하기는 어렵지 않다. 유럽 전역에서 물가가 올랐다고는 하나, 앞서 살펴봤듯이 영국의 물가 상승률은 특히 높았다. 잉글랜드은행이 실업 비용에 상관없이 인플레이션을 타파하기로 결정한 이유가 어느 정도 설명된다.[79] 정부 역시 인플레이션 해결에 몰두했다. 데니스 힐리가 인정하다시피 정부는 인플레이션에 대항해 싸우는 데 균형 감각을 잃었고, 1978~1979년에 부동의 5퍼센트 급여기준을 고집했다.[80]

독일의 인플레이션 강박증은 이른바 국민 정서의 일부분을 차지했다. 정부는 인플레이션을 억제하는 독일연방은행의 법정의무 때문에 경제정책에서 한층 제약을 받았다. 스태그플레이션 상황에서 독일연방은행은 고금리 정책(1973~1974년)으로 통화안정을 지키는 수밖에 없었다. 이런 제한적 방침은 석유파동으로 촉발된 인플레이션의 압박을 미연에 방지했다. 노조는 임금 인상 요구를 완화했고, 고용주들은 그들이 승인한 임금 인상분에 대해 독일연방은행이 자동적으로 자금을 댈 수 없음을 깨달았다.[81] 이는 급여 지침을 어긴 고용주에게 노동당 정부가 제재를 가하려는 시도보다 효과적인 방법이었다. 모든 공공 지출 기관은 금융 긴축정책 때문에 지출을 억제할 수밖에 없었고, 정부는 경기순환에 역행하는 리플레이션 정책을 선택하지 못했다.[82]

1976년 독일 경제가 긍정적인 건강 상태를 보여준 것이 독일연방은행의 엄격한 통화주의 때문이었는지, 독일을 떠나야 했던 외국인 노동자 50만 명(이 부분을 해결하기 위해 실업 지출을 늘릴 필요가 전혀 없었다) 같은 다른 원인 때문이었는지는 논의할 여지가 있다. 외국인 노동자들이 실직자로 등록된 상태였다면 서독의 실업률은 영국보다 높았을 것이다.[83] 예상했다시피 독일연방은행과 정부는 국가를 영국병에서 구해냈다.[84] 그러나 독일과 영국의 경제는 비슷한 압박에 굴복했다. 독일 사회민주당과 영국 노동당이 열과 성을 다해 헌신한 완전고용 정책은 양당이 집권하는 동안 버린 카드가 되고 말았다.

정책은 어떤 경우에도 외부와 단절된 상태에서 존재하지 않는다. 독일 경제가 세간의 이목을 끄는 역할을 담당하고 이구동성으로 독일이 서유럽 회복기(1978~1979년)의 '견인차'가 되어야 한다는 요구가 들렸을 때, 이는 독일이 보여준 성과도 성과지만 어디까지나 경제 규모에 상당 부분 기댄 의견이었다. 독일은 사회민주당과 자유당 연정이 실시한 특정 정책과 상관없이 EC에서 GNP 규모가 가장 컸고, 대다수 유럽 국가의 최대 무역 상대국이자 유럽 최대 용역 수입국 역할을 했다. 그도 그럴 것이 통합의 시대에 독일 경제는 유럽에서 중대한 위치에 있었다. 그러나 특정 부문의 성과는 특출하지 않았다. 1960~1975년 독일의 성장률은 EEC 평균치와 비슷했고, 노동자 1인당 생산성 증가율은 프랑스보다 낮았다.[85] 독일의 GNP와 생산성 성장률이 프랑스와 EC 평균을 능가한 1976~1980년에 독일 모델은 큰소리로 존재감을 드러냈고, 독일은 유럽 내 물가 안정화의 보루가 되었다.[86] 하지만 완전고용으로 회귀하려는 실질적 노력은 없었다. 실제적인 고용 창출 프로그램을 도입하려는 사회민주당 출신 장관들의 시도가 줄었다.[87] 연정은 독일연방은행의 제한적인 정책에 동조했고, 인플레이션 억제 전략에서 유럽 최고 자리를 지켰다. 다른 국가들보다 한참 앞선 시기에 이 전략을 채택했고, 1970년대 경기 후퇴 주기에 끌려가기보다는 거기에 일조했다고 볼 수 있다.

독일은 1차 석유파동을 견뎌낼 힘은 있었지만 두 번째 위기까지 버티지는 못했다. 2차 석유파동은 독일 모델의 야심을 좌절시킨 사건이다. 1981~1982년에 GNP가 하락했다. 국제수지 적자는 피해가 없는 수준에서 견딜 수 없는 수준으로 바뀌었다. 이는 통화정책이 미국의 금리에 더 의존하게 되었음을 의미했다. 독일의 금리는 자본 유출을 막고 자금을 끌어들이기 위해 훨씬 더 높은 상태를 유지해야 했다.[88] 독일은 다들 그랬듯 외부 효과에 의존했다. 헬무트 슈미트가 이를 인정한 시점은 전 세계적인 실업의 원인이 미국 금리 때문이라고 못 박았을 때다. 당시 미국 금리가 하도 높아서 고정자본 형성에 들어갔을지도 모를 투자액이 씨가 말랐다.[89] 독일은 국제수지 흑자 덕분에 1차 석유파동을 무사히 헤쳐 나갔다. 1979년에는 흑자가 지속되지 않았으므로 2차 석유파동을 막아낼 수 없었다. 더구나 1970~1980년에 독일 산업의 국제경쟁력은 점점 악화되었다.[90]

이 유명한 독일 모델이 완전히 실패한 지점은 실업 문제였다. 1973~1974년의 1차 위기가 일자리 100만 개를 파탄 냈다. 1980년 이후 불경기가 일자리 100만 개를 더 없애고 말았다.[91] 슈미트가 총리에서 물러났을 즈음, 독일의 실직자는 200만 명이었다. 독일 사회민주당은 영국 노동당과 마찬가지로 완전고용의 말로를 목격해야 했다. 양당은 이내 정권에서 물러나 이후 몇 년간 야당의 한기를 맞으며 인고의 시간을 보냈다.

완전고용을 달성한 힘은 자본주의의 긴 호황에 있었다. 완전고용은 단순한 정책 결정의 결과물이 아니었다. 하지만 완전고용이 정치적 목표라는 점은 사회주의의 원리나 다름없었다. 대다수 보수주의자들은 완전고용이 정치의 통제에서 벗어났다고 봤으나, 사회주의자들은 이런 시각으로 돌아서기 쉽지 않았다.

사회민주당이 이끄는 정부는 재교육과 일자리 창출 계획을 포함한 노동시장 정책, 공공 부문 확대 프로그램, 외국인 노동자 추방 등 다양한 수단을 강구하며 실업과 싸웠다. 그러나 노동시장 정책은 예산 정책보다 하위에 있었다. 예산 정책은 제한적이라 실업률을 줄이는 조치에 반하는 방향으로 작용했다. 1981년 지출 삭감으로 일자리 창출 계획이 급격히 위축되었다. 1981~1982년 불경기가 외국인 노동자들의 집단 출국으로 이어지지는 않았다. 영구적인 취업 허가증이 없는 노동자들은 1973~1974년 이후에 떠났기 때문이다.[92] 경제 위기가 악화되고 실업률이 증가함에 따라 노동시장 정책을 책임진 삼부 기구 연방노동청Bundesanstalt für Arbeit은 주요 의무가 실업수당 지급인데도 실업률이 계속 늘어나 노동시장 정책에 자금을 대기 힘들어졌음을 깨달았다.[93]

독일이 유럽 내 주요 수출 제조업 경제로 놀라운 실적을 내며 대단한 역량을 발휘할 때 사회민주당과 자유민주당 연정은 왜 적극적인 노동시장 정책을 힘 있게 밀고 나가지 못했을까?[94] 이에 대해 정설로 받아들여진 답은 다음과 같다. 사회민주당의 연정 협력자인 자유민주당은 점차 불간섭주의 입장으로 이동하고 있었으며, 헬무트 슈미트에게 압력을 가해 1980년대 변화의 물결에 순응하고, 마거릿 대처와 로널드 레이건Ronald Reagan으로 대표되는 경제사상의 변혁에 따르도록 했다. 사회민주당은 불운한 총리를 더는 뒷받침할 수 없었다. 이는 자유민주당이 기독민주당으로 전환해도 된다는 신호였다. 자유주의 세력은 1980년 선거에서 예상외 긍정적인 결과에 힘입어 더욱 대담해졌다. 사회민주당은 지지율이 겨우 0.3퍼센트 올라 42.9퍼센트가 되고 기독민주당과 기독사회당CSU 연합이 48.6퍼센트에서 44.5퍼센트로 하락세를 맛보는 사이, 자유민주당은 7.9퍼센트에서 10.6퍼센트로 올라 유일한 승자가 되었다.

보다시피 독일에서는 우파로 이동하는 변화가 시작되었다. 이는 1980년대의 특징이라 할 만하다. 그런데 영국이 독일보다 경쟁력이 떨어지는 원인을 설명할 경우 이상한 부분이 있다. 독일 정치기구의 판단에 따라 해결책이 필요하다고 밝혀진 문제들이 영국 정치기구가 지목한 문제들과 유사했다는 점이다. 독일연방은행의 전직 은행장이 작성한 장황한 불평문은 어떤 중앙은행이나 고용주 조합에서든 나올 법한 내용이었다. 예상대로 전직 은행장은 다음 상황이 벌어지지 않는다면 모든 것이 잘 흘러갈 것이라고 공언했다. 그는 "빠른 시간 내에 부유해져서 타락하는 현상" "마구 날뛰는 복지 상태" "사람들이 계속 증가하는 '수급권'에 대해 생각하는 경향", 청년층이 고된 일을 기피하는 추세, 대규모 공공 부문, 지나치게 높은 공공 부문 차관 금액, 복지에서 유발된 높은 실업률에 따른 숙련 노동자 부족을 언급했다.

1981년에 독일은 전후 최악의 불경기에 돌입하며 악화된 경제 상황에 봉착했고, 우파는 대대적인 공세를 펼쳤다. 이에 따라 정부 내에서는 산업화에 유리한 방향으로 경제정책을 바꾸려던 사회민주주의자들과 규제 철폐 접근법을 지지한 자유주의자들의 논쟁이 더욱 첨예해졌다. 경제전문가위원회의 지원을 받는 독일연방은행은 제한적인 통화주의 입장을 고집했다. 확장을 바라는 케인스식 요구는 노동조합과 사회민주당의 지지를 받았으나 허사로 돌아갔다.[95] 인플레이션 억제 세력의 선두에 있던 자유민주당은 다른 연정 파트너를 선택했다. 이 같은 방향 전환으로 1982년 헬무트 콜Helmut Kohl이 이끄는 중도 우파 연정이 탄생했다. 새로운 동맹이 1983년 선거에서 결정적 승리를 거두는 사이, 패배한 사회민주당은 기나긴 야당 시절로 돌아갔다.

콜 정부는 운이 좋았다. 수사적 기교가 뛰어났다 해도 경제정책에서 큰 변화는 없었다. 어쨌든 경제가 회복되었다. 1985년에는 물가 상승률이 1.6퍼센트까지 떨어지면서 1982년부터 오른 국제수지 흑자가 기록적인 수준에 도달했다. 그러나 경제성장률은 1980년대 내내 OECD 평균치를 밑돌았다. 1987년 실업률은 1973년 1차 석유 파동의 공격에 휘청거렸을 때보다 두 배 높았다. 스페인과 영국에 이은 최악의 실적이었다.[96] 수익은 올랐지만 실질임금은 오르지 않았다.[97]

사회민주주의자들을 붙들어둔 콜의 통찰력은 칭찬받을 만하다. 독일의 사회민주주의자들은 높은 경제 역량 보유 차원에서 필요한 존재였다. 독일 모델의 전성기인 1970년대 중반, (사회민주주주의자의 대표 격인) 헬무트 슈미트는 자신감 넘치고 지적인 유력 인사의 행동을 보여줬다. 그는 기업가와 은행가들에게 대기업을 건사할 최고의 총리라는 찬사를 받았다. 해럴드 윌슨이 카를 마르크스의 글을 전혀 읽지 않았다고 자랑한 반면,[98] 슈미트는 자신이 아는 바를 허투루 넘긴 적이 없었다. 슈미트는 1979년 3월 본에서 에베르트재단(Friedrich Ebert Foundation : 사회민주주의를 지지하는 독일의 학술 기관—옮긴이)이 정리한 철학과 정치에 관해 국회 연설을 했다. 그는 '우리 시대의 칸트Immanuel Kant'라는 연설을 하면서 "칸트는 내게 중요한 존재였다. 그렇지만 카를 마르크스, 막스 베버Max Weber, 마르쿠스 아우렐리우스Marcus Aurelius Antoninus 역시 마찬가지였다"고 공표했다. 뿐만 아니라 이 사상가들과 헤겔Georg Wilhelm Friedrich Hege, 레싱Gotthold Ephraim Lessing과 관련한 내용을 버무려 연설을 이어갔다.[99] 그런데 사회민주당에 대한 대중의 호의적인 의견은 1980년대에 점점 색이 바랬다. 1988년 5월 사회민주주의 주간지 『포어베르츠Vorwärts』가 실시한 여론조사에 따르면 독일 국민 56퍼센트는 기독민주당이 사회민주당보다 경제성장을 달성할 능력이 많다고 믿은 반면, 고작 20퍼센트가 반대 입장을 취했다.[100]

1980년대 기독민주당과 자유민주당 행정부는 영국 보수당의 정책과 유사한 급진적 규제 철폐 정책을 따르지 않았다. 독일은 영국과 달리 장기간 지속되던 노사정 합의 체계를 위태롭게 하지 않고도 2차 석유파동 위기를 극복할 만한 경제적 바탕을 갖추고 있었다. 사회민주주의자들의 급진적인 열망을 억누르는 제도적 제약 역시 영국과 정반대 방향으로 작용했다. 기독민주당이 대처 정부의 행보를 그대로 따르기는 어려웠다. 기독민주당은 중심부에서 지휘권을 쥐고 있었으나, 사회민주주의 성향인 반대파의 통제 아래 있는 강력한 지역 당국과 맞닥뜨렸다. 렌더(Länder : 독일연방의 주州—

옮긴이)가 공공 지출의 상당 부분에 영향을 미칠 경우 공공 지출을 과감하게 삭감하기는 힘들었다. 독일 국민들은 노조가 국가 당국과 오랫동안 협력해온 부분을 알고 있으므로 노조를 공공연히 공격하는 데 찬성할 수 없었을 것이다. 역설적으로 말하면 노조는 1970년대보다 1980년대에 힘을 과시했다. 노조는 짧아진 1일 노동시간을 지지했고, 이는 대체로 민심과 일치했다. 1일 노동시간 단축은 옳든 그르든 실업 방지 조치로 평가받았다. 독일 이외 국가 중에 새로운 사상의 선봉 역할을 한 스웨덴 노동조합도 노동시간을 현저히 줄이는 가능성이라든가 그에 따른 이득에 관해서는 회의적인 시기였다. 그렇지만 스웨덴과 오스트리아의 공학 기술 부문 주당 노동시간은 독일보다 짧았다.[101]

따라서 1984년 보수적인 정부와 대면한 독일 노동조합은 주당 35시간 도입을 요청했고, 최대 노조인 금속노조가 이끄는 장기 파업을 무기 삼아 노동조합의 요구를 밀어붙였다. 그 결과 모든 요구 조건이 충족되진 않았지만, 주당 38시간 30분으로 줄일 수 있었다(금속노조는 1977년 의회 이후 소득 감소 없이 주당 35시간 근무를 성사하는 데 힘을 쏟았다).[102] 같은 기간 영국에서는 광산업의 고용률을 지키기 위한 광부들의 장기 파업이 광산 노동자들의 참패와 노동당의 대혼란으로 끝났다. 1986년 콜 정부는 복지 혜택을 끌어내기 위해 파업 노동자들의 능력을 제한하는 데 초점을 둔 법안을 통과시켰다. 이 법안을 막아내려는 노력이 수포로 돌아가자 독일 노동조합연맹DGB은 전에 없는 결집력을 보였다. 또 1986년 상반기에 영국 노조원 수가 줄어든 반면, 독일 노조원 수는 급증했고 금속 노동자들의 임금이 4.4퍼센트 인상되었다. 이는 물가 상승률의 네 배에 해당하는 수치였다.[103] 독일은 기업 구조조정의 지속적 과정을 수월하게 하기 위해 기업 감사회에서 노조의 협력이 여전히 필요했으므로, 독일 노조는 계속 중요한 위치에 있었다. 영국에서는 노조와 상의하지 않고 공장 생산을 재편성하는 경우가 점점 많아졌다. 여느 전쟁과 마찬가지로 조직적인 노동과 맞서는 '전쟁'에서는 마키아벨리Niccoló Machiavelli식 원칙이 여전히 우세한 것 같다. 적을 쳐야 하는 시점은 적이 쓰러졌을 때다. 영국 보수당은 노사 관계에 관해 독일 기독민주당에게는 허용되지 않던 방식으로 노조와 대결할 수 있었다.

이런 고찰은 전체 이야기의 반밖에 담아내지 못한다. 실제로 독일 기독민주당이 영국의 대처 보수당처럼 행동하지 않았다면 이 또한 기독민주당이 원치 않았기 때문이다. 기독민주당이 근본적으로 보수정당이라 해도 인민당이자 기독교 정당이었다. 이 정당은 규제가 철폐된 시장을 위해 민중 정당Volkspartei으로서 전통과 기독교의 사회적 책임과 연대 윤리를 희생할 수만은 없었다.[104] 콜은 어마어마하게 포진한 조직적 이익 단체들과 좌파 세력뿐만 아니라, 우파 세력(1500만 명이 모인 독일스포츠연맹부터 회원 3명인 조향사협회까지 다양한 규모의 단체와 연맹이 20만 개 있다)을 모두 달래는 유화정책을 써야 했다. 이 때문에 "기독민주당이 역대 최고의 사회민주당이 되고 싶어 한다"는 불평이 나온다.[105] 이는 좌파가 종종 슈미트를 비판한 상황과 아주 흡사하다. 좌파는 그가 기독민주당 출신 총리처럼 처신한다며 비판을 쏟아냈다. 이 모든 상황이 보여주다시피 독일 정치에는 뚜렷한 특징이 없었다. 결국 1976~1980년 입법 기간에 90퍼센트나 되는 법률이 하원의 만장일치로 통과되었다.[106] 그렇다고 이 시기가 대단히 이례적인 합의 기간은 아니었다.

영국에 대처 정책을 지지하는 규제 철폐주의자들이 있다면, 독일에도 그에 상응하는 규제 철폐주의자들이 있었다. 그들은 연정의 하급 정당인 자유당 세력이다. 자유당 진영은 전략적 행동을 취하기에는 운신의 폭이 좁았다. 1982년에 사회민주당과 관계를 끊은 이들은 연정 파기라는 카드를 들고 기독민주당을 위협하기는커녕 기독민주당에 전형적인 대처 정책을 강요할 입장도 못 되었다.

기독민주당은 독일 특유의 정책 혼합 방침을 이어갔다. 사회복지를 지켜내기 위해 노력하면서 물가 상승률을 최대한 낮게 잡아두는 것, 실행 가능하다는 전제 아래 성장률과 경제적 효율성을 증진하는 데 목표를 둔 '보수적인' 정책을 지속했다. 이처럼 '중도를 가는 방침'은 GDP 백분율로 볼 때 OECD 국가 가운데 사회복지 지출이 가장 높은 축에 속하는 결과로 이어졌다.[107] 경제 규제 철폐에서 진전이 없자, 경제 운영에서 확고한 신자유주의적 접근법을 따르는 지지자들의 불만이 쇄도했다. 예를 들어 자유시장키엘경제연구협회 헤르베르트 기르쉬Herbert Giersch 회장과 "이 정부는 배짱이 부족했다"고 평한 독일은행Deutsche Bank 감사회 빌프리드 구트Wilfried Guth 의장 등이 엄청난 불만을 퍼부었다.[108]

사회민주당에서는 1983년 선거 패배로 쌍방 비난과 좌절의 시대가 열렸다. 한때 높이 평가받은 슈미트의 실용적 사실주의는 이제 비웃음거리가 되었고, 크게 실패한 원인 중 하나로 지목 당했다. 슈미트가 경제 회복과 안정화를 지나치게 우선시했다는 비난을 받는 사이, 종합적인 직업훈련 프로그램이나 공동결정법의 급진적 확대, 임금 획득 지주 제도, 급진적 연금 개혁 등 사회·경제적 개혁이 보류 혹은 약화되었다.¹⁰⁹ 슈미트의 경제정책은 케인스 학설보다 통화주의에 가까웠다. 물론 성과도 있었다. 융통성 있는 은퇴 연령 제한, 노령자 보증 연금 계획, 자영업자를 위한 노후 연금, 장애인을 위한 정책, 공동 결정 확대, 새로운 결혼법과 가족법 등이 그 성과였다. 그러나 이 모든 것은 수많은 사회민주당 활동가와 지지자들의 기대에 한참 못 미쳤다.¹¹⁰

사회민주당은 근본정신을 잃었고, 열정을 불러낼 수 없게 되었다. 이 정당은 한동안 은행가와 기업 경영자에게 사랑받았을지 모르지만, 1960년대가 뿜어내던 새로운 급진적 에너지를 흡수해 전달할 수는 없었다. 효율성에 관한 독일의 명성 이면에는 공적 생활에 만연한 부패와 뇌물 수수, 탈세 관행, 기업의 정당 기부금 돈세탁 등이 감춰져 있었다.¹¹¹ 시민적 자유 분야에서 사회민주당의 성적은 무결점과 거리가 멀었다. 1972년에는 악명 높은 공직 취임 금지 정책이라는 고용 관련 법령에 힘입어 정부는 '헌법에 적대적인' 견해를 피력하는 사람들이 공공서비스 분야에 일자리를 얻지 못하게 했다. 우편집배원와 교사도 여기에 해당되었다.¹¹² 이것은 명백한 탄압 조치이자 사회민주당의 이미지라기에는 당혹스러운 방침이었으므로, 사회민주주의자들은 1978년 자신들이 정권을 쥐고 있는 주에는 그 법령을 적용하지 않기로 결정했다.¹¹³ 1981년 헬무트 슈미트는 정부가 "도를 넘었다"는 데 동의했고, "대다수 청년들을 사회의 주변부로 몰아내서 우리 사회의 안정을 영구적으로 유지할 수 있다고 믿는다면 스스로 기만하는 것이다"라고 인정했다.¹¹⁴ 최초의 법령에 책임이 있던 빌리 브란트는 회고록에 설득력 없는 자기방어를 뒤죽박죽 담아낸다.¹¹⁵

영국에서는 윌슨이 정권을 잡은 1964~1970년과 야당에 있던 1970~1974년의 부정적인 경험 때문에 신중한 재고 과정을 거쳐야 했고, 대안적 경제 전략을 처음으로 공식화할 수밖에 없었다. 독일 사회민주당은 집권하는 동안에도 내부적으로 정당의 장기 목표를 재확인해야 한다는 요구가 생겨났다. 그런 추동력은 당내 반체제 청년 진영인 청년 좌파Juso에서 비롯되었다. 이들은 1960년대 후반 급진적인 정치 성향을 띠고 나타난 평화주의자, 환경보호론자, 페미니스트 등 새로운 '후기 유물론' 세력과 가장 근접했다. 청년 좌파는 사회민주당 온건파에서 뜻밖의 동맹군을 만났다. 나중에 법무부 장관이 된 뮌헨München 시장 한스-요헨 포겔Hans-Jochen Vogel, 선도적인 지식인이자 원칙과 목적을 전반적으로 수정하길 원한 리하르트 뢰벤탈Richard Löwenthal 등이 대표적이었다.[116] 청년 좌파와 포겔-뢰벤탈 우경파 사이에는 제3의 과격파가 있었다. 이 세력은 자신들을 베른슈타인Eduard Bernstein의 후계자로 여겼다. 이 진영의 특징은 마르크시즘을 일괄 폐기하기를 거부하는 것이었다(베른슈타인은 그렇게 처신한 적이 없었다). 그리고 사회주의가 최종 상태에 이르렀는지 혹은 과정에 있는지(베른슈타인의 입장이었을 것이다) 늘 불분명했다 해도, 여전히 사회주의가 정당의 목표임을 강력히 주장하는 것 역시 그들의 특징으로 나타났다. 빌리 브란트와 에르하르트 에플러Erhard Eppler, 페터 글로츠Peter Glotz를 포함한 신베른슈타인파 수정주의자들은 수백만 명의 강렬한 소망을 대변할 수 있는 정치력을 유지하는 것과 대안적 좌파의 새로운 사상을 성공적으로 발전시키는 것 사이에서 줄타기하느라 안간힘을 썼다.[117]

이런 사상적 분열은 정부 정책에 거의 영향을 미치지 않았고, 사회민주당은 계획에 착수하기 위해 위원회를 수립했다. 위원회는 처음에 기초 보고서를 작성했고(1973년), 학자들을 동원했으며, 특별위원회를 꾸렸고, 비非정당 회원을 포함한 지역·소구역 수준의 연구회 구성원 수백 명의 힘을 흡수했다.[118] 이런 노력의 결과는 100페이지짜리 전형적 독일식 문건에 고스란히 담겼다. 그 어떤 기업 홍보에도 내놓지 않을 제목이 붙은 이 문건은 「1975~1985년 사회민주당의 경제·정치적 지향의 틀Ökonomisch-politischer Orientierungsrahmen für die Jahre 1975~1985」(이하 「OR'85」)이다. 이 문건은 1975년 11월 만하임Mannheim 전당대회에 정식으로 제출돼 승인받았다.

1972년에 슈미트 산하 위원회가 제출한 초고는 슈미트의 실용주의와 석유파동 이전 시대의 낙관주의를 반영했다.[119] 「OR'85」 최종고는 근본적으로 달라졌다. 한층 더 상호 의존적인 환경에서 독일 내에 큰 변화가 가능할지 깊은 비관주의로 물든 문건이었다. 이 문서도 모든 사회민주주의 강령이 그랬듯 활동의 장기 목표와 근본적인 가치(자유, 정의, 연대)를 재확인했다.[120] 뿐만 아니라 자유주의와 보수주의, 공산주의, 파시즘, '반권위주의적 낭만주의'를 거부하고, 인간의 욕구를 충족하기 위해서가 아니라 이익을 창출하기 위한 시장경제 추세까지 부인하는 내용을 재확인했다.[121] 그러나 「OR'85」에 반복적으로 나타나는 주제는 국민운동에 직면한 한계상황이었다. 특히 유럽에서 국제적인 상호 의존도가 높게 나타나는 점을 감안하면, 사회민주주의자들은 「OR'85」가 촉구하는 대로 에너지와 원자재, 환율 변동, 다국적기업 관리에 관한 모든 사안에서 장기적으로 성취할 수 있는 것이 무엇인지 '현실적인' 관점이 필요했다. 이제는 순전히 국내 수준에서 경제를 운영하기가 불가능했다.[122] 정부는 경제성장에 기여하는 구성 인자들을 그저 부분적으로 관리할 수 있었다.[123] 성장이 부진했기 때문에 사회 개혁의 여지가 별로 없었을 것이다.[124] 독일은 국제적 화폐제도와 주요 무역 상대국의 경제정책 개혁에 의존하게 되었다. 그 무역 상대국들이 국제수지 적자를 경험하고 결과적으로 제한적인 정책을 추진한 원인은 독일의 국제수지 흑자에 있었다.[125] 장기 프로그램에서 이처럼 정책 제한을 주장하는 것은 두 가지 면에서 이례적이다. 첫째, 정책 제한은 특정 목표를 달성할 수 없다는 명분으로 정부가 실시하는 것이다. 무엇인가 할 수 있다고 호소하기 위해 정당이 실시하는 것이 아니다. 둘째, 「OR'85」 같은 프로그램은 그렇게 신중을 기할 필요가 없었다. 이것은 사회민주당이 이끄는 정부가 무엇을 할 수 있는지 상세히 기술한 것이 아니라 사회민주당이 생각하는 바가 결국 행해져야 한다는 암시였을 뿐이었다. 슈미트는 미래의 정부한테 구체적인 활동을 맡기는 것이 비현실적이라는 점을 명확히 밝히며 이를 반복적으로 주지시켰다.[126]

「OR'85」에는 상호 의존과 여러 제한들이 유독 눈에 띄었다. 주원인은 사회민주당이 제한이 어떤 건지 알아내기 위해 굳이 석유파동을 기다릴 필요가 없었다는 것이다. 독일 국민들은 냉전으로 분열된 국가에서 살았기 때문에 국가 주권의 한계에 대해 쓰라린 경험을 한 전력이 있다. 1966년에 빌리 브란트가 공표한 국가는 오래도록 지속될 테지만, 민족국가는 이제 국민의 실존과 안전을 보장할 수 없었다.[127] 영국 국민은 여전히 국가 주권의 환상 속에 몸을 맡길 수 있었다. 대영제국의 지배력이라는 유물이 영국인을 현실에서 분리했다. 영국 국민은 독일 국민이 그들 자신과 다른 많은 사람들을 대가로 어마어마한 희생을 치르고 획득한 현실에서 격리되었다.

1970~1974년을 다시 평가하는 영국 노동당의 분석이 독일 사회민주당의 분석과 매우 다른 원인이 여기에서 설명된다. 물론 모든 차이를 다 설명할 수는 없다. 「OR'85」는 정당의 활동가들이 광범위하게 관여한 결과물이다. 그 주된 '내부적' 목적은 이른바 '이중 전략'을 옹호한 젊은 활동가들을 달래는 것이었다. 즉 사회민주당과 노조의 전통적 활동뿐만 아니라 지역단체를 동원함으로써 당원이 관여한다는 뜻이다.[128] 이런 개입은 영국 노동당에 적용되지 않았다. 선거운동원들이 선거 기간에 활동하는 것 외에는 노동당이 대대적으로 당원을 동원할 수 있는 적도 없었고, 그럴 용의를 보인 적도 없었다. 노동당은 개별 당원 수의 규모에서 프랑스 사회당과 더불어 유럽 내 가장 덩치가 작은 주류 사회민주주의 정당에 속했다. 당시 정당은 당원이 얼마나 되는지 정확히 기록해두지 않았다. 1970년대 말의 계산에 따르면 25만 명 미만이었다고 한다.[129] 비교적 많은 당원을 보유한 독일 사회민주당과 대비되는 지점이다. 물론 오스트리아 사회당과 스웨덴 사회민주당에 비하면 한참 밑도는 수치지만, 독일 사회민주당의 당원은 1960년대에 꾸준히 늘어 1976년에는 100만 명을 넘기며 정점을 찍는다.[130]

영국 노동당 활동가들은 내부의 압력단체처럼 행동하는 경향이 있었다. 자기들이 선호하는 정책을 지도층이 확실히 채택하게 하는 데 목표를 두고 활동했다. 따라서 여러 결의안을 통과시키고자 많은 시간을 할애했다. 연례 전당대회에서 채택될 만하고, 다음번 선거공약에 포함할 수 있거나, 상황이 허락한다면 궁극적으로 노동당 정부가 시행할 결의안이었다. 결과적으로 노동당 활동가들은 반영구적으로 '야당' 분위기에 있는 경우가 많았다. 그들은 결의안이 전부 수용되리라는 기대는 하지 않았다. 지도층이 그들의 요구를 절반이라도 충족해주기를 기대하며 자기들이 예상한 것보다 급진적인 정책을 주장함으로써 판을 키운 셈이다. 독일 사회민주당은 내부의 논의가 지루하게 길어지는 바람에 요구 사항이 유야무야되었고, 그 결과 당 강령은 정당을 분열시키기보다 통합하는 쪽으로 향했다.

1970년대 강령 쇄신 과정에서 나타난 독일 사회민주당과 영국 노동당의 차이를 보여주는 다른 근거는 훨씬 더 단순한 것이다. 1970~1974년에 노동당은 야당인 반면, 사회민주당은 집권당이었다. 노동당 내 분위기는 쌍방 비난 중에도 대개 좌파에서 시작되는 비난으로 흘러갔다. 노동당이 야당으로 있던 1950년대에 전통적 사회주의에 대한 정당의 공약을 개정하려고 애쓴 세력은 우파였다. 1970년대에는 상황이 달라졌다. 1960년대를 거치며 급진주의로 바뀐 신세대 활동가들은 노동당 좌파가 1964~1970년 집권기에 힘을 잃은 상태라는 사실을 익히 알았다. 리처드 크로스먼과 바버라 캐슬Barbara Castle처럼 지휘권을 가진 자리에 있던 좌파 세력은 억지로 타협할 수밖에 없었다. 1950년대에는 노동당 활동가들이 근본적 개혁의 일환으로 클레멘트 애틀리Clement Attlee 수상 집권기를 돌아볼 수 있었지만, 1970년대 초반에는 그런 감상적인 위안이 끼어들 틈이 없었다. 돌이켜볼 무엇이 있었을까? 베트남을 억압한 미국의 정책에 비겁하게 복종한 부분이나 새로운 사회 개혁을 달성하지 못한 부분과 대조해볼 만한 성과는 무엇인가? 1960년대 중반 영국의 사회복지 제도는 전 세계의 본보기가 되지 않았다. 스웨덴에는 뛰어난 연금 시책이 있었고, 네덜란드와 독일에는 보다 후한 실업보험이 있었다. 1964~1970년 윌슨 정부는 추가 소득에 기반을 둔 연금 제도를 종합적으로 검토하는 데 실패했다. 보다 일반적으로 말해서 복지에 대한 보편주의적 접근법을 확장하는 데 실패했다. 돌이켜보면 이 실패로 인해 사회복지 제도를 향한 대중적 결속이 불가능해졌다.[131]

그러므로 노동당 활동가들이 지도자들을 못마땅하게 여길 이유는 여러 가지 있었다. 집권 당시 불행해 보였고, 차기 총선에서 패배한 지도층의 모습이 불만스러울 수밖에 없었다. 결과적으로 영국 노동당 활동가들은 독일 사회민주주의자들보다 한층 깊이 있는 재고 과정을 거쳤다. 독일 사회민주당에는 헬무트 슈미트와 그의 동료들이 지나치게 신중했다고 느낀 이들이 있었다. 이들조차 성공적으로 항해하는 듯 보이는 배를 굳이 흔들고 싶지 않았다. 슈미트처럼 강인하고 자신감 있고 존경받는 선장이 이끄는 배가 요동치는 것은 원치 않았다.

1974~1979년 노동당 정부에 크게 실망한 것은 1970~1974년에 생겨난 급진주의에 기대치가 높았기 때문이다. 1970~1974년은 좌파가 노동조합과 국가집행위원회에서 지배적인 세력이 되었고, 신세대 노조 지도층이 주목받으며 전통적인 좌파에 근접한 시기다.[132]

이 시기 전략적 재고는 상당 부분 정책 입안으로 이어졌다. 보다 완화된 방식이긴 했지만 1974년 선거공약인 영국 국가기업위원회, 계획 협정, 항구와 조선업의 국유화, 산업민주주의를 목표 지점으로 삼은 정책이었다. 이 모든 것이 노동당 좌파의 기반과 '대안경제전략AES'의 핵심이다. 대안경제전략은 1980년대 초 토니 벤을 지지하는 좌파가 더 발전시킨다(23장 참조). 이 전략은 노동당 정부 집권기에 폐기되거나 인플레이션과 실업, 통화수축 정책, IMF 상황, 소득정책의 압박에 둘러싸여 약화되었다. 내각에서는 대안경제전략 지지층이 수적으로 열세였다. 그들은 노동당 내 중앙당, 노동조합(노조의 좌파 성향보다 노동당 정부에 대한 노조의 충성심이 앞섰다), 언론, 국가 전반에 포진했다. 내각에서는 당원들 사이에 강력한 지지층이 있었다.

대안경제전략은 「OR'85」와 달리 늘 소수의 운동을 대변했다. 그렇다 해도 대안경제전략은 중요한 특징에서 「OR'85」와 공통점을 보였다. 첫째는 혼합경제를 수용했다는 점이고, 둘째는 국제적 제약의 절대적 중요성을 인정했다는 점이다. 두 가지 특징이 항상 분명하게 드러나진 않았다. 좌파 다수가 전략 자체를 모호하게 만들었고, 보증되지 않은 반자본주의적 허세로 대안경제전략을 꾸며내는 경우가 많았기 때문이다. 이들은 기업 경영자들과 언론 내 지지자들이 펼치는 놀라운 선전 활동의 도움을 받았다. 좌파를 도와준 이 언론인들은 대안경제전략을 묘사할 때 영국 경제를 공산주의화하려는 시도라고 했다. 그렇지만 계획 협정과 국영 지주회사에 기반을 둔 산업 정책이 사실상 민영 부문과 공존·협력 정책이었고, 이 정책이 민영 부문의 성과를 높이는 데 목표를 두었음은 분명하다. 영국 사회주의가 추진한 산업 정책의 목표는 보다 많은 수익을 내는 자본주의였다. 대안경제전략이 영국 산업 정책의 대표적인 시도 가운데 하나라고 봐야 한다. 대안경제전략은 노동당 우파가 아니라 좌파의 지지를 받았어야 했으나 그렇지 못했다. 이 사실은 사회주의 사상에서 자본주의의 정치적 개혁이 차지하는 부분이 얼마나 되는지 보여준다.

둘째 특징인 국제적 제약의 인식은 그 제약에 굴복하기보다 저항하는 측면에서 다뤄졌다. 힘 있는 다국적기업이 보여주는 소문난 위험 요소는 홀랜드가 쓴 *The Socialist Challenge*(사회주의의 도전)에 상당 부분 핵심으로 자리 잡았다. 그가 쓴 내용은 다음과 같다.

> 국가자본주의 계획은 수명이 짧았다. 독점과 다국적 지배 경향이 가속화됨에 따라 현재 그 계획은 사춘기를 겪으며 잔뜩 억눌린 상태다. 국제 정책에서 미국은 자국의 주권이 국제 전문 기구를 통해 강화된다기보다 다국적기업의 자본에 의해 약화된 모습을 볼 것이다.[133]

그러나 '사회주의' 계획 개발을 위한 최선의 수단으로 민족국가를 견고하게 지켜내는 것이야말로 대안경제전략의 본질적인 부분이었다. 좌파 가운데 다소 단순하게 생각하는 이들이 보기에는 다국적기업이 기독교 근본주의의 눈에 비친 사탄 같은 존재였다. 좌파가 수입 규제를 강력히 주장하고 영국이 유럽으로 통합하는 데 반대할 때, 대안경제전략 지지자들은 니콜라스 칼도어와 윈 고들리가 있는 신케임브리지학파 중심으로 모인 저명한 학자들을 든든한 지지층으로 두었다. 그들은 케인스 학설을 지지했으나, 크로스랜드가 표현한 대로 "불황에서 벗어나기 위해 소비한다"는 의견을 받아들이지 않았다. 리플레이션은 수입품이 대량 유입되게 해 국제수지 위기를 초래했을 것이다. 그 결과 어떤 형태든 보호무역주의가 필요했다. 칼도어가 시종일관 주장했다시피 최소한 선택적 수입 규제라도 필요했다.

대안경제전략의 문제는 본질적으로 중·장기적 전략이라는 데 있었다. 노동당은 사회계약 외에 단기 정책이 없었다. 노동당은 산업 전략을 세우기 위해 독일과 마찬가지로 노동조합과 합의해야 했다. 노동당 지도층은 「투쟁을 대신해서In Place of Strife」로 쓰라린 경험을 한 뒤, 노조의 자유를 제한하는 것으로 해석될 여지가 있는 입법안은 선뜻 내놓지 못하고 망설였다. 이 문제는 보수당 정부가 도입한 법정 임금동결 정책(1972년 11월), 노동쟁의를 규제하고 노동조합의 의무를 성문화하는 법률(1971년 노사관계법) 때문에 한층 더 민감해졌다. 따라서 노동당이 노조와 합의에 도달한 '사회계약'은 이도저도 아닌 상태로 있었다. 노동당은 불분명한 노조의 협력을 얻어내는 대가로 보수당이 제정한 반노조적 법률을 전부 폐지하겠다고 약속했다. 영국 노동조합이 바라던 대로 이룬 주요 혁신 사항이 있었다. 노조가 1950~1960년대에 얻은 수많은 성과를 국가가 법률상에 잘 남겨둬야 한다는 것이었다. 그때까지 영국 노조가 나머지 유럽 대륙의 노조와 구별된 특징 가운데 하나는 단체교섭을 통해 직접적으로 이익을 얻고자 힘썼다는 점이다. 당시 지배적인 기풍은 법적 비非개입주의 같은 것이었다. 영국의 노동운동은 "전통적으로 중앙의 권한이 부족하고, 북유럽 국가들과 달리 생산요소를 합리화하는 데 완강하게 저항"했다.[134] 노동시간 단축, 휴일 확대를 비롯한 여러 혜택은 노조의 힘으로 얻어낸 결과였다. 강력한 노조가 없으면 얻어내는 것도 많지 않기 때문에 그 자체가 노조에 가입하는 강력한 동기로 작용했다. 1970년대에는 이런 양상에 변화가 생겼다. 노동당 정부는 지금까지 개별 교섭으로 한정된 상황에 규칙을 도입했다. 1970년 시행된 남녀평등임금법은 물론, 1974~1975년 공표된 4대 주요 법령(노동조합과 노동관계법, 보건안전법, 성차별금지법, 고용보호법)은 운 좋은 소수만 손에 넣던 이득을 보편화했다. 또 노동당은 인력고용위원회(Manpower Services Commission : 독일의 연방노동청과 유사한 삼부 기구)를 발전시키고 임시고용계획TES, 직무경험프로그램WEP, 일자리창출프로그램JCP, 청년층고용보조금YES, 장년층고용보조금AES, 청년층기회프로그램YOP 등 여러 계획을 시행해 실직자와 미고용자를 위한 특별 프로그램으로 보수당 정책을 이어갔다.

아동수당법은 전통적인 복지 사회민주주의의 보편성과 재분배라는 목적에 충실한 법률이었다. 이는 재정적으로 절박한 시기에 도입되었다는 점에서 더욱 놀라운 성과였다. 자녀 세액공제는 소득 수준이 높은 가정에는 유용하지만 소득세 기준점 이하나 그 근사치 소득을 올리는 가정에는 거의 가치가 없는 제도이기에, 아동 수당이 자녀 세액공제를 대체함으로써 강력한 재분배 조치가 되었다.[135] 이 조치는 노동당의 선거공약에 구체적으로 명시되었다. 공약에는 '어머니에게 지불해야 하는 자녀 공제 신계획'이라고 언급되었다.[136] 바버라 캐슬은 사회복지부 장관으로 재임할 당시 이 법령을 시행하기 위해 끈질기게 노력했고, 제임스 캘러헌은 이를 지연하려고 안간힘을 썼다. 공통 수당을 지급 불가능한 사치 항목이라고 보는 한 물간 의견이 노동당 집단에 여전히 있었고, 재무부 구성원 사이에 그 의견을 지지하는 층이 점점 늘어났다.[137] 데니스 힐리에 따르면 캘러헌이 노동당 강령에서 오랫동안 중요한 부분을 차지한 법령에 반대했는데, 그 바탕에는 다음과 같은 인식이 있었다. "그 법령 때문에 우리는 남성 유권자들의 표를 잃을지도 모른다. 지갑에서 핸

드백으로 엇바뀌는 현상이 나타날 것이다. 즉 남편 지갑에서 빼낸 세금 공제 비용을 아내에게 지불하는 식이다."[138] 여성의 고용률이 꾸준히 증가하고 있었다 해도 여전히 남성이 주도하고 남성을 위해 활동한 영국 노동조합회의 역시 같은 이유로 냉담한 시선을 유지했다.[139] 자녀 세액공제를 없애는 방법으로 실제 수령 급여를 축소하는 소득정책을 두고 그에 따른 결과를 우려하는 시각도 있었다.[140] 결과적으로 입법 조치가 터무니없이 지체되다가 마침내 1978년에 시행되면서 평균 소득과 관련해 자녀 양육비의 가치가 실제로 증가했다.

주당 급여를 6파운드 인상한 고정소득 정책이 1975년 7월에 채택되고 동일임금법이 시행되면서 남성과 여성의 경제력 재분배에 더욱 힘이 실렸다. 이로 인해 저임금 집단(여성이 상대적으로 더 많은 집단)의 급여가 고소득자의 급여에 비례해서 더 많이 인상되었기 때문에 남녀 간 소득분배와 급여 불균형 축소가 실현되었다.[141]

이런 조치는 1974~1979년 노동당이 거둔 성과 가운데 최고 지점이었다. 역설적으로 말하면 이 조치의 의미를 다른 면에서 파악할 수도 있다. 노조의 영향력이 예전 같지 않아, 피고용인과 고용인의 힘을 보다 평등하게 분배하기에는 역부족이었다. 국가의 개입이 어느 때보다 절실했다.

공장노동자들과 노동조합의 지위를 강화하기 위해서는 법률이 제정된 반면, 이들의 기업 경영 참여를 가능하게 할 목적으로는 거의 아무런 조치도 취해지지 않았다. 영국 노동조합은 국가의 노사관계 개입을 확대하는 계획안을 제시한 적이 없었다. 단체교섭이라는 신성불가침 영역이 방해가 되었다. 노조가 노동당 정부에게 바라는 점은 규정을 늘리는 것이 아니라 자유를 확대하는 것이었다. 전통적으로 독일의 노동조합은 경제정책에 상당 부분 참여하는 데 창구가 되어줄 계획 입안 체계를 지지했다.[142] 1970년대 초반 수많은 독일 노조는 개인회사들의 투자 결정에 어느 정도 관여해야 한다고 주장했다. 산업민주주의는 오랜 기간 동안 노조 운동의 주요 강령 중 하나였다. 1970년대 독일 노사 관계의 가장 논쟁적 사안으로 꼽히는 노사 공동 결정 제도Mitbestimmung가 나온 데는 중요한 배경이 있었다.[143]

사회민주당이 노조에서 대단한 지지를 얻은 것은 1950년대 초반부터 석탄·철강 산업에 적용돼온 공동 결정 원칙이 전반적으로 확대되었기 때문이다. 1970년대까지는 구체적으로 아무 일도 일어나지 않았다. 1969년에 사회민주당과 자유민주당 연정이 구성되었을 때 공동 결정 문제를 제기하지 않는다는 합의가 나왔다. 이는 자유민주당의 압박 아래 결정된 사안이었다. 1972년 선거에서 사회민주당이 눈부신 승리를 거두고 자유민주당이 기세가 꺾이긴 했으나, 1976년에야 비로소 새로운 법안이 통과되었다.[144]

독일의 모든 정당이 노사 공동 결정 제도의 원칙은 받아들였지만, 정당마다 갖가지 계획안을 내놓았다. 가장 논란이 많은 사안은 감사회 구성과 관련된 것이었다. 기독민주당은 주주 대표가 우위에 있는 이사회를 원했다. 사회민주당과 독일 노동조합연맹은 노동자와 고용주의 동등한 대표권을 원했다. 자유민주당은 독자적인 대표권이 있는 고위 관리직을 원했다. 사실상 이는 고용주와 노동자의 캐스팅보트를 갖는 권한이었다. 결국 통과된 법안은 모든 감사회에 대한 고용주와 노동자의 대의권을 동등하게 부여했지만, 회사

내 영향력에 비례해 고위 관리직의 대표자가 있을 수 있다는 단서를 달았다. 이로 인해 노동자에게(결과적으로 노조에게) 불리한 결과가 나올 가능성이 생겼다. 경영이 주주에게 유리한 쪽으로 흘러갈 것이라는 가정이 지배적이었기 때문이다.145

절충안이 나올 때 흔히 그렇듯, 1976년 법안은 모든 이에게 만족스럽지 않은 결과물이었다. 노조는 완전히 동등한 자격을 얻지 못해 실망했다. 불안감이 든 일부 고용주들은 그 법안이 위헌 선언을 받도록 별 소용없는 힘을 쏟기도 했다.146 사회민주당은 실망감을 감추지 않았다. 헬무트 슈미트는 1976년 3월 14일 하노버Hannover 연설에서 그 법안을 "동서양 어디에도 없는 획기적인 성과"라고 높이 평가한 반면, "현재의 노사 공동 결정 제도 법안이 나의 목표와 완전히 부합하지는 않는다. 현재 정치적 상황에서 공동 결정에 완전한 동등성을 확보하기란 불가능한 일이다"라고 솔직히 인정했다.147 하원에서 최종 단계의 노사 공동 결정 제도 법안을 제출한 사회민주당 출신 노동부 장관 발터 아렌트Walter Arendt는 슈미트가 하노버에서 연설하고 며칠 뒤 그의 논평에 공감을 표했다.148

이 법이 노조에게 더욱 힘을 실어줬을까? 1969년 6월 발표된 '고용촉진법'과 노사 공동 결정 제도 채택 덕분에 노조와 사회민주주의 단체 안에서 노동자의 영향력이 더욱 커졌다. 사회민주당이 대연정에서 지분이 적은 동업자에 불과하던 1969년에 통과된 법은 실업 관련 문제 예방책을 확립하면서 폭넓은 재교육과 재훈련 계획안을 내놓았다. 노조는 이 법률에 힘입어 정부를 압박했고, 정부는 적극적인 노동시장 정책에 근접한 정책을 채택했다.149 공장노동자들은 경영조직법Betriebsverfassungsgesetz이 수정된 1972년에 더 큰 성과를 거뒀다. 1920년대 초반, 독일 노동자들은 노조 가입 여부와 상관없이 전 직원이 선출한 위원회 대표가 되는 법적 권리를 얻었다. 그때부터 독일의 노동자협의체 체계가 지속되었다. 1972년 법안 개정으로 해고 관련 문제에서 노동자의 입장이 상당히 개선되었다. 노동자가 해고되기 전에 노동자협의체에서 협의되어야 한다는 원칙이 수립된 덕분이었다.[150] 노동자협의체는 새로운 임금 지불 방법, 초과근무, 성과급 작업, 상여금 비율 문제도 다뤘다.[151] 이론 상으로 노동자협의체는 공장 내 노동자들을 지원하는 공식적인 노조와 분리돼 지속적으로 공식 노조와 대결하는 '회사 노조'가 될 수도 있었다. 하지만 실제로는 그렇지 않았다. 대다수 기업에서 독일 노동조합연맹 후보가 노동자협의체 의석에서 절대다수를 차지했다.[152] 볼프강 스트리크Wolfgang Streeck를 비롯한 몇몇의 의견에 따르면 1972년 법안 개정은 "국가가 노조에 조직적으로 어마어마한 지원을 하는 것이나 다름없었다. 노동조합주의의 안정성을 위험에 빠뜨리지 않고 노조의 기본 구조를 새로운 환경과 요구 조건에 맞출 때 이런 현상이 나타났다".[153] 나중에 스트리크는 이 관점을 부분 수정했다.[154] 그는 가장 중요한 단체교섭이 위축됨에 따라 노동자협의체가 특정 공장 내 노동자들의 의견을 대변하는 주된 발언권을 갖게 되었다고 지적했다. 이 노동자들은 자기네 이익이 회사의 이익과 일치하고, 포괄적인 노동운동이나 실업자들의 이익과는 대조된다는 것을 깨달았다. 스트리크는 경제 위기에 이상적으로 적합한 제도적 구조를 고안해야 한다면 독일의 노동자협의체와 유사한 조직을 만들어야 한다고 덧붙였다. 그 중심부에는 일종의 작업 이기심, 이를테면 자기 일자리와 회사를 보호하는 '이기심'이 자리한다고 했다.¹⁵⁵ 이처럼 점진적으로 일본화(Japanization : 선진국의 경제가 1990년대부터 장기 침체에 들어간 일본의 전철을 밟는 현상—옮긴이)되면서 독일 노조는 심각한 조직적 난제에 부딪혔다.

영국 대다수 노동조합은 강화된 산업민주주의의 전망에 이상하리만큼 관심을 기울이지 않았다. 산업민주주의가 사회주의로 가는 첫걸음이라고 믿는 이들부터 임금 협상에서 적정선을 찾기 위해 꼭 치러야 할 대가라고 생각하는 이들까지 유럽 전역의 폭넓은 의견에 힘입어 산업민주주의가 촉진되는 상황이었으니 영국의 행보는 두드러져 보였다. 1975년 EEC가 「노동자 경영 참여와 회사 구조Employee Participation and Company Structure」라는 녹서(綠書 : 영국 정부의 의회 심의용 정책 제안서—옮긴이)를 발표했다. 이는 회사법을 조율하는 1972년 5호 지령에 근거한 내용이었다. EEC 핀 군데라흐Finn Gunderlach 위원은 5호 지령이 시행되었을 때 회원국들이 회사 이사회에 노동자들을 참여시킬 것으로 예상했다. 1973년 노동당 강령은 "노동조합 방침에 확실히 바탕을 둔 일종의 직접적인 노동자 대표 조항을 고려하고 있다"며 다소 조심스럽게 언급했다.¹⁵⁶ 영국 노동조합회의가 이 계획을 지지하지 않는 한 논의는 중단될 것이 분명했다. 1974년 2월 노동당은 선거공약 선언문에서 경영진과 노동자에 의한 '공동관리'를 발전시키는 데 목표를 둔 사회민주주의법을 약속했다.¹⁵⁷ 노동조합회의의 지지 범위를 확신하지 못했고, 그 문제를 심각하게 고려해본 적도 없는 노동당 정부는 일단 재선에 성공한 뒤 앨런 불록Alan Bullock의 관리 아래 조사 위원을 임명했다. 위원회를 꾸릴 때 흔히 그렇듯, 위원회 구성은 바라던 결과를 확실히 얻기 위한 방향으로 '유도'되었다. 이 경우 산업민주주의가 사회계약의 필요조건 중 하나로 여겨졌으므로 노동조합회의에 우호적인 위원회가 꾸려졌다. 예상대로 위원회는 두 세력으로 나뉘었다. 독자적으로 보고서를 만든 은행가와 기업가로 구성된 소수파, 노동당에 호의적인 학자 세 명과 유력한 노동조합원 두 명(사무직 노동자인 과학·기술·경영관리자노조ASTMS의 클라이브 젱킨스Clive Jenkins, 최대 노조인 영국 운수일반노동조합의 잭 존스)이 포함된 다수파로 나뉘었다. 다수파가 보고서에서 제안한 내용은 독일처럼 2000명이 넘는 노동자를 고용한 회사가 피고용인들의 동의를 얻은 뒤 소수 독립 관리자를 비롯한 주주와 피고용인에게서 똑같이 대의권을 받은 이사회를 갖춰야 한다는 것이었다. 독일과 달리 모든 관리직 노동자들이 노동조합원이어야 했다.[158] 고용주 연합은 독일의 고용주들이 조직적 활동을 벌인 것처럼 「불록 보고서」에 필사적으로 저항하는 운동을 벌였다. 이 운동은 경영 특권의 중요성과 의사 결정 시 융통성의 중요성에 집중했다.

노동조합회의는 노조가 공동전선을 펼치도록 설득하는 데 성공했다. 보고서가 작성되자 그 일치된 모습이 거짓이었음이 분명해졌다. 보고서 공동 서명인 클라이브 젱킨스조차 자신이 속한 과학·기술·경영관리자노조가 보고서를 거부했다는 사실을 알게 되었다.[159] 불록의 반대파는 좌파(광부노조와 기술노조), 중도파(지자체노조), 우파(전기기술자연합)에서 나왔다.[160] 득표율은 낮지만 노동조합계에서 영향력 있는 영국 공산당은 산업민주주의가 오로지 단체교섭을 통해서 발전되어야 한다는 의견을 고수했다. 휴 스캔런을 비롯한 좌파는 자본주의에서 산업민주주의가 불가능하다는 의견을 정설로 받아들였다. 이는 사회주의 개혁에 반대하는 구세대 사회주의자의 주장이었다. 불록에 대항하는 좌파와 우파는 중대한 측면에 집중했다. 회사의 관리자들 가운데 노동조합원의 존재가 이를테면 대립 관계에 있는 효과적인 단체교섭의 발전을 방해할 것이라는 측면이었다. 호전적인 학계의 투사는 (내용이 명확하지 않지만) 이런 발언을 한다. "오늘날 사회민주주의 압력단체는 엘리트가 대표하는 민주주의의 방식을 작업장으로 확장하고 싶어 한다. 이로 인해 일방적인 작업 현장 통제에 수반된 종전의 참여 민주주의가 서서히 쇠퇴할 것이다."[161] 정치판에서 우편향인 일부 무소속 세력의 의견은 일치했다. 그들에 따르면「불록 보고서」는 산업민주주의에 관한 내용이 아니라 노동자들을 보다 유순하게 만들려는 의도가 담겨 있었다. "이 목적이 산업민주주의라는 미명 아래 감춰져야 한다는 건, 노동자들이 보다 큰 자유를 보장받는다는 생각을 하게끔 오도할 의도가 분명한 말이다. 이는 환심을 사기 위한 말에 지나지 않는다. 지금의 체계 아래 노동조합 세력은 작업 현장에서 자유의지론자나 다름없다."[162] 노동자들 내부적으로 이 사안에 무관심하고 무지한 분위기가 팽배했다. 관리직 노동자라는 개념이 영국 노동운동 내에 그 뿌리가 미약했기 때문에 놀랄 일도 아니었다. 조사에 따르면 대다수가 자발적 시스템, 다시 말해 법규가 없는 쪽을 선호했다.[163]

「불록 보고서」를 둘러싼 사안을 두고 내분이 생긴 노동당 내각은「불록 보고서」의 본질을 희석한 백서(1978년)를 내놓았고, 그 이행 일정을 대단히 길게 잡았다. 상황을 지켜보던 재무부 장관 에드먼드 델은 반대 입장인 반면, 수상 캘러헌(자서전에서「불록 보고서」는 지나가는 정도로 언급한다)은 영국 산업연맹의 반감을 사는 부분을 주로 걱정했다.[164] 데니스 힐리는 정부가 이 사안에 "지나치게" 많은 시간을 쏟아부었고, "불행히도 아무 소득을 얻지 못했다"고 믿었다. 그는 노조가 관리직 노동자 임명을 담당해야 한다는 노조 측의 강력한 주장 때문에 여러 가지 제안이 가치를 잃었다고 생각했다. 그런가 하면 산업연맹은 산업민주주의가 국가적 수준에서 노조의 힘을 약화할 수도 있었다는 이유로 「불록 보고서」에 반대하는 근시안적 태도를 보였다.[165] 불록에 대한 노동조합회의의 최종 입장은 1977년 국회에서 통과된 합동 결의안이었다. 결의안 내용을 보면 산업민주주의에 대한 법정 지원은 불록이 제안했듯이 고용주의 지원이 아니라 노조의 승인이 필요하다는 점을 명확히 했다. 노조 입장에서 산업민주주의는 노동조합의 힘을 의미했다.[166] 산업민주주의가 '업계 양측'의 반대에 직면한 상황에서 노동조합회의가 아무리 악어의 눈물을 흘린다 한들 이 사안이 전면 중단된다고 해도 별로 놀랍지 않았다. 잭 존스가 씁쓸한 투로 언급했다시피 "불록이 남긴 것은 불만의 겨울이라는 재앙 속으로 가라앉았다".[167]

노조의 특권과 노동자들의 권리는 앞서 언급된 1974~1975년의 4대 주요 법령(건강과 임금, 해고, 차별 문제)에 관한 절차상의 권리를 강화한 법규에 달려 있었다. 노동당 정부는 노동자 개개인에게 민주주의를 허용하기보다 노동조합 쪽으로 힘을 옮기길 선호했다. 이 점이 노조가 애초에 노동당을 만든 이유였다. 마거릿 대처의 보수당 정부는 연이어 정권을 지키며 노동당에게서 '산업'민주주의의 외피를 낚아챘다. 대처 정권에서 노동자들은 노동조합 간부 선출권, 동맹파업 돌입 여부 투표권을 획득했다. 클로즈드 숍(노동조합원만 고용하는 사업장)을 폐지하고 노동조합에 가입하지 않을 권리도 확보했다.

그러는 사이 노조는 상당한 혜택을 얻었다. 1974년 노동조합과 노동관계법은 그간 미움 받던 1971년의 노사관계법을 폐지했고, 1976년에 보강 개정안의 도움으로 상업 계약 위반 유도를 포함한 민사소송과 형사소송 면제권을 회복했다. 이는 회사와 맞서 파업 중인 노동자들이 회사 거래처나 공급 업체까지 활동 범위를 넓힐 수 있다는 뜻이었다. 1975년의 고용보호법은 개인의 고용권을 강화함으로써 경영자의 특권을 더욱 제한했다. 고용권 가운데 가장 중요한 부분은 임신을 사유로 해직되지 않고 출산 후 복귀할 권리였다.[168] 보건안전법(1974년)은 최초 공장법의 전통을 이어갔다.[169] 노조 반대 세력은 노동조합의 힘이 지나치게 커졌다고 주장하는 증거로 이 법안을 이용했다.

이들의 주장은 과장되었다. 1974~1976년의 법안은 1970년 이전에 실제로 노동조합이 누리던 권리를 법규상으로 회복해서 노조의 힘을 증진했다. 노동자들이 부당 해고에 대비해 보호받게 되었으므로 개별 노동자의 권리가 향상되었다. 보건 안전 절차는 더욱 통제되었고, 성별에 따른 불평등은 불법이 되었다. 물론 이로 인해 예전보다 노동시장이 규제되었고, 기업가들은 인건비가 증가한다며 반대 의사를 표했다.

하지만 평균 인건비는 실질적인 문제가 아니었다. 평균 실질임금은 1980년대 보수당 집권 시절 내내 상승했다. 이런 현상은 노동당 집권 시절에는 전혀 나타나지 않았다. 정치적인 면에서 영국과 아주 닮은 프랑스와 비교 지점이 눈에 띈다. 1970년대에 보수당 정부가 집권하고 1980년대에 사회당 정부가 힘을 얻은 상황이 그렇

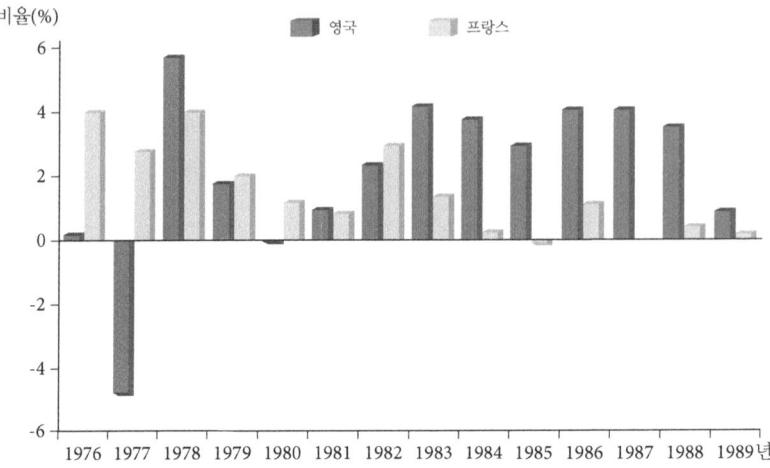

그림 18.1 1976~1989년 영국과 프랑스의 제조업 분야 실질 시급

출처 OECD, *Economic Outlook, Historical Statistics 1960~1989*.

다. 그림 18.1은 보수당 집권기에 실질임금이 훨씬 더 상승했음을 보여준다. 이를 근거로 하면 합리적 선택이론에 따라 투표하는 제조업 노동자들이 사회주의 정당들을 저버려야 했을 것이다. 많은 노동자들이 정확히 이런 행보를 취했다.

대처 행정부에서는 민간 부문의 '비효율적인' 회사들, 즉 생산성과 임금의 간극이 현저한 회사들이 파산했고, 실업자가 된 그 회사 노동자들은 주주의 비용이 아니라 납세자의 비용으로 금전적 지원을 받게 되었다. 이와 같이 비효율적인 회사들의 높은 인건비가 '사회주의화'(정부의 통제 아래 있게)되었다. 한편으로는 민간 부문과 공공 부문 임금의 밀접한 관계가 단절되었다. 독점적인 공공사업처럼 잠재적으로 이윤을 낼 수 있는 공공 부문의 지점들이 민영화되고 더 많은 감원 조치를 통해 수익성을 높이는 가운데, 민간 부문 임금은 공공 부문에 비해 현격히 상승했다. 군대나 대학처럼 아직 매각되지 않고 남아 있는 공공 부문에서는 노동당 정부 때부터 계승된 '현금 한도'라는 엄격한 체계가 가동되었다. 이는 사실상 소득정책이었다. 이 전략이 선거에서 성과를 올렸다. 민간 부문 숙련 노동자들이 보수당 지지층에 합류해 더 높은 보수를 움켜쥔 사이, 노동당은 효율성이 가장 떨어지는 제조업 분야에 종사하는 노동자들과 공공 부문 노동자들로 대표되는 빈곤층의 정당이 되어 갔다.

이와 같이 노동계급은 한층 더 분열되었다. 노동과 자본 혹은 차라리 사회민주주의자와 보수주의자 사이라고 보는 게 적합한 이들이 맺은 애초의 전후 계약, 즉 서유럽 자본주의를 밑에서 떠받치던 계약이 종말을 고했다. 그 후 발전상을 보면 영국에서 이런 종말이 가장 순수한 형태로 일어났음을 알 수 있다. 마르크스라면 이를 '고전적'이라고 표현했을 정도다. 케인스주의 이후 '대처주의'가 유일한 '주의'가 되었다. 아마도 이것은 너무나 非이념적인 영국이라는 국가가 자기네 역사를 통틀어 처음으로 세계에 내놓은 유일무이한 '주의'가 아니었을까 한다.

19장

프랑스의 정치 실험

1981년 대통령 선거와 그 직후 총선에서 프랑스 사회당Parti Socialiste이 거둔 승리는 프랑스 좌파의 복잡한 역사에 실질적인 전환점이 되었다. 프랑스 좌파의 주력부대로 자리 잡은 사회주의자들은 처음으로 프랑스 하원에서 과반 의석을 차지했다. 제5공화정에서 최초로 사회주의 국가원수가 나타난 것이다.

서유럽 좌파를 더 넓은 시각으로 본다면, 경제 흐름이 신자유주의적 보수주의에 유리한 쪽으로 돌아가던 시점에 프랑스처럼 중요한 국가에서 사회주의가 승리를 거둔 것은 중대 사건이었다. 북유럽에서는 스웨덴 사회민주당이 여전히 야당이었고, 독일 사회민주당은 정권의 막바지로 다가가는 중이었다. 1979년부터 정권에서 물러나 있던 영국 노동당은 점점 집권 가능성이 희박해지는 분위기였다. 한때 사회민주주의의 강력한 군대 같던 여러 나라 사회주의 세력은 호기심 반 기대 반으로 미테랑의 혁혁한 승리를 바라봤다. 남유럽에서는 프랑스의 성공이 일종의 전조처럼 비쳤다. 말하자면 프랑스가 사회주의의 진원지를 대륙 북쪽에서 남쪽으로 옮길 선구자처럼 보였다. 마드리드Madrid에서는 펠리페 곤살레스Felipe González의 사회노동당이, 아테네Athenae에서는 안드레아스 파판드레우Andreas Papandreou의 사회당이 엄청난 득표 차로 정권을 손에 넣기 직전이었고, 로마Roma에서는 곧 국무총리가 될 베티노 크락시Bettino Craxi가 이끄는 사회당이 이탈리아 좌파의 선봉으로서 공산당을 대체하리라는 확고한 희망을 품고 있었다. 파리Paris는 혁명의 흥거운 분위기에서 미테랑의 승리를 축하했다. 사람들은 인민전선과 해방의 눈부신 나날, '밝은 미래'를 생각나게 하는 파티를 즐기며 밤새 길거리에서 춤을 추었다.

흔한 일이지만 극적인 패배가 이 놀라운 승리의 밑거름이 되었다. 1968년 총선과 1969년 대통령 선거에서 좌파가 겪은 굴욕은 사회주의자와 공산주의자의 마음을 하나로 모았다. 분열은 그들을 영원히 야당으로 몰아넣을 것이기에 뭉칠 수밖에 없었다. 연합이 정권으로 향하는 지름길이었다. 구 인터내셔널 프랑스지부SFIO는 완패했다. 영원한 지도자처럼 보이던 기 몰레Guy Mollet가 1969년 결국 자리에서 물러났다. 유럽에서 가장 미미한 성공을 거둔 사회주의 정당, 노동조합이나 노동자도 없이 교사들과 하급 공무원으로 가득하던 정당의 선두에 있던 그의 기나긴 경력이 잇따른 패배로 마무리되었다.

그다음에 이어진 프랑스 좌파의 부흥은 다른 국가들에서 우위를 보인 사회주의적 수정주의와 확연히 다른 노선으로 진행되었다. 독일 사회민주당과 이탈리아 공산당, 영국 노동당에서 나타났듯이 프랑스 외 국가에서 언급되는 현대화, 재고, 개정, 적응은 항상 사회주의 운동의 전통적 가치에서 변화이자, 국유화와 노동계급에서 변화를 뜻했다. 그에 비해 프랑스 사회주의 세력이 적응하는 방식은 좌파로 이동하는 것과 명백히 사회주의적인 특징을 받아들이는 것으로 나타났다. '좌파로 돌아선다'는 것은 사회주의의 순수함으로 회귀하려는 열망을 나타내는 것과 동떨어진 이야기다. 이는 정치적인 힘을 향한 긍정적인 갈망으로 볼 수 있다. 이제 권력을 잡는다는 생각과 특유의 사회주의적 태도에 모순이 있다고 인지하는 일은 없었다.

프랑스 사회주의가 시초부터 진정한 이념적 서커스나 다름없었기 때문에 모든 상황이 더더욱 놀라울 따름이다. 프랑스 사회당이 창설된 1971년 6월은 대통령 선거 패배 후 1969년에 시작된 재건 과정이 최고조에 달한 시점이었다. 1969~1971년 구 인터내셔널 프랑스지부 각 분과 연맹의 서기관 70퍼센트가 대체되었고, 정당의 주요 직위에 있는 이들의 평균연령이 크게 낮아졌다.[1] 사회당은 구성원에 관한 한 구 인터내셔널 프랑스지부의 두드러진 특징 하나를 고수했다. 최소 당원으로 소규모 정당을 구성했다는 점이다. 프랑스 사회당은 독일 사회민주당이나 스웨덴 사회민주당, 오스트리아 사회당, 이탈리아 공산당처럼 거대 당원을 바라지 않았을 것이다. 항상 비공산주의 좌파 형세를 띠던 다양한 분파와 파벌을 없애지도 못했다. 경쟁에서 살아남았고 국가를 이끌고자 하는 열망으로 대동단결한 세력은 가스통 데페르Gaston Defferre의 '지방자치' 사회당 부슈뒤론Bouches-du-Rhône연맹, 이 세력과 가장 가까운 동맹이자 피에르 모루아Pierre Mauroy가 있는 노르Nord연맹(릴Lille 지역)의 전통적인 노동계급의 요새, 장 포페랑Jean Poperen의 좌파, 디디에 모샨느Didier Motchane와 장 피에르 슈벤느망Jean-Pierre Chevènement이 이끄는 '마르크스주의적인' 사회주의연구조사교육센터였다. 프랑스에서 이들보다 훨씬 명성이 높은 이가 프랑수아 미테랑이었다. 인터내셔널 프랑스지부에 소속된 적이 없는 그는 사회주의에 관해 내세울 만한 경력이 거의 없었지만, 이 부분을 비범한 정치 정보력으로 충분히 보완했다. 사실상 새로 생긴 사회당은 대통령 선거에서 미테랑의 승리를 보장해주는 기구가 되었다. 이는 사회주의자들이 20년 가까이 반대하던 제5공화정의 각 부처가 마침내 인정받으리라는 것을 보여주는 전조였다. 드골은 정당정치보다 대통령 정치에 전념했고, 드골의 이런 노력이 사회당에서도 마침내 승리를 거뒀다. 각 분파 지도자인 슈벤느망, 로카르Michel Rocard, 모루아, 데페르는 이제 '대통령'의 자질을 갖춰야 할 입장이었다.[2] 사회주의 정당은 또다시 자기들이 손에 넣어 바꾸고 싶은 정부를 목표로 정했다.

급진당의 좌파 세력을 포함한 모든 분파와 권력에 굶주린 지방 의원들이 공산주의자들과 대화 전략을 중심으로 결합했다. 모두 이것이 정권을 얻는 유일한 길이라고 확신했다.[3] 미테랑의 공화제도협의회CIR는 1971년 에피네Epinay 전당대회를 통해 새로 통합한 사회당으로 들어갔다. 주요 발의 내용이 확인한 부분은 새로운 정당이 드골파나 프랑스 공산당과 등거리에 있지 않다는 것이었다. 이는 인터내셔널 프랑스지부가 주장하던 바다. 새로운 정당은 '사회의 사회주의적 변혁을 달성하는 데 목표를 둔 정부의 구체적인 문제'에 관해 공산당과 대화를 요청했다.[4] 그 후 이어진 강령 「삶을 바꿔라Changer la vie」 관련 내부 논의는 다양한 분파가 각자의 위치를 구축할 수 있게 하는 장치였다. 여느 때처럼 선두에서 속도를 정한 쪽은 소수 좌파(사회주의연구조사교육센터와 장 포페랑)였고, 그 결과 나온 문건은 좌파 성향이 뚜렷했다. 유럽 통합과 NATO(북대서양조약기구)에 의문을 품은 이 문서에는 국유화를 원하고 소리 높여 자주관리를 지지하는 내용이 담겨 있었다. 강령은 합의되자마자 잊혔다. 강령의 목적은 공산당과 협상하는 위치에 나서는 것뿐이었다.[5] 모습을 드러낸 「공동 강령Programme commun」에는 급진 좌파도 포함되었다. 이와 같이 이 강령은 좌파 연합의 헌장이 되었다. 이는 대통령 선거와 총선 2라운드에서 단독 후보를 둘러싼 반反드골파의 모든 표를 하나로 묶기 위한 기틀을 마련하는 과정이었다.

　1972년 7월, 프랑수아 미테랑과 조르주 마르셰Georges Marchais(공산당), 로베르 파브르Robert Fabre(급진 좌파)가 「공동 강령」에 서명했다. 이 문건은 공산당이 정당의 정권 교체 원칙과 정치적 다원론을 어떻게 받아들였는지 보여주는 절충안으로 평가받았다. 그러는 사이 사회당은 국영화 부문의 대대적 확장을 목표로 한 사실상의 공산주의 경제 강령에 동의했다.[6] 이런 타협 덕분에 사회당은 좌파 내에 자격을 갖췄다. 사회당은 양극화된 정치 체계에서 나쁘게 명시된 중앙당이 아니라 진정한 개혁 정당처럼 보였다. 하지만 공산당과 동맹은 뿌리 깊은 갈등 때문에 깨지고 말았다. 승리를 위해서는 좌파 유권자가 확대되어야 했는데, 이렇게 되면 공산주의자보다 사회주의자들이 이득을 보는 듯했다. 사회당은 새로운 정부를 원하되, 공산주의자들을 여전히 의심의 눈으로 바라보는 온건한 유권자들과 친밀한 관계를 구축할 수 있었다.

　처음에 사회당은 상대적으로 힘이 약한 파트너로서 동맹을 맺었다. 그리고 6년이 안 돼 공산당보다 강력한 정당이 되었다. 사회당이 강해질수록 좌파 연합에 대한 비공산주의 유권자의 믿음은 커졌다. 공산주의 정당이 정치적 힘을 얻어 선거에서 우세한 세력으로 자리매김하고, 주요 서유럽 국가의 정부가 될 가능성은 없었다. 공산주의는 민간 기업과 국제경제 경영자들 그리고 미국 내에서나 용인될 수 있었다. 그것도 비교적 덜 위협적인 정당들에 종속되었을 경우에 한해서였다.

미테랑이 좌파 '재평형'의 필요성에 대해 말할수록 공산당은 그의 배신행위를 비난했다. 갈등이 고조될수록 사회당은 공산당과 차별화되었고, 당선 가능성이 한층 높아졌다.

애초에 공산당은 공산주의 강령을 채택함으로써 주도권이 안전하게 보호받을 수 있을 거라 생각했고, 「공동 강령」이 자신들의 의견을 확실히 반영하도록 힘썼다. 나름의 수사법을 쓰긴 했지만 사실 공산당은 글, 선언, 공표, 문건에 대한 지나친 관심이라는 측면에서 사회당보다 훨씬 '프랑스다운' 정당이었다. 「공동 강령」은 금세 공산당이 신성시하는 문서가 되었다. 그 주요 내용은 다음과 같다(문서상에 제시된 순서에 따랐다).[7]

1. '임금의 실질적 상승'을 통한 수요 중심의 성장.[8]

2. 사회적 보호, 특히 의료 서비스 확대 : 대대적인 주택 계획.[9]

3. 비종교적인 공교육 강화. 2~6세 아동이 다닐 수 있는 탁아소 1000개 네트워크 구축.[10]

4. 여성 차별 전면 철폐.[11]

5. 부당 해고에 대비한 개별 노동자 권리 강화. 정보권 확대 : 산

업민주주의.12

6. 금융권(상업은행, 보험회사를 포함한 모든 은행) 전반의 국유화 : 모든 광업, 군수·항공·제약·우주개발·원자력 산업의 국유화. 여기에는 다소Dassault, 롱풀랑Rhône-Poulenc, 허니웰 불Honeywell-Bull, 상수도 관리 회사 CGE 등 프랑스 거대 기업도 포함된다.13

7. 소득세와 법인세 한계율 인상.14

8. 시민적 자유 확대, 집회의 자유를 제한하는 종전 법(1970년 6월 8일 법) 철폐 : 사형 제도 폐지.15

9. 현 대통령 체제의 근본적 개혁 : 헌법 16조항(대통령이 비상 지휘권을 맡을 수 있음) 폐지, 대통령 임기 제한(7년에서 5년으로 단축), 의회 권한 강화.16

이 강령은 10여 년 전에 프랑스 공산당이 지지한 정책을 포함하고 있다는 의미에서만 '공산주의적'이라고 불릴 수 있었다. 공산당이 「공동 강령」으로 원하는 모든 것을 얻었다는 주장은 잘못된 의견이다. 강령에 포함된 임금 인상, 공공 부문 확대, 사회복지 제도 확대, 제5공화정 각 부처 민주화 등은 정통파 사회주의 정당 입장에서 진심으로 받아들이지 못할 부분이 결코 아니었기 때문이다. 국유화 제안은 엄청난 불안감과 논쟁을 불러일으켰다. 하지만 국유화 때문에 프랑스의 공공 부문이 오스트리아나 이탈리아(좌파 정권 전무)의 공공 부문보다 규모가 커지진 않았을 것이다.

겉으로 드러나지 않았지만 공산당이 양보한 부분은 사회당에 비하면 훨씬 범위가 넓었다. (당시 사회주의에 헌신하기 시작한) 미테랑이 좌파를 대표할 만한 대통령 후보라는 점도 인정했다. 그리고 총리직 요구는 자제했다. 사실상 공산당은 최종적으로 정부가 들어섰을 때, 직위와 관련해 문제를 제기하긴 했어도 특정 직위를 차지하겠다고 강력하게 주장하진 않았다. 마르셰는 공산당과 사회당 동맹 첫 단계(1972~1976년) 내내 프랑스가 대통령, 총리, 외무부 장관이나 내무부 장관에 공산주의자를 앉힐 수 없다는 점을 전적으로 이해하는 사람처럼 처신했다.

이탈리아 공산당이 수많은 부문에 변화를 주기 시작했고, 프랑스 공산당은 이 변화를 받아들이면서 동맹을 확정 지었다. 프랑스 공산당은 유러코뮤니즘(서유럽 공산당의 자주·자유·민주 노선)을 신봉하고, 프롤레타리아 독재 개념을 파기했다. 공산당은 알렉산드르 솔제니친Alexander Solzhenitsyn의 발언권을 지지하며, 자기들과 의견이 다른 이 작가가 자유롭게 견해를 밝힐 수 있도록 인정해주었다. 또 종교적 자유에 대한 소련의 태도를 비판했다. 뿐만 아니라 국가 자주성에 강경한 입장을 취해 소련의 외교정책과 거리를 두었다.17 공산당은 변화에 적응하기 위해 만만찮은 노력을 쏟았다. 예를 들어 1976년 투르Tours의 지방의회 선거에서 공산당 후보자가 환경보호론자들의 환경 단체를 지지하며 전통적인 망치와 낫 상징(소련 국기)을 포기했다.18 이런 변화가 실현된 방식에는 권위주의적인 정당의 흔적이 있다. 1976년 당대회 때 마르셰가 인정사정없는 발언을 하기 전, 기자 초청 파티에서 잠시 토론이 벌어졌다. 그 짧은 토론 후 프롤레타리아 독재라는 신성한 개념이 사라졌다. 1977년 프랑스의 핵무기 지지 선언도 꽤나 갑작스러웠다.

그렇기는 하지만 공산당은 가장 달성하기 힘든 정치적 필요 요건을 확보했다. 정부의 합법적 정당으로 인정받는 것이었다. 공산당은 「공동 강령」 덕분에 냉전 발발 이후 처음으로 정치적 게토에서 벗어났다.

사회당은 강령에 대한 공산당의 모든 요구를 승인한 듯했다. 그러나 좌파 정당들은 대개 자기들의 적수와 차별화되는 근본적인 이념을 필요로 한다. 프랑스 사회주의의 문제는 특별한 사상이 부재했다는 데 있다. 자기만의 사상이 결여되었다는 것이 매우 이상할 정도였다. 구 인터내셔널 프랑스지부는 편의주의와 혁명적 수사학 사이에서 시시각각 동요했다. 새로운 사회당은 지식층과 노동조합계에서 점차 유행한 '자주관리' 개념을 채택해 이런 곤경에서 벗어났다. 독자적인 사상이 부재하다는 혐의에서 어느 정도 비켜난 셈이다.

13장에서 언급했다시피 애매함이 강점인 자주관리 개념은 비공산주의 좌파의 '목적' 중 하나가 되었다. 그 기원을 거슬러 올라가면 19세기 반국가적 사회주의에 이르지만, 현대적 구조 속의 그 개념은 1960년대 중반 유고슬라비아 산업민주주의 체제와 지방 분권화된 경제를 설명하는 데 사용되었을 때 프랑스의 정치 담론에 다시 등장했다.[19] 5월에 치러지는 행사들은 자주관리 개념을 비공산주의 좌파가 정치적으로 재집결하는 계기로 삼았다. 소비에트식 중심 계획 모델을 받아들이지 않겠다고 밝힌 이 행사들은 자주관리 개념의 인지도를 높이는 역할을 했다.[20] 자주관리는 1970년 프랑스 민주노동동맹CFDT이 즐겨 쓰는 이론이 되었다. 특히 민주노동동맹의 사무총장 에드몽 메르Edmond Maire가 이 개념을 적극 지지했다.[21] 민주노동동맹은 노동조합 활동이 '자주관리 사회'를 이룩하는 데 일조하길 바랐지만 구체적인 전략이 없었다.[22]

자주관리를 프랑스의 사회주의 모델로 삼자고 특별히 제안한 이들이 또 있다. 미셸 로카르와 그가 속한 프랑스 통합사회당PSU이다. 처음에 로카르는 에피네 전당대회에서 새로 조직된 사회당에 합류하거나 「공동 강령」에 서명하는 데 반대했다. 이 강령이 국유화와 국가사회주의를 중시하기 때문이었다. 그러나 1974년 자주관리가 사회당의 주요 화두가 되었을 때, (그리고 미테랑이 사회주의 연구조사교육센터의 발전을 저지하기 위해 로카르가 필요했을 때) 로카르는 비로소 새 정당에 합류하기로 했다.[23] 자주관리는 1975년 6월 사회당 전당대회에서 「자주관리에 관한 15가지 견해Quinze thèses sur l'autogestion」로 공식 채택되었다.[24]

자주관리는 국가 중심적인 「공동 강령」과 공존하기 껄끄러웠다. 이는 공산당과 유사한 자코뱅주의(급진주의)나 국가사회주의를 고수하는 피에르 모루아가 이끌던 구 인터내셔널 프랑스지부 출신 활동가들이 로카르를 비롯한 민주노동동맹과 공존하기 거북했던 것과 마찬가지다. 미테랑은 '노동자 자주관리autogestionnaires'를 결코 적극 지지하지 않았다. 「공동 강령」의 자코뱅주의는 공산당과 협력 관계에 꼭 필요한 개념이자, 미테랑의 정치적 현실주의에 부합하는 요소였다. 그의 주된 이념적 특징은 이데올로기에 대한 뿌리 깊은 경멸이었다. 그는 전반적으로 공화주의 가치에 전념하는 쪽을 선호했다. 실제 정책을 결정하는 데 자유 재량권을 지킬 수 있었기 때문이다.

자주관리의 의미는 무엇이었을까? 사회당의 이미지를 구 인터내셔널 프랑스지부나 공산당과 구별되는 정당으로 홍보하는 데 목표를 둔 단순한 이념적 산물이라고 일축할 수도 있다. 그 개념을 지지하는 이들은 자주관리에 열렬한 믿음을 표했고, 현대 자유민주주의에 나타나는 실질적 문제에 적절히 반응했다. 정치 참여(투표, 대의권, 시민적 자유)의 공식 규칙은 진정한 민중 통제와 유사한 무엇인가를 진척하기에는 범위가 턱없이 좁았다.

자주관리라는 용어는 다양한 정서를 전달했다. 현대화에 대한 일종의 저항, 현대화 이념, 자본주의의 대안, '국가'사회주의의 대안, 반反계급제 원칙, 자유주의의 또 다른 형태, 반反생산주의자의 신조가 그것이다.[25] 1976년 「자주관리에 관한 15가지 견해」는 각 국영화 기업을 위한 행정협의회, 즉 노동자와 국가, 몇몇 부문 소비자가 선출한 대표가 있는 협의회, 일련의 협업체와 함께 노동자들이 전부 선출한 경영협의회 창설을 꾀했다. 이는 노동자가 뽑은 경영협의회와 국가, 소비자의 대표로 구성된 관리 위원회의 공존을 꾀한 것이다.[26]

1973~1977년 『오늘의 민주노동동맹 CFDT aujourd'hui』 편집자이자 노동자 자주관리를 주창한 이론가 피에르 로장발롱 Pierre Rosanvallon은 이 모델이 자본주의와 타협한 사회민주주의 절충안과 소련 모델 사이에서 오랫동안 찾던 제3의 방식을 나타내는 또 다른 예라고 봤다.[27] 그는 기술 관료적 측면이든 자유주의적 측면이든, 계급에 따라 조직된 노동자 위원회에 의한 분권화라는 원래 의미에서 소련식 시각이든, 이 모델에 대한 여러 가지 정의와 접근법이 존재한다고 인정했다. 로장발롱은 자주관리가 완벽한 모델이나 청사진은 아니라고 밝히며, 그것은 목적만큼이나 의미 있는 전략이라고 강조했다. 또 자주관리란 생산수단을 누가 소유하는가라는 전통적인 질문에 국한된 것이 아니라 정치적 힘이 어떻게 행사되는지와 관련

되었다고 역설했다.[28] 노동자에게 관건은 국영화가 아니라 노동환경, 기업 내 지휘 방식, 급여기준 등에 영향을 미칠 수 있는 힘이었다.[29] 자주관리는 집단의 자치권으로 받아들여진 반면, 국영화는 주주에서 국가로 소유권이 이양된 것일 뿐이었다.[30] 사회주의자들이 중시한 부분은 의사 결정 권한이 사회 전반에 어떻게 분배되는가 하는 점이었다.[31]

자주관리와 관련된 의견은 설득력 있었고, 사회주의자들의 마음을 끌 만했다. 그러나 그 개념을 내놓은 이론가 중 제시된 목표를 실행하는 데 필요한 실질적인 단계를 정확히 서술한 사람은 없었다. 윗선에서 전략을 세우는 것이 모순이라고 보는 그들의 주장이 이치에 어긋나진 않았다. 하지만 대중운동에 시동을 걸려면 구체적인 목표와 사안이 필요하다. 예를 들어 여성해방운동은 자주관리와 마찬가지로 모호한 전략과 포괄적인 목표가 있어도 항상 명확하게 기술된 문제를 목표로 삼았다. 여성참정권, 낙태, 육아, 포르노, 직장 내 차별 등 사람들의 관심을 집중할 수 있는 확실한 사안을 꺼냈다. 자주관리는 여전히 모든 측면에서 모호하고 불분명했다. 어느 논평가가 언급했듯이 그 개념은 68세대(soixante-huitard : 1968년 5월 프랑스에서 일어난 학생운동에 참여하거나 이를 지지한 사람들—옮긴이)를 불러 모으는 주제로 작용했을 뿐이다.[32] 1972년 미셸 로카르는 자신의 정당(통합사회당) 선언서 서문에서 자주관리 개념의 모호함을 인정하며 다음과 같이 덧붙였다. "어떤 말의 정치적 가치는 언어학적 일관성 측면이 아니라 사람들이 그 말을 사용하는 방식에 따라 평가받아야 한다."[33] 자주관리라는 용어의 문제는 사람들이 그 말을 전혀 사용하지 않았다는 데 있다. 자주관리는 좌파 내 이념 논쟁에 사용되는 무기로 남았을 뿐, 일반 대중을 불러 모으는 표상이 된 적이 없다.

사회당은 일단 정권을 잡고 나자 자주관리 개념을 실행에 옮기려는 진지한 시도를 하지 않았다. 독일의 공동 결정 제도에 해당하는 프랑스의 오루법은 아직 효력이 없는 자주관리 시행을 위한 미온적이고 무력한 조치에 지나지 않았다.34 노동자들은 여전히 자주관리보다 현금을 선호했고, 자주관리를 위해 굳이 싸우지도 않았다. 노동조합도 마찬가지였다. 자주관리는 전통적 사회주의에 반하는 방향으로 나가는 논쟁 주제 이상은 아니었다.35

결국 프랑스 좌파를 다시 분열시킨 것은 이념이 아니라 사회주의자들이 공산주의자들을 희생해 표를 얻는다는 현실 인식이었다. 힘을 합친 좌파는 투표에서 앞서 나갔지만, 양측에 불평등이 존재했다. 사회당은 공산당에 비해 많은 이득을 챙겼다. 이 점에 대해 사람들이 별로 놀라지 않았다는 사실이 오히려 놀랍다. 처음으로 좌파에 투표하는 사람들이 보다 온건한 사회당을 우회해 공산당에 직접 표를 던질 것 같진 않았다. 공산당도 이 부분을 인식하고 있었다. 점점 공산당에 대한 우려가 생겨난 원인은 사회당이 의도적으로 반공산주의 좌파의 관심을 끌고, 공공연히 '좌파 재평형'이 필요하다고 주장했다는 데 있다. 그 주장은 곧 사회당이 투표에서 공산당을 추월해야 한다는 뜻이었다.36 미테랑은 자신의 장기적 계획이 좌파 진영에서 공산당의 패권을 종식시키는 것임을 구태여 숨기지 않았다. 이 목표가 공개적으로 발표된 1969년에 비하면 1978년에는 미테랑의 계획이 마냥 비현실적으로 보이지 않았다.37

1974년 발레리 지스카르 데스탱Valéry Giscard d'Estaing이 좌파 연합

의 단독 후보인 미테랑을 간신히 물리쳤지만, 지방선거에서는 사회주의자들이 최대 좌파 정당으로 부상했다. 이는 앞으로 확실히 고착될 분위기의 서막이나 다름없었다.

1978년 3월 의회 선거에서 좌파는 또다시 패배했으나, 1930년대 이후 처음으로 사회주의 세력이 공산주의 세력보다 많은 표를 얻었다. 1970년대 인민전선은 공산주의자가 사회주의자보다 이득을 얻은 1930년대와 달리 프랑스 공산주의의 종말을 고하는 초기 징후를 보였다.

공산당 입장에서는 이 상황을 견딜 수가 없었다. 가장 중요한 직권(대통령, 총리)을 빼앗긴다는 사실을 받아들일 수는 있었지만, 이것은 어디까지나 공산당이 선거에서 우위에 있고 조직적 노동계급 내에 주도권을 쥐고 있으니까 실질적으로 정부를 통제할 수 있다고 가정했기 때문에 그나마 가능했다. 그렇지 않으면 정권 내 변두리 세력으로 있으니 야당에서 강한 힘을 발휘하는 편이 나았다. 공산주의 세력은 지나친 희생을 치르고 얻은 승리보다 정당의 미래가 중요하다고 믿었다. 공산당이 입지를 잃은 좌파 연합의 성공은 그들의 관점에서 사회주의의 승리가 아니었을 것이다. 바야흐로 공산당의 정체성을 다시 구축할 시간이었다.[38] 공산주의자들은 사회주의자들과 협정에서 신속히 발을 빼는 것이 바람직하다고 판단했다. 이 전략의 최종 결과는 공산당이 지분이 적은 동업자가 되는 것이 아니라 변방의 세력이 되는 것으로 나타났다.

공산당의 결정은 지독한 오판이었다. 사회당은 진정한 좌파 개혁 정당으로 신용을 얻고자 부단히 노력했다. 그들은 오랫동안 공들인 이 목표를 좌파 연합을 통해 이뤘다. 전반적으로 친(親)서구적인 전망(친EEC, 친NATO) 위에 굳건히 서 있는 것이 프랑스의 외국 동업자들과 좌파 정부에 우려를 표한 프랑스 유권자에게 건네는 보증서였다. 아이러니하게도 공산당은 사회당과 결별함으로써 선거에서 사회주의자들이 더 유리하게 만들었다. 아무리 회의적인 관찰자 눈에도 미테랑의 사회당이 공산주의자들을 위한 허수아비가 아니었음이 이제 확실히 보였다.

그렇다면 공산당이 달리 처신할 수 있었을까? 그런 입장을 취한 몇몇 지지자들이 누누이 주장했듯이 프랑스 공산당은 이탈리아 공산당과 유사한 전략을 따를 수도 있었다. 소련과 확실히 거리를 두고 내부적으로 논의의 장을 키울 수도 있었다. 그렇게 하면 전통을 고집하는 많은 활동가들의 화를 돋웠겠지만, 사실상 그들은 갈 곳이 없던 터라 큰 문제가 되지 않았을 것이다. 더구나 전통을 따르는 활동가들은 곧 전통적인 공산주의자들이었으므로 위에서 내려오는 지시라면 무엇이든 따랐을 것이다. 1976년에 '프롤레타리아 독재'를 갑작스레 포기했는데도 내부적으로 심각한 문제가 일어나지 않은 것과 같은 맥락이다. 오히려 종파주의로 회귀한 것이 내부 불화의 더 큰 원인이었다. 전통으로 돌아가는 마르셰를 반대하던 이들은 사회당에 합류하기 위해 공산당을 떠났다. 공산주의자와 미테랑의 결별은 좌파의 승리를 학수고대하던 공산당 지지자들을 크게 실망시켰다.

마르셰의 결정에 이성적이고 설득력 있는 설명을 찾기란 힘든 일이다. 세상이 변하고 있음을 이해할 수 없을뿐더러, 현실을 진지하게 재고할 필요가 있다는 사실을 받아들이느니 차라리 죽음을 택하겠다는 정당의 사례로 단순히 정리할까? 사실상 공산당은 과거에 종종 노선을 바꿨을 뿐만 아니라, 다른 세력과 동맹을 정당화할 이유야 언제든 찾아낼 수 있다고 증명했다. 드골이 들어 올린 깃발 아래 레지스탕스로 싸우지 않았는가? 그러다 이후에는 기 몰레와 같이 충실한 반공산주의자를 지지하지 않았는가?

프랑스 공산주의자들은 대다수 공산주의자처럼 사회주의를 향한 진보란 공산당의 주도적 역할 없이 일어날 수 없다고 여겼다. 이는 이해할 만한 부분이다. 사회주의자의 입장도 비슷했다. 그들 역시 프랑스 사회주의자들이 정권 내 요직을 전부 틀어쥐고 있어야 좌파 연합이 성공할 것이라고 생각했다.

이유가 뭐였든 조르주 마르셰와 그의 동료들이 계산 착오를 했음이 분명하다. 1978~1993년 선거에서 공산당 지지율이 폭락했다. 공산당의 운명은 사회주의자들이 거둔 결과와 관계없이 사회당과 궤를 달리하게 되었다. 1969년 대통령 선거에서 공산당 후보 자크 뒤클로Jacques Duclos가 21.5퍼센트로 선전한 반면, 1981년 4~5월 대통령 선거에서 마르셰는 15.3퍼센트밖에 얻지 못했다. 뒤이은 총선(1981년 6월)에서 공산당이 16.1퍼센트를 얻는 동안, 사회당 득표율은 37.8퍼센트까지 급등했다. 공산당은 종전 이후 처음 파리의 핵심 지역에서 노동계급의 지지율 급감을 경험했다.39 1984년에 공산당은 난관에 빠진 사회당의 상황을 유리하게 이용하지 못했다. 1984년 유럽 선거에서 11.2퍼센트, 1986년 총선에서 9.8퍼센트를 얻었을 뿐이다. 1988년에는 공산당의 득표율이 6.7퍼센트까지 곤두박질쳤다. 대통령 선거에 앙드레 라죠니André Lajoinie를 후보로 내세웠다가 형편없는 득표율을 기록한 것이다. 같은 해 총선(사회당이 다시 정권을 잡은 시점)에서는 11.3퍼센트로 그나마 약간 만회하는가 싶었으나, 1993년에는 9.2퍼센트밖에 얻지 못했다. 사회당이 완패한 이때 공산주의자 측에서는 고작 의원 23명이 선출되었다. 1973~1993년 공산당 당원 수는 반 토막이 나서 약 30만 명으로 줄었다. 공산주의가 전 세계적으로 영향력을 잃어가는 동안 이름도 바꾸지 않던 프랑스 공산당은 미래가 없는 급진적인 노동계급의 정치를 대변하는 자리를 고수하는 데 만족하는 듯했다. 1981년 프랑스 좌파의 대승 이후 여러 가지 뜻밖의 결과가 나타났다. 그중 하나는 2차 세계대전 말미에 서유럽에서 가장 강력한 공산주의 정당이던 세력이 몇 년 만에 전국 유권자를 반수 이상 잃었고, 이념적 영향력의 최후를 목도했다는 것이다.[40]

프랑스 공산당은 1978년에 사회당과 결별한 뒤에도 프랑스 선거 제도의 속박에서 벗어날 수 없었다. 그들은 2차 투표에서 사회당 후보자들을 지지할 수밖에 없었다. 미테랑은 이 점을 누구보다 잘 알았다. 자신의 정당에서 많은 이들이 조언했지만, 그에 굴하지 않고 공산당이 지지할 수밖에 없는 강령을 채택하도록 힘썼다. 이를테면 최저임금 2400프랑을 1978년 선거운동의 기본 사항으로 삼았다.[41] 1981년 대통령 선거 2차 투표에서 마르셰는 지지자들에게 미테랑을 뽑으라고 당부해야 했다.

미테랑은 1981년에 사회당 대통령 후보가 되려는 로카르의 시도를 교묘하게 이용했다. 통합사회당의 '혁명적인' 지도자였다가 온건파 사회민주주의와 대중의 연인이 된 로카르가 이전에 몰레와 데페르가 장악한 반공산주의 좌파, 즉 결코 승리를 거둔 적 없는 반공 좌파의 영역을 차지하게 했다. 공산당 역시 사회주의연구조사교육센터처럼 선택의 여지가 없었다. 공산당은 로카르에 반대해서 미테랑과 「공동 강령」을 지지해야 했다. 믿을 만한 전략을 빼앗긴 공산당은 통제 불가능한 정치 그물에 걸려 옴짝달싹 못했다.

공산당의 표는 사회당이 승리를 거두는 데 중요한 요소였다. 그러나 사회당이 과반 의석을 차지한 뒤, 의회에서 공산당의 지지가 필요 없었다. 앞을 내다볼 줄 아는 미테랑은 1981년 정부에서 임명 가능한 44개 장관직 중 교통부, 행정부, 보건부, 훈련부를 공산당에게 양보했다. 이것은 역사적 관점에서 공산당에게 결코 초라한 성과가 아니었다. 1974~1975년 반파시스트 혁명의 격통 속에 있던 포르투갈과 정치적 주변국 핀란드, 아이슬란드를 제외하고 냉전이 시작된 후 서유럽에서 처음으로 공산당이 장관직을 차지한 순간이었다. 이는 공산당이 정권에 참여한 세 번째 만에 얻은 결과였다. 공산당이 정권에 처음으로 참여한 때는 1936~1938년 인민전선 기간이었고, 두 번째는 지지율이 높았던 1944~1947년이었다. 그러나 세 번째인 1981년의 지지율은 1936년 수준으로 떨어졌다.[42]

공산당 출신 장관 네 명은 사회주의 세력에 밀려 주변부로 물러나 있었지만, 특히 처음 2년간 열과 성을 다해 정부 당국의 임무에 동참했다. 네 장관은 자기 정당인 공산당에서 명목상의 지지만 얻었고, 공산당은 정부를 위한 전략 개발에 힘쓰길 거부했다. 정부를 전혀 신임하지 않는 정당의 눈과 귀 역할을 한 그들은 사회당이 관대하게 받아들여준 제3자의 입장으로 내각에 있었을 뿐이다.

공산당은 정부와 거리를 유지했고, 대중을 동원해 거리나 공장 등 외부에서 활동을 주도하길 희망했다. 하지만 대중은 공산당의 활동에 동조하지 않았다. 이탈리아 공산당처럼 투쟁하는 정당이자 정부의 정당이라는 점에 자부심을 가진 공산당은 사실 투쟁하는 정당도, 정부의 정당도 아니었다. 결국 1984년 유럽 선거에서 상당한 지지율을 잃은 공산당은 로랑 파비우스Laurent Fabius가 총리에 오른 정부를 지지하지 않았고, 마지못해 자리를 지키던 장관들에게 정부를 떠나라고 지시했다. 이는 점점 쓸모없어지고 성가신 동맹이라는 고리에서 사회당을 해방하는 것이었다.

  공산당은 딱히 싫은 기색도 없이 예전 모습으로 돌아가 관망하는 태도를 취했다. 이는 제2인터내셔널 시대에 고전적 사회민주주의가 처한 입장이다. 이런 태도의 밑바탕에는 이를 설명해주는 일종의 계획, 즉 믿음이 있었다. 말하자면 프랑스와 유럽을 덮친 경제위기가 사회주의 사상을 다시금 각성시키는 환경을 조성하리라는 확신이 있었다. 정치 세력이 주변에 무슨 일이 벌어지든 말든 눈 감고 귀 막고 지내는 경우는 거의 없다. 생각을 하지 않겠다고 거부하는 태도가 정당의 특징이 되는 경우도 거의 없다. 공산당에게도 나름의 복안이 있던 셈이다.

  정당 내 많은 이들은 프랑스에서 좌파가 세를 확장하는 데 공산당이 기여할 수 있기를 바랐다. 그런 이들 눈에 자기네 정당(공산당)이 물러나 있는 모습은 패배로 보였을 뿐이다. 이 점이 결정타였다. 그들은 점점 인기 없는 정당이 된 공산당을 떠나기로 결심했다.[43] 폴란드의 군부 장악을 지지한 공산당에서 소외된 정치 활동가들과 여러 지식인들이 대거 탈퇴하면서 마르셰와 그의 근위대만 남았다. 이들은 공산당에게 갈채를 보내던 지식층 지지자들 없이 좌초되는 배의 키를 잡고 꿋꿋하게 남아 있었다.[44] 공산주의 개혁자들은 비참한 실패를 경험했다. 그들은 공산당에 있을 때 당에 영향력을 행사하지 못했고, 활동가들과 지식층이 떠난 뒤에 당을 대체하지도 못했다. 점점 위축되는 자신의 정당을 굳건히 건사하던 마르셰는 선거에서 살아남는 것을 우선순위로 삼았다. 이는 쉽지 않은 임무였다. 정권 참여가 표 유출을 막는 데 아무 역할도 하지 못했기 때문이다.45 공산당은 혁명적인 언어를 사용했지만, 가장 '개혁주의적인' 정당만큼이나 선거상의 입지에 집착했다.

1981년 선거가 다가오자 좌파는 희한한 구경거리를 선사했다. 공산당과 사회당은 이제 협력 관계가 아닌데도 둘 다 「공동 강령」이라는 기반 위에 굳건히 서 있다고 주장했고, 상대방이 「공동 강령」을 저버렸다며 서로 비난했다. 「공동 강령」을 포기하길 바란 미셸 로카르 같은 사회주의자들은 일찍이 주류에서 밀려났다. 많은 이들 눈에 미래의 좌파 정부로 입성하는 전제 조건처럼 보이던 프랑스 공산당의 '이탈리아화'는 중단된 상태였다. 공산당 서기장 마르셰는 이탈리아 공산당 서기장 엔리코 베를링구에르Enrico Berlinguer와 달리 친소련 포르투갈 공산당을 지지했고, 소련의 아프가니스탄 침공을 인정했으며, 폴란드의 보이체흐 야루젤스키Wojciech Jaruzelski 장군이 벌인 쿠데타를 비난하지 않았다. 하지만 미테랑은 사회당이 공산당과 갈라섰다고 해서 우파 쪽으로 이동하려고 하지 않았다. 사회주의연구조사교육센터가 초안을 작성한 「사회주의 프로젝트 80Projet Socialiste pour la France des années 80」은 진보적인 마르크스주의 문건이었다. 이는 서유럽 대다수 좌파가 오랫동안 비워둔 영역에도 공산주의자들과 공공연히 경쟁하는 내용을 다뤘다.46

「사회주의 프로젝트 80」은 당시 정당이 내놓은 문서 중에서 가장 긴 문건이었을 것이다. 사회당이 직면한 상황을 총 371페이지에 걸쳐 기술했는데, 가치의 위기와 자본주의의 위기, 관료 사회의 위기, 지스카르 데스탱의 프랑스가 처한 위기 등 동시대 사회가 겪는 대위기 상황을 그려냈다. 이 문건은 1968년 5월의 분위기를 흡수하며 당시 유행한 좌파 지식인들의 분석을 대폭 융합하고자 했다.[47] 자본주의의 권위뿐만 아니라 모든 권위가 도전받고 있었다.[48] 공산주의와 자본주의 사이에서 등거리에 있던 구 인터내셔널 프랑스지부 '제3세력'의 기조는 공공연히 비난받기는 했지만, 모든 관료 사회에 저항하는 투쟁으로 가장하여 뒷문을 통해 다시 진입했다.[49] 하지만 실질적인 측면에서 주적은 소련이 아니라 미국의 자본주의였다. 「사회주의 프로젝트 80」에서 지적했듯 소련의 탱크는 프라하 Praha로 밀고 들어간 것처럼 파리로 진군할 것 같지 않았다.[50] 문건에서 가장 놀랄 만한 요소는 전반적인 낙관주의의 기운일 것이다. 「사회주의 프로젝트 80」은 마침내 자기 시간이 되었음을 확신하는 사람처럼 당당한 태도로 급진주의를 드러냈다. 동시대 세계의 모든 문제와 쟁점이 그 안에 열거되었다. 반드시 해결될 수 있다는 확신이 담긴 내용이었다. 불평등, 노동조건, 여성해방, 제3세계가 처한 곤경, 과학기술의 진보, 소외, 관료제, 프랑스의 과도한 중앙집권화 등이 목록에 포함되었다. 강조된 세 부분, '이해하라 comprendre - 바라라 vouloir - 행동하라 agir'는 합리주의적 개요를 잘 보여준다. 이런 믿음(상황을 바꾸는 능력에 대한 신뢰 혹은 낙관주의)이야말로 좌파의 모든 분파를 하나로 통합한 동력이며, 1981년 이전과 그 기간의 선거운동 당시 사회주의 세력의 기치와 차별점을 보인 부분이었다. 이로 인해 1981년 5월 거리에 춤이 넘쳐났다. 미테랑이 엘리제Elysée 궁전에 입성했을 때 그의 세련된 웅변술이 분위기를 사로잡았다.

위대한 계획을 세우는 것은 곧 위대한 국가가 누리는 특권이다. 오늘날 세계에서 사회주의와 자유의 새로운 동맹을 구축하는 것이 우리 국가를 위해 가장 중대한 급선무다. 그리고 내일의 세계를 위해 그런 동맹을 제안할 수 있다는 가능성이야말로 가장 원대한 야망일 것이다. 1981년 5월 10일은 단 하나의 승자를 보았다. 바로 '희망'이다.[51]

정당 강령인 「사회주의 프로젝트 80」은 그 길이와 복잡성 때문에 실패로 돌아갔다. 충성스러운 사회주의자들이 사되, 읽지 않을 문건이라 할 만했다. 「사회주의 프로젝트 80」의 주요 기능은 내적인 데 있었다. 말하자면 이것은 명확한 좌파 입장을 유지하고, 로카르와 그 추종자들을 고립시키기 위한 사회당의 결단을 상징했다. 이 문건은 사회당의 목적이 '남성과 여성의 해방'을 위한 사회구조의 변혁이라고 소리 높여 공표했다.[52] 「사회주의 프로젝트 80」의 임무는 자본주의 체제를 개선하는 것이 아니라 새로운 체제를 만들어내는 것이었다.[53] 사회당은 내놓고 감정에 호소했다.

> 부당함에 대한 저항, 인간의 존엄성, 인류의 연대, 진리를 사랑하는 마음, 인간성과 잠재력에 대한 믿음, 진취적 기상을 좋아하는 마음, 특히 최대치의 진취성을 바라는 마음 등은 단순하지만 강렬한 감정이다. 아주 오래된 압박에서 노동자들을 해방하고, 착취당하는 모든 이들에게 자아 해방의 길을 열어주는 것이다.[54]

그것은 마치 타오르는 횃불이 있으나, 정작 비춰야 할 길이 존재하지 않는 형국이었다. 「사회주의 프로젝트 80」은 승인되자마자 사람들의 기억에서 사라졌다. 미테랑은 1981년 대통령 선거운동에서 「사회주의 프로젝트 80」을 써먹지 않았다. 그보다 한층 온건하고 길이도 짧은 「110 제안서110 Propositions」를 선호했다.⁵⁵

이와 같이 프랑스 사회주의는 「공동 강령」 「자주관리에 관한 15가지 견해」 「사회주의 프로젝트 80」, 미테랑의 「110 제안서」 등 대규모 정당 문서를 들고 선거전에 돌입했다. '더 나은 삶을 영위하자Vivre mieux' '삶을 변화시키자changer la vie'와 같이 사람들의 마음을 끄는 슬로건도 보태졌다. 이렇게 온갖 약속과 분석을 쏟아내며 사회당의 이미지는 극심한 경제 상황을 충분히 이해하고comprendre 적극적인 태도로 적절히 행동할vouloir, agir 준비가 된 현대화 세력으로 굳어졌다. 사회당의 최대 우방은 1981년에 프랑스를 비롯한 유럽 전역이 맞닥뜨린 불경기였다. 1980년 독일 사회민주당과 1979년 영국 노동당이 승리할 수 있는 기회에 불리하게 작용한 경기 불황이 이번에는 좌파에 유리하게 작용했다. 덤으로 우파 내에서 분열이 일어났다. 당시 많은 이들이 실패했듯 물가 상승률을 낮추지 못하고 실업률도 억제하지 못한 탓에 평판이 엉망이던 지스카르 데스탱 대통령, 자크 시라크Jacques Chirac가 이끈 드골파 양측이 서로 등을 돌렸다. 지스카르 데스탱의 오만함에는 정당한 이유가 없었다. (이전에 슈미트는 주목할 만한 개인적 성과가 있었으니 일면 거만해질 수도 있었다.) 참여와 현대화에 힘을 싣겠다는 데스탱의 약속은 너울대는 정치적 요설 속에 부유했을 뿐이다.

미테랑은 선거운동을 하면서 좌파의 요구 중 가장 대중적인 부분에 무게를 두었다. 휴가를 늘리고, 퇴직을 앞당기고, 주 노동 일수를 줄이고, 최저임금을 높이는 내용을 강조하는 식이다.⁵⁶ 하지만 이런 공약보다 중요한 사실은 프랑스 유권자들이 사회당 대통령이 당선된다고 해서 국가가 불안정해지지는 않을 것이라고 믿었다는 점이다. 새로운 정부는 신뢰도와 가능성 측면에서 유권자들의 믿음을 얻었다. 1차 투표에서 지스카르는 28.3퍼센트, 미테랑은 25.8퍼센트, 시라크는 18퍼센트, 마르셰는 15.3퍼센트를 얻었다. 2차 투표에서 미테랑은 마르셰의 표 대부분과 드골파의 표 상당 부분을 물려받아 지스카르한테 승리를 거두었다. 미테랑 51.75퍼센트, 지스카르 48.24퍼센트였다. 미테랑은 이 승리를 기회로 삼았다. 그는 신속하게 새로운 정부를 지정하고 의회를 해산하고 새로운 선거를 요구했다.

사회당의 압도적 승리(공산당 44석, 우파 144석에 맞서 사회당은 269석) 덕분에 프랑스 사회주의 세력은 1945년 이래 유럽 어느 나라 좌파 정당도 얻지 못한 의석을 확보했다. 그야말로 난공불락의 원내 다수당이 되었다. 사회주의자들이 이런 성과를 거둔 것은 프랑스 선거제도 2차 투표에 비례의 원칙이 없었기 때문이다. 유권자들은 2차 투표에서 가장 반감이 적은 후보자를 고르기 전에 일단 1차 투표에서 가장 지지하는 정당에 표를 던졌다. 사회당은 1차 투표에서 37.5퍼센트를 얻었다. 이는 서유럽 사회주의 정당들이 기록한 득표율 가운데 최저 수치에 들 만한 결과였다. 1981~1984년 총리를 지낸 피에르 모루아는 사회당이 승리를 거두긴 했지만, 좌파의 승리라기보다 우파의 패배였다고 뒤늦게 인정했다.[57]

프랑스는 또다시 주요 정치 실험의 시험대가 되었다. 이는 프랑스 역사상 자주 있는 일이었다. 그중 위태로웠던 부분은 훨씬 좋지 않은 경제·정치적 상황에서 영국 노동당 출신 수상 애틀리의 경험을 답습하려는 시도였다. 2차 세계대전이 끝나고 유럽 전역의 수많은 사회주의자들이 신봉하던 독트린과 국권이 시험대에 올랐다. 국가권력과 향후 통치권까지 손에 넣은 이들은 국가의 근본적 개혁을 위해 모든 기구를 마음대로 이용했다. 프랑스 사회당은 유럽에서 힘 있고 부유한 편에 속하는 한 나라를 관리하는 정당이었다. 압도적인 원내 다수당이었으며, 공산주의자 44명에게 부분적인 지지를 받아 힘을 더욱 키울 수 있었다. 좌파적인 성격을 띤 조치에 반대표를 던질 수 없는 공산주의자들이 그 지지 세력이었다. 사회당은 이만큼도 부족하다는 듯 대통령의 이름을 빌려 미국 외 모든 민주주의 국가 가운데 가장 강력한 독자 집권 기구들을 없애버렸다. 국민이 뽑은 프랑스 대통령은 7년간 축출당할 수 없었다. 드골이 만든 헌법은 미국처럼 대통령의 권한을 제한하기 위해서가 아니라 권력을 대통령에 집중하기 위해 고안되었다. 프랑스는 독일연방공화국이나 미국과 달리 중앙집권주의 국가였다. 중앙에 임명된 장관들이 이런 프랑스 정치의 결단을 전달하고, 이를 전 부서에서 시행했을 것이다.

사회당은 강력한 국가기구도 물려받았다. 콜베르Jean Baptiste Colbert의 국가 간섭주의 전통을 이어가고 싶어 하는 우수한 공무원들 덕에 능률적인 조직, 영국에 널리 퍼진 '자유방임주의' 강박보다 사회주의 사상에 유리한 계획 이념을 계승했다. 이전 정부에서는 대다수 공무원이 정부의 임명을 받았지만, 프랑스에는 미국과 마찬가지로 정치 지도자들이 신뢰할 수 없는 인물을 친구나 동지들로 대체하는 다양한 기구를 갖춘 엽관제도(정권을 잡은 정당이 정실로 관직의 임면을 결정하는 관행—옮긴이)가 있다. 물론 어느 정도 바람직한 기능도 있지만 한계는 있었다. 선도적 역할을 하는 수많은 사회주의 지지자들과 일부 공산주의 지지자들이 인문학과 사회과학 분야에서 명망 있는 위치에 있고 다른 많은 이들이 교사나 행정 장관인 반면, 좌파 장군들과 기업인들은 비교적 드물기 때문에 국방부에는 사실상 변화가 없었지만 사법부와 교육부, 문화부는 뚜렷하게 좌파의 기운을 띠었다.[58]

유럽에서 노동조합화 정도가 낮은 축에 속한 프랑스는 노동조합의 힘이 약하다는 점이 좌파에게 그리 불리한 조건이 아니었다. 조직적으로 움직이는 통제 불능의 강력한 노동운동이야말로 사회주의 정부 입장에서 불필요한 것이었다. 물론 노조가 1936년과 1945년에 보여준 모습처럼 정부를 강력히 지지할 수 있다는 주장도 나올 만했다. 그러나 최대 노조인 프랑스 노동총동맹CGT은 공산주의의 통제를 받았기 때문에 무비판적으로 사회주의 정부의 지지 세력이 될 가능성은 없었다.

여러 매체 역시 사회당에게 유리하게 작용했다. 사회주의 세력이 전임자들에게 물려받은 라디오와 TV는 영국의 매체가 누린 정치적 독립성이라곤 찾아볼 수 없이 고분고분한 매체였다. 출판·신문계의 자유를 억압할 수 없던 드골은 기꺼이 규칙에 따를 수 있는 이들만 방송을 책임지게 했다. 그의 후계자들 모두 이런 관례를 열심히 따랐다. 사회주의 세력은 이전 정부와 긴밀한 관계였던 기자, 프로듀서, 공무원들에게 연금을 후하게 주는 대신 명예퇴직 처리하고, 새로운 주인에게 충성을 다할 것으로 기대되는 언론인을 임명했다.[59] 이와 같이 사회주의 세력은 상업계가 규제 철폐 정책의 도움으로 독자적인 라디오와 TV 네트워크를 확보할 때까지 사회주의 정부에 우호적인 방송 시스템의 이점을 마음껏 누렸다.

프랑스 사회주의 세력이 득의양양할 수 있던 마지막 이유는 다음과 같다. 새로운 사회당 정부는 (영국과 달리) 미국과 특별한 관계로 묶이지 않았다. 이탈리아처럼 국제 문제에서 비굴한 역할을 담당하며 불리한 입장에 처하지 않았고, 독일처럼 신뢰성을 증명해야 하는 역사적 필연성으로 전전긍긍하지도 않았다. 드골파는 프랑스의 대외 정책이 국익에 좌우되는 상황을 만들었다. 미국은 공산주의자 장관이 네 명이라는 데 우려를 나타냈지만, 미국인들이 할 수 있는 일은 거의 없었다.[60] 미국은 양극단 국제 외교라는 제로섬 게임의 측면에서 자기들이 별로 잃을 게 없다는 사실을 깨달았다. 프랑스는 NATO의 군대 조직에도 들어가지 않은 상태였다. 드골과 그의 후계자들은 미국인의 절친한 친구인 적이 없었다. 미테랑이라고 해서 프랑스 외무부가 수년간 취한 태도보다 특별히 반미주의적인 입장을 보이지는 않았을 것이다. 미국 측은 미테랑이 공산주의자들과 거리를 두기 위해 미국과 친교 관계 확립을 감안해주길 기대했다. 이런 기대가 헛된 희망은 아니었다. 미테랑 대통령은 전임자들에 비해 반소련, 친미국 성향이 강한 것으로 드러났다. 그는 유럽 내 레이건의 외교정책을 지지했고, 크루즈미사일 설치를 수락하도록 독일 정부에 압력을 가했다. 그러나 한때 야당이던 독일 사회민주당은 이 안보 정책에 등을 돌린 상태였다.[61] 미테랑은 1936년 레옹 블룸Léon Blum이나 1945~1947년 기 몰레와 달리 반소련 입장을 취할 때 어느 단계에서도 프랑스 공산당의 제약을 받지 않았다.[62] 1930년대 이후 프랑스 최초의 정통 사회주의 정부는 이처럼 전권을 가진 듯 보였다. 그야말로 모든 국가기관을 장악했을 뿐만 아니라 외부의 적도 없었고, 어마어마한 대중적 지지를 받았다. 이 시기에 사회주의 정부는 과연 무엇을 했을까?

사회당 장관들은 끊임없이 이런 질문을 받았고, 상대적 빈곤층의 구매력 증대와 퇴직 연령 단축, 노동시간 축소, 노동자 권리 신장, 지방분권화, 사형제 폐지 같은 답을 내놓았다. 하지만 모름지기 현대의 정부는 경제적 성과로 평가받게 마련이고, 그렇게 평가받기 바란다. 프랑스의 사회주의 세력은 2차 석유파동의 여파로 권력을 얻었다. 그들은 프랑스의 경제적 현대화라는 장기적 문제와 1970년대 위기 이후 생산 개편이라는 단기적 문제에 직면했다.

두 가지 난제는 한 가지 질문으로 다시 정의돼 서유럽 어디에나 적용될 수 있었다. 완전고용과 성장, 낮은 물가 상승률을 회복하기 위해 어떤 정책이 필요했나?

모순점이 분명히 나타난다. 인민전선 이후 최초의 좌파 정부에게 기대한 부분은 자본주의의 황금기가 준 혜택을 되찾는 것이었다. 생각할 수 있는 범위는 과거의 회복에 국한되었다. 1981년 6월, 과열된 시기에 사회주의 대통령을 에워싼 이들은 번영기로 돌아가려면 경제 운영 제도를 바꿔야 한다는 당위성을 보여주기로 결심했다. 자본주의적 의사 결정의 분권화된 속성은 정치 개입이라는 한층 공개적인 방법으로 대체되어야 했다. 그것은 사회주의자들이 제시한 특징적인 대안이었다.

좌파가 경제 회복을 위해 참신한 전략을 마련하지 않았다는 점이 문제였다. 좌파는 케인스주의라는 실질적인 경제 원리 한 가지와 국가라는 실질적 기구 하나만 취했다. 결과적으로 새 정부가 처음 취한 조치는 임금과 연금, 기타 가계소득 인상을 통해 수요를 대대적으로 늘리는 정책이었다. 지속적인 투자 붐을 형성하기 위해 '전망 좋은 고지'(은행과 대기업)를 선점해 국유화하면서 수요 주도적 호황 창출을 목표로 한 조치였다. 케인스식 통화 재팽창(리플레이션)과 국유화가 미테랑이 선택한 전략이었다.

이런 조치가 오로지 경제적 필요성의 영향을 받은 결과는 아니었다. 좌파가 서명한 각종 선언문과 「공동 강령」에 포함된 공약에서 비롯된 정치적 기대에 부응한 것이었다. 사회당 장관들 중에는 자본주의와 결별하고 싶어 하는 이들이 많았다. 지체 없이 일을 진행하고 임기를 시작한 초반 100일 내에, 아니면 최대 6개월 이내에 많은 성과를 올릴 필요가 있다고 느꼈을 것이다.[63] 미테랑이 모호한 경제정책만 취했다는 사실은 정설이나 다름없었다. 미테랑 자신도 그 점을 굳이 부인하지 않았다. 하지만 그는 급진적인 변화를 발판 삼아 자신이 당선되었으며, 유권자에게 확실한 계획을 제시해야 한다는 것을 잘 알았다. 적어도 처음에는 선거공약이 강한 압박감을 준다. 새로 뽑힌 정부는 공약을 실행하면서 기세를 몰아가야 한다고 느끼게 마련이다. 냉소적으로 말해서 보다 신중하게 접근한다면 그것과 정반대로 말할 수도 있다. 공약 실행을 가능케 할 경제적 틀을 구축하기 위해 처음에는 모든 공약을 무시해야 한다는 주장이다. 다시 말해 가장 하기 힘든 일, 궂은일은 가급적 빨리 해치우라는 뜻이다. "해치울 때 정녕 그 일이 끝나기만 한다면 차라리 서둘러 해치우는 편이 좋지."(셰익스피어William Shakespeare의 『맥베스Macbeth』에 나오는 던컨 왕의 대사—옮긴이) 그러므로 프랑화의 대대적인 평가절하와 더불어 사회주의 임기를 시작하는 편이 나았을 것이다(1981년 말부터 1983년 1/4분기까지 세 차례에 걸쳐 괴롭게 일을 치르는 것보다 낫다—아래 참조). 특히 피에르 모루아가 총리 관저에 들어가기도 전에 프랑화에 불리한 국제적 투기가 시작되었기 때문이다.[64] 하지만 이른 프랑화 평가절하는 선거운동 당시 약속한 수요주도적 성장, 즉 대통령직을 두고 입후보한 모든 후보자들이 내건 공약과 양립할 수 없어 보였다.[65] 프랑스 사회주의자들은 1960년대 영국의 해럴드 윌슨과 마찬가지로 재정적 청렴함을 분명히 보여주는 상징과도 같은 통화 '강세' 유지의 필요성에 매달려 정신을 못 차릴 지경이었다. 게다가 유럽통화제도EMS에 속한 프랑스의 회원 지위 때문에 그들 스스로 제약을 받는다고 생각했다. 프랑스의 외교정책인 파리-본 연합의 중대한 측면이 보호받아야 했다. 그 결과 독일을 유럽통화제도의 단독 지지자로 놔두지 않는 것 또한 중요했다. 아탈리Jacques Attali의 일지에 보면, 지스카르가 이기는 쪽을 선호했을 헬무트 슈미트가 1981년 5월 24일에 어떤 목적으로 미테랑을 만났는지 나와 있다. 독일에 퍼싱 미사일을 설치하는 문제에 프랑스가 지지하고, 재정적 연대임을 설득하기 위해서였다. 프랑스의 환율 정책은 항상 독일과 긴밀한 조정·협의 관계를 맺고 있었다.[66] 모루아는 프랑스인 특유의 허세를 부리며 다음과 같이 기록했다. "사람들은 통화 평가절하와 함께한 좌파의 승리를 환영하지 않는다." 프랑스가 좌파의 국제적 헌신도를 존중해야 한다고 덧붙이면서 "선임자들과 달리 나는 프랑화를 보호할 것이다"라고 밝혔다.[67] 통화 강세를 경제 호황과 동일시하는 고루한 관념이 특히 프랑스 지방의 프티부르주아 사이에 뚜렷이 나타나 중산층까지 오염시켰다. 사회주의자들이 저지른 가장 큰 과오는 이 같은 재정적 부조리 상황에 스스로 억눌려 있었다는 점이다. 그 부조리 현상의 기원을 거슬러 올라가면 침대 속에 금화를 채우던 프랑스 농부들의 반자본주의적 행태에 이른다. 이런 경우를 보면 마르크스가 '시골 생활의 어리석음'을 맹렬히 비난한 것이 전적으로 틀리진 않았다고 할 수 있다.

프랑스 사회주의자들의 실수를 반면교사로 삼는 이들도 있었다. 앞서 살펴봤듯이 스웨덴의 사회민주주의자들은 올로프 팔메가 주도해 1982년 다시 정권을 잡자마자 크로나화의 경쟁적 평가절하를 시작했다. 스페인의 펠리페 곤잘레스가 이끄는 사회당은 가장 먼저 페세타화를 8퍼센트 평가절하 했다. 두 나라 모두 이 조치와 함께 내핍 계획을 시행했다.

프랑스에서는 아무도 이런 조치를 취해야 한다고 생각하지 못했다. 사회주의자들과 공산주의자들을 하나로 묶어준 힘은 실업이라는 가장 큰 공공의 적과 싸우겠다는 공통된 바람이었다. 따라서 프랑스 정부는 영국이나 벨기에, 이탈리아, 네덜란드에 비해 프랑스의 실업률이 심각한 수준이 아니었는데도 서유럽에서 가장 강력한 실업 방지 종합 계획으로 꼽힐 만한 정책을 시작했다. 이전 정부가 시작한 훈련 제도, 조기 퇴직 계획, 청년층과 여성 고용 장려 등이 모루아 행정부에서 확대·강화되었다.[68] 공공 부문 고용이 확대되고, 실업률을 낮추는 효과적 방편이 된다는 가정 아래 1일 노동시간이 단축되었다. 사실상 실업률에 미치는 영향은 미미한 수준이었다. 생산력이 증대되고 생산 손실이 없다는 정도였다.[69] 새 정부가 공약에 따라 세워둔 당초 목표는 1985년까지 노동시간을 주당 35시간으로 단축하는 것이었다. 모루아는 집권하고 몇 주 뒤 이 부분을 생산성 증가와 연결했다. 모루아는 노동시간 단축이 새로운 일자리를 창출하는 최선의 방법이라고 주장하면서 1981년 9월에 '소득 공유'에 대한 설명을 내놓았다. 노동시간 단축에는 소득 공유가 수반되어야 하며, 그에 따른 임금 삭감도 기대한다는 의미였다. 이에 대해 공산주의자들이 반대했으므로 정부는 법령 절차를 이용해 의회의 논쟁을 회피했다. 1982년 1월 16일 법적인 주당 노동시간이 39시간으로 축소되었다. 그러자 고용주들은 임금 2.5퍼센트 삭감으로 응수했다.[70] 고용 분할이 성공하려면 노동시간 단축은 탄력적인 주 노동 일수(주당 노동시간), 분명한 성장 중심 정책을 수반해야 한다. 단순히 노동시간을 줄이고 나머지는 시장에 맡기는 대처법은 실업률 해결에 아무 효력을 발휘하지 못할 것이다.[71]

이 모든 조치 덕분에 프랑스의 실업률은 독일이나 영국 같은 여타 서유럽 국가들에 비해 확실히 낮은 수준으로 증가했다. 하지만 사회주의자들이 원하고 대중이 기대한 실직자 대폭 감소라는 목표를 달성하지는 못했다. 1981년 5월 프랑스의 실직자 수는 179만 4000명이었고, 그해 10월에는 181만 8000명이었다. 1982년 5월에는 그 수가 200만 5000명으로 늘었다.[72]

1981~1982년에 사회당이 주도한 통화 재팽창 정책은 다음과 같은 형태를 취했다. 최저임금은 10.6퍼센트 인상되었는데, 1981년 6월부터 1983년 3월까지(긴축재정 시작 시점) 다른 모든 임금에 얼마간 파급효과를 끼치면서 실질적으로 38퍼센트 인상되었다. 기본 주택 보조금과 가족수당은 약 50퍼센트, 최저 노령연금은 실질적으로 40퍼센트 인상되었다.[73] 유급휴가는 4주에서 5주로 늘었고, 퇴직연령은 1983년 4월부터 60세로 낮춰졌으며, 조기 퇴직 계획이 도입되었다.[74]

프랑스의 사회보장 연금은 직접세와 간접세가 아니라 고용주와 고용인이 낸 특별징수로 자금을 제공받았다. 정부는 GNP의 4.5퍼센트에 해당하는 이 특별 예산을 늘리기 위해 대기업이 납부하는 특별징수 비율을 더 인상했다.[75] 이 조치는 고용과 투자에 명백한 위협이 되었으므로, 정부는 공공 부문 고용을 증대한 스웨덴과 오스트리아의 모델을 따랐다. 새 정부는 집권 초 18개월 만에 공공 부문 일자리 10만 5000~11만 개를 마련했다.[76] 신자유주의자들이 질색하는 이런 방식을 통한 고용 창출은 실업과 맞서 싸우는 데 비용이 가장 적게 드는 확실한 방법이다. 계산상으로 보면 이 비용은 예산 확대를 통한 민간 부문 일자리 창출보다 네 배 정도 낮은 수치다.[77]

1982년 2월에 정부는 39개 은행, 2개 금융회사, 5개 대기업(공학, 약학, 유리, 컴퓨터, 화학)을 국영화했다. 이것은 공산주의자들과 전통 사회주의자들이 여러 차례 되풀이해서 내놓은 공약이자, 오랜 기간 붙들어온 신념이었다. 첫 번째 조치인 종합 정책에 이 부분이 포함될 수밖에 없었다. 이는 정부의 좌파적인 공약을 상징했으며, 사회주의연구조사교육센터 분파든 프랑스 공산당이든 좌파가 계속 충성하게 하는 힘으로 작용했다. 미테랑은 개인적으로 국영화에 무관심했지만, 국영화 제안에서 손을 떼거나 제안 자체를 무효화하려고 한 자크 들로르(Jacques Delors, 당시 재무부 장관), 미셸 로카르, 클로드 셰송Claude Cheysson 같은 이들과 맞서 싸웠다. 미테랑으로선 별 도리가 없었을 것이다. 그는 「공동 강령」과 사회당 연합의 보증인이었다. 일관성 있는 경제 전략보다 정치적 요구 때문에 공공 부문 확대가 결정되었다는 점을 의심하는 사람은 아무도 없었다. 금융 부문 국영화는 보다 합리적인 신용 제도를 위한 기틀을 마련했을지도 모른다. 이것은 사회주의자들의 주요 목적이었다.[78] 그러나 새로 국영화된 39개 은행은 시종일관 민영 은행처럼 처신하던 종전의 국영 은행 부문(전체의 60퍼센트에 해당)에 합병되고 말았다. 이렇게 확장된 공공 부문에는 새로운 규제 방식이 적용되지 않았다.[79] 국가는 상당한 비용을 지출했지만, 새로운 기구로 무엇을 해야 할지 모르는 것 같았다. 공공 부문 확대는 금융 부문 전반을 손에 넣으려는 좌파의 바람을 충족해주었을 뿐이다. 그렇지만 기회주의적인 정치가 국영화 이면의 유일한 자극원은 아니었다. 애초에 국영화가 '자본주의와 결별'을 목적으로 계획되긴 했으나, 피에르 모루아는 다른 우선순위를 강조했다. 즉 산업 성장에 더 큰 자극 부여, 절실히 필요한 경제 개편 달성, 일자리 창출, 투자 촉진, 경제민주주의로 발전 등을 힘주어 말했다. 공공 부문 확대 이면에 건전한 경제적 동기가 얼마간 있었음은 분명하다. 롱풀랑(화학/제약), 페시네-유진-쿨망(Péchiney-Ugine-Kuhlman : 화학, 제약, 동/알루미늄) 같은 기업에는 자사 구조조정에 필요한 자본이 없었다. 다른 경우 단일한 소유권은 유효 시장을 보다 합리적으로 분할해주었다(이를테면 상수도 관리 회사 CGE와 전자공학 분야의 톰슨Thomson).[80]

하지만 사회주의식 경제적 민족주의와 국익 역시 중대한 사안이었다. 대기업을 민영으로 남아 있게 하는 것은 해외 자본이 기업을 인수할 가능성을 인정하는 것이다. 이런 일이 발생하지 않게 하는 최선의 방책은 국영화다. 상장 기업이 국가 자산으로 전환되면 외부에서 통제권을 얻지 못한다.[81] 1984년에 로랑 파비우스는 프랑스 대기업을 외자 인수의 위험에서 보호한 상황을 자세히 설명했는데,

이를 국영화의 중요한 성과 중 하나로 꼽았다.[82]

 사회당이 추구한 사회주의 국가 노선은 경제가 국제화의 영역에 들어가지 않게 막아야 한다는 확고한 의식에 기초하고 있었다. 이 점은 다른 지역보다 프랑스에 널리 퍼진 대중의 우려와 정확히 부합하는 내용이었다. 말하자면 세계화의 영향을 받아 프랑스의 문화, 산업, 생활 방식이 점점 다르게 형성될까 봐 우려했다는 뜻이다. 특히 (프랑스인이 앵글로색슨Anglo-Saxon족이라고 표현하길 좋아하는) 미국인의 영향에 따른 변화를 염려하는 면이 컸다. 하지만 다른 유럽 국가들이 프랑스와 비슷한 수준에서 이런 불길한 예감에 시달린 것은 아니었다. 대다수 국가들은 규모 있는 환상을 품기엔 그릇이 작았다. 이탈리아는 정체성 위기라는 대가를 지불해서라도 선진 세계와 닮고 싶어 했다. 말하자면 이탈리아의 열등감은 선진국과 동질성을 기꺼이 받아들이게 만든 기폭제였다. 독일은 하루빨리 과거를 청산해야 했으므로 어떤 종류의 민족주의든, 심지어 문화적인 것도 국제적 사안으로 만들었다. 영국이 국가 차원에서 우려하는 부분은 유럽의 정체성을 부인하는 데 집중되었다. 무례하지만 영어를 사용하는 대서양 저편의 사촌이 주도권을 행사하는 가운데 그 상황을 그럭저럭 견딜 만하다면, 영국 입장에서 국제화는 차라리 바람직한 추세였다. 프랑스만이 고집스럽게 자국의 문화와 국내 산업을 보호했다. 그러나 문화나 산업 모두 점차 국제경쟁력을 잃어갔다. 프랑스의 사회주의는 영국이나 독일과 달리 '국가적' 혁명 전통의 후계자임을 합법적으로 주장할 수 있다.

 프랑스는 경제정책과 문화 정책이 다른 나라에서 상상할 수 없을 정도로 밀접한 관계를 맺고 있었다. 이 점은 최초의 사회주의 정부가 보여준 대단히 고급스러운 문화적 단면을 대변한다. 미테랑도 자신의 지성과 책에 대한 열정을 굳이 숨기지 않았다. 전통적인 요구에 따라 프랑스의 모든 시청에 걸어두기로 한 공식적인 사진을 보면, 책이 빼곡한 벽면을 배경으로 독서하는 미테랑 대통령의 모습이 담겨 있다. 그의 장관들 가운데 반 정도는 책을 집필했고, 장관들은 대부분 전직 교사였다.[83] 미테랑 정부에서 유독 눈에 띄는 사람은 문화부 장관 자크 랑Jack Lang이다. 그는 가장 탁월한 실력자라고도 불릴 만큼 눈부신 경력을 보여주는 존재였다. 문화부는 금세 좌파 지식인들의 안방이 되었다. 그들 중 다수는 1968년 5월 혁명 당시 두드러진 활약을 보여준 이들이거나 볼리비아에서 체 게바라Ché Guevara의 편에 있던 레지 드브레Régis Debray 같은 국제적인 좌파 유명 인사였다.[84] 미테랑의 최측근 고문은 엘리제궁전 복도에 거미줄이나 치고 숨어 있는 '막후 인물'이 아니라 다채로운 이력을 자랑하며 눈에 잘 띄는 자크 아탈리였다. 그는 경제학자 겸 철학자 겸 소설가이자 어떤 이들에게는 멘토요, 또 어떤 이들에게는 협잡꾼처럼 비쳤다. 문화 정책은 영국처럼 단순히 예술 관련 예산을 대폭 낮춘다거나 이탈리아처럼 어떤 의뢰인에게 보조금을 지급할지 결정하는 문제를 취급하는 데 그치지 않고, 국가의 문화를 수호하고 확대하는 사안도 다뤘다. 이런 임무를 민간 부문에 맡겨두면 프랑스가 미국의 속국처럼 변할 수 있다는 우려가 있었다. 대서양 건너편의 표본 국가보다는 멋지고 세련되겠지만, 그래도 종속 관계가 될까 염려했다. 1982년에 문화 예산을 두 배로 늘린 사회주의자들은 퐁피두센터Centre Pompidou를 건립한 전임자들의 위업을 기반으로 문화 정책을 펼쳤다(퐁피두센터는 지명에 따라 보부르Beaubourg

센터라고도 불리며, 세계적으로 유명한 영국의 건축가들이 고안한 건물이다. 이들의 설계도는 영국의 공적 지원이나 왕실의 원조를 거의 받지 않은 결과물이다. 프랑스의 문화적 민족주의가 항상 맹목적 애국주의를 띠는 것은 아니다). 자신의 문화적 권한에 르네상스식 관점을 접목한 미테랑은 오르세미술관Musée d'Orsay을 건립하고, 바스티유Bastille에 새로운 오페라극장을 지었으며, 루브르박물관Musée du Louvre을 확장하면서 그 안뜰에 굉장히 아름다운 유리 피라미드로 장식했다. 그리고 거대한 직사각형 구조물인 라데팡스La Défense 개선문을 만들고, 새로운 국립도서관의 토대를 마련한 다음 '트레 그랑드 비블리오테크La Très Grande Bibliothèque'라고 명명했다. 사회주의자들이 펼친 문화 정책의 문제점은 고급문화에 접근할 수 있는 이들이 누릴 만한 수준 높은 고급문화를 지향하는 '예술 정책' 일변도였다는 데 있다.[85] 사회주의자들이 질 좋은 대중문화를 생산하기 위한 유사 정책 없이 TV 규제를 철폐하는 바람에 주로 미국의 질 낮은 소설, 싸구려 토크쇼, 게임 프로그램 같은 해외 제작품이 대거 수입되고 파리 외곽에 디즈니랜드가 건립되었다(상업적으로 실패한 디즈니랜드는 문화 관련 잡동사니가 전부 돈벌이가 되는 것은 아니라는 생생한 증거다).

하지만 적어도 첫 단계(1981~1982년)에는 주요 은행이나 산업의 국영화와 '국가 문화' 정책 사이에 분리되는 지점이 없었다. 과학기술 관련 기계류에 대한 열의 넘치는 개발 의지와 프랑스의 문화 상품을 수호하는 압력단체의 힘이 공존하는 것과 마찬가지였다. 「공동 강령」과 「사회주의 프로젝트 80」은 국가의 자주성을 지켜야 한다는 강박적인 주장을 펼쳤다. 마치 다국적인 야만인 무리가 호시탐탐 프랑스 산업과 문화의 고유성을 파괴할 태세를 갖추고 둘러싼 가운데 프랑스만 독야청청 고고한 듯 굴었다. 사회당에서 좌편향으로 깊이 들어갈수록 좌파식 민족주의적 사회주의라는 고유 브랜드가 더 많이 눈에 띄었다. 다른 유럽 국가 중 영국의 노동당에서만 이런 특징을 찾을 수 있고, 그 구현 방식은 보다 절제되었다. 이런 경향을 가장 분명하게 표현한 장 피에르 슈벤느망은 1983년에 다음과 같이 일갈했다.

> 나한테 민족주의자라는 꼬리표가 붙을 수도 있지만, 내가 생각하기에 프랑스와 프랑스 국민은 레이건이나 헬무트 콜의 믿기 힘든 선의보다 자국의 힘에 의지해야 한다. 우리는 프랑스인이라는 자부심, 프랑스인다움으로 돌아가야 한다! 국가는 민주주의를 가능하게 하는 유일한 체제다. 프랑스 공화국은 '국가 만세'라는 표어 아래 태동했다. 프랑스 사회주의가 공화국의 전통을 따르지 않으면 멸망하고 말 것이다.[86]

사회주의자들은 국영화를 '국가'정책으로 제시하면서 사회주의자와 공산주의자는 물론 보수주의자들까지 결속하고 싶다는 희망을 품고, 세 진영의 색깔로 경제정책을 아름답게 장식하고자 전력을 다했다. 1981~1982년에 벌인 국영화의 실질적 목적은 사회주의로 이행하기 위한 기틀 마련이 아니라 프랑스 자본주의의 보호와 현대화였다.[87] 이 점이 분명하게 드러났다면 1982년의 국영화 조치는 빈사 상태의 서유럽 사회주의가 벌인 마지막 바보짓으로 기술되는 대신 친자본주의 전략으로 평가받았을 것이다. 설득력 있는 냉철한 분석에 따르면, 프랑스 제조업의 상당 부문을 이익이 되는 방향으

로 재편성한 측면에서 이 정책의 성공을 짚어볼 수 있다.[88]

프랑스 정부의 중심 목적 중 하나는 확대된 공공 부문에 대한 투자 증가가 민간 부문의 확대도 유도해야 한다는 것이었다. 자본주의의 '문제점'은 기업가들이 어느 정도 투자 수익률을 얻어야 한다고 주장하는 것이다. 이 점은 사회주의자들이 잊기 쉬운 부분이었다. 정부는 적당한 수익이 확보되는 환경을 조성하는 데 부분적으로 성공했을 뿐이다. 정부가 시행한 수많은 조치로 인건비 상승과 이익 감소라는 결과가 초래되었다. 물론 구매력과 소비자 수요가 증가하긴 했다. 소비자 수요 증가는 대중적인 변화였고, 사회주의 정부가 사회 내 상대적 빈곤 집단의 소득을 향상할 것이라는 기대로 이어졌다. 그렇기는 하지만 이런 조치가 반드시 프랑스 소비재 수요를 증가시키지는 않았을 것이다. 이 정책은 간접적으로 장기간에 걸쳐서, 소비재 산업이 재고를 전부 소진하지 않았다는 조건에서만 자본재 수요에 영향을 미쳤을 것이다.[89] 더구나 높은 인건비 때문에 경쟁력을 잃은 프랑스 기업들은 엄청난 부채를 짊어지고 있었다.[90] 기업이 사업을 확장하려면 자금을 빌려야 하는데, 그에 따른 비용이 만만치 않았다. 미국의 높은 금리에 대응해 금리가 높게 유지되어야 했기 때문이다. 따라서 프랑스 기업들은 정부가 지원하는 통화 재팽창 정책을 이용할 수 없었다. 1980년에 잠깐 회복세를 보이기는 했으나 지스카르 데스탱에게 이어받은 산업투자 수준은 1974년 수치에 비해 9퍼센트나 낮았다.[91] 공장과 기계도 노후했다. 프랑스 기업들은 우파 정부에서 거의 도움을 받지 못하고 1~2차 석유파동의 여파를 고스란히 감수해야 했다. 프랑스가 영광의 30년 동안 점차 대외무역에 노출되는 사이, 산업은 경쟁력을 잃어갔고 국내시장은 수입품에 무릎을 꿇고 말았다.[92] 국제적 원인에 제약을 받는다는 측면에서 프랑스의 상황은 일본은 고사하고 독일보다 훨씬 심했다.[93] 다음과 같이 설명할 수도 있다. 미테랑의 전임자들이 프랑스 자본주의를 형편없는 상태로 버려뒀고, 사회주의자들은 대단히 비능률적이며 누가 봐도 경쟁력이 떨어지는 민간 부문을 떠맡게 되었음을 깨달았다. 혹평이 쏟아지긴 했지만 프랑스 경제는 통화 재팽창 정책 덕분에 1981~1982년 불황에 빠지지 않았다. 그대로 경기 침체에 빠졌다면 1982~1983년 실제 실직자보다 32만 명이나 많은 실직자가 나오고, 훨씬 악화된 무역수지에 시달렸을 것이다.[94] 프랑스가 1979년에 영국처럼 자유방임주의 신자유주의 정부를 선출했다면 제조업 부문은 영국과 마찬가지로 영원히 붕괴되었을 것이다. 자본주의의 생명줄은 다시 한 번 사회주의자의 수중에 놓였다.

사회주의자들 가운데 일부, 특히 자크 들로르는 프랑스 기업이 독일 기업과 달리 1970년대 후반에 투자를 꺼린다는 사실을 잘 알았다.[95] 어쩌면 이 시점에 필요한 것은 간섭주의 성향이 보다 강한 산업 정책이었을 것이다. 하지만 종종 그랬듯 대다수 사회주의자들은 자본주의의 강점에 대해 과장된 의견을 피력했다. 생산보다 커진 민간 소비 단체들의 구매력은 자동차나 전기 제품 같은 수입품에 집중되었다. 프랑스의 사회주의식 통화 재팽창은 프랑스 기업가보다 독일과 미국의 기업가에게 훨씬 이득이었다. 결과적으로 무역수지 적자는 1981년에 600억 프랑이었다가 1982년에는 927억 프랑으로 급증했다.[96]

사회주의식 통화 재팽창의 문제점은 소비자와 개인 자본가의 개별 결정에 지나치게 의존했다는 점이다. 기간 시설에 대한 대규모 지출에 유리하도록 개인 소비를 억제하는 데 목표를 둔 보다 강경하고 국가 중심적인 경제정책을 상정했다면, 그 정책이 비록 대중적으로 인기는 없었을지 몰라도 더 큰 영향을 미쳤을 것이다. 더구나 투자 중심 정책은 민간 부문의 협조가 필요했다. 그렇지만 유가는 물론 원자재 가격이 엄청나게 상승했고, 환율이 끊임없이 요동쳤으며, 수요가 위축되었으므로 사실상 국제 정세는 신규 투자에 매우 불리한 상황이었다. 프랑스 입장에서는 자기들이 정말로 바란다면 무역 상대국들보다 훨씬 높은 성장률을 달성할 수 있다고 생각했다. 물론 이런 가정은 프랑스의 수입품 비중이 수출품에 비해 급등한다는 뜻이었다. 이 모험은 성공하지 못했다.[97] 미국과 영국은 적어도 1979년 이후 디플레이션(통화수축)의 진통을 겪었고, 1980년에는 서독도 이 고통에 동참했다. 하지만 프랑스는 예외였다. 다른 국가들이 통화를 수축시킬 때 프랑스는 통화를 재팽창시켰으며, 통화 재팽창 방침을 결정지은 원인이 국가 산업의 가능성이라기보다 국가 지도자들의 정치적 의지였기 때문이다.[98] 이로 인해 인플레이션이 촉발되었고, 1982년에는 프랑스의 주 경쟁 상대인 독일에 비해 물가 상승률이 두 배가 되었다. 프랑스의 인플레이션은 주로 프랑스 자체적으로 유발된 것이었다. 국제적인 불경기는 프랑스 사회주의 세력이 직면한 곤경에 일조했을 뿐, 그 어려운 상황을 직접 유발하지는 않았다.

미국은 1979년 이전에 저금리정책을 통해 전 세계적인 경제 신장 전략을 촉진했다. 2차 석유파동 이후 1979년 10월에는 재정 확대와 금융 긴축정책에 유리한 금리 억제 시도는 전부 포기했다. 이는 유례없는 금리 인상을 초래했다. 달러 가치가 올랐고, 대다수 서유럽 국가들은 국제무역에서 달러의 중요성 때문에 선례를 따라 아주 높은 금리로 돌아가야 했다. 처음에 프랑스는 이런 분위기를 멀리하고 있었지만, 이내 자금 대량 유출과 평가절하를 막기 위해 대세에 따를 수밖에 없었다. 평가절하는 실제 일어난 자금 유출보다 훨씬 극적으로 전개될 조짐이 보였다.[99]

이 상황에서 사회주의자들이 순리를 거스를 수 있었을까? 미테랑은 정치 기술에서 마키아벨리처럼 권모술수에 능한 모습을 보여, 가끔 '피렌체Firenze 사람'으로 불리기도 했다. 하지만 정작 그는 다음과 같은 마키아벨리의 충고에 주의를 기울인 것 같지 않다. "나는 성공이란 그 시대의 특징에 맞는 정책을 펴는 군주에게 찾아간다고 믿는다. 반대로 말하면 실패란 그 시대와 보조를 맞추지 않는 자들에게 닥치는 법이다." 국제 정세가 보다 우호적이었다면 사회주의자들의 정책이 성공했을까? 대다수 논평가들은 당연히 '그렇다'는 답이 나올 것이라고 믿는다. 하지만 이 점을 진지하게 생각해볼 필요가 있다. 국제적 회복세를 보이는 주요 부문은 국제무역에 관여하는 모든 이들에게 유리하게 작용할 수 있었지만, 모든 이들에게 똑같은 방식으로 영향을 미치지는 않았다. 국제적으로 경쟁적인 기업일수록 나머지 기업보다 유리한 입장이었다. 프랑스의 기업들이 그다지 경쟁적이지 않았다는 것이 사실이라면, 당시 '우호적인' 국제적 시나리오도 프랑스의 자본주의에 도움이 되지 않았을 것이다. 명품과 로테크 주방 기구(물리넥스Moulinex), '여피족' 제품(페리에Perrier)과 관련된 기업들은 명예롭게 예외로 친다 해도 나머지 대부분은 별 이득을 얻지 못했을 것이다.[100] 독일이나 일본과 무역수지 적자가 한층 커졌을 것이다. 그러므로 사회주의자들은 다음의 핵심적인 질문을 외면할 수 없었다. 사회주의자들은 어떻게 하면 그들 나름의 자본주의를 더 발전시킬 수 있는가?

그렇다면 사회주의자들은 가망 없는 상황에서 왜 통화 재팽창 정책에 착수했을까? 비록 1981년 선거운동 기간 내내 사회주의자들이 경쟁자들을 경제적 기술 부족으로 비난했다 해도 프랑스 경제의 암울한 상황에 충분한 관심이 집중되지 못한 것은 분명했다. 당시 레몽 바르Raymond Barre 총리 정부는 긴축정책을 중단하고 통화 재팽창 정책을 시작하면서 유권자들에게 확대 연금, 사회적 편익, 농부들에 대한 자금 완화라는 형태로 상당한 뇌물을 바쳤다. 이와 같이 사회주의 세력이 집권했을 때 프랑스 경제는 자극을 받는 상태였다. 1981년 봄, 경제 전문가들 사이에 중요한 합의가 도출되었다. OECD와 EEC, 프랑스 유수의 예측 기관들은 유럽이 실질적 회복기를 맞이할 준비가 되었다는 공통된 의견을 내놓았다.[101] 특히 OECD는 프랑스의 무역수지 적자를 보상하기에 충분한 GNP 2퍼센트 성장을 예상했다.[102] 하지만 이 모든 예측은 잘못된 것으로 판명 났다. 성장과는 거리가 먼 상황이 펼쳐졌다. 1982년에는 세계무역 규모가 예상대로 4~6퍼센트 확대되는 대신 답보 상태에 빠졌다. 그야말로 세계경제의 수축기였다. 이를 통해 입증되는 부분은 기껏해야 현대의 경제예측과 염소를 잡아 내장으로 점을 보던 내장점內藏占의 가장 큰 차이점은 전자가 비용이 더 많이 든다는 것뿐이다. 프랑스 사회주의 정부가 경제 확대를 자제했어야 했다는 주장은 일이 벌어진 뒤에야 찾아온 깨달음이다. 야당이나 정권 주변부에서 수십 년을 지내고 승리를 거둔 새 정부는 지지자들은 물론 다양한 유권자들의 기대와 희망, 일류 경제학자들의 전망을 버팀목 삼고 있었으므로 선거에서 이긴 직후에는 새로 뽑힌 정부의 본분에 반하는 행동을 할 수가 없었다. 미셸 로카르를 위시한 몇몇은 사회주의 동지들에게 통화 재팽창만으로는 충분하지 않다고 경고하며 선견지명이 있는 충고를 했다. 로카르는 공공과 민간의 생산적 시스템이 수요 증가에 대응할 수 있어야 하며, 케인스주의가 적용되지 않는 경제에서는 아무도 케인스주의자가 될 수 없다고 주장했다.[103] 미테랑의 측근이지만 로카르와는 친분 관계가 없는 리오넬 조스팽Lionel Jospin은 나중에 로카르가 전부 맞았다고 인정했으나, 로카르의 전략이 1981년에 좌파를 연합시키지 못했을 것이며 선거에서 이길 수도 없었을 것이라고 주장했다.[104] 로카르를 지지한 자크 줄리아르Jacques Julliard 역시 같은 의견이었다. 그는 프랑스 공산당의 지지를 얻고 선거에서 이기기 위해 '구식'인 「공동 강령」이 필요하다고 판단했다.[105] 하지만 주목받지 못한 로카르의 충고는 경제 현실에 대한 뛰어난 이해라기보다 당시 사회당에 지배적이던 '자본주의와 결별'이 가능하다는 생각에 현저한 의견 차이를 보인 것으로 비쳤다. 로카르가 보다 정확한 경제예측으로 판명 난 쪽을 선택한 이유는 그가 사회주의의 성공 가능성에 현실적이고 비관적인 정치적 평가를 했기 때문이다.

이처럼 통화 재팽창 방침이 효과가 있으려면 프랑스 경제를 국제 경제 체제에서 분리하거나, 다른 선진국에서도 통화 재팽창이 성과를 거둬야 했을 것이다. 장 피에르 슈벤느망이나 피에르 베레고부아Pierre Bérégovoy 같은 힘 있는 장관과 공산당뿐만 아니라 미테랑의 몇몇 고문들까지 환율 조정 제도를 포기함으로써 유럽 통합에서 이탈할 것을 제안했다 해도 사실상 첫째 조건은 터무니없었다.[106] 둘째 조건은 절대 실현되지 못했다. 협조 관계의 통화 재팽창 정책이 효과를 봤을 수는 있지만, 1982년 6월에 열린 주요 7개국 그룹 베르사유 정상회담에서 미테랑이 청원한 내용은 묵살되었다.[107] 오히려 1982년은 심각한 국제적 불경기가 나타나고 달러 가치를 올린 미국의 금리가 눈에 띄게 오른 해다. 프랑스의 수출품은 경쟁력이 한층 더 떨어졌고, 그 결과 프랑화는 세 차례(1981년 10월, 1982년 6월, 1983년 3월)나 평가절하 되었다. 마지막 시점에는 유럽통화제도에 속한 통화가 전반적으로 재편성되었다. 하지만 이런 조치는 적자를 억제하는 데 역부족이었고, 프랑스 정부는 미국이 금리를 낮추도록 강제할 방법이 없었으므로 통화 재팽창을 저지하기 위해 180도 전환된 방침을 수행할 수밖에 없었다. '사회주의식' 통화수축이 통화 재팽창의 뒤를 이었다. 프랑스는 통제 경제정책인 국내 경제 전략과 신자유주의적인 대외 경제정책 사이에서 압박을 받았다. 후자는 순식간에 전자를 압도했고 국제경제 체제의 필요조건을 무기 삼아 국가를 조정했는데, 특히 물가 상승률을 쥐락펴락했다.

1982년 6월에는 당시 정책과 이전 정책들 사이가 벌어지기 시작했다. 실업이 아니라 물가 인상과 싸움이 우선순위였다. 소리 높여 반대하는 공산주의자들의 저항에도 임금과 물가가 동결되고, 공공 지출이 삭감되었다. 노동자들의 사회보험 부담금이 인상되었으며, 수당이 실질적으로 줄었다. 유럽 내 다른 국가들처럼 프랑스에도 국가에 의한 보편적 사회 보호 전통과 결별 조짐이 나타났다. 병원은 '호텔' 비용을 부과하기 시작했다. 일부 의약품은 이제 무료로 지급되지 않았다. 국민보험 제도의 고유 영역이 비非국가 기관으로 넘어갔다.[108] 이런 조치들이 충분치 않자 1983년 봄에는 한층 심해진 통화수축적인 삭감이 뒤따랐고, 이는 수많은 정책을 뒤집는 1981~1982년 국면의 긴축 조치로 이어졌다. 정부의 우선순위인 국제수지의 재평형은 인플레이션으로 이어졌다. 피에르 모루아 총리는 다음과 같이 선언했다. "프랑스 국민이 전부 체념하고 물가 상승률 12퍼센트를 감수하기로 한다면, 독일과 경제적 상호 의존 때문에 우리가 불균형 상태에 몰릴 것임을 분명히 알아야 한다."[109]

평가절하, 임금 억제, 보다 유리한 국제 정세(금리 하락)로 인해 투자를 위한 공급자 측 조건이 마련되었다. 1983~1985년에는 수출이 향상되었으나 긴축정책은 국내 수요를 둔화시키고 투자 의욕을 꺾었다.

분열되고 힘이 약해진 노동조합은 정부가 우경화되는 것에 반대할 입장이 아니었다. 정부에서는 좌파가 완전히 패배한 것처럼 보였다. 좌파인 보건부 장관 니콜 퀘스티오Nicole Questiaux는 수모를 당하느니 차라리 사임하는 쪽을 택했다. 1981~1982년 과학기술연구부 장관, 1982~1983년 산업부 장관을 역임한 사회주의연구조사교육센터의 수장 장 피에르 슈벤느망은 1983년에 사임을 표했다. 그는 이듬해 교육부 장관으로 내각에 복귀했다. 1984년 7월, 사회주의 전통의 선봉에 선 피에르 모루아가 미테랑의 젊은 부하 로랑 파비우스로 대체되었다. 결과적으로 공산주의자 장관 네 명은 공산당 때문에 물러났다. 이는 좌파에 대한 실망이 유리하게 작용할 것이라는 잘못된 믿음이 드러난 결과였다. 이런 결별과 관련해서 대단히 충격적이거나 전혀 뜻밖이라는 부분은 전혀 없었다. 공산주의자들과 사회주의자들은 1984년, 모든 방면에서 상대에게 극도로 부정적인 견해를 고수하는 상태로 돌아갔다.¹¹⁰ 이듬해 6월, 조르주 마르셰는 공산당 중앙위원회에서 종파주의 구태로 돌아갔다. "자본이 원하는 것은 현 사회주의 정부가 하는 일이다."¹¹¹

이 오래된 조롱에는 일말의 진리가 담겨 있었다. 사회주의 세력은 자기들이 우파의 경제정책과 크게 다를 바 없는 정책을 추구하고 있음을 재계에 증명하기 위해 최선을 다했다. 사회주의가 빠진 좌파를 원하던 수많은 지식인들은 정책 방향을 180도 선회한 사회주의자들의 행보를 '현실주의'로 귀환한 것으로 여겨 두 팔 벌려 환영했다. 당시 나온 수많은 시사 관련서 중 한 곳에 이런 글이 실렸다.

> 마침내 좌파가 다시 한 번 현실주의로 돌아섰다. 좌파는 자본주의를 감당하기로 결정했으니 그에 따른 지적·문화적 결과를 끌어내야 한다. 누군가 이 부분에 동의한다면 좌파의 역사적 임무는 "프랑스 사회의 급진적 변혁이 아니라 이 시대의 명령인 프랑스 사회의 현대화"라고 다시 정의되어야 한다.¹¹²

사회당에게는 그런 설득이나 선동이 거의 필요 없었다. 공산주의의 압력에서 비교적 자유로운 사회당은 내내 잠재되었던 이념, 즉 현대화와 혼합경제 규제 필요성을 보다 공공연하게 주장할 수 있었다. 여기에서 현대화란 프랑스 공산당 스타일의 전제정치적 현대화의 대안인 '유로 현대화'를 포함한다. 그러나 자본주의 폐지라는 야망을 포기하는 것은 대단한 전략이 아니다. 구호로 내건 현대화는 매력적으로 들리지만, 현대화는 100년이 넘는 시간 동안 솔깃

한 주제였다. 전후 유럽의 어떤 좌파 정당도 현대화에 반대하지 않았다. 우파 정당 중에도 반대 의견은 거의 없었다. 현대화라는 표어가 실제적인 내용 없이 순전히 상징적으로 사용되는 것이라는 의심이 나오기도 한다. 현대화를 위해서라는 말은 자본주의를 폐지하지 않고 발전하겠다는 뜻이다. 이 경우 현대화는 야망의 끝, 열정의 종지부, 판에 박힌 일상의 시작을 나타냈다. 사회당은 '자기 색깔을 찾는 회색 정당'이 되었다. 이 표현은 영국 노동당 하원 의원이 자기 정당에 대해 논평한 내용을 바꿔 말한 것이다.

1985년 4월 툴루즈Toulouse 전당대회에서 모루아는 사회주의자들이 '시장경제와 자본주의 경제 운영'에 참여하기를 꺼린 것이 잘못되었음을 인정하며 덧붙였다. "시장이 비싼 대가를 치르고 입증한 것이 있다. 시장 그 자체가 자유를 향한 길 가운데 하나라는 사실이다. 시장은 국가가 만들어내는 것이 아니라 기업의 임무다."[113] 옛 보금자리로 돌아간 슈벤느망은 이렇게 공표했다. "프랑스는 위기 덕분에 경제적 투쟁의 현실을 이해하기에 이르렀다. 민간 부문은 사회적 부를 창출하는 창조주로 인정받는다."[114] 미셸 로카르는 '그러게 내가 뭐랬어' 같은 뉘앙스를 풍기며 "우리는 많은 것을 배웠다"고 말했다.

인정하는 게 어떻겠는가? 1981년 당시 가장 중요한 질문은 자본주의와 어떻게 결별하는가 하는 것이었다. 오늘날 모든 사람들이 현대화에 대해 말한다. 모든 사실은 우리의 오랜 다툼을 해결했다. 이제 그 다툼은 아득한 과거처럼 보이고 하찮게 보일 뿐이다. 우리는 깨달았기 때문에 변했다. 그렇다면 우리의 변화는 옳은 선택이었다.[115]

사회주의자들이 어떻게 변했나? 로랑 파비우스는 모루아의 뒤를 잇자마자 정부의 우선순위가 '현대화'와 '통합'이라고 하원에 선언했다.[116] 실업률과 싸우기 위해 현대화가 필요했다. 하지만 이 싸움은 '지난하고 힘든' 과정이 될 테고, 그러는 사이 "누군가 용기를 내서 이런 말을 해야 한다. 현대화 덕분에 생겨날 일자리보다 현대화 때문에 잃게 될 일자리가 많을 것이다".[117]

이때가 1984년 7월 24일이었다. 그즈음 새로운 투자가 반드시 더 많은 일자리를 만들어내진 못한다는 사실을 지적하는 목소리가 여기저기에서 들려왔다. 새 정부의 우선순위는 실업 방지 필요성에 대해 입에 발린 말을 하는 것이었다. 프랑스 사회주의자들은 다른 유럽 국가의 동지들처럼 완전고용은 현재의 선택 사항이 아님을 인정했다. 일할 의지와 능력이 있는 모든 사람들에게 일자리를 제공해야 한다는 것이 정의 사회의 필수 조건이라는 생각은 이상에 불과하다고 취급받았다. 상상도 할 수 없는 것과 필연적인 것의 거리가 아주 좁은, 다시 말해 상상조차 못 할 일이 당연히 벌어지는 유토피아에 국한된 이야기로 내몰렸다. 로랑 파비우스의 입에서 나온 현대화는 과학적 연구와 투자, 훈련으로 구성되었다. 그의 설명에 따르면 이 세 가지야말로 '현대화의 기본 삼각형'이었다.[118] 교육부 장관으로 내각에 복귀한 좌파 측 슈벤느망은 "국익 수호는 좌파가 가야 할 최선의 길, 어쩌면 유일한 길이다. 오늘날 국익은 곧 현대화다"라고 말했다.[119]

알랭 투렌Alain Touraine은 신랄한 풍자를 곁들여 다음과 같이 기록했다. "오늘날 어디에서나 칭찬받는 인간 유형은 젊은 기업가다. 당신이 이윤, 기업, 경쟁에 대해 과장된 찬사를 듣는다면 사회주의 장관의 이야기를 듣고 있음이 틀림없다. 우리는 지금 향락주의의 승리를 목도하고 있다. 향락주의는 대중매체든, 교육이든 모든 사회문제를 소비의 문제로 변형한다. 한마디로 프랑스는 레이건주의자가 되고 말았다."[120]

현대화는 새로운 사회당이 보여주는 단 하나의 이념적 측면이었다. 현대 정당들이 성공을 간절히 바란다면 한 발만 과거에 두고 굳건히 서 있을 필요가 있다. 프랑스의 전통은 사회주의자들에게 든든한 정박지를 제공했다. 그것은 바로 '공화 가치republican values'다.[121] 보수 우파와 싸우겠다는 호소가 '공화 가치'라는 완곡어법으로 표현될 수 있는 곳은 프랑스뿐이었다. 공화 가치는 사실상 사회당이 기꺼이 받아들이고 싶은 어떤 것을 아우르기 위해 끊임없이 재포장한 말이다. 이 용어는 '이제 사회주의는 의제가 아니다'라고 인식하던 사회주의연구조사교육센터에게 국가주의적인 안정감을 선사했다.[122] 미테랑에게 이 말은 그가 '자본주의와 결별'을 향한 사회주의적 야망을 포기한 면을 덮어주는 급진적인 미사여구가 되었다. 사회보장 제도 옹호자들 입장에서는 이 말이 국가 자체, 다시 말해 관료적이고 중앙집권적인 낡은 국가가 아니라 수호해야 할 '공화국 국가l'état républicain'의 긍정적인 속성으로 다가왔다. 중도파와 동맹을 맺고 싶어 하는 이들에게는 공화 가치가 공통의 이념 정강이 되었다.[123] 1789년에 일어난 프랑스혁명 200주년을 준비하면서 그 혁명의 중요성이나 필요성을 연구하던 역사학자들이 우파와 1988년 당시 총리 미셸 로카르의 찬사를 받았다는 것은 별로 놀랄 일이 아니다.[124]

이처럼 신중한 이념적 재포장 과정의 도움을 받았든 아니든 경제·사회적 정책상의 전면적 방향 전환은 '효과가 있었다'. 1986년에는 물가 상승률이 2.7퍼센트로 감소했고, 1983년에 0.7퍼센트에 불과하던 GDP 성장률은 2.1퍼센트로 상승했다. 이제 무역수지는 적자가 아니었다.[125] 실업률은 10퍼센트가 넘었지만 이 수치는 여전히 OECD의 유럽 회원국 평균을 밑돌았고, EC 중에서는 가장 낮은 축에 들었다.

선거가 다가옴에 따라 정부는 전반적인 상황을 개선하는 소규모 통화 재팽창 정책을 펼쳤다. 물론 이 조치는 선거 승리를 보장하기에는 충분하지 않았다. 1986년 3월, 사회당은 과반수 의석을 잃었다. 1981년에 37.8퍼센트였던 득표율이 32.8퍼센트로 떨어지면서 211석을 확보했다. 공산당은 9.8퍼센트를 얻어 32석을 확보했다. 반면 우파 연합(지스카르의 프랑스 민주연합UDF과 시라크의 공화국연합RPR)은 득표율 42퍼센트, 265석으로 압승을 거뒀다. 이 선거는 비례대표제로 치러졌다. 프랑스 공산당이 오랫동안 지지한 이 제도는 「공동 강령」에 포함되었다.[126] 사회당은 비례대표제로 분명 어느 정도 이득을 봤다. 이제는 공산당과 협정하기 위해 손 내밀 필요가 없었고, 극우파 유권자들을 장–마리 르 펜Jean-Marie Le Pen이 이끄는 국민전선NF에 모을 수 있었다. 말하자면 '존경받는' 우파에게서 소중한 표를 빼앗는 기회였다.[127] 로카르에게 비례대표제 도입은 그가 정부에서 물러나고 그에게 위임된 농업부 장관직을 포기하겠다는 믿지 못할 변명거리 구실을 했다.[128] 그 뒤 프랑스에는 자크 시라크가 이끄는 보수 정권과 이 정부를 감독하는 사회주의 대통령이 '동거'하는 기간이 이어졌다.

이쯤에서 미테랑의 경제정책이 보여준 교훈에 관한 피터 홀Peter

Hall의 명쾌한 논평을 짚어볼 만하다. 그에 따르면 사회주의 정부는 1981년에 특히 불리한 공급자 측 상황을 간과했다. 그리고 국영화된 부문이 경제를 움직이게 할 실질적 원동력이 될 수 있다고 오판했다.

> 사회당의 정책이 종전의 혼합된 국내 경제의 제도적 구조와 점차 상호 의존적이 되는 세계경제와 맞물려야 한다는 점을 사회주의자들이 보다 완벽히 이해했다면, 긴축 경제로 선회하는 것 자체가 그리 갑작스럽진 않았을 것이다.[129]

사회주의자들은 새로 확대된 국영화 부문과 경제계획 제도를 이용할 수 없었을까? 경제계획의 문제는 실제로 효과가 있다 해도 그것이 중·장기적으로 나타난다는 점이다. 1980~1990년대 사회주의 세력에게 무리 없이 장기간 집권하기를 기대하는 것은 안전한 가설이 아니지만, 이런 기대가 있다면 중·장기적으로 봐야 하는 경제계획은 적합한 수단이 될 수 있다. 사회주의자들이 수많은 미사여구를 동원했음에도 경제계획은 우선순위가 아니었다. 기획부 장관 자리는 원래 미테랑이 가장 마음에 들어 하지 않은 미셸 로카르에게 맡겨졌다. 그가 활동하지 못하게 잡아두려는 이유가 가장 컸다. 당시 로카르가 고립된 상황은 1974~1979년 영국 노동당 정부에서 토니 벤의 처지와 비슷했다. 로카르는 우편향적인 입장에서, 벤은 좌편향적인 입장에서 계획안과 제안 사항을 각료 회의 때 내놓았지만 번번이 기각되었다. 물론 로카르는 벤과 달리 1988년에 총리가 되었고, 사회당이 패배한 뒤 1993년에 잠깐 정당의 수장이 되긴 했다. 로카르가 마련한 1984~1988년 9차 계획이 준비될 무렵(1983년)은 늦은 감이 있었다. 어쨌든 그 계획은 물가 상승률과 국제수지 적자를 줄여야 한다는 인식이 점차 커지는 가운데 구체화된 결과물이었다. 정부 정책에는 아무것도 추가하지 않은 계획이었는데, 사실상 정부 정책은 필요에 따라 그때그때 개발되었다.[130]

균열이 일어난 1983년은 케인스주의가 공식적으로 끝났을 때 영국 노동당 정부에게 찾아온 1976년의 전환점만큼이나 중요한 의미를 띠었다. 프랑스 사회주의자들은 1983년까지 자신들의 정책을 성공하기 위해 실업률 감소, 사회·경제적 불평등 축소, 경제성장, 임금노동자의 구매력 증가 등을 기준으로 설정했다. 1983년 이후 그들의 목표는 통화안정, 재정 적자 축소, 임금 상승보다 생산력 증대로 설정되었다. 이런 2차 기준을 바탕으로 일한 1983~1986년의 사회주의 정권은 나름대로 성공을 거뒀다. 하지만 이런 목표를 채택하는 것이 특색 있는 사회주의 경제정책이란 있을 수 없다는 사실을 인정하는 것과 같은지 아닌지가 문제였다.[131]

프랑스 사회주의 정권은 자본주의 경제를 사회주의식으로 운영하는 문제 때문에 좌초되었다. 그러나 이것이 성공과 실패의 유일한 기준은 아니다. 1981년에 미테랑이 내놓은 야심찬 계획에는 경제 회생과 현대화뿐만 아니라 국가의 지방분권화, 교육개혁, 산업민주주의(그 유명한 자주관리) 도입까지 포함되었다. 이런 개혁은 경제정책과 달리 국제적인 경제 국면에 의존하지 않았다. 그렇다면 이 시점에 사회주의자들은 과연 어떻게 지냈을까?

카트린 그레미용Catherine Grémion이 적절하게 표현했듯이 지방분권화는 항상 '야당에 있는 이들이 품는 열정'이다.[132] 정권을 잡은 이들, 다시 말해 국가의 중심 기구를 장악할 수 있는 이들에게 지방분권화는 각고의 노력 끝에 막 손에 쥔 강력하고 쓸모 있는 도구를 포기하라는 의미나 다름없다.

지방분권화는 자주관리와 마찬가지로 '1968년 5월'의 이름 아래 있는 이념의 소용돌이를 지나 좌파의 표어가 되었다. 1974년 5월에 미테랑은 유권자들에게 의미심장한 발언을 했다. "우파가 하는 생각은 정권을 유지하는 것뿐입니다. 저의 첫 목표는 권력을 여러분에게 되찾아드리는 것입니다." 권력 '반환'은 국가의 지방분권화와 산업민주주의 도입을 통해 실현될 것이다.

사회당은 1977~1978년에 열린 지방자치 선거의 긍정적 결과를 보고 지방분권화에 더욱더 노력을 기울였다. 1981년에는 사회주의자들이 지방의회를 절반 이상 장악했다. 그럼에도 마르세유Marseille 시장이자 지방자치제를 오래 지지했고, 사회주의 정부에서 지방 개혁을 담당한 가스통 데페르는 동료들과 맞서 힘든 싸움을 벌였다. 야당은 분열되었다. 지스카르파는 권력 이양에 찬성했고, 드골파는 별로 달가워하지 않는 입장이었다.[133] 지방분권화에 대한 데페르의 법안 초안은 크게 수정되지 않은 채 의회의 온갖 장애물을 뛰어넘어 마침내 1983년 7월에 입법화되었다. 오늘날 공화국 장관으로 알려진 정부가 선임한 장관은 지방 당국의 결정에 거부권을 행사할 수 있었지만, 그 권한이 폐지되었다. 각 지방을 다스리는 행정 권한은 선출된 장에게 주어졌다. 지방 정부는 효율이 떨어지는 작은 지방을 장악할 수 있는 새로운 권한을 얻었다. 1986년에 처음으로 지방 의회 의원들이 선출되었다.

사회주의의 지방분권법이 "2차 세계대전 이후 프랑스가 목격한 행정개혁 가운데 광범위한 개혁 중 하나"였다는 것이 중론이다.[134] 다음과 같은 의견을 덧붙이기도 한다. "그 법안은 1871년과 1884년에 통과된 법률 이후 지방분권화 영역에서 가장 중요한 개혁을 대변했다."[135] "사회주의의 지방분권화 개혁은 근래 프랑스 역사상 하위 국가 정부를 소생시키려는 가장 실질적인 시도로 꼽을 만했다."[136] "그것은 분명 대통령 임기에 일어난 중대 사건이었다."[137] 비비안 슈미트Vivien A. Schmidt는 이 법률이 '혁명적인 개혁'이라고 주장하며 "사회주의자들이 사실상 다른 이들이 실패한 지점에서 성공을 거두며 지방분권화에 대해 말만 많이 하고 행동에 옮기지 않던 패턴을 깨뜨렸다"고 말했다.[138] 사회주의 정권의 좌파 비평가 대니얼 싱어Daniel Singer도 그 조치가 "프랑스의 통치 방식에 어떤 변동도 일으키지 않았다"며 "사회주의자들이 오랫동안 이어져온 흐름을 끊고 심지어 그 추세를 약간 반전시켰다. 그 결과는 무시할 수준이 아니다"라고 인정했다.[139]

이런 개혁은 프랑스가 아주 오랫동안 유럽에서 가장 중앙집권적인 국가였다는 것만으로도 상당히 실속 있어 보였다. 어떤 경우에는 사회주의자들이 관례를 승인했을 뿐이다. 이를테면 1981년 이전부터 지방장관들은 지방 당국과 협의 후 점점 더 많이 임명되었다. 그들은 선출된 시장들을 거칠게 다룰 수 없다는 사실을 잘 알았다.[140] 지방정부는 재정적 요구 때문에 여전히 중앙정부에 상당 부분 의존하는 입장이었다. 지방재정상의 실질적 개혁은 없었다. 개혁이라고는 하지만 지방 관료들이 급증했다고 서비스 전달 면에서 효율이 증대되었다는 증거가 없다. 개혁 덕분에 지역공동체가 운영자들과 더 가까워졌다는 증거도 없다.[141] 선출된 사람이지만 새로운 지방의회 의장président du conseil général은 이전에 장관이 그랬듯 멀리 있는 존재로 보였다. 반면에 어떤 이들은 지방정부가 전국적 정치 우두머리한테서 지역의 정치 우두머리에게 힘을 이전하는 것이라고 냉소적인 비평을 할 수도 있다. 지방분권화가 기여한 부분은 주변부의 민주화가 아니라 주변부의 정치화였다.[142] 개혁의 주요 수혜자는 지방정부의 재직자들이었다.[143] 프랑스의 시장 3만 6000명은 권력이 더 강해졌고, 그중 많은 이들은 자기를 위해 강력한 정치기구를 수립하려고 그 힘을 이용했다. 지방 정치가 발달함에 따라 지방의 부정부패를 통해 당 재정을 강화할 기회도 많아졌다. 1989년에 경찰은 당 재정 보강이라는 목적으로 조직된 대규모 부패 네트워크, 그와 연루된 지방 정치인 수백 명과 수많은 사회주의자들을 적발했다.[144]

이 모든 내용 중 어떤 것도 지방분권화에 반대하는 강력한 논거가 되지 못한다. 문화적·과학기술적 발전이 국가의 정치생명 중심부에 있는 행정부 수중의 권력층에 점점 더 집중하기 때문에 주변부에서 최소한의 힘이나마 규제력을 행사할 수 있는 동력원을 갖추는 것이 중요하다. 이런 면에서 지방분권화의 진정한 이점을 짚어볼 수 있다. 전국 선거와 지방선거가 동시에 시행되는 일이 거의 없고, 전반적으로 유권자들이 국가 지도자에 대한 호불호를 표출하고자 모든 선거에 임하기 때문에 지방정부 내 다수당이 의회 다수당과 다른 경우는 흔한 일이다. 이런 균형 덕분에 최소한의 성공을 거둔 야당도 이탈리아의 공산주의자들이 그랬듯 어려운 정치 기술을 배울 수 있으며, 공직 생활에서 나름의 역할을 맡게 된다.

오루법으로 알려진 네 가지 입법 조치는 지방분권화와 밀접하게 연관되었다. (사회주의자 노동부 장관 장 오루Jean Auroux의 이름을 딴) 오루법의 목표는 노동조합의 강화였다. 고용주들은 임금, 노동시간, 공장의 노동조건에 관해 노조와 단체교섭에 임해야 했다. 노동자들은 공장폐쇄, 보건과 안전, 기술적 변화에 대해 협의할 수 있는 새로운 권한을 갖춘 실무 위원회를 선출할 수 있었으며, 근무시간 중에 작업 여건 개선을 제안하기 위해 주기적으로 만나서 논의할 수 있었다.[145] 예상대로 고용주들은 새로운 법률에 반대하며 맞서 싸웠고, 자기들 대변인의 현란한 말을 들어보면 별로 어려운 싸움이 아니라고 생각했다. 노조의 선두 격인 프랑스 노동총동맹과 민주노동동맹도 유보적인 입장을 보였다. 주된 이유는 그 법률이 성에 차지 않아서였다.[146]

그렇다면 새로운 법률은 노동자들에게 영향을 미쳤을까? 정부 수석 각료들조차 노동자들이 그런 질문을 받는다면 대부분 별다른 변화가 없다고 답했을 것이라고 인정했다.[147] 정말 중요한 점은 새로운 권리가 어떻게 쓰였냐는 것이다. 법률로는 기껏해야 틀을 만들고 새로운 기회를 창출할 수 있을 뿐이다. 산업민주주의 활동가(노동조합원)들은 공장 운영에 참여할 기회를 부여받는다. 그들이 유능한지 아닌지, 노동자 다수를 위해 '상황이 실제로 변하'는지 아닌지는 경제적·정치적 상황에 좌우될 것이다. 반대 입장에 있는 이들은 경영권에 대한 간섭은 기업의 경제구조에 엄청난 해를 준다고 경고할 것이다. 지지자들은 '나름의 삶을 꾸려가는' 노동자들이라는 낭만적인 기대감을 키울 것이다. 그러나 산업민주주의에 관한 법률과 직접 참여의 다른 형태가 새로운 기회를 열었는지, 이 모든 것이 실제로 시작되었는지는 나중에야 평가될 수 있다.

면밀히 살펴봐야 할 또 다른 문제는 노동조합이 오루법 덕분에 실질적으로 강력해졌는가 하는 점이다.[148] 1980년대에는 실업률 증가 때문에 유럽 전역의 노동조합이 힘도 잃고 조합원도 잃었다. 프랑스 역시 마찬가지다. 1960~1970년대에 약 25퍼센트를 유지하던 노동조합 지수가 1985년 5월에는 20퍼센트 아래로 떨어진 사이, 같은 해 노동분쟁 지수는 근 20년 만에 최저치를 기록했다.[149] 이 비율은 1991년까지 계속 떨어져 OECD 추정 프랑스 노동조합화 수치가 12퍼센트에 이르렀다. 이는 터키나 미국보다 낮은 수준이었다.[150] 프랑스 역사상 좌파의 위대한 순간(인민전선이 승리한 1936년, 프랑스가 독일 점령에서 해방된 1944년—옮긴이)에 연합한 노조가 1981년에 실질적으로 분열되었고, 앞에 놓인 과제를 해결할 준비가 거의 되지 않았다. 사회주의 성향인 프랑스 민주노동동맹은 자신들과 같은 사회주의 노선의 정부에 얼마나 비판적이어야 할지 확신이 없던 반면, 공산주의 노선인 노동총동맹은 1981~1982년 통화 재팽창 단계에서 정부를 강력히 지지했고 1984년 이후에는 정부를 비판하기 시작했다.[151] 오루법은 민주노동동맹에게 영감을 받은 결과였다. 오루의 고문은 대부분 민주노동동맹 출신이었고, 자크 들로르나 미셸 로카르 같은 정부의 유력 인사들도 마찬가지였다. 모두 '제2의 좌파'라고 불리는 이들의 대표였다.[152] 1981~1982년 실패 이후 프랑스 사회주의로 밀려든 현대화된 '제2의 좌파' 투사는 한때 가톨릭 노동자들의 노동조합이자 자주관리의 주요 지지자인 민주노동동맹이었다. 노조는 사회주의 정부가 존재하는 것만으로도 자신감이 생기고 장관들과 쉽게 접촉할 수 있었지만, 상대적으로 규모가 더 큰 노동총동맹과 민주노동동맹은 경제정책부터 산업 개혁까지 당시 주요 사안 중 어떤 것에서도 통일전선을 제시할 수 없었다.

1980년대라는 보다 큰 맥락에서 보면 오루법은 노동자의 권리와 노조의 힘을 강화한 유일한 사례였다. 다른 모든 곳, 특히 영국에서는 이 시기에 노조가 힘을 잃었다. 하지만 오루법도 이 시기 노동조합의 약점을 보여준다. 즉 노조에게 권한을 부여하기 위해 국가가 노사 관계에 직접 개입할 필요가 있었다. 노조 단독으로 단체교섭을 통해 권한을 얻기에는 역부족이었다.

국제적 제약에서 가장 멀리 떨어진 정치 사안, 곧 시민적 자유야말로 사회주의 정부의 위업이 가장 크게 다가오는 측면이었다. 사회주의자들은 사형 제도를 철폐했고(1981년 10월), 특별 군사재판을 폐지했다(1982년 6월). 개인이 유럽인권재판소를 이용할 수 있는 유럽인권보호조약 25항을 승인했고, 시위에 참가하는 모든 사람들이 시위에서 발생하는 피해에 법적 책임을 지게 하는 파괴방지법loi anticasseurs을 폐지했다. 반동성애법을 폐지했고, 피고인에게 더 많은 권리를 부여했으며, 적자嫡子와 혼외 관계에서 출생한 자녀의 법적 차별을 없앴다.153 뿐만 아니라 사유재산보다는 개인의 보호를 강조하는 오래된 나폴레옹Napoléon법전의 새로운 초안을 제안했다.154 보수적인 반대파에게 자유를 제한한다는 부당한 비난을 자주 받던 사회주의자들이 몇 년 사이 프랑스 법률의 구시대적 측면과 반자유주의적 양상을 많이 없앤 것이다. 이는 1960년대에 영국 노동당이 집권 기간 동안 시행한 일이거나 당시 충분히 일어날 만한 일과 비슷한 양상이었다. 하지만 사형 제도를 제외한 모든 조치들은 국가적인 논쟁 사안이 되거나, 언론의 주목을 받아 전면적으로 보도되지 않았다. 갈수록 정치는 '경제 바로잡기'라는 문제가 되어갔다.

대중적인 관심을 가장 많이 받은 경제 외적 사안은 교육개혁 시도였다. 이 부분은 1980년대에 최대 규모 반정부 시위를 촉발했고, 사회주의자들은 입장을 철회할 수밖에 없었다. 프랑스에서 교육은 정치적으로 대단히 중요한 의미를 띤다. 교육은 1870년부터 현대 공화주의 프랑스의 토대가 되었다. 세기가 바뀔 무렵 공화주의가 아직 이론의 여지없는 국가 이념이 되기 전, 공화주의의 주요 무기는 중앙집권화된 교육제도였다. 19세기 중반 이후 반공화주의 정부는 1851년의 팔루Falloux법과 2차 세계대전 당시 비시Vichy 정부의 법률처럼 사립학교(주로 가톨릭 학교)를 원조하거나 보조금을 지급하려고 노력했고, 공립학교에 종교교육을 도입하고자 했다. 공화주의자들은 19세기 후반과 1945년에 이런 추세를 뒤집었다. 드골파는 보조금을 통해 민간 교육 부문을 공교육 제도에 결합함으로써 타협을 꾀했다(미셸 드브레Michel Debré의 1959년 법안). 그와 동시에 민간 부문에 상당한 자치권을 부여했다. 수많은 사회주의자들은 민간 교육의 이런 독립성이 부당하다고 간주했다. 국가 보조에 대한 사립 종교학교의 의존도가 매우 높았기 때문이다.

미테랑은 '통일된 좋은 공교육 제도'(선거공약 중 계획안 90조)를 약속했고, 사회당이 그를 든든하게 뒷받침했다. 1981년 하원에서 선출된 사회당원 48퍼센트는 전직 공립학교 교사였다. 교원 노조 대다수는 좌파의 충실한 지지자들이었으므로, 교사들은 대부분 좌파에 투표했다.[155] 사회당의 교육 부문 대변인 루이 멕상도Louis Mexandeau가 초안을 쓴 프랑스 사회주의 교육 계획은 노동조합이나 교육 관련 사회주의 압력단체들의 심기를 거스르지 않기 위해 고안되었다.[156] 그렇지만 교육부 장관 알랭 사바리Alain Savary는 폭넓은 합의를 끌어내기 위해 광범위한 협의에 돌입했다. 마침내 그는 멕상도의 계획보다 교권(정치에서 성직자의 권력) 개입에 반대하는 정도가 약한 초안을 작성했다. 멕상도의 교육 계획은 보조금을 유지하되, 가톨릭 학교를 국가 체계 안으로 보다 가깝게 통합하는 것이었다. 하지만 교권 개입에 반대하는 사회주의 압력단체는 그 절충안을 수용할 수 없었고, 사바리의 계획은 수정되었다.

사립학교를 위한 공적 지원은 생각보다 훨씬 광범위했다. 1984년 6월 24일 파리에서 100만~150만 명이 참가한 것으로 추정되는 시위가 벌어졌다. 미테랑은 그 규모에 두려움을 느껴 7월 12일 사바리 법안을 철회하고 사바리의 사임을 승인했다. 그리고 위기를 피에르 모루아 총리를 해고할 기회로 삼았다. 사바리의 후임 장 피에르 슈벤느망은 절충안을 원래 상태로 돌려놓았다. 사회주의자들은 그 일을 계기로 교훈을 얻은 셈이다. 슈벤느망은 전통적인 가치, 이를테면 공화주의 가치를 철통같이 수호하기 시작했다. "학교 제도의 가치는 교사와 학부모, 학생의 눈으로 볼 때 간단하면서도 확고해야 한다."[157] 교사의 의무는 가르치는 것이고, 학생의 의무는 배우는 것이다. 위기가 이런 식으로 지나갔다. 슈벤느망은 "국민교육은 현대화의 최전선이 되어야 한다"고 선언했다.[158]

> 우리는 과학기술 분야에서 일본과 미국의 공동 주권이 나타나는 상황에 직면하고 있다. 생산성을 늘리기 위해 새로운 과학기술을 이용할 수 없는 이들은 뒤처지고 쇠퇴할 수밖에 없을 것이다. 외국에 의존한다면 민주주의는 위험에 빠지고 말 것이다! 공화국은 한낱 단어에 불과해진다![159]

이제 종교교육은 선거와 큰 관련이 있는 국가적 사안이 아니었다.[160] 거의 200년간 프랑스를 분열시킨 종교 갈등이 1992년에 마침내 종결되는 듯했다. 이 시점은 새로운 교육부 장관 자크 랑이 종교학교에 공립학교와 동등한 가치를 부여하고, 그들의 공헌을 인정한 때다.[161] 이 사안의 가장 큰 피해자는 프랑스 전국교육연맹FEN이었다. 1981년 프랑스에서 가장 규모가 컸던 전국교육연맹은 노조원 55만 명을 거느리며 좌파의 중추 역할을 했다.[162] 그러다 1992년이 될 때까지 노조원 40퍼센트를 잃었고, 1993년에는 경쟁 노조들이 형성되어 옛 모습을 거의 찾아볼 수 없는 지경이었다.

프랑스 사회주의자들은 자신들의 직접적인 지지자들이 우려하는 바가 곧 국가의 중대사라고 생각했다. 교권주의와 세속주의의 오래된 논쟁은 사실상 1980년대 프랑스와 거의 관계가 없어졌다. 자녀를 사립 종교학교에 보낸 부모들의 비율을 보면 상대적으로 가톨릭 교도가 많은 것도 아니다. 프랑스 사립학교는 영국처럼 중산계급의 요새가 되지 않았다. 최고 사학인 그랑제콜Grandes Écoles에 가는 것으로 정해진 학생들을 월등히 많이 배출한 것도 아니다. 파리의 일류 리세(lycée : 대학 예비교육을 하는 국립고등학교) 일부는 예전이나 지금이나 대다수 사립학교보다 훨씬 엘리트주의적이다. 부모들이 자녀를 종교학교에 보낸 이유는 다양했다. 교육이 더 전통적이어서, 자녀들이 한 해 더 다녀야 해서, 지역의 공립학교 평판이 나빠서 등이다. 사립학교들은 보조금을 받기 때문에 폭넓은 사회집단에서 학생들을 뽑았다. 1978~1979년 사립 초등학교 학생 3분의 1은 하급 기능직 노동자의 자녀들이었다.[163] 사회주의자들이 제대로 이해하지 못한 부분은 학부모들이 교권주의 이론가가 아니라 교육 서비스의 소비자처럼 행동한다는 사실이었다. 학부모들은 선택권을 갖고 싶었고, 사바리 법안을 자기들이 선택한 학교에 자녀를 보낼 자유에 대한 공격으로 간주했다. 유럽 다른 나라들과 마찬가지로 선택의 자유가 주요 슬로건이던 우파 입장에서는 사회주의 정부를 평가할 때 자녀 교육보다 이데올로기에 대한 강박관념을 소중하게 여기는 이데올로기의 포로로 표현하기 쉬웠다.[164] 사회주의자들은 교육제도를 전반적으로 재고할 기회를 잃고 말았다. 지방분권화와 민주주의 정부는 또다시 신자유주의 부흥기에 빈사 상태의 자코뱅주의에 빠진 정부처럼 보였다.

여러 차례 흠씬 두들겨 맞으며 혼나지 않는 한, 정당 입장에서 사후 분석을 하기란 쉽지 않은 일이다. 1986년에 프랑스 사회당이 패하긴 했어도 아직 그들에게 희망은 있었다. 미테랑은 여전히 엘리제궁전을 지키고 있었으며, 자크 시라크가 이끄는 우파 연합을 최대한 교란하고자 능숙한 정치 기술을 이용했다. 또 민영화, 부유세(재분배에 거의 영향을 미치지 않으며 주로 상징적인 의미만 있는 조치) 폐지, 감원 조치 절차 완화에 동의하지 않는다고 못 박았다. 그때 의회 과반수를 차지하던 세 정당의 지지를 받은 시라크는 법률 제정 진행을 방해하기 위해서라면 의회 운영 절차를 이용하는 것도 마다하지 않는 사회당 국회의원 200명과 맞서야 했다.[165] 시라크 행정부는 해협 건너 대처 정부의 성공에 실제로 영향을 받은 것보다 우파 성향이 강하게 보이려고 했다. 사실상 그들은 전임자들과 거의 구별이 되지 않았다. 프랑스 정치에서는 제도적·경제적 제약 때문에 합의가 반드시 필요했다. 일부 논평가들이 언급한 대로 약간 과장해서 말하면, "'사회주의'가 '자유주의'로 대체되었지만, 그

건 32번 버스에 탄 일반 시민이 단번에 알아보는 유일한 차이일 뿐이었다".[166] 당이든 정부든 교체되더라도 어차피 합의가 강요되는 상황이었으므로 국민이 보기에는 별 차이가 없었다. 드골파와 프랑스 민주연합 동맹은 예전에 국영화된 일부를 좌파의 큰 반대 없이 민영화하기 시작했다. 민영화되는 기업의 주식은 초과 청약되었다. 이것은 역설적으로 말하면 새로 민영화된 기업이 국유화 기간 동안 얼마나 능률을 높였는지, 얼마나 싼값에 팔렸는지 보여주는 신호였다. 시라크는 보편적 사회 보호 개념에 의문을 표했지만, 실질적으로 이의를 제기할 수는 없었다. 연이은 여론조사 결과를 보더라도 보편적 사회 보호를 끝내려는 어떤 시도든 프랑스 유권자의 지지를 받지 못한다는 것이 드러났기 때문이다.

　야당이 된 프랑스 사회당은 격렬한 내분으로 점철된 자기 학대적 노선은 피했다(1979~1987년 영국 노동당은 그런 내분에 시달렸다). 집권기의 기록을 바탕으로 1986년 선거전을 치른 사회당은 미테랑이 버티다가 다시 승리하면 새로운 총선이 있을 것으로 예측하면서 1988년 대통령 선거를 준비했다. 따라서 훌륭한 선전 활동의 장이 된 1987년 4월 릴 의회에서 사회당은 똘똘 뭉친 모습을 보였다. 사회당은 공산당과 공식적 동맹 관계로 돌아갈 가능성은 없다고 공표했지만, 전통적인 가치를 변호하면서 다시 한 번 '인터내셔널가歌'를 불렀다. 우파와 신자유주의를 비난했고, 자신들은 현대성을 지지한다고 주장했으며, 1983~1986년 정책은 물론 1981~1983년 정책 또한 정당화했다. 슈벤느망과 그의 최대 반대파인 로카르와 들로르의 의례적인 다툼을 견제했다.[167]

　그즈음에는 중대한 정치 세력인 사회주의의 죽음에 대한 예견과 분석이 주기적으로 진행되었다. 이는 소련의 붕괴가 그 예견에 무게감을 더하기도 전에 벌어진 일이다. 알랭 투렌이 1985년에 기록한 내용에 따르면, 프랑스는 탈사회주의 시대가 시작되려는 참에 사회주의 정부를 얻었다.168 사회주의 정당은 프랑스에게 무엇을 줄 수 있었을까? 사회주의 정당은 드골이 생각한 드골파 정당처럼 대통령을 당선(혹은 재당선)시키기 위한 기구 그 이상이었을까? 자크 쥴리아르는 1986년 패배 직후 공무원의 로비와 북부 사회민주주의의 파편, 남부의 후견주의(clientelism : 정치적으로 '두목과 부하' 관계에 의존하는 양상—옮긴이) 지역, 뉴딜New Deal 정책 지지자들과 현대화주의자들(로카르), 전통적인 정치에 환멸을 느끼지만 공적 생활에 영향을 미치고 싶어 하는 '여피족'으로 구성된 결과물이라고 기술했다.169

1988년이 되자 프랑수아 미테랑은 1981년에 미처 갖추지 못한 대통령의 자질을 습득했다. 그는 이제 유럽에서 가장 독창적인 정치인 대열에 들어섰다. 역설적으로 말하면, 일평생 드골주의와 싸움을 벌인 미테랑이 지금은 드골처럼 정당들과 옥신각신하는 모습 이상을 보여주며 정치인들과 논쟁을 벌이는 성격을 띠었다. 이제 그는 국가 전체를 대표하는 사람이었다. 주간지 『르 카나르 앙셰네 Le Canard enchaîné』는 드골을 태양왕 루이Louis 14세로 풍자했다. 보다 간단히 말하면 미테랑은 TV 풍자극에서 '신'으로 희화되었다.

그는 1981년 「110 제안서」와 비슷한 좌파 강령을 내세우는 대신 「프랑스 국민 전 상서Lettre à tous les Français」를 택했다. 미테랑이 개인적으로 작성한 이 문건은 타자로 친 59페이지짜리 문서였고, 23개 지방지와 2개 전국 일간지에 실렸다. 이 내용을 전부 다 읽은 사람은 거의 없다는 게 중론이지만, 문건 자체의 상징성을 간과하는 사람도 없었을 것이다. 공화국의 대통령은 정치에서 분리된 아버지 같은 존재가 되었다. 그는 프랑스 국민에게 직접 말을 걸며 정의와 연대, 유럽주의 그리고 자신이 우선순위로 삼는 교육과 분배를 설명했다. 국영화 대 민영화의 오랜 논란은 "이런 논쟁은 제쳐놓기로 하자!"170는 식으로 묵살할 필요가 있다. 대다수 '좌파' 유권자들은 대통령 후보의 인격이 전반적으로 우경화된 정책보다 중요하다는 사실을 확인시켰다.171 미테랑은 1차 선거에서 34.1퍼센트를 얻어 확실한 승자가 되었다. 드골파 후보자 시라크는 19.9퍼센트를 얻었고, 레몽 바르는 16.5퍼센트를 얻었다. 극우파 장-마리 르 펜은 14.4퍼센트라는 인상적인 지지율을 기록했다. 공식적인 공산주의자 후보 앙드레 라좌니는 6.76퍼센트를 얻었다. 이는 역사상 프랑스 공산당 후보가 얻은 최저 기록이었다. 미테랑의 지지율에 공산당의 득표율과 '반체제' 공산주의자 피에르 쥐켕Pierre Juquin의 득표율(2.1퍼센트), 환경보호론자 앙트완느 배쉬테르Antoine Waechter의 득표율(3.78퍼센트), 극좌파 아를레트 라귀예Arlette Laguiller의 득표율(1.99퍼센트), 트로츠키주의자 피에르 부셀Pierre Boussel의 득표율(0.38퍼센트)을 합하면 좌파가 당당히 49.1퍼센트를 확보한 셈이다. 이는 과반수에 약간 모자라는 기록이다. 2차 선거에서 미테랑은 시라크에 맞서 54퍼센트를 얻으며 확실한 승리를 거뒀다. 좌파 후보 가운데 아무도 선택하지 않은 유권자들의 표 일부가 프랑수아 미테랑의 두 번째 7년 임기를 결정지었다.

1981년에 비하면 훨씬 적은 득표 차지만, 몇 주 뒤 사회당 정부 재선출에서 유권자들이 표출한 민심은 시라크 내각에 대한 불만이었다. 1981년에 뚜렷하게 드러난 전면적 변화를 향한 적극적 열망보다 당시 내각에 대한 불만이 컸다고 볼 수 있다. 어떤 사안에 관한 우파와 좌파의 차이가 사실상 사라졌다. 양 진영은 보다 넓은 단일 유럽 시장을 지지했고, 통화안정에 전념했다. 양측 모두 유럽중앙은행을 옹호했고, 경쟁과 교육, 훈련을 통해 프랑스 경제가 나아지기를 소망했으며, 최소 수입 보장에 찬성했다. 가치와 상징, 언어 수준에서는 여전히 적잖은 차이가 존재했음을 확인할 수 있다. 사회당은 공화주의 가치, 사회정의, 이민자와 정치적 망명자에 대한 관용, 연대와 평등에 대해 말하면서 미테랑을 따랐다. 사회당에 투표하는 사람은 원칙적으로 진보와 사회정의에 투표하고, 실제적으로 정통 국가 재정과 통화정책에 투표할 수 있었다. 말하자면 도덕적인 동시에 이기적일 수 있었다. 선거 정치에서 두 마리 토끼를 다 잡을 수도 있다는 것이 이와 같이 증명되었다.

미테랑은 새로운 분위기를 잘 이해했다. 그는 서유럽 정치판에서 점점 기력이 약해지는 야생동물들 가운데 가장 전문적인 면모를 보여준 정치 여우다. 미테랑은 자신이 몇 번이고 주류에서 몰아낸 옛 정적 미셸 로카르를 총리로 임명했다. 로카르는 공산당에 의존하지 않는 새로운 여당 형성을 지지했다. 막연하고 불분명한 개방정책이라는 이름으로 이런 입장을 취했는데, 이는 반교권주의나 시장市場의 역할 같은 인습적이고 진부한 좌파-우파 쟁점을 피해야 한다는 뜻을 담고 있었다.[172] 사회당은 이제 하원에서 절대다수를 차지하지 못했기 때문에(276석을 확보했고 과반수가 되려면 288석이 필요했다), 다른 세력의 지지가 아쉬운 상황이었다. 그들은 그때그때 다른 당과 연합해 과반수를 확보했다. 일부 법안과 조치는 모든 정당의 찬성으로 통과되었고, 일부는 프랑스 민주연합의 지지만으로 통과되었다. 어떤 사안은 드골파의 도움으로, 또 다른 사안은 다시 공산당의 도움으로 통과되었다. 정부가 확실한 다수당에 의지할 수 있을 때는 의회가 힘이 없었겠지만, 지금 의회는 힘이 있었다. 로카르 내각(1988~1991년), 그 뒤를 이은 사회당 출신 총리 에디트 크레송(Edith Cresson, 1991~1992년)과 피에르 베레고부아(1992~1993년) 내각은 모두 비슷한 길을 따라갔다. 과세 부담을 직접세에서 간접세로 옮기는 재정 긴축은 레몽 바르가 지킨 프랑화 강화 정책에 바탕을 둔 엄격한 인플레이션 방지 정책과 결합되었다. 실업률은 계속 증가했다. 1982~1988년 평균임금 노동자들의 구매력이 2퍼센트 하락했다. 미테랑 재임 기간에는 빈익빈 부익부 현상이 나타났다.[173] 제조업의 실질 시간급은 대처가 집권하던 영국이나 콜 재임 시절 독일에 비하면 훨씬 낮은 비율로 인상되었다(독일 블루칼라의 높은 구매력은 고용과 공공 부문의 수입을 대가로 얻은 결과다).[174]

정부가 사회주의에서 얼마나 벗어나 헤매는지 강조할 때를 제외하고는 사회당 문건에서 사회주의에 대한 언급이 아예 사라졌다. 1989년에 새로운 국가 계획이 제시되었을 때 리오넬 스톨뤼Lionel Stoleru 장관은 다음과 같이 공표했다. "사회주의 계획과 자본 과세 수준을 축소하는 경우를 인정하는 계획 사이에 특정한 이념적 차이가 있다. 그 부분은 의심할 여지가 없다. 하지만 이 계획은 유럽의 책무를 자각하는 정부가 내놓은 용기 있는 강령이다."[175] 사회당은 쓰라린 경험을 통해 상호 의존이라는 교훈을 얻었다. 이제는 유럽 통합과 그 안에서 프랑스의 역할이 사회당 정책의 주를 이뤘다. 그들은 미셸 로카르가 인정했듯이 일등 연방주의자들이 되었다.

1991년 로카르 임기 말기에 프랑스 경제는 유럽에서 가장 견실한 축에 들었고, 프랑화는 세계에서 안정된 통화 중 하나로 꼽혔다. 재정 적자와 물가 상승률이 잘 관리되었고, 독일과 금리 격차가 줄었다. 또 OECD의 높은 지지를 얻는 국가가 되었다.[176] 하지만 이 모든 것은 아무 소용이 없었다. 정부는 점점 더 기진맥진한 듯했고, 이렇다 할 목적도 없어 보였으며, 이따금 터지는 금융 스캔들로 여기저기 썩어들었다. 인플레이션을 방지하려는 정부의 열의는 고금리 정책으로 프랑화를 지키길 고집하는 데까지 이르렀다. 사실 그 정책은 일자리에 부정적인 영향을 미치는데도 정부가 강행한 것이다. 소련이 해체되고 사회주의는 지난날의 헛된 희망이 된 것 같았다. 1993년 사회당은 완전히 무시당하는 처지가 되었다. 1988년에 37.5퍼센트였던 지지율이 17.6퍼센트로 하락했다. 1988년에는 의석수가 276석이었는데 이제는 54석에 불과했고, 득표율 39.5퍼센트로 460석을 확보한 우파와 함께 동거 정부를 구성하게 되었다. 자기 의석을 잃은 미셸 로카르는 사회당의 새로운 수장이 되었다. 1년 뒤 그는 유럽 선거에서 패하고 자리에서 물러났다. 유럽의 사회주의는 또 다른 전투에서 패배했다. 어쩌면 몇몇 비관론자들이 결론지었듯이 모든 전쟁에서 패배했다. 새로운 중도 우파 정부는 국제적인 투기에 굴복했고, 사실상 유럽환율조정장치 ERM의 변동 대역을 확대하면서 1993년 여름에 프랑화를 평가절하했다.

1980년대 프랑스에 나타난 우경화 양상은 유럽의 나머지 국가에서도 나타났다. 이는 앞에서 다룬 네덜란드와 벨기에, 스웨덴과 오스트리아, 영국과 독일에 대한 분석에서 확인할 수 있다. 프랑스의 변화에서 구별되는 점은 정치적 변화와 더불어 지적인 변화가 어느 곳보다 깊이 있게 진행되었다는 것이다. 돌이켜보면 1980년 사르트르Jean Paul Sartre의 장례식은 파리의 지식계급이 파리의 위대한 대표자를 기념한 희곡의 마지막 장처럼 평가할 수도 있다. 그 후 수많은 프랑스 지식인들, 특히 (한때 사르트르와 그 추종자들의 특권이던) 미디어를 접하는 지식층은 신자유주의적 반국가주권주의의 새로운 분야를 준비했다. 그 기본 원리 중 많은 부분은 레몽 아롱 Raymond Aron 같은 이들을 통해 준비되었다. 신자유주의자들은 이전에 좌파 지식인이었는데, 이들은 미테랑의 목적이 프랑스에 새로운 전체주의를 확립하는 것인 듯 프랑스 사회당에 등을 돌렸다. 이 지식계급은 몇 년 전에 이탈리아에서 이 전투를 치렀다. 이탈리아에서 가장 문명화된 행정기관이 있는 곳, 즉 공산주의자들이 이끄는 볼로냐Bologna로 몰려들었다. 지식계급은 시대착오적인 태도를 고수하는 스탈린주의자들의 도당이 관리한다는 듯 볼로냐를 불시에 습격했다. 그런 전력이 있는 그들이 이제는 하이에크Friedrich von Hayek를 부활시켜 강경한 목소리를 냈다. 그들의 선언에 따르면 사회민주주의는 농노제로 향하는 길이고, 노조는 자유에 대한 위협이었다. 그리고 데탕트는 소련이 억압적인 강제 노동 수용소 체제를 유지할 수 있게 하는 음모이며, 실업은 사회적 규제로 유발된 것이었다.[177]

   1993년에 사회주의자들이 패배했을 때 그들이 양도한 경제는 1981년에 처음 관리하기 시작했을 때보다 훨씬 튼튼하고 안정된 모습이었다. 이 점은 그들이 공로를 인정받지 못한 부분이다. 하지만 그들이 남겨준 프랑스는 관대함이 줄어든 국가였다. 이제는 인구의 10퍼센트가 넘는 사람들을 배후에 둔 인종차별주의 단체와 일부 보수적인 장관들이 공개적으로 지지하는 반反이민 압력단체가 있는 국가가 되었다. 이민자들에 대한 공격이 끊이지 않고 외국인 혐오증이 점점 깊어졌다. 이것이 비단 프랑스의 현상은 아니었지만, 거의 10년간 사회당 정부가 이어졌는데도 프랑스 내에 민족적 우월감이 강화되는 것을 막지 못했다. 미테랑의 정치 실험 말미에 프랑스 좌파는 역사상 어느 때보다 무기력해 보였다. 이렇다 할 생각도 희망도 없고, 지지도 받지 못하는 집단 같았다.

20장

이탈리아 공산주의의 실패

관례적으로 이탈리아 좌파와 프랑스 좌파는 자주 비교선상에 오른다. 다른 서유럽 국가들과 달리 양국에는 강력한 공산주의 정당이 있었다. 냉전 초기(1947년)부터 미테랑이 선거에서 승리한 1981년까지 양국은 좌파 정당이 권력을 얻는 데 성공하지 못했다. 양국 다 중도파 연합(프랑스는 1958년 이후 드골파가 이끄는 연합, 이탈리아는 1947년 이후 기독민주당이 이끄는 연합)이 정권을 유지할 운명처럼 보였다.

양국이 다른 점도 상당히 많다. 프랑스의 드골파 연합은 두 좌파 정당이 서로 이해하는 데 필요한 환경을 조성했다. 공산주의자는 물론 사회주의자까지 좌파 전체를 정권 바깥에 잡아둔 덕분에 얻은 결과였다. 득표수를 최대한 높이기 위해 같은 '과'에 속하는 정당들이 2차 선거에서 일종의 합의를 보게 만드는 결선투표제(두 번에 걸쳐 투표하는 선거제도)를 채택한 것 역시 한몫했다. 그런가 하면 이탈리아에서는 기독민주당이 1960년대 초반(프랑스 사회당이 야당에 다시 합류한 시점) 사회당을 중도좌파 연합에 합류시킴으로써 좌파를 분열시킬 수 있었다. 이탈리아 좌파의 분열은 비례대표제 때문에 심화되었다. 각 당은 선거 기간 동안 자기 당의 득표수를 최대한 높이고, 다른 모든 정당과 차이를 강조할 수밖에 없었다. 강령이 유사한 경우가 많은 사회주의 세력과 공산주의 세력은 선거 기간에 최소한의 협력 관계만 유지했다.

13장에서 살펴봤듯이 이탈리아 기독민주당DC과 사회당 연정은 1969년 '뜨거운 가을'(노동자와 학생의 대투쟁이 벌어진 시기로, 1968년에 시작된 학생운동을 이어받은 일련의 저항운동이 전개되었다—옮긴이)에 벌어진 노동조합의 맹공격에 의기소침해진 모습을 보였다. 사회당 지도부는 중도좌파 연정이 보다 급진적인 조치를 취하도록 강제할 가능성이 있는가 하는 점에 비관적인 입장이 되었다. 지도부가 보기에도 점점 명백해지는 부분이 있었다. 자기들이 국가가 직면한 주요 문제 중 어느 것도 해결할 능력이 없는, 정부의 후원자 같은 존재로 보인다는 사실이었다. 이 시기 국가 주요 사안에는 1969~1970년에 노조가 실현한 대규모 임금 인상에 따른 국제경쟁력 하락, 점점 무능해지는 국가기구와 공공 행정기관, 북부와 남부의 사회·경제적 격차 등이 있었다.

이런 전반적인 위기 상황, 노동운동으로 성취한 새로운 정치적 비중, 기독민주당에 대한 사회당의 불만으로 공산주의자들은 권력 획득에 필요한 전략을 보다 분명하게 구체화해야 했다.

영국은 득표수와 의석수를 최대한 확보하는 것이 정권을 획득하는 데 유일한 필요조건이다. 유럽의 나머지 국가에서는 정당들이 최대한 많은 표를 얻어야 할 뿐만 아니라 다른 정당들과 연합해야 한다. 득표수와 동지는 이탈리아 공산당에게 동일한 강도로 적용되는 필요조건이었다. 그러나 이 당이 직면한 문제점은 더욱 복잡했다. 수많은 정당들이 경합하는 비례대표제에서 득표수를 높이기란 양당 체제보다 훨씬 어려운 법이다. 불만스러운 유권자들 입장에서는 비례대표제가 선택의 폭이 넓다. 공산당은 1946년에 20퍼센트 조금 못 미치는 득표율로 시작해서 1972년 27.2퍼센트에 이르렀다. 공산당이 자력으로 절대다수를 확보할 수 있었을 것이라는 가정은 비현실적인 추측이다. 프랑스식 좌파 연합 전략, 이를테면 이탈리아 공산당과 사회당의 동맹이 실제로 가능했을까? 두 정당의 득표율 합계는 1946년 이래 거의 달라지지 않았다. 1946년 39.7퍼센트, 1953년 31퍼센트, 1958년 35.3퍼센트, 1963년 39.1퍼센트였다. 1968년에는 사회당과 반공산주의에 충실한 사회민주당이 선거에서 함께 싸워 14.5퍼센트를 얻었다. 반체제 사회주의 세력은 4.5퍼센트, 공산당은 27퍼센트를 얻었다. 이 수치를 다 합해도 불가능해 보이는 연합이 얻는 득표율은 46퍼센트에 불과하다. 연합한 사회주의 정당은 또다시 와해되었고, 1972년에는 공산당과 사회당의 득표율 합계가 36.8퍼센트로 1946년 결과에 훨씬 못 미치는 수치였다.

 이런 계산법이 고려하지 못한 부분이 있다는 주장도 나올 만하다. 프랑스 유권자 중 상당 부분이 좌파 연합을 지지하기 위해 중도파 정당들을 저버린 경우처럼, 이탈리아의 새로운 유권자 세대 역시 믿을 만한 좌파 연합에 투표하도록 설득당할 가능성을 왜 감안하지 않느냐는 뜻이다. 이 전략이 성공하려면 사회당이 기독민주당과 장기적 동맹을 포기하고, 야당인 공산당과 함께할 필요가 있었을 것이다. 이렇게 되면 기독민주당은 남아 있는 세 '합법적인 정당', 즉 중도파 정당인 공화당, 자유당, 사회민주당의 지지에 전적으로 의존할 수밖에 없었을 것이다. 적어도 극우파인 이탈리아 사회운동당MSI이 품위 있는 정치의 범위에서 벗어나 있는 한 대안이 없었을 것이다. 이런 중도파 연합은 이탈리아인이 보기에도 불안정했을 테고, 1972년 선거에서 고작 18표 차로 하원 과반수를 차지했을 것이다. 엄격한 정당 규율이 부재했다는 점을 감안하면 이 득표차는 이탈리아를 효과적으로 통치하기에 부족해 보인다.

이와 같이 사회당은 중대한 동맹에서 핵심이 되는 존재였다. 그들은 기독민주당 '중도좌파' 연합을 지지하느냐, 공산당과 함께 연합 전선을 구축하는 방향으로 나가느냐 선택할 수 있었다. 공산당이 애초에 채택한 전후 전략은 1950년대 후반에 폐기되었다(10장 참조). 1970년이 되자 중도좌파 선택권조차 다 써버린 것 같았다. 1960년대 기독민주당과 사회당 연합의 성과는 거의 없다시피 했다. 종합 교육과 졸업 연령 연장은 예외로 하더라도 사회당의 지지를 받은 어떤 개혁도 실현되지 못했다. 마침내 실행된 개혁은 1968년 학생들의 동요와 1969년 '뜨거운 가을'에 드러난 노동계급의 투쟁 본능에 겁먹은 반응이었을 뿐이다. 이런 일들이 자극제가 되어 기독민주당은 지역 체계와 노동자 법령(13장 참조) 같은 데서 크게 양보했다. 1970년에 사회당원 로리스 포르투나Loris Fortuna와 자유당원 안토니오 바스리니Antonio Baslini가 제안한 이혼 합법화 법안이 의회에서 승인되었다. 이것은 전후 처음으로 기독민주당의 반대를 무릅쓰고 통과된 중요 법안이다.

1970년 즈음 사회당은 중도좌파 정부가 사회변혁의 대리인이 될 수 없다고 생각했지만, 공산당을 두둔하며 기독민주당을 저버리는 짓은 하지 않았다. 여기에는 여러 가지 이유가 있었다. 여당은 정권을 포기하고 싶어 하지 않는다. 새로운 애착 관계가 형성되고 새로운 기대가 생겨나게 마련이다. 사회당은 집권하는 동안 나름대로 지지층을 확보했고, 지지자들에게 일자리도 제공했다. 사실 정권을 유지하는 데 상당한 부담감이 있었다. 사회당은 임기 동안 공산당이나 다른 정당의 표를 사회당으로 돌려놓는 데 실패했다 해도 기독민주당과 이어진 모든 다리를 차마 끊어버리지 못하고 주저했다. 그런 연결 고리를 다 끊었다면 자신들이 애초에 중도좌파에 합류한 게 잘못이었고 반체제 좌파 사회주의자들, 이른바 '탱크병'(1956년 부다페스트Budapest 거리의 러시아 탱크 대열을 지지했기 때문에 일컫는 말)이 정당을 떠난 게 옳았음을 공개적으로 인정하는 모양새로 비쳤을 것이다.

하지만 사회당은 1972~1973년 정권에 들어서길 자제하고, 자기 입장을 다시 생각했다. 결국 앞서 열거한 이유들 때문에 정부에서 기독민주당과 재결합했다. 이렇게 된 데는 예상 밖의 활로 역할을 한 공산당의 격려도 한몫했다.

공산당 서기장 엔리코 베를링구에르는 1972년 10월 27일 정당 주간지 『리나시타Rinascita』에 논설을 실어 사회당에 대한 입장을 정리했다. 그는 사회당이 공산당과 상당히 다른 특징이 있다고 기술했다. 사회당은 자기만의 특수성이 있다. 이 부분은 분명 존중받아야 한다. "서로 차이가 있다면 자매 정당은 도움이 된다. 근본적으로 똑같은 쌍둥이 정당은, 설령 그것이 가능하다 해도 존재 자체가 불필요할 것이다."¹ 그는 노동조합이나 지방정부 내 상호 협조를 방해하는 것, 사회당 고유의 특징을 없애는 것이 결코 사회당이나 공산당의 이익을 위한 일이 아니라고 했다.² 이탈리아 정치 체계는 영국과 달리 양당제가 아니었기 때문에 하나로 통일하는 시도를 하지 말아야 한다. 두 반대 세력의 국가 양극화는 좌파를 위한 일이 아니었다. 이탈리아에서는 '민중운동'의 구성 요소가 공산주의자, 사회주의자, 가톨릭교도였다.³ 좌파의 임무는 세 세력이 합의하기 위한 준비를 하는 것이었다. 사회당은 그런 협상을 실현 가능하게 하는 임무를 맡았을 것이다.⁴ 비록 사회당이 기독민주당과 함께 정권 내에 있고 공산당은 야당이었어도 공산당과 사회당의 협력은 충분히 가능한 일이었다. 그 둘은 여전히 '공통의 보편적 전략'을 공유할 수 있었다. 베를링구에르는 "당연히 우리는 사회당이 정권에 진입하는 것을 원칙적으로 반대하지 않는다"고 덧붙였다. 이것은 '민주주의적인 대안'을 준비하는 과도기적 단계일 것이다.⁵

이탈리아 정치 언어 특유의 모호함을 감안하면 이 정도는 전달하는 바가 꽤 명확한 편이었다. 적어도 신입 당원에게는 무리 없이 전달되는 내용이었다. 공산당의 목적은 좌파의 통일전선(프랑스 모델)이 아니었다. 베를링구에르가 공산당 13차 전당대회(1972년 3월)에서 공표했듯이 좌파의 통일은 이탈리아 정치의 틀을 깨는 데 꼭 필요하지만 불충분한 조건이었다. 가톨릭 세력 또한 포함할 필요가 있었다.⁶ 그러는 동안 사회당은 당의 목적이 과거와 같지 않은 한, 다시 말해 공산당을 야당으로 영원히 고립시킨 채 이탈리아 사회를 개혁하겠다는 야망을 품지 않는 한 정부에 속해 있는 편이 나았다. "우리는 사회당의 역할이 정권 내에 있는 것이고, 공산당의 역할은 야당에 남는 것이라는 생각을 배격한다."7 사실상 베를링구에르는 사회당이 공산당의 트로이Troy 목마가 되길 요청하고 있었다.

베를링구에르가 불가피한 상황을 받아들였을 뿐이라는 주장이 나올 만하다. 그는 사회당이 연정으로 다시 진입하리라 예상했다. 공산당 입장에서는 태연한 척하며 사회당과 관계가 더 악화되지 않도록 자제하는 편이 나았다. '세 가지 위대한 대중 전통, 즉 공산주의자, 사회주의자, 가톨릭교도'의 협력을 통해서만 이탈리아가 달라질 수 있다는 공산주의의 논지는 13차 전당대회에서 공식적으로 승인받았다.8 이는 맨 처음 톨리아티Palmiro Togliatti가 제안한 의견, 즉 정권에서 '가톨릭 대중'을 배제하면 위험해진다는 견해를 반영했다. 저항운동이 벌어지던 시기에 시작된 이 전략은 냉전(5장 참조) 초기까지 지지받았다. 이것은 한 번도 전량 폐기된 적이 없는 전략이었다. 1960년대 초반 사회당이 기독민주당과 힘을 합쳤을 때 톨리아티는 온건 노선을 택해 기독민주당과 동맹 원칙보다는 공산당을 고립시키려는 시도를 비난하는 태도를 취했다. 이처럼 그는 사회당과 공산당의 완전한 단절을 피하는 방향으로 나갔다. 당시 공산당은 이탈리아 노동총동맹CGIL과 지방정부에서 협력을 이어가고 있었다. 이와 같이 베를링구에르의 글은 확고부동한 전략의 맥락에서 읽혀야 한다.

1년 뒤 베를링구에르가 그 전략을 '새롭고 위대한 역사적 타협compromesso storico'이라고 명명했을 때 모든 것이 확실해졌다. 그는 레닌Vladimir Ilich Lenin에 대한 언급(명백히 전통으로 돌아가는 이런 행보는 언제나 정치적 혁신의 경계 신호가 된다)을 거의 하지 않았지만, 레닌 본인이 진지한 타협을 싫어하지 않았다는 점은 분명히 짚어주었다. 레닌은 처음에 브레스트리토프스크Brest Litovsk의 평화를 걸고 제국주의 독일과 타협했고, 신경제정책New Economic Policy을 도입했을 때는 시장경제와 타협했다. 정치적 타협은 1970년대에 가장 많이 논의되는 새로운 정치 계획으로 순식간에 자리매김했다. 베를링구에르는 1973년 9~10월 『리나시타』에 논설 세 편을 실으며 정치적 타협에 대해 제안했다. 이런 제안이 나온 이유는 칠레의 살바도르 아옌데Salvador Allende가 이끄는 사회주의와 공산주의 연정(인민연합UP)을 축출한 쿠데타 때문이다. 칠레에 대한 논설 세 편은 베를링구에르의 전략적 재능을 가장 대표적으로 표현하는 동시에 이탈리아 공산당의 정치적 접근법의 결함을 공개하는 것이기도 하다. 논설의 목적은 이탈리아에서 "좌파 정당들이 득표수와 의석수에서 51퍼센트를 얻는 데 성공한다면, 51퍼센트를 대표하는 정부의 생존을 보장하기에 충분하다고 가정하는 자체가 환상에 불과하다"는 이유를 설명하기 위함이었다.9 베를링구에르의 설명에 따르면 이탈리아 공산당은 이탈리아가 미국이 장악한 정치-군사 연합에 속해 있다는 점을 '근본적인' 사실로 인정해야 하는 것과 이로 인해 그들의 모든 행동이 제약을 받는다는 것도 알고 있었다.10 1945년의 그리스 공산주의자들처럼 이 점을 이해하지 못한 이들은 값비싼 대가를 치렀다. 그들은 패배했고 지하 세계로 내려갈 수밖에 없었다.11 베를링구에르는 다소 학자 티를 내며 이렇게 설명했다. '개혁 전략'은 노동계급 그 이상을 아우르며, 최대 가능한 인구 비율을 포함하는 사회적 '연합'에 의해 지속될 필요가 있다.12 좌파 정당들로 구성된 연정은 중도 우파가 극우파와 연합 진영을 결성하게 만드는 자극제가 될 수도 있다. 역사적 타협은 기독민주당을 진보적인 연정에 참여시킴으로써 기독민주당이 우편향으로 움직이는 것을 막았을 것이다. 베를링구에르의 설명에 따르면, 이탈리아의 기독교 민주주의가 자본계급의 전유물은 아니었다. 기독민주당은 중산계급과 하위 중산계급의 정당이기도 했으며, 수많은 노동자와 농민, 여성과 젊은 층의 지지를 받았다.[13] 베를링구에르가 덧붙였듯이 기독민주당은 1960년에 탐브로니Fernando Tambroni 정부처럼 극우파와 또 다른 동맹을 시도할 수 없었다. 단기간에 생명을 잃은 탐브로니 정권은 널리 퍼진 대중적 적대감 때문에 붕괴하고 말았다. 사회주의 세력과 함께한 중도좌파 정부도 실패했다. 1972~1973년 중도파 정부가 간신히 얻은 과반수는 국가를 통치하기에는 힘에 부쳤다.[14] 기독민주당은 막다른 골목에 다다랐고, 1944~1947년의 '역사적 타협'이라는 말이 처음 등장한 이래 그 어느 때보다 공산당과 타협에 순응하는 입장이 되었다.

가톨릭계가 정치적 혼란에 빠졌다는 증거가 점점 더 많이 나오자, 낙관주의와 위안의 분위기가 조성되었다. 가톨릭교도 노동자들의 노동조합 연합인 이탈리아 가톨릭노조연맹CISL은 '뜨거운 가을'의 경험에서 벗어난 다음 기독민주당에서 보다 독립적 자세를 취하며 사회주의와 공산주의 연합체인 이탈리아 노동총동맹, 사회민주주의 연합체인 이탈리아 노동조합연맹UIL과 긴밀한 공조 관계를 맺고 싶어 열을 올렸다. 가장 힘 있는 노동계급 가톨릭 협회이자 수년간 기독민주당이 선거상의 이해관계를 위해 마음대로 이용하던 이탈리아 기독교노동자협회ACLI는 좌파로 이동했다. 1972년 4월 12차 전당대회 때 기독교노동자협회는 모든 정당에서 정치적으로 독립할 것을 선언하는 동시에, 반자본주의와 사회주의 '계급

위치'(공산주의자들조차 삼가기 시작한 표현)를 채택했다고 공표했다.¹⁵

가톨릭계에서는 세계적인 문제인 심각한 불평등에 맞서 가난한 이들과 함께 싸워야 한다고 강조하는 '해방신학'(라틴아메리카 가톨릭 국가들에서 발전한 기독교 운동으로, 교회의 정치 참여와 사회참여를 강조함—옮긴이) 교리가 점점 힘을 얻었다. 이탈리아에서는 고위 성직자들의 지지를 받는 좌파 성직자들이 전에는 절대 타협하지 않던 반공산주의를 포기하고 1960년대 정신을 포용했다. 기독민주당에서는 중도좌파 연정의 설계자 중 한 명이던 일류 책략가 알도 모로Aldo Moro가 공산당과 심도 있는 대화를 했다. 그는 공산당을 '파시스트의 위협'에 맞서는 이탈리아 헌법의 보증인 가운데 하나로 여겼다.¹⁶

이 모든 상황은 이탈리아가 변할 준비가 되었다는 신호로 보였다. 상승세였지만 신중함을 잃지 않고 융통성 있게 처신하고 싶어 하던 공산당은 기력이 바닥난 기독민주당의 동업자가 될 수 있었다. 베를링구에르의 분석을 보면 공산당은 중도파 없이 통치할 만큼 강한 정당이 아니고, 기독민주당은 이제 옛날 방식으로 통치할 수 없다는 설명이 나온다. 그의 분석은 오토 바우어가 파시즘의 주장에 대해 연구한 내용을 연상시켰다. 그의 연구에 따르면, 독자적으로는 완전한 장악력을 확립할 수 없던 두 주요 정당의 불안정함과 힘의 불균형 때문에 독재적인 정당이 나올 수도 있다. 다시 말해 법질서를 기반으로 한 독재적인 정당이 나타날 환경을 조성할 수도 있다는 뜻이다(3장 참조). 민주주의를 수호하기 위한 연합을 통해 이런 가능성을 사전에 방지하는 것은 두 세력권의 이익을 위한 일이었다.

기독민주당은 지속적인 지지를 받았다. 그 바탕에는 종교적 신앙이나 미국의 지원만 있었던 게 아니다. 든든한 근거라고 할 수는 없지만, 물질적인 근거가 있었다. 즉 비교적 가난한 국가였다가 세계 최고의 부국 대열에 합류하기까지 기독교 민주주의에서 이탈리아를 바꿔놓은 눈부신 성장과 번영이 기독민주당의 중요한 지지 기반이었다. 지속적으로 확대되는 민간 부문에 흡수될 수 없거나 이를 꺼리는 사람들은 급격히 늘어나는 국영 부문에서 일자리를 찾았다. 국영 부문에 인원을 초과 배치한 듯했지만, 그럼에도 국영 부문은 정규 임금이 후하게 분배되었고 일자리도 안정적이었다. 기독교 민주주의에 고마워할 이유가 아주 많았다. 민주정치에서 고마움은 표로 보답 받는다. 그러나 황금 알을 낳는 거위인 자본주의가 성장을 멈춘다면 어떤 일이 벌어지겠는가? 국가 예산에 대한 거리낌 없는 태도에 매수돼 지금까지 뇌물 아닌 뇌물을 받던 시민들이 여전히 기독민주당과 그 동맹에게 투표할까? 석유파동으로 촉발된 경제 위기가 급속도로 심화되면서 베를링구에르의 전략에 힘을 실어주는 듯했다. 기독민주당이 1958~1963년 호황의 끝을 홀로 맞닥뜨리지 않기 위해 사회당을 정부로 데려온 것과 마찬가지로 자본주의 황금기가 끝나가는 시점에 공산당과 합의할 수밖에 없을까, 아니면 경제 위기 때문에 우경화될까? 과연 1970년대에 원초적 파시즘 정권이 도래할까?

당시 사람들은 그렇게 생각할 수도 있었다. 1970년대에는 파시즘의 위협이 실제처럼 보였다. 1970년 전직 흑셔츠 당원(파시스트당 일원)이던 주니오 발레리오 보르게세Junio Valerio Borghese는 우천으로 취소된 어이없는 쿠데타를 시도했다. 1971년에는 나폴리Napoli

출신 우파 기독민주당원 조반니 레오네Giovanni Leone가 네오파시스트인 사회운동당의 결정적 지지에 힘입어 이탈리아 공화국의 대통령으로 선출되었다. 1972년에는 사회운동당이 8.7퍼센트를 얻었는데, 이 수치는 그때까지 기록한 가장 좋은 결과였다. 1969년 이후에는 우파 과격주의자들이 이탈리아 비밀 정보기관의 의심스러운 묶인 아래 테러 작전을 시작했다.[17] 우파 테러리스트들이 전후 이탈리아 역사에서 가장 충격적인 유혈 사태와 관련되었다는 정황증거가 충분했다. 1969년 12월 밀라노Milano 농업은행 폭발 희생자 17명, 1974년 5월 28일 브레시아Brescia의 로지아 광장Piazza della Loggia 반파시스트 시위 희생자 8명, 1974년 8월 4일 피렌체-볼로냐 기차의 사망자 12명, 1980년 8월 2일 볼로냐역의 85명. 이 모든 대량 살육에 관한 전모는 여전히 밝혀지지 않았다.

반파시즘은 또다시 국민 단결의 상징이 되었다. 이로 인해 공산주의 전략이 도움을 받았고, 권력으로 부패한 기독민주당도 공산당의 격려를 받아 일종의 정치적 엄정성을 되찾았다. 우파 성향이 깨끗이 씻긴 기독민주당은 공산당에게 역사적 타협을 위한 이상적인 파트너였다. 베를링구에르의 시나리오는 2차 세계대전 직후의 결정적 시기로 돌아가기 위한 시도였다. 그 시기에 공산당은 거국일치내각에 있었고, 반파시즘은 저항운동 시절 함께 싸운 정당들을 하나로 모으는 이념적 접합제 역할을 했다.

기독민주당은 곤경에 빠지긴 했지만 여전히 가장 강력한 정당이었고, 이탈리아 정치 체계에서 부동의 중심처럼 보였다. 공산당은 소련과 관련성이나 반공산주의 시절로 인해 불리한 조건을 안고 있었다. 그렇지만 이탈리아 국민이 경험한 사회 변화가 준 새로운 기회를 포착, 신중하게 이용했다. 학생들의 동요와 '뜨거운 가을'은 기독교 민주주의 정권의 안정감을 확실히 떨어뜨렸다. 권력 쟁취를 위해 의식적으로 민주적인 노력을 쏟고 점진적인 노력을 기울이는 가운데 자극을 받는 사회운동도 있다. 하지만 학생들의 무정부주의적 기동력이나 (주로 북부 지역) 노동자들의 노동운동이 공산당에게 그런 사회운동을 마련해줄 가능성은 별로 없었다. 수많은 학생 운동가들은 1973년에 전열을 가다듬어 강성 레닌주의자나 무정부주의자 조직을 재편성했다. 곧 테러리즘에 빠져 변질될 수 있는 이들, 공산당을 혁명의 최대 배신자로 여기는 깊은 증오심에 빠진 이들이 있었다. 어떤 학생들은 지난 60년 유럽 역사를 전혀 알지 못하면서 여전히 혁명기의 망상을 찾아 헤매며 1917년 10월을 재현하려고 했다. 노동자들의 동요는 혁신적이고 급진적으로 전개됐지만, 그들의 요구는 노동시간과 노동조건, 임금 같은 전통적 노동조합의 요구나 더 나은 집과 학교, 의료 서비스 같은 전통적 사회민주주의의 요구로 나타났다. 이런 요구는 공산당이 야당에서 추진할 수 있거나 자원이 허락한다면 정부가 해결할 수 있는 것이었다.

베를링구에르의 분석은 냉정하고 현실적이었다. 야당의 지도자가 자기 당에 가해진 제약을 직시하고, 전 국민 앞에서 가능한 선택 사항을 공개적으로 살펴보고 타협의 필요성을 설명하는 동시에, 낙관적인 표어를 내걸어 추종자들을 선동하길 삼가는 건 드문 일이다.

그렇기는 하지만 역사적 타협 전략은, 칠레 관련 논설에서 드러나고 실제 결과로 이어졌듯이, 결국 실패를 재촉하는 근본적인 전술상의 실수를 초래했다. 첫 번째 실수는 사회당을 당연시한 태도에 있었다. 이것은 당시 사회당 대표 프란체스코 데 마르티노 Francesco De Martino의 친공산당 입장에 힘을 얻어 무의식적으로 취한 태도였다. 공산당은 사회당이 자신들의 원대한 전략 계획을 지지하는 것 말고는 선택의 여지가 없다고 생각했다. 공산주의자들이 항상 이 점을 부인하기는 하지만, 그들은 마치 자신들이 좌파 전체인 양 행동하는 경우가 많았다. 공산당 대표들이 '이탈리아의 위대한 세 가지 정치 전통'을 언급할 때마다 '사회주의자'가 의례적으로 포함되는 것이 사회당 눈에는 형식주의로 비칠 뿐이었다. 지역 단위에서는 공산당이 사회당을 번번이 무시했고, 온 신경을 기독민주당에 집중했다. 그들은 기독민주당과 공산당의 협약이 사회당에 중요한 기능을 부여하지 않은 게 분명한데도 그렇지 않은 듯 처신했다. 나중에 고위 공산당원들이 사회당의 좌절감을 진지하게 받아들이지 못했음을 인정했으나, 늦은 감이 있었다.[18]

좌파의 소규모 정당인 사회당이 주로 자기 당과 자기네 역할을 중시한 면을 충분히 이해할 만하다. 사회당은 공산당이 야당에 머물러 있는지 늘 예의 주시했다. 공산당이 야당에 있어야 사회당이 정치 무대의 중심에 확실히 자리 잡을 수 있었다. 정부를 구성할 수 있고 없음이 사회당의 손에 달렸으니 기독민주당의 진지한 고려 대상이 될 수 있어서였다. 공산당이 야당에 있는 한 사회당은 정부에서 기독민주당의 주요 교섭 대상이 될 수 있었다. 좌파 다수가 존재하는 모든 도시와 지방에서는 공산당과 함께 정권을 잡았고, 그 외 지역에서는 기독민주당과 함께 행정부를 꾸릴 수 있었다. 사회당은 10퍼센트 남짓한 득표율로 어디에서든 권력의 자리를 확보할 수 있었다. 이런 정치적 입지를 지키려면 기독민주당이 집권당이어야 하고, 공산당은 야당에 있어야 했다. 따라서 자기 당의 이익만 살피는 사회당으로서는 대단히 보수적인 세력으로 남는 것 외에 대안이 없었다. 사회당이 1980년대에 줄곧 쏟아낸 현대화에 대한 주장, 기독민주당과 공산당을 구체제의 대표라고 폄하한 비난은 사회당의 처지를 보여주는 것이다.

공산주의자들이 저지른 두 번째 실수이자 보다 심각한 전술상의 실수는 기독민주당과 공산당의 동맹을 통해 궁극적으로 무엇을 성취해야 하는지 진지한 논의를 하지 않았다는 데 있다. 공산당은 '심원'하고 '급진적'인 사회 개혁의 필요성을 줄기차게 언급했지만, 막상 그들이 구체적으로 무엇을 원하는지는 확실치 않았다. 동맹 구축 초기 단계에는 이런 모호함을 간과할 수 있었다. 하지만 기독민주당과 공산당이 정부의 강령을 적극적으로 논의하자, 그 모호한 부분을 대충 넘길 수 있다는 생각은 심각한 판단 착오였음이 드러났다. 재정 개혁이나 의료 개혁을 달성하겠다는 애매한 의도가 실질적인 정책 공약과 같을 수는 없다. 모호함은 모든 정당이 입에 발린 말을 하면서 책임 회피성 조치를 취하게 만드는 원인이 된다.

역사적 타협과 그에 따른 실패에 관해서 많은 내용을 살펴봤다. 여기는 물론 다른 데서도 그 이론상·역사상 선례에 대해 논의했다.[19] 더 자세한 설명이 필요한 부분은 공산당이 취한 전략의 정치적 맥락이다. 베를링구에르는 '진보적 가톨릭주의'와 협력하지 않을 경우 이탈리아에 민주주의가 살아남을 가능성이 희박하다며 극도로 비관적인 관점을 보였다(그는 가톨릭주의의 잠재력을 과대평가한 면이 있다). 그가 비관적 관점을 보인 이유는 다음과 같다. 미국이 알려주고 묵인하고 심지어 장려한 불안정화 정책을 이탈리아 비밀 정보기관이 추구한다는 믿음이 널리 퍼졌고, 소련의 영향권에서 벗어난 이탈리아 공산주의의 독특한 입장을 공감하거나 이해하는 서구 지도자들이 없었다. 선도적 역할을 하는 대다수 유럽 사회민주주의자들이 공개적으로는 말할 것도 없고, 개인적으로도 베를링구에르를 지지하길 거부했다. 해럴드 윌슨과 제임스 캘러헌은 물론 헬무트 슈미트까지 (이탈리아 공산당이 대對동유럽 정책인 동방정책Ostpolitik 발전에 헌신했음에도) 이탈리아 공산당이 유럽 좌파 대세(사회민주주의) 집단으로 편입하도록 거들 마음이 없었다. 1976년 6월 27일 푸에르토리코에서 열린 주요 경제 선진국 정상회담에서는 당시 이탈리아 총리인 알도 모로가 배제된 채 미국 대통령 제럴드 포드, 프랑스 대통령 지스카르 데스탱 같은 보수주의자들과 헬무트 슈미트, 제임스 캘러헌이 비밀리에 회동했다. 6월 20일 선거에서 이탈리아 공산당이 선전해서 생긴 '문제들'을 검토하는 자리였다.[20] 민주적이라고 표방하는 이탈리아 공산당의 주장이 '쓸모 있는 바보들'을 속이는 또 다른 속임수라는 공식적인 견해가 나왔다. 이런 반응은 이탈리아 정치에 대한 무지를 바탕으로 한 것이다. 이탈리아 공산주의에 관한 학문 전체를 살펴보면 비록 공산당에 대한 평가가 갈리기는 하나, 적어도 한 가지 측면에서 같은 의견이 나왔다. 이탈리아 공산당이 진정으로 소련과 관계없는 독립된 이들이며, 서유럽 정당 중 압도적 다수가 그랬듯 의회민주주의에 헌신적이었다는 점이다. 이탈리아 공산당에 비판적인 학자들 사이에서도 서로 다른 평가가 나왔다. 평가는 크게 그 정당이 여전히 사회 변화를 위한 급진 세력으로 여겨질 수 있느냐, 그 당이 아직도 공산주의 운동의 상징성과 수사법으로 뒤덮였지만 사회민주주의 조직으로 존재하느냐로 나뉘었다.[21] 뒤이어 일어난 모든 발전상은 이런 연구 내용의 정당성을 입증했다.

이탈리아 공산당이 국제적으로 고립된 데는 1973년에 남유럽이 대부분 우파 독재 정권의 마지막 보루로 남아 있었다는 사실이 한몫했다. 1967년에 그리스가 스페인과 포르투갈의 우파 권위주의 체제에 합류했다. 그리스는 군부가 지배했고, 군부는 직간접적으로 NATO의 확실한 지지를 받았다. 소련은 물론 일부 기독민주당원도 이탈리아에서 파시스트의 쿠데타가 벌어질 수 있다며 베를링구에르에게 자주 경고했다.[22] 이 모든 것은 공산당이 포위당했다는 인상을 받게 하는 데 일조했다. 불가능한 이야기지만, 1976년 선거에서 기독민주당을 배제한 좌파 정부가 나왔다면 좌파 정부의 국제적 입지는 극도로 불안정했을 것이다.

그렇지만 국내의 상황을 고려하면 국제적 고립 문제는 대수롭지 않다. 기독민주당은 1973년까지 30년간 이탈리아를 통치하면서 전 공무원, 국가 안보 기관, 군대, 공공 부문(대다수 은행 체계, 라디오와 TV 네트워크)을 조직적으로 장악했다. 공익사업 공약 하나도 기독민주당이나 그 연합체의 동의 없이는 실행되기 힘들었다. 공공 부문에서 권한이나 위신을 얻기 위해, 하다못해 우체국이나 공공 운송 기관에서 말단 자리라도 확보하기 위해서는 기독민주당원의 선처를 구해야 했다. 기독민주당은 이탈리아 국민의 어마어마한 저축액이 예금되었고 투자 자금의 원천이 되는 저축은행도 장악했다. 이처럼 광범위한 장악력을 행사하는 정당에 맞서 언감생심 국가 통치의 희망을 품을 수 있겠는가? 사회당이 정부에 속한 동안 얻은 경험은 큰 의미가 있었다. 사회주의자들은 일단 중앙 통제실에 들어가면 국가를 운영할 수 있다고 순진하게 생각했기 때문이다. 하지만 현대사회에서 권력은 분산된 법이다. 어떤 통제실도 일단 습격을 당하면 점령자에게 권력에 대한 환상 그 이상을 허용하지 않는다. 사회당은 인사행정 방해와 지연 전략을 금지하는 합의 법안을 효과적으로 수행하기가 얼마나 어려운지 집권 기간 동안 절실히 깨달았다. 이런 상황에서 빈약한 원내 다수당의 입지를 바탕으로 한 좌파 연합 정부가 기독민주당을 비롯한 기독민주당의 자유주의, 사회민주주의, 공화주의 동맹군의 반대에 맞서 이탈리아를 개혁하고 체제를 바꿀 수 있다는 생각은 세상 물정 모르는 동화 같은 이야기다. 정권에서 배제된 정당들은 불가피하게 우파 쪽으로 더욱 기울 것이고, 국제적(특히 미국) 지원을 받으며 수백만에 이르는 하급 공무원과 지방자치단체 직원, 경찰, 언론인, TV 프로듀서, 우체국 직원 등 기독민주당에 일자리를 빚진 많은 이들의 충성심을 가동할 수 있을 것이다. 마지막으로 기독민주당은 보수적인 도덕성을 수호하는 자리로 급선회해 교회의 강력한 도움을 받고, 자기 당이 통제하는 전 기업가 계층과 신문사에게서 막대한 재정적 원조와 실질적 도움을 받았을 것이다.

역사적 타협의 배경에는 수많은 이야기가 담겨 있다. 그렇지만 베를링구에르의 제안이 나오고 3년 내 벌어진 일들이 이탈리아 공산당의 주도권에 힘을 실어줬다. 남유럽 중에 포르투갈, 스페인, 그리스에 남아 있던 독재 정권이 차례로 실각했다. 세 나라 모두 공산주의 정당들이 합법화되고 즉시 신망을 얻었지만, 스페인 공산당만 이탈리아 공산당의 전략을 모델로 삼았다. 다음 장에서 상세히 살펴볼 텐데, 그리스와 포르투갈에서는 공산주의자들이 전후 중유럽과 동유럽에서 승리를 거둔 '강성의' 전통적 노동자주의 입장을 고수했다. 프랑스의 경우 사회주의자와 공산주의자의 통일 조약은 비록 베를링구에르가 노골적으로 거부한 '인민전선' 전략을 나타내기는 했지만 여전히 유효했다. 베를링구에르는 아직도 혁명의 환상을 들먹이는 포르투갈의 공산주의자들과 거리를 두었고, 프랑스나 스페인과 동맹 관계를 구축했다.[23] 이것이 곧 '유러코뮤니즘'의 탄생이었다. 말하자면 의회민주주의의 가치를 중시하는 유럽식 공산주의를 향한 새로운 노선을 준비하려는 시도였다. 아마 유러코뮤니즘은 프랑스인의 변덕스러운 처사와 당시 스페인 대표인 산티아고 카리요Santiago Carrillo의 괴팍함을 견뎌내지 못했을 것이다. 하지만 유러코뮤니즘은 한동안 서유럽 공산주의, 특히 이탈리아 공산당이 전 유럽 좌파에 호소할 수 있는 강령 역할을 했다.

이탈리아에서는 역사적 타협에 대한 기독민주당의 반발이 일었다. 그러나 기독민주당의 지도자 아민토레 판파니Amintore Fanfani가 주도한 이 반발은 실패로 돌아갔다. 판파니는 1974년 주민 투표를 통해 이혼법 폐지를 꾀한 가톨릭교의 시도를 총괄했다. 유권자 중 절대다수가 이혼에 찬성했다. 결국 판파니는 축출되었고, 베니뇨 자카니니Benigno Zaccagnini와 알도 모로가 이끄는 새로운 팀이 기독교민주주의를 인수했다. 판파니와 그의 지지자들이 택한 반공산주의는 일시적으로 패했다.

1975년 6월 15일 지방선거가 열렸다. 결과는 공산당의 승리라고 볼 수 있었다. 그때까지 공산당이 거둔 결과 중 최고인 34.4퍼센트(1970년 지방선거 때 25.8퍼센트)를 얻었다. 35.3퍼센트까지 떨어진 기독민주당의 득표율과 비교하면 차이가 거의 없어진 셈이다.[24] 사회당도 11.7퍼센트를 얻으며 선전했다. 좌파는 기독민주당과 관계에서 한 번도 상대적 강자인 적이 없었다. 1975년 선거 후 공산당과 사회당 연합이 6개 지역 정부를 인수했고(그 전에는 3개 지역만 관할했다), 30개 주와 29개 주요 도시를 차지했다. 공산주의자나 공산주의의 지지를 받는 시장들이 나폴리, 로마, 토리노Torino, 피렌체, 볼로냐에서 집권하게 되었다. 인구 절반가량이 공산당을 포함한 연정이 통치하는 지역에 거주했다.

이런 성공 덕분에 베를링구에르의 전략이 더욱 힘을 얻었다. 그는 똘똘 뭉친 정당에 대한 자신의 영향력을 공고히 할 수 있었다. 역사적 타협을 둘러싼 모호함은 그 자체가 도움이 되었다. 공산당원들이 각자 원하는 대로 역사적 타협을 해석할 수 있어서였다. 평당원들은 기독민주당을 의심하는 눈으로 보면서도 자기들이 영원히 야당에 머무르는 데 지쳤고, 공산당을 정권 안으로 데려다준다면 어떤 것도 기꺼이 포용하기로 했다. 베를링구에르는 우호적인 입장에서 '서방세계'를 안심시키고자 애썼다. NATO에 반대하는 좌파 정당이 '정상적' 정치 환경에서 NATO 회원국의 정권으로 진입한 적은 없었다. 이탈리아 사회당은 1963년 기독민주당과 손잡고 중도좌파 정부로 들어가기 전에 범대서양주의(서유럽과 미국의 긴밀한 관계와 협력을 강조하는 입장—옮긴이)를 받아들였다. 독일 사회민주당은 기독민주당과 동맹을 맺기 6년 전인 1960년에 NATO에 반대하는 입장을 철회했다. 이탈리아 공산당 입장에서 권력을 얻기 위한 대가는 이탈리아가 서방세계의 국제적 동맹 체계의 일원임을 인정하는 것이었다. 1976년 6월 15일 총선 며칠 전 이탈리아에서 가장 영향력 있는 신문 「코리에레델라세라Carriere della Sera」는 베를링구에르와 인터뷰한 기사를 실었다. 공산당 대표인 그는 이탈리아가 NATO의 일원임을 의심하지 않는다고 설명했다. 자유로이 사회주의를 건설하는 데 NATO가 유용한 방패막이 될 수 있다고 느끼는지 질문을 받은 베를링구에르는 다음과 같이 답했다.25

> 나는 이탈리아가 북대서양조약Atlantic Pact에서 물러나지 않기를 바란다. 우리가 철수하면 국제적 평형 상태가 엎어질 것 같다는 이유뿐만 아니라 이런 이유(자유로이 사회주의를 건설하기 위함) 때문에도 물러나지 않았으면 한다. 지금 이쪽이 더 안전하다고 느낀다.

그런 다음 이렇게 덧붙였다.

> 저쪽, 동구권에 있는 이들은 아마도 우리가 자기들이 원하는 대로 사회주의를 건설하는 모습을 보고 싶어 할 것이다. 하지만 이곳, 서구권에 있는 사람들 중에는 우리가 사회주의 건설을 시작하도록 놔두길 원치 않는 이들도 있다. 우리가 자유를 존중하면서 그렇게 하는데도 말이다. 나는 이쪽이든 저쪽이든 항상 인정받지는 못할 길을 추구하는 것이 우리 입장에서 약간 위험하다는 사실을 절감한다.

그가 안심시키는 차원에서 이런 말을 했어도 절반의 믿음을 주었을 뿐이다. 한쪽에 이탈리아 공산당이 있고 다른 쪽에 독일 사회민주당이나 이탈리아 사회당 같은 정당들이 있는데, 두 그룹의 차이는 어찌 되었건 이탈리아 공산당이 소련과 특정 관련성이 있는 공산주의 정당이라는 점이다. 이탈리아 공산당이 얼마나 단호하게 소련의 외교정책과 거리를 두었든, 동구권에서 사회주의 건설의 틀이 된 정치 형태에 대한 이견을 얼마나 자주 말했든, 민주주의와 의회와 '부르주아' 사회의 모든 기본적 자유를 위해 자신들이 헌신하고 있음을 얼마나 여러 번 상기시켰든, 공산당은 냉전 분열의 잘못된 편에 있는 정당으로 남아 있었고, 아무리 발버둥 쳐도 서구권에 대한 충성심을 의심받는 정당일 수밖에 없었다. 다른 정당들은 공산당이 아니면 일단 '믿을 만한' 정당이었다. (이탈리아의 기독교 민주주의처럼) 아무리 부패해도, (그리스의 군인들과 포르투갈의 안토니우 살라자르António Salazar, 스페인의 프란시스코 프랑코Francisco Franco처럼) 아무리 편협하고 파쇼적이어도, (칠레의 아우구스토 피노체트Augusto Pinochet나 인도네시아의 수하르토Suharto 장군처럼) 아무리 잔인해도 공산주의자만 아니면 그만이었다. 서구 민주주의 관점에서 공산주의자들을 '신뢰할 수 없다'고 여긴 결과는 무시무시했다. 공산주의자에 맞서는 싸움은 자유민주주의의 형식적인 규칙에 제한될 필요가 없었다. 자유를 수호하기 위해서는 어떤 무기든 사용할 수 있어야 한다는 주장이 나왔다. 살인, 테러, 책략, 외부 개입, 뇌물 수수 등 온갖 가증스러운 방법도 동원될 수 있다고 했다. 마치 이탈리아의 민주주의 헌법 옆에 다른 규칙, 즉 성문화되지 않았지만 널리 받아들여진 일련의 규칙이 놓인 것 같았다. 공산당은 유권자의 바람과 상관없이 정권에서 배제되어야 한다고 선언하는 '배제 협정'이 체결된 분위기였다.[26] 그리스에도 이와 비슷한 현상이 나타나 '평행 헌법'이 생겼다. 냉전 정치로 인해 온전한 민주주의를 실현하기 힘들어졌다. 유권자의 결정이 항상 국제적 결과 측면에서 판단되고 정당성을 입증 받아야 했기 때문이다. 서구의 국가 주권이 소련권만큼 극심한 제약을 받은 적은 없었다 해도, 사람들이 자기가 원하는 정부를 선택할 수 있고 잠재적 불안정에 시달리지 않을 것이라고 믿는 이들은 거의 없었다. 이탈리아의 정황상 모든 것이 가능하고 확실해 보이는 환경이 조성되지 않았다면 1970~1980년대에 등장한 음모론의 대중적 파급력이 그렇게 크지 않았을 것이다. CIA(미국중앙정보국)가 알도 모로를 살해했다거나, KGB(소련의 국가보안위원회)가 교황 요한 바오로Joannes Paulus 2세 암살을 시도했다거나, 교회의 고위 성직자들이 (심장마비로 죽은) 전임자를 살해했다거나, 붉은 여단(이탈리아의 극좌 테러 집단—옮긴이)이 위장한 이탈리아 첩보 요원이었다거나, 줄리오 안드레오티Giulio Andreotti가 이탈리아 마피아 우두머리였음을 암시하는 내용이 한번쯤 책이나 영화, 신문 기사에 등장했다. 물론 이 모든 것은 케네디 John Fitzgerald Kennedy 암살을 둘러싼 미스터리 덕분에 충분히 통하는 이야기였다. 미국 대통령이 CIA의 손에 살해되었다는 의견이 제기되자, 어떤 이야기도 가능한 소리로 들렸다.

보통 사람들 눈에는 날마다 벌어지는 정치 상황이 대부분 음모처럼 보인다. 그래서 음모론은 보통 사람들보다 정치인들이 영향을 받는 두렵고 수상쩍은 분위기를 만들어낸다. 공산당 지도자들도 이런 상황에 무관심하지 않았다. 그들은 1976년 6월 총선 성공 이후 지나칠 만큼 신중하고 조심스럽게 행동했다.

이 선거에서 공산당은 전후 최고 득표율인 34.4퍼센트에 도달했다. 사회당의 득표율은 10퍼센트 이하로 떨어졌다. 기독민주당은 1975년에 잃은 지지 기반을 일부 회복해서 38.7퍼센트를 얻었다.

역사적 타협의 관점에서 보면 이것은 칭찬할 만한 결과였다. 베를 링구에르는 공산당이 단독 승자가 아니라는 사실 때문에 기독민주당이 사라질 것으로 본 사람들의 생각이 틀렸다고 꽤 합법적으로 주장할 수 있었다. 뿐만 아니라 (공산당이 늘 내세우는 기치처럼) 아무도 공산당에 맞서서는 국가를 통치할 수 없음이 확실해지고 있으며, 이 이야기를 기독민주당에도 똑같이 적용할 수 있다는 주장도 펼쳤다. 공산당의 관점에서 전반적 결과에 부정적인 점은 사회당이 패했다는 부분이었다. 당시 승리에 도취된 공산당은 사회당이 자존심에 상처를 받고 정권 밖으로 쫓겨나리라는 두려움에 얼마나 억눌릴지 깨닫지 못했다. 사회당 당수 프란체스코 데 마르티노가 1976년 여름에 사임했고, 확고한 반공산주의자 베티노 크락시가 사회당을 쇄신하겠다는 결연한 의지로 수장이 되었다.

선거 이후 의회는 사실상 교착 상태에 빠졌다. 전후 처음으로 '중도파' 연합, 즉 기독민주당을 비롯한 중도파 군소 정당 세 곳이 과반수를 얻지 못했다. 기독민주당은 중도좌파 정부를 재건할 수 없었다. 사회당은 공산당 없이 협력하기를 원치 않았다. 기독민주당 역시 내부 분열을 무릅쓰지 않고는 공산당이 정권에 진입하게 놔둘 수 없었다. 좌파(공산당과 사회당 연합)는 군소 공화당, 사회민주주의당, 급진당, 프롤레타리아 통합 정당들과 함께 다수당을 구축하려고 시도하지 않았다. 이것은 이해할 만한 처신이었다. 어떤 일관성 있는 정책도 조그마한 원내 다수당을 기반으로 이질적인 정당 집합체를 결속할 수 없었다. 공산당은 자기들이 일원으로 포함되지 않은 정부는 지지하지 않을 것이라고 주장할 수도 있었다. 결국 합의에 도달한 복잡 미묘한 해결책은 기독민주당이 줄리오 안드레오티

(한때 기독민주당의 우파이자 친미파의 대표)의 지휘 아래 단독으로 정부를 꾸리고 공산당과 사회당, 군소 사회민주당, 공화당 등이 기권하기를 요청하는 정도였을 것이다.[27]

이것은 공산당이 완전히 합법화되는 방향으로 나가는 움직임으로 보였다. 공산당은 여전히 행정부 바깥에 있었지만 다수의 힘 있는 위원회 회장직을 확보하고 공산당 좌파의 베테랑 지도자 피에트로 잉그라오Pietro Ingrao가 최초로 공산당 하원 의장이 되었을 때, 의회 내 자신들의 영향력을 강화했다. 공산당은 이런 과정이 정권을 향해 가는 첫걸음이라고 믿었다. 이탈리아의 기업 경영자들, 보수적인 유권자들, 미국을 비롯한 다른 국가들은 결국 이탈리아의 공산주의자들을 신임할 수 있다는 사실을 서서히 그러나 확실히 깨달았을 것이다.

이듬해(1977년) 6월, 기독민주당은 공산당을 포함한 모든 정당들과 함께 정부 강령을 협의했다. 이것이 공산당의 본격적 참여로 나가는 또 다른 걸음이었을까? 이듬해(1978년) 3월, 또다시 안드레오티가 이끄는 새로운 기독민주당 단독정부가 출범했을 때도 공산당 입장에서는 상황이 고무적인 듯했다. 새 정부를 둘러싼 힘겨운 협의가 오래 이어졌지만, 공산당은 새 정부가 찬성표를 확실히 보장받았다고 느꼈다. 3월 16일 새 정부는 의회의 지지를 받았다. 하지만 정치적 상황이 급변했다. 그날 오전, 붉은 여단이 모로를 납치하면서 그의 경호원 다섯 명을 살해했다. 테러리스트들은 55일 동안 모로를 감금하고 이탈리아 정부의 공식적 승인을 받고자 했다. 그들은 감옥에 있는 동지 몇 명을 석방하라는 것을 포함해 요구 사항을 전달했다. 정부는 공산당의 지지를 받아 붉은 여단의 협상 요구를 거부하면서 절대 동요하지 않는다는 단호한 입장을 고수했다. 주로 공산주의 세력이 지원하는 대규모 테러 반대 시위가 벌어졌고, 붉은 여단에 대한 혐오감이 확산되었다. 그러나 노벨 문학상을 수상한 시인 에우제니오 몬탈레Eugenio Montale, 소설가 레오나르도 시아시아Leonardo Sciascia 등 저명한 지식인들은 이탈리아 정부를 위해 목숨을 바칠 가치가 없다며 무책임한 발언을 했다. 테러리스트들에게 무참히 살해된 젊은 경찰 다섯 명은 헛된 죽음을 맞았다는 듯한 발언이었다. 공산당은 법질서 수호자이자 민주적 합법성의 보루이며, 헌법의 방패막이 같은 정당이 되었다. 사회당은 비타협적인 모습을 조금 덜어낸 입장을 취하기로 했다.[28] 그 목적은 공산당이나 기독민주당과 거리를 두면서 가톨릭교와 공산주의 '이념'에 맞서는 '인간적인' 면모를 드러내는 것이었다. 이런 입장은 대단한 찬사를 이끌어냈다.[29] 모로를 위해 실질적 결과물을 내야 한다는 압박을 받지 않았으니 이런 입장을 취하기는 쉬웠다. 당시 크락시가 이끄는 사회당은 자기들이 이탈리아 국가와 체제를 통치하는 듯 공산당을 주기적으로 공격했다. 예를 들어 밀라노 중산계급의 유력 일간지 「코리에레델라세라」가 친공산주의 관점으로 추정되는 시각을 보여준다며 이를 비판했다.[30] 이와 같이 크락시는 사회당이 가져야 할 '적법한' 권력의 몫을 쟁취하는 방향으로 새로운 노선을 정했다. 향후 정당으로서 사회당의 관심사는 기독민주당과 경쟁해 국가의 부를 체계적으로 약탈하는 길을 찾는 것뿐이었다. 그러는 사이 공산당은 국가이익을 위해 딱한 수호자 역할을 계속했다. 항상 배제되던 지도자의 위치를 지키며, 산산조각 난 이탈리아를 수호하는 자리에 남아 있었다.

목적을 달성하지 못한 붉은 여단은 모로를 살해하고, 시신을 공산당과 기독민주당의 본부 근처 차 안에 유기했다. 1978년 말에 역사적 타협을 하려는 시도가 실패하고 말았다. 정권 바깥에 있던 공산당은 패배를 맛보았고 회복하지 못했다. 1979년부터 공산당의 역사는 선거 하락세, 당원 감소, 정치적 소외로 점철되었다.

1980년 11월 27일 발생한 지진은 빈곤한 이탈리아 남부 이르피니아Irpinia를 황폐하게 만들었다. 예측 가능한 재난이었다는 유언비어가 돌고, 이탈리아 정부가 긴급사태에 형편없이 대처한다는 여론이 널리 퍼진데다, 구조 팀이 늦게 도착하는 등 혼란이 이어지는 가운데 베를링구에르는 '민주적인 대안'을 위해 역사적 타협 전략이 폐기되어야 한다고 공표했다. 이와 같이 전면적인 방향 전환에서 명확히 드러나는 점은 공산당이 기독민주당과 동반자적 협력 관계를 추구하지 않는다는 것이었다. 대신 공산당은 사회당과 동맹을 추진하기 시작했다. 성의 없는 구혼자가 줄기차게 퇴짜 맞은 건 아니었다. 1976~1979년 사회당이 공산당에게 무시당한 전력이 있는데, 그때 공산당의 주 교섭 상대는 기독민주당이었다. 사회당 하원의원들의 행동이나 생각, 발언이 타당하지 않은 것으로 취급받은 시기였다. 사회당은 이 부분을 아주 많이 의식했고, 법안을 제안하거나 자기들 입장을 언명하는 데 힘을 쏟지 않았다. 1976~1979년 의회에서 통과된 666개 법안 가운데 90퍼센트 이상이 공산당과 기독민주당의 입장을 반영한 것이었고, 사회당의 입장이 반영된 것은 50퍼센트 이하였다.[31] 공산당이 야당으로 돌아가자, 사회당은 자기들이 겪은 굴욕을 확실히 돌려주었다. 기독민주당과 사회당은 이후 수십 년간 전리품 분배를 시작했다. 그들은 잡히지 않을 것을 확신하는 무법자들의 대담함과 오만함으로 무장하고 있었다. 계약을 대가로 민간 부문에서 뇌물을 갈취했고, 자기들끼리 공공 부문 전체를 나눠 먹었다.

1989년 11월 베를린장벽이 무너지자 공산당은 미래가 없는 정당이 되고 말았다. 당명 개칭으로 심각한 분열이 일어났고, 새로운 정체성을 찾기 위한 자기 성찰의 시간이 지난하게 이어졌다. 1992~1993년에 일어난 금융 스캔들이 집권당의 신용을 무너뜨린 뒤에야 공산당의 운이 되살아났다. 하지만 이런 사건들은 탈공산주의 역사에 포함되는 이야기다.

1976년에 공산당은 왜 자기들을 거부한 정부를 지지하기로 합의했을까? 돌이켜보면 이것은 전술상 큰 실수였다. 역사적 타협이라는 개념은 최종적으로 '배제 협정'을 없애야 한다는 필요성에 근거했다. 공산당은 기독민주당 단독정부를 지지하고 내각에서 배제되는 것을 받아들임으로써 자기들의 비합법성을 은연중에 인정했고, 기독민주당(과 미국)이 공산주의자들의 최종 진입과 관련한 조건, 양상, 타이밍에 영향을 끼치는 것을 용납했다. 이 결정에 깊이 개입한 공산당 대표 중 한 명인 제라르도 치아로몬테Gerardo Chiaromonte가 나중에 설명하기를, 공산당은 이것이 정권에 완전히 참여하기 위해 절대 피할 수 없는 첫걸음이라고 생각했다고 한다.[32] 베를링구에르는 공산당이 가만히 앉아서 국가가 침몰할 위기 상황이 '끝나기만 기다리고' 있을 수 없다는 사실을 모든 이들에게 알려야 한다고 강조했다. 공산당은 일종의 의무감을 보여줘야 했다. 치아로몬테도 "우리에게는 투철한 국가적 책임감이 있다"고 밝혔다.[33] 공산당이 정부를 지지하길 거부했다면, 아마도 비슷한 결과가 나오는 (혹은 공산당과 기독민주당 표가 늘어나는) 새로운 선거가 되었을 것이다. 의회가 또다시 교착 상태에 빠진 상황에서는 해결책이 어느 때보다 멀리 있었을 것이다. 공산당이 걱정한 부분은 크락시 휘하의 사회당이 한 번 더 공산당과 결별을 꾀할 것이라는 점, 정치적으로 적당한 대가를 얻는다면 기독민주당과 동맹을 회복하는 데 동의하고 싶어질 것이라는 점이었다.[34] 치아로몬테의 설명이 신빙성 있고 아무도 거기에 반박하지 않는다면, 이 모든 것은 전체 정당 사무국이 정부 지지 결정을 굳건히 지지한 이유를 충분히 설명해주는가? 그 답이 어떻든 공산당은 처음 결정이 내려진 뒤 빠져나올 수 없는 체계 안에 갇혔다고 느꼈음이 분명하다.[35]

공산당을 덫에 빠뜨린 실제 상황은 무엇이었을까? 우선 이탈리아는 유럽 내 어디에도 견줄 수 없는 테러리즘의 격랑 한복판에 있었다. (바더 마인호프Baader-Meinhoff 갱단이 독일연방공화국 역사에 비교적 자잘한 에피소드로 남아 있는) 독일이나 (아일랜드공화국군 IRA이 영국의 정통성을 절대 문제 삼지 않으며 북아일랜드에만 있던) 영국과 비교할 때 이탈리아의 테러 행위는 훨씬 광범위하고 강도 높았다. 특히 청년층과 반감이 많은 지식층의 엄청난 지지를 받았다. 공산당이 믿을 수 있는 정부 실세로 부상하는 동시에 우파 테러를 비롯해 좌파 테러리즘이 출현했다. 1976~1980년에 테러가 가장 많이 일어났다. 1969~1980년에 폭력 행위 7866건이 있었다. 172명이 중상을 당했고, 362명이 사망했다. 주로 좌파 테러리스트 손에 목숨을 잃은 이들 중에는 경찰 65명, 치안판사 9명, 정치인 3명이 포함되었다.[36] 우파의 테러가 무차별적인 반면(앞에서 보고된 브레시아와 볼로냐의 공공장소 폭탄 테러), 좌파의 테러는 분명한 표적이 있었다. 언론인, 지식인, 치안판사(거의 모두 진보적 성향)가 그들의 표적이었다. 좌파 테러가 상당 부분 '사회주의'라는 이름으로 행해졌기 때문에 이탈리아 공산주의자들의 반대파가 테러리스트들의 행위와 공산주의 이념(전체주의, 친폭력, 반민주주의, 반인간적), 공산당의 이념 사이에서 암묵적으로 유사점을 찾을 수밖에 없었다. 공산당은 법과 질서를 존중하는 정당이자, 이탈리아 정부의 일등 수호자가 되는 방식을 통해 반대파에 저항했다. 공산당이 이탈리아 정부와 자기들을 동일시하는 모습을 보면 공산당이 어떻게 공산주의 외피를 폐기하고 사회민주주의를 덧입었는지 드러난다. 이런 이야기의 흐름에서 볼 수 있듯, 정부의 좌파 정당들은 잠재적으로든 실제적으로든 자기들을 철저히 '자신의' 정부(국가)와 동일시했다. 그들은 나름대로 정치적 진화 과정을 거쳤다. 이 국가를 형성했고, 국가에 실체를 부여했으며, 법률제도에 영향을 미쳤다. 또 무수한 유권자들의 지지를 얻었고, 시민사회의 모든 면면에 자리 잡았을 뿐만 아니라, 국가의 정신에 기여했으며, 권한 체계를 이용했다. 이 국가는 그저 자본가들의 국가가 아니었다. 위협적이고 권위주의적인 외부 세력, 아직 정의되지 않은 다른 무엇으로 대체돼 무너지고 만 국가가 아니었다. 이탈리아 공산주의자들은 전후의 새로운 이탈리아 공화국을 위해 저항운동을 벌이는 동안 많은 피를 흘렸고, 의회의 보호를 받는 헌법 초안 작성에 참여했다. 이중 어느 것도 이탈리아의 국제적 '동맹국들'을 감동시키지 못했다. 미국은 중도좌파 정부로 회복하도록 공개적으로 훈수를 두면서 정부에 공산당의 영향력이 커지는 데 불만을 표명했다. 1978년 1월 12일 미 국무부가 공표했다. "우리는 공산당이 참여하는 것을 찬성하지 않는다. 어떤 서유럽 국가에서나 공산당의 영향력이 줄어드는 모습을 보고 싶을 뿐이다."37 공산당의 반테러리스트 정책은 워싱턴에서 아무런 효과가 없었다.

하지만 이탈리아는 단순히 테러리즘에서 보호를 받는 것 이상이 필요했다. 유럽을 에워싼 경제 위기가 다른 나라들보다 이탈리아를 심하게 괴롭혔다. 1970년대 이탈리아 실업률(16장 표 16.1 참조)은 OECD 유럽 국가 중 가장 높았다. 물가 상승률에 대해 말하면, 이탈리아는 복잡한 과도기를 겪는 포르투갈에 버금가는 수준이었다. 1973~1977년에는 리라화의 가치가 계속 떨어졌다. 유가 상승 때문에 올랐던 수입 원가가 리라화 가치 하락으로 더욱 상승하면서 결과적으로 국제수지 적자가 확대되었다. 1974년 초반 물가 상승률을 억제하기 위해 이탈리아은행The Bank of Italy은 강경한 금융긴축 정책을 시행했다. 이로 인해 경기 불황이 악화되었고, 투자가 더욱 감소했다. 이탈리아는 1974년과 1976년 IMF에서 대규모 차관을 받았고, 1976년에는 EEC에서도 차관을 들여왔다.38 이탈리아의 국제 차관 의존도는 1977년 6월 기독민주당, 공산당, 사회당, 중도파 군소 정당 두 곳이 서명한 협정 프로그램Accordo programmatico에 명백하게 나타났다. 이 협정이 명시한 내용을 보면 IMF에 보내는 '협약서'에 정리된 조건에 따르기 위해 공공 지출을 삭감하고, 소비에서 투자로 자산을 전환하며, 생산 비용(임금의 완곡한 표현)을 줄이고, EC와 물가 상승률 보조를 맞출 필요가 있다고 나와 있었다.39 공공 지출을 삭감할 수 있는 방법은 막연한 말로 기술되었다. 공산당에게 가장 중요한 것은 협상국의 일원이 되는 것 같았다. 공산당이 크게 실패한 부분은 허용 가능한 경제정책과 사회정책을 구체화하지 못했다는 것이다. 조르조 나폴리타노Giorgio Napolitano가 자기비판적으로 지적했다시피 기독민주당은 공산당의 실패 덕분에 권력 기반을 튼튼히 해줄 포괄적 합의에 돌입할 수 있었다.⁴⁰

공산당이 맞닥뜨린 주요 문제는 당시 유럽의 다른 모든 좌파 세력이 직면한 문제와 유사했다. 석유파동이 야기한 경기 불황은 원가를 높이고 수익을 줄였다. 중기적으로 보면 성장세로 돌아가기 위해 투자를 늘릴 필요가 있겠지만, 단기적으로 보면 인건비 억제 말고는 별다른 대안이 없는 것 같았다. 1970년대 서유럽 정부는 대부분 노동조합 세력 약화가 바람직하지 못하거나 실행할 수 없는 일이라고 가정했기 때문에 노조를 정치 교섭에 개입시키려고 노력했다. 이런 일이 이탈리아에서도 가능했을까? 표면적으로는 가능해 보였다. 안드레오티 정부는 공산당의 지지가 필요했기 때문에 특수한 상황을 감안한다면 이탈리아 역사상 가장 '좌파 의존적인' 정부였을 것이다. 세 개 노동조합 연합은 정부 내에 '자신의' 정당(기독민주당, 공산당, 사회당 등)을 갖거나 각자의 정당을 지지했다. 1976년 이탈리아의 인건비는 대다수 서유럽 국가보다 급격히 상승했다. 다들 지목하는 주범은 이른바 '물가연동제'였다. 1975년에 합의된 이 제도는 임금이 물가 상승률 퍼센트 포인트별 (백분율이 아니라) 확정 금액만큼 상승하는지에 따르는 물가 슬라이드 임금제였다. 다소 복잡한 이 임금제가 낳은 두 가지 결과는 반드시 짚고 넘어가야 한다. 첫째, 이 체계는 임금격차 축소로 이어졌다. 물가 상승률이 커질수록 저소득층의 비례 증가율이 부유층보다 훨씬 크기 때문이다(이 점은 1975년 7월 영국 노동당 정부의 임금정책 1단계와 비슷하다. 18장 참조). 둘째, 이 체계는 1976년 노조를 임금 인상을 위한 주요 기구로 바꿔놓았다.[41] 노동시장은 비교적 경직되었고, 임금은 자동적으로 인플레이션에 좌우될 수밖에 없었다. 저소득층은 본래 인플레이션에 관심이 있었다. 인플레이션의 영향을 받지 않게 해주는 보호 수준은 생활물가지수를 정의하는 생필품 품목이 어떻게 구성되는지, 모든 재화에서 물가 상승이 균일하게 일어나는지, 인플레이션 수준을 계산한 시점과 임금이 인상되는 시점 사이에 시간적인 차이가 얼마나 있는지에 따라 결정될 것이다. 이런 변수들이 노동조합과 정부의 협상 근거가 되었다.

공산당은 모든 서유럽 좌파 정당들과 마찬가지로 완전고용에 전념했다. 고용을 유지하기 위해 수출은 늘리고 수입은 줄여야 했다. 수출을 늘리려면 경쟁력을 유지할 필요가 있었다. 이를 위해서는 임금 인플레이션을 억제해야 했지만, 물가연동제 때문에 임금 인플레이션이 일어날 수밖에 없다. 석유를 비롯한 수많은 수입품이 수출품 제조에 필요하다는 것을 감안한다면, 수입을 줄이기 위해서 무엇보다 수입품의 민간 소비를 줄여야 했을 것이다. 소비자를 설득해 수입품을 구매하지 않게 하려면 관세나 평가절하 방식으로 이런 제품의 가격을 올리면서 인플레이션을 높이고 향후 임금을 인상하는 식으로 진행해야 했다. 이와 같이 공산당은 호소력 없는 두 가지 정책, 즉 물가연동제를 함부로 변경해서 노동자들의 실질임금을 낮추는 정책과 더 높은 실업률을 용인하는 정책 사이에서 압박받았다. 물론 공산당이 늘 거부하던 보호무역주의, 전제정치 같은 대안도 있긴 했다.

당시 상황에 대한 공산주의자들의 대응법은 위기의 심각성을 강조하는 것이었다. 그들은 자본주의의 위기가 사회 계급 간 힘의 관계를 극적으로 바꿨기 때문에 지배계급이 노동자들에게 희생을 강요할 수 없게 되었다고 강조했다. 이제 희생은 '협상'의 대상이 되어야 했다. 희생의 목적은 경제에 새로운 활기를 불어넣고, 회복세를 형성하고, 고용을 증가시키는 것이어야 했다.42 이것은 역사적 타협에 맞먹는 사회경제적 타협이었다. 다른 서유럽 국가처럼 노동자 측에서 온건한 태도를 보이는 대가로 얻는 것은 정확히 명시되지 않은 사회정책과 산업 정책이었다. 1977년 1월 베를링구에르는 당시의 위기가 그냥 사라지게 놔둬서는 안 될 중요한 기회라고 분명히 밝혔다. 그는 '긴축'이라는 주제로 유명한 연설을 하는 가운데 이런 내용을 전했다. 한번은 로마에서 열린 진보적 지식계급 최고 명사들의 문화 관련 회담이었고, 다른 한번은 밀라노에서 열린 공산주의 공장노동자들의 전국 집회였다. 그는 당을 둘러싼 체계가 붕괴될 때 공산당이 이를 좌시할 수는 없다고 말했다. 긴축은 종전의 체제를 강화해야 하는 경제정책의 의미여서는 안 된다. 긴축은 엄격함과 능률과 사회정의를 의미했다.43 베를링구에르는 로마에 집결한 좌파 지식인들에게 이렇게 선언했다(그들 중 대다수는 절대로 소비 기회를 등한시한 적이 없었을 것이다). 지속적이고 인위적인 소비 확대에 기반한 경제적 발전은 제3세계의 요구나 절박한 사정과 직접적으로 충돌했다.44 희생과 긴축은 그것이 낭비와 불평등, 특권, 무절제한 민간 소비에 맞서는 방향으로 나간다면 꼭 필요한 전략이자 허용 가능한 방침이었다.

이런 주제들 가운데 일부, 특히 소비로 야기된 낭비 문제는 녹색 운동이 벌어지던 1980년대에 제기된 것이다. 1980년대는 과거에 때때로 비판받던 소비사회가 맹렬하게 다시 효력을 발휘하던 때다.

베를링구에르는 부유층(부유한 노동자 포함)과 경제 위기에 특히 영향을 많이 받은 이들 사이에 일종의 연대 협정이 있어야 한다고 제안했다. 이 제안은 격렬한 항의를 불러일으켰다.

거의 20년 뒤 베를링구에르의 연설문을 다시 읽어보면 궁금한 점이 생긴다. 숫기 없는 사르디니아인 상류 부르주아이자, 가진 게 없는 사람들한테서만 진실성을 의심받은 이 사내가 과연 자신을 둘러싼 저속하고 상스러운 사회와 완전히 접촉을 끊고 지냈는지, 아니면 단순히 그의 시대보다 한참 앞서 있었는지가 의문이다.

이탈리아 노동총동맹의 공산주의 노동조합 대표 루치아노 라마Luciano Lama는 1978년 2월 로마 만국박람회 연설에서 긴축 노선을 지지했다. 노동자들이 임금 인상 요구를 완화하고, 사회적 유동성을 인정하고, 더 많은 일자리와 남부의 투자 확대를 대가로 생산성을 높일 수 있다는 것이었다.[45] 이 노선은 조합원들에게 전혀 호응을 얻지 못했다. 가톨릭노조연맹과 노동조합연맹, 노동총동맹 내 사회주의자들까지 공산주의 노동조합원들보다 뚜렷한 반정부 태도를 취했다. 공산당 내부에는 더 많은 반대가 있었다.[46] 좌파 가운데 많은 이들은 베를링구에르가 실제는 기독민주당이 내건 긴축재정의 의미를 받아들였다고 비난했다. 저명한 철학자 노르베르토 보비오Norberto Bobbio를 비롯한 다른 사람들은 손쉬운 인민주의에 굴복하면서 우두머리들이 원한 것이 긴축이라고 지적했다.[47] 얼마 안 있어 공산당은 이른바 자율 운동인 무조직 청년운동의 표적이 되었다. 좌파 테러리스트들을 위한 비옥한 모집 기반인 이런 단체는 무정부주의자, 임시 자유의지론자, 실직한 프티부르주아가 다채롭게 모인 불명확한 응집체를 구성했다. 이들의 '해적' 방송과 잡지는

"미국 지하 세계의 약물, '평화와 사랑'의 사고방식, 성性 해방의 라이히Reichian 개념, 웨더멘(Weathermen : 1970년대에 악명을 떨친 미국의 극좌 테러 단체—옮긴이)과 붉은 여단의 선언문과 성명서, 문화혁명에 대한 공산주의의 환상이 뒤범벅"된 것으로 묘사되었다.[48] 공산당에 대한 환멸이 이런 단체에 한정되었다면 베를링구에르의 계획은 끈질기게 남았을 것이다. 하지만 유권자들과 수많은 공산주의 지지자들 사이로 실망감이 퍼져 나갔다. 지배계급의 긴축과 구별되는 '공산주의적' 긴축의 특징은 전혀 드러나지 않았다. 국민들은 정부가 담배, 휘발유, 전화, 우표, 철도 운임에 새로운 세금을 부과하고 물가연동제를 부분적으로 개혁하는 과정에서 전부 공산당의 지원을 받았다는 것을 알아챌 수 있었을 뿐이다.

시사평론가들이 쏟아낸 글에 나오다시피 이탈리아라는 국가의 집단 기억을 보면 이른바 '국민 단결'의 정권기는 최고의 망각기나 (공산당이 야당이고 나머지 정당은 전부 집권당인) '정상적' 정치가 보류된 짧은 시대로 기억되었다. 공산주의자들 또한 이런 기억 상실에 기여했다. 그들이 승자의 판결을 무기력하게 받아들인 것이 엄청난 실수였다. 그 주역 중 몇몇은 자기들을 지켜보는 관객에게 그 시기의 성과를 상기시키려고 애썼다. 지방의 권한 강화, 임대주택의 보다 공정한 관리, 공영주택 계획, 낙태 합법화, 테러리즘 반대, 정신 질환자 강제 구금 폐지, 공중위생 개혁 등 자신들의 업적을 봐달라고 했다. 하지만 허사였다. 이런 개혁은 대부분 완전히 실패작이었다. 기독민주당이 보기에 개혁 정책은 그저 시간을 버는 특권이었고, 실행 의지가 있는 이들의 통제를 떠난 행정 기구가 그 정책들을 성의 없이 시행했기 때문이다. 베를링구에르가 나중에 인정했다시피 청년고용법은 결국 실패하고 말았다. 세제 개혁도 충분한 성공을 거두지 못했다. 중산계급과 하위 중산계급 사이에 탈세와 절세가 확산된 상태였고, 모든 정당들은 그 계층의 반감을 살까 봐 두려워했다.[49] 민주적 관리 아래 지역사회의 건강을 돕는 것과 거리가 먼 지역 보건 부서는 관직 임명권이 판치는 또 다른 영역이 되었다. 젊은 남자들을 위한 일자리였고, 아주 가끔씩 젊은 여자들에게 기회가 돌아갔다. 지방자치제 개혁은 각 지역에 필요한 재정 자립을 보장해주지 못했다. 정신 질환자들은 정신병원에서 '석방' 돼 거리로 내보내지거나, 운이 좋으면 가정으로 돌아갔다. 하지만 적당한 사회 보호 체계의 지원도 없는 상태에서 미처 준비가 안 된 가정의 보살핌에 맡겨진 셈이다. 이른바 정상임료라는 공정임대료법은 임대 부동산에 암시장 발달을 부추겼다. 긴축재정의 짝은 새로운 산업 정책이었다. 그 정책의 주된 항목은 1977년의 675법이었다. 정부 개입 계획 체제와 각 부문이나 영역 간에 우선순위를 확립하는 임무가 있는 산업정책조정위원회CIPI가 이 법률에 의거해 창설되었다. 모든 것을 감안할 때 675법은 실패작이었다. 위원회는 지나치게 많은 계획을 세웠는데, 그나마 포괄적이고 시기적으로 늦은 사안이 많았다. 비능률적으로 운영되었고 일 처리도 느렸다. 이탈리아 정부가 개입하는 최악의 전통에 따라 이 법률은 여러 가지 문제에 돈을 쏟아붓는 것으로 끝났다. 위원회는 의회, 즉 정당에 대한 지나친 영합 때문에 방해를 받았다. 사실상 유능한 직원이 부족했다.[50]

공산당은 '정부의 정당'이 되려면 정권에 속할 필요가 있다는 사실을 뒤늦게 깨달았다. 공산주의자들은 무력하게 책임감만 있었고, 그것 때문에 비난받았다. 나중에 그들은 자기들이 한 점 부끄럼 없는 자세로 '국민의 단결' 정신에 전념하며 처신하는 동안 기독민주당은 '충실하지 못한' 모습을 보였다고 불만을 토로했다. 이런 용어 사용은 그다지 설득력이 없다. 공산당이 자인한 그들의 목적은 사회주의 요소를 이탈리아 제도에 도입하는 것이었다. 기독민주당은 경기 불황 때문에 타격을 받은 자기 입장을 회복하는 데 전념할 수밖에 없었다. 충실함이 아니라 정치적 투쟁이 가장 중요한 쟁점이었다.[51]

공산당은 전술상의 실수를 제쳐놓더라도 전략적으로 두 가지 큰 잘못을 저질렀다. 첫째, 1976~1979년에 공산당은 이탈리아 정부가 정상적이고 유능한 정부인 듯, 필요한 것은 '좋은' 법률뿐인 양 행동했다. 이탈리아가 의회의 의지를 강력히 주장할 수 있는 정직하고 유능한 공무원 조직을 갖췄다면 '좋은' 법률은 국가가 처한 상황을 개선했을지도 모른다.[52] 하지만 이탈리아 행정부는 실업을 소탕하고, 정해진 특권층을 보호하고, 기독민주당에게 표를 전달하는 기구였을 뿐이다. 행정부 직원은 대부분 시민 의식이 별로 없고, 자기 일에 자부심도 거의 없었다. 더구나 정부 기구의 하부 조직인 경찰, 비밀 정보기관, 군대, 외교단 등은 공산주의 세력을 진압해야 할 적군으로 취급했다. 이런 내용은 모두 아는 이야기였다. 공산주의자들은 이 개탄스러운 상황을 끊임없이 비판했다. 그들이 무엇을 할 수 있었을까? 정부를 개혁하기 위해서는 기독민주당과 격돌해야 했다. 기독민주당이 정부를 통제하고, 정부는 기독민주당에게서 권력과 표를 얻어내는 상황이었다. 권력을 나눠 가지려면 기독민주당의 마음에 들어야 했다. 정부의 문제는 조용히 '잊혔고',

이렇게 유야무야했다는 자체가 공산당의 뛰어난 재주였다. 공산당 이전의 레닌주의 이념은 사회주의자들이 단순히 부르주아 정부와 접촉할 수 없고, 자기들 목적대로 그 정부를 이용할 수 없다는 관점을 이론화했다. 과거의 '도그마'가 현재의 억지 이론보다 많은 진리를 품은 경우가 있다. 이것이 그런 경우에 속했다.

둘째, 자본주의가 파멸적인 위기에 봉착할 것으로 가정한 공산주의자들이나 (고릿적) 사회주의 전통과 완전히 결별하지 못했다는 점이다. 1974년 베를링구에르는 "우리는 자주 일어나는 자본주의의 '주기적 위기' 중 하나와 맞닥뜨린 것이 아니다. 현재의 위기는 경제, 정치, 문화, 각국의 국내 살림과 국제 관계 등 모든 영역을 포함한다"고 주장했다.[53] 이 생각은 16장 도입부에서 언급했듯이 사회주의 전통의 전승 지식 중 한 부분을 차지하는데, 정작 중요한 것을 놓치고 있다. 위기는 자본주의가 스스로 재건할 수 있게 해주는 장치라는 인식이 빠졌다. 1990년대에 분명해졌듯 1970년대의 위기는 이런 점을 여실히 보여주는 본보기였다. 인플레이션이 발생하고 인플레이션에 맞서 싸우던 과정은 완전고용의 압박감을 버리는 기회가 되었다. 그리고 자본주의 발전의 특징을 나타낸 국가의 사회·경제적 규제 시스템과 노동조합을 허물어뜨리는 기회였다. 이탈리아 공산당의 전략은 독일 사회민주당, 프랑스 사회당, 스웨덴 사회민주당, 영국 노동당과 달리 근본적으로 '단일국가 내의 개혁주의 운동'이라는 국가 전략일 수밖에 없었다.[54] 이탈리아 공산주의자들은 다른 나라 공산주의자들처럼 당시 위기가 미래의 도전 과제에 맞설 수 없는 부패하는 국가자본주의의 징후라고 봤다. 공산당은 장기적으로 성장과 사회의 생산 기반 확대에 힘을 쏟았다. 단기적으로는 통화수축(디플레이션)으로 이해된 '긴축'정책을 채택했는데, 이것은 장기적 목적에 모순되는 정책이었다. 케인스주의는 전 세계적인 스태그플레이션과 양립할 수 없어서 추방당했다. 이는 조르조 나폴리타노가 캘러헌이 남긴 유명한 말 "소비로 불황을 벗어날 수는 없다"는 기조에 공감하며 나중에 설명한 내용이다.[55]

공산당이 경험한 '자본주의의 위기'는 이제라도 곧 일어날 일이지만, 막을 수 있는 대참사 같았다. 이탈리아의 자본주의는 구조의 손길이 필요했다. 단 노동계급에게 유리한 방식으로, 즉 자원의 비시장적 할당을 강화함으로써 재건될 필요가 있었다. 이런 입장을 고수하는 데 필요한 것은 '역사적 타협'이나 '사회계약'의 정치 혹은 일부의 의견처럼 신협동조합주의적 개입이었다. 서유럽 각 나라의 좌파는 위험에 처한 '자본주의'에게—자본주의를 마치 사고력 있는 완전한 대상으로 여기는 듯 이례적인 용어를 사용하자면—한 가지 협정을 제안했다. 노동자들이 '희생'하고 그 대가로 재건에 대한 발언권을 확보하는 일종의 정치적 교환을 제안한 것이다. 하지만 정작 어떤 일이 벌어졌는가? 1970년대는 자본주의의 주요 부문, 즉 충분한 재정 지원을 받는 새로운 과학기술과 정보 체계를 집중적으로 활용해서 생산을 재편성할 수 있는 부문들이 전통적인 노동계급과 고전적인 '포드주의 생산'(대량생산 방식), 노동조합주의의 지배를 받는 전통적인 부문의 희생으로 전진하던 시기다.

1980년대에는 이탈리아 경제가 다른 서유럽 경제와 마찬가지로 한동안 회복되었다. 훨씬 힘이 약해진 노조는 물가연동제를 지켜낼 수 없었다. 정부가 이탈리아 자본주의의 재편성을 뒷받침하는 데 이용되는 동안 (비록 자본가들이 정치인들에게 뇌물을 주며 공들여야 했지만) 시장 이데올로기가 승리를 거뒀다. 비상한 능력이 있는 줄리오 안드레오티는 또다시 자신을 개조해 새로운 중도좌파 연정의 보증인이 되었다. 이 연정의 목표는 말할 것도 없이 공산당을 계속 정권 바깥에 두는 것이었다. 크락시는 공산당이 아직 갈 길이 남았다고 분명히 말했다. 그들이 수정주의를 취했으며, 소련에게서 독립했음을 보여주는 확실한 증거를 내놓아야 한다는 말이었다.[56] 기독민주당 입장에서 사회당은 헤게모니적 허세를 버린다면 기독민주당과 협조할 준비가 된 정당이었다.[57] 결국 무솔리니Benito Mussolini 이후 이탈리아에서 가장 오랫동안 총리직을 맡았던 베티노 크락시는 이전 이탈리아 정치인들이 도달할 수 없는 부패 업적을 남겼다. 드물게 예외는 있지만 이탈리아 지식층, 언론인, 대학교수, TV에 나오는 전문가 등은 납세자들을 희생시켜 서로 자축하는 질펀한 잔치를 즐겼다. 유럽 내 최대 규모의 지하경제 덕을 톡톡히 본 이탈리아의 GNP는 하락세이던 영국 경제를 따라잡았다. 패배에 허덕이고 사회적으로 무시당하던 공산당은 자신의 무기력함을 원망하면서, 저들이 축하하는 것이 이탈리아 '최초의' 공화국이 누리는 말년이라는 사실을 깨닫지 못하면서 그 흥청망청하는 구경거리를 바라봤다.

21장

서유럽 독재 정권의 종말 : 포르투갈, 스페인, 그리스

경제적 조건

비교역사학은 때로 실망스러운 작업이 되기도 한다. 비교역사학의 분명한 목표는 차이점과 유사점을 찾아내어 설명하는 것이다. 1974~1976년 그리스, 스페인, 포르투갈에서 거의 동시에 독재 정권이 몰락한 것은 이런 연구에 놀랍도록 비옥한 토양을 제공할 것처럼 보인다. 불행히도 유사성은 인상적이지만, 세 정권이 왜 같은 시기에 몰락했는지 분명한 설명은 찾을 수 없다.

세 나라 상황이 정권 교체에 특히 유리했던 까닭을 설명해주는 두 가지 일반적인 국제 정세가 있다. 첫째, 유가 상승(그리스, 포르투갈, 스페인은 석유 의존도가 두드러지게 높았다)으로 촉발된 자본주의 황금기의 종말이다. 세 나라가 석유파동의 영향을 많이 받은 것은 공공 부문이 대규모 적자에 시달리는데다, 명목임금이 오르고 국내 수요가 증가하고 있었기 때문이다. 임금 상승을 억제해줄 '산업예비군'도 상당수 이민 간 상태였다.

둘째, 미국 국력의 일시적인 약화다. 이는 1973년 인도차이나에서 미군이 철수한 데서 확연하게 드러났다. 그 후 이 지역의 미국 연합국들은 군사적으로나 정치적으로 무너졌고, 캄보디아는 크메르루주Khmer Rouge가, 남베트남은 북베트남인이, 라오스는 파테트라오Pathet Lao가 장악했다. 그러는 사이 미국은 새로운 중국 정책의 제단에 동남아시아에서 가장 오래된 동맹국인 타이완의 국민당 정부를 제물로 바쳤다. 이런 정책 변화를 이끈 주요 세력은 미국인이 아니라 마오쩌둥毛澤東과 저우언라이周恩來다. 리처드 닉슨Richard Milhous Nixon 대통령은 1974년 8월 워터게이트Watergate사건으로 결국 사임한다. 헨리 키신저Henry Kissinger가 국무부 장관에 발탁되어 정권의 연속성은 유지할 수 있었지만, 선거도 거치지 않고 새 대통령으로 취임한 인물은 국제 문제에 밝지 못한 겸손하고 불운한 정치인 제럴드 포드다.

문제의 세 나라에서 권좌를 지키던 이들—안토니우 살라자르가 구축한 정권을 물려받은 리스본Lisbon의 마르셀루 카에타누Marcello Caetano, 마드리드의 프란시스코 프랑코, 아테네의 군부—은 그런 국제 정세를 지켜보며 불안해졌을 것이다. 그들이 알던 세계, 그들을 오랜 세월 지켜주던 세계는 급속도로 변하고 있었다. 엄청난 위기를 모면하기 위해서는 적응하고, 현대화하고, 개혁하고, 자유화해야 한다는 압력이 점점 거세졌다. 권력자의 위치에서 개혁을 추진해서 반대 세력의 요구가 나오기 전에 차단하는 것이 적절한 방책이었을 것이다. 주세페 토마시 디 람페두사Giuseppe Tomasi di

Lampedusa의 소설 *Il Gattopardo*(표범)에서 청년 탄크레디가 살리나 공작에게 한 말처럼 '모든 것을 그대로 유지하기 위해 모든 것을 바꾸는 것'은 대개 권력자들의 특권이다. 그러나 그 일을 할 수 있는 시기를 그들이 항상 선택할 수 있는 것은 아니다. 1970년대 중반은 모든 것을 변함없이 유지해줄 개혁을 위한 시간이 지난 뒤였고, 지배자들도 그 사실을 알았다.

세 나라 독재 정권은 앞서 10년에 걸쳐 일어난 사회·경제적 변화로 쇠약해진 상태였기 때문에 별다른 저항을 하지 못했다. 독재 정부가 무너지자, 그다음에 일어난 격렬한 정치적 투쟁은 이전 체제에서 나와 새로운 체제로 이행해가는 방식과 방향에 초점이 맞춰졌다. 요직에 있는 사람 중 아무도 시계를 거꾸로 돌리려고 하지 않았다. 1981년 2월 23일 스페인에서 구세력이 구체제의 부활을 시도한 사건이 벌어졌다. 안토니오 테헤로 몰리나Antonio Tejero Molina 중령이 무력으로 스페인 의회를 점거했고, 밀란스 델 보쉬Milans del Bosch 중장이 발렌시아Valencia의 거리로 군대를 몰고 왔다. 공모자들의 소망은 18시간도 지속되지 못했다. 국왕 후안 카를로스Juan Carlos 1세가 민주주의를 수호하겠다는 방송을 내보낸 사실만 봐도 구세력이 정치적 현실에 얼마나 어두웠는지 알 수 있다.[1]

세 나라 모두 사회주의자나 공산주의자들이 독재 정권을 종식시키는 데 직접적으로 큰 역할을 한 것은 아니다. 스페인 독재 정권의 종말에 촉매 역할을 한 것은 독재자 프랑코의 사망, 그가 후계자로 지명한 후안 카를로스 1세가 민주적 통치로 평화로운 이행을 촉진하고 보장하겠다고 결심한 일이었다. 포르투갈의 독재 정권이 막을 내린 것은 (적어도 초기에는) 직업적인 불만과 승산 없는 아프리카 식민지 전쟁으로 과격해진 좌파 장교들이 주도한 쿠데타 덕분이었다.² 그리스에서는 대외적 도전의 실패, 즉 1974년 여름에 벌어진 키프로스 사태가 군사정권의 몰락을 재촉했다.

세 나라 모두 구체제에 속한 정치적 인물이 중재한 덕분에 비교적 고통 없이 체제를 바꿀 수 있었다. 포르투갈의 안토니우 드 스피놀라António de Spínola 장군, 스페인의 후안 카를로스 1세와 아돌포 수아레스Adolfo Suárez 수상, 그리스의 콘스탄티노스 카라만리스Konstantinos Karamanlis가 그런 인물이다. 그러나 이 유사성은 그리 깊지 않았다. 러시아의 케렌스키Aleksandr Fyodorovich Kerensky와 비슷한 스피놀라는 쿠데타가 일어나고 몇 달 뒤인 1974년 9월에 물러나야 했다. 허울뿐인 지도자를 제거해야 한다는 장교들의 결정 때문이다. 반면 그리스와 스페인의 전환기 정치인들은 민주주의의 기틀을 닦을 수 있을 만큼 오래 집권했다. 예전 정치 계급의 가장 대표적 인사지만 파리 망명 때부터 그리스 군사정권에 반대한 카라만리스는 1974~1980년에 총리직을 수행했다. 프랑코주의자로 활약한 수아레스는 1981년까지 수상을 지냈다.

사회주의자들은 공산주의자들과 달리 포르투갈과 (내전 후) 스페인의 독재 정권에 저항하는 비밀 활동에서 작은 역할밖에 하지 못했다. 그리스는 군사정권 이전에는 사회주의자들이 존재하지도 않았다. 그러나 그리스 사회당, 스페인 사회노동당, 포르투갈 사회당은 결국 유력한 국가적 정치 세력으로 부상했다. 세 정당의 확실한 성공을 이끌어낸 지도자들—포르투갈의 마리우 소아레스Mário Soares, 그리스의 안드레아스 파판드레우, 스페인의 펠리페 곤살레스—은 창당에 참여했거나(파판드레우와 소아레스), 정권이 끝나기

표 21.1 민주주의 이행기 동안 스페인, 포르투갈, 그리스의 주요 정당 득표율

단위 : %

스페인	1977년	1979년	1982년
사회노동당	30.3	30.5	46.5
공산당	9.4	10.8	4.1
민주중도연합	34.4	35.0	6.7
국민동맹	8.3	6.0	26.5
포르투갈	1975년	1976년	1979년
사회당	40.7	36.7	28.9
공산당	17.9	15.3	19.5
사회민주당	28.3	25.2	46.3
민주사회중도당	8.2	16.7	
그리스	1974년	1977년	1981년
사회당	13.6	25.3	48.1
공산당	9.5	9.4	10.9
신민당	54.3	41.8	35.9
중도연합당	20.4	12.0	0.4

주 **사회주의 정당_** 스페인 사회노동당, 포르투갈 사회당, 그리스 사회당 **공산주의 정당_** 스페인 공산당, 포르투갈 공산당, 그리스 공산당KKE(그리스 공산당은 다른 작은 정당들과 연합해서 좌파연합 Enomeni Aristera이라는 이름으로 1974년 선거전을 치름) **중도 보수 정당_** 스페인 : 스페인 민주중도연합UCD, 스페인 국민동맹AP / 포르투갈 : 포르투갈 사회민주당PSD(초기 당명은 대중민주당PPD), 1979년에는 보수 성향이 더 강한 포르투갈 민주사회중도당CDS과 공동 명부를 제출 / 그리스 : 그리스 신민당ND, 그리스 중도연합당EK

직전에 당권을 잡았다(곤살레스). 이들은 모두 '새로운' 인물이었다.

표 21.1에서 볼 수 있듯 세 사회주의 정당의 발전 속도는 놀랍도록 빨랐다. 이 정당들은 전환기의 위대한 승자였고, 영국과 독일의 사회주의 정당들이 오랜 침체기에 들어가기 직전에 등장한, 지중해 사회주의의 대표 주자였다.

세 정당은 야당일 때 다소 마르크스주의적인 반자본주의 수사법을 채택하며 종전의 사회민주주의 정당들과 거리를 두었다.

그리스 사회당은 이전에 정치에 참여한 적 없는 인물들을 당원으로 영입하면서 빠르게 대중정당이 된 데 반해, 스페인 사회노동당과 포르투갈 사회당은 프랑스나 이탈리아 사회주의 정당들과 마찬가지로 당원 수를 적게 유지했다. 덕분에 그들은 공산주의 정당보다 정책적으로 훨씬 유연할 수 있었다. 작은 조직은 급변하는 상황에 자유롭게 대응하면서 급속도로 성장할 수 있고, 불필요한 이데올로기라는 짐도 비교적 고통 없는 방식으로 덜어낼 수 있는 법이다.

포르투갈 사회당과 스페인 사회노동당은 민족주의를 강령으로 삼지 않았다. 오히려 그들의 현대성은 '유럽', 특히 유럽 통합을 위한 노력에 바탕을 두었다. 포르투갈에서 민족주의는 과거 식민 시대와 불가분의 관계였기 때문에 좌파가 민족주의를 내세울 수는 없었다. 스페인에서는 민족주의가 중앙집권적 이데올로기로 여겨졌는데, 이는 카탈루냐Cataluña와 바스크Basque 지방에서 대단히 강했던 지역민족주의와 직접적으로 충돌하는 이념이었다. 민족주의는 그리스에서만 좌파의 이념이 될 수 있었다. 그리스 사회당은 그리스가 진정한 현대 국가가 되기 위해서는 서방, 무엇보다 미국에 종속된 상태에서 벗어나야 한다는 주장을 펼쳤다. 그들은 군사정권뿐만 아니라 종전의 부패한 정당 체제에도 반대 입장임을 분명히 했다. 사실상 그것은 정당이 아니라 하나의 '운동'이었다. 당의 정식 명칭이 '범그리스 사회주의 운동'이고, 구호가 '그리스 사회당은 민중의 운동이다PASOK: Kinima Laou'인 것도 그 때문이다.

그리스 사회당은 1974년 창당된 순간부터 유럽의 다른 사회민주주의 정당과 거리를 두었다. 이는 부분적으로 1967년 군부가 집권할 때 많은 유럽 국가(서독, 영국, 스웨덴, 이탈리아 등)에서 사회주의자들이 집권하고 있었음에도 EEC 협정이 중단된 것 말고는 그리스에 큰 제재가 가해지지 않은 점 때문이다.[3] 서유럽 사회주의자들은 특유의 장황한 말과 사소한 행동으로 독재 정권에 대항한 '그리스 국민의 투쟁'을 지지했다. 영국 노동당은 1967년 연례 전당대회에서 적당한 결의안을 통과시킨 뒤 안드레아스 파판드레우가 이끄는 범그리스 해방운동(PAK : 1974년 그리스 사회당으로 바뀜)에 100파운드를 제공했는데, 이는 당시로서도 모욕적인 액수였다.

　이와 반대로 스페인과 포르투갈의 사회주의자들은 자신들이 존경하는 서구의 힘 있는 사회주의 정당들의 후원을 받았다. 그들을 후원한 중심인물은 스웨덴, 오스트리아, 독일의 사회주의자들과 사회민주주의자들의 지지를 받던 사회주의 인터내셔널 빌리 브란트 의장이었다. 사회주의 인터내셔널의 자원은 스페인과 포르투갈 사회주의 정당들의 활동이 금지되던 초기에는 그 정당들을 유지하고 발전시키기 위해, 그 정당들이 선거에서 다른 정당과 경쟁할 때는 그들의 지위와 신망을 끌어올리기 위해 쓰였다.[4] 사회주의 인터내셔널의 목적은 비밀 활동의 주축 세력이던 공산주의자들이 독재 정권이 끝나고 주요 정당으로 부상하지 못하게 막는 것이었다. 조직과 민중의 지원이 부족하던 포르투갈 사회당은 사실상 독일 사회민주당의 후원과 (소아레스가 인정했듯이) 자금으로 독일에서 창당되었다.[5] 포르투갈 사회당은 국제적 원조 덕분에 빠르게 성장할 수 있었고, 1975년 여름에는 효율적이고 결집력 있는 조직이 되었다.[6] 1976년 봄, 소아레스는 포르투Porto에서 선거 집회를 열었다. 그의 전기에서 '할리우드Hollywood식 호화 쇼'라고 묘사된 이 집회에는 빌리 브란트, 올로프 팔메, 브루노 크라이스키를 비롯한 유럽의 사회주의 거물들이 대부분 참석했다.[7] 이 국제적 지원은 소아레스의 경력에 결정적인 역할을 했다. 1974년 쿠데타가 성공한 직후 소아레스는 스피놀라 장군에 의해 외무부 장관으로 발탁되는데, 바로 그의 국제적 연줄 때문이었다.[8] 헨리 키신저는 포르투갈 사회주의자들을 지원하는 것을 처음에는 내켜 하지 않았지만, 포르투갈 주재 미국 대사 프랭크 칼루치Frank Carlucci의 설득으로 미국에게 다른 대안이 없음을 결국 받아들였고, 이로써 소아레스는 대단히 중요한 미국의 지원까지 얻어냈다.

사회주의 인터내셔널의 지지는 스페인 사회주의자들의 운명에도 결정적인 영향을 미쳤다. 1946~1974년 스페인 사회주의 활동가는 2000명을 넘은 적이 없었다.[9] 1960년대 후반까지 스페인 사회노동당은 국가와 접촉이 끊긴 채 망명 생활을 하는 지도자들이 이끄는 비효율적인 조직이었다. 그 때문에 이들에게 대항하는 단체들이 어디에서나 불쑥불쑥 생겨났다.[10] 1972년경에는 당 내부에 두 세력이 주도권 경쟁을 하고 있었다. 한쪽은 로돌포 요피스Rodolfo Llopis가 이끄는 전통파, 다른 쪽은 그보다 젊은 국내 활동가들이 주도하는 혁신파였다. 두 파벌은 세대와 인물이 대립하기도 했지만, 혁신파는 프랑코에 대항한 투쟁에서 공산주의자들이 탁월했다는 점을 인정하고 사회노동당의 성격을 철저한 반공산주의로 규정하지 않으려 했다는 점이 주된 차이점이다.[11]

스페인이 변화와 현대화를 겪는다는 것과 정권이 붕괴할 위기에 처하지 않았다는 것을 1970년에 인식했다는 점에서 보면 혁신파는 현실주의자들이다. 엄밀히 말해 그들은 절반만 맞았다. 정권은 무너지기 직전이었으나, 그 까닭은 스페인이 변했기 때문이다. 혁신파의 노력이 결실을 맺은 것은 그들이 숨 막히는 독재에서 벗어나던 새로운 스페인과 장단이 잘 맞았기 때문이다. 그들은 독재 정권이 무너지기를 기다리기만 한 것이 아니었다. 펠리페 곤살레스는 프랑코 치하의 스페인을 구석구석 부지런히 다닌 경험과 뛰어난 조직력 덕분에 안달루시아Andalucía와 바스크 지방정부의 지지를 얻어 독재 정권의 붕괴를 눈앞에 둔 1974년에 사회노동당의 최고 지도자로 부상했다.

사회주의 인터내셔널이 요피스의 추종자들 대신 혁신파를 스페인 사회노동당의 진정한 지도자로 인정함에 따라 혁신파의 승리는 굳어졌다. 1974년 파리 교외 쉬렌Suresnes 당대회가 망명지에서 열린 사회노동당의 마지막 당대회다.

공산주의자들은 그 정도 규모의 국제적 지원을 받는 것은 꿈도 꿀 수 없었다. 그들은 '잘못된' 세력권에 있었고, 그곳에서 받는 소련의 지원은 자산이라기보다 부채에 가까웠다(금전적인 빚은 아니겠지만). 스페인 공산당 지도자 산티아고 카리요는 '유러코뮤니즘'을 발전시키고 이탈리아 공산당과 긴밀한 관계를 유지함으로써 자신의 국제적 위치를 굳건히 하려고 했다. 그러나 그는 당시 집권하던 사회주의 정당들에 의존한 곤살레스의 상대가 되지 못했다. 여전히 공식적으로 정당 활동이 금지된 1976년 12월에 열린 스페인 사회노동당의 27차 당대회에는 빌리 브란트, 올로프 팔메, 마이클 풋, 피에트로 넨니Pietro Nenni, 프랑수아 미테랑 등이 참석했고, 덕분에 스페인 사회노동당의 명성은 한층 드높아졌다.[12] 이와 대조적으로 포르투갈 공산당 서기장 알바로 쿠냘Alvaro Cunhal은 다원적 민주주의를 경시하는 태도 때문에 이탈리아 공산당의 지원을 잃고 말았다. 정통 스탈린주의자가 틀림없는 쿠냘은 베를링구에르를 따라서 포르투갈이 NATO 회원국이 되는 것을 수락했고, 첫 번째 합법적 당대회(1974년 10월 20일)에서 '프롤레타리아 계급 독재'라는 표현을 사용하는 것을 중단했으나, 얼마 지나지 않아 그에게는 서구의 힘 있는 친구가 한 명도 남지 않았다.[13] 어떤 식으로든 소련을 지지하려고 한 쿠냘의 의식적인 결단 때문에 서구의 인정을 받을 수 있는 가장 안전하고 확실한 지도자 자리는 소아레스의 차지가 되었다.[14] 소아레스는 풍부한 국제 경험과 충분한 근거를 바탕으로 쿠냘을 비판했다. 1976년 소아레스가 설명한 바에 따르면, 쿠냘은 "국제 정세를 고려하지 않고, 유럽 정치의 제약을 무시하고, 바로 옆에 있는 스페인도 잊은 채, 그 오래된 대륙의 한쪽 귀퉁이에서 사회주의 혁명을 일으키는 것"이 가능하다고 믿었다.[15]

남유럽 국가에서 국제적인 명망은 정치적으로 좋은 평판을 얻을 수 있는 중요한 수단이다. 도시민 사이에서 효율적이고 풍요롭고 세련된, 무엇보다 현대적인 북유럽 세계에 동화되고 싶은 갈망, 후진성과 저개발에 대한 두려움, 종속 상태에 대한 기억, 이 모든 것들로 인해 부유하고 현대적인 외국인의 지원을 받는 이들을 존경하고 우러러보는 태도가 생겨났다.

포르투갈과 스페인 사회주의자들은 사회주의 인터내셔널의 공공연한 지원 덕분에 유럽 사회와 시장에서 배척되지 않으려는 사업가들의 지지를 얻어낼 수 있었다. 독재 정권이 고분고분하지 않은 노동조합과 이베리아반도의 자본주의를 외국의 자본에서 보호해주던 상황은 급속도로 변하고 있었다. 자본주의자들은 사회주의자들과 달리 수익을 내지 못하는 신념은 신속하게 폐기했고, 민주주의자가 되기 위해 분주히 움직였다.

하나의 정권에서 새로운 정권으로 이행해가는 중대 국면에 공통된 특징이 있다. 한 정치 세력이 사건을 좌지우지하거나 전체 과정을 계획할 수 없다는 것이다. 중요한 것은 장기적 계획이 아니라 단기적 대응이다. 각각의 전략들이 한데 모여 전체적인 세력 관계를 바꾼다. 경쟁하는 정당들은 자신의 위치를 끊임없이 재평가해야 한다. 결과는 불확실하다. 우리가 살펴보는 이런 과도기적 상황에서 오래된 적수들은 재빨리 뭉칠 수 있다. 그런 다음에는 어제의 동지들 사이에서 싸움이 벌어진다.

공산주의자들은 2차 세계대전 당시 유럽에서 파시즘과 나치즘에 맞서 저항운동을 주도한 것처럼(4장 참조) 독재 정권 치하에서도 거의 유일한 반대 세력으로 활동했다. 스페인 공산당은 1936년 이전에는 세력이 보잘것없었고 스페인 내전이 끝났을 때(1939년)부터 1977년 4월까지 불법 단체였지만, 프랑코가 사망할 당시 당원 수로 보면 스페인에서 가장 큰 정당이었다.[16] 스페인 공산당이 이끄는 불법 노동조합인 노동자위원회CC.OO.는 프랑코 치하에서 노동자의 권리를 보호하는 힘의 주요 원천이었다.

사실상 포르투갈 독재 정권의 거의 유일한 반대 세력이던 포르투갈 공산당은 1974년 쿠데타 이전에는 주목할 만한 정치적 동원을 이끌어내지 못했다.[17] 하지만 그들은 오랜 시간 끈기 있는 비밀 활동으로 국가가 관리하는 노동조합에 거점을 확보했다.[18]

그리스 공산당은 1947년부터 1974년까지 불법 정당이었지만, 좌파민주연합EDA의 깃발 아래 선거전을 치를 수 있었다. 따라서 그리스는 1967년 군사정권이 시작되기 전에는 자유민주주의의 허울뿐 아니라 참맛을 얼마간 보았다고 할 수 있다.

세 나라에서도 공산주의자들의 이념과 조직, 자기를 돌보지 않는 헌신과 전념은 압제 정권에 맞서 싸울 때 큰 힘이 되었다. 그들의 이런 특성이 약해지기 시작하고 민주주의가 회복되면서 세 나라 공산당은—유러코뮤니즘을 따르는 스페인 공산당이나 정통 마르크스주의를 따르는 포르투갈 공산당과 그리스 공산당도—1945년 이후 이탈리아 공산당이나 프랑스 공산당과 달리 주도적인 좌파 정당의 자리를 유지할 수 없게 되었다.

1960년대 초까지 스페인 공산당은 잘 조직된 총파업이 정권을 무너뜨릴 수도 있다고 여겼다. 1950년대 말 파업의 물결이 실패함에 따라 그런 가정이 환상에 불과하다는 것이 증명되었다. 카리요가 이끄는 스페인 공산당은 1960년대 내내 유연한 정책을 채택해서, 당의 전통적인 반교권주의와 소련식 마르크스–레닌주의를 고수하던 전통을 일부 버렸다. 이를 통해 스페인 공산당은 그리스와 포르투갈의 '개조되지 않은' 공산당과 구별되었다(그러나 그리스와 포르투갈의 공산주의자들도 필요할 때는 과감한 현대화조차 마다하지 않았다). 스페인 공산당의 수정주의가 시작된 것은 1956년「민족 화해를 위한 스페인 공산당 선언Declaratión del PCE por la Reconciliación Nacional」에서 '민족 화해'를 부르짖은 때다. 1956년은 스탈린Iosif Vissarionovich Stalin이 모스크바Moskva에서 공개적으로 비판을 받고, 소련 공산당 CPSU이 '사회주의로 가는 국가적 길' 전략을 승인한 해다. 그해는 스페인 내전 20주년이기도 했다. 스페인 공산당의 새로운 시도는 내전의 상처를 건드릴 의도가 없다는 점을 스페인 국민에게 확인시키기 위한 것이었다.19 스페인 공산당은 자신들이 내전이나 소련식 공산주의와 연결된다면 프랑코 정권 이후의 스페인에서 정상적인 정당으로 받아들여지지 못할 수도 있음을 우려했다.

스페인 사회노동당은 그런 문제를 겪지 않았다. 소련식 공산주의와 거리를 유지하고 서구 민주주의 정당처럼 보인다면, 자신들이 스페인의 최종적 민주화를 이루는 데 주된 역할을 할 거라고 여길 수 있었다. 그런 까닭에 사회주의자들은 행동 하나하나에서 정당성을 추구해야 했던 공산주의자들보다 훨씬 자유롭게 다양한 전략을 펼 수 있었다.

스페인 공산당은 이탈리아 공산당이 제공한 이탈리아 모델에 매료된 나머지 스페인 내 가톨릭교회의 중요성을 과대평가한 게 아닌가 싶다. 스페인 공산주의자들은 가톨릭교도의 바람에 어긋나는 어떤 진보도 이룰 수 없다고 생각했다. 교회가 프랑코를 위한 결정적인 이념적 보호막을 제공하기는 했지만, 바티칸공의회의 '현대화'와 공동체에서 활동하는 일반 성직자들 사이에서 커져가던 불만 덕분에 교회는 예전의 획일적인 보수 세력의 모습에서 벗어나고 있었다. 심지어 1970년에는 보수적이던 주교들이 경찰의 만행을 비난하고, 파업 중인 노동자들을 지지하기도 했다.20 스페인 공산당은 파시즘 이후 이탈리아처럼 프랑코 정권 이후 스페인에서도 강력한 기독민주당이 등장해서 정치적 정당성의 원천이 될 거라고 생각했다. 그런 까닭에 스페인 공산당은 톨리아티가 1944~1947년 이탈리아 기독민주당과 협력한 것처럼(5장 참조), 베를링구에르가 1973년 이탈리아 기독민주당과 역사적 타협을 청한 것처럼(20장 참조) 당시 활동하거나 활동할 가능성이 있는 모든 기독교 민주주의자와 친분을 쌓아야 했다. 그 결과 스페인 공산당의 '사회주의로 가는 스페인의 길'은 스페인의 옷을 걸친 이탈리아 버전인 경우가 많았다.

스페인 공산당은 1960~1970년대에 복잡한 균형 잡기를 수행했다. 그들은 민주적인 스페인에서 자신들이 여느 정당과 다름없이 행동할 것이라고 주장하면서 그때까지 '적들', 즉 교회와 중산계급, 사업가, 자유주의자 등을 안심시키려고 했다. 그들은 이탈리아나 프랑스 공산주의자들과 마찬가지로 소련의 체코슬로바키아 침공을 규탄했고, 유러코뮤니즘을 발전시키는 일에도 적극적으로 참여했다. 1977년 6월 소련의 잡지 『뉴타임스New Times』는 산티아고 카리요가 그해 출간한 *Eurocomunismo' y Estado*('유러코뮤니즘'과 국가)를 혹독하게 비판했는데, 이는 카리요에게 도움이 되는 공격이었다.[21]

소련식 공산주의 모델과 거리를 두려는 이런 경향은 고학력 신입 당원들에게 환영받았다. 그러나 내전 중에 용맹스럽게 투쟁하고 독재 정권의 모진 세월 동안에도 활동을 멈추지 않은 전투적인 고참 당원들은 그런 분위기를 반기지 않았다. 그들은 '부르주아' 세계와 프랑코 정권이 소련에 관해 말하거나 기록한 모든 것을 불신했다. 그들은 독재 정권이 사라지는 순간, 사회주의로 신속하게 이행될 것이라고 굳게 믿었다.[22] 따라서 어느 조직보다 한결같이 독재 정권에 대항해 싸운 스페인 공산당은 민주주의를 향한 자신들의 의지를 끊임없이 밝혀야 했고, 이중적이라는 비난을 막아내야 했다. 그들이 얻은 가장 중요한 성과는 시위와 파업을 조직하고, 프랑코에 대항하는 핵심 세력이 되고, 민주주의로 이행하는 과정을 받아들여 스페인의 민주주의 정착에 이바지한 것이다.

따라서 세 나라 모두 전환기 이전에는 공산주의자들이 가장 주된 반대 세력이었지만, 전환기 이후에는 사회주의자들이 우세했다고 할 수 있다.

그리스와 스페인의 전환기를 이끈 이들은 온건 세력이었다. 그들이 실현 가능성이 있거나 바람직하다고 여기던 정도를 벗어났는지 아닌지는 논쟁할 여지가 있다. 하지만 그들은 놀랍도록 고통이 없고 평화로운 이행을 위한 초석을 쌓았다. 이와 대조적으로 포르투갈에서 그 과정은 길고 결말이 불확실해 보였다. 1974~1976년에는 포르투갈이 서구식 자유민주주의 국가가 될지, 공산주의자들이 바라던 대로 결국 '진보적인' 인민민주주의 국가가 될지 확실하지 않았다. 그러나 1970년대 말에는 세 나라 모두 서유럽 나머지 나라들과 같은 체제를 향해 나가고 있었다. 세 나라 어디에서도 독재 정권을 상기시키는 반체제 극우 정당이 중요한 세력으로 등장하지 않았다. 세 나라 모두 사회주의 정당과 사회민주주의 정당이 주도하는 좌파, 시장경제와 전통적 가치를 선호하는 중도 보수 정당으로 구성된 우파가 '정상적인' 좌우 구도를 형성했다. 또 핀란드나 프랑스, 스웨덴의 공산주의 정당처럼 의회정치에서 한몫할 역량을 갖췄고 그럴 의사도 있는 공산당이 하나씩 있었다. 예상과 달리 교회와 긴밀하게 연결된 강력한 정당이 등장하지는 않았다. 스페인과 포르투갈의 로마 가톨릭교회도, 그리스의 동방정교회도 전환기 이후의 정치에 활발히 개입하지 않았다.[23] 따라서 이탈리아는 공산주의 정당이 좌파를 주도하는 세력이었다는 점과 패권을 잡은 기독교 정당이 있었다는 점에서 특별한 경우로 남았다.

스페인과 포르투갈에서는 자본주의 발달 자체가 변화의 전조였다. 1950년대 말까지 스페인과 포르투갈의 경제 발전은 독재적인 정책에 바탕을 두었다. 국가의 시장 불개입과 자유무역, 규제 완화라는 자유주의 원칙에 따라 자본주의가 발달하게 해야 한다는 개념은 프랑코 치하의 스페인이나 살라자르가 지배하는 포르투갈에서 한 번도 힘을 발휘하지 못했다.

포르투갈에서 국영 부문의 규모가 컸던 것은 정권의 지배적인 정치철학의 결과이기도 했다. 포르투갈의 정치철학은 로마 가톨릭에서 강조하는 모든 집단의 사회적 화합이라는 개념과 신, 조국 그리고 가족Deus, pátria e família이라는 전통적 종교와 가족의 가치에 바탕을 둔 권위주의적 조합 형태의 '새로운 국가Estado Novo'를 건설하는 것이었다.[24] 이런 조합국가에서 고용주들은 보호무역주의와 같은 경쟁 제한 조치를 포함한 여러 가지 특혜를 받는 대가로 국가의 강력한 통제를 받아들였다.[25] 그렇지만 '새로운 국가'의 주요 특징은 협동조합 구조가 아니라 오펠로Walter C. Opello Jr.가 말한 '과도하게 제도화된' 관리 기구였고, 그 기구를 장악한 이들은 정책을 담당하는 기술 관료들이었다.[26]

살라자르 정권이 고수한 독재 정책 때문에 포르투갈은 1950년대 유럽의 경제 팽창의 덕을 보지 못했다. 포르투갈은 1960년에도 여전히 유럽에서 가장 가난한 나라였다. 포르투갈은 정책 방향을 근본적으로 전환하기로 결정했고, EFTA(유럽자유무역연합), GATT, IBRD(국제부흥개발은행), IMF에 가입했다.[27] GNP보다 수출입이 빠르게 늘면서 유럽 의존도가 점점 커졌다.[28] 1960년 이후 포르투갈을 위한 교역 시장으로서 유럽의 비중은 꾸준히 증가한 반면, 아프리카 식민지의 비중은 그만큼 더 줄었다.[29] 포르투갈이 무역의 중심을 유럽으로 잡은 시기에 아프리카 식민지에서 반反식민주의 무력 투쟁이 확산되었다. 이 충돌은 1961년 앙골라에서 시작되어 1963년 기니비사우, 1964년 모잠비크로 이어졌다. 그 결과 무력으로 제국을 유지할지, 국제경제에 통합될지를 두고 큰 이해 충돌이 있었다. 제국을 포기하는 것이 경제를 위해 반드시 필요한 조건이 되어가고 있었다.

이런 과정이 전개되면서 제조업이 농업을 대신해 경제성장의 원동력이 되었다.[30] 포르투갈은 식량, 특히 육류 수입국이 되었다.[31] 시골 지역에서는 대규모 인구 유출과 그에 따른 노동력 부족 현상이 벌어졌고, 이는 계속되는 이민으로 더욱 악화되었다. 포르투갈과 스페인은 해외무역과 해외 이주 노동자들의 자국 송금에 점점 더 의존했다. 두 나라 모두 이민 덕분에 국제수지를 흑자로 유지할 수 있었고, GNP 성장률은 1960년대 거의 모든 기간 동안 평균 6퍼센트가 넘었다.[32] 이민이 포르투갈 경제에 중요한 요소가 되다 보니 1960~1963년 포르투갈의 취업 인구는 사실상 줄었다. 1973년에는 노동인구 14퍼센트가 해외에 있었다.[33] 군부 쿠데타가 있던 시기에 파리는 포르투갈 사람이 두 번째로 많은 도시가 되었다. 프랑스의 최저임금이 포르투갈에서 일하는 대다수 노동자들이 받는 임금보다 높았으니 놀랄 일도 아니었다.[34] 이민은 국내 실업이 사실상 사라지고 있다는 의미였다.[35]

현대화 추세는 포르투갈 기득권층의 중심부에서 시작되었다. 그들의 조직 네트워크는 호세마리아 에스크리바 데 발라게르 Josemaría Escrivá de Balaguer가 1928년에 창설한 평신도 단체 오푸스 데이 Opus Dei다. 이 '경건한 실세 집단'은 1950년경 포르투갈과 스페인의 학계 엘리트 계층에서 대단한 힘을 갖게 되었다. 이 단체의 주요 정치적 목표는 이베리아반도의 경제를 서유럽 자본주의 체제의 틀에 편입하는 것이었다. 1960년대 말 포르투갈 카에타누 정부에서 차관이 된 오푸스 데이의 기술 관료들은 식민지 전쟁이 현대화의 가장 큰 걸림돌이라고 여겼다.

스페인의 경제 발전은 포르투갈과 비슷했다. 1950년대 말까지 스페인 경제는 포르투갈과 마찬가지로 수입 제한, 엄격한 외환 관리, 과대평가된 통화 등의 형태로 보호무역주의와 정부 개입주의 원칙에 따라 운영되었다.[36] 스페인은 사회적 불안과 불만, 인플레이션, 국제수지 적자, 자본도피, 낮은 생산성 등의 문제를 겪었다.[37] 1957년에는 오푸스 데이의 핵심 회원인 알베르토 우야스트레스 칼보Alberto Ullastres Calvo와 마리아노 나바로 루비오Mariano Navarro Rubio가 정부 요직을 차지했다. 그들은 스페인을 '호황을 누리는 서구 선진 자본주의 세계'로 통합하려는 의도에 따라 경제 조정과 기획국을 신설해서 경제 운용을 합리적으로 개선했다.[38] 1958년에 스페인은 IBRD, IMF, OEEC(유럽경제협력기구, OECD의 전신)에 가입했다. 그러나 1959년 1월 경제는 파국을 향해 가고 있었다. 이 때문에 오푸스 데이 개혁가들의 세력은 한층 강해졌다. OEEC는 1959년 5월 보고서에서 페세타화가 과대평가되었다고 비판했고, IMF의 압력도 거세졌다. 스페인은 1959년 7월 보호무역주의로 일관하던 과거와 단호하게 결별했다. 통화가치를 42.9퍼센트 평가절하 했고, 고정된 금평가(금과 자국 통화의 교환 비율—옮긴이)를 설정했다. 몇 달 뒤에는 안정화 계획을 실시하고 국제무역을 자유화했으며, 관광산업을 육성하고 차관을 도입했다.[39] 1962년 후반 스페인은 정권의 비민주적인 성격 때문에 EEC 정회원 자격을 얻는 데 실패했다. 그러나 1970년에는 스페인과 EC의 무역 특혜 협정이 체결되었다.

안정화 계획은 본질적으로 상징적인 행위였다. 오푸스 데이의 기술 관료들이 수립한 스페인 계획 체계의 중심 목표는 변화의 충격에서 선택된 엘리트 기업 집단을 보호하는 것이었다.[40] 계획에는 유연성이 필요했지만, 스페인의 계획 입안자들은 심각한 제약을 받았다. 그들에게는 믿을 만한 통계자료와 자금이 부족했다.[41] 스페인을 성장시킨 것은 해외무역이지 프랑코주의자들의 통제 정책이 아니었다. 스페인의 GNP는 1960년대에 해마다 평균 7퍼센트씩 상승했다. 이는 그리스보다 낮지만 포르투갈보다 높은 수치다. 산업 생산성은 1960~1972년에 해마다 6.8퍼센트씩 상승했다.[42] 스페인의 생산성은 절대치로 보면 여전히 매우 낮지만, 성장률은 유럽에서 가장 높은 수준이었다.

농업과 어업에 종사하는 노동인구의 비율은 1960년 42퍼센트에서 1974년 23퍼센트로 줄었다. 제조업 부문은 상당히 성장해서 1973년에 수출의 67퍼센트를 차지했다.[43] 1960~1974년에 수출은 거의 두 배로 늘었다.[44] 스페인의 경제성장은 1958~1963년 이탈리아의 '기적'과 유사한 형태를 보였다. 자동차와 가전제품의 소비를 기반으로 하는 소비 붐, 부동산 투기, 건설업의 엄청난 팽창이 있었고, 아름다운 휴양지 '태양의 해안Costa del Sol'이 돌이킬 수 없을 정도로 파괴되었다. 이런 성장은 이탈리아에서 그랬듯이 심각한 불균형과 지역 격차를 초래했다. 예를 들어 1970년에 마드리드는 70퍼센트 가구에 TV가 있었지만, 중북부의 소리아Soria 지방은 TV가 있는 가구가 11퍼센트에 불과했다.[45]

포르투갈과 스페인의 무역 의존도는 크게 높아졌다. 포르투갈은 특히 EFTA 회원국인 영국과 무역에 의존했다. 영국이 1973년 EEC에 가입했을 때 포르투갈도 가입을 신청할 수밖에 없었다. 1973년 EEC와 포르투갈은 합의점에 도달했으나 진척이 없었다. 1962년 발표된 「비르켈바하 보고서Birkelbach Report」에 따라 EEC가 비민주적 정부를 받아들이지 않는 정치적 가입 조건을 채택했기 때문이다. 민주적 선거로 구성될 유럽의회(1979년 이후 직선제로 바뀜)에서 왜곡되고 부정한 방법을 통해 선출된 회원을 받아들인다는 것은 상상할 수 없는 일이었다. 이로 인해 재계의 경제적 이해관계와 정계의 집권 세력이 크게 충돌하는 일이 점점 많아졌다.

독재 정권의 마지막 10~15년 동안 포르투갈과 스페인 경제는 (항상 스페인이 훨씬 더 부유했지만) 유사한 방식으로 개혁되었다. 괄목할 만한 생산성 성장에 힘입어 1인당 소득이 꾸준히 증가했다. 자본주의가 발달하자 독재 정권은 쓸모없는 구식이 되었고, 사회민주주의가 실현될 수 있는 상황이 만들어졌다. 배클러노프Eric N. Baklanoff는 이에 대한 설명을 내놓았다.

> 1960~1973년에 이베리아반도의 경제가 빠르게 성장하는 데는 세계 경제의 역동적인 팽창이 결정적으로 작용했다. 스페인과 포르투갈에게 제품을 팔 수 있는 시장을 제공하고, 아낌없이 돈을 쓰는 관광객을 수백만 명씩 보내고, 그들의 공장과 부동산에 투자하고, 상당한 '잉여' 인력을 가져다 쓴 것은 국제경제, 특히 서유럽의 산업국들이기 때문이다.[46]

이민과 경제성장은 '유도된' 완전고용을 불러왔고, 이는 실질임금 인상 압박으로 이어졌다. 비록 노동자들이 자유롭게 파업하거나 독립적인 노동조합을 조직할 수는 없었지만, 선진 경제권의 영향을 받아 그들의 임금에도 변동이 생겼다. 상호 의존은 정치적 이데올로기와 무관하며, 파시스트든 사회민주주의자든 자유주의자든 우파 독재자든 상관없이 모든 사람을 속박한다.

포르투갈과 스페인 모두 1970년대 초는 기대감이 고조되는 시기였다. 정부의 허가를 받은 노동조합만 활동할 수 있었지만, 임금은 꾸준히 올랐다. 특히 스페인은 아스투리아스Asturias와 카탈루냐 지역의 격렬하고 잦은 파업으로 심각한 산업 불안을 겪고 있었다. 공산주의자들이 공식적인 노동조합 내에서 활동하기로 하자, 프랑코 정권은 노동계급을 통제하는 데 애를 먹었다. 1960년대 말에는 많은 경영주들이 공산당 산하의 노동자위원회와 협상할 수밖에 없었다.[47] 프랑코가 사망했을 때 스페인의 노동계급은 10년이 넘는 시간 동안 축적된 파업과 노조 협상 경험이 있었다.[48] 임금 압박이 가장 컸던 1972~1974년은 (세 나라 모두 독재 정부의 시각에서 봤을 때) 최악이었다. 석유파동이 일어난 시기와 겹쳤기 때문이다. 석유파동의 부정적인 영향은 직간접적으로 감지되었다. 직접적 영향은 석유 수입 대금이 늘어났다는 것인데, 원유 공급 전량을 수입에 의존하던 포르투갈은 특히 문제가 심각했다.[49] 간접적인 영향은 다른 나라에 불경기가 오면서 포르투갈과 스페인 이민자들이 보내는 해외 송금액이 줄어든 것이다. 해외 송금 덕분에 흑자였던 포르투갈의 국제수지는 1974년 이후 적자로 돌아섰다.[50]

포르투갈은 (스페인과 비교할 때) 사회적 갈등이 비교적 적었기 때문에 개혁을 요구하는 내부의 압력을 억누를 수 있었다. 포르투갈의 완고한 보수주의자들은 카에타누의 소심한 개혁 계획을 방해했다.[51] 그러나 스페인에서는 사회불안이 민주주의로 이행하는 데 결정적인 역할을 했다. 임금 인상을 통해 사회불안에서 벗어나려는 시도도 있었지만, 유가 상승으로 심각한 타격을 받은 경제는 더욱 악화되었다. 포르투갈의 사회불안은 군사 쿠데타 직후에만 있었고, 혁명을 밀어붙이는 데 도움이 되었다. 그리스는 포르투갈과 스페인에 비해 엘리트 계층이 민주주의로 이행을 주도하는 경향이 두드러졌다.

경제적 번영은 변화를 위한 원동력이다. 민주주의는 어떤 체제보다 현대화에 대한 적응력이 강하다. 예컨대 사람들은 1950년대 말 이탈리아에서 일어난 소비 붐이 기독민주당처럼 전통적인 정당의 안정을 깰 거라고 예상했을지도 모른다. 그러나 기독민주당은 선거 정치에 참여하기 위해 대중의 변하는 열망에 발맞출 새로운 방법을 찾아 나섰다. 그들은 정치와 경제 영역에서 전통과 현대를 한꺼번에 잡는 전술을 썼다. 프랑코와 살라자르 정권은 경제의 현대화는 받아들일 수 있었지만, 정치체제의 민주화는 용납할 수 없었다. 이탈리아 '경제 기적'의 흐름이 거의 막바지에 이르렀을 무렵, 기독민주당은 사회당과 연합해 신선한 피를 수혈함으로써 정치체제를 쇄신할 수 있었다. 프랑코와 살라자르는 잘해야 실력 있는 기술 관료를 기용하는 게 전부였고, 최악의 경우 멍청한 관료들이 들어올 수도 있었다.

대량 소비는 변혁을 불러오는 힘이다. 정치적 변화를 일으키지 않고는 대량 소비를 이용해 노동자를 달랠 수 없다. 높은 소비수준을 유지하기 위해서는 높은 임금이 필요하다. 그러나 임금을 억제하지 못하는 정권을 과연 독재 정권이라고 할 수 있을까? 스페인과 포르투갈에서 소비사회가 팽창함에 따라 두 나라는 서유럽 다른 나라들과 비슷한 모습으로 바뀌었다. 이런 경향은 포르투갈보다 스페인에서 두드러졌다. 이는 심리학적으로 말해 스페인 중산계급이 민주주의를 실험할 준비가 더 잘되었다는 뜻이다. 민주주의는 프랑스와 영국, 서독이 증명했듯 소비자본주의와 꽤 좋은 관계를 유지하며 공존하고 있었다. 외국계 회사에 영입된 젊은 경영 간부들은 국제적 사업가들의 문화와 습관(맵시 있는 옷차림, 공항에서 읽는 소설, 나쁜 예절 등)을 익혔고, 그 문화를 스페인 사람이 소유한 회사의 임원들에게 전수했다.[52] 정권의 생명 유지 장치인 가톨릭의 전통적 가치는 소비사회가 주장하는 즐거움—개방적인 성 문화, 음란물, 상반신을 노출한 수영복, 쾌락주의, 부의 추구—으로 오염되지 않은 채 존재할 수 없었다. 관광산업의 호황은 스페인의 가장 가난한 지역에서 두드러졌다. 지방 농부의 아들들이 하룻밤 사이에 웨이터로 변신했다. 존 후퍼John Hooper의 통찰력 있는 말을 빌리면, "'시간' 단위로 시간을 계산하는 데 익숙한 그들이 하루아침에 '분' 단위로 생각해야 했다."[53] 1971년에 진행된 연구에 따르면 말라가Málaga 농촌 지역에서 진단된 만성적이지 않은 정신 질환의 90퍼센트는 해변으로 일하러 가는 청년들에게서 나타났다고 한다.[54]

이베리아반도의 두 독재 정권은 경제적 성공에 힘입어 현대적 세계로 빠르게 도약할 수 있었다. 그러나 그들의 정권은 굳건해진 것이 아니라, 오히려 불필요하고 기술적으로 구식이며 시대착오적인 것으로 여겨졌다.[55] 이런 인식은 뚜렷해져서 급기야 두 정권의 수

많은 지지자들이 변화를 주장하기 시작했다. 스페인에서는 나중에 국민동맹의 당수가 된 마누엘 프라가 이리바르네Manuel Fraga Iribarne 가 1971년에 출간한 *El desarrollo político*(정치 발전)에서 스페인이 산업사회가 되었기 때문에 현대적인 정치제도가 필요하다고 주장했다.[56] 포르투갈에서는 안토니우 드 스피놀라 장군이 *Portugal e o futuro*(포르투갈과 그 미래)를 집필했다. 그는 1974년 군부 쿠데타가 일어나기 몇 주 전에 발간한 이 책에서 승산 없는 식민지 전쟁에서 포르투갈을 구해내기 위한 계획을 제시했다.

포르투갈의 혁명

민주주의로 이행은 다른 두 나라보다 포르투갈에서 극적으로 전개되었다. 1974년 4월 무혈 쿠데타가 일어나고 27개월 동안 여섯 차례 임시정부를 거치는 정치적 격변 끝에 1976년 7월 22일 1차 합헌 정부가 출범했다. 쿠데타 직후의 선거 결과로 보면 사회당이 압도적인 세력임이 분명했다. 따라서 서구식 자유민주주의가 빨리 정착될수록 정치권력도 군부와 그들의 지지자인 공산주의자들에게서 빨리 벗어날 수 있었다. 그에 비해 그리스와 스페인에서는 구체제의 확실한 대안은 의회민주주의밖에 없다는 사실이 처음부터 명백했다.

포르투갈 혁명—포르투갈 쿠데타를 일컫는 말이며, 이렇게 불릴 만한 이유가 있다—은 그 시작 단계부터 1968년 파리에서 일어난

5월 혁명의 열정과 희망을 강하게 연상시킨다. 모든 것이 가능하다는 신념, '정상 상태'가 일시 정지된 느낌, 도취감과 흥분까지 닮았다. 혁명이 시작된 방식 자체가 상징적이다. 1974년 4월 24일에서 25일로 넘어가는 밤, 포르투갈 라디오 방송국의 한 DJ가 정부에서 금지한 노래 '그란돌라, 햇살 강한 마을Grandola, Vila Morena'을 골랐다. 알렌테주Alentejo의 한 마을에 관한 민요로, 군부대에 보내는 합의된 신호였던 그 노래에는 리스본에 결집해서 정권을 장악하라는 의미가 담겨 있었다. DJ에 의해 시작된 첫 혁명이었다.

정권이 흔들린다는 것은 많은 사람들이 알고 있었다. 그러나 젊은 장교들이 주도하는 군부 쿠데타로 붕괴될 거라고 예상한 사람은 거의 없었다. 사회당 지도자 마리우 소아레스도 1972년 프랑스에서 처음 출간한 저서에(당시 포르투갈에서 출간은 불가능했다) 정권에 대항하는 세력이 교회와 재계에서 나올 수 있을 것으로 예상했지만, 군부는 언급하지 않았다.[57]

권력을 차지한 장교들은 구체제에서 가장 잘 알려진 개혁 주창자 스피놀라 장군을 임시 대통령으로 임명했고, 자신들은 포르투갈 군부운동MFA을 구성했다. 그들은 민주적 정부를 세우는 것이 목적이라고 선언하고, 모든 정당을 합법화했다. 군부가 정권을 장악하고 한 달도 지나지 않은 1974년 5월, 군부운동은 사회주의자 네 명과 공산주의자 두 명을 포함해 대부분 민간인으로 구성된 정부를 수립했다. 민주적 정당 체제와 (선거를 통해 승인받지 못한 것으로 추측되는) 군부의 특별한 역할에는 모순이 있었지만, 관련자들은 얼버무리고 넘어갔다. 구체제로 돌아가는 것을 막아줄 수 있는 유일한 세력이 군부라고 여겼기 때문이다. 이런 믿음이 더욱 확고해진 것은 좌파의 압력으로 1974년 9월 30일에 사임한 스피놀라 장군이 이듬해 3월 11일에 일으킨 쿠데타가 군부운동에 의해 좌절된 이후다. 이는 혁명이 더욱 과격해질 것이라는 신호였다. 그로 인해 군부운동에게 상당한 거부권을 주지 않고는 포르투갈을 다스릴 수 없다는 일반적인 믿음이 굳어졌다. 모든 정당들이 이런 가정을 믿었지만, 전적으로 받아들인 당은 공산당뿐이었다.

사회당과 공산당의 행로는 얼마 지나지 않아 갈라졌지만, 쿠데타 이후 초반에 좌파 전체가 몰두한 문제는 민주주의의 신속한 정착이었다. 이것이 사회주의자들의 목적이었다는 데는 의심할 여지가 없지만, 공산당 또한 초반에는 성숙한 문민정부를 지지했다. 공산당 서기장 알바로 쿠냘이 4월 30일 리스본 공항에 도착한 뒤 그 사실을 명백히 밝혔다. 그의 영웅인 레닌은 비슷한 상황에서(즉 자신이 시작하지 않은 혁명이 터진 뒤) 페트로그라드Petrograd에 도착했을 때, 당의 기본 방침을 바꾸고 볼셰비키에게 임시정부 지지 철회를 촉구했다. 그러나 쿠냘은 레닌과 다른 입장을 취했다. 그는 포르투갈 공산당이 당면한 요구는 모든 민주적 자유를 새롭게 확립하고, 모든 정당을 합법화하고, 식민지 전쟁을 끝내고, 임금을 인상하고, 제헌의회 선거를 실시함으로써 혁명을 더 굳건히 하는 것임을 공표했다.58 당면한 목적으로 사회주의는 언급되지 않았다. 비록 친소련 수사법을 사용하고 진보적 군부가 '지휘'하는 민주주의라는 개념을 옹호했지만, 포르투갈 공산당의 요구는 어떤 유러코뮤니즘 정당 못지않게 온건했다.

새로 구성된 정당들, 특히 좌파 정당과 군부의 협력은 처음에는 상호 이익에 바탕을 둔 것처럼 보였다. 군부는 혁명이 민주적임을 보여주기 위해 민간인이 필요했고, 좌파 정당은 혁명을 지켜내기 위해 군부가 필요했다. 문제가 발생한 것은 군부운동 주요 분파의 의도가 민주주의를 정착시키는 것을 넘어 사회주의를 도입하는 것이라는 사실이 명백해졌을 때다. 1974년 8월 파업을 합법화한 군부운동은 공산당원이 주를 이루는 전국노동조합연합Intersindical을 포르투갈의 유일한 노동자 조직으로 인정해, 공산당을 노동계급의 진정한 대표로 승인할 날이 멀지 않았음을 암시했다.[59]

1975년 3월 11일에 실패로 끝난 우파 쿠데타 이후 혁명은 더욱 좌경화되었다. 정부는 은행과 보험회사를 국유화했고, 은행들이 대주주인 1000개가 넘는 사업체를 부분적 혹은 전체적으로 관리하게 되었다.[60] 하지만 현명하게도 외국인이 소유한 회사는 국유화하지 않았다.[61] 정부의 기업 인수는 신속한 계획경제 구성이 정부의 목적이라는 것을 암시하는 듯했다. 군부운동 내에 그 정책을 열렬히 지지한 급진파가 있었다는 점은 논쟁할 여지가 없다. 그러나 이것으로 국유화가 실시된 원인을 다 설명할 수는 없다.

당시 총리이던 바스코 곤살베스Vasco Gonçalves 장군은 1975년 3월 이후 실시된 국유화는 상당 부분 반드시 필요했다고 설명했다. 소유주가 해외로 달아나는 바람에 일자리를 잃지 않으려고 직원들이 요구해서 인수한 회사(예를 들면 시멘트 산업)도 있고, 정부가 인수하는 것이 생산을 계속하기 위해 꼭 필요한 자금을 마련할 수 있는 유일한 방법인 회사도 있었다.[62]

국유화 이후 포르투갈의 공공 부문은 GDP의 4분의 1로, 당시 서유럽에서는 그리 높지 않은 비율이었다.[63] 그럼에도 포르투갈이 서방세계에서 '사라질' 수도 있다는 불안감이 국내외에 퍼졌다. 이런 인상은 공산주의 활동가들에 의해 지속적으로 강화되었으며, 지도부에서도 그들을 완전히 통제할 수는 없었다. 그들은 공산주의 운동과 해방 투쟁의 역사에서 골라낸 혁명의 수사법이라는 종합 무기고를 동원했다. 집단농장은 붉은 별 집단농장 같은 이름을 택했고, 사람들은 전혀 모르는 사람한테 동무camarada라고 불렸다.

1974~1975년 공산주의자와 사회주의자의 핵심적인 차이가 드러났다. 공산주의자들은 군부가 혁명의 성공을 가장 잘 보장해줄 거라고 인정했고, 의회민주주의로 돌아간다면 자신들이 소외되지 않을까 두려워했다. 따라서 그들은 군부에게 공공연히 도전하지는 않았다. 반면 그에 못지않게 일관성을 보인 사회당은 1975년 4월 25일 제헌의회 선거에서 포르투갈의 주도적 정당으로 떠오른 뒤 의회민주주의를 옹호하는 주요 세력이자, 포르투갈 혁명의 과격화에 반대하는 국내외 모든 이들을 결집하는 조직이 되었다.

포르투갈 역사상 처음 실시된 자유선거는 제헌의회 선거로, 공산당이 선거를 통해 권력을 잡을 가망이 없다는 것을 보여줬다. 사회당은 40.7퍼센트를 얻어 116석을 차지했고, 카에타누의 진보적 비평가였던 프란시스쿠 사 카르네이루Francisco Sá Carneiro가 이끄는 중도파 대중민주당은 28.3퍼센트로 81석을 확보했다. 민주사회중도당은 8.2퍼센트로 16석을 차지했다. 공산당과 그 연합 정당들은 17.9퍼센트에 35석으로 실망스러운 결과를 얻었다.

선거를 통해 사회당이 진정한 전국 정당임이 드러났다. 사회당은 북부와 남부의 모든 도시지역과 남부 시골 지역에서 좋은 결과를 얻었다.[64] 중도정당인 대중민주당과 민주사회중도당은 북부에서 좋은 결과를 보였다. 공산당 지지표는 남부 지역에 몰려 있었다. 북부에서 그들은 넓게 퍼진 폭력의 목표물이었다.[65] 전국적으로 봤을 때는 교회 세력이 두드러지지 않았지만, 브라가Braga의 대주교가 반공 운동을 촉구했다. 우파 지하운동과 연계된 시골 지역의 폭력 사태로 200여 개 공산당 사무실이 소실되었다.[66]

1975년 선거 이전부터 쿠냘은 군부에게 제헌의회 선거 후 병사로 돌아가라고 요구하는 것은 혁명의 해산을 요구하는 것이나 마찬가지라고 확신했다. 그는 군부운동의 '제도화'를 선두에서 주창하는 민간인이 되었다.[67]

1975년 선거 이후 소아레스는 거국일치내각을 지속하는 쪽을 신중하게 택했다. 그는 점점 커지는 공산당과 군대의 영향력을 억제하고, 나라가 두 적대적인 세력권으로 나뉘는 사태를 막기 바랐다.[68] 선거 결과만 보면 사회당이 공산당보다 강하지만, 실제로는 공산주의자들의 우수한 조직력과 군부와 유착 관계 때문에 혁명 정국이 전개됨에 따라 공산당이 강력해졌다는 것을 잘 알았다.[69]

그러나 커져가던 군부의 한 분파는 공격적 투쟁이라는 이상을 추구하는 데 거부감이 들었다. 사회주의자들이 정부에서 이탈하기 알맞은 시기였다. 사회주의자들은 그때까지 친사회주의 일간지 「헤푸블리카República」를 좌파 지지자들이 '장악'했다는 것을 구실로 연합을 철회했다(1975년 7월 10일). 이것은 사회주의자들과 공산주의자들이 나갈 길이 최종적으로 갈라지는 신호였다. 쿠냘은 '히스테리적 반공산주의'라며 사회주의자들을 공격했고,[70] 소아레스가 '반동분자'가 되었다면서 비난했다.[71] 쿠냘은 점점 더 군사적 해결을 지향하는 방향으로 나갔다. 그는 "우리 당은 혁명적 진보 운동인 군부운동이야말로 대중의 힘과 연합해서 혁명과 혁명의 연속성을 보

장해줄 최고의 무장 세력이라고 여긴다"고 공언했다.⁷²

이에 대한 반발은 피할 수 없는 것이었다. 혁명이 더욱 과격해지는 방향으로 가기 위해서는 전국적인 대중의 지지나 군부의 전폭적인 지원이 필요했다. 둘 다 충족되지 않았다. 국제적으로도 혁명은 고립되었다. 미국이 잠시 혼란을 겪어 권력 공백이 생긴 덕분에 혁명이 일어나는 것은 가능했으나, 서유럽에서도 서쪽 끝에 쿠바 같은 요새 정권이 발전하는 것은 허락되지 않았다.

소아레스의 장기적 목표는 군부를 정계에서 축출하는 것이었다. 목표를 달성하기 위해서는 군부 내에 협력자가 필요했다. 군대만이 군대를 그들의 병사로 돌려보낼 수 있기 때문이다. 1975년 9월 다시 정부로 들어온 사회주의자들은 멜루 안투네스Melo Antunes 중령을 비롯해 군부의 핵심 세력인 장교들이 포함된 '9인회'와 긴밀한 관계를 맺었다. 9인회는 11월 25일에 오텔루 드 카르발류Otelo de Carvalho와 그가 이끄는 내부 치안 부대인 대륙작전사령부COPCON가 주도하는 좌파 쿠데타 시도가 있을 것으로 예상하고, 그것을 막기 위해 신속하게 움직였다. 카르발류는 그런 혐의를 지속적으로 부인했다.⁷³ 9인회의 개입이 쿠데타를 막기 위한 온건파 장교들의 움직임이었는지, 카르발류의 주장대로 혁명을 중단하려는 '우파'의 음모였는지는 중요하지 않다. 진실은 양쪽이 상대 세력에서 쿠데타를 일으킬 거라고 의심하며 각자 방어책을 마련한 것으로 보인다.⁷⁴ '온건파'가 '혁명가들'보다 준비나 조직 면에서 나았고, (그해 선거에서 드러났듯이) 그들의 편에는 민중이 있었다.

공산당의 전략은 실패했다. 공산주의자들은 군부 내 과격파에 이끌려 자신들이 의도한 것보다 훨씬 좌경화하고 말았다. 그들은 궁지에 몰렸다. 소아레스와 함께했어도 보수적인 중산계급의 칭찬은 들었겠지만, 그들의 표는 얻지 못했을 것이다. 그들은 패배한 뒤에도 늘 해온 방식대로 살았다. 역사의 곁방에서 다시 한 번 혁명의 시간이 오기를 기다리며.

이후 '파티는 끝났다'. 피녜이루 지 아제베두Pinheiro de Azevedo 대장이 이끈 여섯 번째 임시정부는 포르투갈의 경제가 노동조합과 노동자들의 절제에 달렸다고 설명했다.[75] 이는 1976년 1월 첫 번째 긴축예산으로 이어졌다.

1974~1976년 축제 분위기가 끝나고, 뒤이어 고통스러운 재정 긴축의 시기가 온 것은 혁명 기간 동안 경제학의 법칙이 전적으로 무시되었기 때문이라는 것이 일반적인 가정이다.[76] 좀더 냉철한 분석에서는 경제 상황이 악화된 것은 좌파 장교들의 지나친 의욕 때문이라기보다 석유파동으로 촉발된 서구 불경기의 '정상적인' 영향 때문이라고 보기도 한다. 경제학자들이 관련된 모든 경제 자료를 제공받았으나 1974~1976년 정치적 혼란에 대해서는 전혀 알지 못했다면, 그들은 포르투갈 경제는 (2년 사이에 혁명과 여섯 차례 임시 혁명정부를 거쳤음에도) 다른 국가들과 같은 양상을 보였다고 결론 내렸을 것이다.[77] 혁명에 따른 경제적 결과는 도시 산업 노동자들의 엄청난 임금 상승이었다. 1973~1975년 국민소득에서 임금이 차지하는 비율이 52퍼센트에서 69퍼센트로 올랐다.[78] 따라서 국민 자산 중 노동계급에게 할당되는 비율에 현저한 변화가 생겼고, 개인 소비가 급격히 늘었으며, 1974년 6월 최저임금을 도입한 덕분에 소득 격차도 줄었다.[79]

이런 임금 변동은 당시 수년 동안 계속된 (30퍼센트가 넘는) 극심한 인플레이션의 원인으로 꼽혔다. 그러나 1974년 4월 이전부터 대규모 군비 지출과 유가 상승에 자극을 받아 물가는 치솟기 시작했다.[80] 포르투갈은 세계적인 경기 침체와 관련된 문제뿐만 아니라, 아프리카에 건설한 식민 제국의 몰락으로 야기된 경제적 어려움에 봉착했다.

포르투갈 식민지였던 세 나라를 독립시키기 위한 협상이 성공적으로 마무리되기도 전(1975년 1월), 식민지 정착민 약 10만 명이 아프리카에서 돌아왔다. 이른바 귀환자들retornados이었다. 그리고 1975년에 33만 9000명이 더 돌아왔다.[81] 당시 포르투갈 전체 인구가 860만 명임을 감안하면 이는 엄청난 수다. 귀환자들의 수는 알제리 독립 이후 본국으로 돌아온 프랑스인의 수와 맞먹는다. 그러나 프랑스는 인구가 포르투갈의 다섯 배고, 훨씬 부유한 나라였다.[82] 포르투갈은 혁명에 거의 공감하지 못하는 이주민을 흡수해야 했을 뿐만 아니라, 게릴라를 막기 위해 배치한 군대를 동원 해제하는 일도 처리해야 했다. 군대는 1975~1978년 반으로 줄었고, 실업률은 1974년 2.2퍼센트에서 1978년 8.4퍼센트로 네 배 증가했다. 특혜를 누리던 식민지 시장을 잃었다는 사실을 아무도 무시할 수 없었다. 1960년대에 확립된 추세가 이어져서 옛 식민지로 수출은 줄어든 반면, 유럽 수출은 계속 증가했다.[83]

포르투갈 경제의 부정적 흐름은 유럽의 경기 침체와 같은 시기에 나타났고, 그로 인해 국제수지는 적자를 기록했다. 포르투갈은 이제 새로운 문제에 직면했다. "국제수지의 제약을 이겨내고 경제성장을 이뤄야 했다."[84]

1976년 초에 시행된 긴축재정은 이런 관점에서 봐야 한다. 긴축을 피하려면 보호무역주의라는 담이나 장막 뒤에 숨어 포르투갈을 다른 나라들에게서 격리해야 했을지도 모른다. 뒤이어 배급 제도가 실시되었을 것이다. 고통과 궁핍을 더 공평하게 나눠 가졌을 테지만, 민주적 선거로 들어선 어떤 정부도 대중의 인기를 얻지 못했을 것이다. 다시 말해 포르투갈에게 놓인 냉혹한 선택은 자본주의적 긴축 형태를 택할까, 소련식 보호무역주의 형태를 택할까 하는 문제였다. 현명하게도 1976년 7월, 포르투갈의 대다수 유권자는 사회당을 선택했다. 사회당은 이성과 현실주의로 즐거운 귀환(보수주의자들은 이렇게 봤을 것이다)이 아니라 고통스럽지만 피할 수 없는 '자본주의적' 긴축정책을 지속할 정당이었다.

 7월 선거에서 사회당은 일부 지지층을 잃었지만(득표율이 40.7퍼센트에서 36.7퍼센트로 떨어졌다), 여전히 제1정당 자리를 지켰다. 소아레스는 사회당 소수 내각의 총리가 되었다. 그의 정부는 '혁명의 정당'으로 남기로 결심한 공산당과 합의를 볼 수도 없고 그럴 마음도 없었기 때문에, 긴축정책을 계속하기 위해 두 보수당에 의존해야 했다. 포르투갈 좌파는 두 정당으로 분리되었고, 두 정당 모두 자본주의를 운영하기 위한 전략이 없어 곤경에 처했다. 공산주의자들은 '자본주의를 운영하는 일'이 자신들의 책임이라고 생각하지 않았다. 그들이 보기에 그 일은 부르주아 계급이 해야 할 일이었다. 그들이 해야 할 일은 혁명을 일으키는 것이었다. 혁명을 위한 여건이 사라졌다면 더 나은 때를 기다리는 것이 바람직했다. 오래된 레닌주의 수사법에서 벗어나지 못한 포르투갈 공산주의자들은 극도의 수동성을 보였는데, 이는 그들이 경멸하는 척하던 카우츠키 추종자들의 '관망'하는 전통을 연상시켰다. 이 점에서 그들은 프랑스 공산당과 다르지 않다. 반면 사회주의자들은 최선을 다해 포르투갈의 자본주의를 운영하는 수밖에 없었다. 소수 여당 정부로서 역사적으로 연약한 나라의 입장과 최근의 격변에 따른 여러 가지 제약의 영향을 고스란히 이겨내야 했다. 그들은 무엇을 해야 할지 몰랐기 때문에 당시 널리 행해지던 것들을 받아들였고, 긴축정책의 최악의 결과에서 유권자를 보호하기 위해 애썼다.

긴축이 실시된 것이 국내 경제를 위해 필요했기 때문만은 아니었다. 외국의 은행과 기관에서 빌린 막대한 차용금 중 일부도 반드시 갚아야 했다. 세금이 올라가고, 공공 부문 물가도 상승했다. 엄격한 통화정책이 마련되었다. 임금 억제 정책이 실시되었다. 기업들은 또다시 노동자를 해고할 수 있게 되었다.

소아레스 정부는 혁명 기간 동안 땅이나 재산을 잃은 이들에게 보상해주었다. 1976년 가을, 정부는 군대를 동원해 알렌테주의 토지를 불법으로 점유한 일부 농민을 쫓아냈다.[85] 그곳은 토양이 척박하고 농장도 작았다. 농민들을 퇴거시킨 것은 공산주의의 핵심 지지 세력 중 하나인 알렌테주의 가난한 농민들에게 조치를 취함으로써 혁명의 시기가 끝났다는 것을 보여주기 위한 작전이었다.

농지개혁은 포르투갈 혁명 정부가 실시한 가장 중요한 정책이다. 농지개혁은 사회·경제적 규모와 재분배 효과에서 우리가 살펴보는 세 나라 과도정부가 실시한 진보적 정책을 능가했다. 이 정책은 토지를 갖지 못한 남부 노동자들의 공개적이고 지속적인 지지를 받았다. 남부에는 대농장이나 소작농이 대부분이었기 때문이다. 고향을 떠난 남부의 시골 노동자들은 포르투갈 도시에서 일자리를 찾았다(북부 사람들은 이민을 선택했다). 이런 까닭에 산업 노동계급과 남부 시골의 프롤레타리아 사이에 밀접한 관계가 형성되었다. 남부의 산업 공장들은 북부보다 규모가 컸고, 노동자의 밀집은 과격한 노동조합주의의 발전을 촉진했다. 따라서 남부 사람들은 북부 사람들보다 과격한 성향을 보였다. 이런 혁명적 잠재성을 가장 잘 반영한 당이 바로 공산당이었다.[86] 북부의 상황은 달랐다. 농민들은 작은 농장이나 자작 농지를 소유하고 있었고, 농지개혁과 토지 분배에 반대했다. 그들은 신앙심이 깊고 보수적 성향에 철저한 반공산주의자였다.

공산당뿐 아니라 모든 정당이 처음에는 농지개혁이 필요하다는 데 의견을 같이했다. 그러나 별다른 일이 없다가 1975년 초 몇 달 동안 남부의 많은 농민들이 자체적으로 '농지개혁'을 시작하면서 땅을 점유하는 일이 벌어졌다. 1975년 7월 정부가 지침을 세워 대응했지만, 그런 지침으로는 토지의 '자연스러운' 점유로 얻는 것만큼 얻을 수 없었다. 그 결과 지주 1300명이 법적으로는 아니지만 사실상 토지를 빼앗겼고, 토지 100만 헥타르가 집단농장에 예속되었다.[87] 공산당은 지속적으로 농민들을 지원했다. 토지 불법점유는 혁명적 변화가 계속되는 와중에 대체로 눈감아주는 일이 되었다. 정부는 사회주의자들이 정권을 장악하고 공산당이 패배한 1976년에야 그런 식으로 점유된 땅을 일부 되찾는 일에 착수했다. 농민들은 애초에 자신들이 그 땅을 점유하게 해준 군대와 똑같은 군대의 지시에 따라 다시 땅을 내놓아야 했다.[88]

포르투갈 과도기의 복잡성을 가장 잘 보여주는 것은 포르투갈이 '혁명적인' 헌법을 가지고 혁명 후 단계에 들어가고 있었다는 사실이다. 쿠데타 2주년 기념일인 1976년 4월 25일에 새로운 헌법이 시행되었다. 헌법의 처음 두 조항은 계급 없는 사회와 "노동계급이 민주적 힘을 행사하기 위한 조건을 마련함으로써 사회주의 체제로 이행하는 것"이 포르투갈의 목표라고 규정했다.[89] 새로운 헌법에 따르면 의회는 단원제고, 직접선거로 선출된 대통령은 법률안에 강력한 거부권을 행사할 수 있으며, '혁명 위원회'가 구성될 예정이었다. 혁명 위원회는 혁명의 수호자임을 주장하는 군부의 장교들이 실권을 장악한 권력기관이었다. 그러나 혁명적 의지가 없다면 혁명적 헌법은 가치가 없다. 1982년에 헌법이 개정되어 대통령의 권한이 축소되고, 혁명 위원회는 폐지되었다.[90]

'정상적인' 경제 운영을 회복하는 일은 더 고통스러웠다. 긴축정책을 실시하게 된 배경으로 앞에서 설명한 내용은 경제성장을 회복하기 위해 꼭 필요하다는 것이었다. 따라서 1976년 봄, 정부 당국은 소득과 물가를 계속 통제하고 리플레이션을 위해 노력했다. 리플레이션 정책으로 수입이 늘어난 반면, 수출 증가는 이끌어내지 못했다.[91] 1977년 2월 포르투갈 통화 이스쿠두화가 15퍼센트 평가절하 되었지만, 이것도 충분하지 않았기 때문에 통화 바스켓에 연동시킨 크롤링펙(crawling peg : 점진적인 평가 변경 방식—옮긴이) 제도가 도입되어 한 달에 1퍼센트씩 가치가 떨어졌다.[92] 사회당 정부는 미국이 주도하는 14개국 컨소시엄에서 차관을 받으려고 시도했다. 복잡한 협상 끝에 1977년 6월 컨소시엄은 포르투갈이 IMF에서 대기성 차관 5000만 달러를 지원받는 조건으로 중·단기 국제수지 지원금 7억 5000만 달러를 빌려주는 데 동의했다.[93] 포르투갈에게 그런 조건을 내건 이유는 비교적 적은 그 금액을 제공하는 대가로, 정치적 이유 때문에 미국이나 다른 서방국가들이 부과하기를 꺼리는 조건들을 IMF가 부과하도록 하기 위해서였다.

분명히 말하지만 이것은 혁명의 시기가 진정으로 끝났다는 신호였다. 포르투갈 혁명은 독재 정권을 붕괴시킨 것이지 자본주의를 무너뜨린 것은 아니었다.

IMF가 요구한 조건은 통화 평가절하, 세금 인상, 공공 지출 삭감 등 표준적인 것들이었다. 긴축정책을 실시하는 상황에서 그런 조건들은 정치적으로 받아들이기 힘들고, 소아레스 정부마저 흔들리게 할 수 있었다. 포르투갈은 EEC에 정식으로 가입 신청을 한 상태였기 때문에 다른 회원국들과 격차를 줄여야 했고, 그러기 위해서는 평균보다 높은 성장이 필요했다. 이는 다른 나라들이 통화를 줄이는 상황에서 통화 재팽창 정책을 펴야 한다는 의미로, 부유한 프랑스에게도 불가능한 일이었다(19장 참조). 훨씬 더 가난하고 어려운 상황에 처한 포르투갈로서는 IMF의 통화수축 요구로 가중된 부담을 감당하기 힘들었을 것이다. IMF는 자기 역량을 과신한 것 같았다. 슈미트와 캘러헌마저 이의를 제기했을 정도다.[94]

소아레스는 IMF와 협상 중일 때 더 좋은 조건을 얻어낼 생각으로 IMF의 권고 중 일부가 담긴 새로운 경제 종합 정책을 제출했다. 그 정책은 공산주의자들과 보수주의자들의 반대로 의회에서 기각되었다.

끈기 있는 소아레스는 자신이 비교적 안정적인 다수를 확보하려면 다른 정당을 끌어들여 공식적인 연정을 구성해야 한다는 것을 깨달았다. 새로운 연정 파트너는 우파 성향이 강한 민주사회중도당이었다. 민주사회중도당의 당수 프레이타스 두 아마랄Freitas do Amaral은 스피놀라와 가까운 사이였다. IMF와 협상이 재개되었고,

소아레스는 협상하는 동안 가급적 많은 국제적 지원을 동원하려고 애썼다. 과도하게 번거로운 조건이 사회당뿐만 아니라 다른 반공산주의 정당의 안정을 위협할 수도 있다는 사실을 서방 동맹국들에게 설명했다. 상호 의존은 언제나 쌍방향으로 작용해 빌리는 자는 빌려주는 자에게 얼마간 영향을 끼친다. 당시 가장 의심이 많은 외국조차 포르투갈이 서방세계의 품으로 돌아왔고 공산주의는 패했다는 것, 사회당이 특별한 경제적 길을 개척하기 위해 품은 야망이 혁명의 수사법으로 채워진 쓰레기통 신세가 되었다는 것을 믿지 않을 수 없었다. 그 어떤 것도 의회민주주의와 시장경제라는 테두리를 벗어나지 않으리라 여겨졌다. 1978년 IMF에 제출한 '의향서'에서 볼 수 있듯이, 소아레스는 처음보다 나은 조건을 얻었다. 그러나 그는 포르투갈 혁명의 사회적 목적을 실현하기 위해 1975~1976년에 확대된 정부 지출을 더 줄여야 했다. 인플레이션과 임금 통제는 필연적으로 노동계급이 가져가는 소득의 비율을 더 '균형 잡힌' 상태, 즉 더 줄어든 상태로 만들었다. 1977년에 실질임금이 9.4퍼센트 떨어졌고, 1978년에는 5.6퍼센트 더 떨어졌으며, 1979년에 다시 3.1퍼센트가 떨어졌다.[95]

사회당과 민주사회중도당의 연정은 1978년 7월 와해되었다. 사회당이 알렌테주의 반항적인 시골 노동자들을 소극적으로 다룬다고 민주사회중도당이 주장했기 때문이다. 사회당은 여전히 정권을 장악하지 못했고, 민주사회중도당과 사회민주당(1976년 10월 이후 대중민주당의 새 이름) 연합도 과반수 의석을 차지하지 못했다. IMF와 추가 협의가 진행되었고 더 많은 차관, 더 심한 긴축, 더 심란해진 정부 불안이 이어졌다. 사회당은 1979년 선거를 준비하면서 긴축의 시기가 끝났다고 공언했으며, 경제성장 정책을 추진하겠다고 약속했다.[96] 사회민주당과 민주사회중도당은 프란시스쿠 사 카르네이루(1980년 12월 항공기 참사로 사망함)가 주도하는 민주동맹AD으로 대응했다. 민주동맹은 득표율 46.3퍼센트로 놀랄 만한 승리를 거뒀다. 사회당은 참패했고(득표율이 28.9퍼센트까지 하락했다), 공산당은 대중동맹APU의 기치 아래 19.5퍼센트를 얻었다. 혁명으로 카에타누 정권을 쓸어버린 지 4년이 지났을 뿐인데, 좌파의 두 정당이 모두 정권 장악에 실패한 것이다. 포르투갈은 외신 1면에서 다시 한 번 사라졌다. 모든 것이 정상적인 상태로 돌아갔다. 1983년에 사회당이 다시 집권해서 잔인한 통화 긴축 경제계획을 실시했지만, 1985년에 20.8퍼센트를 얻으면서 물러났다. 이듬해 소아레스는 (공산당의 지지 덕분에) 가까스로 공화국 대통령에 선출되었고, '초당적' 대통령이 되기 위해 당적을 버렸다. 사회당은 1987년 선거에서 22.3퍼센트를 얻어 또다시 패했으며, 1995년까지 집권하지 못했다.

과도기가 끝나자 사회당은 파벌주의로 갈가리 찢긴 이베리아반도의 급진적인 구식 정당에 지나지 않았고, 현대적 사회민주주의 정당의 모습은 찾아볼 수 없었다.[97] 따라서 1980년대 후반 사회주의 정당들 사이에서 현대성의 트레이드마크가 된 시장의 '재발견'은 포르투갈 사회당에게 특별히 어려운 문제를 제기하지 않았다.

포르투갈은 1985~1993년에 엄청난 경제성장을 누렸지만, 그 수혜자는 주로 중산계급이었다. 농업 부문은 계속 뒷걸음치면서 경쟁력을 잃어갔다. 포르투갈 혁명이 있고 20년이 지나도 리스본 외곽에는 허름한 판자촌이 있었고, 수천 명이 비참한 가난 속에 살았다. 평균임금은 싱가포르나 태국, 타이완 같은 개발도상국보다 낮았다. 혁명 후 국유화된 은행과 보험회사는 민영화되었다.[98] 포르투갈의 양대 좌파가 제시한 전략(공산당의 사회혁명과 사회당의 복지사회)은 아무 성과도 이끌어내지 못했다.

스페인의 절충된 단절

포르투갈 혁명은 예측할 수 없었을 것이다. 그러나 스페인에서 프랑코 독재 정권의 종말은 누구나 예견하고 있었다. 특히 프랑코가 지명한 후계자 루이 카레로 블랑코Luis Carrero Blanco가 1973년 12월 20일 미사 후 집으로 돌아오던 중 바스크 분리주의 테러 조직인 자유 조국 바스크ETA가 일으킨 자동차 폭발사고로 사망하자, 그 예측은 더욱 강해졌다. 그러나 반대 세력들은 그보다 훨씬 전부터 독재자의 사망이 오래도록 기다려온 '민주적 단절'의 신호가 될 것임을 알고 있었다. 1975년 11월 프랑코의 생에 마지막 몇 달을 버티게 해준 생명 유지 장치의 스위치가 꺼졌을 때, 눈물을 흘리는 이는 거의 없었다. "마드리드와 바르셀로나Barcelona는 고요히 샴페인에 취해 있었다."[99]

1974년 6월에 공산당은 티에르노 갈반Tierno Galván의 대중사회당 PSP, 여러 자유주의 정당과 좌파 군소 정당들, 카를로스 우고Carlos Hugo 공公이 이끄는 카를로스주의당과 연합해서 민주평의회Junta Democrática를 결성했다고 발표했다.[100] 이들의 강령은 온건한 특징을 보였다. 이들은 정치적 자유와 노동조합의 자유, 바스크와 갈리시아Galicia, 카탈루냐 지방의 자치권, 교회와 정부의 분리 등을 요구했다. 또 미군이 스페인에 계속 주둔할 수 있게 하는 조약을 유지하는 것을 받아들였고, EEC 가입을 추진하겠다고 약속했다. 민주평의회에는 여러 이질적인 성격이 섞여 있고, 공산당 연합 세력의 규모가 작았기 때문에 실패는 불 보듯 뻔했다. 사회주의자들은 민주평의회가 공산주의 전선이라고 주장하면서(실제로 그랬다) 그들과 함께하기를 거부했다. 그 뒤 사회주의자들은 기독교 민주주의자들, 사회민주주의자들, 몇몇 이름 없는 좌파 단체들과 함께 민주평의회에 맞서는 민주연합강령Plataforma de Convergencia Democrática을 구축했다. 이런 상황을 보면 스페인의 좌파가 얼마나 단합되기 어려웠는지 알 수 있다. 첫 번째 단계(1974~1976년)에서 사회노동당은 공산주의자들과 거리를 두는 데 집중했다.

프랑코가 사망한 뒤에도 대다수 반대 세력들은 매끄러운 전환 대신 단절을 예상했다. 후안 카를로스 1세가 프랑코 집권기에 수상을 맡은 카를로스 아리아스 나바로Carlos Arias Navarro를 다시 수상으로 임명했고, 이는 아무것도 바뀌지 않을 것임을 암시했기 때문이다.101 이런 상황이 직접적 원인이 되어 민주평의회와 민주연합강령이 연합한 민주화합Coordinación Democrática이 탄생했다(1976년 3월 26일). 이 연합은 존속 기간은 짧았지만 상징성은 대단히 컸다.

카를로스 1세와 그의 고문들은 깨지기 쉬운 좌파의 연합 때문이 아니라, 산업과 사회에 퍼진 불안 때문에 부분적 자율화로 변화의 기운을 막을 수 없다는 사실을 인식하게 되었다. 학생들 사이에는 전례 없는 불만이 들끓었다. 1973년 스페인의 모든 대학은 휴교에 들어갔다.[102] 교회는 정권을 유지하기 위해 의지할 곳이 되지 못했고, 교황 바오로Paulus 6세가 진보적 성향을 띠는 주교나 추기경 편에 서는 일이 많아졌다. 바스크와 카탈루냐의 민족주의가 강력한 세력이 되었을 뿐만 아니라, 1975~1976년에 파업 횟수가 두 배로 늘고 파업에 참여하는 노동자 수는 일곱 배 늘어 250만 명이 되었다.[103] 많은 파업이 정치적 동기로 일어났고, 공산당이 주도하는 파업도 많았다. 그러나 파업의 원인은 대부분 석유파동에 따른 인플레이션과 정부의 임금 억제였다. 바스크 지역의 파업이 특히 격렬했다.[104] 극심한 이윤 감소가 진행된 상황이어서 임금 인상으로 노동자들을 일터로 돌아오게 하는 것도 불가능했다. 중간 지점은 없었다. 무자비한 억압으로 신속하게 진압하느냐, 노동자를 대변하는 정당을 합법화하고 개혁 프로그램을 가속화하느냐 둘 중 하나를 선택해야 했다.[105] 기업가와 점점 커지는 프랑코 정권의 기득권 세력은 파업을 막지 못하는 정부를 지켜보면서 좀더 단호하게 과거와 결별해야 할 때가 왔음을 확신했다.[106]

  그 결과 1976년 7월, 수상이 아리아스 나바로에서 아돌포 수아레스로 바뀌었다. 수아레스는 이듬해 6월까지 헌법을 개정하고 개혁 계획에 관한 국민투표를 실시했다. 대다수 정당을 합법화했고(1977년 2월), 프랑코 정권이 관리하던 노동조합을 폐지했으며, 정치범을 모두 사면했다(1977년 3월). 또 스페인 공산당을 합법화했고(1977년 4월), 프랑코가 이끌던 국민운동을 해체했으며(1977년 5월), 자유·민주 선거를 실시했다(1977년 6월). 공산당은 이런 전환이 비교적 매끄럽게 진행된다는 사실이 분명해진 1976~1977년에야 비로소 수아레스의 개혁이 진지하게 실시된다는 것을 받아들였고, 프랑코 정권과 프랑코 이후의 정권 사이에 분명한 단절이 있을 거라는 생각을 버렸다.[107] 전환기와 그 이후에도 주도권을 잡고 싶어 하던 공산당은 이제 후안 카를로스 1세와 수아레스가 밑그림을 그린 민주적 스페인 건설에 참여하기를 바랐다.

공산주의자들의 힘은 산티아고 카리요에 대한 대중의 높은 관심과 그의 연설 능력, 공산주의의 위협에 대한 프랑코 정권의 주장, 1976년 이전 공산주의자들의 활약 때문에 과대평가되었다. 1975년 이전에 공산당을 지지하던 많은 사람들은 공산당이 프랑코의 가장 위협적인 상대였기 때문에 그들을 지지했다. 프랑코 정권이 무너지자 공산당의 매력은 퇴색하고 말았다.[108] 이런 상황에도 공산당의 전략에는 큰 변화가 없었다. 단절이 일어나든 아니든, 폭넓은 연합전선 정책이 유일하게 현실적인 길이었다.[109]

공산당과 마찬가지로 단절이 있을 거라고 예상한 사회노동당은 전통적인 급진주의를 상당 부분 유지하려고 했다.[110] 온건한 성향을 보여주기 위해 애쓴 공산당은 국유화를 언급하는 것을 피한 반면,[111] 사회노동당은 당의 성격을 '마르크스주의와 민주주의'를 지향하는 계급정당으로 규정했고, 자본주의와 어떤 화해도 거부했으며, 10개 대형 은행과 규모가 큰 200개 회사 중 50개를 국유화해야 한다고 주장했다.[112] 얼마 지나지 않아 사회노동당은 일련의 사건들로 당의 견해를 수정할 수밖에 없었다. 사회노동당은 완전한 단절이 필요하지 않다는 것을 깨닫자, '공식적인 민주주의 상태'로 이행은 절충된 단절ruptura negociada을 통해 일어날 것이라고 발표했다.[113]

1977년이 되자 '매끄러운' 전환 말고는 대안이 없다는 것이 좌파에 속한 모든 이들에게 명백해졌다. 1981년에는 공산당 산하의 노동조합 조직인 노동자위원회 대다수가 더 발전된 민주주의를 정착시킬 역사적 기회를 놓쳤다고 생각했지만,[114] 당시에는 절충된 전환이 주요 참가자들을 만족시켰다. 자신들 중에 혼자서 전환 과정을 이끌 만큼(혹은 막을 만큼) 힘 있는 세력이 없다는 것을 알았기 때문이다. 특히 좌파는 불평할 이유가 거의 없었다. 좌파의 힘과 스페인의 사회불안은 진정한 의회민주주의로 전환을 이끌었다. 이 과정에서 내전이 끝나고 끊임없이 박해를 받은 공산당을 비롯한 모든 정당들이 합법적인 정당이 되었다. 프랑코가 사망한 지 3년도 되지 않아 서구식 의회민주주의의 모든 제도가 자리 잡았다. 스페인은 스페인 민중의 자유와 피레네Pyrénées산맥 너머에 있는 사람들이 누리는 자유의 간극을 메울 준비가 되었다.

사회노동당은 절충된 단절에 급진적인 해석을 내놓았다. 절충된 단절은 어떤 경우에든 '세계적인 규모로만 가능한' 그들의 최종 목표, 즉 그들이 자주관리 사회주의socialismo autogestionario라고 부르는 목표를 향한 첫 번째 단계에 불과하다는 것이었다. 두 번째 단계는 노동계급이 지배권을 가진 국가를 건설하는 것이었다. 세 번째이자 마지막 단계는 노동자 자주관리가 정부 기구를 대신하는 계급 없는 사회였다.[115] 단계들의 경계가 명확했기 때문에 사회노동당은 시작 단계만 그럴 것이라는 조건을 달고 첫 단계에서는 필요한 만큼 온건적 성향을 띨 수 있었다. 결국에는 모두 다양한 사회주의 정책을 펼칠 것이라고 여겼다. 이 단순한 방식에 정당의 일부 과격파도 만족했을 것이다. 이 신중한 방식은 폐기되었지만, 단계라는 개념은 현행 정책을 정당화할 간편한 장치로 계속 사용되었다.

두 좌파 정당은 1976년 내내 상대에 대한 적대감을 적절한 수준으로 조절했다. 공산당의 위협을 과대평가한 사회노동당은 자신들이 북유럽의 전통적인 사회민주주의 정당들의 왼쪽에 있다는 것을 보여주려고 애썼다. 곤살레스는 우파 '사회민주주의'를 추구할 이유는 없다고 주장했다.116 사회노동당 서열 2위 알폰소 게라Alfonso Guerra는 북유럽에서는 눈부신 경제성장이 노동계급의 요구를 만족시킬 수 있지만, 남유럽에서는 탐욕스러운 자본주의가 장기적인 국가 번영을 희생하면서 그저 이윤을 극대화하려 한다고 설명했다. 그 때문에 지중해 국가에서 과격한 노동계급, 강력한 사회주의 정당과 공산주의 정당, 진보적 가톨릭교 등이 생겨났다는 것이다.117 게라의 목적은 유러코뮤니즘을 추종하는 스페인 공산당에 대한 비판 논조를 누그러뜨리는 것이었다. 공산당과 사회노동당 모두 혼자 힘으로는 권력을 얻을 수 없다고 생각했기 때문에 협력이 여전히 필요하다고 여겼다. 그는 공산주의자들과 사회주의자들이 공동의 목표를 인식해야 하고, 경험을 나눠야 하며, 노동조합 투쟁을 함께 조정해야 한다고 주장했다. 게라가 생각하는 모델은 사회당이 소수당인 이탈리아도, 공산주의자들이 '유럽적'이지 않은 포르투갈도 아니었다. 그에게 진정한 모델은 프랑스였다. 그가 보기에 프랑스 사회당과 공산당 연합은 1978년 선거에서 승리할 준비가 되어 있었다. 그는 영국과 독일에서 사회주의 정부가 유지되고, 프랑스와 스페인에서도 사회주의가 승리한다면 서유럽 전체가 사회주의를 향해 이동할 수 있을지도 모른다고 여겼다.118

이 낙관적인 시나리오를 선거만 고려해서 쓰지는 않았을 것이다. 그러나 대륙 전체의 헤게모니 중심축을 이동하는 일이 게라가 상상한 것처럼 좌파 정당들이 자국에서 얻은 승리가 단편적으로 겹치는 것만으로 달성되지는 않는다. 경제 발전에 유리한 환경과 정책의 조율도 반드시 필요하다. 이 조건 중 어느 것도 충족되지 못했다. 정당과 국가(그리고 유권자)들은 지역적 요구와 자극에 반응하며 각기 다른 길을 갔다. 그사이에 다양한 자본주의는 나름대로 무질서한 발전을 계속했다. 구조조정 과정에서 누군가에게는 이득을 줬고 누군가에게는 해를 끼쳤으며, 맹목적인 이윤 추구는 멈출 줄 몰랐고, 민족국가가 오랜 세월에 걸쳐 마련한 제약과 규제를 철폐할 것을 요구했다.

사회주의자를 포함한 모든 정치인은 이런 엄청난 변화를 목격하며 민주정치 구조에서 꼭 필요한 단기적 전술에 매달렸다. 선거운동, 이미지메이킹, 내부 결속된 모습 유지, 선거 시장에서 지분 확보 등이 그것이다.

스페인에서 1930년대 이후 처음 실시되는 자유선거인 1977년 6월 15일 총선이 다가오자, 모든 정당은 아무 거리낌 없이 이념적 과거를 털어내기 시작했다. 앙드레 말로André Malraux는 자신이 남긴 오래된 경구가 특히 스페인에게 어울리는 말이라고 생각했을지도 모른다. "우리 시대를 평가할 역사가들은 이렇게 말할 것이다. 좌파가 왼쪽에 있지 않고 우파가 오른쪽에 있지 않으며 중도파가 중간에 있지 않은, 참으로 이상한 시대였다."

공산주의자들은 자신들의 현대성, 교회에 대한 존중, 유럽인이 될 자격 등을 강조했지만 국유화는 언급하지 않았다. 사회주의자들 또한 국가 소유제를 비롯해 그 전해에 열린 당대회에서 통과된 급진적 결의안은 입에 올리지 않았다.[119] 수아레스가 이끄는 민주중도연합은 프랑코와 아무 관련이 없는 것처럼 선거운동을 펼쳤다. 마누엘 프라가 이리바르네가 능숙하게 이끌던 국민동맹만이 옛 시절에 대한 향수를 느끼는 유권자들의 마음을 공략하는 방식으로 진짜 색깔을 드러냈다.[120] 그들의 노력은 8.3퍼센트라는 저조한 득표율로 돌아왔다. 극우 정당의 결과는 더 나빠서 1퍼센트도 얻지 못했다. 프랑코의 열렬한 추종 세력이 참패한 것이다. 독재자가 사망한 지 2년도 지나지 않아 그의 정권은 영원히 안장되었다.[121]

민주중도연합은 득표율 34.4퍼센트로 제1당이 되었다. 1977년 선거의 승자로 환호를 받았지만 상처뿐인 승리였고, 전환기의 주요 설계자인 아돌포 수아레스가 당의 지배권을 확립할 수 있을 만한 승리도 아니었다. 이탈리아에서 기독민주당이 거의 50년 동안 집권한 양상이 스페인에서 되풀이될 것 같지는 않았다. 수아레스는 그리스의 카라만리스처럼 전환기에 승리를 얻었지만, 민주주의를 공고화하는 시기에는 패했다. 그의 당은 유권자 절대다수를 확보하지도, 사회당의 인기를 멈추게 하지도 못했다. 노력이 부족해서는 아니었다. 수아레스는 좌파가 완전히 분열된 상태로 나오기를 바랐다. 사회노동당만이 좌파 세력을 결집할 가능성이 있었기 때문에, 사회노동당의 적수는 모두 수아레스의 동지였다. 그는 티에르노 갈반의 대중사회당과 같이 규모가 작은 사회주의 정당들을 키우려고 했지만 실패했다.[122] 1978년에는 그 정당들이 모두 사회노동당에 흡수되어 사회노동당이 남아 있는 확실한 사회주의 정당이 되었다.[123] 1977년 선거에서 30.3퍼센트를 얻은 사회노동당의 펠리페 곤살레스는 미래를 낙관적으로 전망할 수 있게 되었다.

좌파를 분열시키려는 수아레스의 전략이 다시 한 번 타격을 받은 것은 1977년 선거에서 득표율이 9.4퍼센트에 그친 공산당이 사회노동당을 저지할 수 없다는 사실이 분명해졌을 때다. 수아레스는 사실상 카리요의 상급 협력자, 즉 비공식적으로 맺은 연합에서 우세한 파트너였다. 사회주의자들도 대부분 그렇게 생각했다.[124] 수아레스도 카리요처럼 '이탈리아식' 발전을 바랐고, 두 사람 모두 사회노동당을 저지할 필요가 있었다. 그러나 수아레스가 꿈꾸는 최상의 시나리오는 '봉쇄된' 민주주의였다. 야당은 언제까지나 분열되고, 공산주의 정당과 중도파 정당은 선거에 패하고, 자신은 변함없이 정권을 쥐는 민주주의 말이다. 당연히 카리요의 목표는 많이 달랐다. 그는 (베를링구에르와 마찬가지로) 국제적으로 인정받지 못하는 자신의 정당이 권력을 나눠 가질 수 있는 유일한 길은 다양한 성향이 모인 연정의 보호 아래 있는 것임을 깨달았다. 그러려면 비상시국이 지속되어야 했다. 공산주의자들이 득세할 수 있는 시기는 스페인의 미숙한 민주주의가 위험에 처한 듯 보일 때뿐이었다. 대중에게 민주제도의 연약함을 누차 경고하고 합의의 필요성을 주장한 이들은 그들의 적수인 사회노동당이 아니라 바로 그들 자신이었다.[125] 1981년에 발생한 쿠데타가 쉽게 진압되었다는 사실은 걱정할 일이 별로 없다는 것을 알려주었다. 스페인의 민주주의가 단단히 자리 잡은 것이다. 물론 스페인 공산당은 그리스와 포르투갈 공산당처럼 과격한 노동계급의 시위대를 이끄는 정당으로 남아 화려한 구경거리가 펼쳐지는 동안 옆에서 구경하는 데 만족할 수도 있었다. 실제로 유러코뮤니즘 실험이 끝난 다음에 카리요가 그린 전략을 채택했다.

카리요는 1977년의 참담한 선거 결과에도 여전히 '이탈리아식' 전략을 추구할 수 있다는 희망을 품었지만, 곤경에 처했다. 공산당의 목표는 좌파 연합이었다. 성공하려면 사회노동당을 설득해서 오른쪽으로 가는 시도를 단념하게 해야 했고, 그들의 표를 뺏는 방법밖에 없었다. 따라서 사회주의자들과 연합하기 위해서는 그들에게 따끔한 맛을 보여줘야 했다. 공산당은 1979년 선거에서 공격적으로 반사회주의 운동을 벌였다.[126] 그러나 득표율 10.8퍼센트로 1977년과 크게 달라지지 않은 결과를 얻었다.

 1977년 선거의 진정한 승자는 사회노동당이었다. 사회노동당은 마드리드, 바르셀로나, 발렌시아, 세비야Sevilla에서 승리하며 진정한 국민정당으로 부상했다. 펠리페 곤살레스는 고도로 전문화된 미국식 선거운동을 벌였고, 스페인에서 가장 인기 있는 정치인이 되었다. 그 결과 그는 소아레스, 크락시, 파판드레우와 함께 남유럽의 위대한 사회주의 지도자로 이름을 남겼다. 그리스의 파판드레우와 더불어 자신의 세례명으로 불린 유일한 정치인이기도 했다.[127]

 사회노동당의 전략은 상황에 많은 영향을 받았다. 상황이 어떤지 알아차렸다는 것이 당 지도부의 뛰어난 점이기는 했다. 사회노동당과 공산당은 민주 체제의 공고화 과정이 마무리되기도 전에 선거에서 맞붙어 싸울 수밖에 없었다. 두 정당은 비슷한 정치 영역을 두고 경쟁했다. 사회노동당은 중도층의 지지를 호소하기 위해 오른쪽으로 이동할 수밖에 없었다. 왼편에 머물러 있었다면 사회노동당의 경제계획은 공산당의 계획과 구분되지 않았을 것이었다. 그러나 사회노동당은 '좌파' 정당의 위치, 즉 스페인이 바뀌기를 바라는 유권자들의 표밭도 유지해야 했다. 그러기 위해서는 좌파에 위험한 적을 두지 말아야 했다. 공산당을 달랠 방법은 그들의 제안을 받아들이고 공동전선을 구축하는 것뿐인데, 그것은 중도로 가는 사회노동당의 행진과 어긋나는 방향이었다. 따라서 사회노동당은 공산당과 싸워야 했다. 프랑스의 선거제도처럼 협력이 반드시 필요한 제도가 아니었기에 다른 길은 없었다. 좌파가 연합하는 것이 선거에서 유리할 때는 힘을 합하는 일도 있었다. 1979년 4월에 공산당과 사회노동당이 협약을 맺어 대도시에서 대부분 좌파 성향 시장이 당선되게 한 것처럼 말이다. 그러나 정말 중요한 것은 총선이었다. 대다수 스페인 정치인들처럼 곤살레스 역시 '이탈리아 모델'을 염두에 뒀지만, 이탈리아 모델은 그가 피해야 할 모델이었다. 파시즘 이후 처음 치러진 1946년 선거에서 이탈리아 사회당은 이탈리아 공산당을 3위로 밀어냈다. 그러나 10년 뒤 이탈리아 공산당과 여전히 긴밀한 관계를 맺고 있던 이탈리아 사회당의 득표율은 14.3퍼센트로 떨어졌다. 반면 이탈리아 공산당은 거의 두 배나 강한 힘을 보였다.[128] 스페인 사회주의자들이 이탈리아 시나리오에서 부정적인 교훈만 발견한 것은 당연한 일이었다.

 1977년 선거가 있고 얼마 지나지 않아 전환기 첫 단계에서 묻혀 있던 경제문제가 드러났다. 경제 상황을 직시할 용기가 없는 수아레스 정부는 긴축정책을 실시할 엄두를 내지 못했고, 공공 부문 지출을 계속 늘렸다.[129] 그러나 얼마 지나지 않아 IMF가 권고한 긴축정책을 더 미룰 수 없다는 사실을 인정했다. 페세타화가 달러화 대비 19.7퍼센트 평가절하 되었지만, 붕괴 직전에 놓인 경제를 살리기에는 역부족이었다. 물가 상승률이 24.5퍼센트였고, 생산성 성장률은 급락했으며, 경상수지는 2억 5000만 달러 적자를 기록했다.[130]

 정부는 시급한 긴축 프로그램을 실시하고, 자유 조국 바스크의 테러 행위에 대항하기 위해 좌파와 협력해야 했다. 1977년 10월 모든 정당 대표들이 경제와 테러 문제에 관한 공동 정책을 수립하기 위해 수상 관저인 몽클로아 궁전으로 초대되었다. 이 모임에서 정당 대표들은 몽클로아 협정Pacto de la Moncloa에 서명했다. 협정은 대부분 정부의 경제 전문가 엔리케 푸엔테스 킨타나Enrique Fuentes Quintana가 기초한 계획안을 반영한 것으로, 프랑코 정권 말기의 특색인 정부 개입을 강조하는 신新케인스주의 경제정책을 이어가는 내용이었다.[131] 좌파는 더 높은 연금과 실업 급여, 부유세의 누진적 과세―프랑스의 「공동 강령」에서 주장했고 영국에서는 유일하게 노동당 좌파가 제안한 정책―를 약속받았다. 반대 진영에서는 부자들에게 세금을 부과하는 정책 대신 소득정책을 제안했다. 물가 상승률을 22퍼센트 이하로 낮추는 것을 목표로 하는 정책이었다.[132] 소득정책은 즉시 시행되었지만 부자들에게 타격을 줄 과세는 결코 실현되지 못했다.[133]

몽클로아 협정의 최대 지지자인 산티아고 카리요는 여전히 중요한 역할을 담당하고 싶어 했다. 당시 정부는 그가 주장한 '민주적 집중' 정부와 거리가 있었지만, 그는 협정을 통해 선거에서 얻지 못한 존경과 신뢰를 기대했다. 우리는 카리요가 협정에 의존한 것과 쿠날이 군부에 의존한 데서 발견할 수 있는 유사성에 주목할 필요가 있다. 두 공산주의 정치인은 선거 정치에서 얻을 수 없는 것을 다른 수단으로 만회하려고 했다. 곤살레스는 소아레스와 같은 반응을 보였다. 사회주의자들은 투표함을 통해 자신들이 원한 모든 것을 얻을 수 있었다. 그런데 무엇 때문에 수명이 얼마 남지 않은 정부와 정당을 지지하고 싶겠는가. 그들은 내키지 않는 마음으로 협정을 수락했다. 그들의 눈에 몽클로아 협정은 빠른 시일 내에 버려져야 할 단기적 해결책으로 보일 뿐이었다. 사회노동당이 협정을 꺼린 이유는 협정 내용과 거의 무관했다. 대표적인 사회주의 지지자의 말을 빌리면, 협정 내용에는 "사회노동당 경제계획이 상당 부분 포함되었다".[134] 그러나 영향력이 커지던 사회노동당으로서는 정체성이 모호한 협정에 자신들의 독자성을 묻어서 얻을 것이 거의 없었다. 사회노동당과 공산당의 대립 구도는 두 노동조합이 다른 행동을 취한 데서도 잘 드러났다. 사회주의 계열인 스페인 노동자 총연맹UGT은 공산당 계열인 노동자위원회와 달리 몽클로아 협정을 공식적으로 지지하지 않았다.[135]

  모든 것을 감안할 때 몽클로아 협정은 주요 정당들이 맺은 핵심 쟁점에 관한 일반 휴전으로, 노동 갈등을 즉각 해결하지는 못했지만 스페인 민주주의를 공고화하는 데 반드시 필요한 단계였다.[136] 협정의 가치는 대부분 상징성에 있었다. 그러나 상징성이야말로 전환기 정치에서 중요한 것이다. 민주적 게임을 잘하기 위해서는 반드시 모든 선수들이 지킬 새로운 규칙을 정해야 한다. 그 긴축 협정에는 스페인이 노동자들이 얼마간 보호받는 혼합된 경제체제를 유지할 것임을 모든 정당이 승인했다는 의미가 담겨 있다. 스페인이 국가의 힘에 의해 전통적 윤리가 지켜지는 나라가 아니라 현대적 유럽 국가가 되어야 한다는 점도 합의되었다. 따라서 좌파 정당들이 주장하는 개인의 자유에 대한 요구는 충족되었다. 스페인은 유럽의 다른 나라들을 빠른 속도로 따라잡았다. 피임약과 피임 기구의 판매가 가능해졌다. 이제 여자의 간통도 범죄가 아니었다(남자의 간통은 범죄로 여겨진 적이 한 번도 없었다). 경찰 조직도 개편되었다.[137] 사회노동당은 새로운 '자유방임적' 입법과 어느 정당보다 잘 맞았다. 덕분에 사회노동당과 새롭게 등장한 젊은 중산계급 사이에 연합을 위한 발판이 마련되었다. 이 중산계급은 전통적 가톨릭 가치와 정권과 정권의 추종자들이 받들던 억압적인 성 윤리를 참을 수 없었다.[138] 이 중산계급과 사회노동당은 1982년 이후 확고하게 연합하고, 집권당이 된 사회노동당은 중산계급에 속한 개인들의 출세를 위한 수단이 된다.[139]

정당 간 휴전협정의 가장 중요한 부산물은 새로운 헌법이었다. 곤살레스는 1977년 선거의 성공에 힘입어 수아레스가 이끄는 민주중도연합의 주요 교섭 담당자로 헌법의 틀을 결정하는 데 참여할 수 있었다.[140] 헌법 최종안은 공산당을 포함한 모든 민주적 정당의 진정한 합의에 따라 결정되었지만, 가장 중요한 부분은 곤살레스와 수아레스가 마드리드의 호세 루이스José Luis 식당에서 양보 없는 협상 끝에 합의한 내용이었다. 곤살레스는 입헌군주제라는 조건으로 스페인이 군주제를 유지하는 것을 받아들였고, 공산주의자들도 동의했다. 내전의 결과 완전히 뒤집어지는 상황은 아니라고 안심시켜 군주제를 중심으로 중산층과 군부가 결집하지 않게 하는 것이 중요했다. 그리하여 최종안에서는 사형 제도를 폐지했고, 국유화와 이혼, 낙태를 금하지 않았다.[141] 혼외 출생자에게도 동등한 권리를 주었다. 또 모든 성차별을 불법으로 규정해서, 1931년 공화국 헌법에 고이 모셔둔 원리를 스페인 법으로 복귀시켰다.[142] 이 헌법은 1978년 12월 국민투표에서 압도적인 지지를 받았다. 스페인은 민주주의 국가가 되었다.

사회노동당은 절충된 단절 과정을 통해 위풍당당하게 등장했다. 곤살레스가 탁월한 점은 그 전환기에서 승리하려면 전환기 이후를 준비해야 한다는 사실을 빨리 깨달았다는 것이다. 그는 공산주의자들과 반대되는 전략을 채택했다. 곤살레스는 공산주의자들이 여전히 민주주의를 위협하는 존재라며 1979년 선거운동이 끝나자마자 수아레스 정부를 단호하게 공격했는데, 이는 부분적으로 수아레스의 공격에 대한 보복이기도 했다.[143] 1979년 3월 1일 총선에서 사회노동당은 득표율 30.5퍼센트로 제2당이 되었다. 35퍼센트를 얻은 민주중도연합에는 뒤졌지만, 공산당(10.8퍼센트)을 훨씬 앞지른 득표율이었다. 세 정당 모두 1977년 결과와 비교하면 지지율이 약간씩 올랐다. 공산주의자들과 수아레스는 기뻐했고, 사회주의자들의 전진이 멈췄다고 착각했다.

곤살레스는 사회노동당이 충분히 성숙한 단계에 이르렀고, 다음 선거에서는 다수당이 될 만하다고 판단했다. 그 가능성을 높이기 위해서는 당의 전통적 이데올로기라는 짐을 버려야 했다. 투쟁 없이는 이룰 수 없는 일이었다. 공산당과 긴밀한 관계를 맺어야 한다고 주장하는 당내 좌파 세력은 좀더 균형 잡힌 역할 배분이 필요하다고 여겼고, 세비야를 기반으로 곤살레스와 게라가 주도하는 다수 세력의 힘이 약해지기를 바랐다. 그들은 28차 당대회(1979년 5월)에서 조직 개혁에 대한 발의권을 잃었지만, 당의 강령에서 마르크스주의에 대한 모든 언급을 삭제하자는 곤살레스의 제안은 물리쳤다.

스페인식「바트고데스베르크 강령」을 실현할 기회를 빼앗긴 곤살레스는 당 대표에 다시 입후보하지 않겠다고 반격했다. 이 기민한 움직임으로 당내 좌파 세력에는 그를 대신할 만한 인물이 없다는 사실이 드러났다.[144] 정당 지도자는 언론 매체에 끊임없이 노출되는 것을 버텨낼 수 있는, 잘 알려진 인물이어야 한다는 것이 현대 선거 정치의 현실이다. 유럽 전역의 좌파 활동가들은 상당한 공적 권력을 얻었지만, 언론에 쉽게 접근할 수 있고 즉석에서 정책을 구상해낼 수 있는 지도자의 능력에 비하면 자신들이 얻은 권력은 그다지 가치가 없다는 사실을 깨달았다. 평범한 스페인 사람이 보기에 곤살레스는 사회노동당 자체였다. 당내 좌파 세력도 고통스럽지만 그 사실을 알고 있었다.

그 위기를 해결하기 위해 1979년 9월 특별 당대회가 소집되었다. 당시에는 곤살레스의 지지자들이 대표단에서 확실히 다수였다. 그들이 논의 과정을 지배했고, 좌파 세력은 소외되었다. 새로운 집행부는 곤살레스 지지자들이 완전히 장악했다.[145] 사회노동당은 자신들을 마르크스주의 정당이라고 부르지 않았다. 곤살레스는 권력을 확고하게 장악했다. 불과 3년 전에 그가 공언한 목표인 '연합되고 분권화된 국가의 연합되고 분권화된 정당'과 확연히 대조되는 모습이었다.[146] 언제나 가장 중요한 문제는 마르크스주의 이론이 아니라 정당 조직에 대한 통제였다. 어쨌거나 유권자들은 사회노동당이 스스로 마르크스주의 정당이라고 부르는지 아닌지 알지도 못하고 관심도 없다는 것은 모르는 사람 빼고 다 아는 사실이었다.[147] 「바트 고데스베르크 강령」과 당헌 4조 등 1945년 이후에 발생한 서유럽 좌파에 관한 이전의 모든 '수정주의' 논의와 마찬가지로, 좌파와 우파의 파벌 싸움이 문제였다.[148] 전통적 좌파는 정당 강령을 중심으로 여론을 일으켜야 한다는 입장인 반면, 현대화를 추구하는 세력은 당의 강령과 이미지를 여론에 맞게 수정해야 한다고 주장했다.

스페인에서 수정주의를 가장 먼저 시작한 이들은 공산주의자다. 공산당은 9차 당대회에서(1978년 4월) 공개 토론 끝에 레닌주의라는 용어를 쓰지 않기로 결정했다.[149] '마르크스주의'를 당의 신조로 받들지 않겠다고 선언한 것이다. 그러나 카탈루냐 분파인 카탈루냐 통합사회당PSUC은 한동안 레닌주의를 고수했다.[150]

공산주의자들의 이런 노력은 아무런 소용이 없었다. 1982년 총선에서 수아레스와 공산당은 최후의 일격을 당했다. 1981년 1월 수아레스는 수상직을 사임했다. 그는 여러 분파의 집합체에 지나지 않던 자신의 당 내부에서 끊임없는 공격을 받았다. 자신들의 유일한 대중적 지도자를 수상직에서 끌어내린 민주중도연합의 핵심 인사들은 후임자 자리를 놓고 치열한 쟁탈전을 벌였다. 가장 경멸을 덜 받은 레오폴도 칼보 소텔로Leopoldo Calvo Sotelo가 후임 수상이 되었다. 이런 사건들은 민주중도연합의 선거 참패로 이어져, 6.7퍼센트라는 참담한 득표율을 얻었다. 수아레스가 새로 창당한 민주사회중도당의 결과는 더 나빠서 득표율이 3퍼센트에 그쳤다. '개혁된' 프랑코주의자들의 정당인 국민동맹은 26.5퍼센트를 얻어 주요 보수당으로 부상했지만, 정부를 구성할 위치는 아니었다. 공산주의자들은 4.1퍼센트밖에 얻지 못했고, 하원의 350석 중 4석을 차지했다. 그 전해에 안토니오 테헤로 몰리나와 밀란스 델 보쉬의 쿠데타 실패는 프랑코 추종 세력이 선거에서 이길 수 없을 뿐만 아니라 아무런 힘도 없다는 사실을 똑똑히 보여줬다. 1979년 선거에서 당내 유일한 의원으로 선출된 블라스 피냐르Blas Piñar가 이끄는 극우당 새로운 힘Fuerza Nueva은 의석을 잃고 해산되었다. 전국의 지역 정당들이 아무리 중요한 세력으로 부상한다 해도 국가가 분열될 심각한 위험은 없다는 사실 또한 분명해졌다. 주도적 정당들, 특히 민주중도연합이 해체된 뒤 사회노동당은 진정한 국민정당이 되었다. 계급 기반 정치보다 민족주의가 훨씬 중요한 지역은 스페인에서 가장 산업화된 지역이자 대규모 노동계급의 본거지인 바스크 지방뿐이었다. 그곳에서는 사회노동당과 공산당 세력이 매우 약했다. 테러 행위가 여전히 심각한 위협으로 남았지만, 민주국가가 테러리스트에 의해 극심한 불안에 빠진 경우는 아직 없었다.

스페인 공산당은 그들이 모델로 삼은 이탈리아 공산당만큼 성공하지 못했을 뿐 아니라, 스탈린주의를 부분적으로 수용한 그리스와 포르투갈 공산당만큼도 선거 결과가 좋지 못했다. 온건화가 선거에서 승리하기 위한 열쇠는 아니었던 것이다. 스페인 공산당이 실패한 주원인은 민주주의로 이행이 진행된 방식에서 찾을 수 있다. 스페인에서는 처음부터 민주주의로 이행이 완결될 때까지 주도권을 잡은 특권층의 지휘에 따라 진행되었다. 그리스나 포르투갈처럼 갑작스러운 전환이나 분명한 단절은 없었다.

스페인 공산주의자들은 바스크 지방 바깥에서 독재 정권의 가장 단호한 반대 세력의 중추로 자리매김했고, 누군가의 말에 따르면 유일한 반대 세력인 때도 많았다.[151] 공산주의 활동가들은 투옥되거나 추방되어 오랜 세월 고초를 겪었다. 폴 프레스턴Paul Preston이 지적했듯이, 전환기 초반(1976~1977년)에 공산당이 보여준 온건화와 집단적 힘의 결합은 스페인의 민주주의 체제 정착을 위해 꼭 필요한 것이었다.[152] 그러나 공산당은 역사적 정의가 환상임을 증명하듯 유권자의 표도 감사도 얻지 못했고, 1977년 이후에는 당원 수까지 줄어들기 시작했다.[153]

카리요는 연이은 전략 실패로 당의 신뢰를 잃었다. 그는 1982년 선거 이전에 레닌주의를 무리하게 버린 것과 소련의 아프가니스탄

개입을 수차례 비난한 것 때문에 친소련 세력의 공격을 받았다. 점점 더 권위주의적 성향을 보이는 점과 카탈루냐 지역의 친소련 공산주의 정당인 카탈루냐 통합사회당에 단호히 대항하지 못한 점 때문에 '유러코뮤니즘' 세력의 공격도 받았다.154 10차 당대회가 있던 날(1981년 7월), 카리요는 적의에 찬 분위기에서 자신의 세력을 이용해 혁신파라고 불린, 지난날 자신을 지지하던 유러코뮤니즘 추종자들을 공격했고, 당의 '외무부 장관'이자 존경받는 베테랑 공산주의자 마누엘 아스카라테Manuel Azcárate를 비롯해 많은 혁신파 인사들을 축출했다.155 카리요는 1982년 선거에 참패하자 책임을 면할 수 없었다. 그는 자신보다 한참 어린 헤라르도 이글레시아스Gerardo Iglesias에게 자리를 넘겨주는 계책을 썼다. 뒤에서 그를 조종해 간접적인 집권을 계속하려는 속셈이었다. 이는 오히려 역효과를 낳았다. 이글레시아스와 그의 추종자들은 혁신파의 강령을 빠르게 받아들였다. 당 이론지 『누에스트로 반데라Nuestro Bandera』의 주요 기사에서 이글레시아스는 공개 토론과 권력 분산을 요구했고, 대대적인 당 쇄신을 통해 유러코뮤니즘 전략과 스페인의 새로운 민주적 구조를 당 조직에 반영해야 한다고 주장했다. 또 새로운 사회운동인 평화주의, 환경보호주의, 페미니즘 세력과 연합할 것을 주장했다.156 1985년에 카리요는 고립되었고, 자신이 22년(1960~1982년) 동안 이끈 당의 집행부에서 제명되었다. 그 뒤 그는 충직한 지지자들을 데리고 정치적으로 변덕스러운 길을 걸었다. 친소련주의에서 사회민주주의로 노선을 바꾸고, 1991년 2월에는 1930년대에 떠난 사회노동당에 입당하기도 했다. 한편 '쇄신된' 공산당은 사회노동당과 관계를 개선하려고 했지만, 1984년에는 화해가 어려웠다. 곤살레스 정부가 점점 더 신자유주의 정책을 따랐기 때문이다. 임금 상승은 억제되고, 공공 부문 지출을 줄이는 방법으로 인플레이션을 막았으며, 실업이 증가하고, 민간투자가 다시 활발해졌다.

스페인 공산당은 1980년대 내내 카리요 이후의 더 현대적인 지도부 아래에서도, 1986년부터 좌파연합IU이라는 이름으로 활동할 때도, 스페인 정치에서 그다지 중요한 역할을 하지 못했다. 스페인 공산당은 온건화와 이념적 정체성을 희생시킨 것에 값비싼 대가를 치렀다. 그러나 강경 노선 공산주의 정당이었다면 새롭게 바뀐 스페인에서 더 많은 표는 얻었을지 몰라도, 1980년대까지 살아남은 그 잔당보다 큰 영향력을 발휘하지는 못했을 것이다.

1982년 선거의 승자는 의심할 여지없이 사회노동당이었다. 득표율 46.5퍼센트로 절대다수 의석을 차지한 사회노동당은 유럽의 어느 사회주의 정당보다 좋은 선거 결과를 얻었다. 펠리페 곤살레스는 수상에 취임했고, 스웨덴의 타게 에를란데르Tage Erlander를 제외하면 유럽의 어느 사회주의 지도자보다 오래 집권했다. 사회노동당은 공산주의자들을 꺾고 수아레스를 완패시켰다. 사회노동당의 활동 중심에는 수많은 스페인 사람들이 무엇보다 원한 것을 가장 잘 반영한 현대성, 진보, 미래에 대한 희망, 현실주의라는 가치가 있었다. 이런 점에서 다른 정당들은 그들의 경쟁 상대가 되지 못했다. 프라가 이리바르네의 국민동맹은 독재만 없는 예전 프랑코 치하의 스페인을 떠올리게 했다. 민주중도연합은 희망을 잃고 분열되었고, 수아레스가 없어지자 과거의 작은 정체성마저 잃었다. 공산당 역시 프랑코와 투쟁에서 두드러지게 활약했다는 것이 부분적 원인이 되어 과거의 정당으로 등장했고, 많은 이들이 잊고 싶어 하는 내전의 용사들이 여전히 당을 이끌었다. 모든 정당 가운데 사회노동당만이 대중의 마음을 얻었다. 사회노동당은 스페인의 정치에 곧 곤살레스의 시대를 열 준비가 되었다.

사회노동당은 1974년까지만 해도 과격한 선동가들의 정당이었으나, 이제 정부를 대변하는 온건한 정당이 되었다. 규제 완화라는 완벽한 자유주의 정책을 추구한 1980년대 중반이 되자, '사회주의'와 '노동자 정당'을 강조하는 당의 이름은 시대와 맞지 않았다. 이런 변화는 질책하기 쉬울 것이다. 그러나 사회노동당이 우경화한 덕분에 정당정치의 양극화로 견고한 우파 세력이 커지는 것을 막을 수 있다. 또 1945년 이후 독일과 이탈리아처럼 포퓰리즘 성향이 강한 보수적인 정당에게 민주주의를 공고화하는 복잡한 과정을 맡기는 것이 아니라, (비록 온건하지만) 사회주의 정당이 그 일을 맡을 수 있었다.

사회노동당의 승리는 극심한 경제 위기 상황에서 일어났다. 스페인은 서유럽에서 실업률과 물가 상승률이 아주 높은 편이고 외채도 가장 많았다.[157] 사회노동당은 스페인을 현대화하고, 경제문제를 해결하고, 복지 제도를 구축할 세력으로 분명하게 인식되었다. 1980년대 초의 상황에서 쉽게 해낼 수 있는 일은 아니었다. 1980년에 발표한 「사회노동당 경제 전략Estrategia economica del PSOE」에는 공공부문의 역할을 기운차게 변호하는 내용이 담겨 있다. '현대화'되면 공공 부문이 경제를 회복하고 집단의 요구를 만족시키기 위해 꼭 필요한 도구가 될 것이라는 내용이었다.[158] 그러나 정당 선언문 특유의 자신에 찬 어조와 달리 사회주의자들은 세계적인 위기의 심각성을 깨닫고 있었다. 완전고용이 계속 안건으로 올라오지만 EC의 다른 나라들과 경쟁하기 위해서는 대대적인 구조조정이 필요하고, 대량 실업이 유발될 수밖에 없다는 것을 그들도 알았다.¹⁵⁹ 그 결과 10년이 넘는 기간 동안 스페인의 실업률은 유럽 전체에서 가장 높았다. 또 1987년에 스페인은 서유럽에서 경제성장 속도가 가장 빨랐다. 스페인의 도시들은 '스페인 역사에서 전례' 없는 소비 붐이 일어나는 현장이었다.¹⁶⁰ '현대화'가 경제적 구조조정과 GNP 상승, 더 유연한 노동시장을 의미한다면 곤살레스가 이룬 스페인 경제의 '현대화'는 대단히 인상적이었다. 그러나 그 성과의 배경에는 대규모 실업과 공공 부문의 엄청난 적자, 부패 증가, 페세타화의 잦은 평가절하 등이 있었다. 곤살레스 정부가 최후의 몸부림을 치는 것 같던 1995년, 스페인은 유럽을 '따라잡지' 못하고 있었다. 마스트리흐트에서 EC가 합의한 수렴 조건 다섯 가지 중 하나도 충족하지 못한 상태였다.

그리스의 변화

그리스는 이베리아반도의 스페인, 포르투갈과 마찬가지로 경제 발전 수준이 서유럽의 이웃 나라들에 비해 현저하게 낮았다. 세 나라 모두 산업화가 늦었기 때문에 농업인구가 대단히 많았다. 그러나 그리스의 소농들은 스페인이나 포르투갈에 비해 훨씬 긴 시간 동안 지주의 압제에서 벗어나 있었다. 19세기 이후 그리스에는 덴마크나 프랑스처럼 소농들의 작은 소유지가 널리 퍼져 있었다.[161] 장원莊園은 1881년 그리스가 테살리아Thessalía를 합병할 때 등장해서 1917년 농지개혁 때까지 유지됐다.[162] 그 결과 그리스는 발칸Balkan반도에서 유일하게 소작농 운동이나 농민당이 없는 나라가 되었다. 알렉산더 스탐불리스키Alexander Stamboliski의 농민당이 불가리아에서 반독재와 인민을 위한 사회 개혁 프로그램을 진행하던 시기(1919~1923년),[163] 그리스 소농들은 지역의 유력 인사와 정치인에게 이끌려 대부분 자신들의 요구와 무관한 싸움에 휘말렸다. 군주제 세력과 자유주의 도시민의 분열(1970년대에야 비로소 진정된 충돌)이었다.[164] 그리스 내전(1944~1949년)은 스페인 내전과 공통점이 별로 없었다. 스페인 내전의 원인은 뒤늦은 농지개혁 시도였지 그리스처럼 국제분쟁이 아니었다.[165] 동방정교회에 속한 그리스인에게는 가톨릭 신앙이 없었고, 남서 유럽의 다른 이웃 나라들처럼 친서방 경향도 없었다. 현대 그리스는 포르투갈이나 스페인과 달리 제국을 건설한 적도 없었다. 그리스는 오히려 19세기까지 오스만제국(터키의 전신)의 지배를 받았다. 터키의 지배는 그리스인에게 정해진 종교나 정치적 믿음을 강요하지 않았다는 점에서 보면 비교적 관대했다. 터키 당국이 원한 것은 복종과 세금, 군 복무가 전부였다. 이 때문에 아주 작은 정치적 권한이 널리 퍼졌고, 그리스 농민과 장인들은 정치인과 관료(정치적 권력과 자원에 접근할 특권이 있는 이들)의 보호를 구했다. 가족 중심의 종속적 집단과 그리스 태생 정치적 중재자의 이런 사적 유대는 그리스가 1830년 독립국가가 된 이후 더욱 강해졌다. 후원자인 정치인과 수혜자인 유권자의 지극히 개인적인 유대, 그리고 정치적 특혜Rousfeti의 교환이 정치 생활의 특징이 되었다.[166] 정치는 필요악이자 전통적 삶의 방식을 유지하기 위해 사용하는 자기방어 장치일 뿐, 해방의 도구가 아니었다.[167] 후견-수혜 관계가 다반사였다. 어떤 진지한 사회주의 정당도 등장하지 않았다. 양차 세계대전 사이에 벌어진 그리스 내 주요 정치적 분열은 군주제 지지자들과 엘레우테리오스 베니젤로스Eleuthérios Venizélos 추종자들의 대립이었다. 크레타Creta 태생 자유주의 정치인 베니젤로스는 1910년에 그리스 총리가 되어 1936년 사망할 때까지 그리스 정치를 장악했다.

1936년 선거 후 군주제 지지자들과 베니젤로스 추종자들은 교착 상태에 빠졌다. 국왕 게오르기오스Georgios 2세는 군부의 실세 요안니스 메탁사스Joannis Metaxas에게 개입해줄 것을 요청했다. 전형적인 '관료주의적 군주독재'였다. 이는 스페인이나 포르투갈 독재 정권보다 불가리아, 유고슬라비아, 루마니아 등 발칸 국가의 정치 형태에 가까웠다.[168]

2차 세계대전과 내전을 거치면서 외국과 접촉이 많아진 그리스는 서방국가들과 긴밀한 관계를 맺었다. 그 결과 그리스는 포르투갈이나 스페인과 달리 보호무역주의 정책을 채택하지 않았고, 관세나 과대평가된 통화와 관련된 문제도 없었다.[169]

농업 생산성은 1950년대 내내 낮은 수준에 머물렀다. 서비스 분야는 크고 인력이 많이 집중되었으며, 공업 분야는 시골 지역의 과잉 노동인구를 흡수할 수 없었다. 농민들은 해외로 이주했고, 자본가들은 납세를 피할 목적으로 정부가 통제할 수 없는 해운업 같은 경제활동에 투자했다.[170] 예금은 90퍼센트가 그리스의 주요 은행 두 곳에 집중되었다(그중 하나는 국가 소유의 국립그리스은행National Bank of Greece이었다). 은행들은 공업보다 상업과 주택 건설 분야(제조업보다 이윤이 높았다)에 투자하는 것을 선호했다.[171] 1960년대가 되어서야 외국 회사들이 그리스에 꾸준히 투자하기 시작했다.[172] 1962년에는 외국자본 덕분에 농업 분야보다 제조업 분야가 GNP에서 차지하는 비율이 높아졌다. 그 결과 그리스에서는 외국인이 관리하는 선진 기술력을 갖춘 제조업 부문이 성장했는데, 특히 금속과 화학 공업의 발전이 두드러졌다. GNP에서 외국자본이 차지하는 비율이 1960년대 내내 증가했다. 평균 성장률은 OECD 평균을 크게 웃돌았다.[173] 그러나 고속 성장은 개발도상국의 경우처럼 중심부에게 유익한 영향을 보장할 뿐, 주변부에게 이득을 주지 못했다. 그 결과 시골 사람들이 아테네와 테살로니키Thessaloníki로 대거 이주했다. 농민이나 장인들에게 흘러 들어가는 이익은 거의 없었다. 대신 이익은 해외로 빠져나갔다.[174]

외국자본에 의존하는 것이 그리스 경제 발전의 기본적인 특징이 되었다. 1957년까지 미국 원조로 재정 적자를 4분의 3 이상 메웠다.[175] 그렇지만 그리스는 포르투갈과 스페인의 국제수지에 도움을 준 두 가지 경제적 특징은 보이지 않았다. 해외에서 일하는 자국민이 보내는 돈과 관광산업으로 얻는 수입이 없었기 때문이다.[176]

그리스 경제의 특이성은 주요 '자본주의' 부문이 해상운송이었다는 점이다. 그것은 그리스 국토 밖에서 펼쳐지는 산업이었다. 해운업은 그리스에 큰 부를 주지 못했지만, 선주들에게는 막대한 부를 제공했다. 해운업의 힘은 미국과 오스트레일리아에서 그리스인이 벌이는 정치적 로비에서 잘 드러났다.

그리스는 서유럽에서 견줄 나라가 없을 정도로 미국에 대한 정치적 의존도가 높았다. 1950년대에 미국은 그리스 선거법 개정에 관한 논의에 대놓고 간섭했고, 자신들의 요구에 응하지 않으면 원조를 중단하겠다고 위협했다.[177] 그 결과 불법 정당이던 그리스 공산당이 선거전을 치르기 위해 결성한 좌파민주연합은 1952년에 9.6퍼센트를 얻었지만, 의석을 확보하지 못했다. 그리스가 1950~1960년대 미국의 수혜국이었다는 사실에는 논란의 여지가 없다. 심지어 미국의 대사 지명자 로버트 킬리Robert Keeley가 1985년 7월 인준 청문회에서 2차 세계대전 이후 1960년대 중반까지 미국과 그리스가 후견-수혜 관계였다고 인정했을 정도다.[178]

1950년대 그리스 정치는 우파 보수당인 국민급진연합ERE이 장악했다. 1960년대 초에야 이런 패권 구도에 변화가 생겼다. 경쟁 세력은 좌파 세력인 좌파민주연합이 아니라 중도연합당이었다. 카리스마 있는 게오르기오스 파판드레우Georgios Papandreou가 이끄는 중도연합당은 1964년 선거에서 승리했다. 게오르기오스의 아들 안드레아스는 더욱 카리스마 넘치는 인물로, 당시 중도연합당에서 트로츠키주의 성향을 띠는 좌파 분파를 이끌었다. 그는 미국에서 교육받은 저명한 경제학자로, 평등주의와 강력한 친親성장 이데올로기를 공부했다. 안드레아스가 자신을 사회주의자라고 부르기 시작한 것은 1967년 '군부'의 쿠데타 이후다. 그는 1962년에 그리스가 심각한 노동력 부족을 겪지 않으면서 10년 뒤 자립적으로 성장하기 위한 급진적 경제개혁을 주장했다.[179]

파판드레우의 중도연합당은 1964년 2월 선거 당시, 좌파민주연합이 20개 선거구에서 물러난 데 큰 힘을 얻고 압도적인 승리를 거뒀다. 군인들의 분노를 산 중도연합당의 구호는 '군은 국가에 속한다'로, 그 속에 숨겨진 뜻은 군은 군주가 아니라 의회의 통제를 받아야 한다는 것이었다.[180] 1964년 후반에 게오르기오스 파판드레우의 적당히 현대화된 정당이 군부와 군주의 보호를 받는 보수적 기득권층이 충돌한 것은 1930년대 베니젤로스 추종자들과 군주제 지지자들의 격돌과 놀랍도록 흡사했다.[181] 두 경우 모두 결과는 독재 체제였다.

1967년 군부 쿠데타가 일어난 것은 (1936년 스페인처럼) 농지개혁을 멈추기 위해서도, 공산주의나 사회민주주의를 막기 위해서도 아니었다. 군인들은 공산주의에서 그리스를 구하려 했다고 설명했고, 이것이 군부 개입을 정당화하는 일반적인 이유다. 사실 그들의 목적은 의회가 국방부를 통제할 권리를 갖지 못하게 하는 것이었다. 1964~1967년에 국왕을 중심으로 한 기득권 세력은 모든 수단을 동원해서 게오르기오스 파판드레우 세력을 저지하려고 했지만, 의회제를 폐지하지는 못했다. 군인들은 미온적인 조치를 참지 못하고 직접 나서기로 결정했다. 따라서 그리스 쿠데타는 집단적 자기방어 형태라고 볼 수 있다. 위협을 느낀 이익집단이 자신들을 현대화하려는 개혁 의지가 있는 '부르주아' 정당을 막기 위해 무력을 사용한 사건이다. 다시 말해 군사정권의 목표는 게오르기오스 파판드레우의 중도연합당이 제시한, 제도적 틀을 민주화하자는 요구를 막는 것이었다. 니코스 무젤리스Nicos Mouzelis는 다음과 같이 썼다. "그리스 군인들은 '위에서' 엄중하게 개입했다. 마르크스주의에서 조국을 지키기 위해서가 아니라, 국가에서 자신들의 자리를 지키기 위해서였다."[182] (공화국 시절 스페인처럼) 중·상류층의 이익이 위협받는 것처럼 보이지도 않았다. 1922년의 이탈리아나 1930년대의 독일과 오스트리아처럼 보수주의자들과 사회주의자들의 교착 상태도 없었다. 군부는 프랑코나 살라자르가 한때나마 누린 민중의 지지도 얻지 못했다.

그리스 군사정권의 지도부는 니콜라오스 마카레조스Nikolaos Makarezos 대령, 스틸리아노스 파타코스Stylianos Patakos 준장, 게오르기오스 파파도풀로스Georgios Papadopoulos 대령 같은 2급 장교들이었다. 정권의 실세 파파도풀로스는 1960년대에 파판드레우에 의해 요직에서 쫓겨난 인물이다. 군사정권은 1967년 4월 21일에 일어난 그 '혁명'의 목적이 '조국Patris – 종교Thriskeia – 가족Ikogenia'이라는 그리스 기독교의 이상을 담은, 새로운 사람들과 새로운 사상의 새로운 민주주의를 수립하는 것이라고 주장했다.[183] 따라서 그들은 보수주의자들이 쓰는 종전의 언어를 사용했다. 심지어 콘스탄티노스 카라만리스도 민주주의가 회복된 다음인 1981년 1월에 오스트레일리아의 그리스 교민들에게 연설하면서 그 전통적 메시지를 반복할 필요를 느꼈다. "그리스 민족ethnos과 그리스정교는 그리스인의 마음속에서 같은 개념입니다. 그 둘이 모여서 우리의 그리스 기독교 문화를 구성하는 것입니다."[184] 특정 종교를 민족과 동일시하는 것은 현대 민주주의 원칙에 어긋난다. 모든 종교적 소수자들이 민족 공동체의 온전한 일원이 될 수 있는 권리를 자동적으로 박탈하기 때문이다.

군부에 대한 민중의 지지는 존재하지 않았다. 군인들은 대다수 그리스인이 정치인이나 지역 유력 인사와 맺은 개인적 유대를 쌓지 않았다. 의회 내 어느 정당이나 전통적 우파, 국왕의 지지도 받지 못했다.[185] 아테네의 세련된 중산계급은 그들의 둔감한 태도를 불쾌하게 여겼다. 그들의 정권은 CIA나 미국 국방부에 의해 세워졌거나, 적어도 미국에 의해 통제된다는 믿음이 널리 퍼져 있었다. 이런 견해는 좌파에 한정된 것이 아니었다. 심지어 보수적인 그리스 관료들 사이에도 퍼져 있었다.[186] 군부는 그리스선주협회 같은 특정 기득권층의 지지밖에 얻지 못했으며, 그것도 주로 기회주의적인 지지일 뿐이었다.

하지만 정권에 대항하는 조직적인 반대 세력은 거의 없었다. 그리스 공산당은 '유리코뮤니즘' 주창자와 보수적인 전통주의자로 분열되었다. 1968년 8월 소련의 체코슬로바키아 침공 기간 동안 공산당은 결국 분리되었다. 서기장 코스타스 콜리야니스Kostas Koliyannis와 당의 외부 사무국(부쿠레슈티Bucureşti에 위치)은 개혁 세력을 축출했고, 아테네에 있는 비밀 조직인 중앙위원회의 다수를 차지하던 이들 개혁 세력은 개혁파 공산당KKE-es을 결성했다. 같은 해 안드레아스 파판드레우는 범그리스 해방운동을 창립했지만, 정권에 실질적인 위협은 되지 못했다. 군부가 대중의 호감을 사지 못한다는 것이 여실히 드러나는 때도 있었다. 게오르기오스 파판드레우의 장례식이 바로 그런 경우다. 장례식은 조문객 50만 명이 군부에 반대 의사를 밝히는 자리가 되었다. 군인들은 무위로 끝난 수많은 공격의 목표물이었다. 그들은 국왕 콘스탄티노스Constantinos 2세가 도모한 계획을 좌절시켰고, 그 사건으로 콘스탄티노스 2세는 망명했다. 군부는 잦은 학생 시위도 무자비하게 탄압했다. 1973년 11월 16일에서 17일로 넘어가는 밤 아테네종합기술학교Polytechnic of Athens를 점거한 학생들을 진압하는 과정에서 30명이 넘게 사망했고, 그보다 많은 학생들이 부상당했다.

군부는 전임자들과 흡사한 경제정책을 펼쳤다.[187] 그러나 파업을 불법화해서 실질임금을 극도로 억제했다. EEC가 그리스와 맺은 수

많은 협정을 철회하면서 농업이 타격을 받았고, 많은 노동자들과 농민들 사이에서 정권의 인기는 날로 떨어졌다.[188]

1960년대 경제성장률은 군부가 어느 정도 성공했다고 주장할 수 있을 만큼 높았지만, 그들에게는 긴 호황의 끝을 버티게 해줄 정치적 자원이 없었다. 그리스는 다른 유럽 국가들보다 석유파동의 타격을 강하게 받았다. 1973년 이전에 그리스의 물가 상승률은 OECD 평균보다 낮았다. 그러다가 1973년에 인플레이션이 가속화된 것은 주로 유가 상승 때문이었다.[189]

정권이 맞닥뜨린 어려움은 (유가 상승의 여파가 커지기 전인) 1973년 7월 파파도풀로스가 군주제를 폐지하고 두 동료를 밀어낸 뒤 직접 대통령에 취임했을 때 분명히 드러났다. 그의 정권은 얼마 가지 못하고 같은 해 11월, 처음의 군사정권에 속했던 디미트리오스 이오아니디스Dimitrios Ioannidis 중령에 의해 전복되었다. 미국의 리처드 닉슨과 스피로 애그뉴Spiro Agnew가 어려움에 처하자, 군사정권의 지위는 한층 약해졌다. 애그뉴는 소득세 탈세, 부패, 금품 강요 관련 사실이 드러나 1973년에 사임할 수밖에 없었고, 닉슨은 워터게이트사건을 은폐하려 했다는 혐의에 맞서 자기 입장을 변호해야 하는 상황이었다.

주요 외교정책을 성공시키기 위한 필사적인 노력이 이어졌다. 1974년 군사정권은 키프로스와 그리스의 정치적 합병(즉 에노시스enosis)을 밀고 나가기 위해 극단적 민족주의자이자 정신병자인지도 모를 니코스 삼프손Nikos Sampson을 키프로스의 대통령에 취임시켰다. 소수집단인 터키계 주민들로서는 받아들일 수 없는 일이었다. 라우프 뎅크타시Rauf Denktaş의 말을 빌리면, 이는 이스라엘인에게 아돌프 히틀러Adolf Hitler를 이스라엘 대통령으로 받아들이라는 것과 마찬가지였다. 1974년 7월, 터키는 (베트남 문제에 매여 있던) 미국의 제지를 받지 않고 키프로스를 공격해서 키프로스 북서쪽에 군사기지를 세웠다.¹⁹⁰

키프로스에서 모험이 실패하자 정권의 얼마 안 되는 신뢰마저 무너졌다. 군부 핵심 세력은 파리에서 망명 중인 콘스탄티노스 카라만리스에게 돌아와서 그리스가 질서를 되찾고 민주주의로 돌아가게 이끌어달라고 청하는 것밖에 대안이 없다는 결론을 내렸다. 그들은 1967년 이전에 번성한 준準민주주의 정부를 다시 건설하기를 바랐다.

카라만리스가 돌아왔지만, 간단하게 1967년 이전 상황으로 돌릴 수는 없었다. 변화Allaghi를 위한 시간이 왔다. 진정한 민주주의가 확립되었다. 공산주의 정당이 합법화되고, 공산주의자들이 박해받지 않게 되었다. 20세기를 거치는 동안 가장 반민주적 활동이 시작된 지점인 군주제는 국민투표를 통해 폐지되었다.¹⁹¹ 1946년에 이탈리아가 공화국이 된 이후 서유럽에서 일어난 가장 큰 변화였다.

포르투갈 임시정부에는 모든 민주적 세력이 포함되었다. 스페인에서는 정부가 좌파와 화해를 구했다. 그러나 그리스에서는 카라만리스가 전환기를 독점하려고 했다. 그는 파판드레우의 사회당을 주요 위협으로 간주했다. 공산당을 합법화한 것도 반대 세력을 분열시키려는 목적이었을 것이다(수아레스가 스페인 공산당에게 힘을 실어주려고 한 것과 비슷하다). 카라만리스는 주로 보수 성향과 자유주의 성향을 띠는 군사정권 반대 세력으로 구성된 자신의 '거국일치내각'에서 좌파 대표들을 배제하기 위해 신중을 기했다.¹⁹² 그가 귀

국하고 넉 달 뒤에 선거가 치러졌는데, 여기에는 야당들이 조직을 정비할 시간을 주지 않으려는 의도가 있었다. 카라만리스는 현명하게도 보수정당인 자신의 예전 정당을 개혁해서 신민당을 창당했다. 그리스어 'Dimokratia'는 '민주주의'와 '공화국'을 뜻하기 때문에, 정당의 새 이름은 군주제를 지지한 자신의 과거와 단절한다는 의미다. 또 'Nea Dimokratia'는 그리스 공산당이 혁명의 '인민전선' 단계를 기술하기 위해 1935년 강령에서 사용한 표현이다. 카라만리스는 그 용어를 채택함으로써 합법화된 공산당이 그 말을 사용하지 못하게 차단한 것이다. 일종의 정치적 절도 행위다. 1974년 12월 8일 국민투표에서 69퍼센트라는 다수의 찬성으로 군주제 폐지가 확정되었다. 카라만리스가 1975년에 기초한 그리스 헌법에는 강한 대통령(그가 탐내던 직위)을 세움으로써 강력한 행정부를 구성한다는 내용이 담겨 있었다. 헌법은 사회당과 공산당의 참여 없이 제정되었다(좌파가 헌법 제정에 참여한 스페인이나 포르투갈과 달랐다). 헌법은 1986년 파판드레우에 의해 개정되지만, 총리(파판드레우 자신)에게 더 많은 권력을 주기 위한 개정이었다. 따라서 강력한 행정력이라는 전통은 유지되었다.[193]

1974년 선거는 '강화된' 비례대표제로 실시되었다. 득표율 17퍼센트가 넘는 정당에게 많은 의석을 주는 방식이었다. 그 결과 54.3퍼센트를 얻은 카라만리스의 신민당은 4분의 3(300석 중 219석)에 가까운 의석을 차지했다. 한때 게오르기오스 파판드레우가 이끌었고, 당시 정치색이 없는 게오르기오스 마브로스Georgios Mavros가 이끌던 중도연합당은 더 작은 조직인 새로운 세력Nees Dynamies과 합병해서 20.4퍼센트를 얻었지만 의석은 20퍼센트(60석)를 차지했다.

안드레아스 파판드레우가 이끄는 사회당은 득표율 13.6퍼센트로 13석을 확보하는 데 그쳤고, 공산당과 개혁파 공산당을 비롯한 좌파 분파들로 구성된 좌파연합은 득표율 9.5퍼센트와 8석밖에 얻지 못했다(자세한 내용은 299페이지 표 21.1 참조).

결과는 암울했지만 공산당은 완전히 실망하지는 않았다. 그들의 목표는 권력이 아니라, 개혁파 공산당의 도전을 이겨내고 유일무이한 공산주의 정당으로서 자리를 굳건히 하는 것이었다. 이 목표는 1977년에 두 정당이 따로 치른 선거에서 개혁파 공산당이 패하면서 이뤘다. 그리스 공산당의 일반적인 목표는 집권 연합에 영구적으로 끼고자 하는 야망을 품은 포르투갈 공산당이나 스페인 공산당과 달리 급진 좌파의 대표로서 당의 입지를 강화하는 것이었다. 그리스 공산당은 뼛속까지 야당이었다. 사회당과 화해하려고 한 시도는 선전용이었다. 그리스 공산당과 사회당은 표면적으로 공통점이 많았다. 공산당도 사회당처럼 NATO에 반대했고, EEC에 결사반대했으며, 철저한 반미 세력이었다.[194] 두 정당 모두 종합적인 복지제도와 기간산업의 국유화를 원했다. 그러나 진정한 협력은 결코 성사될 것 같지 않았다. 공산당은 자신들을 사회당과 얽어맬 생각이 전혀 없었다. 공산당의 장기적인 야심은 사회당 대다수 지지층을 자기편으로 만드는 것이었다. 이런 야심에는 카리스마 있는 인물이 이끄는 새롭고 예측 불가능한 정당이 내전을 겪고 긴 세월 동안 차별과 억압, 독재 정권을 견뎌내고 살아남은 자신들처럼 지구력이 강하지 않을 것이라는 가정이 깔려 있었다.

파판드레우 역시 고립된 상태를 쉽게 벗어날 것 같지 않은 조직에게 상승하는 자신의 운명을 걸고 싶은 마음이 없었다. 그의 가장 큰 자산은 새로운 정당을 이끄는 '새로운' 인물이라는 점이었다. 그에게는 역사의 무게나 내전의 기억이라는 짐이 없었다. 이런 점에서 파판드레우는 펠리페 곤살레스와 비슷했다. 두 사회주의 지도자에게는 아물지 않은 내전의 상처를 건드릴 의도가 없었다.

그리스 사회당은 여러 가지 면에서 포르투갈이나 스페인의 사회주의 정당과 달랐다. 그리스 사회당은 자신들을 정당Komma이라기보다 '운동Kinima'이라고 불렀다. 그것은 새로운 소산이지, 오래된 사회주의 정당을 재건한 것이 아니었다. 어쨌거나 사회당 이전에는 그리스에 사회주의 정당이 존재한 적이 없었다. 사회당의 주요 특징은 민족주의와 사회주의의 혼합이었다. 그들은 그리스가 제국주의에서 민족 해방을 위해 투쟁하는 제3세계의 일부가 될 것이라고 여겼다. 그런 이유로 그리스가 NATO에서 완전히 탈퇴할 것, EEC와는 카라만리스 정부가 협상 중인 정회원 자격 대신 느슨한 협약을 체결할 것을 주장했다. 또 미국계 다국적기업의 활동으로 그리스가 내몰릴 수밖에 없던 종속과 의존 상태를 종식시키겠다고 단언했다. 이런 이념에 이론적 토대를 제공한 것은 미국 대학에 기반을 두고 주로 지신인들 사이에서 영향력을 발휘하던 '종속이론'과 신마르크스주의 이론이었다.

파판드레우는 *Paternalistic Capitalism*(온정주의적 자본주의)에서 1960년대 신좌파의 중심 개념을 잘 설명했다. 유럽의 어느 사회주의 지도자도 그처럼 과감하게 이 영역으로 들어가지 못했다. 그는 이 책에서 '온정주의적 자본주의'라는 세계 체제를 설명한다. 기술관료적 면에서는 효율적인 '온정주의적 자본주의' 중심부에 '미국 대도시의 기성 체제'와 미국의 군산복합체가 있다. 그리스가 속한 주변부의 경제성장은 "주변부의 요구보다 중심부의 요구를 반영하는 방향으로 흘러간다".195 그는 다음과 같이 썼다. "따라서 혁명은 중심부에 집중된 기성 체제와 대결을 요구한다. 혁명은 스스로 민족 해방과 동일시하며, 정치적 행위를 경제적 행위 앞에 둔다."196

파판드레우는 1950년대에 미국 버클리대학University of California, Berkeley 경제학과 교수로 재직하다가, 1961년에 카라만리스의 요청을 받고 그리스로 돌아왔다. 장차 적이 될 카라만리스는 그에게 아테네에 연구소를 설립해줄 것을 부탁했다. 파판드레우는 쿠데타 후 감금되었다가 석방되고 나서 1968년에 미국으로 돌아갔다. 따라서 그의 '사회주의'는 유럽 전통의 영향 바깥에서 형성되었다고 할 수 있다. 민족 주권과 해방을 그처럼 줄기차게 외치고, 그토록 신랄하게 미국에 반대하고, 그렇게 한결같이 다국적기업을 공격한 인물은 주류 유럽 좌파의 어느 분파에서나 심지어 남유럽 사회주의자들과 공산주의자들 사이에서도 찾아보기 어려울 것이다.197

"그리스 사회당은 곧 파판드레우다"라는 주장은 상당 부분 옳은 말이지만,198 그렇다고 사회당의 특색이 오로지(혹은 주로) 최고 지도자의 독특한 정치적 이력에 있는 것은 아니었다. 파판드레우가 권력을 잡은 것은 카리스마 있는 지배층 인물, 즉 정치적 연줄이 든든한 가문의 일원이 정당을 이끄는 그리스 전통에 따른 것이다. 누구나 지도자가 되어 창당할 수 있지만, 선거에서 높은 지지를 얻는 큰 정당을 갑자기 만들어낼 수는 없다. 사회당의 정책에 가장 그럴듯한 설명을 제공하는 것은 허약한 시민사회와 힘없는 노동조합 운동, 더 큰 세계와 상호 연결 등 그리스의 특정한 구조다. 민족 자립에 대한 요구, 국가의 종속 상태에 대한 날선 비판, 반미주의,

다국적기업에 저항하자는 인민주의적 요구 등 사회당이 내세운 주장에는 스페인이나 포르투갈 사람은 모르지만 실제로 그리스인이 느끼던 예속된 입장이 반영되었다. 그리스의 '유럽주의자'를 자처하는 카라만리스조차 팽배한 반미주의와 민족의식에 부응하기 위해 그리스가 NATO 군사 기구에서 탈퇴하는 데 동의했다.[199]

NATO 문제는 다른 모든 유럽 국가에서 언제나 냉전, 소련과 데탕트에 취하는 태도와 밀접한 관련이 있었다. 그러나 그리스는 NATO를 자신들의 '진짜' 적인 터키(또 다른 NATO 회원국)에 대항하는 방어기제로 여겼다. 1974년 7월 터키가 키프로스를 침공했을 때 많은 그리스인은 미국이 NATO를 통해서 터키에게 상당한 압력을 행사할 것이라고 기대했지만, 그런 일은 일어나지 않았다. NATO는 오래된 적에게서 그리스와 그리스인을 지켜주지 않았다.

이른바 '외국 원인'의 역할과 외국의 간섭에 대한 염려는 그리스 역사에 깊이 뿌리박혀 있었다. 19세기가 시작된 이후 내전이 일어난 시기까지 그리스의 모든 정당은 러시아, 영국, 프랑스(바이에른Bayern의 오토Otto를 현대 그리스의 첫 번째 국왕으로 결정한 세 나라) 등 강국과 관계를 맺으려고 애썼다. 그 모든 경우에 그들이 바란 것은 터키의 공격에서 보호받는 것뿐이었다.[200]

그리스가 비동맹주의 정책을 채택해야 한다는 파판드레우의 요구 역시 새로운 것은 아니었다. 그 요구는 1922년 이후 베니젤로스가 채택한 정책을 떠올리게 한다.[201] 사실 사회당의 정치인과 지지자는 대부분 자유 · 민족주의 전통에서 나왔고, 이 전통은 파판드레우의 아버지 게오르기오스를 거쳐 베니젤로스까지 거슬러 올라갈 수 있다.[202] 그러나 비동맹주의 이념은 좌파 세력(즉 공산주의자들)의 그리스 레지스탕스 전통이 사회당으로 흘러 들어간 데서 비롯되었다고 보는 것이 타당할 것이다.

대다수 사람들, 특히 그리스인에게 미국 국방부의 작품이라고 여겨진 군사정권조차 '서방'에서 독립을 강조했다. 군부는 서구의 일반적인 태도와 거리를 두기 위해 서구의 어느 정부보다(프랑코의 스페인은 예외로 하고) 친親아랍적인 태도를 채택했다. 덕분에 그리스는 1973년 4차 중동전쟁Yom Kippur War 이후 아랍국이 실시한 석유 금수 조치를 겪지 않았다. 비록 대망의 아랍 투자는 실현되지 않았고, 통상적인 OPEC 유가를 지불해야 했지만.[203]

군부가 몰락한 뒤 사회당은 키프로스 문제를 계속 현안으로 다뤘고, 파판드레우는 1981년 선거 준비 기간에 외국군의 병력과 기지를 몰아내기 위한 키프로스 사람들의 '투쟁'을 지원하겠다고 약속했다.[204]

파판드레우의 반미주의는 선진 자본주의 국가를 향한 사회주의적 적대감에서 나왔다기보다 군부 쿠데타에 대한 미국의 공모 혹은 묵인, 외자에 의존한 예전 정부에 대한 인민 민족주의적 반응에 기인한다. 따라서 그리스의 종속이 제3세계 국가의 종속과 유사하다는 그의 주장이 순전히 이념적인 것은 아니었다. 그리스의 사회지리학은 라틴아메리카 국가들의 사회지리학과 닮았다. 인구의 절반이 사는 대도시 아테네와 주로 시골 지역인 주변부는 현격한 차이를 보였다. 사회당은 라틴아메리카의 인민주의 정당, 특히 아르헨티나의 페론주의 운동Peronist movement을 닮아가고 있었다. 페론주의 운동 역시 공격적인 반미 정서에 현대화를 위한 노력과 반자본주의를 섞은 것이었다.[205]

따라서 사회당은 사회주의에 민족주의 전략을 융합했다고 볼 수 있다. 이런 융합의 근원에는 기나긴 그리스 내전이 있었다. 처음에는 이탈리아와 독일의 파시스트에 맞선 싸움이었고, 그다음에는 영국과 미국의 이익을 위해 움직이는 꼭두각시로 보이던 군주제에 대항한 전쟁이었다. 민족주의와 사회주의에 관한 이런 담론은 스페인과 포르투갈에서도 찾아볼 수 없는 것이다. 서유럽에서 가장 가까운 담론을 찾자면, 프랑스 공산당이 주장한 '프랑스 색을 띠는' 사회주의가 있다.

그러나 프랑스 공산당과 그리스 사회당의 유사성은 거기까지다. 파판드레우는 소련식 모델에 공감할 수 없음을 분명히 밝혔다. 그는 소련식 모델을 "진정한 대안일 수 없는 온정주의적 사회주의"라고 불렀다. 반면 문화대혁명이 사회의 중앙집권화를 반대로 돌리려는 시도였다는(당시에는 그렇게 보였다) 근거를 들면서, 마오쩌둥의 문화대혁명과 그 혁명의 비의존주의에는 찬사를 보냈다.[206]

이런 민족·사회주의적 담론은 1974년 9월 3일「기본 원칙과 목적 선언문Proclamation of Fundamental Principles and Objectives」에 고스란히 담겨 있다.[207] 이 선언문에 따르면 1967년 그리스에 닥친 재앙의 근원은 "우리 조국의 종속적 상황"이다. 독재 정권은 "미국과 NATO라는 제국주의적 기성 권력에 대한 그리스의 종속성이 특별히 가혹하게 표출된 상태"였을 뿐이다. 또 그리스 경제는 다국적기업에게 약탈당한 상태였다.[208] 사회당은 농민과 노동자, 장인, 사무직 노동자, "깨어 있고 대담한 우리의 젊은이들"에게 NATO에서 탈퇴해 외국의 지배에서 벗어난 정치체제를 만들 수 있게 도와달라고 호소했다. 그들의 목적은 "민족의 갱생"이며 "사회주의적이고 민주적인 그리스"였다.209 이는 독립적인 외교정책, 지중해와 발칸반도 지역의 비핵화, 금융 제도와 '기본 생산 단위'의 국유화, 국민 건강보험을 중심으로 하는 복지 제도를 의미했다.210

사회당은 전통적인 사회민주주의 입장(경제성장, 완전고용, 사회복지)과 비동맹주의라는 두 가지 성분을 결합하려고 시도했다. 그들은 소련식 공산주의와 자본주의 사이에서 '제3의 길'을 모색하고 있다고 주장하며 사회주의 인터내셔널에 들어가기를 거부했지만(사회주의 인터내셔널이 미국 지향적인 독일식 사회민주주의의 도구라고 비난했다),211 「기본 원칙과 목적 선언문」과 파판드레우의 *Paternalistic Capitalism*을 통해 본다면 스웨덴의 중립주의와 사회민주주의가 그들의 이상에 가장 근접한 패러다임이었음이 분명하다.

대다수 논평가들은 그리스 사회당의 사회민주주의적 요소를 간과하는 경향이 있다. 그들은 그리스 사회당이 사회주의 정당이라는 것을 부인하며, 그리스 사회당을 사회주의보다 훨씬 애매모호한 '인민주의'로 묘사하는 것을 선호한다.212 그리스 사회당이 '인민주의' 정당이라고 주장하는 이들은 대부분 마음속에 이상적인 사회주의나 사회민주주의 정당이 있고, 그리스 사회당이 대다수 사회주의 정당처럼 그 기준에 뭔가 부족하다고 여긴다. 그리스 사회당의 '인민주의'는 국가적 배경을 놓고 보면 새롭게 등장한 그리스의 사회주의 정당이 모두 채택했을 만한 정치 형태였다. 적절한 비교 틀 속에 이 문제를 놓고 살펴본다면, 그리스 사회당의 구체적인 목표와 제안은 전통적인 사회민주주의 성격을 띤 것으로 볼 수 있다. 그들의 수사법은 제3세계나 민족해방운동의 인민주의적 수사법이지만, 대중조직은 독일 사회민주당이나 이탈리아 공산당의 대중조직과 유사했다. 그리스 사회당이 정부 기구를 자유롭게 이용한 것은 그리스의 집권당, 더 넓게 말하면 남유럽 수혜 정치의 전형적인 특징이었다. 강도가 유난히 강하지만 개인화된 성향도 TV 시대에 선도적인 정치 인사가 점점 더 개인화되는 현상을 반영한 것이었다.

포르투갈의 경우를 보면, 포르투갈 사회당의 수사법이 처음에 좌파 성향인 것은 포르투갈 사회의 전반적인 급진화 영향이 컸다. 스페인에서는 그런 수사법이 사회노동당 자체에서 내려오던 전통의 일부였다. 그리스의 경우, 그리스 사회당의 「기본 원칙과 목적 선언문」과 1975년 선거운동에서 사용된 과격한 용어는 다음 세 가지 압력에 부응하기 위한 것이었다. 첫째, 군사정권과 이전의 조악한 민주주의 체제에 대한 보편적인 반감을 이용할 필요가 있었다. 둘째, 사회당은 그리스 레지스탕스와 내전의 급진적 전통을 끌어다 씀으로써 그 전통의 자연 상속인인 그리스 공산당이 패권을 차지하는 것을 막을 필요가 있었다. 셋째, 사회당의 급진주의는 활동적인 사회당 핵심 그룹(즉 다양한 좌파 분파와 사회당 활동에 동참한 학생 조직)의 요구와 기대를 반영하는 것이기도 했다.[213]

1975년이 지나면서 파판드레우는 자기보다 왼편에 있는 좌파 진영을 눌렀다. 사회당은 1975년에 주장한 계획과 근본적으로 유사한 계획을 가지고 1977년 선거전을 치렀다. 그러나 그들은 마르크스주의 정당을 표방하는 대신 사회주의가 당면한 현안이 아니어도 언젠가 성취할 목표라는 것을 강조했다.[214] 1977년 선거 결과 사회당은 주요 야당으로서 영향력을 행사할 수 있는 위치에 올랐다. 득표율이 두 배가 되었고 93석을 획득했다. 아가야Achaea나 크레타처럼 전통적으로 급진적 성향이 강한 지역뿐만 아니라 전국적으로 세력을 얻은 국민정당이 되었다.²¹⁵ 마브로스가 이끄는 중도연합당이 무너지기 시작하면서 사회당이 중도연합당을 체계적으로 흡수할 가능성이 열렸다. 공산당은 전통적 지지층이 아닌 유권자들의 표를 얻어낼 능력이 없었기 때문에 사회당이 표를 잃을 가능성은 없었다.

유사한 전환 단계에서 스페인과 포르투갈이 그랬듯 그리스도 왼쪽으로 이동하는 것이 분명했다. 카라만리스는 그런 흐름을 좇기 위해 금융 부문 일부를 국유화했고, 시민 생활의 현대화에 대한 요구를 받아들여서 1979년 2월에 법률상 이혼을 허가했다.²¹⁶ 파판드레우는 자신의 정체성이 자리를 잡자 중도 쪽으로 이동했다.

그리스 사회당의 온건화는 스페인 사회노동당의 온건화와 유사하지만, 그리스 사회당이 수백 개 마을과 도시에 지부와 활동가를 거느린 진정한 대중정당이 되었다는 점에서 큰 차이가 있다.²¹⁷ 그리스 사회당의 주장에 따르면 1980년대 초에 당원이 20만 명이었다. 그 주장이 사실이라면 인구가 1000만인 나라에서 대단한 성과다. 대중의 정당정치 참여가 낮은 상태에 계속 머무르던 스페인과는 대조적이다.²¹⁸ 이렇듯 국민의 정치 참여가 급증한 밑바탕에는 성공적인 선거운동이 있었다. 예전처럼 급진적 이데올로기를 전파하는 대신 카리스마 넘치는 정치 지도자들이 직접 나서서 유권자의 마음을 움직였다. 반제국주의적 수사법은 이전에 비해 강도가 떨어지긴 했지만, 여전히 그리스 사회당의 두드러진 특징으로 남았다.

1980년 5월 카라만리스는 총리직을 사임하고 그리스의 대통령이 되었다. 새로운 총리 게오르기오스 랄리스Georgios Rallis는 정치인으로서 위상이 없었다. 중도연합당은 분열되고 있었다. 게오르기오스 마브로스를 비롯한 당의 핵심 세력은 당을 몽땅 파판드레우

진영으로 옮겨놓았다. 젊은 기술 관료들도 이런 추세를 따랐고, 그 결과 사회당의 중도적 성향이 강해졌다. 이는 사회노동당을 중심으로 스페인에서 일어난 움직임과 유사했다.[219] 경제 상황은 심각하게 악화되어 물가 상승률이 25퍼센트였고, 1979~1981년에 실질임금이 5.5퍼센트 떨어졌다.[220] 그와 동시에 파판드레우에 대한 개인숭배가 마오쩌둥주의에 맞먹을 만큼 극심한 수준에 이르렀다. 당 주간지 『에크소르미시Exormissi』에서는 그를 "인민의 힘의 나선형 행진을 설계한 그리스 민족의 위대한 지도자"로 묘사했다.[221] 이런 숭배 풍조가 조장된 데는 1977년 선거에서 뽑힌 사회당 소속 의원 93명 가운데 73명이 의회 경험이 없었다는 사실이 상당 부분 원인으로 작용했다.[222]

1981년 10월에 선거가 열렸다. 그리스 사회당은 사회주의 정당이 없던 나라에서 자본주의를 극복하는 수단으로 사회주의를 공개적으로 홍보했다(프랑스 사회주의 정당이 사용한 구호와 같았다).[223] 사회당의 승리는 의심할 여지가 없었고, 그리스 역사 최초로 좌파 정부가 탄생했다. 득표율 48.1퍼센트로 172석을 획득한 사회당은 아무도 부정할 수 없는 다수당이었다. 공산당이 이전 선거보다 약간 나은 결과를 얻었기 때문에 사회당의 성공은 두드러져 보였다. 개혁파 공산당은 1.35퍼센트를 얻어 의석은 확보하지 못했다. 좌파(사회당과 공산당, 개혁파 공산당)의 득표율은 60.35퍼센트로, 그때까지 서유럽 선거 역사상 좌파가 거둔 최고의 성적이었다.

사회당은 1981년 선거공약 선언문 「정부 정책 선언. 국민과 계약 Declaration Government Policy. A Contract with the People」에서 여전히 NATO에 비판적이었지만, 제3세계 수사법을 버리지 않으면서도 표현 방식은 누그러뜨렸다. 그들은 1974년에 요구한 미국 군사기지의 즉각적 철수 대신 점진적 철수를 약속했다. 1983년 9월 그리스와 미국의 협정이 체결되었고, 미국은 1988년까지 군사기지를 유지할 수 있게 되었다. 파판드레우는 1987년에 군사기지는 최종 기한이 지난 뒤에도 그리스에 있을 것임을 분명히 밝혔다. 사회당은 이제 NATO에서 탈퇴할 것이라고 선언하지 않았다. EEC를 공격하는 것도 자제했다(그리스는 1981년 1월 EC에 가입했다). EEC에 대한 사회당의 태도는 그들이 야당일 때부터 부드러워지기 시작했다. 사회당은 1977년 선거공약 선언문에서 국민투표를 요구하며 EC와 유대가 필요하다는 것을 암암리에 인정했다.[224] 국민투표는 실시되지 않았다. 헌법에 따라 대통령의 허가가 필요한데, 카라만리스가 국민투표에 동의할 가능성이 없었기 때문이다. 1982년에 파판드레우는 (1975년에 영국 수상 해럴드 윌슨이 비슷한 이유로 그랬듯이) 가입 조건을 재협상했고, 두 초강대국에 대항하는 세력으로서 EC를 받아들였다. 1984년에는 EC를 탈퇴한다면 국가에 해가 될 것이라고 공개적으로 인정했다.[225]

하지만 그리스는 여전히 NATO의 '어색한 회원국'이었다. 그리스의 독자 노선은 여러 차례 드러났다. 1983년에 EC가 소련이 한국의 민간항공기 KAL 007편을 격추한 것을 규탄하는 성명을 발표할 때 이를 거부했고, 폴란드 야루젤스키의 연대 노조 탄압에 제재를 가하는 데도 참여하지 않았다. (프랑스 정부가 그랬듯) 니카라과 산디니스타Sandinista 민족해방전선 정부를 지원했고, 1982년에는 (오스트리아의 크라이스키가 그랬듯이) 아라파트를 환영했으며, 퍼싱 미사일과 크루즈미사일의 배치를 거부했다. 이런 행동은 대부분 사회당 전임자들의 전통을 이어간 것이거나, 서유럽 일부 사회당이 취한 행동과 유사한 것이었다.[226] 그러나 1994년이 되자 반미주의는 공식적 정책이라기보다 문화적 태도에 불과한 것이 되었다. 사회당은 이제 이라크나 리비아 같은 반反서방 정부를 지지하지 않았다. 변하지 않은 것은 민족주의 정책이었다. 그들은 필요할 때마다 민족주의를 동원했고, 이 방법은 그리스에서 상당히 (그리스 바깥에서는 도저히 이해할 수 없을 정도로) 성공적이었다. 그리스와 마케도니아의 분쟁이 한 예다. 그리스는 새로운 독립국가 마케도니아(유고슬라비아에서 독립한 나라 중 하나)가 국명과 국가의 상징을 포기하기 전에는 국가로 인정하지 않겠다고 단호히 맞섰다. (그리스인에게는) 마케도니아의 국명과 상징이 그리스 마케도니아 지역을 되찾겠다는 야욕으로 보였기 때문이다.

사회당의 사회·경제계획은 사회민주주의적 특징을 보였다. 즉 성장과 재분배를 추구했다. "우리의 근본 목표는 자립적 경제와 사회의 발전이다. 모든 생산력의 발달과 더불어 다양한 집단과 지역 간에 소득과 부를 더 공정하게 분배하는 것이다."[227] 가장 중요한 약속은 보건 의료 체계, 공무원 조직의 민주화, 아테네의 극심한 환경 훼손을 줄이는 것 등과 관련된 것들이었다.[228]

1981년 10월 이전에 파판드레우는 자본주의와 단절할 것이라고 선언했다.[229] 1976년 이전에는 소아레스가, 1979년 이전에는 곤살레스가, 1981년 이전에는 미테랑이 이와 유사한 선언을 한 적이 있다. 여기에서 공통되는 중대한 가정은 자본주의가 위기에 처했다는 것이었다. 그 가정은 정확했으나 위기가 자본주의 자체에서 벗어나는 출구를 제공할 것이라는 추론은 맞지 않았다.

경제 위기는 위험한 수준이었다. 그런데도 사회당은 1981년 승리 이후 몇 년 동안 유럽 전체의 추세와 반대로 물가 안정보다 고용 보호에 치중했다. 임금은 상승했다. 1983년에 GDP의 12.5퍼센트였던 공공 부문 부채가 1985년에는 17.5퍼센트로 늘었는데, 주로 실업을 억제하기 위한 비용이었다.[230] 그 결과 그리스는 유럽에서 유일하게 1970년대보다 1980년대 물가 상승률이 높았지만(주원인은 그리스 통화 드라크마화의 평가절하였다),[231] 실업률은 OECD 평균 이하였다(30페이지 표 16.1 참조).

시민적 자유라는 측면에서 보면 사회당은 보수적인 전임자들이 하던 일을 훨씬 단호하게 추진했다. 종교의식 없이 신고만 하는 결혼을 합법화하고, 토지 소유와 관련해서 동방정교회와 대립했으며, 지참금 제도를 폐지하고, 혼외 출생자에게 동등한 권리를 보장했다. 좀더 자유로운 이혼이 가능하게 하고, 간통을 처벌 대상에서 제외했으며, 중등교육에서 차별 정책을 없애고, 여성 농민을 위한 생활 보조금을 마련했으며, 성 평등에 관한 법률을 시행했다.[232] 안드레아스의 첫 부인 마가렛 파판드레우Margaret Papandreou가 이끄는 그리스 여성연합Union of Greek Women의 노력에 힘입어 정부는 성평등위원회를 신설하고, 모든 행정구역에 평등 부서 전국망을 구축했다. 엄마와 아빠의 출산휴가를 도입했으며, 탁아소 수백 개를 새로 만들었다. 사회당은 그리스 페미니스트들이 주장한 개혁 중 많은 부분을 실시했다고 볼 수 있다.[233]

1983년 8월 10일에 국민 건강보험 법안이 제출되었다. 이 법안에 담긴 주장은 의료 서비스는 사회적 권리이므로 수익성에 좌우되어서는 안 된다는 것이었다.[234] 시골 보건소 설립은 국민 건강 증진을 위해 그리스 정부가 채택한 중요한 정책이자, 새로운 의료 서비스의 핵심 요소였다. 이 모든 것은 사회복지 지출의 엄청난 증가로 이어졌다.

1982~1988년 공공 지출은 40퍼센트가 증가했고(1975~1981년 증가율은 28퍼센트였다), 공공 부채는 급등했다.[235] 선거에서 유리한 자리를 차지하기 위해 경제적 고려는 뒷전으로 밀려났다. 그 결과 1985년의 안정화 계획은 선거가 임박한 1988년에 중단되었다.[236] 사회당은 집권하자마자 실질임금과 공공 지출 확대에 제동을 건 포르투갈 소아레스의 선례를 최대한 오랫동안 따르지 않으려고 했다.[237] 왼쪽으로 기울어진 궤도는 사회당이 집권한 뒤 1985년 선거 때까지 처음 4년간 막힘없이 지속되었다. 1985~1987년 재무부 장관 코스타스 시미티스(Costas Simitis : 현대화주의자이자 미래의 총리)가 제안한 안정화 계획(파판드레우는 영리하게도 이 계획에 깊이 관여하지 않았다)이 실시되었다. 쟁의권 제한, 인플레이션 억제 정책, 평가절하 등을 내용으로 하는 이 계획은 대부분 성공하지 못했다. 그 후 각종 스캔들과 부패, 무엇보다 계획을 제대로 이행하지 못한 정부에 대한 환멸은 1989년 파판드레우의 패배로 이어졌다.

1985~1989년 사회당은 외부 세계의 접근을 막을 수 없다는 사실을 깨달았다. 금융 스캔들과 정부의 부패가 선거에서 패인이 되는 경우는 공공 지출의 축소와 결합되는 때뿐이다. 즉 부패가 특정 소수에게 이득이 되는 때를 말한다. '민주적' 부패는 공공 부문 일자리와 공공경비를 많은 사람들이 쉽게 얻을 수 있는 형태를 취한다. 공공 건축 계약처럼 정부의 지원을 받아서 한꺼번에 많은 돈을 벌 수 있는 계획은 그에 따른 이득이 널리 퍼지는 한 용인된다. 역기

능이 발생하는 시점은 그 계획이 몇몇 힘 있는 사람들이 부족한 자원을 다 쓸어가는 소탕 작전이 되는 때다. 따라서 '민주적' 부패는 사회복지의 조건과 같은 조건, 즉 상시적이고 끊임없는 경제성장 아래에서는 성공한다. 1980년대처럼 성장률이 떨어지는 때는 사회복지와 만연한 부패 모두 위기에 빠진다.

파판드레우는 경고신호를 무시했고, 인원이 넘치는 정부 부문, 정부에 의존하는 경제 발전, 엄격하게 규제되는 노동시장, 광대한 지하경제, 노동조합을 과거의 길드guild처럼 보는 제한적인 사고방식 등의 전통을 유지했다.[238] 사회당은 '특정 이익을 보호하고 정치적으로 충직한 집단에게 특혜와 이권을 할당해주기 위한 장치로서 정부를 옹호하는 집단'이 되었다.[239] 덕분에 파판드레우는 온갖 악조건에도 폭넓은 지지를 받았다. 그를 공직에서 물러나게 하는 데는 세 차례 선거(1989년 6월과 11월, 1990년 4월)가 필요했다.

트자니스 트자네타키스Tzannis Tzannetakis가 이끈 연정은 보수 성향을 띠는 신민당과 공산당이 이끄는 좌파연합Synaspismos이 구성한 내각으로, 수명이 아주 짧았다(1989년 6~10월). 이 연정은 최근 유럽 역사에서 가장 이상한 정부인데, 내전에서 치열하게 맞붙은 적수들을 불러 모아 상징적으로 내전을 끝냈기 때문이다. 카타르시스Katharsis라고 알려진 연정의 계획은 파판드레우의 추종자 게오르게 코스코타스George Koskotas와 크레타은행Bank of Crete이 연루된 금융 스캔들 관련 혐의로 파판드레우를 법정에 세우는 것, 공직자들의 부패를 척결하는 것이었다. 파판드레우는 무죄 선고를 받았다. 1989년 11월 선거에서 좌파연합은 큰 타격을 받았다. 보수당과 연합이 계속될 것이라는 전망 때문에 지지층이 이탈한 것이 틀림없었다.

그 결과 공산주의자들과 신민당의 그리스식 '역사적 타협'은 막을 내렸고, 또 다른 잠정적 '역사적 타협'(1989년 11월~1990년 2월)이 진행되었다. 85세인 전 그리스은행Bank of Greece 총재 크세노폰 졸로타스Xenophon Zolotas를 총리로 구성된 연립내각은 신민당과 공산당, 사회당이 모두 참여했다. 그들이 차지한 의석은 300석 중 298석으로, 전후 유럽 역사상 가장 압도적인 다수였다.[240]

이런 교착 상태는 1990년 4월 선거에서 신민당이 승리함에 따라 일단락되었다. 그사이 공산당은 그리스 정치에 중요한 족적을 남길 기회를 잃었다. 1989년에 공산당의 지원이 필요한 파판드레우는 그때까지 공산당에게 대단히 불리한 선거제도를 바꿔주는 대가로 정부 구성에 참여해달라고 제안했다. 공산당이 그 제안을 받아들였다면 사회당과 공산당 연정이 장기 집권했을 가능성이 매우 높았다.[241] 공산당은 정치적으로 올곧은 길(카타르시스 정부)을 택했고, 전투와 전쟁에서 패했다. 사회당과 파판드레우는 1993년에 재집권했지만, 공산당은 그 전보다 세력을 잃었다. 그리스 공산당의 강경한 소련식 공산주의에도 정치권력보다 원칙('깨끗한 정부')을 우선시한 행동은 자유민주주의의 윤리적 가치라는 관점에서 인정받을 만했다. 이로써 그리스 공산당이 그리스 정계의 주류에서 멀리 떨어졌다는 사실이 다시 한 번 여실히 드러났다.

자신들에게 진지한 미래가 없다는 사실을 발견한 공산주의자들이 그리스 공산당만은 아니었다. 1989년에 베를린장벽이 무너지고 1991년에 소련이 해체된 것은 공산주의자들에게 역사가 종말에 이르렀다는 확증이었다.

남유럽 국가들이 민주주의로 전환하고 민주주의가 공고해지는 과정에서 좌파가 공헌한 점은 무엇일까? 이 연구에서 밝혀진 것은 독재 정권의 종말에 어느 한 세력에게 직접적인 책임이 있지는 않다는 점이다. 모든 중요한 역사적 사건이 변화와 적응이라는 복잡한 구조적 과정의 일부였다. 사회주의자들이 붙들고 씨름한 역설은 후기 자본주의라는 이 이야기의 중요한 이념적 차원 중 하나가 자유민주주의와 자본주의 발전에 밀접한 관계라는 것, 그 관계가 대부분 사회주의자들의 노력으로 확립되었다는 것이다. 민주주의가 보통 말하는 자본주의 발전의 본질적 속성은 아니기 때문이다. 자본주의적 축적을 위한 요건에서 특정한 정치체제를 도출하는 것은 불가능하다.

    남유럽 독재 정권들은 서유럽의 규제된 복지 자본주의를 향해 사정없이 떠밀려 가는 듯했다. 그 과정을 억제하려는 시도(보호무역주의, 군사 개입)는 지연작전으로 효과가 있었을 뿐이다. 정권들은 결국 중산계급의 지지에도 의존할 수 없게 되었다. 민주주의가 자본주의와 완벽하게 양립할 수 있었기 때문에 중산계급은 민주주의를 조금도 두려워할 필요가 없다는 것을 깨달았다.

    세 나라의 전환기에 관한 설명은 다양한 세력과 인물들의 활동과 역할, 복잡한 정치적 체스 게임의 결과를 조명한다. 분명하게 드러난 사실은 정치적 상황이 '좌파'의 전략을 결정했다는 것이다. 좌파는 보통 반응하는 쪽이었지 먼저 시작하는 일이 거의 없었다. 전환기 이전 독재 정권 시절에 민주적 질서를 확립하기 위해 싸운 전투부대는 공산주의 정당이었다. '유러코뮤니즘 주창자'든 '개조되지 않은 교조주의자'든 그들은 공산주의자였다. 전환기의 공산주의자들은 언제나 다른 세력을 따라갔다. 포르투갈 공산당은 군부운동을, 스페인 공산당은 수아레스와 민주중도연합을 따랐다. 그리스 공산당은 한 번도 정치에서 주역이 된 적이 없었다.

독재 정권 시절에는 이렇다 할 활약을 보이지 않은 '자유 보수주의자들'이 전환기에 역량을 제대로 발휘했고, 전환 과정이 비교적 매끄럽게 진행되는 데 큰 역할을 했다. 그들의 중요성이 클수록(그리스와 스페인처럼) 전환 과정은 매끄러웠다. 사회주의자들이 등장한 것은 제3기인 공고화기다. 그들은 대다수 서유럽 사회주의 정당들이 그랬듯이 자본주의를 극복하기 위해 전통적 목표를 포기해야 했다. 자유주의자들이 자주 실패한 일, 즉 '자유주의적인' 위대한 시민의 자유 개혁을 널리 알리고 그것을 얻기 위해 투쟁함으로써 사회를 '현대화'한 이들은 사회주의자였다. 세 나라에서 좌파는 민주주의로 완벽한 회귀를 분명하게 옹호하는 세력으로 등장했다. 관련된 어느 공산주의 정당이나 사회주의 정당도 서유럽의 다른 나라들이 누리던 시민적 자유보다 못한 것을 얻는 데 만족하지 않았다. 그리스와 포르투갈의 공산당처럼 동유럽 '사회주의' 국가들에서 그런 자유가 침해되는 것을 묵인한 좌파 조직 역시 그 점은 같았다.

남유럽 세 공산주의 정당의 큰 실패로 4장에서 제시된 가설, 즉 레닌주의 정당 조직은 제정러시아 시대 전제군주제에서 볼셰비키가 처한 억압의 상태에 가장 근접한 조건에 적합하다는 가설이 확증되었다. 그런 조건에서는 군국주의에 가까운 정당 조직이 필요하고, 종전 체제를 타도하겠다고 결단한 이들이 그 조직을 자연스러운 본거지로 여기게 하는 일념이 있어야 한다. 그러나 이런 조직은 민주주의 체제에 잘 맞지 않았다. 민주주의 체제에서는 사회당이나 사회인민당 같은 좌파의 다른 정당들이 더 나은 대안을 제공할 수 있었다. 독재 정권이나 점령 세력 치하에서 지하활동을 민주주의 체제에서 공개적인 정치 활동으로 전환하는 데 성공했고, 동시에 좌파를 결집하는 세력으로서 주도적인 역할을 유지한 공산주의 정당은 프랑스 공산당과 이탈리아 공산당뿐이었다. 프랑스 공산당조차 결정적인 시험을 통과하지 못했다. 프랑스 사회당이 중도주의적 입장을 포기하고 자신들을 단순히 반공산주의 조직이 아니라 사회 개혁 정당으로 규정하자마자, 프랑스 공산당은 세력이 약해지기 시작했다. 톨리아티의 천재성은 민주주의로 이행하는 시점(1945~1946년)에 비밀스럽게 투쟁하는 군대식 정당 대신 더 폭넓고 더 느슨한 대중조직을 추구해야 하며, 이념적 통제는 훨씬 더 줄여야 한다는 것을 깨달았다는 점이다. 이런 깨달음 덕분에 이탈리아 공산당은 다른 나라 공산당처럼 고립 상태를 오랫동안 겪지 않았다. 이탈리아 공산당은 결국 살아남기 위해 공산주의를 버리고 사회민주주의를 분명하게 받아들여야 했고, 좌파민주당으로 변모했다(24장 참조). 이런 특이성 때문에 이탈리아 좌파는 엄청난 대가를 치러야 했다. 정권을 잡지 못하는 운명에 처한 것이다. 이탈리아는 서유럽에서 유일하게 좌파 정부가 집권한 적이 없는 나라다.

어떤 역사적 재구성으로도 이 문제를 모두 완벽하게 만족할 정도로 증명해 보이지는 못할 것이다. 그 점은 인정할 수밖에 없다. 이론적으로는 노동조합과 공산당, 사회주의 정당의 활동과 희생이 없었어도 스페인과 포르투갈, 그리스가 독재 지배에서 벗어나 민주주의로 이행했을 것이라고 가정할 수 있을지 모른다. 그러나 좌파 없이 일어나는 민주적 전환은 어디까지나 '이론'일 뿐이다. 실제 역사에서는 규모가 상당한 좌파 정당의 결정적인 개입 없이 남유럽에 지금과 같이 비교적 문명화되고 규제된 자본주의가 정착했을 것이라고 생각할 수 없다.

스페인, 포르투갈, 그리스에 민주주의가 도래하면서 서유럽 선진 자본주의 국가에서 공식적인 민주적 통치가 확립되는 길고도 힘겨운 과정이 완결되었다. 1891년에 채택된 「에르푸르트 강령」의 정치·경제적 요구(1장 참조)가 대부분 실현되었다. 그러나 자본주의는 국가라는 외피에서 뛰쳐나와 세계적 축적 시스템으로 자리 잡아가고 있었다. 그 과정에서 자본주의는 성장과 축적의 첫 단계 동안 줄곧 자신을 감싸던 국가적 규제의 틀, 민족국가의 좁은 범위를 벗어나 점점 더 자유를 누리게 되었다. 동시에 자본주의는 사회주의자들이 처한 사회적 구조에 중대한 변화를 초래했다. 이 책의 마지막 부분을 할애할 내용이 바로 그 변화와 사회주의에 닥친 폭넓은 위기다.

one
hundred
years of
socialism

7부

사회주의의 대위기

22장

노동자, 여성, 환경보호주의자

노동자들만 중요한가?

"사회주의는 죽었다." 알랭 투렌은 1980년에 출간한 *L'après socialisme*(사회주의 이후) 첫 장에서 이렇게 선언했다.[1] 동유럽에서 1989년 혁명이 있고 나서 랄프 다렌도르프Ralf Dahrendorf도 같은 말을 되풀이했다. "스탈린주의와 브레즈네프주의의 이중 악몽에서 깨어나는 세상을 위해, 사회주의는 죽었고 어떤 사회주의 변종도 되살아날 수 없다는 사실이 분명히 강조되어야 한다."[2] 1994년에 앤서니 기든스Anthony Giddens는 더 신중했지만, 여전히 사회주의자들에게 위안이 될 말은 하지 않았다. 그는 '사회주의를 매장한다는' 생각은 '아마도' 현실이 된 것 같다고 썼다.[3] 사회주의 운동이 건강한 상태라고 주장한 사회주의자들은 거의 없었을 것이다. 몰락한 소련 제국의 생존자들이 증권거래소를 다시 짓고 레닌 동상을 끌어내리느라 바쁠 때, 순진해 빠졌거나 완고한 좌파 낙관주의자들만이 한때 충만하던 운동에 대한 자신감으로 "미래는 사회주의 세상"이라고 말할 수 있었을 것이다.

그러나 1970년대 중반에는 이 침울한 분위기가 다소 이상하게 여겨졌다. 그 시기에 벌어지는 상황은 사회주의의 위기가 아니라 자본주의의 위기처럼 보였다. 베트남 농민들에게 군사적 타격을 받은 미국은 국제경제와 브레턴우즈 체제의 중심 통화인 달러화를 평가절하 했다. 수십 년 동안 서구 제국주의에 약탈당해온 제3세계 국가들은 자국의 원자재에 대한 시장가격을 요구했고, 그것을 얻어냈다. 값싼 1차 생산물의 시대는 막을 내린 듯했다. 서구 전역에서 성장률이 추락하고 실업률이 치솟았다. 이는 사회주의자들이 자주 예견했듯 자본주의의 번영은 일시적인 것에 불과하다는 사실을 입증했다(혹은 입증하는 것으로 여겨졌다). 불과 몇 년 전만 해도 도쿄東京에서 베를린, 파리, 로마를 거쳐 캘리포니아California까지 반체제적인 학생들과 전투적인 노동자들이 지배적인 사상과 사회적 합의에 도전했다. 페미니스트들은 예부터 신성시된 행동 규범에 이의를 제기했다. 남유럽에서는 우파 정권들이 휘청거렸고, 북유럽은 사회민주주의 정부가 지배하고 있었다. 1974~1975년 오스트리아, 벨기에, 덴마크, 핀란드, 독일, 영국, 네덜란드, 스웨덴에는 사회민주주의 성향을 띠는 총리(수상)가 등장했다.4 사회주의자들이 자신감에 차서 미래를 내다볼 만했다.

1980년대가 되자 그런 낙관주의가 잘못되었음이 분명해졌다. 어쩌면 1970년대 초의 경제 위기, '황금기'의 종말은 사회주의를 가능하게 한 것이 아니라 오히려 사회주의에서는 부적절하다고 여기던 자본주의적 축적이라는 새로운 단계의 시작이었는지도 모른다.

10년 뒤에는 사회주의가—지금은 존재하지 않는 동유럽의 변종 사회주의가 아니라 서유럽 사회주의가—위기에 처했다고 간주하는 것은 흔한 일이 되었다. 이는 자유주의자들과 보수주의자들이 퍼뜨린 헛소문이 아니었다. 가장 열렬한 사회주의 옹호자들이 하는 고통스러운 논의와 분석의 대상이었다.

사회주의의 전통적인 동력(정당, 정당의 전략, 가치 등)에 반하는 객관적인 힘이나 경향이 있었을까? 그 위기는 어떤 성질이었을까? 남성 산업 노동계급이 사회주의 정당의 보루이던 시절은 지나갔을까? 사회주의 정당과 사회민주주의 정당들은 유권자에게 버림받아 이제 선거에서 승리하거나 정부를 구성할 수 없을까?

마지막 질문에 먼저 답하자면, 사회주의 정당들이 유권자에게 버림받았다는 것을 보여주는 결정적인 증거는 없다. 마거릿 대처와 로널드 레이건이 집권한 '여피족' 시대(1980년대), 좌파가 선거에서 심각한 패배를 반복한 나라는 독일과 영국뿐이었다. 다른 곳에서는 결과가 그렇게 암담하지 않았다. 이탈리아에서 공산주의자들의 전진은 1979년 이후 멈췄지만, 사회주의자들은 계속 전진했다. 그들의 강력한 지도자 베티노 크락시는 5년 연속(1983~1987년) 총리를 지냈는데, 이탈리아 기준으로 보면 이는 상당한 성과였다. 17장에서 살펴보았듯 스웨덴과 노르웨이 사회주의자들은 정부로 돌아왔고, 오스트리아에서도 사회주의자들이 거듭 집권에 성공했다. 스페인과 그리스의 정치 또한 사회주의자들이 장악했다. 프랑스에서는 1981년에 자국 역사상 처음으로 사회당이 의회 다수당이 되었다. 그들은 1986년 선거에서 패했지만 1988년에 재집권했다.

사회주의 대통령 프랑수아 미테랑은 나폴레옹 3세 이후 가장 오랫동안 집권한 프랑스의 국가원수가 되었다. 선거에서 이기고 정권을 잡는 것을 정치적 성공의 기준으로 본다면, 1980년대에 사회주의자들이 성공적이지 못했다고 할 수는 없다. 사회주의자들이 꾸준히 집권한 나라가 스칸디나비아 국가들과 오스트리아뿐이던 1950년대에 비하면 1980년대는 성공적이었다. 볼프강 메르켈Wolfgang Merkel은 1945~1990년 사회주의 정당과 사회민주주의 정당, 노동당이 놀라울 정도로 안정적인 지지율을 유지했다는 점을 강조했다. 그 기간에 그들의 평균 득표율은 31.2퍼센트였다. '황금기'(1945~1973년)에는 31.7퍼센트를 기록했다. 1974~1990년에는 31.5퍼센트로 '떨어졌지만',[5] '사회주의의 위기'를 선거에서 지지율 하락으로 특징지을 정도는 아니었다.

  베른슈타인이 제창한 서유럽 사회주의인 점진적 '복지' 사회주의는 강력한 노동조합, 국가 개입, 공공 부문 확대를 기반으로 영국과 독일, 스웨덴에서 발달했지만, 1980년대 들어서는 분명 위기에 처했다. 1990년대에는 사회복지, 완전고용, 노동조합 권리 등 그때까지 얻은 성과를 지키기도 어려운 지경에 이르렀다. 사회복지 제도는 위기에 처했고, 완전고용은 옛 추억이 되었으며, 노동조합의 권리는 심각하게 박탈당했다.

  사회주의의 위기는 사상 분야에서 훨씬 뚜렷하게 나타났다. 자본주의 시장이 낭비가 심한 자원 배분 구조고, 서비스를 제공하는 방법으로 집단적 수단이 사적 수단보다 낫다는 관점은 좌파 진영에서도 유행이 지난 것이 되었다. 좌파는 과거에 자신들이 자본주의 옹호자, 시장 숭배자, 보이지 않는 손의 대제사장이라고 손가락

질하며 비웃은 세력들에 밀려 설 자리를 잃고 말았다. 각자 자신의 이익을 추구하다 보면 모든 이들이 잘살 거라는 오래된 생각이 부활했다. 하이에크가 30년 전에 제안한 대로 국가는 몇 가지 원칙만 제공하고, 국민이 나름대로 살아가게 둬야 한다는 믿음이었다. 한때 강력하던 사회주의자들은 이제 사기가 꺾여 퇴각하는 패잔병처럼 보였다. 그들은 자신들이 지키려고 한 몇몇 설득력 없는 사상을 중심으로 다시 뭉치기를 열망했지만, 과거에 옹호하던 많은 것들을 폐기 처분해야 한다는 사실을 받아들이고 있었다. 미국 공산주의자들에 대한 아서 밀러Arthur Miller의 인물 묘사를 빌리면, 1960년대 혁명가들의 몇몇 잔존 세력은 구원열차가 도착하기를 기다리며 승강장을 어슬렁거리는 보잘것없는 인물들보다 나을 것이 없었다.

사회주의자들의 사상은 바닥을 드러냈다. 그들은 1960년대에 자본주의 폐지라는 목표를 단념했다. 1970~1980년대에는 자신들이 자본주의의 이상적인 관리자라고 공언했다. 1989년에 베를린장벽이 무너지자, 민간 부문의 부정적인 경향을 상쇄하기 위해서는 공공 부문을 대규모로 키워야 한다는 전통적 개혁론이 사회주의 정당 강령에서 완전히 사라졌다. 예전 같으면 가장 보수적인 이들조차 상상하지 못했을 공공 부문의 민영화를 많은 사회주의자들이 받아들이게 되었다. 사회주의자들의 세계는 돌이킬 수 없을 만큼 변해서, 남성 산업 노동자들의 제조업계에 놓여 있지 않았다. 여성이 노동인구로 편입되면서 세분화되던 노동계급은 여성화되었다. 경제성장은 다루기 어려운 문제가 되었다. 계급 정치라는 개념은 도전받고 있었다. 어떤 이들은 성공으로 가는 길은 실용적인 연합을 구성하는 것뿐이라고 주장했다. 담론을 통해 일시적으로 구성되는 여러 집단에게 그때그때 상황에 맞는 것을 제공함으로써 선거에서 지지율을 극대화하자는 것이었다. 미국이 이런 접근법의 모델로 자주 여겨진 것은 우연이 아니다. 유럽식 '계급' 정당과 사회주의 전통을 갖추지 못한 미국은 다민족 사회, 수많은 종교 집단으로 분열된 모습, 국지적인 이익집단 등을 통해 유럽에게 자신의 미래 모습을 똑똑히 보여줬다. 알렉시 드 토크빌Alexis de Tocqueville을 비롯해서 이후에도 수많은 저자들이 시사한 점이다.

노동계급을 자본주의에 의해 양산되고 의식과 내재된 계획을 부여받은 '독특한' 계급으로 여길 수 있다는 것은 사실이다(1장 참조). 공통된 의식으로 뭉친 사회집단으로서 노동계급 자체는 정치적 투쟁을 통해 사회주의자들이 조직한 것이다. 유사한 사회·경제적 조건을 공유하는 산업 노동자들이 있기는 하다. 하지만 사람들은 결코 정체성이 단일할 수 없고, 정치적 투쟁은 다른 집단을 희생해서 특정한 정체성 집단에게 특혜를 주려는 시도인 경우가 많다. 마르크스와 엥겔스Friedrich Engels가 그 유명한 『공산당선언Communist Manifesto』을 '만국의 노동자여, 단결하라!'는 힘찬 구호로 끝냈을 때, 그들은 사실이 아니라 목표를 진술한 것이다. 흥분시키는 힘은 훨씬 약하지만, 분석적으로 더 정확한 표현은 이것이었을지도 모른다. "자본주의 생산에 참여하는 모든 임금노동자들은 특정 종교나 인종 집단 혹은 민족과 맺은 어떤 유대보다 자신의 사회·경제적 조건을 정치적으로 중요하게 여겨야 한다." 노동자들은 이 말대로 해야 할지도 모르지만, 대개는 그렇게 하지 않는다. 존 던John Dunn이 쓴 대로, "노동(혹은 다른 어떤)계급에 소속되었다고 해서 사회적 정체성이 완전하고 배타적으로 형성되는 인간은 아무도 없다".[6] 정체성은 계급보다 훨씬 복잡한 문제다. 우리는 쉽게 여러 정체성을 들락날락할 수 있다. 하루에도 부모, 고객, 교사, 시민, 승객, 환자, 유대인, 대식가, 납세자 등이 될 수 있다. 그러면서 20세기 후반의 복잡한 '탈산업 사회'에 사는 인간이면 흔히 겪는 가벼운 신경증적 징후 외에는 정체성 변화에 따른 아무 결과도 겪지 않는다.

노동계급의 공통된 정체성을 대표한다는 사회주의자들(과 공산주의자들)의 주장은 오랫동안 성공적이었다. 사회주의 운동은 적어도 유럽에서는 대다수 산업 노동계급의 끊임없는 지지를 받았다(노동자들의 민족 정서나 종교적 감정을 받아들이고 인정해야 하는 때도 많았고, 그것을 지지해야 하는 경우도 있었지만). 사회주의자들은 노동계급을 잊은 적이 없지만, 다른 집단을 위한 정치 활동을 하지 않은 것은 아니다. 그들은 지속적이지 않았으나 평화를 위해, 여성을 위해, 소수를 위해 싸웠다. 무엇보다 그들은 보편적인 민주적 권리와 사회적 권리를 위해 싸웠다. 사회주의자들과 공산주의자들이 항상 노동계급에 전념했다는 말은 사실이 아니다. 사회주의자들이 일상 활동에서 노동계급을 획일적인 단일체로 가정한 것도 아니다. 19세기 말 사회주의 투사들은 노동계급이 겪는 경험의 다양성, 기술이나 지역적 전통, 임금수준의 차이를 잘 알았다. 그들은 그런 차이로 문제가 야기된다는 점을 인식했고, 그 문제를 끊임없이 논의했다.

좌파 정당들의 계급 중심성은 부정할 수 없지만, 그들 역시 다른 계급의 지지를 얻어낼 필요가 있다는 사실을 인식하고 있었다. 1869년 초반에 창설된 독일 사회민주노동당의 지도자 빌헬름 리프크네히트Wilhelm Liebknecht와 아우구스트 베벨August Bebel은 "그들이 조직한 민주적 하층 중산계급 집단을 잃지 않으면서 노동계급을 자기편으로 끌어들이기를 원했다".7 「에르푸르트 강령」의 보편주의적 요구인 무상 의료 서비스, 국민보험 제도, 투표권 등은 모든 사람들을 포함할 수 있도록 틀을 짠 것이었다. 다른 계급과 연합하는 것은 언제나 환영이었다. 레닌은 사회 일반의 요구인 평화, 빵, 토지에 근거해서 10월 혁명을 이끌었다. 영국 노동당은 1918년 사회주의 정당이 되었을 때, 그들의 첫 번째 사회주의 강령에서 밝힌 대로 '정신노동자'도 당원으로 받아들였다. 이탈리아 공산주의자들은 1945년 이후 소규모 기업가들의 마음을 얻기 위해 끊임없이 애썼다. 독일 사회민주당은 1959년 바트고데스베르크에서 노동계급에 대한 의존도를 줄이고 국민정당으로 거듭나겠다고 선언했다. 이 '수정주의자들'은 구조적·경제적 변화뿐만 아니라, 민주정치에서는 사회주의 정당이 전체 유권자의 지지를 얻기 위해 노력할 수밖에 없다는 사실 또한 주의 깊게 살피고 있었다.

따라서 1980년대의 '신수정주의자들'—그들이 선호하는 이름에 따르면 '현대화주의자들'—이 노동계급에 지나치게 집중한 점 때문에 사회주의자들이 난관에 봉착했다고 본 최초의 사람들은 아니었다. 그러나 사회주의 스펙트럼의 오른쪽에 있던 1950년대 후반의 수정주의자들과 달리 신수정주의자들은 함께 묶어 규정지을 수 없다. 물론 그중에는 이전의 우파 성향 수정주의자에 속하는 이들도 있었지만, 대다수 신수정주의자들은 학생운동과 단일 현안 운동, 반전 활동, 새롭게 등장한 페미니즘과 환경운동 등의 경험을 통해 사회주의를 발견한 새로운 활동가 세대와 공존했다.

노동자의 감소

현대화주의자들은 산업 노동자들이 줄고 있으며, 많은 '노동자'에게 노동계급의 정체성이 가장 중요한 부분이 아니라는 사실을 받아들였다.

규모의 문제는 비교적 간단하다. 일단 계급이 정의되면 그다음에는 구성원 수를 세기만 하면 된다. 1900년에 대다수 사회주의자들은 결국 모든 사람들이 노동자가 될 거라고 믿었다. 1990년에는 그런 시각을 유지할 만큼 현실을 무시하는 사회주의자들은 거의 없었다. 그러나 노동계급(어떻게 정의하든)은 실제로 사라지고 있었을까? 지난 수십 년 사이에 앙드레 고르André Gorz와 세르주 말레Serge Mallet 같은 사회주의 이론가들이 각자 『프롤레타리아여 안녕Adieux au prolétariat』과 La nouvelle classe ouvrière(신노동계급)에서 예측한 것이 현실이 되었을까?⁸ 물론 '노동자'라는 용어를 전통적인 마르크스주의에서 쓰는 의미(자기 노동력을 임금으로 교환하는 모든 이들)로 사용한다면, '노동계급'은 사회의 압도적인 다수를 포함할 것이다. 그런 의미에서 보면, 카를 마르크스와 제2인터내셔널의 '통속적' 마르크스주의자들은 컴퓨터도 없었으면서 놀라우리만큼 정확한 장기적 사회과학 예측을 한 셈이다. 거의 모든 사람들이 임금노동자가 되었고, 가게 주인이나 장인은 그보다 훨씬 적고, 농부는 거의 남지 않았다. 그러나 광부와 병원 청소부, 컴퓨터 기사, 고위 공무원, 대학교수, 축구 선수, 나이트클럽 경비원, 기타 임금노동자들이 모두 근접한 계급 위치를 차지하기 때문에 동일한 정체성과 관심사를 공유한다고 보는 것은 다소 받아들이기 어렵다.

정의를 좁혀서 제조업에 종사하는 사람들만 노동계급으로 정의한다면, 표 22.1과 표 22.2에 제시된 증거는 현대화주의자들의 경험적 주장 가운데 많은 부분을 입증해준다(그들이 그 주장에서 도출한 정치적 함의까지 입증한다고 할 수는 없지만).

산업화의 후발 주자인 그리스와 포르투갈, 스페인은 제조업의 고용이 줄어드는 일반적인 추세에서 가장 명백한 예외였다. 세 나라 중 산업이 가장 발달한 스페인은 1970년 즈음에 정점을 지나 1980년대에는 탈산업 사회로 접어들었다. 그리스는 1990년 즈음에 정점을 찍는 징조가 보였다. 독일과 오스트리아, 핀란드에서는 다른 나라에 비해 제조업 분야가 오래 버텼다. 다른 국가에서는 제조업 고용의 비율이 감소한다는 것이 부정할 수 없는 사실이었다. 특히 스칸디나비아 국가들과 영국은 그 추세가 뚜렷했다.

'서비스' 구간은 주로 '돌봄' 서비스 공공 행정, 즉 사회복지(민간 가사 서비스와 엔터테인먼트가 포함되지만)와 관련된 다양한 서비스를 포함한다. 여기에서도 분명한 추세가 눈에 띈다. 전반적으로 고용이 확대되었지만 영국은 두드러진 예외다(노동당이 집권한 기간이 포함된 1970년대 유럽 전역의 추세와 달리 지역사회 서비스, 사회 서비스, 인적 서비스가 축소되었다). 1990년대에는 독일과 오스트리아를 제외한 모든 나라에서 제조업보다 '지역사회' 서비스에 고용된 인구 비율이 높았다. 그리스, 포르투갈, 스페인 같은 '후발 주자'들은 그 둘의 차이가 다른 곳에 비해 크지 않았다. 북유럽 모든 국가와 벨기에, 네덜란드에서는 '지역사회' 부문이 제조업보다 훨씬 많은 일자리를 제공했다. 적어도 선진국에서는 '탈산업' 사회가 무르익은 상태였다. '탈산업' 분야의 상당히 많은 부분은 사회복지가 발달한 직접적

표 22.1 경제활동인구 중 제조업과 사회 서비스 종사자의 비율

단위: %

	제조업				지역사회 서비스, 사회 서비스, 인적 서비스			
	1960~1961년	1970~1971년	1980~1981년	1992~1993년	1960~1961년	1970~1971년	1980~1981년	1992~1993년
오스트리아	29.8	31.5	30.4	26.6	14.1	16.0	19.6	23.4
벨기에	34.6	32.1	21.9	17.7	21.4	20.6	26.4	32.9
덴마크	28.5	25.9	17.2	19.9	22.2	24.2	32.0	35.0
핀란드	21.5	24.7	24.8	18.8	14.8	18.1	24.7	31.8
프랑스	27.0	25.8	22.3	18.9	20.1	20.1	25.4	27.8
독일	36.5	37.6	32.7	28.2	18.8	19.0	자료 없음	26.5
그리스	13.4	17.2	18.7	18.8	12.1	10.8	15.0	18.9
네덜란드	29.9	24.0	18.8	16.6	23.5	21.1	28.6	32.7
이탈리아	26.6	31.1	22.3	19.8	13.5	17.4	19.3	24.9
노르웨이	25.5	26.7	20.2	14.3	18.4	20.2	30.4	37.2
포르투갈	23.3	21.7	24.1	23.7	14.6	14.3	19.2	24.1
스페인	17.7	25.4	24.4	19.0	14.1	15.7	16.0	20.0
스웨덴	34.2	28.3	24.0	16.8	19.9	26.1	34.0	37.1
영국	34.8	32.4	20.6	18.9	24.3	27.3	23.7	25.5

주 1960~1961년, 스페인 1950년, 프랑스 1962년; 1970~1971년, 프랑스 1968년; 1980~1981년, 프랑스 1982년; 1990~1991년, 프랑스 1989년, 덴마크와 이탈리아 1990년; 독일은 서독의 수치임. 지역사회 서비스, 사회 서비스, 인적 서비스는 서비스 분야의 9부에 해당함. 가사 서비스, 사회복지시설과 공공 의료 서비스, 교육, 엔터테인먼트를 포함하고, 모든 금융 서비스와 사업 서비스를 제외함.

출처 ILO(국제노동기구), *Yearbook of Labour Statistics 1945~1989. Retrospective Edition On Population Censuses*; ILO, *Yearbook of Labour Statistics 1991, 1992, 1994.* 1980~1981년 독일 수치는 다음을 참고할 것. OECD, *Economic Outlook, 1960~1989 Historical Statistics*.

표 22.2 제조업과 사회 서비스에 종사하는 경제활동인구

	제조업				지역사회 서비스, 사회 서비스, 인적 서비스			
	1960~1961년	1970~1971년	1980~1981년	1992~1993년	1960~1961년	1970~1971년	1980~1981년	1992~1993년
오스트리아	100	105.7	102.0	89.3	100	113.5	139.0	166.0
벨기에	100	92.8	63.3	51.2	100	96.3	123.4	153.7
덴마크	100	90.9	60.3	69.8	100	109.0	144.1	157.66
핀란드	100	114.9	115.3	87.4	100	122.3	166.9	214.9
프랑스	100	95.6	82.6	70.0	100	100.0	126.8	138.3
독일	100	103.0	89.6	77.3	100	101.1	자료 없음	141.0
그리스	100	128.4	139.5	140.3	100	89.3	124.0	156.2
네덜란드	100	80.3	62.9	55.5	100	89.8	121.7	139.1
이탈리아	100	116.9	83.8	74.4	100	128.9	143.0	184.4
노르웨이	100	104.7	79.2	56.1	100	109.78	165.2	202.2
포르투갈	100	93.1	103.4	101.7	100	97.9	131.5	165.1
스페인	100	143.5	137.8	107.3	100	111.3	113.5	141.8
스웨덴	100	82.7	70.2	49.1	100	131.2	170.8	186.4
영국	100	93.1	59.2	54.3	100	112.35	97.5	104.9

출처 표 22.1과 동일한 통계를 바탕으로 구성함.

표 22.3 1973~1990년 철강 노동자

	1973년(명)	1990년(명)	변화(%)
벨기에	52,512	20,019	-61.88
프랑스	107,872	24,678	-77.12
이탈리아	72,795	42,359	-41.81
영국	139,601	32,799	-76.51
서독	171,688	86,688	-49.51

출처 유럽연합통계청Eurostat, *Iron and Steel. Yearly Statistics 1992*, Luxemburg, 1992, pp. 6, 12에 나온 수치를 바탕으로 구성함.

인 결과였다. 따라서 사회복지가 사회 계급 조직에 중요한 역할을 했다고 할 수 있다. 더 넓어진 새로운 공공 부문은 사회복지 확대에 힘썼고, 시장을 기반으로 하지 않는 공공 서비스 정신을 공유하게 되었다. 중요한 점은 스페인과 그리스를 제외한 모든 나라의 공공 부문에서 남성보다 여성을 많이 고용했다는 점이다.

전통적인 노동계급이 눈에 띄게 줄어든 것은 산업계의 중추인 철강업의 고용을 살펴보면 구체적으로 드러난다. 독일에서는 1954년에 철강 노동자가 거의 17만 명이었다. 이들의 숫자는 꾸준히 증가해서 1961년 정점에 이르렀고(21만 2000명), 그 뒤 감소하기 시작했다. 1991년에는 겨우 8만 3000명이었다. 같은 시기에 프랑스는 철강 노동자 수가 거의 8만 명 줄었고, 벨기에는 3만 명, 영국은 11만 명이 넘게 감소했다. 정부가 개입해서 보조금을 지원하지 않았다면 고용된 노동자의 숫자는 훨씬 더 적었을 것이다.

다른 핵심 제조 분야의 고용에 관한 통계 역시 같은 양상을 보였을 것이다. 그러나 이 숫자 놀음이 과연 '사회주의의 위기'를 설명할 수 있을까? 독일 철강 노동자가 가장 많던 1961년에 독일 사회민주당은 야당이었다. 10년 뒤 철강 노동자가 4만 명 줄어든 상황에서(독일은 공업이 쇠퇴하고 있었다) 사회민주당이 집권했다. 산업 프롤레타리아는 줄었지만, 표 16.3(53페이지 참조)의 선거 결과가 보여주듯 그것이 좌파의 득표율 변화와 상관관계가 있는 것은 아니었다.[9] 키츠쉘트Herbert Kitschelt도 말했다. "사회주의 정당들의 득표율에 차이가 나는 것은 국가 간 노동계급의 규모 차이나 시간이 흐르면서 노동계급이 쇠퇴하는 것과 거의 무관하다."[10] 영국 노동당이 연달아 네 차례 선거에서 패배한 것은 단지 노동자의 수가 줄었기 때문이 아니라 많은 노동자들이 노동당에서 이탈했기 때문이다. 20세기 영국에서 보수당의 최장기 집권의 출발점이 된 1979년 총선 당시 노동당 지지층이던 숙련 노동자의 10~11퍼센트가 이탈했고, 젊은 남성 노동자들은 무려 16퍼센트가 이탈했다.[11]

좌파에게 닥친 주된 문제가 단지 노동자들의 수가 적어진 것이 아니라 노동자들의 지지를 잃은 것이라면, 이는 계급 정체성의 문제가 되어야 할 것이다. 그러나 모든 '노동자들'이 제조업에 종사하는 것은 아니다. 병원 청소부나 쓰레기 수거원, 광부, 트럭 운전사 등 너무나 많은 '프롤레타리아들'이 '제조' 분야에서 배제되었고, 반면 수많은 컴퓨터 조작자와 회계사는 그 분야에 포함되었다. 또 이런 논의에서 자주 사용되는 '탈산업'이라는 용어는 이론적 정확성이 부족하다. 그 개념을 대중화한 대니얼 벨Daniel Bell을 따라 나는 여기에서 그 용어를 3차 산업 분야가 주를 이루는 사회를 줄여서 부르는 말로 사용했다.[12] 문제는 3차 산업 분야가 서비스 부문에 대한 통계적 정의에 전적으로 의존한다는 점이다. 그렇게 되면 사회학적 일반화가 힘들 정도로 이질적인 인물들이 한 덩어리로 묶인다. 즉 버스 운전자, 스트립쇼 무희, 교사, 증권 중개인 등이 모두

'탈산업' 직업군으로 분류되는 것이다. 결정적으로 최근 역사에서는 변화 속도가 빨라서 '새로운' 노동인구를 묘사하기 위해 사용되는 많은 범주가 1990년대 노동시장의 현실과 점점 더 맞지 않는 것이 되고 있다. 우리는 동일 산업에서도 시간제와 전일제, 핵심부와 주변부, 포드식 생산과 탈포드식 생산, 임시 고용과 종신 고용, 사내 인력과 도급 인력 등 이원화된 노동시장에 직면한다. 노동시장은 어떤 지배적인 단일 형태의 노동도 존재하지 않는 지점을 향해 가고 있다.[13]

과거부터 노동계급이 종사해온 전통적 분야에서도 이런 차이가

표 22.4 1970~1990년 서유럽 노동조합 조직률

단위 : %

	1970년	1980년	1990년
오스트리아	62.2	56.2	46.2
벨기에	45.5	55.9	51.2
덴마크	60.0	76.0	71.4
핀란드	51.4	69.8	72.0
프랑스	22.3	18.2	9.8
그리스	35.8	36.7	34.1
이탈리아	36.3	49.5	38.8
네덜란드	38.0	35.3	25.5
노르웨이	51.4	56.9	56.0
포르투갈	60.8	60.7	31.8
스페인	27.4	25.0	11.0
스웨덴	67.7	79.7	82.5
영국	44.8	49.7	39.1
서독	33.0	34.8	32.9

주 포르투갈과 그리스의 자료는 퇴직 혹은 실직했거나 자영업자인 조합원 수를 반영해서 정정하지 않았음. 그리스(1970, 1980년), 노르웨이(1970년), 포르투갈(1970, 1980년), 스페인(1970년) 자료는 정확한 비교가 가능한 수치는 아님.

출처 OECD, *Employment Outlook*, July 1994, p. 184.

뚜렷이 나타난다. 이 때문에 이탈리아, 독일, 스웨덴의 노동조합처럼 중앙집권화된 노동조합 연맹이 임금 요구를 바탕으로 다른 범주에 속한 노동자들 사이에서 중재 역할을 하기가 점점 어려워지고 있다.[14] 노동조합 자체도 1970년대처럼 강력한 조직이 아니었다. 표 22.4를 보면 알 수 있듯이 1970~1990년 유럽의 노조 조직률(임금 노동자 중 노동조합에 가입한 노동자의 비율)이 대부분 낮아졌다.

사회구조와 노동조합 조직률이 달라졌다고 해서 정치적 노선이 자동적으로 바뀌는 것은 아니다. 프랑스와 스페인은 사회주의 정부가 장기간 집권하는 동안 노동조합 가입자 수가 급격히 하락한 반면, 독일은 기독민주당 집권기에도 노동조합 가입자 수가 비교적 안정적으로 유지되었다. 특정 지역에 잘 자리 잡은 정당들은 오랫동안 유지되는 지지층을 구축해서 그런 변화에도 버틸 수 있었을 것이다. 많은 경우 그런 적응이 당의 생존을 가장 확실하게 보장해주었다. 예를 들어 에밀리아로마냐Emilia-Romagna 지역에서 우세하던 이탈리아 공산당은 노동자 수가 줄고 사회구조가 상당히 바뀌었음에도 힘을 유지했다(좌파민주당도 마찬가지다).[15]

'노동자 수가 감소하면 사회주의를 지지하는 유권자도 줄어든다'는 정밀하지 못한 예측은 신뢰하기 어려울 것이다. 그러나 주요 경제 변화가 사회주의 정당의 운명에 아무 영향을 끼치지 않는다는 생각도 신뢰할 수 없다. 많은 서유럽 국가와 북아메리카에서 일어난 제조업의 붕괴는 자본주의가 접어든 새로운 단계의 일부였다. 그 단계에서는 대규모 공장에 기반을 둔 노동계급은 꼭 필요한 존재가 아니었다. 사회주의 전통에 따라 당연히 유럽에서 중요한 위치를 차지한다고 여겨진 '포드식 노동자'가 자본주의에서는 그 중요성이 감소한 것이다. 유럽의 자본주의는 더 많은 보수를 받고, 더 유연하고, 더 작은 규모의 숙련된 노동계급이 필요했다. 이 숙련된 노동자들은 비교적 부유한 집단, 진정한 '프롤레타리아의 귀족'이 되었다. 그들은 시장경제 속으로 상당히 잘 융합되어 들어가서 소비자본주의의 풍요로움을 누렸다. 그들에게 필요한 것은 생긴 지 얼마 되지 않은 정치적이고 규모가 큰 노동조합보다 그 이전 세기에 있던 직업별 조합과 유사한 조직의 보호였다.

이런 과정의 결과 노동계급은 규모만 작아진 것이 아니라 더 세분화되었다. 유럽(과 북아메리카) 노동계급의 규모와 구성의 변화는 현대 자본주의의 '포드식' 단계, 즉 규격화된 상품의 대량생산이 끝나는 시점에 나타난 주요 특색이었다. 늘 그랬듯 자본주의의 발달 뒤에 따라올 수밖에 없는 사회주의 운동은 포스트포디즘post-Fordism 시대에 맞는 새로운 형태의 정치적 개입을 발전시킬 필요가 있었다. 변화가 그 자체로 좌파의 운명에 방해가 되는 것은 아니다. 핵심 변수는 변화를 이용하는 좌파의 능력이다. 노동계급의 세분화, 대량 실업, 제조업의 감소, 여성 노동인구의 확대 등은 좌파에게도 유리한 변화가 될 수 있었다.[16]

사회주의 정당 내부에서도 중산계급 활동가들의 세력이 점점 커졌고, 역설적 결과로 사회주의 정당은 탈산업 사회의 계급 기반을 더 정확히 반영하게 되었다. 비정상적인 현상이 새롭게 생겨나는 경우도 있었다. 예를 들어 1989년에 영국 노동당—이미지와 수사법으로 볼 때 유럽에서 계급정당의 성격이 강한 정당 중 하나—의 전형적인 당원은 중산계급의 중년 남성이었다.[17] 육체노동자는 당원 네 명 중 한 명뿐이었다.[18] 노동당의 개인 당원이 가장 많이 속한 노조는 사무직 공공 부문 노조인 공무원노조NALGO인데, 이 노조는 노동당의 가맹 조직도 아니었다. 광부노조 조합원인 당원보다 대학교수협회AUT 회원인 당원이 많았다.[19] 평균적인 노동당원이 평균적인 유권자보다 부유했다. 1989년에 노동당원 30퍼센트가 연간 가계소득이 2만 파운드 이상인 반면, 그 정도로 부유한 유권자는 6퍼센트뿐이었다.[20]

일부 사회과학자들은 계급이 여전히 자아 정체성의 중요한 원인이며, 좌파 정당들이 계급적 특색을 버려서 얻는 것은 거의 없을 거라고 주장했다. 좌파 정당이 할 일은 다른 계급의 지지를 유지하면서 '자신들' 계급에 속한 지지층을 가급적 많이 동원하는 것이었다.[21] 다른 분석가들은 '탈노선dealignment' 이론(다중 정체성 개념의 변형)을 제기하면서 이제 노동자라는 사실이 선거에서 중요한 영향을 미치지 못한다는 점을 시사했다. 사회적 복잡성이 증가했고, 현대적 통신과 사회·지리적 유동성으로 개인이 연결되는 방식에 변화가 생겼다는 것이다.[22] 탈노선 이론가들은 노동계급의 영국 노동당 지지율이 1945~1983년 62퍼센트에서 42퍼센트로 하락한 점을 지적했다.[23] 이는 비단 영국의 상황이 아니었다. 1980년대에 많은 유럽 노동자들이 전통적 지지 정당에서 이탈하기 시작했다. 예를 들어 독일에서는 라인-루르Rhine-Ruhr 지역의 육체노동자 100만 명 이상이 사회민주주의자들에게 등 돌리고 기독민주당을 지지하기 시작했다.[24] 이탈리아 공산당은 밀라노와 토리노 부근 산업 지대 노동자들의 지지를 잃기 시작했고, 프랑스 공산당은 파리 교외 지역 노동자들의 충성스런 지지에 기댈 수 없게 되었다.[25]

쟁점은 숙련된 노동계급의 투표 행태였다. 한때 좌파의 보루 역

표 22.5 1992년 영국 유권자의 투표 행태

	결과	여성	남성	AB	C_1	C_2	DE
유권자		52	48	19	24	27	30
보수당	43	44	41	56	52	39	31
노동당	35	34	37	19	25	40	49

출처 David Butler and Dennis Kavanagh, *The British General Election of 1992*, Macmillan, London, 1992, p. 227. 여론조사 기관 MORI의 표를 변형.

할을 하던 그들은 이제 선거에서 변덕스러운 유권자가 되었다. 다른 집단들은 예측하기 더 쉬웠다. 1992년 영국 선거 결과를 예로 들면, 표 22.5를 통해 돈이 많을수록 보수당에게 투표할 가능성이 높다는 것을 분명히 알 수 있다.

두 상위 집단인 관리직이나 전문직 중산계급(A와 B)과 숙련 비非육체노동자들(C_1)은 압도적으로 보수당을 지지했다. 노동당을 더 많이 지지한 집단은 바닥의 두 집단(D와 E)인 반숙련 노동자나 미숙련 노동자들이다. 그러나 숙련 육체노동자들(C_2)은 노동당과 보수당을 지지한 비율이 거의 같았다. 탈노선이 어딘가에서 일어났다면, C_2 집단이었을 것이다. 영국에서는 계급적 차이가 나이, 성별, 직업 등 어떤 사회적 차이보다 정확한 투표 예측 변수로 나타났다. 그러나 적어도 1987년 이후에는 중산계급 내에서 중대한 세분화가 일어났다. 공공 부문에서 일하는 노동자들이 민간 부문에서 일하는 노동자들에 비해—물론 두 집단 모두 보수당 지지자들이 다수였지만—보수당을 지지하는 비율이 훨씬 낮았던 것이다.[26] 사회계급의 문제는 가만있지 않는다는 점이다.

일하는 여성

지금부터는 점점 더 여성화되는 노동인구와 많은 나라에서 증가하는 시간제 일에 대해 살펴보겠다. 이런 변화의 정밀한 그림을 그리는 일은 복잡한 작업이다. 다음에 이어지는 내용은 갈수록 증가하는 노동계의 사회적 복잡성에 대한 대략적인 느낌을 주기 위한 것이다. 달리 말하면 20세기가 끝나가는 시점에서 사회주의자들이 맞닥뜨린 계급의 세분화와 정치적 활동의 교차점을 살펴볼 것이다.

우선 흔한 방식대로 과학기술이 기술 간 경계에 영향을 미치고, 새로운 직업을 만들어내면서 변화를 가속화했다는 점에 주목하는 것으로 시작해보자. 전형적인 예로는 유럽 대부분 지역에서 인쇄 노동자들이 급속하게 사라졌다는 것을 들 수 있다. 남성이 압도적으로 많고 보수도 좋던 그 직업은 컴퓨터 관련 기술이 발달함에 따라 사라졌다. 많은 경우 그 현상은 (타자를 칠 줄 아는) 여성 노동자의 고용으로 이어졌고, 그 결과 재택근무와 성과급, 불안정한 일자리가 늘어났다. 타이피스트가 하는 일은 인쇄공의 일에 비해 그다지 기술이 필요하지 않는 일로 여겨졌고 급료도 적었다.[27]

노동계급의 구성 변화는 노동력의 여성화와 불가분의 관계다. 노동력의 여성화는 1970년대에 남성의 완전고용이 무너지기 시작하고 여성 고용이 증가하면서 발생했다. 그러나 이는 선진국에서도 보편적인 현상은 아니었다. 1960년에 일하는 여성 비율이 상당하던 독일도 1980년대에 여성의 노동 참여율(전체 여성 노동인구를 잠재적 여성 노동인구, 즉 학업을 마친 연령부터 퇴직 연령까지 여성의 수로 나눈

값)이 낮은 편이었다. 1980년대 독일의 경제 구조조정을 주도한 분야가 스웨덴이나 영국처럼 급속도로 팽창하는 서비스 분야가 아니라 제조업 분야였기 때문이다. 제조업에서 최고 일자리를 얻을 기회를 제공하는 독일의 유명한 도제제도를 통해 훈련받는 대다수가 남자아이들이고, 여자아이들은 교육기관에 남기를 선호한 이유도 있었다.[28] 노동인구의 뚜렷한 여성화는 1980년대 영국과 네덜란드에서 시간제 노동의 확대로 일어났다. 한편 공식적으로 여성 노동자 가운데 10퍼센트만 시간제 노동자였던 이탈리아에서는 비공식적 경제가 성장하면서 노동인구의 여성화가 일어났다. 미국의 전자 산업에서는 한동안 여성 노동자들의 진출이 무척 활발했다. 1970년 캘리포니아 주 샌타클라라 카운티Santa Clara County에서는 전자 산업의 반숙련·미숙련 부문에서 일하는 여성의 수가 남성보다 두 배 많았다.[29]

'전형적인' 노동자를 중공업에 종사하며 일주일에 40시간 넘게 일하는 남성이라고 묘사하기가 점점 어려워졌다. 계급은 사라지는 것이 아니라 변하고 있었다. 영국에서 여성의 노동 참여가 현저하게 증가한 것은 최근에 일어난 현상이었다. 캐서린 하킴Catherine Hakim이 보여주었듯이 1851년부터 1980년대 말까지는 노동 참여에 큰 변화가 없었다. "성인 여성의 경제활동 비율은 1951~1971년에도 1세기 전인 1851~1871년과 비교해 높아지지 않았다. 두 시기 모두 42~44퍼센트로 나타났다."[30] 변화가 있었다면 영국에서 전일제 남성 노동자는 적어지고, 시간제 남성 노동자가 많아졌다는 점이다. 전일제 남성 노동자는 1951년 1520만 명에서 1991년 1280만 명으로 줄었다. 1951년에는 시간제 남성 노동자들이 거의 없었지

표 22.6 1992~1993년 여성과 시간제 노동

단위 : %

	A : 전체 고용에서 시간제 고용의 비율	B : 시간제 고용에서 여성이 차지하는 비율	C : 1993년 EC 국가들의 전체 여성 고용에서 시간제 고용의 비율
오스트리아	9.1	89.1	
벨기에	12.4	89.7	25.0
덴마크	22.5	75.8	40.1
핀란드	7.9	64.3	
프랑스	12.7	83.7	23.8
독일	14.1	91.0	30.7
그리스	4.8	61.3	8.0
네덜란드	32.8	75.0	60.1
아일랜드	자료 없음	자료 없음	16.5
이탈리아	5.9	68.5	10.9
룩셈부르크	6.9	88.5	16.4
노르웨이	26.9	80.1	
포르투갈	7.2	67.4	10.0
스페인	5.9	76.8	11.9
스웨덴	24.3	82.3	
영국	23.5	85.2	43.6

출처 A와 B_ 「파이낸셜타임스」 1994년 9월 29일자 8면에 인용된 고용성 자료 중 1992년 수치.
C_ Eurostat, *Unemployed Women in the EC. Statistical Facts*, Brussels and Luxembourg, 1993, pp. 18~19.

만, 1991년에는 남성 노동인구의 11퍼센트인 150만 명이 시간제 노동자였다. 이와 유사한 경향이 북유럽 국가에서도 나타났다.[31] 여성 전일제 고용을 살펴보면 영국은 1951~1991년 600만 명 정도로 거의 변함이 없었다. 정말 증가한 것은 시간제 여성 노동자다. 1951년 78만 4000명이 1991년에는 510만 명으로 늘었는데, 이는 고용된 전체 여성의 45퍼센트에 해당했다.[32] 다시 말해 고용은 전체적으로 하락하지만 시간제 일은 상당히 증가했고, 표 22.6에서 볼 수 있듯이 그중 많은 부분을 여성 노동이 차지했다.

영국의 노동계급은 여성화되고, 점점 더 이원화되고 있었다. 침체 혹은 쇠퇴하는 분야인 전일제 노동자(3분의 2가 남성)와 확대되는 분야이자 주로 여성으로 구성된 시간제 노동자로 나뉜 것이다.[33] 1980년대 후반까지 "대대적으로 알려진 영국의 여성 고용 증가는 1951년부터 1980년대 말까지 전일제 일자리를 시간제로 대체한 결과였다".[34] 1988년 이후 새로운 추세가 나타났다. 전일제 여성 고용이 급증한 것이다. 독일은 시간제 고용이 노동시장에서 가장 빠르게 성장하는 부문이었고, 증가율이 40퍼센트가 넘었다. 이런 증가세는 점차 주춤하면서 1980년대에 약 13퍼센트까지 낮아졌지만, 1980년대 말에는 1960년대에 비해 시간제 노동자 수가 세 배나 많았고 여성의 비율이 압도적으로 높았다.[35] 표 22.6을 보면 서유럽 시간제 여성 고용의 현격한 차이를 알 수 있다.

시간제 노동자(주로 여성)로 구성된 노동계급과 전일제(여전히 주로 남성)로 구성된 노동계급 사이에는 분명한 차이가 많다. 가장 중요한 차이는 시간제 노동자에게 일이 삶을 규정하는 활동일 가능성이 적었다는 점이다. 대다수 시간제 여성 노동자들은 시간제 일에 긍정적이고, 보통 남성 노동자들과는 일의 우선순위가 다르다. 이 때문에 일반적으로 여성 노동자들은 특별한 기술이 필요 없고 임금이 낮은 일자리에 고용이 제한되었다.[36] 시간제 노동자들은 사회적 지위가 낮고 권한도 적었으며, 자기 일에 변화를 줄 동기도 거의 없었다. 영국의 시간제 여성 노동자들은 보통 노동조합에 가입하지 않았다. 심지어 북유럽 국가에서도 시간제 여성 노동자들은 제대로 보호받지 못했다. 예를 들어 스웨덴에서는 시간제 노동자들이 주당

17시간(덴마크와 핀란드는 20시간) 이하로 일하면 실업수당을 받지 못했다.[37] 시간제 노동자들은 똑같은 일을 하는 전일제 노동자들보다 시간당 급료도 적었다.[38]

영국에서는 "시간제로 일하거나 일을 하지 않는 여성들은 가장 전통적인 성 역할 태도를 고수하며, 그 남편들은 여성의 역할에 훨씬 극단적인 견해를 보인다".[39] 시간제 여성 노동자들의 보수성은 투표 성향보다 성 역할에 대한 태도에 있다고 볼 수 있다. 주부와 직장에 다니는 여성들이 투표에서 뚜렷한 성향 차이를 보이지는 않기 때문이다.[40] 부부 권력에 관한 연구에 따르면 아내가 전일제로 일할 때보다 주부나 시간제 노동자일 때 남성의 지배력이 강하다고 한다.[41] 집안일 분담에 관한 조사를 보면 여성이 전일제로 일하는 경우 집안일을 공평하게 나눌 가능성이 훨씬 크다는 사실을 알 수 있다. 가정과 가족에 대한 책임은 시간제로 일하는 여성이나 직장에 다니지 않는 여성이 사실상 동일하다.[42] 페미니즘의 핵심 활동가와 지지자는 전일제로 일하는 여성들이었다(대부분 고등교육을 받은 여성들이었다). 그들은 시간제로 일하는 여성들의 지지는 거의 받지 못했다. 이런 점을 보면 적어도 전통적인 사회주의적 시각, 즉 보수를 받는 일에 참여할수록 급진적 성향이 커진다는 견해는 얼마간 실증적 증거를 찾았다고 할 수도 있다. 이는 시간제와 전일제로 노동계급의 분열이 심화되는 현상이 전통적인 노동운동과 페미니즘 운동에 위협이 되었다는 뜻이기도 하다. 그렇다고 사회주의 페미니스트들이 이전 상태를 회복하는 것을 목표로 승산 없는 비현실적인 싸움을 하거나, 노동인구가 점점 이원화되는 것을 무기력하게 받아들이거나 둘 중 하나를 택해야 하는 상황에 처했다고 말할 수는 없다. 노동운동이 최초의 일전을 벌인 문제인 노동시간이 21세기를 위한 중대한 문제로 다시 등장할 가능성이 있다는 점은 분명했다. 이원적 구조를 없애려면 노동시간을 현격하게 줄여서 전일제의 정의를 대폭 수정해야 했다. 그러면 "여성에게 너무나 불리하게 작용하는 현재의 '시간제'와 '전일제'의 구별을 없앨 수 있을 것이다".[43] 또 다른 방법은 시간제 일이 대부분 여성인 미숙련 저임금 노동인구가 영원히 벗어나지 못하고 평생 지속해야 하는 일이 아니라, 모든 사람들의 삶에서 일시적으로 거치는 단계가 되게 만드는 것이었다.[44] 어느 쪽으로 가든—두 가지가 동시에 진행될 수도 있었다—사회주의 운동과 노동조합은 1980~1990년대 우파의 슬로건이던 유연한 노동시장에 대한 그들의 전통적인 적대감을 재검토할 수밖에 없었다.

심지어 실업 상태에도 성별에 따른 차이가 존재했다. 여성의 실업은 여성에게 열린 고용 기회가 여성 노동인구의 증가를 따라잡지 못한 결과였다. 여성은 경제 발전보다 '앞서' 나가고 있었다. 남성의 실업은 산업 고용이 감소하고 서비스 분야에서 남성의 고용 성장률이 낮은 것이 원인이었다.[45] 다시 말해 남성 실업은 1973년 이후 선진 경제권에서 일어난 탈공업화 현상을 반영한 것이었다. 여성 실업이 증가한 것은 결혼하고 아이가 생긴 뒤에도 노동인구(주로 시간제 노동자)로 남는 추세가 점점 늘었고, 그 결과 태도와 사고방식, 기대에 변화가 생겼기 때문이라고 볼 수 있다.

여성과 남성의 직업 격차는 모든 곳에서 줄고 있었지만, 속도는 달랐다. 1980년대 중반 직업 격차는 네덜란드와 핀란드의 경우 여전히 큰 편이었고, 오스트리아와 독일, 벨기에, 영국에서는 급속도로 줄었으며, 스웨덴과 핀란드에서는 사실상 사라진 상태였다.[46] 1960년대에는 그다지 높지 않던 노르웨이 여성의 노동 참여율이 1970년대에 거의 두 배로 늘었고, 반면 남성의 노동 참여율은 계속 낮아졌다.[47] 남녀의 '질적' 격차는 여전히 컸다. 많은 임금을 받고 책임이 무거운 일은 대부분 남성이 차지하고 있다는 사실에는 변함이 없었다.

기술 기반 단계인 초기 산업 자본주의에서는 생산연령 여성이 유급 고용에서 분리되기 시작했다. 그러나 황금기 이후 새로운 자본주의는 그런 분리가 종식되는 기점이었다. 이는 적어도 선진국에서는 우세하던 남성 산업 노동자를 기반으로 하는 포드식 생산 체제의 종말을 알리는 신호였다. 포드식 생산 체제에서는 '그의 업무 내용과 임금이 고용주와 노동조합의 협상 과정에서 중심 의제였고, 국가정책의 초점이었다'.[48]

여성이 종사하는 일은 대체로 시간제고, 안정적이지 못하며 보수도 낮았다. 이 때문에 거의 필연적으로 불평등 문제가 제기되었지만, 노동운동은 새로운 불평등 문제를 다루는 기술을 제대로 갖추지 못한 상태였다. 이런 불평등은 생산과정에서 비롯된 것처럼 보이지만, 사실은 사회 전체에서 울려 퍼졌다. 여성들은 전형적인 악순환에 갇혀 있었다. 여성들은 가족에게 헌신하다 보니 시간제 일을 선호했다.[49] 전일제로 일하는 남편과 사는 여성들은 시간제 일을 하다 보니 가정에서 무보수 일을 불평등하게 분담하는 것을 바로잡아야 한다는 생각을 하지 못했다. 이혼이나 별거로 가족을 부양하는 여성은 혼자 감당해야 하는 '돌봄' 일이 많아 경력을 계발하기 위한 전일제 일을 하기 어려웠고, 보육 제도가 만족스럽지 않을 때는 더욱 그랬다. 남성과 여성이 책임을 공평하게 나누기 위해서는 장기적인 관점이 필요했고, 정부의 범위를 넘어선 가치관의 근본적인 변화가 수반되어야 했다(물론 정부가 그런 변화에 크게 공헌할 수는 있었지만).

복잡한 구조적 변화가 늘 그렇듯이 남녀 불평등이라는 쟁점 역시 좌파 정당들에게 특정한 문제를 제기했다. 그들은 우리가 생활에서 겪는 일처럼 대다수 정책이 성 중립적이지 않다는 사실을 발견했다. 예를 들어 '수익이 나지 않는' 탄광 일을 유지하는 정책처럼 일자리를 지키고 보호하는 것을 목표로 하는 많은 실업 대책은 대체로 남성 고용에 도움이 되는 정책이었다. 그와 반대로 서비스 분야의 직종을 지원하는 정책을 펼칠 경우 여성 고용이 늘어날 가능성이 컸다. 1970년대에 공공 부문 일자리가 늘면서 여성 고용이 많아진 것이 그런 경우다.[50] 표 22.1과 22.2를 보면 많은 나라에서 '돌봄' 서비스가 대단히 성장했음을 알 수 있다. 이는 사회적 범주에서 주부가 사실상 사라진 스웨덴의 노동시장이 왜 그토록 심각하게 분리되었는지 설명해준다.[51] 사실상 여성의 전통적인 역할은 사회화되었다. 스웨덴은 광범위한 보육 프로그램 덕분에 기혼 여성의 고용 기회가 확대되었고, 기혼 여성들은 보육 시설에서 일자리를 더 많이 제공받았다. 여성들이 가정에서 무보수로 해온 일들이 이제는 정부가 부담하는 비용으로 가정 밖에서 행해졌다. '계급' 연대 강화를 목표로 한 스웨덴의 발달 모델은 생산과 사회정책에서 남녀의 분리된 영역도 강화했다.[52] 일반적으로는 OECD가 1980년에 주목한 대로 여성의 노동 참여율이 높아질수록 성별 직업 분리 정도는 심해진다.[53] 여성이 전일제 노동에 참여한 경우에는 이 법칙이 덜 적용된다. 예를 들어 영국은 1980년대 말 전일제 여성 고용이 실질적으로 증가하면서 직업 분리 현상이 줄었다.54

사회주의 정당들은 성별에 따른 직업 분리 문제를 극복하기 위해 시간제 일과 전일제 일의 분열과 노동시장의 이원적 구조를 완화할 필요가 있었을 것이다. 이는 정치적으로 어려운 일이었다. 실업 증가라는 문제에 직면한 집권 사회주의 정당들은 보조금을 통해 전통적인 남성의 직종을 유지했고, 복지 지출과 공공 부문 고용을 늘림으로써 여성 고용을 확대했다. 이런 이원적 조치는 사회주의 정당이 이원적 역할을 한 결과였다. 즉 노동조합을 기반으로 하는 '산업적' 정당으로서 전통적 남성 고용을 방어하는 한편, 복지 정당으로서 공공서비스 확대를 통해 여성 고용을 성장시켜야 했다.

보수주의자들 역시 노동시장의 규제 완화를 통해 여성에게 더 많은 일자리를 제공하는 데 힘을 보탰다. 군살이 적고 더 작고 유연한 산업 분야와 확대되는 민간 서비스 분야가 저임금 시간제 여성 노동을 끌어들였다. 따라서 좌파와 우파의 대조되는 정책이 여성 고용의 팽창을 촉진한 것이다.

일하는 여성들이 많아진다고 해서 여성과 남성이 더 평등해지는 것은 아니다. 여성들에게 더 많은 시간제 일자리를 제공하는 것은 그들과 가계에 경제적인 도움이 되겠지만, 평등과는 거의 무관하다. 여성과 남성에게 노동시간을 더 공평하게 배분해주는 것은 하나의 발전일 수도 있다. 그것이 더 공평한 가사 노동 분담을 위한 조건도 제공해준다고 가정한다면 말이다. 소련의 여성들이 쓴맛을 보고야 알았듯이, 모든 집안일뿐만 아니라 전일제 일자리도 여성들을 해방하지는 못한다. 그럼에도 여성의 전일제 고용이 시간제 고용보다는 평등으로 갈 수 있는 나은 길이다. 그렇다면 어떤 조건에서 전일제 여성 고용의 확대가 일어날 수 있을까?

그 조건들은 제도적·문화적·정치적이다. '자연스러운' 자본주의 발전으로 저절로 얻을 수 있는 조건들이 아니다. 프랑스와 영국의 차이가 그 점을 잘 보여준다. 1989년에 두 나라의 여성 노동 참여율은 똑같았다.[55] 차이가 나는 부분은 시간제 일의 비율이었다. 영국 45퍼센트, 프랑스 23퍼센트로 프랑스보다 영국에서 시간제 고용이 훨씬 많았다.[56]

1982년 인구조사 자료를 포함해 프랑스에서 실시한 조사에 따르면, 1980년대 이전에는 여성의 노동 참여(주로 전일제)가 첫아이를 출산하고 감소했다가 아이들이 자란 뒤에 증가했다. 1980년대를 거치면서 이런 '일시적인 급락'은 사라졌지만, 여성 고용은 주로 전일제였고 전문적인 자격이 필요한 직종에서 늘었다. 따라서 프랑스에서는 고용의 여성화가 행정관리 기능이 있는 직업, 프랑스인들이 간부층cadres이라고 부르는 직업군에서 특히 강하게 나타났다.[57]

프랑스 여성들은 어떻게 어린아이들을 키우면서도 전일제 전문직을 감당할 수 있었을까? 프랑스 남성들은 이런 상황과 거의 관련이 없다. 프랑스의 고용주들은 영국의 고용주에 비해 시간제 직원을 고용해야 할 이유가 거의 없었다. 프랑스는 영국과 이탈리아, 아일랜드를 제외한 모든 유럽 국가들처럼 시간제 노동자에게 고용 보호, 해고 사전 통지 기간, 퇴직수당 등과 관련해서 전일제 노동자들과 동일한 법적 권리를 주었다.[58] 프랑스에서 전일제로 고용된 엄마들의 비율이 높았던 것은 영국보다 폭넓은 보육 지원을 이용할 수 있었기 때문이다.[59] 영국에서는 미취학 아동을 키우는 것이 전일제 고용에 심각한 장애 원인이었다. EU에서 어린 자녀를 둔 여성들의 전일제 참여율이 영국보다 저조한 나라는 네덜란드가 유일하다.[60] 1983~1989년 영국에서 5세 이하 자녀를 키우는 엄마들의 취업률이 증가했지만, 여전히 다른 엄마들에 비해 훨씬 낮은 수준이었다.[61] 보육 방식을 결정하는 일을 시장에 맡겨둔 영국은 EU에서 미취학 아동을 위한 보육 지원이 가장 열악했다.[62] 영국은 EU에서 (아일랜드, 룩셈부르크와 더불어) 임신한 모든 직원에게 의무적으로 출산휴가를 주지 않고, 남성의 출산휴가를 법으로 정하지 않은 나라였다.[63] 그와 반대로 프랑스에서는 5세 이하 자녀를 둔 여성의 취업률이 5~9세 자녀를 둔 여성의 취업률과 비슷했다. 프랑스 엄마들은 광범위한 보육 지원망을 이용해서 자녀를 하루 종일 맡겨둘 수 있었다.[64] 이것이 가능했던 까닭은 (1981년까지 야당이던) 프랑스 좌파의 힘도, (유럽에서 가장 약한) 프랑스 노동조합의 힘도, (지적 엘리트층이 주도한) 프랑스 페미니스트의 힘도 아니었다. 바로 수십 년간 이어온 출산 장려 정책 때문이었다. 이 정책의 목표는 여성을 해방하는 것이나 여성이 성공적인 경력을 쌓아갈 수 있게 해주는 것이 아니라, 아이를 낳을 수 있게 하는 것이었다.

스웨덴에서는 프랑스나 영국과 대조적으로 좌파가 정부의 지원과 많은 보조금을 받는 보육 제도를 도입해서 더 많은 여성이 전일제로 일할 수 있게 하는 데 공헌했다. 공공 보육 프로그램은 사회민주주의자들의 1982년 선거공약 중 가장 혁신적인 항목이었다.[65] 물론 페미니스트들은 스웨덴의 제도를 이상화할 이유가 없었다. 선진적인 제도지만, 대다수 스웨덴 여성들이 여전히 경제적으로 남성의 수입에 의존했기 때문이다.[66]

조세정책이 여성의 노동 참여를 확대하는 데 효과적인 경우도 있었다. 한 예가 1971년 스웨덴이 세제 개혁을 통해 분리 평가 원칙을 세운 것이었다. 한계 세율이 높은 세제에서는 그 원칙이 여성 고용에 유리하게 작용했다. 통합 평가는 (남편이 고용된 상태라고 가정하면) 여성의 초기 수입에 바로 높은 한계 세율이 적용되었기 때문이다.[67] 세제 개혁은 시간제 일의 감소에도 도움이 되었다.[68] 독일은 부부 중 한쪽만 유급으로 고용된 가구가 맞벌이 가구보다 많은 이득을 볼 수 있는 조세제도 때문에 1982년까지 여성 고용이 위축되었다.[69] 그러나 여성이 집 밖에서 일하게 하는 것이 목표라면, 일자리를 제공해야 했다. 이 부분에서 스웨덴이 독일보다 훨씬 많은 노력을 기울였다. 보건·교육·복지 부문의 전례 없는 고용 증가를 통해 여성이 일할 기회가 크게 늘었다.[70] 강력하고 독립적인 페미니즘 운동이 그런 변화를 이끌어낸 것은 아니었다. 스웨덴 역시 다른 북유럽 국가와 마찬가지로 여성들이 종전의 정당과 분리된 조직을 구성하는 일은 드물었다.[71]

프랑스에서는 미테랑 정부가 전반적인 일자리 확충을 목표로 실시한 고용정책이 특히 여성에게 큰 혜택을 주어, 첫해에 신설된 공공 부문 일자리 16만 7000개 중 70퍼센트를 여성이 차지했다.[72] 미테랑의 사회주의 정부는 여성권리부도 신설했다. 이베트 루디Yvette Roudy 장관의 이름을 따서 1983년 7월 13일에 제정한 루디법Loi Roudy은 성차별을 불법으로 규정했다.[73] 1982년 7월 10일에 제정된 법에 따라 사실상 동업자나 고용인으로 일하지만 권리는 없던 상인과 장인의 배우자들(여성 30만 명)이 법률적 자격(연금과 수당)을 인정받게 되었다.[74]

이탈리아에서는 비공식적 경제, 즉 '지하'경제가 발달함에 따라 다른 나라에서 공공 부문 확대를 통해 얻은 효과를 거둘 수 있었다. 지하경제가 여성 노동의 원천이 된 것이다. 이는 1969년 이후 노동조합의 힘으로 엄격하게 규제되는 노동시장이 형성되면서 생긴 의도치 않은 결과다. 잔업이 줄고 동일 노동 동일 임금 원칙이 도입되면서 여성 노동의 비용 경쟁력이 사라졌다. 노동자법령Statuto dei Lavoratori으로 인해 법 집행을 피할 수 없는 대규모 회사에서는 정리 해고가 어려워졌다. 이 때문에 비공식적 경제에서 활동하는 유연한 소규모 회사에 기반을 둔, 새로운 이탈리아식 '모델'의 발달이 촉진되었다. 1973년 이후 이런 회사들이 1960년대의 추세를 뒤집고 여성 노동인구를 점점 더 흡수했다. 1972~1980년에 새로 고용된 150만 명 가운데 25만 3000명이 남성이고, 124만 7000명이 여성이었다. 이는 출산이 급속도로 감소한 주원인이 되기도 했다.[75] 다니엘라 델 보카Daniela Del Boca는 "높은 이직률, 짧은 노동시간 선호, 불연속적 직장 생활 등 여성 노동 참여의 모든 일반적인 특징은 대규모 산업 분야에서 여성을 찾지 않는 원인이었지만, 소규모 회사에서는 오히려 장점이 되었다"고 지적했다.[76] 고용주들은 이제 여성을 고용할 동기가 생겼다. 그 회사들은 수요 변화에 발 빠르게 대응해야 했고, 여성의 이직률이 높았기 때문에 고용주들은 손실이 큰 정리 해고를 피할 수 있었다. 더구나 직원이 15명이 안 되는 회사에서는 노동조합에 가입한 직원이 아예 없거나 적었고, 법 집행이 효력을 발휘하지 못했기 때문에 고용주들은 노동자를 마음대로 해고하고, 사회보장비도 내지 않고, 성별에 따른 임금격차 또한 유지할 수 있었다.[77] 다음과 같은 역설적인 결론이 나올 수밖에 없다.

이탈리아 노동조합의 활발한 활동 덕분에 거대한 보호 시스템이 세워졌다. 그 시스템은 고용된 대다수 남성을 비호해주었지만, '공식적' 부문에서 '진짜 일자리'를 찾는 젊은 구직자들은 희생되고 말았다. 새로운 일자리는 대부분 비공식적 부문에 있었다. 그 일자리들은 위태로운 저임금 노동이고, 제대로 보호받지도 못했다. 실업수당도 없었기 때문에 주로 여성이나 젊은이인 신규 취업자들은 이것저것 가릴 처지가 아니었다.[78]

양성평등

새로운 '탈포드식' 자본주의의 발달, '탈산업'의 팽창, 사회복지 서비스 분야에서 고용 성장, 보육 지원 확대, 세제 우대 조치 등 다양한 원인이 여성의 노동시장 참여를 늘리는 데 기여했다. 좌파의 정책이나 좌파의 영향을 받은 정책은 보조적인 역할을 했다. 여성이 획득한 일자리 중 많은 것은 '사회주의적' 공공 부문 확대로 창출되었다. 그러나 '자유 시장'이 '자연스럽게' 작용한 결과 창출된 일자리도 많았다. 세탁기나 간이 식품 같은 소비재 덕분에 여성들이 유급 일자리를 찾을 수 있게 되자, 국내 노동생산성은 더욱 향상되었다. 자본주의는 남성에게 아무런 불편을 끼치지 않고 여성을 힘겨운 가사 노동에서 '해방'한 것 같았다. 그러나 페미니스트들은 가장 낮은 등급으로 강등되어 가정에서는 평등을, 시민사회에서는 존엄과 자존감을 누리지 못하는 여성의 상태를 묘사하기에 해방은 적절한 표현이 아니라고 지적했다.

여성이 원한 폭넓은 평등은 멀고도 애매모호한 목표여서, 정당들이 법률적 용어로 정의할 수 없는 것이었다. 반면 직장에서 평등은 더 쉽게 설명할 수 있었다. 1970년대 훨씬 이전부터 동일 임금은 하나의 원칙으로 받아들여졌다. 그러나 성차별 때문에 여성들이 노골적으로 저임금을 받거나 여성이 주로 활동하는 직종이 격하되는 일이 벌어졌다. 1970년대 초반 대다수 사회주의 정당들이 동일 임금이라는 개념을 열렬히 수용했다. 페미니즘 활동가들이 만들어낸 새로운 풍토로 인해 사회주의자들과 노동조합은 '여성을 위해 뭔가 해야 한다'는 압력을 느낀 것이다. 동일 임금은 사회주의 정치의 전통적인 틀 안으로 쉽게 흡수될 수 있는 '여성' 문제였다.

유럽의 '정상적인' 양상은 차별 금지 원칙을 헌법에 고이 모셔두는 것이었다. 예를 들어 독일 기본법(3조 3항), 프랑스 제4공화국과 제5공화국의 헌법 원칙, 이탈리아 헌법의 3항과 로마조약이 있었고, 1970년 영국의 동일임금법이나 1972년 독일의 노동법 같은 일반적인 법률도 있었다. 그러나 법적 권리를 얻기 위해서는 투쟁할 일이 많았다. 독일의 직장 평의회는 차별 금지 법률을 시행하게 할 수 있는 권리를 충분히 행사하지 못했고, 영국의 법은 허점이 많아 고용주들이 여성을 저임금 상태에 머물게 할 수 있었다.[79]

이런 입법적 방법은 임금 불평등을 해소하기 위한 두 가지 전략 중 하나였다. 나머지 전략은 단체교섭이었다. 둘 중 어느 전략이 우세한지는 제도적 정치 구조에 달려 있었다. 스웨덴의 사회민주당과 노동조합들은 여성을 특별한 경우로 다루려 하지 않았고, 노사 협조적 임금정책을 펼쳐서 저임금과 고임금의 격차를 줄이는 방법을 선호했다. 이 방법은 어느 한쪽 성별을 위한 정책은 아니지만, 여성이 저임금 노동자 다수를 구성하고 있었기 때문에 남성보다 여성에게 도움이 되었다.[80] 스웨덴은 1980년대 초반 제조업에 종사하는 여성이 받는 시간급이 남성의 90퍼센트로, 유럽에서 성별 임금 격차가 가장 적었다. 분명 스웨덴의 여성은 다른 나라 여성들이 동일 임금 관련 법을 통해 얻은 것보다 단체교섭에서 많은 것을 얻었다.[81] 스웨덴에서 그 문제와 관련한 운동을 벌이고, '부르주아' 정부의 일원으로서 남녀평등법(1980년 제정)을 도입해 차별을 법적으로 금지한 쪽은 사회민주당이 아니라 자유당이다. 그들은 영국처럼 평등 옴부즈맨 기구와 위원회도 설립했다. (옴부즈맨의 개념은 '대리자'를 뜻하는 노르웨이어 'ombud'에서 유래했다.)[82]

그러나 스웨덴의 고용주들뿐만 아니라 사회민주주의자들과 노동조합원들은 직장 내 평등 문제가 단체교섭으로 가장 잘 해결될 수 있다는 견해를 고수했다.[83] 그들의 생각은 어느 정도 옳았다. 스웨덴과 노르웨이(평등지위법Equal Status Act을 통과시킨 당은 노동당이다)에서는 차별 금지 법률이 거의 효력이 없었다.[84] 스웨덴과 영국을 체계적으로 가장 잘 비교한 자료에 따르면, 어느 한쪽 성별에 국한되지 않은 스웨덴의 정책이 영국의 법률보다 효과가 있었다.[85] 중앙집권화된 단체교섭과 공공 부문의 많은 고용과 지출, 적극적인 노동시장 정책을 결합한 방법이 주로 법률에 의존하는 '자유주의적' 접근보다 임금격차를 줄이는 데 도움이 되었다.[86]

1970년대 영국은 노동조합 운동이 분열되어 평등주의 소득정책을 추진할 역량이 부족했고, 공공 부문 지출이 삭감되어 스웨덴식 공공 부문 확대를 실시할 수도 없는 상황이었다. 저소득 집단의 임금격차를 줄일 효율적인 방법은 최저임금제처럼 특정 성별에 국한되지 않는 법률 제정이었지만, 이 방법은 임금 비용을 지나치게 늘릴 수 있다는 점이 우려되었다. 여성들이 임금체계에서 바닥에 있었기 때문에 법으로 강제할 수 있는 최저임금제나 정액 소득정책 등 저소득을 끌어올릴 수 있는 정책은 압도적으로 여성에게 유리했을 것이다. 따라서 1976~1977년에 저소득 여성의 상대적인 수입이 향상된 원인은 아마도 정액 소득정책 덕분이었을 것이고, 고용주들이 1975년에 동일임금법 시행 기한에 맞춰 임금을 조정해야 하는 영향도 있었을 것이다.[87]

영국 노동당의 여성 정책은 효율성은 떨어지지만 비용이 더 적은 입법적 방법을 기본으로 계속 추진되었고, 보수당에서도 대부분 반대하지 않았다.[88] 여성 조합원 수의 증가와 페미니즘에 자극을 받은 영국의 노동조합들은 여성 조합원을 위해 동일 임금과 성차별, 출산휴가와 관련해 주목할 만한 입법적 성과를 거뒀다.[89] 그러나 1980년대에는 노동조합의 힘이 약해지고 있었고, 동일 임금을 작은 문제로 여긴 지역 노동조합 임원들의 노력이 부족한 경우가 많았으며, 여성들이 동일 임금을 얻기 위해 경영진과 노동조합을 제대로 압박하지 못했기 때문에, 그 법률들의 제한된 목적조차 이루지 못했다.[90] 동일 임금과 차별 금지 법률은 직업 분리와 소득 불평등을 줄이는 데 아무 역할을 하지 못했다. 그런 법률이 아무 소용이 없었다는 말은 아니다. 법의 효과를 항상 그것의 명백한 의도나 즉각적인 정치적 효과를 기준으로 판단할 수 있는 것은 아니다. 차별 금지법은 대개 집단의 윤리적 원칙을 표방하거나 여론의 분위기를 조성하고, 정부가 특정한 차별적 관행을 허락하지 않음을 분명히 밝히기 위해 만들어진다. 그러면 차별하고 싶은 사람은 속임수를 쓰거나, 법의 맹점을 이용하거나, 법을 아예 무시해야 그 일을 할 수 있다. 자유, 평등, 단결 등 모든 위대한 헌법 원리처럼 차별 금지 법률 역시 미래의 바람직한 상태를 예견한 것이다.

보통은 각국의 법률보다 그다음에 내려진 EU 집행위원회European Commission의 동일 임금 지침이 효과적이었다. EEC는 로마조약 119조에 근거해서 모든 회원국에게 자국의 평등 관련 법규를 바꿀 것을 강제하는 법적 구속력이 있는 지침을 채택했다.[91] 수많은 사법 재판소 판결과 (대처 행정부만 반대한) 1989년 10월의 EEC 기본 사회권 헌장에 힘입어 여성의 권리는 더 확장되었다.[92] 이 모든 일의 결과로 여성의 권리는 향상되었고, 그들은 자국에서 선출된 의회보다 (처음에는 대다수 좌파 정당들이 멸시한) 초국가적 기구의 보호를 많이 받게 되었다.

동일 임금은 단순히 일터에서 발생하는 차이의 문제가 아니었다. 동일 임금은 같은 일을 하는 남성과 여성이 받는 임금에 큰 차이가 나는 경우 임금격차를 줄이는 데 도움이 될 수 있지만, 근무 경력의 차이(남성이 여성보다 근무 지속성이 있었다)나 이전에 받은 교육 때문에 야기된 남녀의 전반적인 임금격차는 줄일 수 없었다.[93] 노동시장에서 여성이 차지하는 위치는 직접적인 성차별보다 그들이 가정에서 어떤 책임을 지고, 어떤 상태에서 노동시장으로 들어왔느냐에 훨씬 많은 영향을 받았다.[94] 문화적 원인이 평등을 방해하는 주된 장애물이었다.

성별 갈등은 평화적인 편이지만 중대한 사회적 격변의 일부였고, 모든 이들이 적응해야 할 진정한 혁명이었다. 보수주의자들은 궁지에 몰렸다. 그들이 지키는 전통적인 가족이 그들이 충실하게 떠받드는 자본주의 체제에 의해 파괴되고 있었기 때문이다. 전통적으로 여성의 해방과 노동시장 편입을 위해 헌신해온 좌파 정당들은 다른 역설에 직면했다. 전례 없이 많은 여성들이 '생산적인' 노동자가 되어가고 있었다. 사회주의 이데올로기에 따르면 이런 상황에서 여성들은 좌파의 가치에 더 많은 영향을 받아야 했다. 그러나 전반적으로 여성들은 노조에 가입한 숙련된 프롤레타리아 계급이 아니라, 100년 넘게 사회주의자들이 맞서 싸우는 규제가 없는 노동시장으로 들어가고 있었다.

사회주의자들은 노동계급의 여성화가 일어나면 여성의 의식이 사회주의 쪽으로 옮겨갈 것이라고 믿어왔다. 그러나 이제 노동계급의 여성화는 그들에게 양면적인 감정을 일으키는 현상이 되었다. 사회주의자들은 여성 노동자 편에 서서 차별에 대항해 싸워야 한다고 믿었다. 이것은 원칙의 문제일 뿐만 아니라, 남성 고용을 약화할 수 있는 유사한 노동인구의 형성을 막기 위해서이기도 했다. 문제가 있다면 군살 없이 날렵한 '새로운' 자본주의가 여성 노동자를 선호했다는 점이다. 더 유연하고, 노조 가입률도 더 낮고, 임금을 더 적게 줘도 되고, 더 고분고분할 것이라고 여겨졌기 때문이다.[95]

사회주의자들은 규제 완화에 반대하며 일터에서 평등한 권리를 위해 싸웠고, 그 목표가 완전히 실현되면 여성 노동력의 경쟁 우위가 위태로워질 거라는 점 역시 인식하고 있었다. 그들은 마침내 여성들의 요구를 심각하게 받아들였지만, 때가 좋지 않았다. 1980년대에는 가장 온건한 목표마저 이루기 어려웠다. 목표를 이루기 위해서는 복지 재정 확충이나 노동시장의 규제 강화가 필요했기 때문이다. 정부 지출을 줄이고 노동시장의 유연성을 회복해야 한다고 부르짖는, 우파의 지지를 받은 여론이 점점 커지는 때였다.

어찌 되었건 엄마들이 일자리를 더 쉽게 찾을 수 있도록 하기 위해 사회주의자들이 주장한 최소주의 개혁은 여성을 남성처럼 일터에 있게 하는 것이 중요하고, 다른 것은 바꿀 필요가 없다는 가정에 바탕을 둔 것 같다. 그러나 규제된 완전고용 노동시장을 지향하는 예전의 복지 자본주의 모델은 타당하지 않다는 사실이 분명해지고 있었다. 그 모델이 고안된 때는 생산 체계가 산업 중심이고, 노동자가 주로 남성이며, 가족이 비교적 안정되고, 여성이 집에서 가족을 돌보거나 간간이 일하던 시절이다. 그런 상황이 자리를 잡은 것은 19세기 말이다. 당시 여성과 유급 노동을 잇는 연결 고리가 파열되었다. 그 고리는 농업 사회와 자본주의 축적의 '원시적인' 초기 단계에는 존재했다. 그 시절에는 여성이 탄광으로 내려갔고, 공장에서 아이들과 함께 일했다. 이후 비교적 풍족하게 사는 중산계급 가족 형태를 본떠서 만들어진 새로운 가족 형태가 중추적 문화 모델이 되었다. 그런 가족 형태의 토대는 아이들과 분리되어 (다양한 서비스를 제공한 대가로) 현금 제공자로 변신한 남성 생산자와 '무급' 가사 서비스 생산에 종사하는 여성 소비자였다. 사실상 여성의 가사 서비스는 남성이 가족을 부양하는 것으로 '보답받는' 매매할 수 없는 서비스였다. 남성다움과 여성다움의 현대적 개념은 대부분 이런 구별로 정의되었고, 그 이전부터 전해 내려온 구별과도 얽혀 있었다. 그렇게 분리된 역할과 경계가 흐려지자 현시대의 성별 갈등이 생겨났다. 여성은 생산의 세계로 (다시) 들어왔고, 그곳이 남성의 세계가 되었다는 사실을 알게 되었다. 일하는 여성은 처음에는 자신들을 소외시키는 그 환경에 적응할 수밖에 없었다. 그들의 수가 늘면서 일터에는 변화가 생겼고, 마침내 여성뿐만 아니라 모든 참가자들이 적응이라는 문제에 직면했다. 남성 또한 (문제를 더 적게 겪기는 했지만) 낯선 세계, 슈퍼마켓과 소비의 세계로 들어서기 시작했다.96 그러나 남성들은 현대적 상태의 일부인, 여러 명령이 모순되고 부딪히는 복잡하고 당혹스러운 혼란에 여성들만큼 친숙하지 않았다. 1950년대 여성 잡지는 독자들에게 훌륭한 전업주부가 되어 새로운 소비재를 이용하라고 부추겼다. 그러나 그런 소비재는 여성이 바깥에서 일할 때 얻을 수 있는 것들이었다.97 1980년대 새로운 잡지들은 여성에게 직업에 종사하고, 새롭고 복잡한 요리를 배우고, 사랑 행위에 능숙해지고, 매력적인 외모를 가꾸고, 좋은 엄마가 되라고 외쳤다. 남성은 여전히 남자면 됐다.

'남성적' 생산 모델은 유럽과 일본, 북아메리카 특유의 역사적 구조물이었다. 산업화가 시작된 영국조차 처음에는 적어도 숙련된 기술이 필요 없는 업종에서는 여성과 아동노동이 우세했다.98 19세기 중반까지만 해도 혼자 가족 전체를 부양하는 남성은 많지 않았다. 따라서 '남성적 생산 모델'의 역사적 수명은 전통적인 조직적 노동운동의 수명과 일치하는 셈이다. 나라마다 다르지만, 75~150년 지속되었다고 볼 수 있다.

남성 노동의 우세는 산업화의 철칙도 아니고, 모든 나라가 발전하면서 거치는 보편적인 단계도 아니었다. 한국이나 필리핀, 싱가포르, 타이완 등 새롭게 산업화된 나라들은 그런 특징을 보이지 않았다. 그 나라들에서는 여성이 산업 노동인구의 다수를 차지했다. 21세기 유력한 생산 국가가 될 것으로 보이는 중국 또한 '아시아식'

양상을 띨 것이다.

노동계급의 여성화는 세계적인 현상이며, 알랭 리피에츠Alain Lipietz가 '원시적 테일러리즘'이라고 한 방식의 일부다. 생산의 특정 부분이 중앙(오래된 선진 공업국)에서 착취율이 높고 임금은 낮고 노동시간은 긴 나라들로 이전된다. 그런 다음 제품은 중앙으로 재수출된다. 이 과정은 주로 섬유와 전자 제품에서 일어나는데, 두 제품이 테일러식 생산에 이상적으로 들어맞기 때문이다. 노동 집약적이고 작업이 세분화되었으며 반복적이다. 조립라인도 없고 조작자에게 가벼운 장비만 주면 된다. 옷은 재봉틀, 전자 제품은 핀셋과 현미경만 있으면 충분하다.[99] 이런 노동은 여성이 압도적으로 많이 하는 일이다. 예를 들어 말레이시아 여성들은 섬유 생산에서 특별한 기술이 필요 없는 일의 70퍼센트, 전자 제품에서는 80퍼센트를 수행한다(섬유와 전자 제품은 말레이시아 수출 이익을 대부분 제공하는 산업이다).[100] 또 아시아 여성들은 차, 고무, 코코아, 커피 등 전통적인 대규모 농장 일을 거의 모두 담당한다. 남성은 농장에서 자본주의 이전부터 해온 국내시장을 위한 일에 종사하거나, 도시 빈민가로 이동해서 실직자나 새로운 부랑 노동자 대열에 합류한다.

새롭게 산업화된 나라들은 교육 기회에서도 서구와 다른 성별 양상을 보인다. 예를 들어 서구는 고등교육을 받은 학생 가운데 절반이 여성이지만 공과대학은 여전히 남학생이 대부분을 차지하는 반면, 싱가포르에서는 여학생 23.8퍼센트가 공학을 공부한다.[101]

그러므로 거의 보편화된 가부장제와 서구의 근대적 성별 노동 분리에는 필연적인 상관관계가 없다. 20세기 말 사회주의에 불어닥친 불안한 기운은 적어도 부분적으로, 사회주의가 서구 특유의 '남성적' 생산 모델에 분리가 안 될 정도로 강하게 결합된 서구식 시스템 탓이었을까? 전통적 의미의 '노동계급'에게 전념한 남성 중심적 운동인 사회주의는 그 생산 모델이 퇴락함에 따라 사라질 운명이었을까? 전통적인 계급 문제는 '여성화된' 새로운 노동계급으로 인해 세상에서 잊힐까? 계급과 상관없는 정체성이 오래된 프롤레타리아의 정체성을 압도했을까? 사회주의 정당들은 계급과 무관한 새로운 정체성과 새로운 문제, 새로운 정치에 더 주의를 기울여야 할까? 이런 질문에 자신 있게 대답할 수 있는 사람은 없다. 중대한 변모의 초기 단계가 어떤 것일지 아무도 확신할 수 없기 때문이다. 대답하는 것보다 질문하는 것이 중요한 때가 있다.

'새로운 정치'

정체성을 결정하는 원인, 따라서 투표 선택을 결정하는 원인으로서 계급의 중요성이 떨어졌다고 주장하는 이들이 있다. 그들은 쟁점이 정체성 형성에서 더 중요한 문제가 되었고,[102] 사회주의 정당들은 '계급'을 처분하고 '쟁점'을 채택해야 한다고 말한다. 그렇다고 쟁점이 계급과 반대된다는 말은 아니다. '계급'을 고정된 이해관계 때문에 하나로 뭉친 집단이라는 뜻으로 사용하지 않는다면 말이다. 사회주의 정당들(그리고 많은 비非사회주의 정당들)은 쟁점을 계급과 연결하는 일이 많았다. 예를 들어 제2인터내셔널의 대다수 정당이 따르던 독일제국 시절의 사회민주당은 전쟁이 자본주의 경쟁의 필연적 결과라고 주장함으로써 고정된 계급 '흔적'이 없는 반反군국주의를 계급 문제로 바꿨다. 이런 예는 흔하다.

1970~1980년대에는 계급뿐만 아니라 모든 정치적 차이가 좌우라는 이념적 스펙트럼 위에 위치할 수 있다는 생각에도 이의가 제기되었다. 그런 이분법의 시대는 끝났다는 주장도 있었다. 좌파와 우파를 초월하는 새로운 쟁점을 제기한 이들은 젊은 '탈물질주의' 집단으로, 서구 사회가 물질적 부와 번영을 성취했음을 당연시하는 이들이었다.[103] 새로운 개인주의 혹은 새로운 '주관주의'가 모든 '구식' 집단에게 도전했다고도 할 수 있다. 대의 민주주의, 가부장제, 대서양주의, 성장 일변도 등에 대한 전면적인 도전이었다. 그러나 가장 중요한 사실은 좌우의 개념은 언제나 재정립되고, 이는 대개 사회와 정치의 변화에 대응한 것이라는 점이다.

새로운 쟁점이 등장하면 정당들은 그것을 받아들여서 당의 종전 담론으로 끌어들인다. 특정 상황에서 원자력발전이나 전쟁에 반대하는 것이 좌파 정체성의 일부가 된다. 이런 일이 어떻게 일어나는지 항상 명확한 것은 아니다. 쟁점이 발생하는 것은 실제로 일어난 사건에 압력단체의 활동, 매체의 영향, 적극적인 정당 지지자들의 성향, 지도자의 의향, 여론의 힘 등이 합쳐져서 나온 결과일 수 있다. 하나의 쟁점이 한 정당 세계관의 일부가 되기 위해서는 복잡하고 지속적인 정치적 투쟁을 거쳐야 한다. 정당들은 그런 과정을 거쳐 유럽 통합 지지, 반전, 페미니즘 지지, 제3세계 지지 등으로 기술될 수 있는 목표를 향해, 아마도 한시적으로 전력을 다한다. 정당들이 좌우 연속체 위에 있기 때문에 새로운 쟁점은 좌파 성향이나 우파 성향을 (아니면 중도 성향을) 한층 분명히 보여주는 것으로 여겨진다.

그러나 쟁점이 '순수'하거나 정치를 '초월'하는 경우는 거의 없다. 다른 쟁점에 비해 종전의 정치적 담론과 잘 조화되는 쟁점도 있다. 예를 들어 평화주의란 말에는 일반적으로 좌우를 나타내는 뚜렷한 의미가 들어 있지 않다고 주장할 수도 있지만, 1970~1980년대 특정 상황에서 평화주의는 국제 문제에 관한 '좌파'적 시각을 담고 있을 수밖에 없었다. 사회주의 정당(특히 집권 중인 사회주의 정당) 가운데 그런 평화주의를 받아들인 정당은 많지 않았다. 그러나 대다수 평화주의자들은 좌파에 있었고, 폭넓은 지지를 확보하기 위해 되도록 '정당 색이 없는' 것처럼 보이려고 애썼다. 핵무기가 우파 정권을 겨냥했다면, 좌파와 우파의 정치적 지지 양상이 달라졌을지도 모른다. '새로운 정치'의 쟁점으로 단연 돋보인 페미니즘은 보수주의자들보다 사회주의자들이 받아들일 가능성이 훨씬 높았다.[104]

1970~1980년대 평화주의와 페미니즘, 환경운동 지지자들은 주로 정치적 스펙트럼의 왼쪽에 있었다. 그렇다고 그들이 이데올로기나 기본 목표, 스타일, 이미지, 조직 등의 문제와 관련해서 사회주의 정당이나 공산주의 정당을 비판하지 않은 것은 아니다. 그들은 종전 좌파 정당들의 아이디어가 바닥을 드러내는 것처럼 보이던 시기에 혁신적 세력으로 부상했다. 그들의 운동은 앞에서 간략히 다룬 노동계급의 변모와 함께 출현했다. 그들은 '탈산업' 사회로 전환을 이끌어가는 이들이자, 그런 전환의 징후처럼 보였다. 그 결과 사회주의 정당들이 급변하는 노동계급을 동원하기가 점점 어려워지는 상황을 만회하려면 중산계급이 주를 이루는 새로운 사회운동 지지자들의 마음을 얻기 위해 노력해야 한다고 주장하는 이들이 많

았다.

정치에서 이처럼 단순한 접근은 없다. 새로운 쟁점을 통해 사회주의나 공산주의 정당을 지지하는 종전 노동계급의 마음을 항상 살 수 있는 것은 아니었다. 중산계급의 대단한 지지를 끌어내지도 못했다. 환경운동 지지자들은 중산계급이 압도적으로 많았지만 그들은 중산계급의 특정한 일부, 즉 금전적 보상이 환경 파괴에 충분한 배상이 아니라고 여긴 이들에 국한되었다. 저소득 집단은 그런 계산을 할 수가 없었다. 그들은 물질적 행복을 조금이나마 얻었을 뿐이고, 포기할 것이 거의 없었다. 대다수 중산계급은 더 큰 개인적 번영을 얻는 것이 무엇보다 중요한 목표라고 여기는 사고방식에 머물러 있었다.

이런 집단들 사이에서 복잡한 균형 잡기는 좌파 정당들에게 피할 수 없는 일이었다. 어디에서 표를 잃고 얻을지 계산하는 일이 다반사가 되었다. 예를 들어 동성애자의 권리를 옹호한다면 '탈물질주의' 활동가들의 지지를 얻을지 모르지만, 다른 곳에서는 표를 잃을 것이었다. 영국 노동당의 한 고문도 1980년대에 작성한 보고서에서 "우리는 동성애자와 관련된 쟁점 때문에 연금 수급자들의 지지를 잃는 큰 대가를 치르고 있다"고 지적했다.[105]

좌파 정당들은 우파의 '새로운' 사회운동이 있다는 사실도 마주해야 했다(보통 탈물질주의에 관해 집필하는 이들은 이런 운동을 무시하는 경향이 있지만). 이런 '우파' 사회운동은 대부분 좌파 진영의 활동에 대응하는 것이었다. 예를 들어 낙태 반대 단체는 성공적인 낙태 찬성 운동에 대응했다. 근본주의 종교 단체들은 현대성에 반대했을지 모르지만, 그들은 대중 집회와 시위, 단식투쟁(이것의 주창자는 여성 참정권 운동가와 간디Mahatma Gandhi를 따르는 비폭력 반제국주의자들이었다), 팩스와 컴퓨터로 직접 보내는 우편 등을 이용했다. 그들은 전통을 지키기 위해 현대의 모든 과학기술을 이용해서 동원된 단체들이었다. 그러나 이민에 반대하거나, 법과 질서를 옹호하거나, 학교의 성교육을 반대하거나, 사형을 찬성하는 우파 사회운동 지지자들은 대부분 여전히 고립된 수동적인 개인들이었다. 그들의 사상은 주로 여론조사를 통해 표출되었고, 그들의 생각은 우파 성향 대중지나 정치인의 입을 빌려 표명되었다.

뚜렷한 부조화가 있었다. 한쪽에서는 사회주의 정당들이 상식이라는 종전의 관념에 도전하며 참신한 아이디어를 제시하는 중산계급 운동가들에게 둘러싸여 있었다. 다른 쪽에서는 종전 우파 정당들(혹은 소속 정치인들)이 대중매체의 후원을 받으며 (중산계급 지식인이 아니라) '평범한' 남성과 여성의 생각과 두려움을 표명하고 있었다. 그 두려움이 차곡차곡 쌓여 도덕적 공포로 이어지기도 했다. 그런 공포에서 떠오르는 이미지는 낯설지 않았다. 그곳에는 정직한 시민이 있었다. 그중 많은 이들이 사회주의에서 전승된 노동자들이었다. 그들은 젊은 불량배, 즉 좌편향 사회학자들을 추종하는 무리가 두려워 나다니지도 못하고 집 안에 숨어 지냈다. 성적으로 겁을 주는 페미니스트의 위협을 받았고, 러시아 공산주의자들이 서구 문명을 파괴해도 내버려두는 평화주의자들 때문에 위태로운 상황에 처했다. 엄격하고 쌀쌀맞은 정부는 게으르고 무능한 이들에게 보조금을 주려고 그들에게 까무러칠 만큼 많은 세금을 부과했다. 흔히 그렇듯 이 풍자화에도 인식할 수 있는 현실의 윤곽이 드러난다. 가장 극단적이고 폭력적인 새로운 우파 사회운동에도 진실의 일면은 있었다. 우파의 사회운동 역시 좌파의 사회운동처럼 대체로 합의된 의견 밖에 있는 생각을 표명하는 일이 많았다.

좌파 정당들이 새로운 (좌파) 사회운동 프로그램을 신속하고 전폭적으로 채택하지 못한 것은 그들이 사회에 자리를 잡고, 사회 전체의 두려움과 편견에 민감하게 반응했기 때문이다. 결국 "좌파 정당들이 하나가 되려면 조직적 차원에서 노동운동과 갈라서는 수밖에 없다".[106] 새로운 사회운동으로 제기된 쟁점이 사회주의 정당의 주류 담론으로 들어오는 길은 받아들일 수 있는 이념적 요소를 선택하고, 활동가 중 일부를 영입하고, 관습에 맞지 않는 '대안적 생활 방식'을 버리는 방법밖에 없었다.

이런 과정은 불가피했다. 새로운 쟁점(정확히 말해 1970년대 이전에도 있던 환경보호주의와 페미니즘의 경우 새롭게 부활한 쟁점)은 '평범한' 사람들이 아니라 결의에 찬 활동가들이 강력하게 밀어붙일 수 있는 일이었다. 결연한 태도로 착수하지 않으면 새로운 것을 표면화할 수 없다. 관습적이지 않은 요구를 관습적인 방식으로 추진할 수는 없는 것이다. 그러나 이런 요구들은 정치적으로 흡수되어 해석과 적응, 변화의 과정을 거치지 않으면 계속 미미한 상태에 있을 수밖에 없다. 정당들이 자주 비방을 당하고 말기 환자처럼 여겨지기도 하지만, 정당은 아직까지 변화에 대한 포괄적인 요구를 법률로 바꿀 수 있는 유일한 정치기구다. 그리하여 새로운 사회운동과 좌파 정당 사이에는 불안한 분업이 존재한다. 새로운 사회운동은 새로운 아이디어를 제공하고, 좌파 정당은 그 아이디어를 실행에 옮길 수 있는 조직을 제공한다.

좌파의 새로운 사회운동은 1960년대 격동의 결과물이었다. 그런 이유로 사회운동은 뭉뚱그려서 하나로 취급하는 경우가 많은데, 구별할 필요는 있다. 가장 중요한 환경운동과 페미니즘은 사고방식을 재정립하려는, 구조가 느슨한 운동이다. 이런 운동과 관련 있거나 함께 진행되는 운동이나 조직은 넘칠 정도로 많았다. 예를 들면 동성애자, 장애인, 소수민족 등의 권리 확립을 열망하는 조직이 있다. 생체 해부 금지라든가 휘발유에서 납 성분을 제거하는 등 특정한 법률적 변화를 요구하는 조직도 있다. 약물중독, 장애, 차별 등 문제를 겪는 이들이 조직을 효율적으로 결성할 수 있다는 믿음으로 구성된 자조 집단도 있다. 마지막으로 단일 목표 운동이 있다. 이는 서비스를 유지하거나, 도로 사업과 같이 비리 의혹이 있는 사업을 막거나, 잘못된 유죄판결을 받은 사람들을 위해 정의를 되찾는 것 등을 목표로 하는 운동이다.

이런 활동은 대체로 종전 정당들이 시작한 운동이 아니고, 정당의 후원조차 받지 못했다. 정당이 죽어가고 있다는 견해가 널리 퍼진 것도 이 때문이다. 사실 소멸 직전에 있는 것은 정당이 의제 설정의 선봉에 있다는 오랜 사회주의 사상이었다. 정당은 여전히 존재하지만 다른 곳에서 발생하는 요구에 대응했을 뿐이고, 스스로 운동을 개시하는 일은 하지 않으려고 했으며, 할 수도 없게 되었다. 이런 태도는 정치적으로 상당히 합리적이다. 일단 어떤 운동에 정치적 잠재력과 지원이 있다는 것이 분명해진 뒤 압력단체의 요구에 응하는 것이 더 바람직하다. 문제가 생기는 것은 압력단체가 스스로 정당이 되려고 할 때뿐이다.

환경보호주의자들

　　　　　새로운 사회운동 가운데 환경보호주의자들만 정당을 구성하려고 했다. 1980년대 말 거의 모든 서유럽 국가에는 녹색당이 있었다. 그러나 그중 어느 정당도 선거에서 실질적인 영향력을 발휘하지 못했다. 1980~1988년 오스트리아 녹색당의 최고 득표율은 4.4퍼센트(1986년), 벨기에 녹색당은 7.1퍼센트(1987년)였다(벨기에의 두 녹색당인 플라망어권 녹색당Agalev과 왈론인 녹색당Ecolo의 득표를 합한 수치다). 네덜란드에서는 녹색진보협정Green Progressive Accord을 구성한 정당들이 1982년 5.7퍼센트를 얻었고, 스웨덴에서는 환경당이 1988년 5퍼센트를 획득했다. 가장 강력한 독일 녹색당이 얻은 최고 득표율은 1987년 8.3퍼센트였다.[107]

　녹색당 지지자들의 야심이 무엇이었든 녹색당이 패권을 잡고 좌파나 우파의 주요 정당을 대신해서 집권당이 될 가능성은 없었다. 그들이 바랄 수 있는 최선은 연정에 들어갈 만큼 강한 정당이 되어 환경보호주의 원칙을 고수하거나(따라서 일종의 내부 압력단체가 되는 것), 선거에서 위협적인 세력이 되어 종전의 정당들이 환경을 더 많이 인식할 수밖에 없게 만드는 것뿐이었다. 두 번째 전략이 첫 번째 전략보다 성공적이었다. 1995년까지 어떤 녹색당도 서유럽 연정에 들어갈 자격을 갖추지 못했다.

　녹색당이 직면한 딜레마는 '그들의' 쟁점이 주요 정치적 의제로 받아들여진다면, 애초에 그들이 등장한 이유가 사라질지도 모른다는 것이었다. 통합은 실패가 아니라 성공을 나타내는 것이다.[108] 대다수 관찰자들이 동의하듯 1980년대 중반에는 새로운 운동의 정치적 동원의 물결이 서서히 사그라졌지만, 그들의 주제인 환경보호와 남녀평등, 자조, 분권화 등은 정치적 의제에 꽤 뚜렷한 발자취를 남겼다.[109]

새로운 사회운동의 가치는 좌파 정당뿐만 아니라 대다수 정당들이 쉽게 자기 것으로 흡수할 수 있는 것이 대부분이었다. 20세기 말에 어떤 보수주의 정당이나 자유주의 정당도 여성과 남성이 동등한 권리를 누려야 한다든지, 환경을 보호해야 한다든지, 소수의 이익을 지켜줘야 한다는 생각에 반대하지 않을 것이다. 시골이나 교외 지역의 보수적 유권자들도 공항이나 고속도로 건설에 반대할 때 그런 주제를 이용하며, 심지어 환경보호 활동가들의 방법을 활용하는 일도 많다. 유럽에서 가장 과격한 보수 정권이던 마거릿 대처 정부는 노동조합에 맞서 싸우는 것은 두려워하지 않았지만, 환경보호주의자들에게 입에 발린 말을 하는 것은 꼭 필요한 일로 여겼고, 동일임금법이나 인종관계법령Race Relations Act을 철회하기 위한 활동은 전혀 하지 않았다. 법 앞의 평등 원칙이 확고히 자리 잡아 무시할 수 없었기 때문이다. 좌파와 보수주의자들의 차이가 나타나는 것은 특정한 법률(이를테면 낙태 관련 법률)을 제정할 때나, 과거에서 대물림된 불평등을 정부 개입을 통해 없애려고 하는 페미니즘적 요구에 역점을 두느냐 아니냐 하는 문제에서다.

환경보호주의자들은 대개 원자력발전의 발달과 함께 나타났다. 그들이 등장한 뒤에 원자력발전은 정당 사이에서 쟁점이 되었다. 특히 1970년대에 사회주의 정부가 들어선 스웨덴, 오스트리아, 독일, 영국에서 대체로 사회주의 정당과 노동조합들이 그 문제에 전념했다. 스웨덴 사회민주당은 원자력발전에 찬성하는 정당으로 인식되면서 1976년과 1979년 선거에서 주로 그 문제 때문에 패했다. 스웨덴의 중앙당(옛 농민당)은 원자력발전에 반대하는 운동에 앞장섰다. 이는 '부르주아' 연합에 유리한 방향으로 정세를 일변하기에 충분했다. 나머지 정당들은 원자력발전을 지지하는 입장이었다(그들은 그 문제에서 입장을 분명히 하지 않는 기회주의적 태도를 취했다). 오스트리아 총리 브루노 크라이스키는 스웨덴 사회민주주의자들이 맞은 운명을 피하기 위해 1978년 11월 국민투표를 실시했고, 투표는 환경보호주의자들의 아슬아슬한 승리로 끝났다.[110] 스웨덴 사회민주당도 그 쟁점에 대해 국민이 결정하게 한다는 발상을 채택했다. 그들은 당 전략을 능숙하게 바꿔서 원자력발전소의 단계적 폐쇄를 위한 운동을 벌였고, 그 결과 1980년 3월 국민투표에서 성공을 거뒀다. 그 후 그 쟁점은 의제에서 사라졌으나, 환경보호주의자들은 사라지지 않았다. 그들은 자신을 환경당이라 불렀고, 1988년에 최초로 의회에 진출했다.[111]

좌파 정당들이 원자력발전과 관련해서 처음에 양면적인 반응을 보인 것은 놀랄 일이 아니다. 석유파동은 (원자로가 폭발하지 않는 한) 다른 에너지원보다 싸고 깨끗한 원자력발전에 새로운 관심을 불러일으켰다. 값싼 에너지는 경제성장을 위해 반드시 필요했다. 대량 실업을 해결하고 사회복지를 지키기 위해서는 경제성장이 필수였다. 경제성장에 대한 이런 공약은 친자본주의 정당들과 연관이 있어 전후 대합의를 위한 토대가 되었다. 노동계급 정당들이 산업사회에 전념하는 것은(산업사회가 없다면 그들 자신과 노동계급은 존재하지 않았을 것이다) 환경운동가들을 사회주의자들에게서 분리하는 이념적 만리장성이 있다는 의미로 들릴지도 모른다. 사실 두 세력은 공통점이 많았다. 좌파는 결코 성장을 위한 성장을 추구하지 않았다. 그랬다면 생산성은 거의 고려하지 않은 채 노동시간을 단축하고, 노동시장을 규제하고, 임금을 올리기 위한 투쟁을 하지는 않았을 것이다.

'녹색' 아이디어의 본질은 더 나은 환경 같은 보편적인('집단적인') 목표를 위해 자본주의 기업을 규제하고 제약하는 일이 반드시 필요하다는 것이다. 이념적으로 우파보다 좌파가 훨씬 받아들이기 쉬운 입장이었다. 서유럽의 아무런 제약 없는 양적 성장을 지지한 이들은 자유 시장의 열렬한 신봉자, 1980년대 '새로운' 이데올로기의 옹호자였다. 그들은 자연의 산물이 무궁무진한 것처럼 마구 써댐으로써 시장 효율성을 얻을 수 있다고 믿었다.[112]

1989~1991년 공산주의자들이 지배한 '사회주의' 동유럽과 중유럽은 자본주의 체제 서유럽보다 환경 파괴가 훨씬 심각했다. 그들은 '따라잡겠다는' 일념으로 민주적 혹은 민중의 통제에 제약을 받지 않고 성장을 추구했다. 세계적 체제로서 자본주의는 다른 나라들이 어쩔 수 없이 따라가야 하는 성장 양식을 만든 것이다.

환경보호 차원에서 차이를 만들고, 동유럽(과 제3세계, 즉 서구가 자신의 환경문제 일부를 던져놓은 곳)보다 서구를 보호한 것은 자본주의 자체가 아니라, 자본주의에 부과된 규제 체계였다. 이 체계는 노동보호법이 그렇듯 자본주의가 '자연스럽게' 작동한(그것이 무엇이든) 결과가 아니라 우파와 좌파가 정치적으로 투쟁한 결과물이었다. 전통적으로 좌파는 명확한 계급 요소가 관련된 경우 환경문제에 관심을 기울였다. 예를 들어 사회주의자들은 공장의 작업 조건을 개선하기 위한 장기적인 투쟁에서 환경보호 입장을 취했다. 특정 운동에서도 그런 입장을 취하는 경우가 있었는데, 1932년 데번셔Devonshire 공작의 들꿩 사냥터에 집단으로 무단 침입한 일이 한 예다. 이 사건이 계기가 되어 (노동당 정부에 의해) 1949년 잉글랜드England와 웨일스Wales에 국립공원이 지정되었다.[113]

그러나 사회주의자들은 질적 성장보다 양적 성장에 관심이 많아 보였다. 환경보호주의자들은 전통적인 좌파나 우파 정당보다 포스트포디즘이라는 빠르게 발전하는 시대정신Zeitgeist과 잘 맞았다. 그러나 그런 시대정신은 여전히 '포스트모던적' 지식인의 것이었고, 이들은 진보라는 개념을 18세기 이성주의적 사고의 잔재라며 비웃었다. 평범한 사람들은 늘 그렇듯 상황이 나아지기를 기대했다. 그들은 어떤 여론조사 요원에게나 환경의 중요성을 인정했지만, 소비사회의 생산품에 대한 그들의 열정은 사그라질 줄 몰랐다. 1980년에는 기껏해야 자신의 볼보나 피아트에 빈 병과 낡은 신문을 싣고 지역 재활용 센터로 가져가는 게 전부였을 것이다. 이들의 애매한 태도는 충분히 이해할 만한 것이었고, 좌파와 우파 정당에서도 발견할 수 있었다. 모두 하나같이 환경에 아무런 해가 없는 경제성장을 약속했다.

석유파동은 환경운동에 도움이 되었다. 그 위기는 세계 에너지 비축량이 유한하다는 것과 에너지 보존의 중요성에 대한 대중의 인식을 높였다. 그러나 로마클럽Club of Rome 같은 보수주의 단체에서 처음 제시한 제로성장이라는 개념은 성장률이 곤두박질치고 실업이 증가하던 1970년대 경기 침체 상황에서는 훨씬 '반동적인' 것으로 보였다. 따라서 프랑스 공산당이 1976년 22차 당대회에서 빈곤과 제약의 미래를 준비하는 것으로 보인 제로성장 개념을 분명하게 거부하는 입장을 채택한 데는 놀라울 것이 없었다.[114] "사회와 국가의 진보를 위한 요구 조건을 만족시키려면 성장이 반드시 필요하다"는 조르주 마르셰의 주장은 공산주의자뿐만 아니라 대다수 사회민주주의자들도 굳게 믿는 신조였다. 1971년에 앤서니 크로스랜드는 환경보호주의자들을 보통 사람들의 요구에 무관심하고, 도시의 퇴락에 대해 뭔가 하기보다 시골의 평화를 지키는 것을 좋아하는 중산계급 엘리트주의자로 규정했다.[115] 4년 뒤 에너지 위기가 한창일 때도 그는 뉘우치지 않았다.[116] 올로프 팔메는 브란트, 크라이스키와 대화에서 '산업사회'를 구하는 것이 사회주의자들의 적절한 소임이라고 언명했다.[117]

좌파가 처음 환경문제에 취한 태도에는 환경운동 자체의 정치적 양면성이 반영되었다. 애나 브램웰Anna Bramwell이 설명했듯 환경보호 운동의 이념적 토대는 100년에 이르는 다면적 역사를 거치면서 변했다. 우리는 현대 환경보호주의의 지적 혈통에서 사회 다윈주의, 생기론, 우생학, 크로포트킨Pyotr Alekseevich Kropotkin의 무정부주의, 과학기술 옹호는 물론 시골 생활에 대한 동경, 자연 존중, 산업화 이전의 가치, 신비주의, 반도시화, 전체론적 문화, 낭만주의, 반이성주의 등의 주제가 공존하는 것을 찾아볼 수 있다.[118] 데이비드 페퍼David Pepper 같은 생태주의자들은 영국 환경보호주의의 뿌리에서 윌리엄 블레이크William Blake의 신화 만들기, 토머스 칼라일Thomas Carlyle의 반동적 낭만주의, 맬서스Thomas Malthus와 다윈Charles Darwin의 과학적 접근 등 복잡하게 얽힌 상반된 요소들을 감지했다.[119]

환경보호주의는 독일 국가사회주의의 두드러진 이념적 특징이기도 했다. 심지어 나치 지도자 중에는 당대의 대안적 생활양식 옹호자들의 가치를 공유하는 이들도 있었다. 아돌프 히틀러와 하인리히 힘러Heinrich Himmler는 채식주의자였다. 발터 루돌프 헤스Walter Rudolf Hess는 동종 요법(인체에 질병과 비슷한 증상을 유발해 치료하는 대체 의학의 일종—옮긴이) 의사이자 자연숭배주의자였다. 1933~1942년 농식품부 장관을 지낸 리하르트 발터 다레Richard Walther Darré는 임기 마지막 2년 동안 유기농업을 보급하는 데 전념했다. 그의 정부는 생체 해부 금지법을 통과시켰고, 농촌 보존을 지원했으며, 유럽 최초로 자연보호 구역을 지정했다.[120] 본질적으로 반자본주의자들인 환경보호주의자들이 할 수 있는 일은 사회주의 좌파에게 기대 '진보'를 재정립하거나, 반동적 우파에게 기대 자본주의 이전의 전통을 지키는 것이었다.

유럽에서 가장 영향력 있는 운동인 현대 독일의 녹색운동도 초기에는 보수적이었다. 독일의 녹색 단체 중 하나인 독일 녹색행동미래GAZ는 전 기독민주당 소속 정치인이자 1975년 베스트셀러 *Ein Planet Wird Geplündert*(약탈된 지구)를 쓴 헤르베르트 그룰Herbert Gruhl이 이끌었다.[121] 환경보호주의자들이 1979년 유럽의회 선거를 치르기 위해 정당을 결성했을 때 비로소 학생운동을 이끈 예전의 활동가들이 대거 합류해 조직을 왼쪽으로 밀고 갈 수 있었다.[122]

독일 녹색당은 창당과 동시에 두 파로 나뉘었다. 비타협적인 근본주의자들Fundis은 독일 사회민주당과 연합하기를 거부했고, 현실주의자들Realos은 현실 타협을 내세웠다. 그 결과 녹색당은 20세기로 넘어오는 시기에 사회민주주의 운동을 혼란에 빠뜨린 부르주아 정부에 참여하는 문제를 두고 대토론을 거듭했다. 옛 동독 반체제 인사로 1970년대에 동독에서 추방된 루돌프 바로Rudolf Bahro를 비롯한 근본주의자들은 "노동계급은 부르주아와 나란히 두 번째 산업 계급을 구성하고", 노동조합은 "사회의 가장 보수적인 세력에 속한다"면서 녹색당은 노동계급 조직의 와해를 고대해야 한다고 선언했다.[123] 또 다른 주도적 근본주의자로 카리스마 넘치는 페트라 켈리Petra Kelly는 독일 사회민주당이 "녹초가 되었다"고 기쁨에 겨워 선언했다.[124] 격렬한 조직 내 투쟁이 계속되었고, 근본주의자들의 완패로 끝났다.[125] 현실주의자들은 사회민주당과 함께 사회민주주의 세력의 본거지인 헤센Hessen 주에서 연정을 세웠고, 지도자 요슈카 피셔Joschka Fischer는 환경부 장관(1985~1987년)이 되었다. 녹색당은 정치체제의 틀을 깨려고 과감한 시도를 한 다른 정당들과 마찬가지로 결국 자신들의 적수였던 종전 정당들보다 선거 정치에 집착하고 말았다. 이는 놀랄 일이 아니다. 하원 의석을 차지하기 위해서 필요한 득표율 5퍼센트는 끊임없이 절멸 위기로 내몰리는 정당의 뇌리를 떠나지 않게 마련이다.

독일 녹색당은 사실 녹색보다 적색에 가까웠다. 참여 민주주의, 반위계적 가치, 평등주의, 여성의 권리, 완전고용, 사회 임금, 철강업의 국유화, NATO 반대, 반미주의 같은 주제들이 특정 환경운동보다 큰 문제로 여겨졌다.[126] 그들은 원자로보다 핵미사일에 반대하는 투쟁을 많이 했기 때문에 "녹색당 강령의 이념적 구성 요소는 좌우 연속체 위에 쉽게 놓을 수 없다"는 탈물질주의자들의 주장은 황당하고 설득력이 없다.[127] 독일을 비롯한 여러 지역의 환경보호론자들은 녹색 옷을 입은 1960년대 신좌파가 많았다.

독일 사회민주당이 환경보호주의 전략을 받아들이게 만든 추동력은 선거 패배다(23장 참조). 사회민주당 내 전통주의자들은 환경을 우선시하는 정치 때문에 상당수 노동자들이 이탈할 것이고, 중산계급의 지지를 얻어 그 손실을 보상할 수도 없을 것이라고 생각했다. 반면 '현대화주의자들'은 환경보호주의를 받아들인다면 전통적 지지자들과 멀어지지 않으면서 젊은 세대에게 긍정적 이미지로 다가갈 수 있을 것이라고 생각했다. 그러나 좌파-자유주의left-libertarian 이상에 '잠깐 손을 대는 것'은 사회주의자들의 득표율을 떨어뜨린다는 사실이 명백해졌다.[128]

독일 녹색당은 주요 정당들(기독민주당과 기독사회당 연합, 사회민주당, 자유민주당)의 독주를 깨뜨리면서 1992년에 두 주를 제외한 모든 주에서 의석을 확보했다. 그러나 그들은 유능한 반대 정당 이상은 될 수 없었다.[129] 헤센 주 적녹 연정은 고작 14개월 집권했고, 1987년 선거 후 물러났다.[130] 녹색당은 1985년 자를란트 주와 노르트라인베스트팔렌 주에서 완패했다. 능력 있는 녹색당 소속 의원이자 플릭사의 뇌물 스캔들에서 수상한 자금 거래를 밝히는 데 두드러진 활약을 펼친 오토 실리Otto Schily는 1989년 사회민주당으로 전향했다.[131] 독일 통일 이후 녹색당은 서쪽 지역에서 큰 패배를 겪었다. 1990년 선거에서 5퍼센트 장벽을 넘는 데 실패한 것이다. 그들은 무너지지 않았고, 1994년 10월에 잃은 표를 거의 되찾았다. 게다가 1990년 이후 당내 근본주의자들이 완패하면서 라인란트팔츠Rheinland-Pfalz 주를 비롯한 지역에서 적녹 연정이 받아들여졌다. 브레멘Bremen 주와 브란덴부르크Brandenburg 주에서는 자유민주당이 녹색당과 사회민주당의 연정에 참여했다. 그리하여 녹색당은 독일 정치체제 주류에 편입되었다.[132]

녹색이라는 대의에 매인 것은 다른 정당들의 운명이었다. 독일 사회민주당은 체르노빌Chernobyl 원전 사고와 1982년 이후 재집권 실패, 내부 활동가들의 압력, 여론 변화 등에 자극을 받아 원자력 발전소의 단계적 축소를 목표로 하는 정책을 채택했다(1986년 8월 뉘른베르크Nürnberg 당대회). 스웨덴과 오스트리아의 사례에서 봤듯 사회주의 정당들의 '녹색화'는 다른 나라에서도 일어났다. 여타 정당, 특히 이탈리아 공산당과 영국 노동당도 같은 궤적을 따랐다.

환경문제는 산업사회에 닥친, 따라서 좌파와 우파에게 닥친 커다란 도전을 대표했다. 그것은 전 지구적 문제였다. 제3세계에 떠넘기는 단순한 방책으로는 해결할 수 없었다. 인도나 중국에 있는 원자로의 빽빽한 그물망은 그 나라들의 경제 발전을 촉진했지만, 지구에 잠재적 위협이 될 수도 있었다. 그것이 심각한 문제로 등장하면 어느 정당도 무시할 수 없다. 자유 시장주의자들은 시장 메커니즘을 이용해서 환경오염을 유발하는 행위나 제품에 환경세를 물려야 한다고 주장했다. 많은 좌파도 지지한 매력적인 제안이었다. 회사들은 앞다퉈 '친환경' 제품이나 재활용 제품을 생산하려고 나섰다. 그러나 이 운동의 치명적 약점은 가장 중요한 오염 유발자가 우리 자신이라는 점, 즉 우리가 사용하는 비닐봉지나 배터리로 작동되는 기기, 무엇보다 우리가 타고 다니는 자동차라는 점이었다.

환경보호주의자들의 정치적 도전은 서유럽 사회주의의 진정한 위기를 초래할 만큼 강력하지 않았다. 1970~1980년대에 사회민주주의자들이 직면한 도전 중 하나일 뿐이다.[133] 환경보호주의자들이 영국이나 프랑스처럼 (유럽의회 선거를 제외하고) 선거에서 중요한 도전 세력이 되지 못한 지역의 사회주의자들은 보수주의자들보다 뚜렷한 환경보호 정책을 채택하면 되었다. 1976년과 1979년 스웨덴을 제외하면 환경문제가 선거 쟁점으로 떠오른 적은 없었다.

원자력발전에 관한 논란이 진정되고 녹색당이 성장하자, 독일과 스웨덴을 비롯한 여러 지역의 사회주의 정당들은 선거 득표에서 순손실을 봤다. 녹색당이 좌파 정당이었기 때문이다. 사회주의자들(이탈리아는 공산주의자들)은 딜레마에 빠졌다. 환경보호주의자들의 정당을 해체하고 그 지지층을 물려받을 목적으로 환경보호에 대한 요구를 흡수해야 할까, 녹색당을 잠재적 동맹이나 연정 파트너로 받아들여야 할까? 첫 번째 노선이 가장 유리했다. 두 번째 노선의 가능성을 차단하지 않고, 두 번째 노선을 위한 선결 조건이 될 수도 있기 때문이다. 따라서 사회주의자들은 다른 곳에서 발생한 요구를 자신들의 것으로 흡수할 수밖에 없었다. 사회주의의 '위기'에 대해 말할 수 있는 근거는 선거에서 지지율 하락이나 산업 노동계급의 붕괴가 아니라, 사회주의자들이 전통 밖으로 나가서 기본적 가치를 재점검하고 쇄신해야 했다는 점이다.

여성의 진출

사회주의 운동의 쇄신 과정은 (적어도 부분적으로) 페미니즘에 대응하는 면에서도 엿보였다. 자유민주주의 전통과 반교권주의 전통(영국은 제외)을 물려받은 사회주의자들은, 적어도 유럽 대륙에서는 대개 기독교 민주주의자들인 보수주의자들보다 성적 자유와 관련된 정책에 거부감이 덜했을 것이다. 그럼에도 그들은 진정한 국민정당이 되고자 하는 바람 때문에 쉬운 이혼, 자유롭고 합법적인 낙태, 성교육, 동성애자들에 대한 평등한 대우, 피임 등 성과 관련한 어떤 급진주의도 열성적으로 받아들이지 못했다. 그러나 68세대와 페미니즘의 영향력으로 사회주의자들은(그리고 다른 이들도) 성과 관련된 새로운 정치를 더 충실히 받아들이는 쪽으로 이동하게 되었다.[134] 그런 변화가 일어난 주요 영역이 낙태 문제인 것은 1970년대에 페미니스트들이 그 문제를 "당대 페미니즘에서 빠져서는 안 될 항목"으로 만든 이유가 컸다.[135]

여기에서 알 수 있듯이 여성 문제에 관한 좌파 정당의 의제는 활동적인 페미니스트의 압력에 따라 결정되는 일이 많았다. 예를 들어 스페인에는 대규모 페미니즘 운동이 없었고, 페미니스트와 '평범한' 여성의 정치적·문화적 격차가 일반적인 수준보다 컸다.[136] 그러나 스페인 페미니스트들은 새로운 스페인이 열망한 것, 즉 '현대화'와 '유럽을 따라잡는 것'을 분명하게 대변했기 때문에 스페인 사회노동당은 그들의 요구 중 많은 부분을 채택함으로써 당의 이미지를 강화했다. 스페인 사회노동당은 집권당이 된 후 노동시장에서 차별적 관행을 없앴고, 부모의 출산휴가, 기회 균등, 보육 지원 제도, 학교에서 성교육, 가족, 혼외 출생자, 이혼 등에 관한 새로운 법을 도입했다. 스페인은 효과적으로 잘 따라잡고 있었다.[137] 유사한 발전이 그리스에서도 일어났다. 그리스 사회당은 대규모 페미니즘 운동이 없었음에도 페미니스트들의 요구를 받아들였다. 법률적 조건은 달랐지만, 사회주의 정당이 주요 정당이 아니던 아일랜드를 제외한 모든 나라에서 합법적인 중절 수술은 대개 비용 부담 없이 가능했다.

유럽 전역에서 좌파 정당들의 반응은 우파 정당들의 반응에 비해 언제나 더 호의적이었다. 큰 제약은 선거였다. 유권자들이 낙태의 합법화를 지나치게 불쾌히 여겨 보수주의 정당을 지지하는 쪽으로 옮겨갈지 모른다는 우려가 있었다. 낙태가 '좌파적' 쟁점이라는 증거가 압도적으로 많았다.

독일에서는 사회민주당과 자유민주당 연정이 1974년 본인이 요청하는 경우 낙태를 합법화하는 법을 통과시켰다. 1년 뒤 기독민주당과 기독사회당 연합이 헌법 소원을 제기했고, 그 법은 헌법재판소에서 위헌판결을 받았다. 사회민주당과 자유민주주의 연합 세력은 그에 대응해서 더 제한적인 법안을 통과시켰다(1976년). 특정한 사회적·의학적 이유에 따른 임신 12주까지 낙태를 합법화한다는 내용이었다. 이는 낙태하고 싶은 여성이 상황을 이해해줄 상담 전문가나 의사를 찾아야 한다는 뜻이고, 일반적으로 바이에른 주처럼 기독민주당의 세력이 강한 지역보다는 프랑크푸르트Frankfurt처럼 좌파 영향권에 있는 지역에서는 그런 상담사나 의사를 더 쉽게 찾을 수 있었다.

네덜란드에서는 1973년 이후 사실상 요청하면 낙태가 가능해졌고, 남은 제약도 1981년에 폐지되었다. 스페인과 그리스에서는 스페인 사회노동당과 그리스 사회당이 낙태 개혁 정책을 도입하는 일에 직접적으로 관여했다.[138]

오스트리아에서는 낙태를 범죄로 규정한 형법 144조가 1972년 사회당 정부에 의해 폐지되었고, 1973년 새로운 법이 통과되었다. 오스트리아 양대 정당의 전통적인 정치적 합의를 깰 수도 있을 만큼 논란을 일으킨 입법이었다.[139] 영국에서는 노동조합회의가 낙태 권리를 제한하려는 보수주의자들의 시도에 반대하는 공식적 시위를 조직했다. 그것은 '그때껏 단체교섭의 전통적 범위 밖의 목표를 위해 열린 노동조합 시위 중 최대 규모'였다.[140]

이탈리아에서는 1978년 6월 낙태가 합법화되었는데, 기독교 민주주의자들에 맞선 사회당과 공산당의 기나긴 의회 투쟁 끝에 얻은 성과다. 기독민주당과 '역사적 타협'을 추구했다고 해서 공산주의자들의 노선이 바뀐 것은 아니지만, 그들은 낙태 합법화 운동을 지원하기 전에 망설였다(그 전에는 이혼 문제에 대해서 그랬다). 이탈리아 여성의 전통주의와 교회의 힘을 과대평가한 것이다. 베를링구에르는 1972년 "여성 문제는 국가의 중심 논점 중 하나가 되었다"고 선언했지만, 가톨릭 신자들의 반감을 사지 않을까 진심으로 염려했고, 낙태 합법화에 대한 국민투표에서 좌파가 질 거라고 확신했다.[141] 결과는 찬성 68퍼센트로 낙태 찬성주의자들의 승리였다. 베를링구에르는 "우리가 여성들을 과소평가했다. 그들 덕분에 이겼다. 우리는 오늘날 그들이 주도 세력이 되었음을 깨달아야 한다"고 인정했다.[142] 그 후 제정된 법률은 적어도 문서상으로는, 여성에게 선택권을 준다는 원칙으로 볼 때 유럽에서 진보적인 법률 가운데 하나였다.[143]

낙태는 페미니즘의 특수한 쟁점으로 구축되었다. 비록 낙태 합법화로 남성들이 책임을 피할 수 있게 되었고, 낙태 합법화가 남녀 간 힘의 불균형을 교정하는 역할은 거의 하지 못했지만, 낙태 합법화는 여성에게 도움이 되었다. 이제 여성은 불법적이고 위험한 중재에 기대지 않아도 되는 것이다. 낙태 개혁 정책은 자기 몸에 대한 여성의 권리를 주장했고, 사회적 책임이나 집단적 책임보다 개인의 선택이 중요함을 강조했다. 이는 1980년대의 시대정신과 완벽하게 맞았고, 시장 재발견의 근간이 되는 개인주의 이념과도 조화를 이뤘다. 그렇다고 사회주의 정당들이 낙태 개혁안에 반대했어야 한다는 말은 아니다. 개인적 권리를 옹호하는 것이 단지 자유주의자들의 특권은 아니기 때문이다. 낙태 개혁이 특별한 '계급적' 문제는 아니었을지 모른다. 그러나 사회주의 정당들은 언제나 보편적인 시민권을 위해 투쟁해왔다. 좌파 정당들이 망설인 것은 득표에 대한 계산 때문이지 이념 때문이 아니었다. 그 쟁점 때문에 특정한 사회주의 사상을 버린다든지, 그 사상이 구식이 되는 일은 없었다. 게다가 낙태 개혁, 이혼, 사형 제도 폐지, 동성애자의 권리 등 시민권에 관한 법률은 대부분 비용이 많이 들지 않았다. 그런 개혁의 효과는 현대사회에서 구체제의 찌꺼기, 맞지 않는 과거 세계의 퇴적물을 '말끔히 청소하는 것'이었다. 그 일은 대부분 현대화를 위해 반드시 필요한 작업이지만, 자본주의 축적의 관점에서는 대체로 중요하지 않은 일이었다.

낙태 개혁 운동 이후에는 대중적인 영향력을 끼칠 또 다른 보편적 페미니즘 쟁점이 등장하지 못했다. 페미니스트들은 사회의 모든 조직에 여성이 충분히 진출해야 자신들의 목표를 실현할 수 있다는 사실을 받아들였다. 이처럼 대표성의 문제가 표면화된 데는 권력과 영향력 있는 자리를 채울 자격을 갖춘 여성들이 점점 늘었지만, 실제로는 그들이 그런 자리를 차지하지 못한다는 객관적인 사실이 크게 작용했다. 능력 있는 여성이 합당한 자리를 차지하지 못한 것은 직간접적 차별의 결과인 경우도 있었고, 남성처럼 권력을 차지하기 위해 애쓰는 것에 여성이 무의식적인 거부감을 느낀 탓도 있었다.

낙태 개혁을 위한 운동과 대표성 확대를 위한 운동에는 본질적 차이가 있었다. 낙태 개혁 운동은 개혁 그 자체가 목표인 반면, 대표성 확대는 다른 목표를 실현하기 위한 수단이라는 점이다. 낙태 개혁이 모든 여성의 문제라면, 대표성 확대는 권력과 영향력 있는 자리를 차지할 자격이 있거나 그럴 의향이 있는 여성에게 국한된 문제였다.

이는 비교적 최근에 노동인구로 편입되었거나 아무런 계획 없이 집에서 일하는 평범한 여성들이 직면한 문제가 아니었다. 전통적 가족의 분열로 해방감을 맛보기는커녕, 자녀를 키우고 생활비를 벌어야 하는 여성들이 늘어나는 추세였다. 이런 여성들에게는 정부나 의회, 기업 이사회, 언론, 대학 등에서 성비 균형을 맞추는 문제가 관심을 끌거나, 옹호하고 싶은 문제가 되지 못했다. 그것은 더 나은 조건에서 특권을 누리는 여성들의 문제였기 때문이다. 일부 여성들이 그때까지 남성들에게 한정된 유리한 입장에 처하면서 여성 '계급' 내부에 새로운 차이가 생겼다. 사회주의자들이 노동자의 범주를 세웠듯이 페미니스트들은 여성이라는 범주, 동일한 조건을 공유하는 사회적 범주를 세웠다. 이제 그들은 서로 다른 여성들이 서로 다른 압박에 직면했고, 서로 다른 영향을 받는다는 사실을 고려해야 했다.

여성의 사회 진출이 늘면서 조직들은 변해야 했다. 그러나 그 영향이 일방적인 것은 아니었다. 페미니스트건 아니건 남성의 영역으로 진입한 여성은 부분적으로 남성의 기풍과 관행을 받아들였다. 모든 '전문직'은 어느 정도 조직의 문지기 역할을 한다. 문지기가 하는 일은 자신과 비슷한 이들만 조직으로 들여보내는 것이다. 따라서 조직의 연속성이 무척 중요했고, 조직을 맡아 새롭게 바꾸려면 아주 힘든 작업에 맞닥뜨려야 했다.

그럼에도 여성의 대표성을 공평하게 보장해야 한다는 주장은 강력했다. 그런 주장이 완전히 새로운 것은 아니었다. 1920년에 레닌은 볼셰비키에게 "공산당 소속이든 무소속이든 소비에트에 더 많은 여성을 뽑아라. 여성의 완전한 자유를 획득하기 전에는 프롤레타리아가 완전한 자유를 성취할 수 없다"고 강조했다.144 70년이 지난 뒤, 종말에 임박한 소련뿐만 아니라 모든 곳에서 여전히 갈 길

표 22.7 1975~1992년 여성의 정치적 대표성

단위 : %

	1975년 하원 선출 의원 중 여성의 비율	의원으로 선출된 여성의 비율					
		연도	하원	좌파 주요 정당		우파 주요 정당	
오스트리아	7.6	1990	21.9	사회당	26.3	국민당	11.7
벨기에	6.6	1990	9.0	사회당	10.0	기독민주당	14.0
덴마크	15.6	1990	33.0	사회민주당	34.8	보수당	23.3
핀란드	23.0	1991	38.5				
프랑스	1.6	1988	5.7	사회당	6.3	공화국연합	6.9
그리스	2.0	1990	5.3	사회당	4.8	신민당	5.3
네덜란드	9.3	1989	27.3	노동당	32.7	기독민주당	18.5
이탈리아	3.8	1992	8.0	좌파민주당	20.6	기독민주당	4.8
노르웨이	15.5	1989	36.0	노동당	50.8	보수당	29.7
포르투갈	8.0	1991	7.6				
스페인	자료 없음	1989	13.4	사회노동당	18.3	국민당	9.3
스웨덴	21.4	1988	38.1	사회민주당	40.0	보수당	27.0
영국	4.2	1991	6.8	노동당	10.4	보수당	4.6
서독	5.6	1990	20.5	사회민주당	27.2	기독민주당	13.8

출처　다음 자료를 바탕으로 구성함. Paula Snyder, *The European Women's Almanac*, Scarlet Press, London, 1992, Joni Lovenduski and Pippa Norris(eds), *Gender and Party Politics*, Sage, London, 1993 pp. 94, 191. 1975년 자료는 다음 자료에 근거함. Aglaia Paoletti, 'La presenza femminile nelle assemblee parlamentari', *Il Politico*, Vol. 56, no. 1, 1991, pp. 85~88.

은 멀었다. 표 22.7을 보면 정치적 대표성에 성비 불균형이 얼마나 심각했는지, 상대적으로 좌파 정당에서 여성이 활약이 얼마나 활발했는지(프랑스, 벨기에, 그리스 제외) 알 수 있다. 이 자료는 언뜻 보기에도 우리에게 친숙한 고정관념을 확증해준다. 남유럽보다 사회민주주의가 확고하게 자리 잡은 개신교 유럽 국가에서 여성의 활동이 활발하다. 그러나 여성의 활동이 가장 저조한 나라는 프랑스와 영국이다. 북유럽 국가들은 여성을 위한 사회적 진보의 역사가 있을 뿐만 아니라, 선거 또한 정당 명부 비례대표제에 바탕을 두고 실시된다.

선거제도가 여성 의원의 규모를 결정짓는 핵심 요소라는 것을 이탈리아의 경우를 통해 알 수 있다. 1987년에 이탈리아 하원으로 선출된 630명 중 80명이 여성이고, 그중 44명은 공산당의 후보자 명부에 있었다(공산당은 충직한 지지층에게 그들을 뽑아달라고 촉구해 여성의 대표성 확대에 결정적으로 기여했다).[145]

1992년에는 (공산당 후신인 좌파민주당의 22명을 포함해) 여성 52명이 하원 의원으로 선출되었다. 여성 의원이 줄어든 것은 선거제도가 바뀌었기 때문이다. 유권자들이 정당 명부의 후보를 선택할 수 있는 선호투표(후보들의 지지 순위를 정해 복수 기표하는 방식—옮긴이) 횟수가 네 번에서 한 번으로 줄어든 것이다. 이로 인해 잘 알려진 정치인이 유리해졌고, 그들은 남성이 압도적으로 많았다.[146]

1994년에는 여성 의원 96명이 선출되었다. 과거 어느 때보다 많은 숫자고, 그중 절반이 좌파의 기치 아래 있던 여성이다. (1992년 이후) 여성 의원이 엄청나게 증가한 결정적 원인은 무엇일까? 선거가 새로운 방식으로 치러졌는데, 의원 4분의 1(155명)이 정당 명부 비례대표제를 통해 선출되고 나머지 475명은 개별 선거구에서 최다 득표수를 기준으로 선출되는 방식이었다. 여성들은 선거구에서 의석의 10퍼센트(즉 44석)밖에 얻지 못했지만, 그보다 전체 의석수가 훨씬 적은 정당 명부에서는 52석(전체 약 3분의 1)이라는 놀라운 성과를 얻었다. 어떻게 이런 결과가 나왔을까? 새롭게 제정된 법률에 따라 각 정당 명부에 남녀를 번갈아 넣어야 했기 때문이다.[147]

따라서 강력한 여성운동이 따로 없는 곳에서도 선거제도와 정당, 여론의 우호적인 분위기가 여성이 성공적인 결과를 얻는 데 기여했다.[148] 이 부분에서 가장 큰 발전이 있었던 곳은 노르웨이다. 사회민주주의 정당인 노르웨이 노동당 대표 그로 할렘 브룬틀란이 1986년에 수상이 된 이후다. 그녀는 절반 가까이 여성으로 구성된 각료를 임명했고, 이는 하나의 모범이 되었다. 1989년 이후 브룬틀란 정부를 이은 두 정부(그중 한 정부는 사회주의 정부가 아니었다)도 각료 구성에서 여성의 비율이 이전 정부와 비슷했다.[149] 노동당의 선례를 따른 다른 노르웨이 정당들도 생겨났다. 1991년 안네 엥에르 란스테인Anne Enger Lahnstein이 EEC 가입을 반대하는 중앙당의 대표가 되었고, 케이시 쿨만 파이브Kaci Kullmann-Five는 보수당을 맡았다. 노르웨이 정치에서 여성의 활약이 두드러진 까닭을 간단히 설명할 수는 없다. 다른 영역에서는 여성의 활동이 두드러지지 않았다. 노조연맹의 총평의회 의석 중 여성이 차지하는 비율은 24퍼센트에 불과했고, 고위 공무원의 10.9퍼센트, 대학교수의 7.2퍼센트, 경영 간부의 3.3퍼센트가 여성이었다.[150]

페미니즘에 찬성하는 강력한 여론이 의회 여성의 비율과 관련 있다는 구체적인 증거는 없다. 여성 의원 비율이 높은 독일과 영국을 비교한 연구에 따르면, '영국과 독일에서 미취학 아동이 있는 가정의 여성이 전일제로 일하는 것을 아무도 좋게 여기지 않는다'고 한다.[151] 1983년 유로바로미터Eurobarometer의 조사 결과를 토대로 한 연구에서는 서유럽 여성 25~50퍼센트가 '페미니스트'로 불릴 수 있을 것이라고 결론 내렸다. 여성 의원 비율이 낮은 이탈리아와 프랑스, 벨기에는 서유럽에서 페미니스트의 비율이 가장 높았고, 영국은 페미니스트의 비율이 매우 낮아 아일랜드보다 뒤처졌다.[152] 성차별주의 같은 문제와 관련된 '여론의 동향'은 진지하게 평가하기 어렵다. 기젤라 캐플런Gisela Kaplan은 1983년 「유럽의 남성과 여성Men and Women of Europe」이라는 EEC 조사에서 그리스의 페미니즘 점수가 매우 높았다는 점을 지적한다. 입증되지 않은 증거나 일반적인 고정관념과 반대로, 그리스 여성과 남성의 50퍼센트가 가족 내 최선의 역할 분담은 남녀가 일을 동등하게 분담하는 것이라고 주장했다.[153] 그럼에도 그리스는 EC 회원국 중 여성의 의회 진출이 가장 저조하다.

여성 의원 수와 여성에게 유리한 법률 제정의 규모에도 뚜렷한 상관관계가 없다. 예를 들어 그리스 여성 의원 수는 초라할 정도로 적은데, 이는 그리스 사회당 정부가 1980년대 내내 추진한 놀랍도록 진보적인 입법과 극명한 대조를 이룬다.[154] 프랑스 국민의회와 영국 하원에는 여성이 상대적으로 적은 편이지만, 두 나라는 여성의 권리를 보호하는 법률 제정에서 다른 유럽 국가들에 뒤지지 않으며, 오히려 앞선 부분도 많다.

기젤라 캐플런은 "사회공학에는 돈이 든다"고 했다.[155] 그 말대로 국가의 상대적 부는 여성의 진보에서 중요한 원인이다. 북유럽은 남유럽보다 부유하다. 시민권은 값이 더 쌀지 모르지만, 가전제품과 의료 서비스, 보육, 좋은 학교와 대학은 그렇지 않다. 부가 여성의 진보에 결정적인 요소는 아닐지 몰라도, 해방과 평등을 향해 한 걸음 더 나가기 위한 조건을 마련해주는 것은 분명하다. 경제적 뒷받침이 없는 사회주의적 결단은 제 할 일을 하지 못한다.

정치적으로 적극적인 여성들의 평등에 대한 요구가 날로 커졌고, 이를 만족시킬 수 있는 지름길을 찾아야 했다. 일반적인 길은 할당 제도를 도입하는 것이었다. 이 제도는 선출된 여성들이 실제로 여성을 '대표'하는가라는 여전히 풀리지 않는 문제를 남겼다.[156] 1980~1990년대에 정당은 여성을 위한 의무적인 할당제를 실시하려고 하는 사실상 유일한 기관이 되었다. 영국 노동당은 수년간 국가집행위원회 내에 '여성 할당'으로 (전체 6분의 1이 안 되는) 5석을 유지했다. 이후 예비 내각의 할당제를 비롯해 다른 할당제가 도입되었다.[157] 젊은 여성층의 표를 얻기 위해 녹색당과 경쟁하던 독일 사회민주당은 1988년 뮌스터Münster 당대회에서 1994년까지 정당 조직과 의회의 모든 단계에 여성의 비율을 40퍼센트로 끌어올리는 여성 할당Frauenquote 계획을 승인했다. 일정 기간이 지나면 사회적 약자 우대 정책이 필요하지 않을 거라는 가정 아래, 할당제 적용 기간은 25년으로 정했다.[158]

1993년경에는 사회주의 인터내셔널에 소속된 대다수 정당과 상당수 비사회주의 정당이 정당 조직이나 후보자 명부에 30~40퍼센트를 보장하는 여성 할당제를 도입했다.[159] 1980년대에 할당제 문제가 부각된 시점은 여성운동에 대한 지지가 시들해진 시점과 같았다. 시민권 운동, 동일 임금과 차별 금지 관련 입법, 낙태, 이혼, 가족법 등은 사실상 어느 곳에서나 획득된 상태였다. 보육이나 노동의 재정립과 같이 궁극적으로 훨씬 중요한 다른 투쟁은 비용이 많이 드는 개혁이 필요했지만, 공공 지출이 삭감되는 시기였다. 할당제는 비용이 거의 들지 않았고, 현대적 페미니즘의 선진 부대를 만족시켰다. 그것은 위험한 전략이었고, 사회민주주의의 전통적 점진주의를 연상시켰다. "우리는 먼저 권력을 장악해야 하고, 그다음에 원칙에 따라 행동해야 하며, 그러고 나서는 우리의 능력을 보여줘야 하고, 결국에는 진정한 사회주의를 반드시 얻을 것이다." 선거에서 자신들을 뽑아줄 고객을 확보하는 데 능숙한 정당들은 페미니스트를 끌어들이기 위해 많은 비용을 들이지 않아도 된다는 사실을 알았다. 스페인 사회노동당은 1983년 여성협회Istituto de la Mujer를 설립했다. 협회는 평등 정책을 감독하고, 여성 훈련 프로그램을 진행하며, 여성 조직에게 자금을 제공했다. 여성협회는 여성을 위한 안정적인 일자리를 창출했고, 유럽에서 가장 큰 여성 관료 조직(1992년 직원 228명)으로 성장했으며, 1984~1990년에 예산이 세 배로 늘었다. 그러나 농업 공동체 같은 진정한 고객과 비교하면, 예산과 인원 모두 보잘것없는 수준이었다(농부보다 여성이 훨씬 많았음에도).[160] 페미니즘이 정당정치 안으로 들어오면서 진짜 문제가 드러났다. 프리가 하우크Frigga Haug는 여성운동의 '고갈'에 주목하면서 그 원인이 "사회민주주의 개혁 정치의 전형적 결과인 여성 문제의 국유화"라며, "한 여성이 다수의 투쟁에서 얻은 결실을 누리게 하는 것은 정치적 함정이다. 국가 혹은 상부에서 지시하는 정치가 개개의 구성원을 매수함으로써 여성운동을 통제한다"고 경고했다.[161] 하우크가 내비친 우려는 여성의 요구를 사회주의 정당의 정책으로 흡수하는 것은 대개 외부 압력에서 비롯된, 표나 당원을 얻기 위한 양보라는 것이었다. 거기에는 전략의 재고가 수반되지 않았다. 단편적인 접근법이기 때문에 나머지 정책은 유지한 채 마음대로 버릴 수도 있는 정책이었다.[162]

새로운 사회운동의 요구를 채택한 것이 선거에서 좌파에게 유리하게 작용했는지도 확실하지 않다. 여성을 위한 정책이 정당의 전통적 이미지에 묻히는 경우도 있었다. 예를 들어 프랑스 공산당은 여성 문제에 어느 정당보다 명확한 태도를 표명했지만, 1981년 선거에서 주요 프랑스 정당 가운데 여성 유권자들의 지지율이 가장 낮았다.[163] 프랑스 사회당이 그보다 훨씬 많은 지지를 받은 것은 미테랑이 여성 문제에 확실한 공감을 보였기 때문이기도 하고, 여성의 권리에 관한 성명서(1979년) 덕분이기도 했다.[164] 반면 인터내셔널 프랑스지부(미테랑이 이끌기 전의 사회주의 정당)는 여성의 권리에 미미한 관심을 보였을 뿐인데도 언제나 공산주의자들보다 여성 유권자의 지지를 많이 받았다. 물론 1965년에 여성의 61퍼센트, 남성의 41퍼센트를 획득한 드골만큼 많은 지지를 받지는 못했다.[165] 프랑스 사회당은 대다수 좌파 정당과 달리 보수 정당에 비해 선출된 여성 의원의 비율이 적었음에도(표 22.7 참조), 1988년 선거에서 미테랑은 성별 지지율 격차를 효과적으로 좁혔다.

독일의 경우, 1960년대 후반까지 기독민주당과 기독사회당 연합은 남성보다 여성의 지지율이 평균 10퍼센트 높았다. 1970~1980년대에는 격차가 좁아졌다. 녹색당은 여성 문제에 뚜렷한 입장을 표명했음에도 1983년과 1987년에 여성보다 남성 유권자의 지지를 많이 받았다.[166] 스웨덴에서는 1970년대에 사라진 성별 격차가 1980

년대에 다시 나타났다. (여성 문제에 강력한 운동을 펼친) 자유당 지지자는 남성보다 여성이 많았다. 1991년에는 나이가 있는 여성들은 규모가 작은 기독민주당을 선호한 반면, 젊은 여성층은 환경당을 지지했다.[167] 그러나 스웨덴 사회민주당은 여성의 진출이 활발한 공공 부문을 강조한 정당이기 때문에 1985년 선거에서 보수 성향 친자본주의 정당인 보수당보다 여성 지지자의 비율이 높았다.[168]

영국은 "여성의 투표 행태가 남성과 사실상 동일했다". 보수당은 남성과 여성의 득표율 44퍼센트로 1987년 선거에서 승리했다.[169] 물론 이것은 노동당이 성별 격차를 줄였고, 전보다 여성 유권자들 사이에서 인기가 높아졌다는 의미다.[170] 따라서 자연스러운 세대 변화가 있었을 것이라고 가정할 수 있다. 나이가 있는 전통적인 여성들이 세상을 떠난 뒤 새롭게 등장한 집단은 페미니즘을 지지하는 정당에 투표할 가능성이 컸을 것이다. 그 결과 1987년 선거에서 젊은 여성들은 나머지 유권자들의 친보수주의 경향에 역행한 유일한 집단이었다. 노동당은 18~24세 노동계급 여성에서 보수당보다 30퍼센트 앞섰다. 그러나 이 집단은 전체 인구의 7퍼센트밖에 되지 않았다. 반면 보수당은 젊은 중산계급 여성에서 21퍼센트를 앞섰고, 더 나이 있는 중산계급 여성에서는 엄청난 차이로 앞섰다.[171] "여성은 당연히 노동당의 지지층이다"라는 주장은 시기상조였다.[172] 노동당 페미니스트들은 굴하지 않고 꾸준히 활동했다. 1989년에 발표한 「정책 재검토policy review」 문건은 성별 문제에 대한 접근에서 혁신적이었고, 페미니스트 작가 두 명에게 "정책에서 여성의 특별한 요구에 대한 헌신이 엿보이는 것 같다"는 논평을 이끌어냈다. 그 내용은 관례대로 간략한 부록 형태가 아니라 본문에서 눈에 띄게 다뤄

졌다.[173]

 이런 노력은 유권자들의 지지로 보답받지 못했고, 1992년에 성별 격차는 다시 벌어졌다. 보수당이 승리한 1992년 총선에서 노동당과 보수당의 득표율 차는 남성 유권자보다 여성 유권자 사이에서 8퍼센트 높았다.[174] 노동당이 노동당 페미니스트들의 권유대로 여성 의원을 늘리고 예비 내각에 더 많은 여성을 영입하겠다고 약속했음에도, 35세 이상 여성들은 노동당에 등을 돌렸다.[175]

 여성들 사이에 새롭게 불어닥친 '보수' 경향은 비합리적인 것이 아니었다. 1988년 이후 불황이 영국을 휩쓰는 동안 전일제 일을 하는 여성은 상당히 증가했지만, 남성의 실업률은 계속 올라갔다. 보수당은 기회 균등을 위한 입법에 적극적으로 나서지 않았을지 모르지만, 그렇다고 반대하지도 않았다. 또 그런 법률은 여성의 삶을 바꿔놓지 못했다. 반면에 보수당은 노동시장의 규제 완화를 지속적으로 주장했다. 그 정책들은 여성을 위한 취업 기회를 확대했기에, "일하는 남성에게는 재앙이었을지 모르지만 일하는 여성에게는 분명 유리하게 작용했을 것이다".[176]

 게다가 영국을 비롯한 여러 나라의 보수주의자들은 대개 자신을 가족 정당, 여성을 위한 정당으로 내세웠다.[177] 그들이 전통을 지키는 것만으로 유권자들의 지지를 호소한 것은 아니다. 많은 보수주의 정당과 기독교 정당들은 여성의 지지를 받는다는 이유 때문에 일반적으로 인식되는 것보다 여성 문제에 민감하게 반응했다. 예를 들어 성적 행동, 가족생활, 낙태, 이혼 같은 문제에 전통적인 입장을 고수하는 이탈리아 기독민주당이 1950년에 통과시킨 법안은 일하는 엄마들을 보호하고, 임신한 여성에게 출산 전 두 달과 출산 후 석 달 유급휴가를 주는 것을 의무화하며, 어떤 유럽 정부보다 빠른 1954년 ILO(국제노동기구) 동일 임금에 관한 협약을 비준하는 내용이었다.[178] 영국 보수당은 보통선거가 시작되자마자 여성 문제에 주의를 기울였다. 그들은 1929년에 심혈을 기울여 '여성을 위한 개혁 목록'을 준비했다.[179] 다른 보수당들도 시류를 따라 페미니즘에 반응했다. 예를 들어 독일의 기독민주당과 기독사회당 연합은 '현대적' 여성을 위한 새로운 정책을 개발했다.[180] 여성에 대한 보수적인 모델을 선전하는 대신, 시간제 일을 하는 사랑이 많은 주부이자 엄마라는 역동적으로 개조된 혼합 모델을 제공했다. '페미니스트의 환심을 살 수 있게 그들의 언어로 기술된' 그 정책은 일부 페미니스트들에게 '특출하게 진보적'이라는 찬사를 받았다.[181] 영국에서는 1991년 가을 존 메이저John Major가 더 많은 여성들을 최상위 직장에 진출시키는 것을 목표로 하는 '작전Operation 2000'을 지지한다고 선언했다.[182]

좌파 정당들이 페미니즘(혹은 환경보호주의) 입장을 채택한 것이 그들에게 해가 된 것 같지는 않지만, 선거에서 유리하게 작용했는지도 분명하지 않다. 여성도 남성처럼 다양한 정체성이 있고, 페미니즘의 주장에 반드시 영향을 받는 것도 아니다. 많은 나라에서 계급, 교육, 종교, 지역이 성별보다 정확한 투표 예측 변수다.[183] 특정 요구를 채택하면 유권자 중 일부를 확보할 수 있을 거라는 생각은 상품 시장과 정치 시장의 차이를 알지 못하는 자들이 믿는 환상이었다. 극소수 사람들이 읽는 정책 공약에 그런 요구를 넣는다고 해서 자동적으로 유권자의 마음을 얻을 수는 없었다. 성별이 투표 행태에 실질적인 차이를 만드는 경우는 선거운동 기간에 성별 문제가 중요한 쟁점으로 부각되는 경우일 것이다. 그러나 어떤 정당이 페미니즘 성격의 의제를 채택한다면, 많은 남성 유권자(그리고 전통적인 여성)가 그 정당에서 멀어지지 않겠는가? 몇 퍼센트 차이로 이기고 질 수 있는 상황에서 조심스러울 수밖에 없는 것이 당연하다. 따라서 영국의 정당들도 다른 나라 정당들과 마찬가지로 인플레이션이나 세제처럼 종전에 많이 다루던 문제를 중심으로 선거전을 치렀다.[184] 1992년 영국 총선 당시 정치인이 1031차례나 TV에 출연했지만, 그중 여성이 출연한 경우는 33차례에 불과했다. '시청자 전화 참여' 프로그램에서 보육 수당이나 유아교육 같은 '여성' 문제는 자주 제기되었는데 말이다.[185]

페미니즘과 환경보호는 전형적으로 말만 앞세우는 쟁점이 되었다. 정치인은 선의와 관심을 보여주는 것처럼 그 문제를 지적하고 언급했다. 그런 다음에 그 문제들은 목록의 맨 아래로 내려갔고, 다시 '진짜' 정치에 초점이 맞춰졌다. 예를 들어 1980년대 후반 노동당의 주도적인 현대화주의자로 여겨진 브라이언 굴드Bryan Gould는 A Future for Socialism(사회주의를 위한 미래)에서 노동당이 여성을 외면하는 것을 개탄하며, 사회주의자들이 페미니즘 의제는 "여성에게만 직접적인 영향을 끼치는 것이든 아니든, 모든 영역의 정치·사회적 쟁점을 분명히 보여준다"는 것을 깨달아야 한다고 덧붙였다.[186] 이것이 그 책에서 여성이나 페미니즘 혹은 성별에 대한 유일한 언급이다.

이보다 덜 두드러지지만 유사한 양면성을 1987년 이탈리아 공산당의 선거운동에서도 찾아볼 수 있다. 마르크 라차르Marc Lazar가 주목한 대로, 선거운동 기간 내내 공산당의 벽보에는 '나는 여성을 뽑기 위해 공산당에게 투표한다' 혹은 '여성을 뽑으세요. 공산당에게 투표하세요' 같은 슬로건이 있었다. 그러나 공산당 서기장 알레산드로 나타Alessandro Natta의 마지막 호소가 실린 일간지 「우니타L'Unità」의 1면 머리기사는 「다른 모든 이들 앞에 노동자」였다.[187]

환경보호 문제에도 애매한 접근이 취해졌다. 1989년 유럽의회 선거에서 영국 녹색당이 성공(15퍼센트 득표했지만 의석은 얻지 못함)을 거둔 뒤, 영국의 주요 정당들은 환경보호를 주요 의제로 내세웠다. 3년이 지난 1992년 선거운동 기간에 환경보호 문제는 이전의 자리를 잃고 부차적인 사안으로 돌아갔다.[188]

새로운 정치의 두 가지 핵심 쟁점인 환경보호주의와 페미니즘은 자본주의자들같이 쉽게 확인할 수 있는 소수의 적을 목표물로 삼지 않는다. 그들의 목표물은 광범위하다. 어떤 정당이 '소비자'나 '남성'을 두들겨 패야 할 적으로 지목하면서 폭넓은 지지를 기대할 수 있겠는가. 녹색 정치를 위해서는 서로 다른 우선 사항이 뒤섞인 사회로 들어가야 하며, 현재까지 가장 무서운 오염원인 개인 자동차 운전을 심각하게 제한해야 할 수도 있다. 이는 자동차 생산에 참여하는 노동자나 고용주뿐만 아니라 평범한 자동차 운전자 수백만 명, 즉 역사상 처음으로 개인적 교통수단을 사용하게 된 세대의 반발을 살 것이다. 이들은 어떤 정당이라도 반감을 사고 싶어 하지 않을 유권자 층이다.

페미니즘의 경우 '적'이 될 수 있는 것은 오직 남성이거나, 더 정확하게는 인간을 '남성'으로 만드는 방식뿐이다. 페미니즘의 진정한 장기적 목적은 여성이 남성의 세계에 접근하게 하는 것이 아니라, 남성과 여성을 통해 이 세상을 바꾸는 것이다. 이는 '새로운 정치'에 대한 무비판적 지지자는 아니던 헬무트 슈미트조차 "전통적인 남성의 세계도 바뀌어야 여성의 해방이 성공할 것이다"라고 1979년 연방 하원Bundestag에서 말할 정도로 분명하게 느껴지고 인식되었다.[189] 많은 남성에게 큰 위로가 되는 상황은 아니었다. 영국에서 실시한 조사에 따르면 "아내가 전일제로 일하는 남자들 중 상당한 비율은 그 상황에 다소 불편함을 느끼는 것 같다"고 한다.[190] 페미니즘 때문에 위협을 느끼는 여성도 많았다. 성별 혁명에서 불가피한 요소인 남성성의 재정의는 여성성의 재정의를 의미하기도 했다. 울스턴크래프트Mary Wollstonecraft에서 보부아르Simone de Beauvoir까지 과거의 위대한 페미니즘 이론가들이 지적했듯이, 페미니즘은 남성뿐 아니라 여성에게도 도전이 되었다. 기록된 역사를 통틀어 여성에 대한 남성의 억압은 여성의 공모 없이는 일어날 수 없었다.

　오늘날 입수할 수 있는 상당한 연구를 통해 볼 때 진정한 남녀평등을 방해하는 근본적인 장애물은 분명 돌보는 사람과 생산하는 사람이라는 여성의 상충되는 역할이 지속되는 데 있다. 알바 뮈르달Alva Myrdal과 비올라 클라인Viola Klein도 40여 년 전에 이런 내용을 지적했다.[191] 광범위한 보육 지원을 제공한다고 해서 그 문제를 단기간에 해결할 수는 없을 것이다. 죄책감을 불러일으키는 문화적 양상, 진정으로 기댈 수 있는 유일한 사람이 엄마일 거라는 아이들의 유도된 기대, 장시간을 직장에 헌신하는 것이 높이 평가되는 종전의 근무 형태, 이 모든 것들이 상당 부분 종전의 분업에 따라 진행되는 생산 체계에 여성이 남성과 동등한 조건으로 편입하는 것에 불리하게 작용했다.[192] 예를 들어 1974~1979년에 스웨덴은 선진적인 육아휴직 제도를 도입했다. 세계에서 최초로 부모 혹은 부모 중한 사람이 신생아나 아픈 아이를 돌볼 수 있게 했고, 더 적은 시간 노동할 수 있는 법적 권리도 부여했다.193 그러나 '성 중립적' 육아휴직 제도를 이용한 사람은 여성이 압도적으로 많았다.194 아버지의 의미가 바뀌어야, 따라서 자본주의 자체보다 오래된 남성성의 개념이 바뀌어야 진정한 남녀평등으로 가는 길에서 얼마간 진전이 가능하다. 이런 문화적 혁명을 일으키는 것은 정당의 영역에서 상당히 벗어나 있었다. 정당들은 성性과 관련된 영역을 민주화하는 일에서도 미미한 역할을 했을 뿐이다.195 그런 허약한 조직이 수세기 경험 속에 뿌리내려진 태도를 바꿀 수 있을 거라는 기대는 비현실적이다. 그 조직들은 어떤 열정을 일으켜서 퍼뜨릴 능력도, 다음 선거 이후를 생각할 능력도 없었다.

사회주의 정당들이 할 수 있을 거라고 기대해도 될 만한 것은, 진정한 남녀평등의 발전을 위한 조건 중 일부를 마련하는 일일 것이다. 남성의 완전고용이라는 오래된 이상이 부서졌기 때문에, 어쩌면 사회복지를 새롭게 구축할 수 있을지도 모른다. 사회적 참여를 박탈당한 '비자발적 사회적 망명자'가 아닌 여성이 남성과 동등한 조건으로 사회 구성원의 자격을 누릴 수 있는 '복지사회'를 만들어가는 것이다.196 이 최소주의 가정이 타당하다면, 우리는 사회주의자들의 임무를 '가능하게 하는 사람들'로 재정의해야 할 것이다. 사회주의자들은 아무도 해방하지 못한다. 그들은 기껏해야 해방의 가능성을 만들어갈 수 있을 뿐이다.

사회주의 운동이 시작되었을 때는 노동자들을 자아의 해방으로 이끌고자 하는 야심이 있었다. 100년 뒤 그 목표는 더 온건해졌고, 노동자들에 초점을 맞추지도 않았다. 이제는 노동계급의 해방이 인간의 해방을 위한 필수조건으로 여겨지지 않았다. 새로운 사회주의 운동은 사회주의 정당들의 득표율을 올려주지 못했을지 모르지만, 새로운 아이디어를 주었다. 장기적으로 보면 언제나 아이디어가 득표율보다 중요하다. 그러나 1980년대 말에는 사회주의가 깊은 혼수상태에 빠졌다는 우울한 예측이 확증된 것처럼 보였다. 전통적인 사회주의 의제에 얼마간 생명을 불어넣으려는 마지막 시도는 실패로 끝나고 말았다. 그 내용은 다음 장에서 살펴볼 것이다.

23장

1980년대 : 마지막 보루에서 급진주의

권력은 경이로울 정도로 정신을 집중시킨다고 한다. 정권을 잡은 정당들은 자신들이 가진 권력의 한계를 인식한다. 그들은 이전에는 가능할 것이라고 여긴 대안들이 실제로는 불가능하다는 사실을 깨닫는다. 이전의 정책 결정에서 비롯된 예상치 못한 결과로 계획하지 않은 행동을 취해야 하는 경우도 있다. 현실적(실용적) 태도를 취해야 한다는 것은 아무도 무시할 수 없는 지령이 되었다. 그 지령은 정당의 움직임을 제한하는 제약에 의해 강요되고 구조화된다. 이런 고찰은 정치 자체만큼이나 오래된 것이지만, 현대에 와서 더 중요한 의미가 되었다. 위대한 정치가 비스마르크 Otto von Bismarck도 말했다.

프로이센Preussen의 각료가 택할 수 있는 길은 결코 넓지 않다. 극좌파 출신 정치인이 장관이 된다면 오른쪽으로 이동해야 할 것이고, 극우파 출신 정치인이 장관이 된다면 왼쪽으로 이동해야 할 것이다. 큰 국가의 정부가 걷는 이 좁은 길에 한 정치인이 연설자나 의회의 의원으로서 보일 수 있는 정치 신조의 전면적인 일탈을 받아들일 여지는 없다.[1]

야당 정치인의 삶은 더 답답하다. 그러나 정치권력을 갖지 못한 이들에게는 적어도 꿈꿀 자유가 있다. 큰 위안이 되지 못할지도 모르지만, 야당에게는 '정권 획득'이라는 단순하고 중대한 목표가 있다. 정책은 실제로 내는 성과가 아니라, 유권자나 당의 지지자들이 보일 반응을 기준으로 평가된다. 야당으로 머무는 기간이 길어지면 내놓을 수 있는 정책의 폭이 줄어든다. 선거에서 거듭 인정받지 못한 정책은 폐기되어야 한다. 사회·경제적 환경이나 정권을 잡은 반대 세력의 정책 때문에 이전의 계획들이 부적절하고 시대에 뒤떨어진 것이 되어 전반적으로 재평가해야 하는 상황도 있다.

예를 들면 1980년대 유럽 전역, 특히 영국에서 광범위하게 일어난 민영화 바람 때문에 좌파의 전통적인 강령인 국유화 정책과 그에 따른 간섭주의 경제관리 모델은 설득력을 잃었다. 국유화 정책은 경제체제 전체가 붕괴하기 직전이라는 전제 아래에서 다시 발굴될 수 있을 것이다. 그러나 어떤 정당도 예상할 수 없는 재난에 입각해서 강령을 제안할 수는 없다. 재再국유화는 이전의 상태로 돌아가게 할 뿐인, 비용이 많이 드는 방안이었다. 마찬가지로 완전고용이 실현된 상황에서 완전고용을 지키는 것과 대량 실업이 존재하는 상황에서 완전고용을 주장하는 것은 전혀 다른 문제였다.

우리는 네덜란드와 벨기에, 스웨덴과 이탈리아, 영국과 오스트리아, 프랑스와 독일에서 집권하던 사회주의자나 사회민주주의자들이 스태그플레이션과 상호 의존, 저성장이 불어닥친 새로운 시대에 어떻게 적응해야 했는지 살펴봤다. 1980년대 말, 좌파에 속한 모든 정당은 거의 예외 없이 좌파 운동 역사를 통틀어 전례가 없는 극적인 강령의 재평가를 거쳤다.

그런 상황을 구체적으로 설명하기 위해 야당으로 있던 몇몇 사회주의 정당의 급진적인 쇄신을 살펴볼 것이다. 우선 1979~1983년 영국 노동당의 정책을 분석할 것이다. 이 시기는 영국 노동당이 집권기(1974~1979년)의 정책 실패를 바로잡기 위해 대응하던 때다. 영국 노동당은 당헌을 개정하려고 시도하는 한편, 미래의 노동당 정부가 대안경제전략을 추진할 것이라는 점을 확실히 밝히려고 했다. 그다음에는 스웨덴의 사회민주주의자들이 야심 차게 도입한 마이드너 플랜을 분석할 것이다. 마이드너 플랜은 주요 생산수단에 대한 사적인 통제를 제거하는 것을 목표로 한 전후 최초의 사회주의 정책이었다. 마지막으로 독일 사회민주당이 당의 새로운 '기본 강령'에 '새로운 정치' 요소를 접목하려 한 시도에 대해 살펴볼 것이다. 이 계획들은 모두 폐기되었다. 계획을 지지하던 이들이 패했거나(영국 노동당), 계획을 반대하는 세력이 거대했거나(스웨덴), 소련 고르바초프Mikhail Sergeevich Gorbachev의 개혁으로 독일을 비롯한 유럽의 정치적 지도에 예기치 못한 변화가 발생했기 때문이다.

마지막 장에서는 유럽 사회민주주의에서 확립된 새로운 이념적 합의에 대해 살펴볼 것이다. 1980년대 후반 등장한 신수정주의는 역사상 두 번째로 나타난 사회주의와 자본주의의 화해다. 사회민주주의적 관점에서 비롯된 첫 번째 화해는 1945년 이후에 있었다. 두 번째 화해는 신자유주의적 관점에서 비롯된 타협이다. 이 화해가 사회주의 운동의 실질적 종말을 의미하는지, 그저 사회주의 운동의 초기 역사가 끝났음을 의미하는지는 미래 학자들의 몫으로 남겨둘 작정이다. 역사가라면 잘 알겠지만, 역사에 대해서는 아무도 단정 지어 말할 수 없기 때문이다.

영국 노동당 좌파의 흥망성쇠

1979년 5월 마거릿 대처가 다우닝가의 수상 관저에 입성했을 때, 대다수 영국 보수당원들도 영국 국민과 마찬가지로 대처가 20세기 영국에서 가장 급진적인 행정부를 이끌어갈 것이라는 사실을 전혀 알지 못했다. 대다수 정당은 정권을 잡고 정부를 이끌면 당의 이념을 희석한다. 그러나 새로운 보수당 정부는 처음에 내세운 엄격한 통화주의를 발 빠르게 포기한 대신, 집권당으로 활동하는 동안 당의 이념을 강화했다. 보수당 내각은 10년에 걸쳐 노동조합의 힘을 약화하고, 지방정부를 무력하게 만들었다. 노동시장의 규제를 철폐하고, 소득세를 1970년대에는 상상할 수 없는 수준으로 떨어뜨렸다. 공공 부문이 대부분 민간 기업에 넘어갔으며, 교육과 보건 등 아직 민간에 넘길 수 없는 부문에도 자원 배분에서는 시장 기준과 비슷해 보이는 기준이 도입되었다. 그 결과 실질적으로 빈자에서 부자로 자원이 분배되었고, 그 와중에도 사회 갈등은 최소한으로 봉합되었다.[2] 물론 이중 많은 부분은 상황이 보수당에게 유리하지 않았다면 일어날 수 없었을 것이다. 예를 들면 영국 노동조합은 보수당이 통과시킨 법이 아니라 실업률 증가로 인해 힘이 약해졌고, 노동조합의 힘이 약해진 덕분에 보수당이 반노조 법안을 통과시킬 수 있었다.

1979년 5월, 영국 노동당에게 미래를 보여주는 수정 구슬이 있었다면 노동당은 급하게 왼쪽으로 더 옮겨가기 전에 주저했을 것이다. 왼쪽으로 옮겨가는 바람에 중앙의 넓은 자리를 우파 정부에게 내주는 결과를 초래했기 때문이다. 일부 좌파 지식인들은 초기에 경고의 목소리를 높였다. 그들은 대처가 이끄는 정부가 실제 성과와 상관없이 이념적 풍조를 우파 쪽으로 끌어당길 것이라고 예측했다. 스튜어트 홀Stuart Hall은 보수당이 역사적인 승리를 거두기 6개월 전인 1978년 12월, 뒷날 수없이 인용되는 선구적인 글을 발표했다. 이 글에서 홀이 지적한 바에 따르면 대처의 정치적 개입의 힘은 "단순히 종전의 '철학'에 존재하는 요소를 재정비하는 것이 아니라 틀을 깨부수려 하는 급진주의에 있다".[3] 이런 분석은 1980년대 가장 영향력 있는 좌파 간행물인 '유러코뮤니즘' 이론지 『마르크시즘 투데이Marxism Today』에서 본격적으로 다뤄졌다.[4] 노동당에서는 대처리즘에 대해 아무런 분석도 하지 않았다. 『마르크시즘 투데이』의 비평가 마이클 러스틴Michael Rustin도 이 점을 지적했다. "노동당의 정치 문화가 얼마나 얄팍했는지 『마르크시즘 투데이』 역시 노동당 수정주의를 위한 이론 기관지나 다름없어졌다."[5]

노동당 내부 우파 세력의 혼란에 힘입어 대담해진 노동당 좌파는 『마르크시즘 투데이』에서 대처를 위험한 적수로 규정한 점에 동의했다. 대처의 목표는 전후 보수당과 노동당 우파 사이에 맺어진

편리한 사회민주주의적 합의를 완전히 파묻는 것이었다. 노동당 좌파는 눈물을 흘릴 이유가 없었다. 그 낡은 합의는 결국 자본주의적 합의였다. 마거릿 대처가 급진적인 방식으로 정치한다면 노동당 좌파도 좌파 고유의 급진주의로 대응하면 될 일이었다. 마침내 계급 투쟁이 눈에 보이는 형태로 나타날 것 같았다. 그러나 노동당 좌파는 『마르크시즘 투데이』의 예측을 귀담아듣지 않았다. 그들은 과거의 급진적 정책 기반으로는 새로운 패권을 확립할 수 없다는 사실을 인정하지 않았다. 글로벌리즘globalism과 포스트포디즘이 펼쳐지는 '새로운 시대'에 대처하기 위해서는 새로운 정책이 필요했다.

『마르크시즘 투데이』에서 인습을 몰아낸 것은 반드시 필요한 일이었지만, 낡은 좌파 사상이 치워지자 『마르크시즘 투데이』와 그 지지자들은 더 나갈 길을 찾지 못했다. 그들은 대처 정책에 관한 담론에서 자신들이 동경하는 급진적인 요소를 골라내서 그것들이 현대성의 전조라며 환호하는 데 그쳤다.⁶ 그들은 현대적인 종교 지도자들이 행하는 방식으로 최신 동향(포스트포디즘이나 유연한 전문화, 제3세계 국가를 위한 자선 행사)에 주목했고, 이를 '진보'라 부르면서 미래를 상상했다. 1990년대에 폐간될 당시 『마르크시즘 투데이』에는 할 이야기가 남아 있지 않았다.

윌슨과 캘러헌은 노동당 좌파의 정책에 기회를 준 적이 없다. 1974~1979년 정부가 실패한 책임은 노동당 우파의 몫이었다. 노동당 우파는 공공 지출을 삭감하고, 실업률이 치솟도록 방치했으며, 노동당 핵심 지지층인 노동계급이 받아들이기 힘든 임금 억제를 추진했다. 이런 분석은 거칠기는 해도 사실과 거리가 멀다고 할 수 없다. 캘러헌 내각이 눈부신 성공을 거뒀다고 주장하는 사람은 없을 것이다. 캘러헌과 힐리가 추진한 정책이 실패하고, 1979년 노동당이 선거에서 패하자, 노동당 좌파는 전례 없는 힘을 얻었다.

1980년에 당시 좌파를 이끌던 마이클 풋이 제임스 캘러헌의 뒤를 이어 노동당 당수가 되었다. 풋은 윌슨과 캘러헌 내각에 대한 충성 때문에 '순수한' 좌파 투사로서 명성은 일부 잃은 상태였다. 그러나 그가 당수로 선출된 것은 노동당이 캘러헌 시대에서 벗어났고, 당내 좌파가 승리했음을 상징하는 사건이었다.

좌파 세력이 압도적으로 많은 노동당 활동가들은 노동조합 내 좌파와 우파의 심각한 분열 덕분에 당 내부 힘의 균형을 유지하면서 어느 때보다 강한 영향력을 발휘하게 되었다. 노동당과 연계된 최대 조직인 운수일반노동조합은 좌파의 충실한 지지자였으며, 우파 노동조합 지도부의 힘에 맞서 세력 균형을 유지하는 데 결정적인 역할을 했다.7 1950~1960년대 연례 전당대회에서는 당내 좌파에 반대하는 온건한 지도부가 노동조합의 블록 투표를 이용해 지지를 얻어낼 수 있었다. 1980년대 초에는 캘러헌과 힐리의 임금정책에 분노한 많은 노동조합이 우파를 돕는 것을 거부했다. 따라서 당내 일부 우파 세력이 블록 투표 폐지를 요구하는 목소리를 높인 것은 블록 투표가 비민주적이어서라기보다(분명히 비민주적이긴 했지만) 블록 투표에 기댈 수 없었기 때문이다.

노동당이 지배하는 지방정부는 여전히 남은 힘의 원천으로서 중요한 세력이 되었다. 특히 노동당 좌파가 장악한 지방정부 가운데 켄 리빙스턴Ken Livingstone이 이끄는 대런던의회GLC, 데이비드 블렁킷David Blunkett의 셰필드Sheffield, 트로츠키파가 이끄는 리버풀Liverpool에서 노동당의 세력이 강했다.

노동당 좌파는 새롭게 얻은 힘을 어떻게 사용했을까? 국가적인 차원에서 보면, 그들은 새로운 아이디어를 제안하기보다 1970년대에 개발한 대안경제전략(18장 참조)을 다시 파내는 방법을 택했다. 대안경제전략은 한 번도 검증받지 않았기 때문에 그 매력을 고스란히 간직하고 있었다.8 이 '대안적' 전략을 둘러싸고 지지자들과 반대자들이 각기 무시무시한 주장을 펼쳤지만, 대안경제전략의 주요 특징은 선택적인 국유화와 계획 협정, 대기업의 가격정책을 규제함으로써 공공 부문과 민간 부문을 '둘 다' 확대하기 위한 정책으로 요약된다. 수입 규제를 통해 국제수지를 급격히 악화시키지 않으면서도 경제성장이 가능할 거라고 여겨졌다.9 대안경제전략은 캘러헌 정부를 침몰시킨 임금에 대해서는 눈에 띄게 침묵을 지켰다. '전국 경제성 평가'를 지지했을 뿐인데, 이는 노동조합과 협상을 통한 소득정책을 에둘러서 표현한 것이다. 이런 모호함은 대안경제전략 지지자들에게도 거듭 비판을 받았다.10

대안경제전략은 스웨덴의 임금노동자기금이나 「바트고데스베르크 강령」을 수정한 독일 사회민주당의 「베를린 강령 Berlin Programme」(1989년)과 달리 노동당조정위원회나 노동자관리협회 같은 기관의 노력에도 노동조합원들이나 당원들 사이에서 폭넓게 논의된 적이 없었다. 대안경제전략도 스웨덴이나 독일의 계획과 마찬가지로 잠시나마 당의 공식 정책이었지만, 한 번도 원내 지도부의 열렬한 지지를 받지 못했다.11

노동당 좌파의 분석은 단순했다. 그들은 대안경제전략이 영국의 역사적인 경기 하락을 멈추고 사회주의로 가는 길을 열어줄 것이라고 생각했다. 가장 중요한 정치적 문제는 무엇을 해야 하느냐가 아니었다. 그 질문에는 대안경제전략이라는 해답이 나와 있었다. 문제는 전략을 실행하는 데 장애물을 제거하는 방법이었다. 장애물은 두 가지였다. 첫 번째 장애물은 노동당이 집권하게 되었을 때 지도부가 이 전략을 채택할 가능성이 낮다는 것이었다. 그러므로 당 지도부가 당 정책을 받아들이고 실행하도록 하는 새로운 내규를 고안할 필요가 있었다. 두 번째 장애물은 미래의 노동당 정부를 제약할 국제적인 의존 조직망, 즉 EEC와 미국을 주축으로 하는 대서양동맹Atlantic Alliance이었다. 이에 대한 해결책은 EEC에서 탈퇴하고 NATO를 무시하는 것이었다. 대안경제전략을 실행하기 위해서는 국제경제의 제약에서 영국을 격리해야 했다. 노동당이 이런 사회주의 전략을 개발하려고 시도한 것은 그때가 마지막이다.[12]

노동당은 1980년 이후 열린 전당대회에서 (영국을 포함한) 유럽에 크루즈미사일과 퍼싱 미사일을 배치하겠다는 결정과 영국 핵무기를 '현대화'하는 결정에 반대하는 입장을 정했다. 이는 1960년대 이후 수그러든 핵군축운동CND의 갑작스런 부흥과 때를 같이했다. 1983년 선거공약에서는 미래 노동당 정부가 핵군축 협상에 폴라리스 미사일을 포함할 것을 약속했다. 1987년 선거공약에서는 폴라리스 미사일의 해체를 약속했다. 사실상 노동당의 방위 정책은 엉망이었다. 1983년에는 '완전한' 일방적 군축을 주장하다가 1987년에는 '모호한' 일방적 군축으로 입장을 바꿨다.[13] 1983년 공약에서는 모든 이들을 만족시키려고 일방적 군축과 다국 간 군축을 동시에 지지했다. 당수 마이클 풋과 부당수 데니스 힐리는 상반된 설명을 내놓았다.[14]

노동당 좌파는 이 문제뿐만 아니라 다른 문제에서도 당 지도부가 일반 당원의 뜻에 따르지 않을 거라고 의심했으며, 노동당 당수를 일반 당원과 노동조합이 구성한 선거인단이 선출하는 방안을 제안했다. 좌파는 더 나아가 노동당의 선거 정책 공약집 초안을 관례대로 예비 내각과 공동으로 작성하는 것이 아니라, 좌파가 다수를 차지하는 국가집행위원회에서 작성할 것을 제안했다. 마지막으로 현역 의원들이 총선이 열릴 때마다 지구당에 의한 재선출 과정을 거칠 것을 제안했다. 좌파는 이 과정을 통해 게으르고 무능한 의원은 물론, 중도파 의원들이 탈락하고 좌파 성향 의원들이 유리한 입장에 서기를 기대했다.

좌파의 이런 제안 뒤에 다음과 같은 논리가 숨어 있다는 것은 쉽게 파악할 수 있다. 노동당의 민주화와 당원으로 권력 이동은 좌파 당수의 선출로 이어질 것이다. 대안경제전략은 언제나 그랬듯이 전당대회에서 압도적인 지지를 받고, 좌파가 주축이 되는 국가집행위원회에서 정강 정책으로 채택될 것이다. 이런 상황을 받아들이지 않으려는 의원들은 차기 선거 공천에서 탈락할 것이다. 이 작전은 두 가지 가정에 바탕을 두었다. 하나는 노동당 전당대회의 정치를 결정하는 투표권을 지닌 노조 운동이 우파와 좌파의 대립 속에서 힘을 발휘하지 못할 것이라는 가정이고, 다른 하나는 노동당 일반 당원은 언제나 좌파를 지지할 것이라는 가정이었다. 이때만 해도 활동가들이 선거에서 승리를 보장할 수는 없지만, 패배에 결정적인 역할을 할 수 있다는 사실이 분명하게 드러나지 않았다.[15]

이 계획의 전말은 다른 곳에 상세한 설명이 나와 있으니 여기에서 자세히 설명하느라 지체할 필요는 없을 것이다.[16] 1979년 의무적 재선출제가 도입되었다. 의무적 재선출제 도입은 영국 사회민주당SDP 창당을 불러온 가장 직접적인 원인이 되었다. 사회민주당 창당은 로이 젱킨스, 데이비드 오언David Owen, 셜리 윌리엄스, 윌리엄 로저스William Rodgers 등 노동당 우파 지도자 '4인방gang of four'이 주도했다. 이들은 원내 노동당 지도부가 노동당 전당대회에서 결정된 사항을 계속 무시할 수만 있었어도 현상을 유지하는 데 만족했을 것이다.[17] 그러나 노동당 상황에 대한 우파 세력의 불만은 의무적 재선출제가 도입되기 전부터 터져 나왔다. 로이 젱킨스는 EC 집행위원회 위원장으로 있던 1979년, BBC 방송의 딤블비 강연Dimbleby Lecture에서 '해외에서 고향 생각'이라는 제목으로 중도정당이 되어야 한다고 목소리를 높였다.[18] 사회민주주의 지식인들은 현 정세에 폭넓은 불만을 쏟아냈다. 일례로 데이비드 마퀀드David Marquand는 노동당 내부에 "갈수록 사회와 불화하고" 중산계급을 불안하게 하는 것이 목표인 '프롤레타리아' 경향이 증가하는 데 불만을 표했다. 한 걸음 더 나아가 '사회민주주의자들'이 '사회주의자들'과 같은 운동에 참여할 일이 없을 것이라고 말했는데, '사회주의' 진영의 많은 이들 역시 같은 생각을 하고 있었다.[19]

1981년 웸블리Wembley 특별 전당대회에서 하원 의원들은 당수를 선출하는 독점적인 권한을 빼앗겼다. 선거 정책 공약집 초안을 작성하는 권한은 당 지도부의 손에 남았다. 그해 말 좌파의 지도자 토니 벤은 고작 몇 표 차이로 노동당 부당수 자리를 놓쳤다. 데니스 힐리의 득표율이 50.426퍼센트, 토니 벤의 득표율은 49.574퍼센트였다. 토니 벤은 전체 선거인단의 30퍼센트를 차지하는 지구당에서는 83퍼센트를 얻었지만, 노동조합과 원내 노동당 투표에서 힐리에게 졌다. 자신들의 힘이 어디에서 오는지에 대한 좌파의 분석이 옳았다는 것은 확인되었다. 일반 당원들은 좌파를 전폭적으로 지지했고, 하원 의원들은 대부분 좌파에게 적대적이었다.

노동당 바깥의 사람들에게(그리고 일부 내부인에게도) 이런 상황은 먼 나라 일처럼 여겨졌다. 노동당은 노동조합의 자문 기구로 보였고, 그들이 투표하는 방식과 사용하는 언어는 보수당의 선전이 옳다는 사실을 확증하는 것처럼 보였다. 노동당 조직은 무능하고 조직력 없는 과두제 지도부에 의해 운영되는 것으로 보였고, 그 지도부는 자신들이 끊임없이 주장하는 것과 달리 '보통 사람들'의 대표와 거리가 멀었으며, 생경하고 낯선 방식으로 행동하는 것 같았다. 일반 당원들의 이미지는 훨씬 더 나빴다. 노동계급 지지자들에게는 애틀리와 베빈Ernest Bevin의 노동당이 대학 교육을 받은 무능력한 과격분자의 손에 떨어진 것처럼 보였다. 이 과격분자들은 공산주의 전통에서 빌린 이해할 수 없는 전문용어로 명령하고, 신경질적인 동성연애자와 고결한 척하는 환경운동가, 금욕주의적 채식주의자, 입이 거친 흑인 권력 운동가의 위협적인 로비에 영합하는 자들이었다. 대다수 중산계급이 보기에 노동당은 무례한 프롤레타리아 혹은 (「가디언The Gardian」의 시사평론가 피터 젱킨스Peter Jenkins의 모욕적인 표현을 빌리면) '폴리테크닉 출신 룸펜'에게 징발당한 것 같았다. 오만하고 투쟁적인 운동가들은 비교적 합리적인 지도부의 의견에 예전처럼 공손하게 귀를 기울이기는커녕, 경제적으로 어려운 시기에 사회복지 자금을 충당하기 위한 대규모 세금 인상을 요구하는 한편, 국가 운영을 노동조합의 손에 맡겨두려 했다. 이 터무니없는 이미지에도 진실의 일면은 숨어 있었지만, 언론이 그것을 강화했다. 언론은 노동당 좌파에 우호적이지 않았고, 모든 일간지는 보수당이나 노동당 우파를 지지했다. TV 방송은 좀더 균형 잡힌 시각으로 접근했지만, 실상 '균형'이란 좌나 우로 기울어지지 않는다는 의미이므로 방송에서 추구하는 가치는 정치 스펙트럼의 중심에 있었고, 그곳을 차지하는 이들은 노동당 좌파의 가장 위험한 적수인 노동당 우파와 사회민주당이었다.[20] 특히 토니 벤은 악의적인 중상모략의 표적이 되었다. 전후 가장 주목받은 노동당 정치인 토니 벤은 한동안 타블로이드 언론에서 '붉은 도깨비'로 불렸지만, '극'좌파를 희화하기 위한 어떤 전형적인 이미지에도 쉽사리 들어맞는 인물이 아니었다. 그럼에도 그를 '미치광이' 좌파에 어울리는 정신 나간 지도자로 그리기 위한 시도가 끊이지 않았다. 사실상 토니 벤은 역사가 에드워드 팔머 톰슨Edward Palmer Thompson과 더불어 곧 사라질, 다소 배타적이지만 빛난 영국 급진주의 전통을 대표하는 마지막 인물이었다.[21]

토니 벤은 노동당과 영국 사회를 민주화하려는 열띤 노력, 의회와 TV에서 놀라운 활약상, 공개 토론에서 노련한 토론 기술과 유머 감각 등을 보여줬지만, 그의 서투른 정치적 판단과 일관성 없는 태도를 상쇄하지는 못했다.[22] 이는 사회주의를 향한 영국 국민의 열망과 노동운동의 힘과 성숙도를 지나치게 낙관적이고 낭만적으로 본 나머지 제대로 평가하지 못한 결과였다.

노동당의 나쁜 이미지가 선거에서 불리하게 작용한다는 사실이 분명해지자, 노동당은 이후 수년 동안 좋은 이미지를 만드는 데 눈에 띄게 집착했다. 이런 경향은 당 지도부에서 노조 운동으로, 결국 일반 당원까지 퍼져 나갔다.[23] 그러나 흐름이 그보다 훨씬 이전부터 노동당 좌파에게 불리한 방향으로 바뀌기 시작했다.

이제부터는 지금까지 '좌파'라고 표현해온 세력을 '온건 좌파'와 구분하기 위해 당시 언론에서 사용한 방법에 따라 '극좌파'로 재분류해야 한다. 초반에 '극좌파'와 '온건 좌파'를 구분하는 점은 개성과 행동 방식이었다. '온건 좌파'가 등장한 것은 1981년 브라이튼Brighton 전당대회에서 닐 키녹Neil Kinnock을 필두로 한 당원들이 토니 벤을 부당수로 지지하는 것을 거부했을 때뿐이었다. 그러다가 온건 좌파가 좀더 오른쪽으로 이동하면서 두 세력의 차이는 정책에서 분명하게 나타나기 시작했다. 그러나 1981년에 '극좌파'와 '온건 좌파'는 대안경제전략과 핵군축, EC 탈퇴, 하원 의원의 의무적 재선출 등의 문제에서 의견을 같이했다. 두 세력의 차이는 과격파들이 사용하는 방식과 전술을 온건 좌파가 갈수록 걱정스럽게 여기면서 나타났다. 특히 온건 좌파는 당내 트로츠키파의 힘이 커지는 것을 불안해했다. 트로츠키파는 자신들의 수사법과 의제 때문에 혼자 힘으로는 결코 선거에서 당선될 수 없다는 점을 잘 알았기에 '위장 잠입' 전술을 펼쳤다. 그들은 잠입을 통해 노동당을 장악하는 것이 가능하다고 판단했다. 지구당 회의에 참석하고, 결의안을 통과시키고, 당직자 수를 늘리다 보면 결국 의무적 재선출제를 통해 원내 노동당이 자신들에게 충성하는 의원들로 채워지리라고 생각한 것이다. 이 터무니없는 전략은 트로츠키주의 운동에서 확고한 신임을 받았고, 노동당에도 잘 알려졌다. 1975년 노동당 국가 요원 렉 언더힐Reg Underhill이 노동당 내부에 위협이 존재한다는 것을 경고하는 보고서를 준비하기도 했다. 그러나 노동당 좌파가 이 보고서를 ―어느 정도 타당한 근거에 따라― 좌파 전체를 소외하기 위한 술책으로 판단했기 때문에 아무런 조치도 취해지지 않았다.[24]

온건 좌파와 극좌파 말고도 구별해야 할 두 세력이 있다. 1981년 사회민주당을 창당함에 따라 노동당과 극도로 소원해진 사회민주주의자들과 전통적인 노동당 우파다. 두 집단에서 정책상의 차이는 거의 드러나지 않았다. 두 세력 모두 유럽 통합과 NATO를 지지했고, 일방적 군축과 좌파가 제안하는 모든 조직 개편에 반대했다. 두 세력의 차이는 사회민주주의자들의 경우 좌파가 노동당을 장악하지 못하게 막을 방도가 없다고 확신했다는 점이다. 역사는 그 생각이 틀렸음을 증명했다. 1980년대를 거치는 동안 온건 좌파는 당을 다시 장악하고 고유한 의제를 개발했으며, 극좌파를 고립시키고 전통적인 노동당 우파와 화해했다. 그들이 채택하는 입장은 사회민주당이 처음에 제안한 입장과 갈수록 비슷해졌다. 그 무렵 언론에 의해 지도력을 높이 평가받았지만 스스로 정치적 무능을 입증한 사회민주당은 연합 세력인 자유당과 통합한 이듬해 자유민주당으로 당명을 바꿨다. 노동당은 연이어 네 번 패배한 뒤(1992년) 일관성 있는 이념을 갖춘 비교적 통일된 세력이 되었다. 당의 이미지가 훨씬 나아졌고, 운동 방식 또한 보수당보다 월등히 훌륭했다.

1981년은 극좌파의 종말이 시작된 해다. 사회민주당의 분리 창당에 기여한 극좌파는 '온건 좌파'라 불릴 세력과 멀어졌고, '신좌파' 세력을 결집하는 데도 실패했다. 당시 신좌파 세력은 1960년대 수사법을 버리고 노동당과 한층 가까워진 상태였다. 페미니스트와 환경운동가, 자유방임주의자(혹은 자유주의자), 영국 공산당CPGB의 '유러코뮤니즘' 분파는 대안경제전략을 열성적으로 지지하지 않았다. 대안경제전략은 노동주의 '국가관리étatique' 전통으로 회귀하는 데 지나지 않은 것으로 여겨졌다. 대다수 극좌파는 여전히 환경보호주의와 페미니즘을 무시했다.[25] 극좌파가 무시하지 않은 핵 평화주의는 1960년대 이전에 등장한 개념으로, 노동당의 급진주의 전통에 속해 있었다.

1983년 노동당의 두 번째 선거 패배 이전부터 정치 중심에서 멀리 떨어진 세력이 극좌파에 대한 비판을 쏟아내고 있었다. 반세기 넘게 공산주의 신념을 고수해온 역사가로, 사회민주주의적 수정주의에 영합했다는 의심을 받을 리 없는 에릭 홉스봄Eric J. Hobsbawm은 1981년에 당원 활동을 지나치게 이상화하는 경향에 경고했다. 그는 노동당 외부의 일반 대중과 상관없이 노동당이 '소수'에 의해 장악될 수도 있다는 믿음에 반론을 제기했다. 또 '조직이 정치를 대신할 수 있다'는 환상, '사회주의에 대한 오래된 요구가 과거와 똑같은 반향을 일으킬 것'이라는 기대, '노동당이 집권하기 위해 필요한 것은 좋은 좌파 강령뿐'이라는 생각에 반박했다. 홉스봄은 사회민주당의 분리 창당도 개탄했다. "그 사건은 '오랫동안 노동당에 기대를 걸어왔고, 많은 경우 노동당을 위해 적극적으로 일해온 적지 않은 중도좌파 중산계급 세력의 손실'을 의미한다. 그로 인해 노동당이 선거에서 현저한 약세를 겪을 가능성이 있다. 어느 정도 약세일지는 아직 분명하지 않다."[26] 이 의문에 대한 답은 노동당이 1923년 이래 선거에서 가장 크게 패한 1983년에 분명해졌다. '우리 중 가장 비판적인 이들'조차 예상치 못한 참패였다.[27]

페미니스트들도 극좌파와 대안경제전략을 지지하지 않았다. 페미니스트들이 거부한 것이 단순히 수많은 극좌파 지지자들의 '남성 우월주의'적 양식이나 화법은 아니었다. 페미니스트들은 대안경제전략의 '가부장적' 생산주의에 뿌리박힌 전통주의에도 비판적이었다. 안나 쿠트Anna Coote는 대안경제전략이 노동계의 변화, 특히 여성의 역할이 증가하는 현상을 고려하지 않았을 뿐만 아니라 여성의 가사 노동과 남성에 대한 경제적 의존을 간과했다고 지적했다. 대안경제전략에서는 1950년대의 완전고용—사실상 모든 남성과 소수 여성만 일자리를 얻었다—으로 회귀가 실현 가능하고 바람직한 일이라고 여겼지만, 이런 회귀는 받아들일 수 없을 뿐 아니라 비현실적이었다. 안나 쿠트는 "대안 전략을 위한 시작점으로 우리는 다른 질문에서 출발해야 할지도 모른다. 이를테면 '어떻게 자녀를 부양하고 양육해야 하는가?' 같은 질문이다. 이런 질문은 가정사에 대한 개인의 선택 차원이 아니라 다음 세대를 위한 우리의 집단 책임 차원에서 다뤄져야 한다"고 썼다.[28] 이런 사고가 노동당의 일반 의제가 되기까지 10년이 넘는 세월이 필요했다.

  1982년 말이 되자 영향력 있는 일반 당원 조직인 노동당조정위원회조차 극좌파와 거리를 두었다. 노동당조정위원회는 당헌 개정을 주도한 기관으로, 대안경제전략을 지지하고 일방적 군축에 찬성했다. 노동당조정위원회는 소책자를 통해 지도부가 자신들의 지지 기반에 책임을 다하게 만들어서 배신을 막기만 하면 된다는 순진한 '의회주의자'들의 믿음을 질타했다.[29] 또 노동당과 노동조합이 주도하는 좁은 의미의 노동운동을 사회 변화의 유일한 동인으로 보는 편협한 시각과, 그런 시각으로 인해 새로운 사회운동을 무시하는 경향을 혹평했다. 마지막으로 극좌파가 당내 민주화에 집착하는 것으로 보이지만 실상 교육이나 보건, 지방정부를 민주화하는 방법은 전혀 모른다는 점을 지적했다.[30] 소책자는 정당 회의가 "결의안이 위쪽으로 가서 통과되고, 그 결과가 아래로 전해지는 끝없는 순환"으로 나타나는 것에 반대하며 "이런 과정에서 철저하게 '내부적인' 당의 성격이 초래된다"고 주장했다.[31]

이렇게 해서 극좌파는 노동당 전체는 물론 노동당 좌파에게도 지지를 확보하지 못했고, 유권자의 지지는 기대할 수조차 없었다. 마거릿 대처가 포클랜드Falkland를 둘러싼 아르헨티나와 분쟁에 성공적으로 대처하면서 극좌파는 한층 위기에 몰렸다. 대다수 영국 국민은 포클랜드전쟁 당시 전국에 퍼진 애국주의 열풍을 공유했다. 대처는 어떤 정치인도 따라오지 못할 솜씨로 이런 분위기를 연출했다. 마이클 풋을 필두로 한 노동당 지도부는 그저 뒤따를 뿐, 우유부단한 모습을 보였다. 토니 벤을 주축으로 한 좌파는 고립되었다.

포클랜드전쟁은 보수당 정부의 운명을 결정하는 전환점이 되었다. 전쟁이 나기 전만 해도 보수당 정부는 인기가 없었다. 전쟁 이후 대처는 자신감을 얻었고, 그 전에는 갖지 못한 국제적인 권위까지 손에 넣었다. 좌파에 의해 대중화된 대처리즘은 노동당이 하나로 뭉쳤다 해도 멈추지 못할 만큼 성공적인 현상으로 자리 잡았다. 더구나 분열된 노동당이 그 흐름을 막는 것은 불가능했다. 노동당의 1983년 총선 패배는 서유럽 사회주의 정당이 겪은 참패 중 하나였고, 노동당에게 최후의 일격이 되었다. 마이클 풋은 패배의 정도를 공개적으로 인정했다. "우리 당은 1935년 이래 가장 적은 의석을 얻었다. 남부 지역 77개 선거구에서 의원을 배출하지 못했다. 기록적인 선거 공탁금을 잃었고, 292개 선거구에서 득표율 순위가 3위 혹은 그 아래였다."[32]

노동당의 선거운동 방식은 대단히 서툴고 미숙했다. 1987년과 1992년에는 선거운동 방식이 전문화되고 유세 방법도 크게 향상되었지만, 선거 승리로 이어지지 못했다. 노동당의 문제는 이미지 개선으로 해결될 수 없을 만큼 심각했다. 데니스 힐리는 1983년 선거 패인을 분석하는 자리에서 국가집행위원회에게 다음과 같이 설명했다. "우리가 선거에서 패한 것은 3주간 벌인 선거운동 때문이 아니라 그 전 3년의 활동 때문입니다. 그 3년 동안 노동당의 대외적 이미지는 분열과 과격주의, 괴팍함 등 국정 운영에 부적합한 자질로 인해 크게 실추되었습니다."33

당의 대외적 이미지가 나빠진 것은 당연한 결과였다. 그러나 상상할 수 있는 가장 훌륭한 노동당도 진정한 의미에서 대중의 지지를 받지는 못했다. 이 시기에 가장 훌륭한 급진주의 활동을 보여준 예는 1981년 좌파가 장악한 대런던의회다. 대런던의회는 대안경제전략을 실행할 제도적 수단이 없었음에도 런던의 문제를 해결하기 위해 대안경제전략을 창의적인 방식으로 적용하려고 노력했다. 가구 산업부터 히드로Heathrow 공항까지 부문별로 쇠퇴한 런던의 산업을 되살릴 수 있는 다양한 방법을 명시한 620페이지 분량 책자를 만들었다.34 대런던의회는 런던판 국가기업위원회인 대런던기업위원회GLEB를 조직했다. 또 통합된 런던 교통 전략을 개발하려고 시도했고, 이를 위해 먼저 대중교통 요금을 인하했다. 창의적인 문화 정책을 개발해 폭넓은 좌파 지식인을 만족시켰다. 페미니즘을 진지하게 받아들여 차별 금지 정책에 관한 연구 프로그램을 개발했고, 보육망을 확충하기 위한 프로젝트를 시작했다. 그러나 이 가운데 현실적으로 대중의 인기를 끈 정책은 대중교통 요금 인하뿐이었다. 대런던의회는 수많은 런던 시민의 마음속에서 타블로이드 언론이 만들어낸 부정적인 이미지대로, 납세자의 주머니에서 빼낸 돈으로 게이와 레즈비언의 우스운 짓거리에 보조금을 지급해주는 기관에 불과하다. 1986년 대처 정부가 다른 대도시 의회와 함께 대런던의회를 폐지한다고 결정함에 따라 런던이 유럽에서 유일하게 행정기구가 없는 수도로 격하되고, 영국이 유럽에서 중앙집권적인 나라 중 하나가 되었을 때도 대규모 반대 시위는 일어나지 않았다. 대런던의회는 심지어 노동당 지도부의 지지조차 얻지 못했다. 풋의 후계자 닐 키녹이 극좌파와 맞서 전투를 벌이는 동안 대런던의회 지도부가 그의 편에 서려고 하지 않았기 때문이다.

그 전투는 노동당의 새로운 지도부에게 무엇보다 중요했다. 1983~1987년 그리고 이후에도 노동당의 이야기는 기본적으로 닐 키녹의 지휘 아래 극좌파에 맞서 싸워 승리한 이야기다. 여기에 노동당의 중대한 위기가 상징적으로 드러난다. 그리 조직적이지도 않고 고작해야 수천이 넘지 않을 당내 트로츠키파를 분쇄하기 위해 유럽 좌파의 주요 정당에서 그토록 많은 시간과 노력을 쏟아부어야 했다는 뜻이기 때문이다. 키녹이 남긴 주요 업적, 즉 "당수로서 가장 용기 있고 통찰력 있는 행동"이 1985년 본머스Bournemouth 연례 전당대회에서 트로츠키파를 공격하는 데 성공한 일이라는 점 또한 노동당의 위기를 보여준다.[35] 키녹의 목표는 두 가지였다. 점점 거세지는 일반 당원의 도전을 잠재우고 지도부의 권위를 회복하는 것, "존경할 만하고 실용적인 당으로 노동당의 이미지를 쇄신해서 겁먹은 유권자를 안심시키는 일"이었다.[36] 역설적으로 들릴지 모르지만 키녹은 그 목표를 달성하는 데 광부노조 위원장 아서 스카길Arthur Scargill의 도움을 받았다고 할 수 있다. 스카길은 전후 영국 역사에서 가장 참담한 파업(1984~1985년)을 이끌었다. 탄광(과 마을)이

폐쇄되는 것을 막기 위한 광부들의 파업은 노동운동 전체에 깊은 공감을 불러일으켰고, 키녹은 파업 참가자들과 거리를 두기 힘들었을 것이다. 그러나 키녹은 스카길과 함께 행동하지 않았다.[37] 노동당 지지자들은 광부노조의 실패를 통해 정치 정당이 당의 운명과 선거에서 자신들이 통제할 수 없는 지도부가 이끄는 특정 이익집단에게 목표 달성을 맡기는 일이 얼마나 위험한지 뼈저리게 깨달았다. 광부들의 패배는 그때까지 득세해온 '강경' 노동조합주의의 패배를 알리는 신호이자, 키녹의 반격을 알리는 신호였다.

1983~1987년 토니 벤과 그 추종자들은 모든 권력에서 축출되었다. 그중 일부는 온건 좌파에 합류했다. 좌파 성향 하원 의원으로 구성된 트리뷴 그룹과 대다수 노동당조정위원회 구성원도 마찬가지였다. 1979~1983년 채택된 반유럽주의와 국유화, 높은 소득세, 대안경제전략 등은 1987년 이후 전부 폐기되었다. 1989년 5월 9일 국가집행위원회는 마침내 일방적 군축 정책을 포기했다. 국가집행위원회에서 여덟 명만 이 결정에 반대표를 던졌다. 그중에는 재검토 설계자 중 한 명인 톰 소여Tom Sawyer, 데이비드 블렁킷, 마거릿 베켓Margaret Beckett이 있었고, 이들은 모두 1990년대 초반 노동당의 '새로운 모습'을 이끌 주역이었다.[38] '재검토'라고 불린 그 과정을 뒷받침한 근거는 영국뿐 아니라 유럽과 세계 전역에서 점차 확대되던 새로운 시장 이데올로기였다.

노동당 좌파의 패배는 피할 수 없는 일이었다. 그들이 패배한 것은 지나친 급진주의가 아니라 극심한 보수주의 때문이었다. 좌파의 전략은 효력이 다한 국가의 주권이라는 개념을 기반으로 했다. 이 전략에서는 신뢰할 수 있는 지도부(즉 '배신'하지 않을 지도부)가 이끄는 하원의 다수가 좌파 정책을 실행하는 데 필요한 전부라고 가정했다. 이 가정에서 여러 조건들이 도출되었다. 첫째, 어떤 희생을 치러도 현행 선거제도가 유지되어야 했다. 현행 선거제도가 유권자의 40퍼센트 정도 지지를 받는 정당이 다수 의석을 확보하기에 이상적이었기 때문이다. 둘째, 헌법이나 국민의 기본적 인권에 관한 선언은 필요하지 않았다. 그것은 사법부의 권력을 강화하고, 노동당 정부의 권한을 제한할 수도 있었기 때문이다. 의회에서 과반 의석을 차지하는 것이 개인과 집단의 권리를 지켜주는 더 훌륭한 방어책이 될 것이라고 여겼다. 이런 사고방식은 노동당 전체의 특징이었다. 앤서니 크로스랜드와 로이 해터슬리도 이런 입장을 지지했다.[39] 반면 토니 벤은 실용적인 이유로 현행 선거제도를 옹호했지만, 영국의 폭넓은 민주화와 성문헌법을 지속적으로 지지했다.[40] 셋째, 모든 측면에서 영국의 주권을 지켜야 하므로 권력이 EC로 이동하는 것을 차단하고, 영국이 EC로 편입되는 흐름을 뒤집어야 했다. 그렇게 한다면 영국은 '무역을 계획'할 수 있을 것이고(어떻게 계획할지는 불명확하다. 무역을 하려면 적어도 두 나라가 필요하기 때문이다), 필요하면 수입 규제도 있을 것이다. 다른 국가들도 영국이 세계 흐름을 주도하던 시절에 그랬듯 순순히 굴복할 것이다. 넷째, 일방적 군축을 단행함으로써 두 강대국에게 깜짝 놀랄 만한 윤리적 모범을 보여준다면 부끄러움을 느낀 그 나라들은 영국이 이끄는 대로 따를 것이었다. 영국에서 핵 정책에 대해 어떤 결정을 내리든 두 강대국의 데탕트에 아무런 영향을 끼치지 못할 것이라는 사실은 노동당 고위 간부나 보수당 정치인들 모두 언급하지 않았다. 다들 영국이 국제 정세에 여전히 중대한 역할을 수행하는 것처럼 행동했다. 따라서 주권을 지닌 하원은 헌법의 규제를 받지 않고 국제기구의 간섭에서도 벗어나 자기 운명을 책임질 것으로 여겼다. 새로운 노동당 정부는 노동당 하원 의원들에 의해 전적으로 관리될 것이고, 의원들은 지구당에 대한 책임을 다할 것이었다.

이런 전략을 '보수적'이라 규정하는 것은 논쟁을 위한 과장이 아니다. 이는 노동당의 정책을 영국이라는 국가와 밀접하게 결부한 결과다. 그러므로 이 전략에 영국 보수주의의 주요 흐름과 공통된 특징이 많이 발견되는 것은 놀랄 일이 아니다. 그런 특징으로는 국제관계에서 영국의 중요성과 정치제도의 우수성에 대한 자신감, 유럽 통합에 대한 불신, 더 커진 유럽 안으로 영국 경제 주권의 중대한 부분이 포섭될 것이라는 두려움, 간단히 말해 "지상낙원을 위한 최적의 토대로 민족 제국주의적 틀을 받아들이는 것"이 있었다.[41]

경제적 상호 의존이 대안경제전략에 심각한 문제가 된다는 사실을 알아차린 이들도 이 문제가 어떻게든 사라질 것처럼 행동했다. 이들 중 한 명인 노동당 좌파의 대안경제전략 주요 이론가 스튜어트 홀랜드는 '유럽주의' 전략과 반EC 전략을 동시에 찬성했다. 그는 다국적기업에 대한 경고로 가득한 저서를 통해 글로벌리즘과 상호 의존에 탁월한 인식을 과시했고, 유럽의 협력을 통한 리플레이션을 거듭 찬성하는 뜻을 밝혔다. 또 그는 영국이 독자적으로 리플레이션 정책을 펼쳐서 '홀로 설 것'을 주장했고, EC를 묵살했다. EC가 "위기를 전환하기 위해 필요한 지출과 계획, 국제적 협력의 규모를 감당"하지 못할 것이고 다국적기업을 더 책임 있게 만들지도 못할 것이라는 이유에서다.[42]

내용이 좀더 충실한 저서에서 홀랜드는 유럽통화연맹EMU에 대해 경고했다. 유럽통화연맹이 통화주의(즉 통화수축) 맥락에서 추진될 것이고, "참가한 개별 국가나 사회가 각기 자신의 개발 모델을 신속하게 바꿀 수 있는 기회를 박탈할 것"이라는 이유에서다.[43] 이처럼 EC의 가능성을 부정적으로 보는 관점은 온건 좌파의 특징이기도 했다. 닐 키녹은 1984년에 다음과 같이 말했다. "시대에 뒤떨어진 조약에 얽매인 EC는 정치적으로 막다른 골목에 몰렸다. EC는 유럽을 위해서나, 세계의 나머지 국가들을 위해서나 새로운 기회를 마련해줄 수 없다."[44]

극좌파에 대한 주요 대안으로 떠오른 사회민주당도 보수적이기는 마찬가지였다. 그들은 자신들이 현대화를 이끄는 주역이라며, 곧 상투적인 어구가 될 구호를 내걸고 영국 정치의 '틀을 깨부수는 일'이 필요하다고 주장했다. 급진주의 향기를 풍기는 그 표현에는 다소 구태의연한 접근 방식이 감춰져 있었다. 1982년 사회민주당의 경제계획은 평가절하와 국가재정, 통화 완화를 혼합한 정책으로 제한적인 경제 팽창을 하는 것이었다. 다시 말해 종전의 케인스식 접근이었다.[45] 그들은 인플레이션을 억제하기 위해 임금 상승 폭을 수요 증가 폭 아래로 유지하는 정책을 제시했다. 이렇게 개정된 소득정책은 노동조합과 사회계약을 통해 실행되는 것이 아니라—사회민주당은 그 방법을 전혀 고려하지 않았다—정해진 기준을 초과하는 임금 인상에 세금을 부과해 정부의 임금 지침을 어기면서 얻는 이점을 무효화하는 방식으로 실행된다.[46] '인플레이션 방지세'라 불린 이 마지막 안은 본래 1970년대 초반 자유당이 제안한 것이다. 사회민주당은 헌법과 관련된 문제에서도 선거제도 개혁과 정보공개법, 기본적 인권에 관한 선언, 지방분권과 지역 소득세 등 종전

의 자유당 정책을 그대로 채택했다.⁴⁷

사회민주당은 극좌파와 마찬가지로 '새로운 정치'에 발 담그기를 주저했다. 여기에서도 자유당이 한층 급진적인 모습을 보였다. 사회민주당은 성장에 주력하면서 환경문제에는 함부로 나서지 않았고, 원자력발전에 적대적인 입장을 취하지 않았으며, 폴리 토인비Polly Toynbee이나 수 슬립먼Sue Slipman처럼 유명한 페미니스트가 당원이었음에도 페미니즘에 이렇다 할 관심을 보이지 않았다. '4인방' 가운데 유일한 여성인 셜리 윌리엄스 또한 폭넓은 분야를 다뤘으나 그리 대단치 않은 *Politics is for People*(국민을 위한 정치)에서 230페이지 중 한 페이지만 여성 문제에 할애했다. 그 내용도 유급 고용된 여성이 어느 때보다 많아졌음을 설명하기 위한 것이었다.⁴⁸

사회민주당의 일시적인 부상은 점점 커지던 종전 정치에 대한 환멸이라는 맥락에서 읽어야 할 것이다. 이런 현상은 황금기 종말 이후 유럽 정당 체제에서 두드러진 특징이었다. 그 환멸감은 새로운 정당의 창당이라는 형태로 드러났다. 어딘지 '다르고' 관습에서 벗어났으며 덜 '정치적인', 다시 말해 종전 정치와 다른 정치를 지향하는 정당이었다. 녹색당, 덴마크와 노르웨이의 사회국민당, 스웨덴의 기독민주당, 오스트리아의 극우 자유당, 세금 감면을 주장하는 덴마크의 진보당, 이탈리아의 급진당과 북부동맹이 그런 정당의 예라고 할 수 있다. 그러나 이 정당들이 영국 사회민주당과 구별되는 것은 진정으로 새로운 의견을 제시하는 경우가 많았다는 점이다. 사회민주당은 좌경화되기 전의 노동당이 하던 말만 되풀이했고, 과거 사회민주주의적 합의에 매인 유일한 영국 정당이었다. 그들은 새로운 세력을 결속하기는커녕 새로운 세력에게 적대적이었다. 사회민주당은 정치에 참여한 적이 없는 이들을 끌어들이는 데 성공했지만, '플래시 정당'—일시적으로 나타났다 사라진 정당을 부르는 정치학 용어—이상은 되지 못했다.[49]

1960년대 '새로운 정치'에서 탄생한 압력단체들은 노동당 내부에서 활동하며 자신들의 특정 프로그램을 노동당의 정책에 접목하려고 노력할 수밖에 없었다. 이들은 기본적으로 노동당에 충성하기보다 자기 단체의 의제에 충실했다. 당내 트로츠키파의 '위장 잠입' 전술 또한 이런 맥락에서 봐야 한다. 문제는 버나드 크릭Bernard Crick이 지적한 대로 이 모든 소수 집단이 합쳐져서 다수가 될 수 없었다는 점이다.[50]

대중의 폭넓은 호응을 이끌어내지 못하게 하는 소수 집단들은 1980년대 초반 노동당의 골칫거리였다. 가장 단순하게 설명하면, 노동당에 투표하는 대다수 유권자는 노동당 당원들의 가치에 동의하지 않았다. 노동당을 지지하는 유권자들은 대부분 이민 규제를 강화하고, 더 엄격한 치안 정책을 펼치고, 노동조합의 힘을 통제하고, 사형 제도를 다시 도입하고, 복지 제도를 갉아먹는 '무자격 복지 수당 수령자들'을 단호하게 처리하는 데 찬성했다.[51] 노동당을 지지하는 이들을 비롯해 대다수 유권자들은 영국이 세계에서 차지하는 위치를 과대평가한 나머지 영국이 자국의 핵무기를 보유해야 한다고 생각했다.[52] 노동당의 방위 전문가 마이크 게입스Mike Gapes는 "영국 국민이 핵무기를 국가 지위를 보여주는 상징으로 생각하는 한 이 나라에서 일관성 있고 합리적인 방위 정책을 시행하기는 대단히 어렵다"고 불평했다.[53] 노동계급이 대부분이던 그 '보수주의자'들은 지지 정당을 대처의 보수당으로 쉽게 바꿀 수도 있었다. 실제로 수많은 이들이 그렇게 했는데, 특히 대처가 감세 정책을 미끼로 내세웠을 때 많은 표가 이동했다. 그렇다면 공공 부문 '봉급생활자'들의 지지가 높아져서 노동당이 손실 본 부분을 메울 수는 없었을까? 공공 부문 봉급생활자들은 대부분 시민권 문제에 자유주의적 사고방식을 가졌고, 공공 부문을 지키는 데 관심이 있었다. 대다수 중산계급 유권자들은 노동당을 지지할 가능성이 없는 것은 아니지만, 노동조합 권한의 철저한 보호와 국유화, 국가 개입주의 같은 노동당의 전통적인 정책에는 거의 공감하지 못했다. 따라서 노동당은 두 가지 위기에 노출되었다고 할 수 있다. 노동계급 중에서 조금 부유한 계층의 표가 보수당으로 빠져나가고, 자유주의적 사고방식을 가진 봉급생활자들이 사회민주당으로 마음을 돌리고 있었다. 노동당이 극좌파의 당이 되면서 얻은 것은 없었다.

사회민주당 창당의 가장 중요한 결과는 노동당에서 온건 좌파가 승리할 수 있는 상황을 만들어줬다는 것, 그 결과 노동당이 선거에서 살아남았다는 것이다. 사회민주당과 자유당 연합 세력은 1990년대에 노동당이 사용할 몇 가지 핵심 단어를 제공했다. '공동체' '가능하게 하는 사회' '개인의 책임' 같은 단어다. 사회민주당 당수 데이비드 오언이 한 다음 말은 1992년 이후 노동당의 어떤 고위 간부가 토씨 하나 바꾸지 않고 따라 해도 이상하지 않았을 것이다.

'가능하게 하는 사회'란 개인이 자신의 권리를 선언하고 자신의 잠재력을 온전히 실현할 수 있는 사회, 자신의 본분과 의무, 다른 사람에 대한 책임을 기꺼이 인정하는 분위기에서 공동체 의식이 꽃피는 사회, 이타주의를 권장하는 만큼 노력을 인정해주는 사회다.[54]

1980년대 초반에는 사회민주당이 분리 창당하고, 10년 뒤에 노동당이 사회민주당의 언어를 사용할 수 있으리라고 아무도 예상하지 못했다. 대다수 시사평론가들은 보수당에 맞선 운동의 운명은 사회민주당, 특히 전후 정치인 중 가장 과대평가된 인물이라 할 수 있는 데이비드 오언의 손에 달렸다고 믿었다.[55]

사회민주당과 자유당 동맹 세력이 성공하기 위해서는 그들이 통제할 수 없는 상황의 도움이 필요했다. 즉 노동당 내부에서 극좌파가 계속 득세해야 했다. 그러나 활동가들이 과격해지고 노동조합 지도부가 불만을 품으면서 좌파에게 유리하게 돌아가던 이례적인 상황이 사라지자, 노동당 부활을 위한 길이 열렸다. 노동당은 선거에서 완전한 승리를 장담할 수 있을 정도로 강하지 않았지만, 보수당의 중대한 적수로서 정치적 생존을 보장받을 만큼 튼튼해졌다.

노동당은 배우는 속도가 느렸다. 극좌파의 힘을 완전히 제거하려면 1983년 선거에서 참패가 필요했다. 이후 당의 정책을 근본적으로 바꾸지 않은 채 당의 이미지를 쇄신하려는 시도가 따랐다. 이런 시도는 1987년의 좀더 전문화된 선거운동으로 이어졌지만,[56] 제한적 성공을 거뒀다. 노동당 득표율은 3.5퍼센트 상승했을 뿐이고, 대처의 보수당과 득표 차는 거의 줄지 않았다. 매스컴에 비치는 이미지가 나아지는 것이 선거의 승패를 결정짓는 주원인은 아니라는 사실이 분명해졌다.[57]

노동당은 1987년 선거전에서 본질적으로는 좌파 성향 정책을 내걸었다. 일방적 군축 방위 정책, 유럽에 대한 불신, 부유층에 대한 과세, 산업 재건을 위한 공공자금 계획 등이었다. 그러나 영국 정치의 의제는 우파로 넘어간 상태였다. 보수당의 급진적 정책은 되돌릴 수 없을 것 같았다. 공영주택은 매각되었고, 교육과 보건은 개혁되었으며, 노동시장의 규제가 풀렸고, 공공 부문은 민영화되었다. 외환 관리법이 폐지되고 단일 유럽 시장이 형성되었다. 중도파인 사회민주당과 자유당 연합의 정책 또한 지나치게 '좌파'적인 것처럼 보이기 시작했다. 사회민주당과 자유당 연합과 노동당의 첨예한 대립, 선거 정치의 양극화 현상 때문에 두 세력의 경제정책에 상당 부분 공통점이 있다는 사실이 가려졌다.[58] 1981년 '4인방' 가운데 가장 중립 노선을 지킨 로이 젱킨스가 국가의 경제 개입을 크게 늘리는 것을 지지하는 정책을 발표했다. 1981년 2월 23일 재정문제연구소Institute of Fiscal Studies 연설에서 로이 젱킨스는 북해원유수익투자기금North Sea Oil Revenue Investment Fund을 브리티시텔레콤British Telecom 확대 같은 생산적인 공공 부문 투자에 써야 한다고 주장했다.[59] 협력적 세계경제 팽창 전략을 촉구하는 젱킨스의 주장은 스튜어트 홀랜드처럼 한층 좌파로 쏠린 이들의 요청과 아주 유사했다.[60] 사회민주당은 전통 사회민주주의가 아닌 극좌파에 대한 반발로 형성된 정당이다. 사회민주당은 노동당과 마찬가지로 케인스식 급진적 국가 개입주의를 지지했다. 토니 벤은 1976년 10월 당시 차관이던 데이비드 오언이 자신에게 계획 협정과 국가기업위원회, 산업민주주의를 '100퍼센트' 찬성한다고 밝혔다고 일기에 썼다.[61] 이는 일탈이 아니었다. 오언은 6년 뒤에도 국가기업위원회(결국 보수당에 의해 해산된다)나 영국석유공사(나중에 민영화된다)와 관련해 노동당이 얻은 성과를 높이 평가했다.[62]

앤서니 크로스랜드부터 노동당 좌파의 전통 사회주의까지 고전적 사회민주주의는 모든 측면에서 빈사 상태에 있었다. 어쩌면 죽은 상태였는지도 모른다. 노동당은 시간이 지나면서 이런 사실을 서서히, 내키지 않는 마음으로 인식하게 되었다. 어떤 정당도 자신의 과거를 가벼이 버리지 않는다. 1987~1992년에 노동당은 1987년 이전처럼 당의 이미지를 쇄신하는 데 그치지 않고 보수당이 제기한 의제 중 많은 부분을 받아들였다. 이런 과정에서 노동당은 다른 서유럽 좌파들과 합류해 신수정주의로 가는 길에 들어섰고, 그 길이 21세기를 위한 사회주의를 준비하는 길이 되기를 바랐다.

스웨덴의 임금노동자기금

1979년 선거 패배로 영국 노동당은 좌경화되었다. 이후 연이은 선거 패배는 노동당을 다시 우경화의 길로 끌어당겼다. 스웨덴의 경우 임금노동자기금(스웨덴어로는 löntagarfonder)이 마련된 계기는 선거에서 승리와 정치적 자신감이었다. 임금노동자기금은 1970년대 초반 스웨덴 노동운동이 시작한 '개혁 공세'에서 가장 중요한 항목이었다.[63] 이 개혁 운동은 앞서 살펴본 바와 같이 노동시장에 대한 통제 증가라는 전 유럽적 현상의 가장 핵심적인 부분이었다. 이런 개혁의 성과에는 1974~1976년 영국에서 제정된 법(노동조합과 노동관계법, 산업안전보건법, 성차별금지법, 고용보호법), 독일의 1972년 경영조직법과 1976년 공동결정법, 이탈리아의 1970년 노동자 법령이 포함된다. 스웨덴에서는 노동자를 부당 해고에서 보호하는 1974년 고용안정법, 고용주가 감축 계획을 노동시장 관리

당국에 알리고 협상을 거쳐야 한다고 규정한 1974년 고용촉진법, 경영권과 관련된 일부 사항을 노조와 교섭 대상으로 규정한 1976년 노동생활공동규제에 관한 법 등이 제정되었다.

정치적 민주주의(보통선거)와 사회적 민주주의(사회복지)를 실현한 다음에는 세 번째 단계, 즉 사회주의로 가는 길을 닦을 경제적 민주주의가 따라야 한다는 생각은 오랫동안 스웨덴 사회민주당의 신조였다.[64] 1971년에는 수많은 이들이 세 번째 단계에 도달하기 위해 결정적으로 전진할 시기가 왔다고 생각했다. 이 전진은 결국 퇴보로 이어지는데, 여기에서 임금노동자기금 계획의 초안이 작성된 시기(1971~1976년)와 계획이 논의·수정되어 법으로 통과된 시기(1976~1983년), 계획이 실행된 시기(1983~1991년) 사이에 중대한 국제적 변화가 일어났다는 점을 염두에 둬야 한다. 초안이 작성된 시기는 스웨덴 사회민주주의(좀더 구체적으로는 노동조합의 사회민주주의)의 반자본주의적 열망이 극에 달한 때였다. 이런 급진주의는 1983년에 좌절되었다. 그리고 1980년대 말에는 시장이 승리를 거두고 스웨덴 모델은 붕괴한다.

고안자의 이름을 본떠 마이드너 플랜이라 알려진 이 계획은 사회민주당에서 일어난 변화의 결과라기보다 스웨덴의 블루칼라 노조연맹이 급진화된 결과에 가깝다. 이 계획은 1960년대 후반의 대중투쟁, 학생운동, 신좌파, 예테보리Göteborg 부두 노동자와 최북단 철광 노동자들이 주도한 1969년 비공인 파업 등이 노동운동에 영향을 미친 결과였다. 황금기가 종말을 맞자, 노동조합은 완전고용을 실현하는 자본주의의 역량을 한층 비관적으로 바라보게 되었다. 그러므로 마이드너 플랜은 노동조합의 새로운 이념, 즉 "'황금기'의 시장 중심 철학에서 확실하게 분리된" 이념의 맥락에서 논의되었다고 할 수 있다.65 마이드너 플랜의 최초 추진력도 대다수 스웨덴 사회민주주의 정책과 마찬가지로 노동조합에서 나왔다. 노조연맹은 1971년 회의에서 '연대 임금정책'에 기업의 초과이윤을 발생시키는 효과가 있다는 사실에 주목했다. 고용주의 지불 능력이 아닌 수행한 노동에 따라 임금을 지불하는 원칙이 고수익 산업 노동자의 임금을 기업의 이윤 수준에 비해 낮게 유지한 원인이었기 때문이다. 이런 인식은 폭넓은 질문으로 이어졌다. 노동조합이 자본형성과 이윤, 소유권에 개입할 수는 없을까?

괴스타 렌Gösta Rehn과 함께 1951년 임금/노동시장 모델(렌–마이드너 모델, 1권 8장 참조)을 만든 루돌프 마이드너Rudolf Meidner는 안나 헤드보리Anna Hedborg와 구나르 폰드Gunnar Fond 등이 참여한 실무단을 맡아 운영하고, 결과를 노조연맹에 보고하라는 요청을 받았다. 임금노동자기금을 둘러싼 대서사시는 스웨덴 사회민주주의 특유의 방식으로 시작되었다. 즉 몇몇 기본적인 원칙을 세운 다음 구체적이고 상세한 계획을 짜서 여러 번 수정하는 방식이었다.

마이드너가 고안한 계획은 독일의 노사 공동 결정 제도처럼 일종의 산업민주주의를 확립하려는 시도와 달랐다. 마이드너 플랜의 본질적인 특징은 회사의 자산이 개인주주에서 노동자에게 점진적으로 이전되는 것이었다.66 마이드너 플랜에는 세 가지 목표가 있었다. 연대 임금정책을 보완하는 것, 부의 집중을 억제하는 것, 경제에 대한 노동자들의 영향력을 증대하는 것이다.67 마지막 목표가 가장 큰 논란이 되었다. 그 목표는 사회민주주의 정부 아래 50년을 보낸 뒤에도 대다수 산업이 민간 기업의 손에 있는 국가에서, 사적 소유와 자본가에 의한 지배가 폐지되는 결과를 낳을 수도 있었기 때문이다.

마이드너 플랜이 '순수하게' 반자본주의적 계획은 아니었다. '초과'이윤을 통제하거나 처리하려고 한 것은 이념적인 이유뿐만 아니라, 고수익을 내는 회사 노동자들의 임금 인상을 억제할 수 있도록 그들을 설득하기 위함이기도 했다. 노동자들에게 "절제와 희생의 대가로 본질적인 것, 즉 민간 대기업에 대한 영향력"을 주는 것을 목표로 한 것이다.[68]

세전 이윤의 최소 20퍼센트를 의무적으로 재투자해야 하는 규정에 따라 자본형성이 촉진될 것으로 여겨졌다. 임금이 높아지면 '그들의' 이윤도 축날 것이기 때문에 노동자들이 임금 인상 요구를 자제할 것이라는 순진한 믿음도 있었다. 기업 차원의 임금 드리프트 현상(17장 참조), 특히 높은 수익을 올리는 기업에서 두드러진 이 현상은 중앙 노동조합에서 임금 인플레이션을 막기 위한 제도적 장치를 고안해야 한다는 의미였다. 그러므로 마이드너 플랜은 적어도 부분적으로는 그 유명한 렌-마이드너 모델이 직면한 어려움이 커진 결과였고, 실업을 통한 임금통제(유럽 전역의 우파가 채택한 해결책)의 대안이었다.[69] 달리 말해 초과이윤은 연대 임금정책의 원칙, 즉 시장이 임금을 결정하는 주원인이 되어서는 안 된다는 원칙을 위협한 것이다.[70] 스웨덴 사회민주주의의 핵심인 연대 임금정책은 임금격차를 줄이는 데 성공했다. 마이드너는 이 정책이 "결정적으로 중요한 복지 증대를 가져다주었고, 절대 잃어서는 안 되는 정책"이라고 썼다.[71] 임금노동자기금의 목표는 넓게 보면 다음과 같다.

임금노동자기금은 기업 내부의 결정이지만 회사가 지역사회 전체, 소비자, 지역 당국, 전체 환경 등과 맺는 관계에 영향을 미치는 결정을 더 민주적으로 내릴 수 있는 새로운 기회를 제공할 것이다. 간단히 말해, 무엇이 어디에서 생산될지에 영향을 미치는 투자 결정에 민주적인 방식으로 도달할 수 있게 할 것이다. 그러므로 이 기금은 산업에 새로운 단계의 민주주의를 불러올 것이라고 말할 수 있다. 그 민주주의는 지금까지 시도된 두 단계, 즉 정부 산업 정책과 기업 내 공동 결정 사이 어딘가에 위치한다.[72]

일부 이윤을 집단이 통제하는 기금에 넣는 것이 이윤을 아예 없애는 것보다 나아 보였다. 자본주의 경제에서는 높은 이윤을 남기는 일이 바람직할뿐더러 실제로 필요하기 때문이다. 이윤을 통해 재투자와 생산성 성장, 완전고용이 가능하다. 그러므로 기금이 도입되면 노동자들은 이윤이 높아지는 것을 반길 것이다.[73] 마이드너 플랜은 다른 나라(특히 독일과 네덜란드, 덴마크, 프랑스)에서 폭넓게 논의된 이익 배분제와 어느 정도 유사하다고 볼 수 있다.[74] 그러나 마이드너 플랜에는 대단히 중요한 차이가 있었다. 스웨덴의 계획에서는 이익뿐만 아니라 최종적으로는 지배권이 노동자에게 넘어갈 것이기 때문이다.

자본형성을 위해서는 노동자들에게 '자기' 주식을 처분할 권리가 없어야 했고, 기금에 축적된 자산은 기업 내에 유동자본으로 남아야 했다.[75] 원안에서 마이드너는 일정 규모 회사(최소 기준은 고용인이 50~100명)는 수익의 20퍼센트를 신규 발행 주식 형태로 기금에 적립할 것을 제안했다.[76] 해마다 새로운 주식이 들어오므로 기금의 주식 보유량은 서서히 증가할 것이다. 이윤이 클수록 기금이 쌓이는 속도도 빨라질 것이다. 회사의 연간 이익률이 약 20퍼센트라면 20년 뒤에는 기금이 회사 전체 주식의 절반 이상을 보유할 것이고, 연간 이익률이 5퍼센트라면 절반이 넘는 주식을 소유하는 데 75년이 걸릴 것이다.[77] 사실상 기금 관리자들은 그보다 훨씬 빨리 회사의 지배권을 얻을 것이다. 일반적으로 회사 주식을 10퍼센트 정도만 보유해도 지배권을 행사하기에 충분하기 때문이다.

일단 회사가 기금의 지배 아래 들어오면 "회사의 결정을 사회적 목표와 조화시키는 일이 한층 쉬워질 것이고, 지역사회가 개입해서 상세 항목에 다양한 결정을 통제하지 않아도 될 것이다".[78] 이는 기업들이 기금의 지배를 받지 않으면 추진하지 않았을 정책을 채택할 것이라는 뜻이다. 이 경우 기금은 자본축적에 대한 새로운 규제를 의미하는데도 자본주의와 공존할 수 있을 것으로 기대되었다. 물론 산업 안전 보건법처럼 자본주의적 발전에 영향을 주기도 하고 발전을 제한하기도 하는 상당히 많은 법률이 자본주의 국가에 존재한다. 그러나 그런 법률들은 기업 운영의 기준을 명확히 정해서 알려준다. 상당수 '주주'들이 명확하지 않은 '사회적' 목표를 추구하기 바란다면 무슨 일이 일어날까? 스웨덴의 대표적인 선도적 경영자들에게 실망과 우려를 안겨준 것이 그 예측 불가능이라는 요소였다. 경영자들은 사회민주주의가 지배하는 스웨덴에 자본주의의 미래가 있을 것이라고 확신할 수 없었다.[79] 이런 두려움은 "우리가 인수할 것이다"라는 노동조합원들의 과격한 수사법으로 한층 악화되었다. 연이은 여론조사에서는 대중에게 기금에 대한 열의가 없다는 사실이 밝혀졌고, 반대 여론이 조장되었다.[80]

마이드너 플랜 원안은 1976년에 채택되었지만, 사회민주당이 그해 선거에서 패함에 따라 후속 논의는 대부분 사회민주당이 야당인 상황에서 진행되었다. 1978년이 되자 1976년 원안의 내용은 희석되었다. 고용인이 500명 이상인 회사만(스웨덴에는 그런 회사가 200여 개 있었다) 의무적으로 기금에 참여해야 하고, 노동자는 급여 총액의 1퍼센트 기여금(나중에 오른다)을 부담해야 했다.[81] 이는 노동자들이 '정상적인' 임금 규제에 기금 적립을 위한 1퍼센트 임금 삭감이라는 이중 제약을 감수해야 한다는 뜻이었다.[82] 노동자들이 기금에 대한 열의가 높지 않은 것은 당연했다.

1970년대 초반이라면 '부르주아' 정당들도 마이드너 플랜의 수정안을 받아들일 가능성이 있었다. 실제로 자유당과 중앙당도 나름대로 다양한 기금안을 제시했다.[83] 그러나 황금기 이후 닥친 위기로 경제가 급속히 국제화되자, 경영주들은 경쟁력을 회복하기 위해서라면 경영권을 포기하는 희생을 감수할 수도 있다는 믿음을 버렸다. 기업의 국제화는 노동자에 대한 기업의 교섭력 또한 증대했다. 자본은 노동력과 달리 쉽게 재배치할 수 있으며, 다른 곳보다 사회비용이 높은 곳에서는 재배치될 가능성이 크다.[84] 스웨덴의 경영주들은 어떤 형태든 노동조합의 지배와 같은 집단적 기업 지배는 기업의 국제경제력을 떨어뜨릴 것이라는 결론에 도달했다. 그 결과 사회민주당이 세심하게 신경을 썼음에도 고용주 연합과 '부르주아' 정당들은 임금노동자기금을 설립하자는 모든 제안에 반대 입장으로 돌아섰다. 1981년에 사회민주당이 도입한 추가적인 수정 사항에 따라 기금 제도는 전처럼 세전 이윤이 아닌 '실질' 이윤, 즉 금리와 물가 상승률을 고려한 초과이윤의 20퍼센트로 운영되었다. 또 단일 기금 대신 24개 지역 기금을 설립하는 것으로 바뀌었다.[85] 마이드너가 발표한 원안에서는 지역 노동조합과 전국 노동조합이 기금의 주식 보유량에 따른 수만큼 이사회 임원을 임명할 권한을 가질 거라고 예상했다.[86] 수정안에서는 연금 수급권을 취득할 만큼 일한 모든 사람들의 손으로 24개 지역 기금 이사진을 선출할 것을 제안했다. 원안이 지나치게 중앙집권적이고 노동조합에 과도한 권력을 실어준다는 비판을 수용한 결과였다. 이 제안은 학생과 주부, 장애인을 제외한 모든 이들에게 선거권을 준다는 뜻이었다.

수정안의 내용은 기금 반대파를 만족시키지 못했다. 1977년에 고용주들은 "마이드너 플랜이 스웨덴 사회에 치명적인 정치·경제적 결과를 초래할 것"이라고 생각한다는 사실을 분명하게 밝혔다.[87] 저명한 경제학자 아사르 린드베크Assar Lindbeck는 사회민주당에서 사임한 뒤 마이드너 플랜에 이념적 반대파가 되었다.[88] 기금을 단계적으로 도입하는 시기 동안 증권시장에 위기가 닥치고, 자본의 해외 도피가 발생할 것이라는 심각한 우려도 있었다.[89]

1982년 선거를 앞둔 몇 주 동안 마이드너 플랜은 사회민주당 정책의 중심 항목이 되었다. 사회민주당은 선거에서 이겼지만, 마이드너 플랜에도 불구하고 승리했다고 보는 것이 일반적이다.[90] 임금노동자기금을 진심으로 지지하는 이들은 노동조합 운동가와 좌파 지식인뿐이었다. 성인 인구 80퍼센트가 노동조합원이라는 사실이 수없이 강조되었지만, 그들이 경제 운영에 대한 노동조합의 영향력이 커지기를 바란다고 볼 수는 없었다.

새로운 사회민주당 정부는 타협안을 찾으려고 노력했지만, 부르주아 정당들과 고용주들은 뜻을 굽히지 않았다. 기금에 대한 반대는 분열된 스웨덴 부르주아 반대 세력을 하나로 결집하는 힘이 되었다. 고용주 연합의 지원을 받아 스톡홀름Stockholm 거리에서 열린 반대 시위에는 7만 5000명이 운집했다.[91] 이런 반대에도 사회민주당은 공산주의자들의 도움을 받아 1983년에 기금안을 통과시켰다. 부르주아 정당들도 결국 불가피한 일로 받아들일 것이라고 여겼다.[92] 과거에도 부르주아 정당들이 1959년 연금 개혁 같은 사회민주주의적 입법안을 독재적 계획경제로 가는 위험한 길이라고 주장하면서 강하게 반대한 적이 있었다. 그러나 나중에는 그 법안을 받아들였고, 1976~1982년 집권 당시에도 문제 삼지 않았다.

수많은 수정을 거친 안을 또다시 손봐서 완성한 1983년 입법안에는 본래의 목적이 퇴색되었다. 기금 제도는 우선 7년 동안 '실험적으로' 실시하는 것으로 결정되었다. 사실상 기금 제도는 갱신되지 못했고, 올로프 팔메와 재무부 장관도 그 사실을 분명하게 밝혔다.[93] 1987년에 팔메는 기금이 고안된 것은 새로운 사회를 구현하기 위해서가 아니라 스웨덴을 위기에서 구출하기 위해서였다고 단언했다.[94] 1970년대 중반 일어난 야망과 희망은 조용하게 잊혔다. 주식시장에 투자하기 위한 목적으로 1973년 만들어진 연금 기금(이른바 '네 번째 AP 기금')을 본떠서 5개 지역 기금이 설립되었다.[95] 이윤을 규정하는 한층 제한적인 정의가 새롭게 내려졌고, (10만 개 회사 중에서) 고작 수천 개만 참여하게 되었다. 5개 지역 기금에 1973년의 네 번째 AP 기금과 1988년에 만들어진 다섯 번째 AP 기금을 더한 총 기금 자산 가치는 1990년 당시 증권거래소에 등록된 전체 자산 가치의 7퍼센트에 불과했다.[96]

1991년 3월 사회민주당 정부는 한층 포괄적인 개편을 제안했다.

종전의 모든 연금과 임금노동자기금을 5개 기금으로 통합하고, 각각의 기금은 자산의 60퍼센트까지 원하는 방식으로 투자할 권리를 갖게 하자는 것이었다. 이 개편에 따라 법적으로 인정받지 못했을 뿐 실질적으로 운영되던 방식이 합법화되었다. 대다수 임금노동자기금이 운용되는 방식은 일반 연금 기금과 다를 바 없었다. 종전의 시장 제약을 인정하고, 제조업에 지나치게 투자하지 않으며, 장기적 전망이 없었다. 비평가들의 우려가 무색하게 자본주의 정신이 다시 맹위를 떨쳤고, 사회주의로 점진적 이행이 가능하다고 믿던 모든 급진주의자들은 실망을 금치 못했다. 1991년 사회민주당이 취한 그 조치의 목표는 스웨덴 기업이 외국 기업에게 인수되는 것을 막기 위해 스웨덴 기업에게 지역 투자 자금원을 제공하는 것이었다. 그 목적을 위해 제정된 종전의 법이 있었지만, 그 법은 사회민주당 정부가 추진하기로 결정한 EC 가입에 지장을 줄 수 있었다.[97]

마이드너가 동료들과 함께 고안한 본래의 마이드너 플랜은 스웨덴과 유럽의 좌파 사이에서 큰 기대를 불러일으켰다. 마이드너 플랜이 투자와 자본주의에 대한 집단적 통제를 확대할 수 있는 가장 확실한 방법이라고 여긴 이들도 있었다. 이 실험이 실패한 원인을 한 가지로 규정할 수는 없다.[98] 마이드너 플랜도 대안경제전략과 마찬가지로 폭넓은 대중의 지지를 얻지 못했다. 사회민주당 또한 마이드너 플랜을 진심으로 지지하지 않았다. 노동조합도 마찬가지였다(화이트칼라 노조 연맹은 중립적 입장을 유지했다). 고용주들은 집단적으로 대응했고, 1982년 선거에서 정당들이 지출한 전체 금액보다 많은 돈을 언론 홍보 활동에 쏟아부을 만큼 마이드너 플랜에 강하게 반대했다.[99] 노동자들도 마이드너 플랜에 열의를 보이지 않았다. 기금 지지자들이 구상한 소유권 개념은 지나치게 추상적이고, 소유자가 마음대로 처분할 수 있는 것이라는 사유재산의 일반적인 개념과 동떨어졌다.

임금노동자기금은 본래 평등주의 임금정책을 뒷받침하기 위해 고안된 것이었다. 기금의 실패는 사회민주당과 노조연맹, 전문직 노동자연맹이 임금 평등 문제에 전반적으로 물러서던 시기와 때를 같이했다. 1980년대 파업은 주로 임금격차, 특히 공공 부문과 민간 부문, (여성이 대부분인) 공공 부문 노동자(점점 사회민주당 쪽으로 기울었다)와 민간 부문 사무직 남성 노동자의 임금격차에 관한 것이었다.[100]

임금노동자기금의 형식과 제시 방식은 '현대적'이었지만, 그것을 뒷받침하는 이념은 전통적인 사회민주주의 이념이었다. 생산과정에서 차지하는 위치가 같다는 이유로 노동자와 생산자를 공통된 관심사를 부여받은 계급으로 지정하고, 그들에게 지지를 호소한 것이다. 이런 관점에서 이 전략은 근본적으로 '노동자주의'적이며 충분히 많은 수정을 거쳤음에도 그 원죄에서 벗어날 수 없었다.[101] 주부, 학생, 장애인, 대다수 연금 수급자들, 여성이 대부분인 공공 부문 노동자들은 기금과 직접적인 관계가 없었다. 한 비평가는 "경제를 통제하는 주체가 노동조합이 될 것"이라고 경고했다.[102] 계획이 본래 형태대로 실행되었다면 스웨덴 사회에는 두 가지 참여가 공존했을 것이다. 일반적인 민주주의 절차를 통한 모든 시민의 참여와 경제 운영에서 제한된 지배권을 가진 임금노동자의 참여다. 기금의 개념 자체는 찬성한 발터 코르피Walter Korpi가 지적한 대로 이는 민주주의적 관점에서 용납할 수 없는 일이었다.[103] 총선에서 추가로

투표해서 '경제 지배권'을 모든 시민에게 확대하자는 코르피의 제안은 채택되지 못했다.[104]

그러나 마이드너 플랜을 실행하는 데 가장 큰 장애가 된 것은 스웨덴 경제의 국제화였다. 엄격히 말하면 스웨덴 경제는 오랫동안 '개방'되어 있었다. 그러나 국가가 환율을 통제하던 스웨덴은 평가절하를 통한 수출 경쟁력 강화로 자국의 인플레이션 문제를 해결했다. 스웨덴의 임금수준은 국제 기준으로는 높았지만, 스웨덴의 기준으로는 높지 않았다. 이 때문에 스웨덴 기업들은 1960년대에 높은 이윤을 올릴 수 있었다. 1970년대까지 스웨덴에서 활동한 기업들은 순수 자국 기업이었고, 해외시장 점유율을 확대하기 위해 자기들끼리 경쟁했다. 모든 기업은 비슷한 제약을 받았고, 스웨덴 사회민주주의 정부라는 동일한 내부 규제 기관을 상대했다. 이 상황이 유지되었다면 임금노동자기금이라는 새로운 제약이 가해졌을지도 모른다. 임금노동자기금에는 임금 억제와 자본 확대 효과도 있었다. 그러나 국제화된 환경에서는 '사회주의적' 규제든 아니든 기금에 따른 모든 제약은 스웨덴 기업의 경쟁력을 외국 경쟁 기업에 비해 떨어뜨리는 방향으로 작용할 수도 있었다. 기금으로 인해 생길 가장 분명한 제약은 (국유화된 산업과 마찬가지로) 기업이 노동자를 해고하기 어려워진다는 점이었다. 그러면 유럽의 노동시장이 구조조정을 통해 한층 유연하게 바뀌는 상황에서 스웨덴 기업은 외국 경쟁 기업보다 불리한 입장에 처했을 것이다.

1980년대 말 임금 인플레이션을 통제할 수 없게 된 사회민주당은 다른 나라에서 오래전부터 널리 사용되던 정책들을 채택했다. 즉 금융시장의 규제를 철폐하고 외환 관리 제도를 폐지했다. 환율은 유럽통화제도에 따라 정해졌다. 임금을 억제하기 위해 외부적인 규제가 가해졌다. 성장과 고용은 가격 안정이라는 제단에 희생양으로 바쳐졌다.[105]

1990년대가 되자 마이드너 플랜과 임금노동자기금은 기억에서 사라졌다. 마이드너 플랜은 스웨덴이 겪는 다른 문제에 비해 중요하지 않은 사안으로 밀려났고, '새로운 유럽 속 스칸디나비아'에 전념하는 선두적인 사회주의자들과 정치학자들의 에세이집에서 한 번도 언급되지 않았다.[106] 투자에 집단적 통제를 확립하는 것이 가능하다는 생각은 폐기되었다. 위대한 개혁 공세는 끝났다. 당시 가장 중요한 문제는 상호 의존적인 새로운 유럽과 세계경제 안에서 스웨덴 사회복지의 핵심 요소를 유지하는 것이 가능한가 하는 점이었다.

독일 사회민주당의 새로운 정치

15년간 지속된 독일 사회민주당 정권은 1982년 연방 하원의 '건설적 불신임 투표'에서 패하며 종말을 고했다. 이전까지 사회민주당과 연정을 구성한 자유민주당은 파트너를 바꿔 헬무트 콜을 총리로 하고 기독민주당이 주도하는 연정에 합류했다. 이어진 1983년 선거에서 사회민주당은 참패했다. 득표율이 38퍼센트를 겨우 넘겨 1961년 이후 가장 낮았다. 사회민주당 지지층은 핵심 지지 세력인 노동계급으로 축소되었다.[107] 독일에서 보수주의가 헤게모니를 잡는 새로운 시대가 열리고 있었다. 헬무트 콜은 1983년 승리한 뒤 1987년 1월, 1990년 12월, 1994년 10월 연이은 선거에서 이겼다.

1980년대 동안 사회민주당 앞에는 두 가지 대조적인 전략이 놓여 있었다. 자유민주당과 다시 연정을 구성할까, 왼쪽으로 이동해서 '적녹 연정'을 추진할까 하는 점이었다. 그러나 기독민주당과 자유민주당의 연정은 견고해 보였고, 공식적인 '적녹 연정'을 위해서는 사회민주당의 전통적 지지층 일부를 포기해야 했다.[108] 몇몇 영향력 있는 사회민주당 정치인은 기독민주당과 다시 '대연정'을 구성할 것을 제안했지만, 실행될 가능성은 희박했다. 기독민주당과 자유민주당 연정이 과반 의석을 잃기를 바라면서 당의 지지율을 최대한 끌어올리기 위해 노력하는 것이 현실적 대안이었다. 연정 구성을 구상하는 것은 당면한 과제가 아니라 해도 사회민주당에게는 결정해야 할 것이 또 있었다. 슈미트 시대에서 얼마나 거리를 두고 새로운 '대안적' 정치를 수용해야 할까, (노조 조직률은 높지만 점점 줄어드는) 전통적인 노동계급과 (노조 조직률은 낮지만 점점 늘어나는) 서비스 부문 노동자의 요구를 어떻게 조화시킬까 하는 점이었다.[109]

처음에 사회민주당은 왼쪽으로 이동했고, 이에 귄터 그라스Günter Grass는 찬사를 보냈다. "사회민주당은 아우구스트 베벨 시대에 얻은 자부심과 마음의 평화를 되찾았다. 오랫동안 사회민주당은 상황의 힘에 굴복해서 한낱 실용주의를 대체 이데올로기로 채택할 위험에 빠진 것 같았다."[110] 그러나 자부심과 마음의 평화 이상의 것이 필요했다. 1980~1987년 사회민주당 사무총장을 지낸 페터 글로츠는 단순히 중도주의나 새로운 사회운동을 좇는 것에 대해 경고했다. 당이 해야 할 일은 "독일 사회 내부의 연대와 결속을 약화하는 우파의 현 정책에 대응할 수 있는 계획"을 세우는 일이었다. 글로츠는 여섯 가지 문제 영역을 분리했다. 구조적 실업, 복지 재원 마련, 가부장제, 환경 파괴, 군비, 국가 통제주의 반대였다.[111] 그는 "새로운 사회운동과 사회 생산 중심 부문의 감정적 대립"을 피하기 위해 산업주의와 환경보호주의를 조화시키는 방법을 찾아야 한다고 덧붙였다.[112]

1987년 선거를 앞둔 시기에 사회민주당은 당이 처한 딜레마를 해결하기 위해 낡은 정치와 새로운 정치 사이에서 타협점을 찾기로 했다. 사회민주당은 슈미트와 유사한 전통적인 후보자를 선택했다. 가장 넓은 산업 지역인 노르트라인베스트팔렌 주의 총리 요하네스 라우Johannes Rau였다. 한편 「바트고데스베르크 강령」을 대체할 새로운 기본 강령을 준비하기로 결정했다. 요하네스 라우는 연속성을 유지해주고, 새로운 강령은 1959년 이후 세계가 크게 바뀌었다는 것을 인정하고 있음을 보여줄 거라고 여겼다. 예전 강령에는 여성 문제나 제3세계, EC에 대한 언급이 없었다.[113] 실업이 증가하고 환경 파괴에 대한 우려가 커지는 때, 성장에 한계가 없고 재분배가 주요 정치적 과제라는 전제는 현실과 동떨어진 것이었다.

요하네스 라우는 새로운 정치의 많은 부분을 충실하게 포용했다. 1986년 12월 16일 총리 수락 연설에서 그는 유럽에 새로 배치된 미사일을 제거해야 한다며 평화주의자들의 지지를 호소했다.[114] 또 환경보호주의자들의 지지를 호소하며 "산업과 환경을 싸움 붙여 이득을 얻으려고 해서는 안 된다"고 강조했다. 사회민주당이 에너지

세를 부과해서 에너지 소비 감축에 대한 투자 재원을 마련할 것이라고도 했다.[115] 페미니스트에게는 다음과 같이 호소했다.

> 우리 사회에는 '유급 노동'의 흔적이 곳곳에 있습니다. 나는 돈벌이가 되는 일이든, 무급 노동이든 일자리의 급진적인 재분배에 동의하지 않는다면 여성의 평등한 권리를 위해 노력한다는 어떤 주장도 인정하지 않을 것입니다. 구체적으로 표현해봅시다. 여성의 평등을 주장하는 사람은 어떤 형태로든 노동시간 단축을 위해 운동을 벌여야 합니다. 노동시간 단축은 충분한 일자리를 만드는 결정적인 방법이기 때문입니다.[116]

선거 결과만 놓고 볼 때 이런 노력은 모두 부질없는 일이었다. 1987년 선거에서 라우는 콜에게 패배했다.

라우가 패한 뒤 사회민주당은 자를란트 주의 지사이자 한때 적녹연정을 지지한 오스카 라퐁텐Oskar Lafontaine을 총리 후보로 채택하며 새로운 정치로 한 걸음 더 나갔다. 그러나 예상치 못한 정치적 사건—베를린장벽의 붕괴와 뒤이은 독일의 재통일—이 라퐁텐에게 있었을지도 모를 기회를 앗아갔다.

사회민주당을 서유럽 좌파의 다른 정당과 구별 짓는 주요한 특징은 (블루칼라 노동자들과 노동조합 운동가들의 지지를 받는) '전통주의'적 입장이 당의 '우파' 세력에 의해 유지되며, 특히 연방의회 원내교섭단체Bundestagsfraktion에서 강하게 나타난다는 점이다. 이런 경향 때문에 (라퐁텐 주위의 좌파 수정주의자들이 시도한 것처럼) 노동시장의 유연성을 도입하려는 시도와 「바트고데스베르크 강령」

의 '필요할 때만 계획' 원칙을 수정하려는 시도는 완강한 반대에 부딪혔다. 사회민주당 내부에서 좌파는 반노동자주의자며 우파는 전통주의자였다. 독일의 좌파 사회민주주의자들은 보통 탈물질주의 가치에 찬동하는 세력이었다. 그들은 환경주의자이자 평화주의자고, 페미니스트에 가까웠다. 또 반권위주의자고 중산계급에 가까우며, 교육도 많이 받은 이들이었다. 이들은 영국이나 프랑스의 좌파 사회민주주의자들처럼 국유화를 지지하거나 유럽 통합에 반대하지 않았다.

「바트고데스베르크 강령」 이후 사회민주당은 바이마르Weimar 시절의 낡은 노동계급 정당이 아니었다. 진정한 국민정당이 되겠다는 목표를 달성하지는 못했지만, 지식인과 중산계급으로 지지층을 확대했다.[117] 지식인과 중산계급은 자신들이 사회민주당에서 소외되었다고 생각하지 않았다. 또 급속한 경제성장기의 노동계급은 자신들이 사회의 주변적 존재라고 생각하지 않았다.

1980년대에 상황은 다시 바뀌었고, 많은 서유럽 좌파에게 변화가 불어닥쳤다. '전통주의' 진영은 산업 성장 원칙에 기반을 둔 전략을 추구하겠다는 단호한 입장을 지킨 반면, '환경보호주의' 진영은 새로운 '탈물질주의' 가치를 상당 부분 받아들였다. 독일 사회민주당은 영국 노동당을 여전히 분열시키는 이념적 충돌을 뛰어넘었다. 영국 노동당에서는 노동계급 연대의 분위기로 고무된 노골적인 사회주의 이념이 부르주아적 경제 발전과 단호하게 맞서 싸움을 벌였고, 반면 '현대적' 수정주의는 계급투쟁을 과거의 유물로 간주했다. 독일에서는 세력이 미미한 공산당과 녹색당의 근본주의자들을 제외하고 '극좌파'는 존재하지 않았다.

그러나 적어도 한 가지 '탈물질주의적' 문제에서는 독일 사회민주당 좌파와 영국 노동당 좌파의 의견이 대체로 일치했다. 핵무기 반대운동이었다. 새로운 현상은 아니었다. 1950년대에 독일과 영국에서 중요한 반핵운동이 있었다(9장 참조). 양당의 전통적 우파는 범대서양주의 성향이 강했다. 특히 슈미트는 1979년 12월 NATO의 방어 정책 재고를 이끈 위대한 전략가다. 당시 NATO가 채택한 전략은 소련과 미국의 중거리핵전력INF 감축에 관한 협상을 추진하고, 협상이 실패할 경우 유럽에 신형 크루즈와 퍼싱-2 미사일을 배치하는 것이었다. 그래서 '이중 결의'라는 이름이 붙었다.[118] 미사일은 서독과 영국, 네덜란드, 벨기에, 이탈리아에 배치될 계획이었다.

오직 총리에 대한 충성심으로 슈미트의 뜻에 따른 사회민주당은 1983년 11월 18~19일 쾰른Köln에서 열린 평화안보회의 때 입장을 바꿨다. 사회민주당은 '이중 결의'가 무기 증강을 멈추고 데탕트를 촉진하는 데 실패했다고 선언했으며, 독일 영토에 미국의 신형 중거리 미사일이 배치되는 것을 거부했다.[119] 당 집행부가 제안한 이 결의안에 반대한 위원은 슈미트와 전 장관 4명을 포함해서 13명에 불과했다.[120] 물론 당시 사회민주당은 집권당이 아니고, 헬무트 슈미트도 당수가 아니었다. 영국 노동당의 경우 평화주의적 선택은 일방적 군축과 유로미사일 반대 운동으로 나뉘어 한층 복잡했다. NATO가 지휘하는 외국(즉 미국) 미사일의 영국 배치 반대 운동에는 애국적 측면이 있었지만, '독립적인' 영국의 핵무기 반대 운동은 유니언잭을 휘날리는 핵무기를 여전히 자랑스러워하는 영국 애국자들의 지지를 얻지 못할 터였다. 크루즈와 퍼싱 미사일 반대 운동은 독일, 벨기에, 네덜란드, 이탈리아의 시위자들과 연계해서 펼칠 수 있기 때문에 국제주의적 측면도 있었다. 그러나 일방적 군축 운동은 영국을 기반으로 일어날 수밖에 없었다. 독일에서 일방적 군축의 개념은 배척되었다. 독일이 자국의 핵무기를 보유하지 못해서가 아니라 외교정책에서 일방적 군축 법령은 독일의 '독자적' 정책과 연결될 수밖에 없었기 때문이다. 이는 독일이 EC나 NATO의 제약을 벗어나 세계에서 주역으로 활동해야 한다는 민족주의적 사고의 부활로 이어질 수도 있었다. 이런 독일식 '드골주의'는 우파 세력의 것이었다.

독일의 평화주의 운동은 영국보다 폭넓었다. 1983~1984년에 실시된 여론조사에 따르면 독일 국민 86퍼센트가 미사일 배치에 반대하는 것으로 나타났다. 1983년 본에서는 평화주의자 30만 명이 행진을 벌였고, 슈투트가르트Stuttgart에서 울름Ulm의 미군 기지로 이어지는 89킬로미터에 걸쳐 시위대가 손을 맞잡고 '인간 사슬'을 만들었다.[121] 이런 시위를 이끄는 힘이 나오는 곳은 거의 확실했다. 새로운 무기가 사용되는 상황, 즉 소련의 핵 공격이나 재래식 공격에 보복하는 상황이 오면 독일이 살아남으리라고 아무도 장담할 수 없었기 때문이다.[122]

NATO의 이중 결의에 반대하는 새로운 정책으로 사회민주당은 독일에서 가장 공공연하게 평화주의(와 반미주의)를 표방하는 녹색당과 같은 진영에 속하게 되었다. 그러나 유로미사일 반대 운동이 비교적 인기를 끄는 유일한 원인이 평화주의는 아니었다. 불확실성과 불안감 역시 중요한 역할을 했다. 인구밀도가 높은 바덴뷔르템베르크Baden-Württemberg 주 한복판에 퍼싱-2 미사일이 배치된다는 것은 많은 독일인이 미국의 인질로 잡힌 것과 다름없었다.[123] 강력한 미국이 완벽한 안보를 지켜줄 거라고 여겨지던 시기에는 독일 국민도 미국 핵무기에 전적으로 의존하는 것을 평온하게 바라볼 수 있었다. 이 안전감은 1980년대를 지나는 동안 핵무기의 대량 학살에 대한 두려움으로 바뀌었다.[124] 이렇게 된 원인은 평화운동이 전하는 비관적인 메시지 때문이기도 하고, 레이건 대통령의 수사법 때문이기도 하다. 유럽에서 레이건 대통령은 핵무기 발사 버튼에 손가락을 대고 있는 신뢰할 수 없는 전쟁광 이미지로 알려졌다. 그 결과 레이건 대통령은 자기도 모르게 평화운동에 사람들을 끌어들이는 가장 활동적인 홍보 대사가 되었다. 국가적 공황 상태로 발전할 수도 있는 이런 두려움은 영국이나 프랑스에는 존재하지 않았다. 양차 세계대전 동안 독일 국민에게 닥친 끔찍한 운명으로 '본능적 평화주의'가 영국과 프랑스보다 깊이 뿌리내린 게 분명했다. 양차 세계대전에서 대체로 비켜나 있던 미국에서는 그런 평화주의가 전혀 나타나지 않았다. 슈미트는 1985년 스팀슨Stimson 강연에서 미국 청중에게 이 단순한 사실을 직접 설명해야 했다.

> 오리건Oregon 주나 콜로라도Colorado 주에 외국 사령부의 지휘를 받는 외국 군대가 주둔한다고 생각해보십시오. 또 주둔국의 통제를 받지 않고 외국 사령관의 명령으로 움직이는 핵무기가 5000기 있다고 생각해보십시오. 왜 독일의 기성세대와 교수, 주교는 물론 젊은이들까지 합동 군사 태세에 반대하는지 이해가 될 겁니다. 자국 영토에 7개국의 무기와 군사력이 집중되었고, 그것이 모두 외국의 지휘 아래 있는 다른 나라는 없습니다.[125]

모든 독일 국민을 불안하게 만든 원인은 (또 미국인을 신뢰할 수 없다는 프랑스의 의심이 굳어지게 한 원인은) 두 강대국의 협상이 전반적으로 서유럽 연합국의 입장을 무시한 채 진행되었다는 점이다. 1982년 여름 제네바Geneva에서 미국 대표 폴 니츠Paul Nitze와 소련 대표 율리 크비틴스키Yuli Kvitinsky가 '두 사람의 비공식 회담'으로 도달한 중거리핵전력 협상의 유명한 타협안에 서유럽 연합국의 의사는 반영되지 않았다. 그 후 모스크바와 워싱턴에서 이 타협안을 거부한 것 역시 연합국과 상관없이 진행되었다. 자신의 영향력을 과시하기 좋아하는 헬무트 슈미트는 분개했다.[126] 나중에 슈미트는 "누가 대통령이 되든 워싱턴은 일방주의로 흐를 것이다. 미국과 서유럽이 전체적인 전략을 공동으로 수립하지 못하면 서유럽은 언제나 단독으로 모험에 나서는 미국과 맞닥뜨릴 것이다"라고 썼다.[127] 사회민주당 좌파의 수많은 이들이 지적했다시피 미국은 유명한 이중 결의 전략의 두 트랙 중 협상 '트랙'을 책임지고 있었고, 독일은 '두 번째' 트랙에 따라 핵무기를 자국 영토에 배치해야 하는 입장이었다.

유럽 전역에서 평화운동이 거세지고 독일 내 환경보호주의자들도 평화운동에 나서자, 독일 사회민주당 역시 평화주의 입장을 취했다. 그러나 평화운동이 사회민주당의 입장 변화를 불러온 유일한 원인은 아니었다. 독일에는 영국에 없는 국가이성(raison d'État : 국가를 유지·강화하기 위해 지켜야 할 국가의 행동 기준―옮긴이)이 있었다. 사회민주당은 새로운 미사일을 배치함에 따라 지금껏 공들여온 동독과 관계가 위험에 처할 것이라고 생각했다. 동독과 관계는 전후 독일 외교정책의 근간으로, 사회민주당의 가장 큰 업적인 동방정책의 기초가 되었다. 그러나 사회민주당의 비관주의는 부적절한 것으로 드러났다. 동독과 관계는 1980년대를 거치면서 한층 나아졌다. 자유민주당 당수이자 독일의 외무부 장관(1974~1992년) 한스 디트리히 겐셔Hans-Dietrich Genscher는 소련과 관계를 구축하는 일에 소홀하지 않았고, 고르바초프가 시작한 개혁을 가장 많이 지지한 서구의 지도자였다.

동방 지향적이고 데탕트에 기반을 둔 정책이 서유럽의 상황 때문에 추진되었다는 점을 고려한다면, 어떤 독일 지도자도 그 정책에서 벗어날 수 없었다. 미국을 유럽에 연결하려고 한 슈미트의 야심에도 미국이 유럽의 안보를 자국의 안보와 동등하게 여기도록 만들 장치는 없었다. 사회민주당은 "지정학적 위치를 고려해볼 때 서유럽의 안보 이익이 대서양 너머 동맹국들의 안보 이익과 같을 수 없다"는 사실을 분명히 깨달았다.[128]

사회민주당에게는 평화운동에 열린 자세를 유지하면서도 당을 결속하고 대중의 인기를 얻게 할 안보 정책이 필요했다. 동방정책을 설계한 에곤 바르Egon Bahr가 이끄는 실무단이 1983년 6월, 새로운 정책을 위한 틀을 마련했다. 전통적인 억제 이론에 따르면 적을 단념시키기 위한 수단으로 군비를 증강해야 했지만, 이는 상호 간 의심과 두려움을 불러오는 결과로 이어졌다. 안보 영역에 상호의존 개념을 적용한, '공동 안보'라는 새로운 원칙이 등장했다. 공동 안보의 목표는 긴장 완화를 이끌 수 있는 환경을 조성하기 위한 공동의 노력에 '적'을 동참시키는 것이다. 이 개념은 1982년 올로프 팔메가 이끄는 군축과 안전보장에 관한 독립위원회Independent Commission on Disarmament and Security 보고서에서 처음 등장했고, 여러 곳에서 활약한 에곤 바르 역시 개념 정립에 기여했다. '공동 안보'

는 사회민주당이 1970년대 말에 사용한 '안보에서 협력' 개념과 다르다. 당시 사회민주당은 유럽의 안보가 오직 미국과 서유럽의 협력을 통해서 확보될 수 있다고 주장했다. 반면 '공동 안보'에서 '안보'를 보장하는 '협력'은 '적과 협력'이었다. 이는 핵 시대에 안보는 적에 '대항'해서가 아니라 적과 '함께' 도달해야 하는 상태라는 인식이었다. 양측이 핵 재앙의 위협에 직면한 상황에서, 또 군사력으로 상대를 무릎 꿇릴 수 없다는 사실을 인식한 상황에서 적은 파트너가 되어야 했다. 사회민주당 원내 대표 한스-요헨 포겔에 따르면 "안보는 잠재적 적에 맞서 자신을 무장함으로써 얻을 수 있는 것이 아니다. 그것은 적과 협력을 통해서만 달성될 수 있다".[129]

이후 사회민주당 지도부는 '안보에서 협력'이라는 예전 개념과 '공동 안보'라는 새로운 개념의 차이를 분명히 짚고 넘어가는 일을 피하려고 했다. 베를린장벽 붕괴 전에 작성된 마지막 주요 안보 문건에서는 두 개념 모두 언급되지 않았다.[130] 그러나 두 입장은 상호 배타적이었다. '공동 안보'를 채택한다면 억제 전략을 포기하고 군비를 축소해야 했고, 선제공격 능력을 키우려고 하지도 말아야 했다. 또 그것은 서구에 엄청난 전쟁 능력을 부여할 레이건의 SDI(전략방위구상), 즉 '스타워즈' 계획에 반대한다는 의미였다. '공동 안보' 원칙의 장기적 목표는 블록의 해체였다.[131] 베를린장벽이 붕괴되고 몇 주 뒤인 1989년 12월 20일에 채택된 「베를린 강령」에서는 다음 내용을 뚜렷하게 밝히고 있다.

> 오늘날 유럽 어느 나라도 잠재적인 적국이 누릴 안보보다 많은 안보를 누릴 수는 없다. 그러므로 각 국가는 자국의 이익을 위해서라도 다

른 국가의 안보에 책임져야 한다. 이것이 공동 안보의 원칙이다. 공동 안보에서 양국은 상대 국가가 존재할 권리, 평화롭게 살아갈 능력을 인정해야 한다. 공동 안보는 데탕트를 가져오고, 데탕트가 필요하다. 공동 안보의 목표는 끊임없는 위협으로 발생하는 불안감을 해소하고, 블록의 대립을 극복하는 것이다.[132]

국제주의적 관점에서 보면 '공동 안보' 입장을 고수하는 것이 가장 수확이 많았다. 공동 안보 개념은 점점 커지는 상호 의존을 반영했고, 결코 민족주의적이지 않았으며, 데탕트와 모순되지 않았다. 결과적으로 소련 공산주의 개혁 세력의 힘을 키우는 데도 기여했다. NATO에서 회원국으로서 독일의 자격은 한 번도 문제가 되지 않았다. 그러나 유럽 각국의 사회주의자들이 독일 사회민주당을 지지하는 양상은 각각 달랐다.

영국 노동당은 1980년대 후반까지 독일의 평화주의와 가까운 입장을 채택했지만, 일방적 군축에 집중한 나머지 독일 사회민주당에게 실질적인 도움은 되지 못했다. 데니스 힐리가 당이 '공동 안보' 정책을 채택하도록 노력했지만, 아무런 성과를 거두지 못했다.[133] 게다가 노동당은 야당이었다. 미사일에 끊임없이 반대한 네덜란드 노동당도 (1981년 이후) 야당이었다.

벨기에와 네덜란드에서는 평화운동이 유독 크게 일어났고, 심지어 나이 많은 세대에게도 공감을 얻었다(다른 나라에서 평화 시위대는 젊은 층이 압도적으로 많았다). 두 나라에서 미사일 반대 운동은 초당적이었는데, 개신교 교회가 결정적인 역할을 한 것이 주원인으로 작용했다.[134]

스웨덴 사회민주당은 큰 지지를 보냈지만, 여기에는 상징적인 의미밖에 없었다. 중립을 고수하는 스웨덴은 '유로미사일'과 관련된 논의에 아무런 영향력을 끼치지 않았다. 노르웨이와 덴마크도 NATO 회원국이지만 두 나라에는 미사일이 배치될 계획이 없었다. 남유럽의 이탈리아 공산당은 독일 사회민주당의 가장 열성적인 지지자였지만, 공산당이다 보니 정치적으로 사회민주당에게 이로울 것이 없었다. 기독민주당과 연정을 구성한 이탈리아 사회당의 크락시는 이탈리아에 미사일이 배치되는 것을 수락했다. 크락시는 시칠리아Sicilia에 미사일이 설치된 시점에 총리가 되었다. 곤살레스는 스페인이 NATO에 가입하도록 도와달라고 지지자들을 설득하느라 바빴다.

특히 눈에 띄는 것은 프랑스 사회주의자들이 독일 사회민주당에 지지를 보내지 않았다는 사실이다. 미테랑은 처음부터 미사일 배치를 열성적으로 지지했다(우연히도 프랑스에는 미사일 배치 계획이 없었다). 미테랑은 드골의 교훈을 따라 중거리핵전력 협상에 프랑스의 핵무기를 포함하는 것을 계속 거부했다. 그 핵무기 중 많은 수는 예상되는 소련의 진군을 막기 위해 독일의 영토를 겨냥하고 있었다. 독일 사회민주당 내 모든 세력은 프랑스 사회주의자들이 독일 기독민주당과 자유민주당 연정을 지지하는 입장이라고 봤다.[135] 프랑스 공산당이나 사회당의 좌파인 사회주의연구조사교육센터도 지지를 보내지 않았다. 지지를 보냈다 해도 환영받지 못했을 것이다. 두 세력 모두 전통적인 억제 개념에 매여 있었고, (프랑스의) 핵우산 아래 사회주의를 건설하기 바라는 듯했다. 프랑스에서는 이렇다 할 평화운동이 일어나지 않았다. 한편 프랑스 지식인들은 사실상 좌파 중립주의에 대한 역사적 헌신을 포기하고, 서유럽에서 유례가 없는 광적인 반소련주의로 돌아섰다. 그러면서도 과거에 대한 향수로 해석될 수밖에 없는 이유를 들며 자신들이 좌파de gauche라고 주장했다.

나중에 밝혀졌듯이, '공동 안보' 개념은─적어도 처음의 구상은─유럽 공산주의 붕괴로 이어진 1989년의 사건들 때문에 쓸모없는 것이 되었다. 독일 사회민주당은 오랫동안 바라온 블록의 해체가 동독 붕괴라는 형태로 나타날 것이라고는 결코 예상하지 못했다. 사회민주당은 (그리고 사회민주당의 외교정책과 같은 정책을 편 이탈리아 공산당은) 블록이 오랫동안 지속되고, 호혜주의와 상호 절충을 기반으로 해체될 것이라고 예측했다. 이들의 전체적인 가설은 서유럽 블록과 소련 블록이 결국 일종의 사회민주주의 체제로 모이는 것이지, 동유럽이 시장경제를 채택하는 것이 아니었다.

'공동 안보'는 동방정책의 연속선에 있는 중립 정책으로 해석할 수 있다. '공동 안보' 개념을 채택하는 이들이 전체주의적 공산주의 반대 운동에서 우위를 차지하기는 어려웠다. 그들의 입장에는 동유럽과 중유럽의 당시 정권들을 지지한다는 뜻이 담겨 있었다. 사회민주당은 바르샤바Warszawa조약 국가의 공산당과 빈번하게 접촉하면서 독일 사회민주주의에 오점을 남겼다. 그 결과 서독 좌파가 동독을 자본주의 세계보다 윤리적으로 우월하다고 생각하고, 그 때문에 "1970~1980년대 동유럽과 소련의 현상 유지를 지지한 서구의 가장 든든한 후원자"가 되었다고 주장하는 이들도 있었다.[136] 티모시 가튼 애시Timothy Garton Ash 또한 "서독은 지정학적 위치 때문에 동유럽에 자유와 인권 존중이 필요하다고 노골적으로 주장하기에는 제약이 있었다"고 지적하면서도 "그러나 그런 제약에도 어느 정도 과감한 정책이 가능했을 것이다"라고 주장했다.[137] '공동 안보'는 소련 공산주의 개혁론자들의 활동을 촉진했다는 점에서 성공적인 정책이었다. 그러나 '공동 안보'의 가정은 공산주의가 점진적으로 개혁되는 것이었기에 실패한 정책이기도 했다.[138]

'공동 안보'는 독일 사회민주당이 '자국의' 목표를 달성하게 해 주었다. 사회민주당은 '공동 안보'를 통해 독일에 한정된 동방정책을 넘어설 수 있었다. '공동 안보' 정책은 유럽 전체를 위한 정책이었다. 이 정책으로 사회민주당의 '유럽화'가 완성되었다. 사회민주당은 독일에서 탁월한 친유럽 정당으로 자리 잡았다. 「이르제 초안 Irsee Draft」이라 불리는 「베를린 강령」의 초안(1986년 6월)과 최종 문건(1989년)에서는 유럽 통합을 추구하는 의지가 어느 때보다 두드러지게 나타났다. 사회민주당의 목표는 '유럽 합중국'이었다.[139] EC는 "지역적으로 조직화된 세계 공동체를 위한 구성 요소"로 여겨졌다.[140] 그런 공동체를 조직하기 위해 필요한 것은 "완전한 권리가 있는 유럽의회와 의회에 책임을 다하는 능력 있는 정부다. 우리는 유럽 전체를 아우르는 사회질서를 원한다".[141] 「베를린 강령」에서는 공동의 경제정책과 통화동맹, 공동 화폐, 유럽의회에 더 많은 힘을 줄 것도 요구했다. 대처 수상을 비롯해서 대다수 유럽 보수주의자들에게 환영받은 유럽 단일 시장은 사회민주당 지도부의 눈에 유럽 내부 교역을 확대하는 기회일 뿐만 아니라 '사회적 유럽'으로 나가는 징검다리로 보였다. 사회민주당은 전 유럽 산업의 노사 공동 결정, 일자리 확충을 위한 실행 계획, 사회복지에 대한 최소한의 기준 설립 등을 고대하고 있었다.[142]

1992년 2월 조인된 마스트리흐트 조약에 이어 대다수 서유럽 좌파를 단결시킨 '사회적 유럽'에 대한 요구는 EC 국가들의 사회복지 수준을 비슷하게 맞추는 것을 목표로 삼았다. 이를 통해 사회적으로 발달한 국가의 높은 복지 비용에 따른 경제적 불이익을 줄일 수 있을 것으로 봤다. 다르게 설명하면 사회적 발달이 가장 더딘 국가들이 '부당한' 이득을 누리지 못하게 할 수도 있다는 것이었다. 따라서 독일 좌파는 사회복지가 국가 경제의 경쟁력을 떨어뜨린다는 우파의 주장을 가져다 자신들에게 유리한 방향으로 쓰는 것이었다. 복지 수준을 표준화해야 한다는 요구는 이른바 '소셜 덤핑social dumping'을 방지하는 데 목적이 있다. 남유럽 국가와 아일랜드, 심지어 영국도 낮은 임금과 열악한 노동환경을 제공하는 소셜 덤핑을 통해서 이득을 챙겼다. 사회민주당은 '사회적 유럽' 개념을 지지함으로써 독일의 사회복지와 독일 노동계급이 취한 이득을 지키려고 했다.

 사회민주당이 추구한 유럽주의의 두 번째 특징은 유럽의 분리를 심화했다는 점이다. EC 회원국들이 초국가적 제도를 마련할수록 '뒤처진' 동유럽 탈공산주의 국가들과 격차는 벌어졌고, 그 국가들이 EU로 들어오는 데 더욱 큰 장애가 생길 수밖에 없었다.

 그러므로 '연방제적' 유럽에는 '공동 안보'와 마찬가지로 유럽 대륙에 서로 다른 경제체제가 지속적으로 존재한다는 가정이 깔려 있었다. 그러나 유럽 연방 설립 계획은 '공동 안보' 개념과 달리 공산주의 붕괴 이후 폐기되기는커녕 서유럽 민족주의 확대에도 불구하고 더욱 발전했다. 전에는 '유럽주의'에 열성적이지 않던 나라들도 문을 두드리기 시작했다. 1995년에 EU에 가입하지 않은 서유럽 국가는 노르웨이와 스위스, 아이슬란드뿐이었다.

독일 기독민주당은 사회민주당과 마찬가지로 유럽주의 노선을 택했다. 그 노선은 독일 자본주의의 폭넓은 이익에 부합했을 뿐만 아니라 독일 경제 성공의 근간으로 인식되던 사회적 합의까지 보존해주었다. 좁은 경제적 관점에서 보면, 대처가 한 방식대로 사회적 합의를 공격함으로써 독일 자본주의의 경쟁력을 끌어올릴 수 있었을지도 모른다. 그러나 1990년대 중반까지 기독민주당은 그런 방식을 채택할 준비가 되지 않았다. 오랫동안 독일 산업을 잘 지탱해준 합의를 위태롭게 하느니 경쟁력을 조금 잃는 것을 감내하는 편이 나았다. 유럽주의는 안보 정책과 달리 독일 우파와 좌파의 논쟁거리가 아니었다.

사회민주당이 기독민주당과 (또 「바트고데스베르크 강령」과) 분명한 차이를 보인 점은 '새로운 정치'에서 가장 두드러진 쟁점인 환경보호와 페미니즘에서다. 사회민주당은 무한 성장 개념에서 등을 돌렸고, 환경을 의식하는 '질적인' 성장을 지지했다. 이는 진정한 정치적 변화였다.143 전후에 사회민주당은 자유 자본주의의 근본 가정, 즉 기술 발전의 점진적 활용을 통해 사회복지가 지속적으로 확대될 것이라는 가정, 현대사회의 성장과 기술 발전이 한없이 계속될 것이라는 가정을 받아들이며 정당성을 획득했다. 또 그런 발전이 사회주의의 점진적 발전과 함께 진행될 것이라고 가정했다. 이런 경향은 비단 독일 사회주의자의 특징이 아니었다. 공산주의를 포함한 전체 사회주의 운동에서 이런 목적론적 관점을 받아들였다. 그것은 마르크스가 직접 쓴 글에서도 이런저런 형태로 존재했고, 계몽주의 시기 이후 모든 자유주의자들이 공유해온 관점이다. "역사는 우리 편이다"라는 말은 모든 진보 세력의 슬로건이었을 것이다. 자유주의자들과 사회주의자를 가르는 진정한 차이는, 사회주의자들은 '발전'을 시장에 맡겨두면 중대한 사회문제가 생길 거라고 믿었다는 점이다. 자본주의 황금기에는 이 차이가 뚜렷하지 않았다. 그러다가 사회주의자들은 녹색운동과 황금기의 종말 덕분에 자본주의적 발전을 다시 한 번 의심하기 시작했다. 그들은 제한 없는 생산력 발달이 환경 파괴로 이어진다는 사실을 깨달았다. 양적 성장보다 질적 성장을 보장할 수 있는 메커니즘을 찾아야 했다. 빌리 브란트가 말했듯이 우리에게는 많은 약보다 좋은 약이 필요하며, 많은 차보다 안전하고 친환경적인 차가 필요했다.144 질적 성장은 자연의 생산력이 무한하지 않다는 것, 오염시킬 호수와 강이 무한정 공급되지 않는다는 것, 물과 공기가 '공짜'가 아니라는 사실을 받아들였다. 사회민주당은 많은 환경보호주의자들이 주장한 대로 녹색 정치를 추진한다고 해서 반드시 고용이 줄어드는 것은 아니라고 했다. 환경 투자가 일자리를 창출할 수도 있다는 것이었다. 흔히 말하는 성장의 한계는 환경적 제약을 무시하는 발전의 한계다.

환경에 책임지는 성장이 어떻게 가능할까? 사회민주당은 중앙에서 관리하고 통제하거나 공공투자를 늘리는 방식이 최선이라고 말하는 모든 제안을 조심스럽게 피해 갔다. 그들은 앞으로 나갈 길은 경제민주화, 공동 결정 정착, 강력한 노동조합, 국가 행위 등 여러 요소를 조합한 것으로 봤다.145 이는 반자본주의적 입장이 아니었다. 「베를린 강령」에는 "인류가 자본을 위해 봉사하는 것이 아니라 자본이 인류를 위해 봉사해야 한다"는 구절이 있다.146 자본주의 폐지로 인류가 더 나은 봉사를 받을 가능성은 효과적으로 회피했다.

"경쟁과 정부의 조처가 상호 보완적으로 작용하는 혼합경제는 어떤 중앙집권적 경제 정부보다 월등하게 생산적이고 우수하다는 것이 증명되었다."[147]

사회민주당은 특히 체르노빌 원전 사고 이후 단일국가가 환경을 통제할 수 있는 범위는 제한적이라는 사실을 깨달았지만, 독일연방공화국의 큰 힘을 통해 국가 행위의 범위를 상당히 확보할 수 있을 것으로 믿었다. 그들은 "유럽이나 세계의 규제를 기다리는 이들은 결국 원하는 것을 얻지 못할 것"이라고 단언했다.[148] 세금과 재정적 동기부여를 적절한 방책으로 보고, "환경에 해를 끼치는 일에는 비용이 더 들어야 하며, 환경을 위해 올바른 일은 경제적으로 이득이 되어야 한다"고 주장했다.[149] 이는 결국 오염 주체가 비용을 부담해야 한다는 시장 원칙으로 발전했다.

그 원칙은 타당하지만 효력에는 한계가 있었다. 그것으로 환경오염을 멈추게 할 수는 없고, 환경오염의 비용을 높여서 기회비용을 따져보게 만들 뿐이었다. 자동차와 휘발유에 세금이 더 붙는다면 부유하지 않은 공동체 구성원의 자동차 소유나 이용은 줄어들지 모르지만, 줄어든 교통량의 혜택을 받을 풍족한 중산계급을 막을 수는 없을 것이다. 환경 비용이 많이 드는 일부 상품은 그 비용이 지나치게 높은 경우 독일에서 생산될 가치가 없어질 것이고, 환경 규제가 덜 엄격한 나라에서 그 상품들을 수입할 것이다. 독일 회사들은 투자를 유치하기 위해서 환경 피해를 감수하려는 나라들로 생산 시설을 이전할 것이다. 따라서 무역과 자본 이동의 장벽이 없는 상황에 '단일국가에서' 오염 유발자에게 비용을 부담시키는 것은 효과가 제한적일 수밖에 없다.

노동조합은 엇갈린 반응을 보였다. 앞서 묘사한 대략적인 그림에서는 우파 사회민주주의 노동조합이 언제나 중산계급 환경운동가들에게 적대적인 것처럼 그렸지만, 실은 현실 정치의 복잡성을 무시한 것이다. 독일 최대 노동조합인 금속노조는 환경보호와 관련된 주제에 반대하지 않았고, 1985년 3월 자르 선거에서 라퐁텐이 채택한 '노동과 환경' 강령—「이르제 초안」의 원형—을 지지했다. 처음에 반대하던 화학노조IG Chemie도 점차 지지하는 쪽으로 넘어왔다. 환경보호 문제를 진지하게 받아들이면 대규모 일자리 창출 계획이 될 수도 있다는 인식 때문이었다. 1985년에 노동자 20만 명이 환경 산업에 직접 고용되었다.[150]

에너지 절감 또한 성장 산업이 될 잠재력이 있었다. 배기가스 규제, 재활용, 재생 가능 에너지, 천연자원 보존, 환경에 유해한 제품 대체, 폐기물 관리와 재생 등은 여느 사업과 똑같은 사업으로 볼 수 있었고, 독일이 선두에 있는 사업이기도 했다. 1985년 폭스바겐은 프랑스와 이탈리아의 경쟁사들보다 환경적으로 안전한—실제로는 환경을 덜 파괴하는—자동차를 생산하고 있었다. 까다로운 독일 기준을 만족시키는 완제품을 독일에 수출하고 싶어 하는 나라들에게는 오염을 줄이는 소재가 필요했고, 독일은 그런 소재를 그 나라들에 수출할 수 있었다. 유럽의 환경 규제가 엄격하다 보니 유럽 국가의 기업들이 다른 국가의 기업에 비해 경쟁력이 떨어질 수도 있었을 것이다. 그러나 세계에서 가장 큰 단일 시장에서는 별문제가 되지 않았다.

안정성을 높이고 환경을 보호하려는 끝없는 시도를 단순히 사업비를 늘리는 것으로 보고, 그런 시도를 제한하려는 이들은 새로운 규제의 효과를 예측하기 어렵다는 사실을 이해하지 못했다. 일례로 스웨덴은 안전벨트 착용을 세계에서 처음으로 의무화한 나라다. 다른 나라들도 안전벨트 착용 의무화를 채택하기 시작하자, 스웨덴은 선두적인 안전벨트 공급국이 되었다. 장애인을 위한 제품 개발에 먼저 뛰어든 것도 보상을 받았다. 그와 반대로 스웨덴은 초창기에 전자레인지에 방사선의 위험이 있다는 점을 의심한 탓에 그 특정 시장에서 거점을 확보할 기회를 놓쳤다.[151]

그러나 독일의 실업률이 높아지면서 유권자에게 환경 규제를 받는 성장 원칙을 이해시키기가 점점 어려워졌다. 1980년대 후반 사회민주당은 노르트라인베스트팔렌 주, 니더작센Niedersachsen 주, 자를란트 주 같은 일부 오래된 산업 지역에서는 상당히 좋은 성과를 거둔 반면, 바이에른 주나 바덴뷔르템베르크 주처럼 성공적인 구조조정으로 새로운 과학 기반 산업이 발달한 지역에서는 계속 표를 잃었다.[152] '탈물질주의자'는 물론 노동자의 관심을 끌 만한 노동시간 단축 요구를 통해서도 아무런 성과를 거두지 못했다. 노동시간 단축은 노동계급 운동의 오래된 요구 사항 중 하나였다. 하루 6시간, 주 30시간 노동이 새롭게 제안되었다. 부부의 가사 분담을 촉진하고, 남녀 모두 자녀 양육에 힘을 쏟거나 직업훈련이나 교육을 더 받게 하려는 목적이었다. 그러나 이 요구는 경직된 노동시장을 한층 더 규제하는 틀 안에서 제시되었다. "토요일은 정규 근무일이 되어서는 안 된다. 일요일 근무는 어쩔 수 없는 상황에만 허가되어야 한다. 우리는 예외적인 상황에만 야간 근무가 허용되기를 바란다."[153] 「이르제 초안」에는 이 내용이 나오지 않는다. 이 내용은 노동조합을 회유할 목적으로 강령이 완성된 뒤 삽입한 것이다.[154]

옛 정치와 새로운 정치를 절충하려는 시도는 환경문제를 다룰 때 가장 분명하게 드러났다. 성 문제가 관련된 부분에서는 절충의 논조가 약하고, 페미니즘을 지지하는 쪽으로 확연히 기울었다.

> 우리는 여성스럽거나 남성스러운 사고와 행동방식을 상정해서 그것을 기준으로 사람들을 나누지 않는 사회를 원한다. 이제 높은 가치를 인정받는 유급 노동이 남성에게만 할당되고 가치를 인정받지 못하는 집안일과 가족을 돌보는 책임을 여성들에게 지우지 않는 사회, 인구의 절반이 나머지 절반을 지배하도록 키우고 나머지 절반은 자신을 종속시키도록 길러지지 않는 사회를 바란다.
> 여성의 의식은 급속도로 변하고 있다. 여성과 남성 모두 자기 희망과 가능성과 능력을 계속 억누른다는 사실을 여성은 남성보다 한층 예리하게 인식한다. 남성과 여성 모두 남성적인 세계와 여성적인 세계가 분리되어 고통을 받는다. 그 분리로 양성 모두 본래의 모습을 잃고 상대에게서 멀어진다. 우리는 노동계를 바꿔서 남성과 여성이 가정에서 상대방과 자녀들에 대해 책임질 수 있게 해야 한다.[155]

이는 계급투쟁과 거리가 먼 것이었다. 사회민주당은 '자녀 중심 사회'를 만들기 위해 투쟁할 것이라고 주장했다.[156] 한편 오스카 라퐁텐은 뮌스터 당대회(1988년 8월 31일)에서 사회민주당의 정책이 단순히 '전통적인' 완전고용으로 돌아가는 것이 아니라, 여성을 위한 일자리를 창출하는 것이라고 선언했다.[157] 사회민주당 사무총장 페터 글로츠도 '가부장제는 반드시 사라져야 한다'가 당이 채택하는 슬로건이 되어야 한다고 선언했다.[158]

「베를린 강령」마지막 단락에서는 수많은 정당 문서에 보이는 특유의 균형 잡기를 엿볼 수 있다. 당의 페미니즘과 환경보호주의를 눌러서 균형을 맞추기 위해 "옛 사회운동과 새로운 사회운동으로 구성된 개혁 연합"을 제시한 다음, "이 연합의 핵심에는 여전히 노동조합과 협력이 있을 것이다"라는 말로 연합을 제한하면서 대칭을 깨고 전통을 지지했다.[159] 이 균형 잡기는 애매모호하고 모순적이지만 의외의 일은 아니었다. 진정한 현대화주의자라면 결코 과거에서 시선을 떼지 말아야 한다. 이 새로운 강령의 초안을 쓴 이들은 「바트고데스베르크 강령」을 채택한 수정주의자들보다 자신들의 역사를 많이 의식하고 그 역사에 충실한 것으로 드러났다. 1959년에 독일 사회주의는 기독교와 고전 철학, 인본주의에 뿌리를 둔 것으로 묘사되었다. 마르크스에 대한 언급은 없었다. 1989년 동유럽과 중유럽 여러 지역에서 마르크스와 엥겔스의 이름을 딴 거리 이름이 바뀌던 그때, 독일 사회민주당은 민주사회주의의 정신적 뿌리에 "마르크스의 역사적 · 사회학적 교리"를 포함했다.[160]

「베를린 강령」에서 국제 문제와 관련된 부분은 냉전의 종식과 독일 통일, 공산주의권의 붕괴로 시대 변화를 반영하지 못한 낡은 것이 되고 말았다. 전 세계 외교정책 입안자들은 그 이례적인 변화를 고려해 정책 기반을 재검토하고 있었다. 「베를린 강령」의 다른 부분은 국제적 변화에 직접적인 영향을 받지 않았다. 환경보호 계획은 특히 동독의 광범위한 환경문제를 해결하는 데 적합했을 것이다.[161] 그러나 독일 통일은 1990년 선거의 지배적인 쟁점이 되었을 뿐 아니라 사회민주당에게 삼중의 타격을 주었다.

첫째, 동방정책으로 얻은 정치적 성과가 대부분 일순간에 사라졌다. 동독 정부와 협약은 완만하고 점진적인 개혁을 유도하지 못했고, 그보다 점진적인 통일을 위한 기반도 닦지 못했다. 동독 시민들이 집단적으로 나라를 버리고 헝가리를 거쳐 서독으로 들어가려 한다는 사실이 분명해지고, 고르바초프가 동독을 구하기 위해 붉은 군대를 개입시키지 않을 것이라는 의사를 밝히자, 동독 정부는 카드로 만든 집처럼 무너졌다. 동독이 무너졌으니 사회민주당의 세력이 약해져야 했다고 보는 것은 부당하다. 독일의 모든 정당이 동방정책을 지지했고, 데탕트로 인해 호네커Erich Honecker 정권에게 인권을 보장하라는 압력이 가해진 결과 동독에서 대중의 반발이 표면화될 수 있었기 때문이다. 데탕트와 동방정책으로 고르바초프 같은 개혁가가 등장할 수도 있었다.162

둘째, 중앙 계획경제가 붕괴하고 소련과 다른 '탈공산주의' 국가들에서 시장 개혁에 대한 지지가 높아지면서 친親시장 이데올로기가 서유럽 사회민주주의 전통을 누르고 위세를 굳혔다. 이런 흐름으로 사회민주당처럼 중앙 계획경제를 지지하지 않은 사회민주주의 정당도 피해를 당했다. 40년 가까이 사회민주당의 주요 원칙은 '가능한 한 많이 경쟁하고 필요한 만큼 계획하기'였지, 그 반대가 아니었다.

셋째, 1990년 전 독일 선거에서 독일 통일을 주도한 주역으로 여겨진 기독민주당이 강력한 우위를 차지했다. 사실 기독민주당이 한 일은 기회를 잡은 것뿐이었다. 기독민주당은 바이마르 시절에 사회민주당 지지 지역이던 동독 지역의 주州 전역에서 압도적인 승리를 거뒀다. 동베를린만 좌파에게 투표했다. 34퍼센트는 사회민주당을, 30퍼센트는 동독 공산당 후신인 독일 민주사회당PDS을 지지했다.

예전 반체제 인사들의 정당인 '동맹Bündis 90'은 6퍼센트 미만을 얻었다. 콜은 서부 지역에서 표를 잃었지만, 동독 지역에서 얻은 표로 충분히 만회했다. 사회민주당은 서부 지역에서 35.9퍼센트를 확보했지만, 동부 지역에서는 23.6퍼센트를 얻는 데 그쳤다. 동부 지역에는 사회민주당이 사회주의 영향으로 오염되었다는 인식이 퍼져 있었다. 이는 상당히 부당한 평가였다. 동독에서 사회민주주의자들의 활동은 금지되었지만, 기독교 민주주의자들과 자유주의자들은 그렇지 않았다. 호네커의 충성스러운 협력자로서 동독 정권에 참여한 이들은 태연히 서구의 동지들에게 합류했다.

사회민주당이 1990년에 「베를린 강령」을 중심으로 선거운동을 벌이기는 불가능했다. 「베를린 강령」은 전혀 다른 상황을 염두에 두고 고안된 강령이기 때문이다. 1990년의 쟁점은 독일 통일일 수밖에 없었다. 가장 좋은 때였다 해도 선거운동에서는 그리 주목을 끌지 못했을 환경보호와 페미니즘은 거의 거론되지 않았다. 결연한 활동가였다면 동독을 서독 수준으로 끌어올리기 위해서는 엄격한 환경 정책이 필요하다는 점이나 동독 여성들이 낙태와 일터에서 평등, 보육 분야에서 서독 여성들보다 많은 권리를 얻었다는 점을 지적했을 것이다. 그러나 이런 전략은 역효과를 낼 수도 있었다. 결국 동독의 환경문제는 서독이 환경보호 차원에서 늘 본보기가 되었다는 사실을 증명하기 위해 사용되었다. 자본주의 체제인 독일연방공화국의 환경 성적은 '현실 사회주의' 국가보다 월등히 높았다. 여성의 권리라는 쟁점 또한 문제가 될 수 있었다. 독일민주공화국(동독)은 독일연방공화국보다 자유로운 낙태 정책을 폈고, 광범위한 보육 체계를 갖췄다. 그러나 통일 직후 동독에게 배울 만한 점이 있다고 제시한다고 해서 사회민주당이 동부의 주에서 더 많은 표를 얻을 수는 없었을 것이고, 오히려 서부 지역에서 상당한 표를 잃을 수도 있었다.

사회민주당이 동독 지역에서 높은 득표율을 기대하기는 어려웠다. 헬무트 슈미트와 빌리 브란트는 결국 통일에 열의를 보였지만, 일반 당원들의 감정을 정확하게 읽어낸 오스카 라퐁텐은 처음부터 급격한 통일에 반대했고 정부와 공동성명에 서명하기를 거부하면서 콜의 10개항 계획을 "진부한 것들의 모음"이라고 불렀다.163 이전에 사회민주당 부당수 호르스트 엠케Horst Ehmke는 (헝가리를 통한) 동독인의 집단 이주를 부추긴다는 이유로 정부를 공격했다.164 실제로 집단 이주는 베를린장벽의 붕괴로 이어졌다. 녹색당은 급속한 통일에 사회민주당보다 미지근한 태도를 보였다. 라퐁텐은 동독과 서독 통화의 교환 비율을 일대일로 정하면 동독 경제에 재앙적인 결과를 초래할 뿐만 아니라 서독에 인플레이션이 일어나고 공공 지출이 엄청나게 증가할 것이며, 그 결과 세금이 높아질 것이라고 주장했다. 통일의 비용적인 측면에서 라퐁텐의 주장은 옳았지만, 국경 단속 없이 두 국가가 존속할 수 있다는 가정은 현실과 거리가 멀었다. 동독은 붕괴될 수밖에 없었다. 라퐁텐의 경고와 비관주의는 동독은 물론 서독에도 널리 퍼진 행복감과 충돌했다. 사회민주당은 독일 통일에 반대하는 것처럼 보였다. 사실 사회민주당은 민족주의에 영합하는 것을 거부했다. 이런 태도는 선거에서 도움이 되지 않을지 모르지만, 사회민주당의 역사의식을 보여줬다. 스테판 베르거Stefan Berger는 이렇게 썼다. "독일인으로서 민족주의 선동을 조심하는 것은 반역사적인 태도가 아니다. 오히려 그것은 20세

기 독일 역사의 교훈을 끌어내는 의미가 있다."¹⁶⁵

선거를 마치고 얼마 지나지 않아 서독인과 동독인의 짧은 연애는 끝났다. 점진적 통일을 지지한 라퐁텐의 주장은 틀리지 않았을지도 모른다. 그러나 정치에서는 올바른 시기에 올바른 주장을 하는 것이 중요하다.¹⁶⁶

라퐁텐이 통일 비용에 대해 고민하는 동안 콜은 역사가 자신에게 준 기회를 잡았고, 그 기회를 이용했다. 독일의 총리Kanzler für Deutschland라는 영예를 안고 유리한 입장에서 고르바초프와 협상했고, 강대한 통일 독일의 부상에 불안감을 표명하던 모든 서방국가(특히 영국)에 신속하게 대응했다. 콜은 "독일은 우리의 조국이며 유럽은 우리의 미래"라고 선언했다.¹⁶⁷ 그는 '새로운' 독일은 독자적으로 행동하지 않을 것이고, NATO의 충실한 회원국으로 남을 것이라고 말했다. 이 선언은 재통일된 독일의 전망을 그리 반기지 않던 서방국가들을 만족시켰다. 그들에게는 선택의 여지도, 통일을 늦추기 위해 할 수 있는 일도 없었다. 폴란드는 서부 국경인 오데르-나이세Oder-Neisse 선이 불가침으로 선언되자 마음을 놓았다.

독일의 재통일은 사실상 서독이 동독을 인수한 것이다. 동독은 서독으로 완전히 흡수되었다. 기본법을 비롯한 서독의 제도는 약간 수정을 거친 뒤 동독으로 확대되었다. 독일민주공화국은 사라졌다. 오랫동안 서독만 보살피며 동독을 무시해온 콘라트 아데나워 Konrad Adenauer의 기독민주당은 독일 통일 정당이 되었다. 쿠르트 슈마허Kurt Schumacher 이래 독일 통일에 가장 헌신해온 사회민주당은 철저하게 '서구화'되었다. 그들은 오랫동안 임시 체제에 불과하다고 여기던 독일연방공화국의 제도와 구조에 동화된 것이다. 사회민주당은 중대한 순간이 다가왔을 때 서독의 마지막을 받아들이고 싶지 않았다. 새로 흡수될 시민들은 목소리가 큰 반사회주의자나 예전의 확실성을 그리워하는 사람들이 될 것이 분명했다. 어느 쪽이든 사회민주당에게 중요한 문제가 된 새로운 해방의 정치와 다소 거리가 있는 이들이었다.

통일된 독일은 국제적 영향력이 커지고, 과거의 유혹에 시달리며, EC와 연대 유지에 관심이 줄어들 것으로 예상되었다. 사회민주당 지도부 또한 그런 예측을 넌지시 비쳤다. 사회민주당은 대다수 서독인처럼 독일연방공화국에서 서독의 부와 강력한 노조, 공동 결정 제도, 민주주의 확산 체계인 권력 분산과 독일연방공화국 기본법(헌법)—이런 체계 덕분에 사회민주당은 야당일 때도 어딘가에서 무언가를 지배할 수 있었다—에 편안함을 느꼈다. 독일의 사회민주주의자들은 이제 1914년이나 슈마허와 함께한 1945년처럼 독일의 '민족주의자'들이 아니었다. 그들에게 '애국'할 대상은 독일연방공화국이었다. 사회민주당은 서독의 번영에 힘입어 '탈물질주의적' 사상과 사고방식도 일부 채용했다. 서독에 흡수되려 하는 옛 공산주의 국가 시민들은 소비사회의 물질주의에서 동떨어져 살아왔다. 이들은 서독의 동포들이 오랜 세월 누려온 부와 번영을 원했다. 물론 자유를 원하지만 BMW와 CD 플레이어도 원했다. 동독인은 자본주의를 원했다. '혁명'이라 불린 그 사건을 축하하기 위해 서베를린 거리에서 열린 흥청대는 파티는 매혹적인 자본주의의 승리를 보여주는 예였다. 급속한 합병으로 손해 볼 것이라고 생각한 동독 사람들은 사회민주당이 아니라 동독 공산당 후신인 민주사회당에게 의지했다. (예전 동독 체제에서는 없던) 대량 실업과 전통적 산업 구조의 붕괴, 공산주의에 대한 확신의 약화로 부정적인 영향을 받은 사람들이 희망을 (그리고 표를) 맡길 곳은 민주사회당이었다.

이와 같이 사회민주당은 당이 표방하는 유럽주의와 국제주의에도 '국내' 정당(민족주의 정당과 다르다)에서 벗어나지 못했다. 사회민주당이 관심을 집중한 나라는 서독이었다. 오랫동안 재통일은 먼 미래의 일이었다. 1989년 베를린장벽의 붕괴에 열광한 빌리 브란트는 바로 전해에 재통일에 대한 믿음은 허위라고 선언했다.[168] 라퐁텐 훨씬 이전의 사회민주당 당수들도 대개 엄격한 현실 정치 Realpolitik를 근거로 통일의 중요성을 깎아내렸다. 일례로 슈미트는 1979년 국정 연설에서 청중에게 독일의 분단은 "오늘날 유럽의 평화를 지켜주는 힘의 균형을 구성하는 일부다. 우리 독일인은 한편으로 현실적인 평화 정책을 추진하고, 다른 한편으로는 환상에 불과한 통일에 대한 논의를 지속하는 정치적 정신분열증을 허락해서는 안 된다"고 일깨웠다.[169] 극한의 현실주의자이자 실용주의를 추구한 사회민주당의 위대한 '독일 총리' 헬무트 슈미트는 뒷날 한때는 환상이던 것이 어느 날 현실이 될 수도 있음을 깨달았다.

스웨덴과 독일, 영국 사회주의자들의 패배에 이어 소련과 소련 공산주의는 붕괴했다. 사회주의자들의 패배는 시장의 힘에 저항하는 것이 역사의 흐름에 역행하는 것처럼 보이는 분위기를 만들었고, 공산주의가 붕괴했을 때 이 흐름은 멈출 수 없는 것이 되었다. 사회주의는 정치 사전에서 가장 유행이 지난 단어가 되었다. 그러나 사회주의자들은 사라지지 않았다. 그들의 정당도 이리저리 던져지고 난타당했지만 살아남았다. 사회주의는 보수주의에 대항하는 유일한 세력으로 남았다. 그러나 사회주의자들은 과거의 정책을 고수할 수 없었다. 자본주의의 폐해를 바로잡기 위해 국가계획을 아무런 제약 없이 활용해야 한다고 주장할 수 없었다. 증세 정책을 약속할 수도 없었다. 사회주의는 스스로 개혁해야 했다. 스웨덴이나 노르웨이처럼 사회민주주의가 여전히 강세를 보이고 그 진정한 뿌리를 유지하는 나라의 사회민주주의는 영국이나 프랑스의 사회민주주의만큼 심각한 수정을 겪지는 않았다. 그러나 결국 모든 정당은 예전의 방식을 고수할 수 없다는 사실을 깨달았다. 앞으로 무슨 일이 일어날지, 무엇을 해야 할지 알 수 없다고 해도 마찬가지였다. 배를 매놓은 밧줄을 끊는 것은 그들이 첫 번째 할 일이었을 뿐이며, 이 글을 쓰는 지금도 그들의 작업은 끝날 기미가 보이지 않는다. 움직이기 시작한 배가 역사의 안갯속을 표류할지, 새로운 항로를 찾을지는 오랫동안 해결되지 않은 문제로 남을 것이다. 이 책의 남은 페이지에서 우리가 할 수 있는 일은 1980년대 중반 이후 서유럽 좌파를 휩쓴 새로운 신수정주의의 발달에 대해 간략하게 설명하는 것뿐이다.

24장

신수정주의

　　　　　　　제2인터내셔널이 창립되고 100년이 지난 뒤 소련 공산주의는 몰락했다. 이는 '실존하는 사회주의'의 첫 실험이 종결되었음을 의미했다. 1989년 11월 베를린장벽의 붕괴는 모든 이들을 놀라게 했지만, 공산주의에 임박한 종말의 기운은 그 전부터 감돌았다. 폴란드와 헝가리는 탈공산주의 체제를 향해 나가고, 슬로베니아는 유고슬라비아 연방에서 독립하려 하고 있었다. 소련에서는 1985년 3월 레닌의 마지막 후계자가 된 고르바초프가 (결국 실패로 끝날) 공산주의 개혁에 착수했다. 그는 1989년이 되자 중유럽과 동유럽의 공산주의 지배자들에게 소련이 개입해줄 거라고 기대하지 말 것을 넌지시 알렸다. 그해 9월 헝가리의 개혁 공산주의 지도부는 오스트리아와 국경을 개방했고, 여전히 철의 장막이라고 불리던 그 장벽에 최초로 생긴 틈새를 통해 동독인 수천 명이 서독으로 달아났다. 베를린장벽은 존재 이유를 잃었다. 장벽 파괴는 공산주의의 종말을 재촉했다. 이 과정은 대체로 공산주의자들이 행한 일이었다. 낭패한 지배계급은 지배하려는 의지를 잃은 상태였다. 1989년 말 동독은 독일연방공화국과 통일을 향해 빠르게 이동하고 있었다. 체코슬로바키아에서는 반체제 작가 바츨라프 하벨Václav Havel이 대통령으로 선출되었다. 1989년 크리스마스에 루마니아 공산주의 정권이 무너졌고, 니콜라에 차우셰스쿠Nicolae Ceaușescu와 엘레나 차우세스쿠Elena Ceaușescu는 총살당했다. 불가리아와 알바니아는 다당제로 빠르게 전환했다. 1991년 말에 소련이 해체되었고, 유고슬라비아 연방에서 분리된 나라들은 내전에 빠졌다. 유럽 공산주의는 이제 현실이 아니었다. 유럽 바깥에서도 공산주의 시절은 얼마 남지 않은 것 같았다. 명목상 공산주의 정당의 지도 아래 있던 중국과 베트남에서는 시장경제가 활발하게 발달하고 있었다. 이 글을 쓰는 시점에 중앙 계획경제가 현존하는 지역은 북한과 쿠바뿐이다. 이 지엽적인 구성으로 공산주의가 살아남는다 해도(불가능한 미래는 아니지만 가능성은 없을 것 같다) 성공보다 실패가 큰, 거대한 역사적 도박이 부활할 무대를 마련해주지는 못할 것이다. 다시 시합할 일은 없을 것이다. 통찰력 있는 공산주의자들은 소련이 해체되기 10년 전에 그 사실을 깨달았다. "우리는 10월 혁명으로 시작된 사회주의 발전의 추진력이 바닥났다는 사실을 받아들여야 한다." 베를링구에르가 1979년 12월에 선언한 내용이다.[1]

서유럽 사회주의 정당과 사회민주주의 정당들은 그 격동의 과정을 자신들의 역사와 아무 상관없다는 듯 조용히 지켜봤다. 일부 실제적인 원인이 작용하기는 했다. 영국과 독일의 좌파는 집권당이 아니었고, 서구의 반응에 영향을 줄 수도 없었다. 수십 년 동안 본

(서독의 수도—옮긴이)과 협약에 바탕을 둔 외교정책을 유지해온 프랑스에게는 강력한 통일 독일의 탄생이 소련의 해체보다 중요하게 보였다. 이탈리아와 벨기에, 네덜란드를 비롯한 여러 나라 사회주의 정당들은 세계 정치에 관여하는 것은 꿈도 꿀 수 없었다. 그래도 이해가 되지 않는 사실은 서구 사회주의나 사회민주주의 진영에서 강력한 대응이 한 번도 없었다는 것이다. 좌파는 고르바초프의 글라스노스트(glasnost, 개방)와 페레스트로이카(perestroika, 개혁)를 처음에는 회의적인 시선으로, 나중에는 공감하며 바라봤을 뿐이다. 서구의 좌파와 우파는 고르바초프에게 실질적인 도움을 거의 제공하지 않았다. 오히려 그가 실패할 경우 냉전에 따른 이득을 챙길 수 있도록 그 상황에서 가능한 모든 정치적 이점을 최대한 쥐어짜려고 했다. 사회주의자들과 사회민주주의자들은 자신들이 걸어온 길이 레닌의 비범한 실험을 따르며 소련이 추구해온 길과 전혀 다른 방향인 것처럼, 그 때문에 소련의 종말을 서유럽의 다른 정당들과 마찬가지로 침착하고 차분하게 바라볼 수 있는 것처럼 행동했다. 물론 사회수의자들과 사회민주주의자들은 오래전부터 소련의 세력권에 속한 정권에 반대한다는 입장을 분명히 밝혀왔다. 그곳에서 구축되는 '사회주의'는 시작 단계부터 결코 사회주의가 아니라고 오랫동안 주장했다. 그 정권들을 사회주의라고 할 수 있는 근거는 "모스크바의 누군가가 그들에게 '진정한 현존 사회주의'라는 꼬리표를 붙였다는 것"뿐이었다.[2] 사회민주주의자들은 스탈린이나 그의 아류와는 거의 공통점이 없었다. 그들이 아는 한 공산주의는 완전히 다른 세계에 속했다.

현실은 단순하지 않았다. 자유주의자들과 기독교 민주주의자들,

보수주의자들은 예기치 않게 역사의 오른쪽에 선 이들이 느끼는 만족감으로 공산주의의 붕괴를 즐겼다. 그들은 공산주의를 공정한 원칙(사회주의)이 잘못 적용된 결과로 보지 않았다. 그들은 공산주의란 해로운 이데올로기가 논리적 결론에 도달하면서 비롯된 필연적인 결과라고 주장하며 공산주의를 맹렬히 비난했다. 그들은 시장이 없으면 자유도 없다고 주장했다. 자원 배분을 위한 어떤 의식적인 메커니즘도 개별 소비자들의 수많은 결정보다 큰 행복을 줄 수는 없다고 했다.

사회주의자들과 사회민주주의자들은 소련 공산주의에 지조 있는 적의도, 그들의 몰락에 공공연한 기쁨도 드러낼 수 없었다. 그러나 독단적인 권력 행사, 무시무시한 억압, 비효율적 경제, 사람을 멍청하게 만드는 관료 체제 등에도 소련이 사회주의 사회를 규정하는 상태 중 하나, 즉 자본주의의 부재를 성취했다는 사실만은 부정할 수 없었다. 그 체제의 몰락은 사회주의의 '기형'뿐만 아니라 결정적인 특징까지 제거했다. 또 사회민주주의자들은 중앙 계획경제의 몰락에 기뻐할 수 없었다. 중앙 계획경제를 대신할 사회민주주의적 대안을 제시할 수 없었기 때문이다. 그와 대조적으로 '시장'은 한때 '사회주의의 모국'이던 곳에서 서구보다 무비판적으로 숭배되었다. 소련 체제에 살던 이들은 탈공산주의의 즉각적인 성과가 고대하던 소비자 사회가 아니라 흔치 않은 규모의 재래시장bazaar 자본주의라는 사실에 실망을 금치 못했다. 그곳의 자본주의는 서투르고 무기력한 관료제의 잔해 사이에서 관리자들이 제멋대로 무책임하게 운영하는 국영기업의 유물들에 의해 유지되었다. 대재앙과 다름없는 그 모든 혼란은 마피아 같은 범죄 조직이 활개를 치기에 이상적인 온상이 되었다. 서구의 좌파와 우파는 그들만의 'EU'의 발전을 축하했고, 초국가주의supra-nationalism를 추구하는 것과 소련이 경제적 피해를 당하면서 경쟁하는 민족주의로 쪼개지는 상황을 지지하는 것 사이에 어떤 모순도 찾지 못했다.

그 격동에서 우파가 제공한 해법, '시장'이라는 승리에 찬 개념으로 압축될 수 있는 해결책은 공산주의에서 벗어난 대다수 국가들이 처음에 선호하던 방법이다. 사회민주주의적 대안은 없었을까? 서유럽에 우세하던 자본주의, 미국이나 일본의 자본주의보다 동유럽과 중유럽의 문화적 맥락에 훨씬 가깝던 자본주의는 소련이 해체된 이후 러시아에서 그토록 숭배된 '자유 시장'과 거의 관계가 없다는 점을 사회주의자들이 지적할 수는 없었을까? 서유럽 자본주의는 언제나 방심하지 않는 정부의 보호 아래 발전하고 번성했으며, 강력한 노동운동은 그들을 내내 괴롭혔다. 그 '괴롭힘'이 없었다면 서유럽의 다양한 자본주의는 정치적으로 연약했을 것이다. 서유럽은 미국의 이점(즉 넓게 열린 국경, 거대한 단일 시장, 일할 열의가 충만한 이민자들의 끊임없는 유입, 봉건제도의 잔재가 없는 점)을 한 가지도 누리지 못했기 때문이다. 유럽 사회는 강한 협동 정신과 단결력, 정치적 지속성 등 일본의 특징도 갖추지 못했다.

사회주의자들과 사회민주주의자들은 자신들의 성과를 떠들썩하게 알리고 탈공산주의를 위한 전망을 제공하는 것을 왜 그토록 꺼렸고, 왜 그렇게 할 수 없었을까? 두 가지 이유가 있다. 첫째 이유는 추측에 근거한 것이다. 그들은 어떤 의미에서 사회민주주의를 위해 '대리' 역할을 한 고르바초프에게 선수를 빼앗겼다. 고르바초프의 원래 의도는 공산주의 경제를 더 효율적으로 만드는 것이었을 테지만, 그는 자신이 불가항력적으로 소련의 '사회민주주의적' 구조조정을 시도하는 방향으로 가고 있다는 것을 알아차렸다. 즉 그는 점진적으로 시장 개혁을 도입했고, 소련 경제의 두 가지 '사회민주주의적' 특징인 완전고용과 사회복지를 유지해줄 튼튼한 복지국가를 지속시키려고 노력하고 있었다.[3] 그러나 그쪽을 향해 갈수록 인기는 곤두박질쳤고, 사방에서 공격을 받았다. 지나치게 빨리 움직인다는 이유로, 혹은 충분히 빨리 움직이지 못한다는 이유로. 서구에서는 인정받았지만 조국에서는 철저히 무시당한 그의 위대한 역사적 장점은 절대 과거를 돌아보지 않았다는 점이다. '운명을 지배하는 사람'의 범주가 있다면, 고르바초프야말로 그 안에 들 것이다. 1989년에 일어난 사건들은 "소련 대통령과 그의 놀랄 만한 접근이 없었다면 그 시기에, 그 일이 일어난 방식대로 일어나지는 못했을 것이다".[4] 고르바초프의 우유부단함에 대한 비난이 소련은 물론 서구까지 퍼졌지만, 이런 비난은 그가 위험을 무릅쓰고 들어간 그 영토의 인적미답적 성격을 고려하지 않은 것이다. 그는 어떤 현대 정치인보다 고독했으며, 불만 가득한 지식층의 지지도, 사기가 꺾이고 냉담한 민중의 지지도 받지 못했다.[5] "지식계급이 고뇌에 차고 창의적인 동안 정치적 세력이 대개 실패하는" 러시아식 드라마가 또다시 반복된 것이다.[6] 소련의 공산주의를 사회민주주의로 바꾸려던 고르바초프의 계획이 실패한 것은 적어도 당분간 탈공산주의 러시아의 난문제에 사회민주주의적 해법은 없다는 것을 보여줬다. 그 "비범한 역사적 인물",[7] 위대한 책략가는 우리 시대 가장 중요한 현대화주의자였다. 그러나 역사가 항상 현대성의 편에 있는 것은 아니다. 고르바초프가 세운 계획이 실패함에 따라 사회민주주의가 소생할 가능성은 차단되었고, 논란의 여지가 없는 자유 시장 이데올로기의 전 세계적 우수성이 확인되었다.

서유럽 사회주의의 침묵 이면에 숨겨진 둘째 이유는 그들의 모델이 공산주의 붕괴 이전에 위기에 처했다는 것이다. 사회민주주의자들이 대체로 전통적인 사회민주주의에 대한 신념을 잃은 것이다. 그들은 미래를 낙관하지 못했고, 자신을 의심했다. 사회주의에 대해 언급하는 일도 점점 줄었다. 영국 노동당은 1973년 강령에서 "지금은 사회주의 전략만 의미가 있다"고 말할 수 있었다.[8] 20년 뒤에 그런 말을 했다면 거의 모든 사람들이 놀랐을 것이다. 반대 진영에서는 상황이 매우 달랐다. 현대적 보수주의자들은 사상에 대한 신념과 확신에 가득 찼다. 이런 확신과 결의는 모든 국가적 전투를 승리로 이끈 이들의 자기 확신으로 널리 선전되었다. 영국의 마거릿 대처(1979, 1983, 1987년), 미국의 로널드 레이건(1980, 1984년)과 조지 부시George Bush(1988년), 독일의 헬무트 콜(1983, 1987, 1990, 1994년)이 그들이다. 1980년대 선거에서 승리한 스페인의 곤살레스, 그리스의 파판드레우, 이탈리아의 크락시, 프랑스의 미테랑 같은 사회주의자들은 시장을 재발견했다는 것만 자랑할 수 있었다. 칭송받은 그들의 '현실주의'는 그들이 피할 수 없는 자본주의의 우수성을 받아들이기로 결심했다는 표시였다. 그들은 전통적 사회주의의 진부성을 이해하고 있다는 증거로 '현대성'을 과시했다. 다른 곳에서는 우리가 이전 장에서 봤듯이 패배를 거듭하고 있었다.

스페인의 혁신파, 이탈리아의 개혁주의자riformisti, 영국의 현대화주의자modernizer, 벨기에의 신현실주의자nouveaux réaliste 등 '새로운' 현실주의자들은 에두아르트 베른슈타인이 제창했고, 1950년대 말

앤서니 크로스랜드와 「바트고데스베르크 강령」 초안자들이 계승해 온 수정주의 전통에 기반을 두었다. 1980~1990년대 신수정주의는 과거의 수정주의와 마찬가지로 자본주의가 스스로 초래한 위기나 혁명, 공공재산의 꾸준한 팽창에 따라 파괴되지 않을 것이라고 생각했다.

사회주의 인터내셔널은 1951년 창설될 당시, 냉전의 수사법과 반공산주의에도 불구하고 사회주의자들의 목표가 자본주의의 폐지임을 선언하는 것을 주저하지 않았다. 1989년 사회주의 인터내셔널의 「스톡홀름 선언문」은 자유와 연대, 사회정의를 운동의 목표로 내세웠다. 자본주의 폐지는 언급되지 않았다.9 그 장기 목표는 완전히 버려야 했다. 사회주의는 역사적 차원을 버린 덕분에 유토피아적 걸림돌에서 효과적으로 빠져나올 수 있었다. 자본주의는 인류의 역사적 발달에서 거치는 특정한 일시적 단계가 아니라, 정치적(즉 비시장적) 규제를 받아야 하는 생산양식이었다. 사회주의자들이 해야 할 일은 자본주의의 실행 가능성을 심각하게 해치지 않으면서도 정의나 평등 같은 특정 가치를 촉진할 수 있는 규제의 틀을 고안하는 것이었다.

사실상 그것은 서유럽 사회주의가 언제나 해온 일이다. 그들의 수사법은 비자본주의 사회를 고대했지만, 그들이 권력을 가졌을 때 그 권력을 행사하는 방식은 자본주의 체제가 성장할 것이고 그럴수록 자본주의자들이 더 많은 자본을 축적하리라는 가정에 바탕을 두었다. 동시에 사회주의자들은 노동자를 보호하고, 복지를 확대하고, 교육 혜택을 재분배하고, 의료 서비스를 확대했다. 그렇다면 1980~1990년대 '신수정주의'의 도전이 사회주의의 주류 전통과 다른 점은 과연 무엇일까? 신수정주의는 전통주의의 상징과 이미지를 버리고 사회주의 사회라는 유토피아적 비전을 단념하는 것에 지나지 않았을까? 이에 대한 강력한 증거들이 있다. 이탈리아 공산당은 당의 이름과 소련 국기를 버렸고, 새로운 상징으로 오크를 택했다. 이탈리아 사회당은 1978년에 카네이션을 당의 상징으로 선택했고, 프랑스 사회당과 영국 노동당은 장미를 택했다. 앞에서 던진 질문에 함축된 의미는 비전과 이미지, 상징은 사소한 문제일 뿐이고, 정책과 쟁점이 정말 중요하다는 것이다. 그러나 평범한 사람들의 세계에서는 그렇지 않았다. 이를테면 성스러운 십자가를 내리고 '성스러운 삼각형'으로 바꾸겠다는 교황의 결정이 '단지' 상징을 교체한 것으로 여겨질까? 상징과 이미지는 모든 위대한 사회운동과 정치 운동을 정의하고 유지시킨다. 그것들은 의미를 전달한다. 그것들을 수정하거나 없애는 것은 변화를 나타내는 가장 효과적인 수단이다. 어떤 교회나 종파, 정당이 '그저' 이미지와 상징을 내렸다고 말하는 것은 모순어법이다. 신수정주의자들이 이미지를 바꾼 것은 그들이 있던 곳에 그대로 있기 위해서가 아니었다. 그렇다고 그들이 어디로 가야 할지 알았다는 얘기는 아니다.

신수정주의는 쉽게 분석할 수 있는 한정된 교리의 집합이 아니다. 신수정주의에 내포된 주장은 시장이 국유제가 아니라 입법을 통해 규제되어야 한다는 것이다. 사회주의의 목적이 자본주의 폐지가 아니라 자본주의와 사회정의의 공존이라는 것, 시장규제는 점차 초국가적 수단에 의해 달성되는 목표가 되리라는 것, 국가의 (따라서 의회의) 주권은 제한된 개념이라는 것, 사회주의로 가는 국가적 길이라는 개념은 단념해야 한다는 것이다. (어떻게 정의하든) 노동계급과 역사적 연결이 가장 중요한 목표가 아니라는 것, 노동조합은 노동자들의 이익을 대변하는 단체일 뿐이지 다른 이익집단보다 정치에 대해 발언할 권리가 많다는 선험적 주장은 할 수 없다는 것이다. 신수정주의는 과거보다 소비자의 관심사에 훨씬 높은 우선순위를 둔다. 또 집단적 공급과 관료주의적 타성의 연관성을 비롯해 보수 세력에서 사회주의를 비판하는 내용 가운데 중요한 점을 받아들인다.

사회주의 정당들은 야당일 때보다 집권당일 때 '신수정주의 쪽으로 빠르게 나가는 경향이 있다. 집권당일 때 경제 경영의 실제적 제약을 더욱 절실하게 느끼기 때문이다. 그러나 1990년대 중반에는 그 차이가 확연히 줄었다. 일반적으로 말하면, 신수정주의는 '자본주의에 대해 무엇을 해야 하는가?'라는 문제에 사회주의 정당들이 그럴싸한 대응을 하지 못한다는 점을 받아들이는 것을 의미했다. 경제계획이 흔한 대응이지만, 1980년대 분위기와 세계화의 맥락에서 그런 대응은 점점 구시대적인 것으로 여겨졌다. 독일의 명쾌한 사회민주주의자 페터 글로츠는 "좌파는 어떤 경제적 미래를 원하는가?"라는 직설적인 질문을 받은 적이 있다. 그의 대답은 어떤 정치적 집단에서도 나올 수 있을 법한 대답이었다.

> 좌파는 중앙집권에 대한 집착을 중단해야 하고, 국가가 경제 전체를 효과적으로 관리할 수 있다는 강박에 가까운 신념을 버려야 한다. 시장경제에 통제력을 발휘하기 위한 계획으로 좌파는 소비자의 권리, 자유로운 투자 결정, 자산의 자유로운 처분, 분권화된 의사 결정 과정을 옹호해야 한다.[10]

반드시 혁신해야 한다는 것은 알지만 어떻게 해야 할지, 어떤 방향으로 나가야 할지 알지 못한다고 해서 지력이 결여된 무의미한 입장이라고 할 수는 없다. 신수정주의자들은 어디로 가야 할지 모를 수도 있지만, 무엇을 수정해야 하는지는 분명히 알았을 것이다. 그게 아니라면 그들의 작전은 허울뿐이다. 현대화주의자라고 자처하는 이들이 모두 신수정주의자는 아니었다. 예를 들어 1980년대에 영국 노동당의 탁월한 현대화주의자로 널리 인정받는 브라이언 굴드는 정책에서는 신수정주의자가 아니었다. 앤서니 크로스랜드의 *The Future of Socialism*을 의식적으로 암시하는 *A Future for Socialism*에서 굴드는 "1960~1970년대의 주의와 정책으로 단순히 복귀하는 것은 좌파에게 가능한 선택이 아니다"라고 인정했다.[11] 그러나 영국 노동당이 노동조합과 조직적 관련을 맺는 것과[12] 당헌 4조,[13] 현행 선거제도를 옹호했고, 국민의 기본적 인권에 관한 선언에는 반대론을 폈다.[14] 또 그는 영국 노동당이 자본의 국제화에 '저항'할 수 있고 그래야 한다고 제안했으며, EC는 한 번도 언급하지 않았다.[15] 이런 입장은 사회주의의 전통적 의제를 지키면서 사회주의의 이미지를 쇄신하고자 하는 바람을 보여주는 전형적인 예다. 1980년대 말에 이런 작전은 신뢰성을 잃었다. 그는 1992년 노동당 지도부 선거에서 패하고 정치 인생을 마무리했다.

이런 예는 신수정주의를 정의할 때 제시되는 방식뿐만 아니라 내용적 측면을 고려해야 한다는 점을 시사한다. 이는 결코 간단하지 않다. 이 글을 쓰는 지금 막 사회주의의 재평가가 시작되었기 때문이다. 사회주의의 미래는 불확실하다. 사회주의가 앞으로 어떻게 전개될지는 명확한 대답을 제공할 수 없는 질문이다. 그러나 전통주의자들이 자주 개탄하듯이 신수정주의를 단순히 우파 사회민주주의가 '진정한' 사회주의 정당을 인수한 것으로 봐서는 안 된다. 우파 사회민주주의자들은 실용적이고, 노동조합 중심적이며, 국가 통제를 주장하는 점진적 사회주의자들이다. 그들은 페미니즘이나 환경보호에 그다지 관심이 없었으며, 그런 운동을 중산계급에서 유행하는 것이라고 여겼다. 반대로 신수정주의자들은 대개 최초의 '신좌파'에서 기원을 찾을 수 있고, 1960~1970년대 새로운 개인주의 정치에서 깊은 영향을 받았다.

새로운 '자유주의적' 사회주의 사상은 반복되는 선거 패배 같은 특정한 문제에 대응하기 위해 한두 나라에서 돌연히 나타난 것이 아니다. 그 사상은 서유럽 전역의 사회주의 정당에서 발전했고, 심지어 오스트레일리아와 뉴질랜드에서도 발전했는데, 아마도 그곳에서 가장 극단적인 형태를 취했을 것이다.[16]

노르웨이에서는 1981~1986년 야당인 노동당이 부르주아 정당들이 강조하던 자유의 개념을 자신의 것으로 만들려는 시도를 했다. 노르웨이 노동당은 1969년 강령에서 당의 목표가 '사회주의 사회'임을 밝혔다. 이 목표는 1981년에 자유, 민주주의, 평등 같은 일반적 가치로 대체되었다.[17] 노동당은 1989년 선거운동 기간 동안 개인주의와 개인의 자유를 강조했고, 정부가 지나친 부담을 지우며, 공공 부문이 비대한 상황이고, 국가의 시장규제가 생산자뿐만 아니라 소비자의 이익까지 도모해야 한다고 인정했다. 새롭게 변모한 사회주의 정당들의 수사법에는 이런 '반국가주의'가 가득했다. 그러나 예외도 있었다. 오스트리아 사회주의자들은 1989년 작성한 새로운 강령 초안에서 정부의 영향력을 줄이기 바라지 않는다고 거리낌 없이 선언했다. "우리가 원하는 것은 질적으로 더 나은 정부와 더 수준 높은 효율성이다. 정부가 약해도 참아낼 여유가 있는 사람들은 경제적 강자뿐이다."[18]

북유럽 국가들에게 '현대성'이란 사회주의 사상을 현대화하는 것을 의미했다. 이는 본질적으로 시장을 중시하는 방향으로 어느 정도 전향하는 것이었다. 다른 곳에서는 현대성을 수용한다는 것이 사회주의 사상뿐만 아니라 국가 자체를 현대화하는 데 역점을 두는 것을 의미했다. 이는 분명 스페인이나 포르투갈, 그리스, 이탈리아와 같이 늘 유럽을 '따라잡으려고' 하던 나라는 물론, 영국처럼 이제는 유럽 대륙의 더 성공적인 경쟁 국가들을 따라잡으려고 분투하는 과거의 '선진' 국가에서도 대단히 매력적으로 느껴졌을 것이다.

이런 의제 변화는 영국 노동당이 1990년에 채택한 '현대화' 핵심 문건 「미래 내다보기Looking to the Future」에서 더 잘 파악할 수 있다.[19] 이 문건은 다른 '선진' 국가들과 영국의 차이를 체계적으로 보여줬으며, 보수당이 집권하는 영국의 다소 음울한 이미지를 드러냈다. 문건에 따르면 영국은 경영자와 노동자들이 정부의 지원을 받지 못하고,[20] 생산은 질과 가치가 낮으며, 수요도 거의 없는[21] 나라였다. 영국은 환율과 이율이 다른 곳보다 덜 안정적이고,[22] 조세제도가 덜 공평했으며,[23] 영국의 경쟁국들이 훈련과 교육, 과학, 기술, 교통과 통신, 환경적 현대화, 산업 투자, 소기업 지원, 지역 정책, 수출 진흥 등에서 앞섰다.[24] 독일, 스웨덴, 덴마크와 같이 '멀리 내다볼 줄 아는 나라들'은 자국의 회사들이 더 깨끗하고 안전한 제품에 투자하는 것을 장려한 반면, 영국의 대도시들은 "다른 유럽 도시들과 비교하면 더럽고 지저분했다".[25] 영국은 거의 모든 EC 국가들보다 예술에 대한 투자가 적었다. 중년의 기대 수명이 유럽에서 가장 낮았고, 폐암 사망률이 높은 나라 중 하나였다.[26] 이탈리아, 프랑스, 벨기에보다 보육 시설이 적고,[27] EC 국가 중에서 교도소 수감자가 가장 많았다.[28] 영국의 노동자들은 개인과 집단의 권리에서 어떤 EC 국가와 비교해도 불리한 입장이고, 법적으로 강제할 최저임금도 없었다.[29]

이와 같이 열거한 목적은 영국 노동당이 보수당 집권 아래 영국이 살기에 암울한 곳이라고 믿었다는 사실을 보여주기 위함이 아니라, 다음 두 가지를 강조하기 위해서다. 첫째, 선거공약 선언문이 아니라 강령인 그 문서에서 영국의 부족한 점들이 자본주의 체제의 불가피한 결과가 아니라(그랬다면 사회주의만이 바로잡을 수 있었을 것이다), 보수주의자들의 부실한 경영에서 비롯된 것임을 분명히 했다는 점이다. 둘째, 경제에 관한 한 영국 노동당이 보수당과 구별되는 특징은 영국 경제의 경쟁력을 높이는 전략에 있다는 것을 그 문건에서 인정했다는 점이다. 영국 노동당은 자본주의를 반대하는 것이 아니라 자본주의를 개선하려고 한 것이다. "우리와 보수당의 차이는 그들은 시장을 받아들이지만, 우리는 그렇지 않다는 것이 아니다. 우리는 시장의 한계를 인식하지만, 그들은 그렇지 못하다는 것이다."[30]

그 내용이 특별히 새로운 것은 아니었다. 1960년대 초 해럴드 윌슨은 1987년 이후 키녹처럼 영국 노동당이 선거에서 세 번 연속 패한 뒤 연설을 했고, 그 연설에서 영국과 바다 건너 경쟁국들의 성장률 격차를 좁히기 위한 전략적 길로 '기술 혁명의 백열白熱'을 제안했다. 이는 1961년에 채택된 「1960년대를 위한 이정표Signposts for the 1960s」라는 문건의 핵심 내용이었다. 그 문서의 내용도 「미래 내다보기」처럼 민간 기업과 협력해서 적절한 투자를 확보하고 퇴보하는 산업을 현대화하기 위한 경제성장 계획이었다. 두 문서는 비슷해 보이지만, 1960년대와 1980년대의 정치적·경제적 상황은 확연히 달랐다. 1960년대에는 정부가 현대화를 위한 경제적 수단을 만들어낼 능력이 있을 것이라는 상당한 신뢰가 있었다. 1980년대에 그런 신념은 사라지고 없었다. 「미래 내다보기」에는 새로운 개입 수단에 대한 논의는 거의 없었다. 그 문건에는 독일 사회민주당이 「베를린 강령」에서 시도한 것처럼(23장 참조) 성장 정책에 환경보호를 접목하려는 시도도 없었다.[31] 1992년 선거 패배 이후에는 협동조합주의나 위에서 개입하는 기미를 보이는 것은 모두 구시대의 유물로 여겨졌다. 노동당이 재검토하는 과정에 가장 중요한 것은 선거에서 노동당에 방해가 될 것 같은 정책을 탈락시키는 것이었다. 1989년에 노동당은 1983년과 1987년에 두드러진 정책을 대부분 뒤집었다.[32]

대대적인 수정 과정에 있는 정당들은 당의 전통적 가치를 다시금 분명히 밝힐 필요가 있다. 수단이나 이미지가 달라질 수 있지만, 윤리는 그대로 유지된다. 노동당이 1988년 전당대회를 위해 준비한 「민주사회주의의 목표와 가치Democratic Socialist Aims and Values」는 다음과 같이 시작한다. "민주사회주의의 진정한 목적은(따라서 영국 노동당의 진정한 목적은) 개인의 자유를 보호하고 확장하는 것이 정부의 기본 목표인, 진정으로 자유로운 사회를 건설하는 것이다."[33] 그 문건은 자유를 선택할 수 있는 '물질적 능력' 관점에서 정의한다. 국가의 역할은 국민 모두 그런 물질적 능력을 갖게 하는 것이다. 문건의 나머지 부분에는 국가의 개입과 활동, 관리의 필요성을 적극적으로 옹호하는 내용이 나온다.34 일부에서는 이 문서를 크로스랜드가 강조한 국가의 재분배를 통한 사회적 평등 원칙에서 후퇴할 것임을 보여주는 전조로 해석했다.35 아마도 이는 첫걸음에 지나지 않았을 것이다. 「민주사회주의의 목표와 가치」는 전통적인 원칙을 사회적 소유, 공동체, 개인주의 등 1980년대 유행하는 언어로 다시 선보이려고 했다. 사회주의자들, 심지어 현대적인 사회주의자들도 윤리를 논할 때는 자신들의 윤리 원칙을 바꿀 수 없다. 물론 원칙은 잊히거나 언급되지 않거나 무시될 수 있고, 모순된 정책이 추진될 수도 있다. 사회주의자들에게 가치가 무엇이냐고 물으면 그들은 바람직한 상태, 즉 더 공평한 권력 분배를 위해 시장이 아닌 다른 수단을 사용하는 것이라고 답할 수밖에 없다. 신수정주의가 거부하는 것은 오래된 정책이지 오래된 윤리 원칙이 아니며, 바람직한 목적을 성취하기 위한 오래된 방법이지 그 목적 자체가 아니다. 이 때문에 가치를 개선하려는 시도는 성공하지 못했다. 재검토 과정에 당원들과 평범한 시민을 참여시키려는 노력은 다른 곳에서 진행된 비슷한 시도보다 훨씬 더 성공적이지 못했다. 1988년 노동당 전당대회에서 열린 「민주사회주의의 목표와 가치」에 관한 토론은 참여율이 저조하고 진행도 형편없었다. 재검토 과정에 소집된 '노동당 경청Labour Listen' 모임이 대부분 그랬다.36 일반 시민의 불만은 유럽 전역의 현상으로 나타났다. 노르웨이에서도 1989년 노동당의 '자유 캠페인Freedom Campaign'에 대해 토론하기 위해 나온 참석자가 거의 없었다. 「민주사회주의의 목표와 가치」가 발표되자마자 잊힌 것은 당연한 일이다.

그러나 그 내용은 살아남았다. 국가의 역할을 분명히 강조한 부분만 빠진 내용이 노동당의 전통에 들어맞는 방식으로 다시 제시되었다. 토론을 일으키고 관심을 집중하는 당헌 개정이라는 방법으로 말이다. 「민주사회주의의 목표와 가치」의 정제된 핵심 내용은 유권자의 압도적 지지를 받아 1995년 4월 말에 노동당이 채택한 당헌 4조로 들어갔다. 당원이 늘고 선거에서 최종 승리에 대한 낙관적 전망이 되살아난 시기였다. 그러나 이때는 전통적 윤리 가치에 대한 옹호가 사회정의에 대한 포괄적인 옹호로 바뀌었다. 영국 노동당의 요청으로 설립된 사회정의위원회는 사회정의에 관한 네 가지 원칙을 내놓았다. '모든 시민의 동등한 가치', 기본적 욕구 충족, 기회 균등, '부당한' 불평등 '최대한' 줄이기가 그것이다.[37] 이 원칙에 동의하지 않기는 어렵다. 일부 사람들이 다른 일부보다 덜 가치 있고, 기본적 욕구가 충족되지 않고, 기회가 균등하지 않고, 부당한 불평등을 장려하는 사회를 지지할 — 비록 대부분 참고 넘어가지만 — 사람은 거의 없을 것이다.[38]

영국 노동당의 전략적 전망이 그들이 이전에 가진 시각이나 반대자들의 시각과 특별히 다른 부분은, 그들이 유럽 통합을 위해 매진하게 되었다는 점이다. 노동당은 1983년에 EC 탈퇴 운동을 벌였고, 1987년에는 그 목표가 흔들리다가, 1989년 유럽의회 선거를 위해 다시 EC에 찬성하는 입장을 채택했다. 「미래 내다보기」에서 노동당은 유럽사회헌장European Social Charter을 승인했고, 유럽환경헌장European Environmental Charter과 영국이 환율조정제도Exchange Rate Mechanism에 가입하는 것을 지지했다. 마스트리흐트 조약이 기초될 당시(1992년), 노동당은 1988년에도 반대한 유럽중앙은행European

Central Bank 설립과 유럽 단일 통화 도입을 받아들인다고 인정했다. 노동당이 유럽 통합에 대한 오래된 적대감을 공식적으로 포기한 것이다. 1992년 단일 시장이 형성되자, 1980년대 중반에 묻힌 대안경제전략은 영국이 EU에 남아 있는 동안에는 부활할 수 없는 정책이 되었다. 새로운 규정으로 수입 규제, 간접 보조금, '국가적' 지역 정책 등을 다시 시작하는 것은 불가능해졌다. 마스트리흐트 조약은 실업이 아니라 인플레이션을 주된 적으로 포고했다. 이는 영국 노동당을 비롯한 유럽의 모든 사회주의 정당이 완전히 받아들인 내용이었다. 사회민주주의로 가는 국가적 길, 심지어 현대화로 가는 국가적 길조차 불가능해졌다. 이 지점에 1990년대의 진정한 신수정주의가 놓여 있다.

영국 노동당은 네 차례 선거에서 연이어 패배하고, 1992년에 신수정주의를 향해 더욱 단호하게 나갔다. 오랫동안 야당으로 지낸 시간은 당을 한 가지 목적을 중심으로 단결시켰다. 어떤 대가를 치러도 권력을 다시 잡겠다는 목적이다. 여전히 내부 분열이 있었지만, 주로 당내 자리다툼이거나 당시 기운차게 진행되던 변화의 속도에 대한 의견 차이일 뿐이었다. 1993년 노동조합 블록 투표의 중대한 개혁에 대한 반대는 비교적 크지 않았다. 1995년 4월에 토니 블레어Tony Blair는 게이츠컬Hugh Gaitskell이 실패한 일을 해냈다. 우레와 같은 박수와 몇몇 향수 어린 눈물 속에서 노동당의 주요 성우(聖牛: 지나치게 신성시되어 비판이나 의심이 허용되지 않는 관습, 제도 등 —옮긴이)였던 당헌 4조가 교체된 것이다. 다른 모든 사회주의 정당처럼 노동당 역시 생산 분배와 교환 수단의 공동소유를 열망하지 않았다. 노동당은 당헌 4조를 교체하는 새로운 원칙을 언급하며 '권력과 부, 기회'가 '다수의 손에 있는' 공동체를 구축하는 데 전념할 것임을 밝혔다. 이 목표를 위해 필요한 것은 '민간 부문 활성화' '질 높은 공공서비스' '공정 사회' '열린 민주주의' '건강한 환경' 등이 공존하는 '역동적인 경제'였다. 아무도 반박하지 못할 고결한 염원이었다.

유럽 전역의 좌파 정당들은 새로운 경제적 기후 속에 두 가지 근본적인 제약, 즉 세금을 늘리는 것이 선거를 위해 바람직하지 않다는 것과 인플레이션 억제 정책이 가장 중요하다는 것을 받아들였다. 여론조사에 따르면 낮은 세금과 물가가 사람들이 원하는 것이었다. 물론 사회주의자들은 여론조사를 통해 사람들에게 상충되는 욕구가 있음을 알았다. 사람들은 정부가 세금을 적게 걷고, 교육과 의료에 많이 지출해주기를 바랐다. 물가 상승률은 낮고, 임금은 인상되기를 바랐다. 그러나 선거의 승패를 좌우하기도 하는 중도 성향의 부동층은 무엇보다 세금을 올리는 것에 반발하는 듯했다. 직업이 있는 이들은 생활수준이 급격히 상승하는 것을 봐왔다. 이 만족한 다수는 커져가던 최하층 계급의 목소리를 효과적으로 잠재웠고, 부자나 가난한 자나 정부 정책으로 상황이 나아질 것이라고 기대하지 않았다.[39] 노동당은 1993~1994년의 부가가치세 인상에 반대하여 싸움으로써 모든 세금에 반대하는 대중의 일치된 의견에 힘을 보탰다. 인플레이션 대책은 공공 지출에 상당한 제약을 가했지만, 대량 실업으로 공공 지출을 확대해야 한다는 압력이 계속되었다. 정부는 복지나 실업수당을 제공하는 것 외에도 부실한 건강, 가족 해체, 범죄 등 실업자와 관련된 엄청난 비용을 부담해야 하는 상황에 처했다.

(어떤 식으로 다시 정의하든) 완전고용을 창출하기 위해 필요한 경제적 성장은 이제 유럽 민족국가의 역량을 넘어섰다. 민족국가가 할 수 없는 것을 성취하기 위해 필요한 초국가적 수단을 EC가 제공할 수 있었을까? 대답은 '아니다' 혹은 '아직은 아니다'였을 것이다. 새로운 초국가적 규제 제도가 없다면 완전고용 쪽으로 나가게 할 수 있는 메커니즘은 시장(즉 세계경제)뿐이었다. 신자유주의자들만이 그런 믿음을 가질 수 있었다. 덧붙이자면 실업이 감소할 때마다 시장이 불안해지는 1990년대에는 1950~1960년대처럼 시장과 조화를 이루며 완전고용이 실현될 가능성은 미미했다.⁴⁰

따라서 인기 없는 높은 세금 정책을 추진할 것인가, 아니면 재분배를 단념할 것인가는 역사적으로 결정된 영국 노동당의 진정한 딜레마였다. 그것은 지도자의 실수나 배신의 결과가 아니었다. 무엇보다 영국 노동당만의 딜레마가 아니었다. 서유럽 다른 좌파 정당을 둘러봐도 세금 인하에 대한 압력이 얼마나 널리 퍼졌는지 금세 알 수 있다.

예를 들어 영국 노동당처럼 연이은 패배를 겪고 있던 독일 사회민주당도 낮은 세금을 요구하고 '새로운 정치' 지지자들을 위한 정책을 일부 포기할 수밖에 없는 상황에 몰렸다. 그들은 연방 상원 Bundesrat의 다수를 차지한다는 점을 이용해서 연정이 부가가치세를 인상하는 것을 막지 않았다.⁴¹ 1994년 5월에 사회민주당 새 당수 루돌프 샤르핑Rudolf Scharping은 저소득층에게 세금을 감면해주고, 통일 비용을 충당하기 위해 고소득자에게 부과하는 부가세를 제한하는 세금 계획을 내놓았다. 그러나 많은 중간 소득자들이 과세 대상자에 들어갔다.⁴² 조세에 대한 중산계급의 반발은 선거 결과에 영향을 미쳤을 것이다. 그 결과 헬무트 콜이 근소한 차이로 네 번째 승리를 거뒀다.

네덜란드 노동당은 1986년 선거를 치르며 사회복지를 옹호하고 크루즈미사일 배치를 반대했다. 그들은 1982년보다 많은 표와 의석을 얻었지만, 정부 구성에서 배제되는 것은 피할 수 없었다. 기독민주당 지도자 뤼트 뤼버스를 수상으로 자유당과 기독민주당의 연정이 구성되었다(17장 참조).[43] 노동당이 배제된 것은 그들의 방위 정책을 잠재적 연정 파트너들이 반대했기 때문이다. 그러나 이는 방위 문제뿐만 아니라 정당 이데올로기에 대한 보다 광범위한 재평가로 이어졌다.

1988년 네덜란드 노동당의 신수정주의자이자 연구 부서의 책임자 폴 칼마Paul Kalma는 *Het socialisme op sterk water*(포르말린 속 사회주의)를 출간했고, 이 책은 얼마 지나지 않아 현대화주의자들의 실질적인 선언문이 되었다. 이 책에서 그는 네덜란드 노동당에게 시장의 우수성을 주장하는 이들의 공격에 대응하기 위해 시장을 착취와 동일시하는 전통적 사회주의 입장으로 퇴보하지 말라고 경고했다. 그들이 할 일은 "시장이 실제로 제 기능을 할 때" 그것은 "어떤 메커니즘보다 기업의 경제적 성장을 확실하게 이끌어줄 수 있고, 소비자의 선호를 만족시킬 수 있다는 점", 자본주의는 민주주의의 조건이라는 점, 효율과 정의의 새로운 균형을 맞추기 위해 복지 제도를 개혁해야 한다는 점을 인정하는 것이었다.[44] 잇따라 나온 정당 보고서들은 노동당이 조직적 변화를 통해 외부의 토론에 더 열린 정당이 되는 것을 목표로 삼았다. 1987년에는 전 장관 얀 프롱크Jan Pronk가 의장을 맡은 정당위원회에서 「패널 이동하기Schuivende panelen」라는 문건을 작성했다. '사회민주주의의 지속과 쇄신'이라는 부제가 붙은 이 문건은 노동당이 더 짧은 주당 노동시간이라는 목표를 포기해야 한다고 제안하면서도 실업자를 위한 기본 소득을 주장했고, NATO와 더 많이 협력하고 핵 방어에 대한 반대를 줄일 것을 제안했다.[45] 이 문건은 어떤 네덜란드 정부든 운신의 폭이 좁아질 것이며, 그 원인은 경제의 국제화뿐 아니라 은행이나 공공 부문 이해 집단 같은 '시장 파트너'의 입지가 나날이 강해지기 때문이라고 지적했다.[46]

잠재적 연정 파트너들에 대한 새로운 회유책은 성과가 있었다. 네덜란드 노동당은 1989년에 기독민주당이 이끄는 연정으로 돌아갔다. 노동당의 신임 원내 대표 빔 콕은 재무부 장관이 되었다. 정부의 일을 맡은 뒤에도 많은 정당 문서와 강령이 나왔다. 네덜란드의 수정주의 사회주의자들은 조직과 구성원 문제를 많이 다뤘다. 여기에는 네덜란드 사회를 분할하던 안정된 경계선, 즉 사회주의자와 개신교도, 가톨릭교도, 자유주의자 같은 하위문화로 구성된 사회분화 체제(11장 참조)가 붕괴되는 상황이 반영되었다. (영국의 탈노선에서도 언급되었듯이—22장 참조) 오래된 충성을 유지할 필요성이 무너지고 있었다. 그러나 1991년 「선택할 정당Een partij om te kiezen」이라는 보고서(1992년에 3월에 채택됨)는 이념 문제도 다뤘다. 이 보고서는 노동계급에 두는 비중을 줄일 것을 제안했고, 사회정의와 빈곤 퇴치 정책을 강조했으며, 시장이 날로 커져가는 부를 위한 최상의 메커니즘이라는 것을 인정했다. 간단히 말해 신수정주의의 중심이 되는 모든 신조를 강조한 것이다.[47] 노동당이 1994년에 네덜란드 현대사에서 처음 기독민주주의자들이 없는 정부를 이끈 점을 고려하면, 신수정주의 지지자들은 네덜란드의 사례를 모범으로 내세울 수 있을 것이다(1992년 영국, 1993년 프랑스, 1994년 이탈리아에서 좌파의 패배를 설명해야 하지만). 물론 선거 결과와 강령 쇄신의 연관성을 명확히 설정하기는 어렵다. 네덜란드의 사례나 그와 비슷한 경우를 통해 알 수 있는 것은, 대다수 사회주의자들이 그때까지 자신들의 사상과 원칙의 기반으로 여기던 많은 것들이 정치적 진보에 걸림돌이 된다는 점을 받아들였다는 사실이다.

그러나 핀란드 사회민주당 당수 파보 리포넨Paavo Lipponen만큼 멀리 나간 사람은 많지 않았다. 1991년 총선에서 패한 그는 놀랍도록 민첩하게 시장 개혁을 받아들이고, 「파이낸셜타임스」에서 다음과 같이 선언했다. "나는 사람들이 경쟁 부족 때문에 고통받아왔다고 믿는다는 점에서는 자유주의자다. 우리에게는 진정한 패러다임의 변화가 필요하다. 우리는 더 유연해지고 노동비용과 사회보장비를 줄일 필요가 있다."[48] 그는 1995년에 총리가 되었다.

작은 나라의 사회주의자들은 국가 활동에 제약이 커지고, 자신들의 영역이 점차 제한될 것임을 깨달았다. 오스트리아와 스웨덴, 노르웨이, 핀란드의 사회주의 지도자들은 오랫동안 고집해온 EU 가입 반대 입장을 버렸다. 1994년에 열린 각국의 국민투표에서 1972년과 마찬가지로 가입안이 부결된 노르웨이를 제외한 나머지 세 나라의 EU 가입이 확정되었다. 상호 의존으로 향하는 추세는 되돌릴 수 없는 것으로 여겨졌다. 오스트리아 사회주의자들은 1989년 10월 「오스트리아의 미래에 관한 토론 제안Proposals for Discussion on the Future of Austria」에서 다음과 같이 선언했다.

다음 세기로 넘어가면 국가와 민족의 상호 의존은 더욱 강력해지고, 오늘날보다 다양한 분야에 폭넓게 나타날 것이다. 그 결과 오스트리아처럼 작은 국가의 활동 영역은 외부 원인의 영향을 점점 많이 받을 것이다.[49]

오스트리아 사회주의자들은 이 문서 전반에서 자신들을 '사회민주주의자'라고 일컬었다. 그 초안에는 시장에 대한 긍정적인 언급이 끝없이 담겨 있고, 각각의 언급의 강도를 완화하기 위해 제한하는 조항도 제시되었다. 이는 유명한 「바트고데스베르크 강령」의 '가능한 한 시장, 필요한 경우 계획'을 연상시킨다. 다음은 그 한 예다.

사회민주주의 경제정책은 경쟁 경제의 활력을 끌어오고 시장 메커니즘을 활용한다. 그러나 보수적인 개념과 달리 두 요소에 국한되지는 않는다. 사회민주주의 경제정책은 개인의 생계에 위협이 되는 것을 막아주는 사회적 안전망을 체제에 구축하려고 한다. 그것은 성과 원칙을 연대 원칙과 결합시킨다.[50]

그러나 이 연대 원칙은 '내일의 복지 제도'는 '누가 정말 도움이 필요한가?'라는 원칙에 바탕을 둬야 한다는 제안에 따라 상당 부분 수정되고 있었다. 보편적 복지라는 원칙을 버릴 필요가 있다는 언급 때문이다.[51] 그 초안이 인쇄될 때 베를린장벽이 무너졌고, 당의 '현대화' 속도는 더 빨라졌다. 오스트리아 사회당은 1991년 6월에 당명을 사회민주당(약칭은 SPÖ 그대로)으로 바꿨다.

남유럽 사회주의 정당과 공산주의 정당의 급진주의에 온건한 대안으로 여겨져온 스웨덴 사회민주당은 처음에 신수정주의에 저항했다. 그러나 17장과 23장에서 봤듯이 그들의 가장 충실한 지지자들은 엄연한 특정 사실을 면밀히 봐야 했다. 그 유명한 적극적 노동시장 정책은 노동 이동성을 확보해 완전고용을 유지하는 데 완벽한 정책이지만, 고용을 창출할 수는 없었다. 스웨덴의 완전고용은 1950년대 국제적 수요 확대로 달성된 것이었다. 황금기가 막을 내린 뒤 완전고용은 통화 평가절하와 공공 부문 고용 확대 정책으로 지탱되었다.[52] 정부 경제학자들과 사회민주주의자들 모두 어떤 도구에도 무기한으로 기댈 수는 없다는 데 의견을 같이했다.

'부르주아' 정당 지지자들은 크로나화가 결국 유럽환율조정장치 같은 고정환율제로 들어가야 하고, 공공 부채가 안정되어야 하며, 중앙은행이 정부에서 독립해야 한다고 제안했다.[53] 그들은 세계에서 규제가 심한 노동시장 중 하나인 스웨덴 노동시장의 광범위한 규제 완화를 지지했으며, 공공 부문에 의해 생산되는 서비스에 대한 경쟁 확대와 공공 부문 임금 협상의 분권화를 지지했다.[54] 비교적 최근에 신수정주의 대열로 들어온 아사르 린드베크는 1993년 틴베르헌Tinbergen 연구소 강의에서 과도하게 확대된 사회복지 제도(즉 공공경비가 지나치게 많이 투입되는 제도)의 문제점을 다뤘고, 종전의 복지welfare에서 '근로 연계 복지workfare'로 전환할 것을 제안했다. 근로 연계 복지는 수혜자가 제공된 일자리나 직업훈련 참여를 받아들인다는 조건 아래 복지 수당을 지급하는 제도로, 미국에서 점점 확대되고 있다.[55] 이 제도나 그와 비슷한 계획에 깔린 생각은 혜택을 받는 기준을 강화해서 계속 실업자로 지내려는 생각을 최대한 없애려는 것이었다.[56] 그러나 스웨덴에 존재한 일종의 '근로 연계 복지'

는 효율적인 노동시장 정책의 일환이었다는 사실에 주목할 필요가 있다. 실직자에게 일자리를 구해주는 스웨덴 직업 안내소 직원은 영국보다 20배 많았다.[57]

따라서 적어도 1991~1994년 스웨덴의 '부르주아' 정부 지지자들 사이에서는 지적 풍토가 신수정주의적인 입장으로 다소 옮겨갔다고 할 수 있다. 이렇게 해서 좌파에서 신수정주의가 성장하기 위한 핵심 조건 중 하나가 충족되었다. 오랫동안 지속된 국가 전체의 사회민주주의적 합의가 붕괴된 것이다. 20세기 말 서유럽 정치 체계에서 좌파와 우파의 극단적인 양극화는 흔치 않았다. 사회민주주의가 패권을 잡은 시기(1945~1975년)에 '우파'는 많은 좌파 정책을 채택했다. 1990년대에는 입장이 바뀌었다. 새로운 중도 우파적 합의가 등장한 것이다. 보수정당이 오른쪽으로 이동하면 그와 동시에 혹은 그 뒤를 이어, 좌파 세력도 오른쪽으로 이동해야 했다. 스웨덴도 이런 일반 법칙에서 예외가 아니었다. 1976~1982년 스웨덴 부르주아 정부는 사회민주주의자들처럼 행동했다. 마이드너 플랜이 실패하고 1991년이 지나자, 우파에게는 사회민주주의자들과 맞서는 데 사용할 수 있는 많은 아이디어(규제 완화, 기업가 정신 등)가 생겼다. 사회민주당 내부에서는 1991년 이전부터 현대화주의자들이 유리한 위치를 확보한 상태였다.

프롤레타리아 계급의 전통과 스웨덴 노동운동의 수사법은 1980년대 초 이후 계속해서 비난을 받았다. 스웨덴의 사회민주주의에는 결정적으로 '현대적이지 못한' 느낌이 있었다. 1920~1930년대에 생겨난 노동계급 의식의 잔재가 여전히 존재했다. 진정한 사회민주주의적 복지에 대한 스웨덴식 발상인 '국민의 가정folkhem'을 만들겠다는 오래된 생각에는 엄격한 금욕주의 느낌이 있었다. 스카우트의 '좌파적' 대안인 '영 이글스Young Eagles' 같은 청소년 단체, 협동조합 운동, 스포츠 클럽, 주택조합, 노동자 언론, 노동자 교육 협회, 세입자 조합, 연금자 단체 등 스웨덴의 조직들은 마치 다른 시대에 속한 것처럼 보였다.[58] 신수정주의자들은 단순히 오래된 이미지가 아니라 사회민주당 경제 운영의 주된 특징, 즉 '경직된' 노동시장을 점점 더 참지 못했다. 스웨덴의 선도적 신수정주의자 베른트 알크비스트Berndt Ahlqvist는 논쟁적인 저서를 통해 사회민주주의자들이 새로운 상호 의존적 세계에서 자신들이 신성시해온 많은 개념을 포기해야 할 것이라고 경고했다.[59]

이런 견해를 발전시킨 사람은 스웨덴 사회민주당 소속 재무부 장관(1982~1990년) 셸-올로프 펠트Kjell-Olof Feldt다. 펠트와 그의 주요 고문 클라스 에클룬드Klas Eklund는 스웨덴 조세제도의 악영향을 오랫동안 비판해왔다(이는 전통적인 우파의 견해였다).[60] 그들은 '자유주의적' 사회주의자 집단의 분명한 입장을 대변했다. 고수익이 발생하고 '여피' 백만장자가 늘고 임금 인하가 초래된다 해도, 시장의 힘에 더 많이 의존하고 규제를 더 완화해야 하며, 공공 부문 비중을 줄이고 세율을 낮춰야 한다는 입장이었다.[61] 이들은 당황스럽게도 보수주의 정당들의 따뜻한 성원을 받았다. 1989년 펠트는 사회민주당 이론지를 통해 시장경제의 거의 유일한 대안인 계획경제와 시합에서 시장경제가 승리했고, 시장경제야말로 어느 정부보다 빈곤을 퇴치하는 데 기여했다는 사실을 사회주의 운동에서 받아들여야 한다고 주장했다.[62] 그는 1989~1990년에 자유당의 도움을 받아 대다수 직장인의 한계 세율을 낮추는 세제 개혁안을 통과시켰고, 이는 OECD의 환호를 받았다.[63] 그 전까지 사회민주주의자들의 조세정책은 재분배의 핵심 도구였다. 그러나 그 개혁의 순수 효과는 직접 과세를 줄임으로써 부족한 세입을 주로 부가가치세 확대를 통해 메우는 것이었다.[64] 그 이전인 1985~1986년에 금융시장 규제가 완화되었고, 외환 관리도 폐지되었다. 스웨덴은 국제 경기 회복에 힘입어 안정된 성장률과 국제수지 흑자를 회복했다. 복지 지출을 삭감하지 않고도 재정 적자가 발생하지 않았다. OECD 기준으로 유독 낮은 실업률은 1983년 3.5퍼센트에서 1988년 2퍼센트로 떨어졌다. 그러나 물가 상승률은 높아서(1989년 OECD 평균이 4.5퍼센트인 데 비해 6.6퍼센트였다) 또다시 국제수지 적자가 발생할 수도 있는 상황이었다.[65] 펠트는 그 대책으로 1990년 2월에 2년간 엄격한 임금동결과 파업 금지를 골자로 하는 경제 종합 대책을 제안했다. 또 다른 디플레이션 정책을 제안했다가 노동조합의 반대로 단념한 지 1년도 지나지 않은 시점이었다.[66] 새로운 제안은 처음에 스웨덴 노조연맹 지도부에게 받아들여졌으나, 일반 조합원들 사이에서 엄청난 반발을 불러일으켰다. 그 결과 정부는 물러섰고 펠트는 사임했다.[67]

스웨덴 사회민주주의는 영국이나 독일의 힘이 약한 사회민주주의에 비해 전면적인 신주정주의에 강하게 저항했다. 그러나 저항하는 데 한계가 있었다. 요나스 폰투손Jonas Pontusson이 지적했듯이 펠트는 떠났지만, 그의 아이디어는 살아남았다. 여론은 오른쪽으로 향했다.[68] 사회민주당 정부는 1988년에 제시한 세 가지 약속(6주간 유급휴가 도입, 육아 휴가 연장, 공공 보육 프로그램 확대)을 연기할 수밖에 없었다.[69]

스웨덴 사회민주당이 실시한 긴축정책은 실업 증가를 초래했다. 그 결과 사회민주당은 3년간(1991~1994년) 집권하지 못했다. 노르웨이 노동당이 그랬듯이,[70] 1977년에는 당원 수가 급감하기 시작했다.[71] 산업별 노동조합은 힘과 신망을 잃었다. 고용주연합은 중앙교섭에서 철수했다. 공공경비 삭감을 위한 기치로 자주 쓰이던 분권화는 1980년대 말 스웨덴에서도 선전 문구가 되었다.[72] (조합원 47만 명으로 제조업 부문에서 가장 강한) 금속 노동자 노조는 1985년에 「보람 있는 노동Rewarding Work」이라는 '현대화' 문서를 채택했고, 이것은 1991년에 스웨덴 노조연맹의 공식 정책이 되었다. 이 정책의 목표는 세분화된 생산 작업을 통합하고, 경영에 관한 의사결정을 생산 현장으로 이동시켜 노동 현장을 개혁하는 것이었다.[73] 이중 일부는 1989년 우데발라Uddevalla 볼보 조립 공장에서 시작된 실험을 통해 시도되고 널리 알려졌다. 그러나 그 실험은 회사의 다른 공장에 도입되지 못해 급진적 노동 개혁을 위한 공개 행사로 남았다.[74] 그 실험은 노동 유연성이라는 개념을 받아들이려는 노동운동의 시도로 볼 수 있을 뿐, 스웨덴 산업의 국제화에 대응하는 것은 아니었다. 결정적 변수는 여전히 생산성이었다. 상대적으로 높은 임금체계를 유지하는 스웨덴 회사들은 경쟁자만큼 빨리 생산성을 향상해야 했고, 그러지 못하면 해외로 이전하는 생산 시설의 비율을 늘릴 수밖에 없었다.[75]

자본주의가 변하면 사회주의도 변해야 한다. 폰투손이 지적했듯이 1930년대 스웨덴에서 사회민주주의가 우세한 현상은 스웨덴의 무역의존도 하락과 동시에 일어났다.[76] 따라서 (17장에서 설명했듯이) 스웨덴 사회민주당의 이념적 약점이 드러난 것이 국제적 상호 의존 증가와 때를 같이한 것은 놀랄 일이 아니다. 1990년에 사회민주당이 입장을 180도 바꿔서 EC 가입 신청을 하기로 결정했을 때 그 변화의 중심에는 정세 변화가 있었다. 그 결정은 사회민주당이 정부로 복귀하고 두 달 뒤인 1994년 11월 국민투표에서 지지를 받았다. 스웨덴 사회민주당은 살아남았지만, 그들의 의제는 스웨덴 모델을 구축한 상황과 무척 다른 상황에 따라 바뀌어야 했다. 그들은 대량 실업, 인플레이션을 억제해야 한다는 압박, 중앙 교섭 체제의 와해, 유연한 노동시장, 제조업 부문의 붕괴, 국가의 경제 통제력 상실 등에 직면했다. 하나같이 사회복지 확대에 장애가 되는 원인이었다.

스웨덴 모델은 그것을 가능하게 만든 여러 상황이 돌이킬 수 없게 바뀌었다는 점에서는 죽었다고 할 수 있을지도 모른다. 그렇지만 스웨덴 모델의 저항은 놀라웠다. 1993년에 스웨덴 경제는 3년 연속 수축하고 있었다. 크로나화는 또다시 전해보다 평가절하 되었고(EC 가입을 준비하기 위해서였다), 인건비는 유럽 7위로 떨어졌다. 그러나 조세 부담은 여전히 GNP 대비 60퍼센트(EC 평균이 40퍼센트)였고, 고용주의 부담금은 봉급의 31퍼센트를 차지했으며, 임금격차는 유럽에서 가장 낮았고, 육아 휴가는 쉽게 쓸 수 있었다.[77]

강령에서 보면 스웨덴 사회민주당은 여전히 대다수 사회민주주의 정당의 왼쪽에 있었다. 스웨덴 사회민주당과 노조연맹이 1991년 1월 24일 합의한 정치 강령의 핵심 내용은 완전고용 유지(강령에서 곧 사라진다)와 (자산 조사 결과에 따라 지급하는 방식이 아닌) 보편 복지라는 전통적 지침이었다.[78] 1950~1960년대에 사회민주당은 중도적인 성향과 공공 부문 확대를 지지하지 않은 것 때문에 비난을 받기도 했다. 1980~1990년대가 되어 유럽의 많은 지역 사회주의자들이 (예전 공산주의자들도) 시장을 자원 재분배를 위한 최고의 메커니즘으로 칭송할 때도 스웨덴 사회민주당은 다음과 같이 사회를 바꾸는 것에 대해 이야기하고 있었다.

> 생산과 생산의 분배에 대한 결정권이 국가의 손에 있고, 사회 구성원들이 어떤 집단이든 자신이 통제할 수 없는 권력 집단에 의존하는 데서 해방되며, 계급에 바탕을 둔 사회질서가 자유와 평등을 기반으로 협력하는 사람들의 공동체로 대체되도록 사회를 바꿔야 한다.[79]

이전 강령과 다른 점은 사회민주당이 다음 내용을 의식하고 있다는 것이었다.

> 현재 진행 중인 경제의 국제화로 스웨덴의 노동운동은 다른 나라와 같이 새로운 문제에 직면했다. 자본의 국제화로 노동조합 조직이 노동자들의 이익을 보호하는 것이 더 어려워지고 있다. 또 국제화는 정부, 스웨덴 중앙은행Sveriges Riksbank, 스웨덴 의회가 민주적 절차로 정해진 국가의 목적을 달성하는 능력을 제한하고 있다.[80]

이것만으로도 스웨덴이 EU에 가입하겠다고 결정한 이유를 알 수 있다. 사회주의는 자본주의를 따라가는 외에 의지할 것이 없었다. 올로프 팔메도 1975년에 이런 말을 했다. "우리 사회주의자들은 자본주의와 어느 정도 공생하고 있다. 노동운동은 자본주의에 대한 반응이었다."[81]

오스트리아와 스웨덴, 노르웨이처럼 강력하고 성공적인 사회민주주의 전통을 갖춘 나라들은 신수정주의 경향에 강하게 저항했다. 스웨덴에서는 1995년 실업과 질병, 육아 휴가 수당을 포함한 공공 지출을 삭감하자는 종합 대책이 나왔지만, 세금 인상 제안으로 부분적으로 완화되었다.[82] 오스트리아에서는 사회민주당이 이끄는 연정이 복지 혜택 축소를 막기 위해 투쟁했다.[83]

(사회민주주의 정당이 야당이던) 영국과 독일처럼 사회민주주의 전통이 약한 곳이나 (사회민주주의 정당이 여전히 집권 중이던) 프랑스와 대다수 남유럽 국가들처럼 사회민주주의 전통이 존재하지 않는 곳에서는 신수정주의에 저항이 덜했다. 그러나 '지역적' 요소가 영향을 미치기도 했다.

스페인의 사회주의 정당인 사회노동당은 1980년대 중반 강령 쇄신의 길로 들어섰다. 이는 영국처럼 좌파 급진주의를 두려워하는 유권자들에게 다가가기 위해서가 아니라, 그들이 오랫동안 스페인을 지배할 것이라고 자신 있게 믿었기 때문이다. 따라서 제목도 「강령Programa 2000」이었다.[84] 논평가들은 그 엄청난 노력 뒤에 숨은 다양한 동기를 제시했다. 그들이 제시한 동기는 스페인 사회에서 사회주의자들의 영향력을 강화하는 것, 단기적인 이익만 생각하는 정부의 태도에 불안을 느끼는 전통적 사회주의자들과 좌파 지식층이 곤살레스의 신자유주의적 경제정책과 친대서양적 입장을 잘 받아들이게 하는 것, 알폰소 게라와 그 동지들(「강령 2000」을 추진한 주요 세력)의 권력을 강화하는 것 등이었다.[85]

1990년 스페인 사회노동당의 선언문 초안은 남유럽 신수정주의의 중심 테마, 즉 현대화로 시작한다.[86] 스페인 사회노동당은 (초국가적 경제통합을 받아들여야 하는 현실로 본 영국 노동당과 달리) 경제 국제화가 심화되고 정치적으로 연합된 유럽과 세계 체계가 등장하는 것을 반겼다.[87] 여기에는 다음과 같은 친시장적 주장이 따라왔다. "시장은 가장 효율적인 자원 배분 수단이다. 사회주의자들은 민간 부문과 공공 부문이 공존하는 혼합경제의 필요성을 재차 확언한다. 경제 무대에서 국가는 민간이 주도하는 경제성장을 안내하는 전략적 행위자로 활동해야 한다."[88] 국가가 전략적 역할을 수행하기 위해서는 경제의 전략적 부문을 직접 소유해야 한다는 생각을 버린 것이다. 이탈리아 사회당과 공산당(좌파민주당으로 당명을 바꾼 뒤), 영국 노동당 역시 마찬가지였다.

전통적 수사법이 살아 있다면 내부 파벌 싸움을 위한 것이었다. 예를 들어 1990년 3월 프랑스 사회당의 「원칙 선언Declaration of Principles」에는 확실히 '좌파'적 어조가 있었다. 그 선언문에는 프랑스 사회당이 "개혁주의를 추구하는 것은 혁명적 바람을 위해, 따라서 민주적 사회주의의 역사적 전통을 계승하기 위해서"라는 주장이 담겨 있다.[89] 그러나 주목적은 미셸 로카르를 고립시키는 것이었다. 마찬가지로 「강령 2000」은 게라가 스페인 사회노동당에 대한 자신의 지배력을 강화하기 위해 사용했다.

스페인 사회노동당의 현대화 노력은 직업이 없는 이들에게 그다지 도움이 되지 못했다. 스페인의 실업률은 1980년대 말 최고 호황기에도 유럽에서 가장 높았다.[90] 사회노동당 정부는 고용을 창출하는 대신 일자리 50만 개를 없애고, 통화수축을 위해 많은 부문을 민영화하고, 세금을 인상하고, 금리를 올렸다.[91] 그런 다음 공공 부문 관료 체제를 확대했다. 곤살레스는 위기에 복지 제도를 마련하는 데 어려움이 있다는 점을 지적하면서 자기 정책을 정당화했다.[92] 그렇지만 사회노동당은 결국 노동조합에 압력에 못 이겨 의료와 연금을 확대하고, 교육 지출을 두 배로 늘렸다. 패트릭 카밀러Patrick Camiller가 지적했듯이 곤살레스가 추진한 것은 스페인판 대처주의가 아니다.[93]

스페인 사회노동당은 1987~1990년에 물가 상승률을 낮추는 데 성공했다. OECD 국가 중 가장 높은 성장률을 기록했고, 네 차례 선거에서 연달아 승리했다. 그러나 곤살레스 시대 막바지에 사회노동당은 쌓여가는 부패 혐의, 정치적 적수에 맞서기 위해 보안 기관을 동원한 점, 지나치게 확대된 정치적 후원, 지도자에게 집중된 과도한 권력 등으로 비난에 휩싸였다.

높은 실업률에 따른 시위는 잠잠해졌다. 그러나 1988년 연금이 위험에 처하자, 격렬한 반응이 일어났다. 그전까지 적수였던 스페인 노동자총연맹과 노동자위원회는 "1980년대 서유럽에서 가장 효과적인 파업"으로 스페인을 마비시키기 위해 뭉쳤다.[94] 사회노동당은 항복하고 의료와 연금, 실업수당을 위한 지출 증가를 받아들였다. 사실상 스페인 사회주의 정부는 깨어 있는 보수주의자들이— 그런 이들이 존재했다면—추진했을 법한 정책과 구분이 안 되는 경제정책을 추진했다.[95]

스페인 사회노동당도 크락시의 이탈리아 사회당처럼 "신분이 상승하는 새로운 전문가 계급이 권세를 잡기 위한 수단"이 되었다.[96] 스페인 사회노동당과 이탈리아 사회당, 정도는 덜하지만 프랑스 사회당까지 1980년대에 '여피 사회주의자들'로 간주될 수 있는 상당수를 끌어들였다는 사실에는 의심할 여지가 거의 없다. 그러나 이는 남유럽 신수정주의의 주요 특징이 아니라, 다소 유쾌하지 않은 부산물 중 하나였을 뿐이다. 좌파 정당들의 쇄신 노력을 그 정당들이 출세 제일주의자들에게 장악되었다는 단순한 개념으로 평가절하 할 수는 없다. 조직들은 언제나 결국 전문가의 손에 들어간다. 그 전문가들은 폭풍우가 몰아치는 바다 한가운데 떠 있는 배의 키잡이와 같다. 그들은 배가 계속 떠 있게 할 수 있을지 모르나, 항로를 바꾸는 것은 그들의 힘이 미치지 않는 일이다. 20세기 말이 가까워지면서 유럽 사회주의 조직 앞에는 단순한 선택이 놓였다. 더 나은 날을 꿈꾸며 홀로 고립되거나(프랑스, 포르투갈, 그리스의 공산당이 따른 선택이다), 자본주의가 택한 새로운 길에 적응하거나. 그들이 어떻게 적응해야 할지는 결코 명확하지 않다. 그러나 모든 수정주의가 똑같은 길을 추구해야 하는 것은 아니었다. 나라와 정당이 다르다. 그들이 받는 국제 환경의 영향은 같지만, 그들에게는 각기 다른 특징이 있다.

이를테면 이탈리아에서는 1980년대 내내 정부를 구성한 사회당의 신수정주의와 공산당의 신수정주의를 구분할 필요가 있다. 이탈리아 사회당이 신수정주의를 택한 것은 단지 새로운 상황에 대응하기 위해서가 아니라 공산당과 경계를 가급적 명확히 정하기 위해서였다. 이는 언제나 쉬운 일은 아니었다. 공산당의 신주정주의가 사회당과 이념적 차이를 줄이는 방향으로 전개되었기 때문이다. 그 모든 것들이 떠올리는 이미지는 사회주의자들을 맹렬히 추격하는 공산주의 정당이었다. 이탈리아 공산당이 시도한 모든 수정은 자신들이 마침내 공산주의라는 과거를 버리고, '유럽'의 사회민주주의를 받아들였다는 것을 보여주기 위함이었다. 그러나 그 마지막 단계가 확고하다는 것을 강조할 때마다, 그들은 자신들을 비판하던 이들이 언제나 옳았다는 것을 인정했다. 그들은 마지막 수단을 취하기 직전에도 공산주의의 죄악에 더러워진 상태였다. 그들은 자신들이 수세에 몰렸다는 사실을 깨달았다. 마치 심문을 받는 것 같았다. 검찰 측이 제시한 혐의를 인정하고 메아 쿨파(mea culpa : 내 탓이로소이다)라고 말할 때마다, 새로운 기소 내용이 튀어나왔다. 엄청난 역설은 이탈리아 공산당이 서구의 민주적 가치에 자신들이 헌신했음을 반복해서 증명하라는 요구를 받는 사이, 이탈리아의 주도적인 두 정당(이탈리아 사회당과 기독민주당)은 국고를 체계적으로 약탈하고 있었다는 것이다.

이탈리아 사회당의 신수정주의는 어떤 이탈리아 정당도 거주하지 못한 정치적 공간, 즉 현대화하는 신자유주의 정당이라는 정치적 공간을—적어도 수사법에서는—차지한 데 있었다. 이탈리아 기독민주당과 공산당은 공공 지출과 사회적 보호에 전념하는 정당이었다. 사회당은 거기에 대한 부담을 덜 느끼는 듯 보였다. 그들은 밀라노를 비롯한 롬바르디아Lombardia 주의 여러 지역에서 떠오르던 기업가 중산계급과 좋은 관계를 쌓는 한편, (줄어드는) 숙련 노동자들에게도 지지를 호소했다. 엄격한 국가 재정 운용, 공공 부문 효율화와 민영화 등 1989년 말 사회당의 경제정책은 사실상 신자유주의자들의 경제정책과 다르지 않았다.[97] 그러나 남쪽 지역에서 사회당은 노골적인 후견주의적 활동을 했고, 기독민주당과 직접적인 경쟁 관계에 있었다. 공공 부문이 이탈리아 남부 지역 Mezzogiorno의 후진성을 끝낼 수 있는 결정적 원인이라는 전통적 믿음을 1990년에 재차 확언한 것도 그 때문이다.[98] 따라서 남쪽의 개입주의 전략과 북쪽의 신자유주의 전략에는 극명한 모순이 있었다. '이미지'에서는 신자유주의 전략이 우세했다. 1980년대에 사회당은 인플레이션과 재정 적자를 줄이고, 금융시장과 노동시장의 규제를 완화하며, 복지 제도를 개혁하려고 노력했다. 그러나 사회당은 기독민주당의 또 다른 자아였다. 1992년에 사회당은 철저한 후견주의 정당이 되었고, 특히 남쪽 지역에서 강력했다. 뇌물 수수는 정당의 금고를 채우고, 주도적인 당원들의 배를 불리기 위한 일반적인 장치가 되었다.[99] 부패 스캔들로 이탈리아 '제1공화국'이 허물어졌을 때(1992~1994년) 기독민주당은 일부 살아남았지만, 100주년을 기념한 지 얼마 안 된 사회당은 완전히 무너졌다. 사회당은 1994년 11월 12일 해체되었다. 이탈리아에서 가장 오래된 정당의 수치스러운 종말이었다. 당 지도자 중 많은 이들이 뇌물 수수 혐의로 수사를 받거나 기소되었다. 크락시는 구속되지 않기 위해 튀니지 별장으로 피신했다. 현대성을 옹호하던 그는 이탈리아에서 오래되고 부패한 모든 것을 대표하는 전형이 되었다.[100]

신수정주의를 사회주의 정당들이 신자유주의를 채택한 것쯤으로 생각해서는 안 된다. 모든 사회주의자들은 사회복지 제도를 유지하고 지키려고 노력했다. 이것이 후견주의 형태를 취한 곳에서 사회주의자들은 복지 제도를 지키고 확대했다. 크락시는 이탈리아 남부에서, 곤살레스는 안달루시아와 에스트레마두라Estremadura에서 그런 식으로 복지를 확대했고, 그곳에서 커져가는 정치적 지지를 누렸다.[101] 프랑스 사회주의자들은 통화와 임금의 강력한 통제에 몰두하면서도 복지 제도를 보호하는 일을 멈추지 않았다. 이 모든 것은 20세기 후반 사회주의자들이 처한 곤경의 전형적인 예다. 그들은 케인스의 국가 개입주의에서 등 돌릴 수밖에 없는 상황이었지만, 복지에 반대하는 정당이 될 수 없었고, 그럴 생각도 없었다. 그러나 모든 정당들은 인플레이션을 억제해야 한다는 원칙에는 순종해야 했다. 인플레이션 억제 정책은 어떤 직접적인 정부 활동보다 사회복지에 많은 피해를 주고, 더 규모가 큰 실업을 초래했다. 대량실업이 발생하면 사회복지는 큰 타격을 받고, 높은 실업률에 대처하기는 더욱 어려워졌다. 실업은 1980년대의 기본적인 인플레이션 억제 메커니즘이었다. 이런 상황에서 사회주의 사상이 위기를 겪은 것은 당연하다. 경제학자들도 인플레이션 없이 높은 고용수준으로 돌아가기 위해 어떤 정책을 써야 하는지 의견이 일치하지 않았다.[102] 정부가 고용에 미치는 결과와 상관없이 인플레이션을 억제하는 길을 따라야 한다는 합의가 등장했다. 어떤 국가에서 이것은 이율에 엄격한 통제를 유지하는 것을 의미했고, 어떤 국가에서는 공공 지출의(따라서 공공 부문 임금의) 엄격한 통제를 뜻하기도 했다.

인플레이션 억제 정책에 전념하자, 사회주의자들은 노조와 맞설 수밖에 없었다. 현대화주의자들이 책임자로 있는 곳에서 이런 대결은 낡은 계급 정치를 넘어서야 한다는 것을 근거로, 혹은 효율이라는 이름으로 진행되었다. 크락시는 총리가 되자(1983년) 법령으로 물가연동제를 약간 변경할 것을 제안했고(1984년 2월), 사기가 꺾이고 분열된 대다수 노동조합은 이를 받아들였다(그 변경으로 영향을 받는 노동자는 소수였다). 공산주의자들이 이끄는 이탈리아 노동총동맹은 저항했지만, 1985년 6월 자신들이 추진한 국민투표에서 패했다. 그 법령은 임금수준에는 비교적 큰 차이를 주지 못했지만, 노동조합이 힘 있는 시대가 끝났다는 신호가 되었다.[103]

사회주의자들과 노동조합의 대립이 이탈리아에서만 일어난 것은 아니다. 그리스에서는 파판드레우가 입법을 통해 노동조합을 통제하려고 시도했다.[104] 프랑스 사회주의자들은 물가연동제를 중단할 것을 제안했는데, 이는 우파도 하기 어려웠을 일이다.[105] 북유럽에서는 노동조합이 비교적 강력했기 때문에 사회주의자들도 그들을 무시할 수 없었다.

남유럽 현대화주의자들의 또 다른 공통점은 지도력을 강조한 것이다. 특히 이탈리아 사회당은 '결단력 있는' 스타일로 일컬어지는 '단호한' 정치적 접근을 확립하려고 노력했다(영국의 대처 정부도 이와 유사한 스타일을 추구했다). 여기에는 크락시가 중요한 역할을 담당했다. 이탈리아 정계에서 그의 대중적 인지도는 아주 높았다(이는 스페인의 곤살레스와 그리스의 파판드레우에게도 적용된다). 1981년 크락시는 사회당에서 견줄 데 없는 개인적 권력을 확보했다.[106] 개인숭배에 대한 비난에도, 어떤 이탈리아 공산주의 지도자도(심지어 팔미로 톨리아티조차) 크락시만큼 지지자들의 아첨하는 찬사를 평생 동안 즐기지는 못했다.[107] 크락시의 지도 스타일은 실비오 베를루스코니Silvio Berlusconi를 위한 길을 열어줬다. 크락시는 총리가 되자, 미디어 제국을 건설하기 시작한 베를루스코니와 친분을 쌓았다. 그들의 관계는 서로 이익이 되었다. 규제 법률이나 독점 금지 법률의 제약을 받지 않은 베를루스코니는 TV 독점권을 확보했고, 그 힘으로 크락시를 지원했다.[108]

자신의 사회주의를 '자유 사회주의'라고 정의한 크락시는 '통치역량governability'이라는 테마에 집착했고, 이탈리아 정치를 완전히 개혁해서 대통령제 공화국으로 바꾸는 것을 목표로 행정부를 강화하는 데 힘을 쏟았다.[109] 그러나 선언문과 강령을 포함한 사회당의 공식 문서는 포괄적이고 애매한 말로 표현되었고(다른 이탈리아 정당의 문서도 마찬가지였다), 확실한 정치적 약속은 피했다.[110] 이는 이탈리아 사회당의 그 유명한 '현대화'가 항상 모호했던 이유 중 하나다. 다른 남유럽 국가들과 마찬가지로 이탈리아에서 현대성은 외국 모델을 채택하는 것을 의미했다. 크락시가 사회당 재건의 첫 단계에서 세운 목표는 영국 노동당을 본뜬 이탈리아식 정당 건설이었던 것 같다. 얼마 지나지 않아 이탈리아 노동계급 다수가 공산당에게 충실할 것이라는 사실이 명백해졌다. 그러자 크락시는 또 다른 영감을 위해 미테랑의 프랑스 사회당으로 시선을 돌렸다. 프랑스 사회당이 공산당을 대신해 프랑스의 최대 좌파 정당 자리를 막 차지한 터라 특히 마음이 끌렸다. 그의 계획은 '클럽' 연합이라는 프랑스 모델을 채택하는 것이었다. 그러나 실제로 만들어진 것은 몰레가 이끌던 시절, 낡고 신망을 잃은 인터내셔널 프랑스지부의 이탈리아판 복제품이었다. 연합을 통제하는 지역의 실력자들은 대개 모든 결정권을 가진 크락시에게 충성했다.[111]

　크락시의 신수정주의를 이해하기 위해서는 이탈리아 사회당의 특이한 상황을 고려해야 한다. 그들은 연정 내 소수당이고(이런 위치에 있는 사회주의 정당은 거의 없었다), 여전히 하위 좌파 정당이라는 이례적인 위치에 있었다. 이탈리아 사회당은 집권당으로서 자신들을 이탈리아 공산당과 구분 짓기 위해 소련에 반대하는 목소리를 높였고, 이탈리아에 크루즈미사일을 배치하는 것을 (이탈리아 공산당과 많은 가톨릭교도, 평화주의 단체의 강력한 반대에 맞서) 다소 무비판적으로 받아들였다. 그런 점은 몇몇 집권 사회주의 정당의 정책과 유사했다. 프랑스 사회당도 중거리 핵미사일의 유럽 배치를 지지했고, 스페인 사회노동당 역시 스페인의 NATO 가입을 주도했다.[112] 하지만 이탈리아 사회당의 수정주의를 특징짓는 체계적인 프로젝트는 없었다. 그들에게는 프로젝트가 지나치게 많아서 어떤 프로젝트도 없었다고 할 수 있다. 프로젝트, 안, 계획, 정책, 구호, 자기 정의는 특정한 목적을 위해 만들어졌다가 쓰고 나서 처분되었다. 끊임없이 변하는 것만큼 적을 혼란스럽게 만드는 방법이 또 있을까? 유럽주의자로, 민족주의자로, 친아랍주의자로, 친이스라엘주의자로, 개혁파로, 중도파로, 인민주의자로, 기술 관료로 끊임없이 변신한 크락시는 고정된 규칙이나 확실한 원칙, 어떤 방향성도 없었고 덕분에 지지자들의 충성을 유지할 수 있었다.[113] 이탈리아 사회당은 말하자면 최초의 '포스트모던' 정당이고, 이데올로기만큼 수명도 짧았다.

이탈리아 사회당(이들이 기독민주당과 연합을 유지하려는 결심은 가끔씩 흔들리는 듯 보일 때도 있지만 확고했다)과 기독민주당의 강한 반대에 직면한 공산당은 방어적 입장에 놓일 수밖에 없었다. 이탈리아 공산당이 처한 상황은 대다수 사회민주주의 정당이 처한 상황과도 비슷한 부분이 있었다. 공산주의자들 역시 모든 사회민주주의자들처럼 이제 자신들이 노동조합에게 휘둘리고 증세 정책을 지지하는 정당이 아니라는 것, 시장과 기업가 정신의 적인 무자격 복지 수당 수령자와 범죄에 관대한 정당이 아니라는 것을 증명해야 했다. 이탈리아 공산당에게는 불리한 조건이 하나 더 있었다. 바로 공산주의 정당이라는 점이다. 이탈리아 공산당은 '진정한' 사회민주주의 정당들과 달리 베를린장벽이 무너진 데 초연한 태도를 취할 수 없었다. 1989년 3월 18일 18차 당대회에서 당명을 바꾸는 것을 거부한 지도자 아킬레 오체토Achille Occhetto는 그해 11월 12일(베를린 장벽 붕괴 3일 뒤) 이탈리아 레지스탕스 운동을 한 당원들에게 새로운 '좌파 대형'을 위한 과정을 시작해야 한다고 발표했다. 모든 발표를 할 때 암호화된 언어를 썼기 때문에 오체토가 당명을 바꾸자고 제안하는 것을 금방 알 수는 없었다. 그는 새로운 당명이 이탈리아 공산당이 사실상 사회민주주의화했다는 것만 반영해서는 안 된다고 느꼈다. 그것은 당의 '재창설'과 이탈리아 좌파 전체의 재편성 과정이 시작되었음을 알리는 신호가 되어야 했다.[114] 오체토는 좌파의 생각에는 열렸지만, 공산주의 정당을 전적으로 지지하고 그들에게 투표하기를 꺼리는 여론이 상당 부분 존재할 거라는 잘못된 믿음이 있었다. 그는 당명을 바꿈으로써 전후 이탈리아의 특이성, 즉 좌파 정부를 구성할 수 있는 연합된 혁신 정당이 부족한 점을 없애기 위한 최종 단계에 착수했다고 생각했다.

이탈리아 공산당은 모든 의도와 목적에서 베를린장벽 붕괴 이전에 주류 사회민주주의 정당이 되었다. 1950~1960년대 이후 당 활동가들의 특징은 상당히 변했다. 1989년 3월 당대회에서 1000명 남짓한 위원들을 대상으로 한 조사에 따르면 3분의 1 이상이 학위 소지자였다. 여성은 전체 위원 가운데 3분의 1을 차지했고, 70퍼센트는 30세 미만이었다. 전체 위원 중 30퍼센트는 노동계급이 '중심'에 있다고 믿지 않았다. 97.7퍼센트가 남녀평등을 가장 중요한 목표로 꼽았다. 4분의 1만 계급 없는 사회가 바람직하거나 가능하다고 믿었고, 생산수단의 사적 소유를 폐지하는 것이 꼭 필요하다고 믿는 위원은 10퍼센트에 불과했다. 국가의 소멸이 불가피하다는 신념을

유지하는 위원은 3퍼센트뿐이었다.115

　이탈리아 공산당은 1년 반 동안 조직 내 분쟁을 겪은 끝에 1991년 2월 리미니Rimini 당대회에서 해체되어 좌파민주당으로 탈바꿈했고, 억센 오크를 새로운 상징으로 삼았다. 전통주의자들(아르만도 코수타Armando Cossutta)과 정당 내 예전 '신좌파' 지지자들(루치오 마그리Lucio Magri, 루치아나 카스텔리나Luciana Castellina)의 연합은 분리되어 공산주의재건당PRC을 결성했다. 좌파민주당은 사회주의 인터내셔널 회원으로 인정받았다. 서유럽 공산주의는 중요한 대변자를 대부분 잃었다. 중요한 정당으로 남은 공산주의 정당은 프랑스, 그리스, 포르투갈의 공산당이 전부였다. 스웨덴 공산주의자들은 1990년에 '신좌파'를 결성해 좌파당Vänsterpartietwere이 되었다. 스페인 공산주의자들도 선거 연합 전선인 좌파연합을 결성한 1986년 이후 그와 비슷한 길을 걸었다. 한때 서유럽에서 규모가 큰 공산주의 정당이던 핀란드 공산당은 1966년 9월 프롤레타리아 독재라는 개념을 단념했고,116 1990년 좌파연합Vasemmistö Liitto으로 개명했으며, (공산당 당원인 적이 한 번도 없던) 클레스 안두손Clees Andusson이 당수로 선출되었다. 다른 서유럽 국가에서도 공산주의는 정치적 의미를 잃은 지 오래였다.117

　1993년 이탈리아 사회당 붕괴 이후 좌파민주당은 이탈리아 좌파의 유일한 중요 세력으로 남았다. 그들은 선거 연합인 '진보 연합'의 주요 동력이었다. 의석의 75퍼센트가 최다 득표자를 당선시키는 방법에 따라 배정되는 선거제도로 처음 열린 1994년 선거에서 진보 연합은 좋은 결과를 얻지 못했다. 이탈리아의 '특이성'은 제1공화국이 무너진 뒤에도 사라지지 않았다. 보수 연합이 또다시 등장해서 좌파의 집권을 막았다. 보수 연합은 북부동맹, 반反남부인민당, 국민연합(AN : 예전의 신파시스트들이 포함된 우파 단체), 미디어 거물 실비오 베를루스코니가 새로 창당한 전진 이탈리아당FI으로 구성되었다. 베를루스코니는 1994년에 총리가 되었다. 이탈리아 정치 체제는 이 글을 쓰는 지금도 유례없는 혼란에 빠져 있다. 예전 이탈리아 좌파의 생존자이자 미래 좌파의 토대는 이탈리아 공산당의 계승자들(이탈리아 좌파민주당과 공산주의재건당)이고, 나머지는 파편에 불과하다.

이탈리아 좌파민주당은 신수정주의의 모든 신조를 엄격히 고수하는 것을 기반으로 1994년 선거운동을 벌였다. 즉 그들은 "더 적게 활동하지만 더 많이 가능하게 하고, 직접 경제활동을 관리하는 데서 물러나는 대신 시장규제 역할을 개발하는" 국가와[118] "현재의 역사적 상황에서 시장경제에 대안은 없다"는 원칙을 강조했다.[119] "세계적 수요 관리를 통해 고용을 지탱하는 전통적 처방"으로 돌아가는 것은 불가능하며,[120] 민영화가 "더 현대적인 기반에서 국가 경제를 구조조정 할 기회를 제공할 수 있음"을 인정했다.[121] 이런 선언 중 일부는 이탈리아 공산당의 종말과 베를린장벽 붕괴 전에도 있었다. 오체토는 1989년 3월 18일 18차 당대회에서 "시장은 전체 경제체제의 대체할 수 없는 동력이며, 경제체제의 효율성을 측정하기 위한 방법을 제공한다"고 인정했다.[122] 정당은 당의 세계관과 헤게모니를 발전시키고, 자신들의 관점이 사회 전체의 '상식'이 되도록 투쟁해야 한다는 그람시의 견해와 유산 중 남은 것은 거의 없었다. 좌파민주당의 옷을 입은 이탈리아 공산당은 마침내 서유럽 사회민주주의의 일부가 되자, 그들의 적수와 많은 지지자들이 바라던 대로 시장경제의 '새로운' 정설이 받아들여지게 하는 데 기여했다. 자신들이 자본주의에 맞서는 세력이라고 그토록 공언하던 이들이 적과 화해한 것이다.

동유럽과 중유럽의 옛 공산주의 정당들은 사회민주주의를 표방하는 구조조정을 통해 살아남았다. 그들은 어떤 것도 시장을 대체할 수 없다는 사실을 받아들였지만, 시장에 저항하는 능력을 가장 잘 갖춘 정당으로서 다양한 면에서 두각을 나타냈다. 그 정당들은 예전의 전제적인 모습 중 용인되는 특성, 즉 사회적 보호를 위한 노력이나 시장 세력에 대한 의심 등은 유지한 듯 보였다. 특히 헝가리와 폴란드, 동독에서 두드러진 공산주의 정당들의 이런 재탄생은 탈냉전 시대 유럽의 또 다른 특징으로 보였다. 1917년 10월 순양함 오로라호가 쏜 신호탄으로 시작된 대분열이 마침내 종식된 것이다. 사회주의 인터내셔널은 상징적으로 1994년 11월 부다페스트에서 모였다. 이런 움직임은 유럽 대륙의 어느 지역에 어떤 식으로든 전통적인 사회주의가 부흥할 것이라는 전조가 되지 못했다. 신수정주의는 별다른 저항에 부딪히지 않았다.

신수정주의자들은 전임자들이 간 길을 따랐다. 그들은 사회주의 원칙에 대한 자신들의 개혁을 설명하고 정당화하기 위해 모든 사회주의자들을 인도하는 기준, 즉 자본주의의 변신을 사용했다. 이는 1890년대에 베른슈타인이 제안한, 진화하는 자본주의에 걸맞은 진화하는 사회주의였다. 이는 '본의 아닌' 수정주의자 레닌에게도 나타난 특징이다. 레닌의 이런 특징은 러시아가 세계로 뻗은 새로운 자본주의 권력 사슬의 가장 약한 고리라는 점에서 '후진' 국가인 러시아의 혁명 가능성을 '설명'할 때 드러났다. 1950년대 말 독일, 영국, 이탈리아 등 여러 나라의 수정주의자들은 전후 자본주의의 눈부신 성장에 숙고해야 했다. 1990년대에 유럽 전역의 사회주의자들과 사회민주주의자들은 신수정주의 입장으로 모여들었다. 노동계급에 깊이 뿌리를 둔 북유럽의 '전통적' 사회민주주의 정당과 자본주의적 현대화가 여전히 의제였던 남유럽 사회민주주의 정당의 구분은 희미해졌다.

 20세기가 저물어가는 시점에서 사회주의자들은 자신들이 지켜온 원칙의 틀을 재점검하지 않을 수 없었다. 그들은 늘 해오던 방식으로 그 일을 했다. 일상의 정치에서 일어나는 우발적인 사건들과 선거를 고려해야 한다는 압력에 쫓겨서 어수선하고 혼란스러운 방식으로. 다른 식으로는 할 수가 없었다. 앞으로 나가는 것이 성공을 보장하지는 않는다. 그러나 움직이지 않고 현상을 유지하는 것은 확실한 패배를 제공한다.

에필로그

흔히 현대사에서 결론이 난 것은 없으며, 어떤 결론도 뒷날로 미룰 수밖에 없다고 한다. 그러나 20세기가 끝나가는 시점에서 지나온 길을 돌아보고, 내키지 않더라도 미래를 전망해보는 일을 하지 않을 수 없다. 이 일을 할 때는 알려진 사실에 근거해서 서술해야 하기 때문에 미심쩍은 확신마저 버려야 한다. 결국 이 작업은 서로 다른 결말에 이를 수 있고, 어느 것도 확정적이지 않다. 그러는 사이에도 역사는 계속되고, 우리를 깜짝 놀라게 할 것이다.

창조의 화살이 하향 궤도에 접어들었는지도 모르지만, 그 화살이 언제 어디에서 최종 표적에 도달할지 혹은 도달할 수 있을지 알 수 없다. 역사는 끝났다고 선언할 만큼 역사가들이 어리석지는 않다. 루이 알튀세르Louis Althusser의 은유를 빌리면, 역사가들은 기차 여행을 시작하면서 종착역뿐 아니라 중간에 있는 역을 모두 아는 여행자처럼 행동해서는 안 된다.¹ 역사 연구에서 올바른 태도는 기차가 어디에서 왔고 어디로 가는지 모른 채 달리는 기차에 뛰어오르고, 객차를 왔다 갔다 하면서 설비를 살펴보고, 승객들과 얘기를 나누면서 그들이 어떻게 상호작용 하는지, 그들의 열망과 바람이 무엇인지 알아내는 것이다. 역사가는 풍경을 내다보고 그 변화에 주목하기도 한다. 위험한 행동이지만 창밖으로 몸을 내밀어 기차가 어느 쪽으로 방향을 바꾸는지, 산이 가까워지거나 강을 지나려고 하지는 않는지 관찰하는 것도 가능할지 모른다. 하지만 그 이상은 할 수 없다. 기차에서는 어떤 일도 일어날 수 있고 그중 많은 일이 예측할 수 없는 일이지만, 역사가가 절대 잊지 말아야 할 사실이 있다. 기차는 속도가 빨라지거나 느려질 수 있고, 멈추거나 폭발할 수도 있다. 분명한 것은 선로의 제약을 받는다는 사실이다. 역사란 사람들이 자신의 풍경과 요구, 과거라는 한계에서 행하는 일이다.

볼셰비키가 정권을 장악한 직후 그람시는 혁명의 주의주의主意主義를 찬양하며 짧은 글을 썼다. 그는 러시아혁명이 카를 마르크스의 『자본론Das Kapital』에 반하는 혁명이라고 선언했다.

> 러시아에서 마르크스의 『자본론』은 프롤레타리아의 책이라기보다 부르주아의 책이었다. 그 책은 사건이 어떤 식으로 예정된 경로를 따라야 하는지, 다시 말해 프롤레타리아가 자신들의 봉기, 자신들의 계급적 요구, 자신들의 혁명에 관해 생각할 수 있기 전에 러시아에서 부르주아가 어떻게 발전해야 하고, 어떤 식으로 서구식 문명이 자리를 잡으면서 자본주의 시대가 열려야 하는지 결정적으로 보여주는 역할을 했다.[2]

공산주의 혁명가들은 러시아와 러시아 영토를 4분의 3세기 가까이 지배했다. 그들의 혁명은 (그람시가 그들의 혁명을 지지하면서 시사한 것처럼) 역사의 법칙을 거스른 주의주의적 행위도, 날카로운 예측과 숙고를 통해 오랫동안 계획된 과정이 절정에 이른 사건도 아니었다. 볼셰비키에게 정권을 손에 쥘 기회를 준 것은 특별한 역사적 국면이었다. 그들은 내전에서 승리했고 외국의 간섭을 물리쳤지만, 바르샤바의 문 앞에서 발길을 돌려야 했고 세계혁명이라는 미래가 빠르게 사라지는 것을 봤다. 국내로 향한 그들의 앞에는 제정러시아의 전임자들에게 물려받은 임무가 놓여 있었다. 러시아를 근대화하는 일이었다. 그들은 '자본'에 맞선 투쟁을 계속했다. 마르크스의 『자본론』과 자신들을 둘러싼 진짜 자본주의에 맞선 투쟁이었다. 강력한 산업 기구를 세웠고, 나치 독일을 격파했으며, 유럽의 절반을 정복하면서 자신들의 영향력을 전 세계로 확장했다. 그들의 깃발 아래 민족해방전쟁이 치러졌고, 범죄가 자행되었으며, 희망이 피어올랐고, 거창하지만 대개는 잘못된 계획들이 인민의 상황을 개선하기 위해 고안되었다. 자본주의에 맞선 이 장대한 투쟁을 빼놓고는 20세기 역사를 논할 수 없다. 볼셰비키는 태양에 닿기 위해 노력했다. 레닌은 이렇게 외쳤다. "우리는 세계를 재건하기 위해 나섰다."[3] 그러나 어떤 불사조도 많은 피와 인간의 고통으로 날개가 무거워진 상태에서 그토록 높이 솟아오르려는 열망을 품을 수는 없다. 우리는 자본에 맞선 그 혁명이 실패했다는 추정이 역사 연구에서 인정될 수 있을 만큼 확신을 얻었다.

이 가혹한 판결은, 많은 사회주의 사회가 조건이 비슷한 비사회주의 사회보다 대다수 구성원의 삶의 물질적 조건을 훨씬 많이 향상할 수 있었음을 인정한다고 해도 무효가 되지 않는다. 예를 들어 1955년에 쿠바의 기대 수명은 59.5세로 파라과이나 아르헨티나, 우루과이보다 낮았고, 유아사망률은 세 나라보다 높았다. 1985년에 쿠바의 기대 수명은 75세로 높아졌는데, 이는 라틴아메리카에서 가장 높고 미국(75.9세)보다 약간 낮은 수준이었다. 쿠바의 유아사망률 역시 사회주의 혁명 이후 30년간 라틴아메리카에서 가장 낮았다. 쿠바의 어린이들은 가장 잘 먹었고, 읽고 쓰는 능력도 가장 높은 수준이었다.[4] 1950년대에 중국은 인도보다 기대 수명은 낮고, 유아사망률은 높았다. 1980년대 말 중국은 두 가지 면에서 인도보다 많은 발전을 보였다.[5] 인도 내에서만 봐도 1957년 이후 주로 공산주의자들이 집권한 케랄라Kerala 주는 읽고 쓰는 능력과 건강지표가 인도의 다른 주보다 월등히 높았다.[6] 중앙아시아의 소련에 속한 공화국들은 적어도 1975년까지는 이웃한 이란이나 아프가니스탄, 심지어 터키보다 읽고 쓰는 능력과 건강지표에서 나았다.[7] 그러나 1975년 이후의 추산치를 살펴보면 유아사망률을 포함해 소련의 모든 건강지표가 유례없이 악화되었음을 알 수 있다.[8]

    소련을 비롯한 중유럽과 동유럽 사회주의 국가들과 서유럽 자본주의 국가들을 비교해보면, 선진 사회에서 중앙 계획경제가 실패했다는—시작 단계나 1950~1960년대에는 그렇지 않았지만—사실이 분명히 드러난다. 공산주의는 1970~1980년대 난관을 극복하는 데 실패했다. 자본주의 역시 '나름의' 위기에 직면했지만, 더 강력해진 힘으로 살아남았다. "서구는 세계시장 규율을 택했다. 동구는 자신들이 시작한 경제개혁에서 후퇴했다."[9] (레닌을 포함한) 공산주의자들의 야망은 궁핍한 사회가 아닌 풍요로운 사회를 관리하고, 자본주의가 최대로 발달한 곳에서 가장 수준 높은 자본주의에 도전하는 것이었다. 공산주의자들은 이런 목표 달성에 참패했다. 여전히 자본주의 이전의 생산과 소유 형태가 주를 이루는 개발도상국에서는 공산주의 계획의 약점이 크게 드러나지 않았다. 근대화 도구로서 공산주의는 실패가 아니었다. 그러나 인간을 숙명적인 노예

상태에서 해방하는 도구로서 공산주의는 재앙 그 자체였다.

서유럽에서는 소련이 종말을 맞이하기 오래전부터 아무도, 심지어 공산주의자들조차 볼셰비키 혁명이 권력을 장악하기 위한 모델이라고 간주하지 않았다(4장 참조). 물론 일부 정치 분파는 여전히 서유럽에서 봉기를 꿈꿨지만, 1945년 이후에는 그전의 100년 중 어느 시기보다 그런 일이 일어날 가능성이 미미했다. 그런 정치집단들은 기껏해야 (이탈리아의 붉은 여단처럼) 테러 활동을 하는 데 그치거나, 짧은 기간 동안 젊은이들이나 그다지 젊지 않은 이들을 선동하는 것이 전부였다. 1960년대 말과 1970년대에 마오쩌둥주의자, 게바라주의자, 트로츠키주의자, 무정부주의적 자유주의자 등 다양한 조직이 간헐적으로 그런 활동을 했다. 폭동이나 다른 정치적 폭력은 여기저기에서 벌어지겠지만—1917년 3월 세계 여성의 날에 페트로그라드 여성들이 벌인 시위로 제정러시아 황제에게 경종을 울린 것과 달리—앞으로 일어날 돌발적 사건들은 정치적 계획이라기보다 비통에 찬 울부짖음에 지나지 않을 것이다.

물론 마르크스는 한 사회가 어떻게 하면 자본주의를 극복하고 사회주의를 확립할 수 있을지 결코 진지하게 검토해본 적이 없다. 그는 사회주의를 분배 정의distributive justice—'필요에 따른 분배' 이전 단계인 '노동에 따른 분배'—라는 가장 포괄적인 관점에서 정의했다.[10] 그는 결코 사회주의 이론을 발전시키지 않았고, 사회주의가 어떻게 계획되어야 하는지, 어떤 형태의 공동재산이 그 안에 존재해야 하는지도 고려하지 않았다. 그는 자본주의 생산의 조건들이 어떻게 자체적으로 생산되고 재생산되는지 설명하는 거창한 이론을 만들지도 않았다. 그 조건들은 시장 관계를 유지시키는 비시장적 수단, 즉 이데올로기, 문화, 정치, 국가, 가족이다. 마르크스의 저작에는 국유화나 공공 부문, 경제계획에 관한 중요한 내용이 포함되지 않았다. 마르크스는 자본주의 체제가 어떻게 작동하는지 알아내려고 한 자본주의 이론가다. 그는 사회주의 이론가가 아니며, 유토피아적 청사진을 그리는 이들을 경멸했다. 그는 자본주의가 영원히 지속되지 않을 것이라고 확신했지만, 어떻게 하면 자본주의를 폐지할 수 있을지, 자본주의가 어떻게 끝날지는 설명하지 않았다. 마르크스는 자본주의가 지구상에 등장한 가장 역동적인 체제라는 것을 의심하지 않았다. 자본주의는 혁신하고 팽창하는 불안정한 체제이며, 세계에 대변혁을 일으키고 촘촘히 짜인 그물망(즉 세계시장) 속으로 전 세계를 끌어들일 것이라고 전망했다. 그는 자본의 집중화가 "끝없이 규모를 늘리며" 진행되고, 그로 인해 "모든 사람들은 세계시장이라는 그물망에" 걸려 옴짝달싹하지 못하고, 자본주의는 "국제적 특성"을 띨 것이라고 정확히 예견했다.[11] 마르크스와 그 추종자들은 이런 전 세계적인 구조를 제어할 수 있는 정치적 외피에 대해서는 계속 침묵을 지켰다.

이 글을 쓰는 지금 모든 선진 자본주의 국가들은 자유민주주의 원칙과 법칙에 따라 관리되고 있다. 소비재 시장은 정치의 경제적 대응물처럼 보인다. 개인은 주권을 가진 시민으로서 좌파나 우파를 위한 표를 던지기 전에, 슈퍼마켓 통로를 왔다 갔다 하면서 퍼실(Persil : 독일 세제 브랜드—옮긴이) 대신 다즈(Daz : 영국 세제 브랜드—옮긴이)를 선택함으로써 소비자 주권을 행사한다. 그러나 테리 이글턴Terry Eagleton은 다음과 같이 썼다.

시장의 논리는 쾌락과 다수의 논리, 수명이 짧고 불연속적인 것의 논리, 개별 소비자가 일시적 기능을 수행하는 거대하고 분산된 욕망의 네트워크의 논리다. 그러나 이 모든 혼란 상태가 제대로 작동하기 위해서는 훨씬 덜 느긋하고 덜 헝클어진 정치적·윤리적·이념적 질서가 필요하다. 슈퍼마켓에서 일어나는 일은 예배당이나 놀이방에서 일어나는 일과 전혀 다르다.[12]

슈퍼마켓에서 일어나는 일은 일터에서 일어나는 일과도 전혀 다르다. 일터는 소비자가 생산자로 변신해서, 소비자의 권한을 얻기 위해 돈을 버는 곳이다. 생산의 세계는 권위와 서열, 규율이 지배한다. 우리는 자기 마음에 드는 사람에게 투표하고 살 여유가 있는 한 무엇이든 구매하지만, 일터에서는 지시받은 대로 행동한다. 사회주의자들은 전통적으로 노동 세계에 개입하려고 노력해왔고, 생산자들은 100년에 걸친 투쟁 끝에 한 세기 전보다 훨씬 쾌적한 환경에서 더 적은 시간 일하며, 더 인간적인 대우도 받을 것이다. 그러나 노동 상황에 대한 생산자의 통제력 증가는 정치적 민주주의의 팽창과 물질적 번영의 증대, 사회복지의 확대, 과학기술의 진보 등과 비교도 안 될 만큼 미미한 수준이다. 자본주의를 통제하는 것은 다른 어떤 것을 통제하는 것보다 어려운 일이었다. 자본주의는 소수가 다수를 지배하는 원리에 바탕을 둔 체제이기 때문이다. 이는 정치적 민주주의에 대한 종전의 정의와 정반대 원리다. 물론 중앙 계획경제를 비롯해 기술적으로 복잡한 다른 모든 사회에서도 다수가 지배하기는 어렵다. 자유와 개인의 자율성을 찾아 에덴동산으로 돌아가는 유일한 길은 노동을 없애는 것, 아니면 노동시간을 가급적 줄이는 것인지도 모른다.[13] 계급이 결코 없어지지 않을 거라고 해서 계급의 반민주적이고 불쾌한 속성이 줄어드는 것은 아니다. 강간이 언제나 있었고 앞으로도 사라지지 않을지 모르지만, 여전히 용납할 수 없는 극악한 폭력으로 간주되는 것처럼 말이다.

지나고 보니 자본주의의 팽창은 피할 수 없는 일이었던 것 같다. 그렇지만 자본주의는 다양한 저항 세력과 부딪혔다. 분석적으로 살펴보면 세 저항 세력이 두드러진다(세 가지가 명확하게 구별되지는 않는다). 첫째, 전통의 저항이었다. 전통이 구현된 사회적·경제적·문화적 구조는 자본주의가 출현하기 전에 발달했고, 이후에도 자본주의와 나란히 존속해왔다. 둘째, '사회주의 진영'으로 구성된다. 볼셰비키 혁명과 2차 세계대전 이후 자본주의와 세계시장에 반대하면서 중앙 계획적 현대화와 산업 발달을 추진한 나라들을 말한다. 셋째, 이 책의 연구 대상인 서유럽 사회주의 정당과 공산주의 정당이다. 이들은 자본주의의 소멸을 꿈꾸며 규제를 통해 자본주의를 억제했다.

방금 사용한 용어들은 구체적으로 설명할 필요가 있다. 그중 '자본주의에 대한 저항'과 '규제'라는 개념에 특히 문제의 소지가 있다.

'자본주의에 대한 저항'이라는 말은, 자본에는 그 자체의 논리가 있고 목적지가 정해진 배처럼 예정된 운명이 있다는 의미로 들릴 수도 있다. 항해 중에 폭풍과 태풍의 방해를 받아 일시적으로 길을 잃고 헤맬지도 모르지만, 배는 곧 강풍에서 벗어나 올바른 항로를 찾는 법이다. 이런 목적론적 관점을 지지하는 이들은 좌파와 우파에 다 있다. 그들은 모두 자본주의에 궁극적 목적이나 정해진 결말이 있다고 주장하지만, 그것이 무엇인지에 대해서는 의견이 다르다. 좌파 진영에 있는 유럽의 사회주의자들은 '아무런 제약이 없는 자본주의'는 필연적으로 대량 실업과 빈곤, 전쟁, 환경 파괴, 견디기 힘든 불평등, 심지어 야만적 상태를 초래할 것이라고 주장해왔다. 그들은 자본주의가 인간의 의식적 규제 활동을 통해 제어되지 않은 상태로 무질서하게 발달하는 것은 인류에게 재앙이 될 거라고 주장했다. 환경 위기의 심각성을 인식한 근래에는 자본주의가 중대한 생태 위기를 막을 수 있는 자생적 메커니즘을 갖추지 못한 점을 지적하기도 한다. 우파 진영에는 20세기 이론가 중 가장 명료하고 일관되게 사회주의를 반대해온 하이에크가 있다. 그는 자본주의는 자연스럽고 자생적으로 최상의 사회, 아니면 적어도 가능한 사회 중 최상의 사회를 향해 갈 것이라고 주장했다. 사회주의를 비판한 그의 마지막 저서 『치명적 자만The Fatal Conceit』에는 하이에크의 핵심 사상이 반복해서 나타난다.[14] 이 책에서 그는 자본주의에는 다른 사람의 자유 영역을 침범하지 못하게 막는 '추상적 규칙' 몇 개만 있으면 된다고 주장한다. 최근 신자유주의자들에 의해 되살아나 마치 탈사회주의 경제의 첨단인 것처럼 각광받는 이 원칙은 중농학파의 창시자로 자유방임주의를 지지하고 콜베르티슴(중상주의)의 국가 간섭을 철저히 반대한 프랑수아 케네François Quesnay에 관한 일화를 떠올리게 한다. 어느 날 루이Louis 15세가 주치의 케네에게 왕이 되면 무엇을 할 거냐고 물었다. "폐하, 저는 아무것도 안 할 겁니다." "그럼 누가 다스리나?" 루이 15세가 묻자 그는 대답했다. "법입니다."[15] 루이 15세는 이 조언을 귀담아듣지 않았다. 그러나 하이에크가 보기에 케네가 제안한 것보다 많은 일을 하려고 애쓰는 것은

"인간이 자기 뜻대로 세상을 만들어갈 수 있다"고 믿는 이들의 "치명적 자만"이었다.[16] 하이에크는 사회주의자들, 또 사회가 어떤 "공통의 구체적인 목표"를 채택하도록 만들려고 하는 모든 자들은 "노예 상태"에 이를 수밖에 없는 상황을 유발할 뿐이라고 덧붙였다.[17] 그러나 하이에크조차 치명적 자만을 피해 가지 못했음이 분명하다. 그의 상세한 설명에 따르면 그 '추상적 규칙'을 위해서는 과거의 윤리적 가치로 회귀하는 받아들이기 힘든 조건과, 그보다 가능성이 없는 대대적인 헌법의 변혁이 필요했다. 그가 제안한 새로운 헌법 내용에는 터무니없는 것이 많았는데, 국민이 평생 단 한 번(45세) 투표하고, 그것도 자기보다 나이 많은 사람만 뽑아야 한다는 내용도 있었다.[18]

그러나 나는 하이에크가 자본주의를 포함한 모든 생산양식에 미리 결정된 방향성을 부여하는 것을 거부한 점에는 동의한다. 조앤 로빈슨Joan Robinson은 "현대자본주의는 자본주의를 유지하는 것 말고 아무런 목적도 없다"고 썼다.[19] 자본주의에 아무런 목적이 없다면 자본주의의 성공 기준은 생존뿐이며, 생존은 결국 팽창에 달렸다. 하이에크 역시 "삶은 그 자체가 유일한 목적이다. 삶은 오직 그 자체가 지속 가능한 동안 존재한다"고 단언한다.[20] 이 또한 가치라면 암세포에도 가치가 있는 것이다. 하이에크의 그 말은 마르크스가 한 말과 같은 맥락이다. 마르크스는 자본의 '자기 증식'이 자본주의 생산의 유일한 목적이라고 말했다.[21] 그는 나중에 "자본은 본질적으로 자본을 생산한다"고 덧붙였다.[22] 자본주의는 이념이나 철학, 신념 체계가 아니다. 마르크스와 베버가 설명한 대로 자본주의는 하나의 생산양식, 매매할 수 있는 상품을 생산하기 위해 인간을 조직하는 방식에 관한 추상적인 모델이다. 그러나 자본주의는 서로 다른 이념의 상호작용에 따라 구성되고 규제되고 조직되고 형성되고 정당화되고 합법화될 때, 결국 억제될 때만 일정한 역사적 맥락에서 존재할 수 있다. 자본주의를 옹호하는 것이 어떤 의미가 있으려면, 특정한 상황에서 자본주의적 축적 조건의 재생산을 보장하는 사회의 정치조직은 무엇이든 받아들일 준비가 되어야 한다. 그러나 그것은 기술을 얻기 위해 정치를 포기하는 일이 될 수도 있다. 실제 일부 자본주의자들은 그런 방침을 채택해서 특정한 사태에 자본주의와 잘 맞는 체제가 있으면 무엇이든 지지할지도 모른다. 미국의 자유민주주의, 독일의 나치즘, 스웨덴의 사회민주주의, 어쩌면 조만간 중국의 '공산주의'까지. 그러나 그런 지지는 실용적 방편을 위한 것이지 윤리나 정치적 원리에 근거한 것이 아니다. 경제적 자유가 최대한 보장된 곳에서 자본주의가 가장 잘 성장한다는 하이에크의 주장은 여러 사건을 통해 틀렸음이 입증되었다. '자연스럽고' 제약을 받지 않는 자본주의의 가능성에 대한 그의 믿음은 역사적 근거가 없다.

  따라서 앞서 언급된 세 가지 장애물 혹은 '저항'을 존재하지도 않는 '자연스러운' 경로를 따라가는 자본주의를 방해하거나 속도를 늦추거나 이탈하게 하는 특징으로 생각해서는 안 된다. 그 장애물은 자본주의 자체와 동일한 역사에 속해 있다. 자본주의는 어딘가로 흘러가야 할 세찬 강줄기와 같다. 자연과 운, 인간의 의식적 활동은 그 강줄기의 흐름을 여기저기로 바꿔놓을지도 모른다. 강물이 줄어 땅이 바싹 마를지도 모른다. 아무런 통제가 없다면 제멋대로 흘러가서 앞에 놓인 모든 것을 휩쓸지도 모른다. 그러나 그 강줄기에는 내적 논리도, 예정된 진행 방향도 없다.

사회주의 정당과 노동조합이 없었다면 유럽의 자본주의가 정확히 어떻게 진행되었을지 이해하는 일에는 우리의 분석력을 넘어선 반사실적counterfactual 추론이 필요하다. 그 일은 한두 가지 에피소드가 아니라 지난 100년의 역사를 '다시 쓰는 일'이 될 것이기 때문이다. 사회주의자와 노동운동에 관한 편파적인 역사 서술은 '놓친 기회'에 편중되었다. 지도자가 더 현명했다면 혹은 신념이 더 뚜렷했다면, 대중을 더 신뢰했다면, 덜 기만적이었다면 패배를 막을 수 있었으리라는 근거 없는 주장에 바탕을 둔 것이다. 특정한 사람들이 다른 식으로 행동했을 경우에 의존해서 전체 시나리오를 구성하는 것은 가급적 피해야 한다. 자본주의자 집단에게 피해를 줄지 모를 어떤 행동이 다른 이들에게는 이득이 될 수도 있다. 이를테면 입법이나 노동조합 활동을 통해 임금을 인상하는 것은 기업가들의 이윤을 줄이기 때문에 '반자본주의'적으로 볼 수도 있을 것이다. 그러나 그것이 꼭 자본주의 전체에 해가 될까? 노동자에게 낮은 임금을 주고 버티던 비효율적인 기업들은 폐업하고, 그 결과 새로운 투자를 위한 자원이 풀릴 것이다. 더 높은 임금은 수요를 늘리고 시장의 규모를 확대할 수도 있다. 특정한 노력과 투쟁이 우리가 자본주의라고 부르는 생산과 교환 체제의 구성에 장기적으로 혹은 중기적으로 어떤 영향을 줄지 예측할 방법은 없다. 하이에크는 그 때문에 우리가 어설프게 그 세계에 손대기 전에 신중한 태도를 취해야 한다고 주장했다. 그러나 논리적으로 볼 때 미래를 알 수 없다고 해서 가만있어야 할 이유는 없으며, 가만히 현상을 유지하는 것은 인류가 걸어온 길이 아니다. 우리에게 현재의 지평선 너머로 이동할 이유가 없었다면 우리는 같은 자리에 머무르고, 미래가 존재할 기회도 주지 못했을 것이다. 인류는 팡글로스 박사(볼테르Voltaire의 소설 『캉디드 혹은 낙관주의Candide ou l'optimisme』에 등장하는 극단적인 낙천주의자—옮긴이)와 함께 "최선의 상태에 있는 이 세상에서 모든 것은 최선의 결과를 얻을 것이다"라고 선언했을 것이다. 이는 역사의 끝, 문명의 끝이었을 것이다.

좌파는 계몽주의와 그것의 합리주의적 전통의 계승자로서 의지의 낙관주의를 활용한다. 그들은 중대한 정치적 세력으로 남기 위해 '상황이 더 나아질 것이며', 미래는 자기편이라고 가정해야 한다. 역사학자들과 논리학자들은 비관적인 것보다 낙관적이어야 할 이유는 없다고 입을 모아 지적할 것이다. 그러나 우리는 이 질문을 던져야 한다. 진보에 대한 믿음, 지금보다 좀더 바람직한 상태로 나갈 수 있을 것이라는 가정, 인류의 고난을 덜어줄 수도, 어쩌면 없앨 수도 있다는 생각… 이런 신념에 헌신하는 정치적 운동이 없다면 세상이 어떻게 되겠는가? 그런 믿음이 반드시 '사실'일 필요는 없다. 꼭 필요한 것은 그 믿음을 놓지 않는 것이다.

따라서 앞에 언급한 저항은 운명으로 이어지는 길을 가로막는 요소가 아니라 대안적인 발전의 길을 건설하는 요소로 이해해야 한다. 잠시 이 연구에서 채택한 유럽 중심의 관점을 버리면, 우리는 자본주의 모델을 세 가지로 구분할 수 있다. 첫째, 이렇다 할 사회주의 운동은 없었지만 강력한 전통 사회에 의해 자본주의가 발전한 일본식 모델이다. 둘째, 봉건적 잔재와 사회주의 운동이 비교적 없는 미국식 모델이다. 셋째, 전통주의와 사회주의가 모두 존재하는 유럽식 모델이다. 미국식 모델이 아무런 저항에도 부딪히지 않는 자본주의라는 하이에크의 비전에 가장 근접하다. 물론 이런 구분은 개념적인 것이다. 어떤 자본주의도—미국식 자본주의조차—'순수한' 자본주의는 아니기 때문이다.

셋 중 어느 모델이 가장 성공적이었는지는 끝없는 토론의 주제다. 1950~1960년대에는 여러 해설자들이 미국식 모델을 택했을 것이다. 1980~1990년대에는 일본의 상대적 성공과 제조 역량이 EU와 미국의 정책 결정자들을 두려움에 빠뜨렸다. 유럽식 자본주의는 아무도 추구하지 않는 모델이다(동유럽과 중유럽에 있는 옛 공산주의 정당들의 사회민주주의적 변모를 보면 미래에는 그렇게 될지도 모르지만). 보수주의자들은 사회주의가 지난 100년간 서유럽의 발전에 가한 제약을 경쟁력 부족과 높은 실업률의 주원인으로 꼽는다. 사회주의 정당들이 없었다면 유럽의 자본주의가 더 '성공적'이었을지는 역사학자들이 답할 수 있는 문제가 아니다. 특히 여기에서 '성공'이란 말이 무엇을 뜻하는지 명확하지 않다. 완전고용? 더 많은 제품 생산? 더 나은 환경? 더 높은 생산성? 더 빠른 성장? 더 건강한 국민? 더 많은 평등? 열거된 목록만 봐도 성공의 정의는 통계가 아니라 가치판단의 영역에 속한다는 사실을 충분히 이해할 수 있다. 그러나 가치판단은 완벽하게 타당한 비교 기준을 제공한다. 상대주의자들이 비교 연구자들에게 경고한 내용은 옳다. 짐바브웨에서 '좋은' 것이 리스본이나 코펜하겐Copenhagen에서는 '좋은' 것으로 여겨지지 않을지도 모른다. 그렇지만 자본주의 발전에서 주요 중심지의 문화적 차이가 좋은 사회에 대한 최소한의 기준도 세울 수 없을 정도로 크지는 않다. 높은 유아사망률, 높은 범죄율, 만연한 무지몽매, 약물중독, 도시의 불결한 위생 상태, 기회 부족, 사회적 분열과 가족의 해체 등은 도쿄에서도, 뉴욕New York에서도, 파리에서도 사회악으로 간주된다(코펜하겐이나 리우데자네이루Rio de Janeiro, 카이로Cairo도 마찬가지만, 우리의 세 모델에 충실하겠다). 이 지표들에 관한 미국의 점수는 일본이나 서유럽보다 낮았다.

미국은 유일하게 '현대적'이고 '민주적'인 상태에서 탄생한 나라로, 20세기 내내 자본주의의 탁월한 대표 주자였다. 현대성과 빠른 변화, 기술 발달, 매스컴, 소비자 사회… 이 모든 것들은 미국과 밀접하게 관련되어 20세기는 '미국의 세기'로 특징지을 수 있을 정도다. 미국에는 자본주의를 '괴롭히는' 사회주의 정당이 없었다. 자본주의 성장에 중대한 영향을 미치는 강력한 사회복지 제도도 없었다. 자본주의의 급속한 팽창을 막는 전통과 경의, 복종의 압박도 없었다. 미국의 자유주의는 봉건주의를 파괴할 필요가 없었다.[23] 자본주의 이전의 문화는 북미 원주민 문화처럼 흉포한 몇 차례 말살 전쟁으로 쓸어버릴 수 있었고, 그 과정은 수많은 영화에서 그려져 전 세계 어린이들에게 즐거움을 주었다. 알렉시 드 토크빌에서 막스 베버를 거쳐 이후 많은 사회 이론가들은 미국의 발전을 뒷받침한 낙관적이고 개인주의적인 기풍을 기업가 정신이 발현되는 데 필요한 주요 문화적 조건으로 그렸다(그러나 늘 통찰력을 잃지 않은 토크빌이 오래전에 알아차린 것처럼 미국의 순응주의에 대한 증거도 풍부하다). 유럽과 일본, '초기' 발전 단계에 있던 나라의 많은 이들에게 미국은 미래 그 자체였다.

그러나 미국인들이 스스로 축적한 증거를 살펴보면 또 다른 그림이 드러난다. 미국을 특징짓던 비교적 규제받지 않는 자본주의는 서유럽 어느 나라와도 비교되지 않을 정도였고, 일본에서는 찾아볼 수조차 없는 극심한 사회문제를 동반했다.

　빈곤을 측정하는 것은 어려운 일이고 국가 간 비교는 신뢰성이 떨어지지만, 미국에 관한 증거는 그냥 넘길 수 있는 정도가 아니다. 빈곤에 관한 엄청난 분량의 문헌 검토에 따르면 '최하층 계급'은 어림잡아 800만 명, 즉 미국 총인구의 3.5퍼센트에 해당한다는 결론이 나온다. 사회적 시민권을 박탈당한 이들은 미국 사회에서 분리된 문화를 형성한다. 이 숫자의 두 배에 이르는 미국인이 '지속적인 빈곤층'에 속하고, 그 두 배인 3200만 명이 미국 전체의 빈곤인구다.[24] 미국은 빈곤층(중간 수입의 반도 안 되는 수입으로 근근이 살아가는 가구에 속한 사람들)이 16.6퍼센트로 선진국 중에서 가장 높다. 이는 독일(4.9퍼센트)과 스웨덴(5.0퍼센트), 노르웨이(4.8퍼센트)의 세 배가 넘고, 네덜란드(7.5퍼센트)의 두 배가 넘는 비율이다. 미국 다음으로는 다른 '앵글로색슨계' 자본주의 국가인 캐나다(12.3퍼센트), 영국(11.7퍼센트), 오스트레일리아(11.4퍼센트)가 약간 거리를 두고 뒤따른다.[25] 미국의 빈곤층은 절반 이상이 아이를 키우는 편부모 가정이다. 독일과 스웨덴, 노르웨이는 상황이 달라서 빈곤층의 10퍼센트만 편부모 가정이다. 미국에서 극빈층인 편부모는 대부분 여성이며, 이중 많은 이들이 흑인이다. 어떤 정당도 그들의 이익을 옹호하겠다고 선뜻 나서지 않는다. 인종 간 분열은 전통적으로 계급 정치가 약한, 따라서 좌파가 약한 주된 이유 중 하나였다.[26] 좌파가 약했기에 이런 분열은 심화되었다. 미국 여성들의 힘이 세지고 여성 문제가 정치적 쟁점으로 부각되는 일이 많아진 상황에도 점점 늘어나는 가난한 여성의 비율, 즉 빈곤의 '여성화' 현상이 줄지 않았다.[27] 힘이 약한 노동조합은 기껏해야 고용된 이들을 보호할 수 있을 뿐이다. 차별 금지 정책의 혜택은 차별로 인해 피해를 본 집단 구성원 중 상대적으로 덜 불행한 사람들에게 집중된다.

미국의 우파는 최하층 계급을 가리켜 사회복지에 의해 창출된 의존 문화의 산물이라고 선언했고, 사회 가학적 방식으로 활동하는 때는 복지 지출의 대폭 삭감을 촉구하기도 했다. 미국은 대다수 서유럽 국가들에 비해 사회복지가 덜 발달했지만, 최하층 계급의 규모는 훨씬 더 크다. 더구나 미국의 사회복지는 유럽의 다른 나라들이 비해 중간 소득층 집단의 보호에 편중하는 경향이 심하다. 미국은 세액공제나 세금 혜택 형태의 '간접적 복지'를 고려하지 않으면 유럽보다 복지 지출이 훨씬 적다. 간접적 복지를 고려한다 해도 "한 가지 결정적 사실이 남는다. 중간 소득층과 고소득층이 숨겨진 사회복지의 주요 수혜자라는 사실이다".[28]

미국의 여성 세대주 빈곤율은 미국이 '빈곤과 전쟁'을 시작한(다시 말해 복지를 확대한) 1960~1970년에 낮아졌고, 1970년 내내 떨어졌다.[29] "빈곤율이 낮아진 주원인은 더 풍족한 사람들의 부가 가난한 사람들에게 재분배되었기 때문이 아니라 부가 전체적으로 증가함에 따라 모든 사람들의 소득수준이 향상되었기 때문이다"라는 주장은 사실일 것이다.[30] 그러나 이런 낙수 효과trickle-down effect에는 한계가 있다. 전체적인 부가 증가한다고 언제나 모든 사람들에게 혜택이 돌아가는 것은 아니다. '부유한' 이들은 더 부유해지고, 중산계급은 현상을 유지하고, 가난한 사람들은 상대적으로 더 가난해지는 상황도 있을 수 있다. 1980년대 미국과 영국이 그런 경우다. 실업 자체가 최하층을 형성하는 주원인이 아닐 수도 있다. 실업이 원인이었다면, (유럽의 주요 도시 아무데서나 자는 젊은 노숙자 집단으로 존재하는) 유럽의 최하층은 지금쯤 적어도 미국만큼 늘었을 것이다. 1980~1990년대 거의 모든 기간 동안 유럽의 실업률이 미국보다 높았기 때문이다.[31]

전통적 가치나 사회민주주의에 의해 완화되지 않은 미국의 자본주의는 시카고Chicago와 로스앤젤레스Los Angeles, 뉴욕의 소수민족 집단 사이에 갤브레이스John Kenneth Galbraith가 "공포와 절망의 중심"이라고 부른 상태를 낳았다.[32] 이는 "홉스적 정글" "이제는 무장한, 거친 남자 청소년이 보편적 공포"를 불러일으키는 곳이 되었다.[33] 미국은 전국적으로 10대 소녀의 임신율이 스웨덴이나 프랑스의 두 배에 이른다.[34] 그로 인해 미국은 어느 나라보다 심각한 문제를 겪고 있다. 정통 우파는 가족 가치의 중요성을 찬양하지만, 1980년대 중반 미국에서 아이가 있는 젊은 가구의 빈곤율은 39.5퍼센트였다. 그에 비해 영국은 23.2퍼센트, 독일은 18.8퍼센트, 프랑스는 9.1퍼센트, 스웨덴은 5.3퍼센트였다.[35] 흑인 사회는 6세 미만 아이들 절반이 빈곤선 아래 환경에서 살아간다. 1989년에는 미국 아이들 37만 5000명이 코카인이나 헤로인에 중독된 상태로 태어났다. 미국의 유아사망률과 기대 수명은 주요 산업국가 중 최악이다. 지난 20년 사이에 흑인의 모든 건강지표는 악화되었다. 미국은 세계에서 생산되는 코카인을 절반이나 소비한다. 이런 영향으로 범죄 수준이 세계에서 가장 높고, 교도소 수감자 수도 가장 많다.―미국의 재소자 비율은 소련보다 60퍼센트 높고, 네덜란드의 10배에 이른다. 콜카타Kolkata 빈민가보다 뉴욕에서 살해되는 사람들이 많다. 미국은 교육비의 40퍼센트를 대학에 지출하고, 대다수 선진국들보다 초·중등학교에 지출하는 규모가 적다. 그 결과 다른 나라들을 모두 합한 것보다 많은 노벨상 수상자를 배출하지만, 문맹이 수백만 명에 이른다. 한 연구에 따르면 성인 22퍼센트가 편지 겉봉을 정확하게 쓰지 못하며, 거의 그 정도 사람들이 약병의 설명서를 읽지 못한다고 한다.[36] 이 모든 상황에서 제한받지 않는 미국의 자본주의는 부자에게 더 많이 주고 가난한 이에게 덜 주는, 위로 향하는 불균형적 진로를 추구한다. 1980~1993년에 가장 부유한 5퍼센트의 실질소득은 34퍼센트 상승했고, 가장 가난한 20퍼센트의 실질소득은 2퍼센트 하락했다. 모든 인간은 평등하게 창조되었을 테지만, 미국에서 태어난 인간들은 어떤 선진국보다 불평등한 상태에 놓인다.[37] 심각한 불평등은 도덕적으로 불쾌할 뿐만 아니라 많은 경우 생사가 달린 문제가 된다. 선진국에서 국가 내 소득 불평등은 건강 수준과 기대 수명을 결정하는 가장 중요한 원인이기 때문이다.[38]

앞서 언급한 세 가지 저항 중에서 전통에 의해 발생한 저항은 최초의 자본주의 사회에서는 피할 수 없는 것이었다. 두 번째 저항인 볼셰비키 혁명과 그로 인해 세워진 국가 체제는 결코 피할 수 없는 것이 아니었다. 자본주의 역사의 관점에서 공산주의는 자본주의 팽창을 위협하는 눈에 보이는 적이었다. 자본의 영역에서 잠재적 시장을 빼냄과 동시에 대안을 제시했기 때문이다. 그러나 지나고 보니 공산주의 또한 안정화의 요소가 된 것 같다. 공산주의는 러시아제국의 영토를 뭉치게 만들었다. 강력한 중앙집권적 세력이 없었다면 러시아제국의 영토는 양차 세계대전 사이에 경쟁하는 수많은 민족주의로 내부 붕괴했을지도 모르고, 따라서 나치의 맹공격에 저항하지 못했을지도 모른다. 그랬다면 서구의 자유민주주의 세력이 히틀러를 쓰러뜨리는 데 더 많은 시간이 필요했을 것이고, 회복하는 데도 더 오랜 시간이 걸렸을 것이다. 아니면 자유민주주의 세력이 완패했을지도 모른다. 그랬다면 역사는 다른 식으로 '끝났을' 것이다. 자본주의에 대한 볼셰비키의 저항은 자유민주주의 형태의 자본주의가 '성공'하는 데 기여한 원인이었을지도 모른다. 순양함 오로라호가 신호탄을 쏘고 겨울 궁전을 향해 진격했을 때 의도한 것은 아니었겠지만.

냉전조차 높은 군비 지출을 유발함으로써 국제 자본주의 회복과 유지에 기여한 것으로 볼 수도 있다. 1970~1980년대에 미국 경제는 과거보다 세계무역에 의존하게 되었다. 미국이 수입하는 제품을 효과적으로 평가절하 하는 (즉 수입품 가격이 더 내려가게 만드는) 강한 달러 정책의 도움으로 OECD 국가를 상대로 한 미국의 수입이 대폭 증가했다. 미국 국내 수요가 성장함에 따라 1980년대에 OECD 국가들의 경기는 전반적으로 회복세로 돌아섰다. 그러나 이렇게 증가한 국내 수요는 상당 부분 소련의 위협에 반격하기 위한 미국의 군비 지출 증가에 바탕을 뒀다. 따라서 자본주의 경제는 적어도 일시적으로는 소련의 위기를 재촉한 군비 지출 증가에 의해 구제될 수 있었다.[39] 이 역시 흐루시초프Nikita Sergeevich Khrushchyov가 "당신들을 매장하겠다"고 할 때 의도한 바는 아니었다.

세 번째 저항의 진원지인 유럽 사회주의 정당은 유일하게 자본주의 내부에서 발달했다. 물론 사회주의자들과 볼셰비키는 원래 자본주의 자체의 폐지라는 목적을 공유했다. 우리는 유럽 사회주의 정당들이 발전해가면서 필요에 의해 자본주의와 공존할 수밖에 없었고, 빌리 브란트가 '최종 목적의 신학'이라고 부른 것을 단념하는 과정을 되짚어봤다.⁴⁰ 시작하는 시점부터 (즉 1889년 7월 로쉬슈아르Rochechouart 거리에 모였을 때) 혹은 2년 뒤 독일 사회민주당이 「에르푸르트 강령」의 초안을 작성했을 때 사회주의 정당들은 그런 공존을 위한 자신들의 조건을 밝혔다. 보통선거권과 시민권, 정치적 민주주의, 노인과 병자와 실업자를 위한 전국적인 사회적 보호 체계(연금과 사회보험), 현대적 사회복지 제도, 하루 여덟 시간 노동 등으로 이제는 노동시장의 규제라고 불리는 것들이다. 서유럽 좌파의 역사는 이런 공존의 역사다. 서유럽 자본주의는 사회주의 정당의 압력 아래에서 규제를 받았기 때문에 일본의 자본주의보다 덜 위계적이고, 미국의 자본주의보다 인간적이었다. 이는 대단한 성과다. 데이비드 마퀀드는 다음과 같이 주장했다.

> 자본주의 자유 시장은 하인으로서는 나무랄 데 없지만 주인으로서는 형편없다. 20세기 후반의 위대한 업적 가운데 하나는 몇몇 축복받은 사회가 자본주의를 주인에서 하인으로 전환하는 법을 배웠다는 것이다. 이제 우리에게 닥친 위험은 의기양양하고 자만심 강한 자본주의가 그 교훈을 기억하지 않을 것이라는 사실이다.⁴¹

여기에서 우리는 두 번째 '문제적' 개념으로 돌아가야 한다. 규제라는 개념 말이다. 엄밀하게 말하면 규제받지 않는 자본주의는 불가능하다. 시장 관계가 존재하기 위한 필수 조건인 교환이라는 행위에는 절대 최소치로서 강제적 규칙 체계가 필요하다. 선진 자본주의 세계에서 규제는 최소한의 한계, 하이에크가 제시한 '추상적 규칙'을 훨씬 넘어서 진행되었다. 20세기 말 사회주의자들과 그 반대 세력의 근본적 차이는 대개 규제를 주장하는 쪽과 규제 철폐를 주장하는 쪽의 단순한 투쟁으로 대표된다. 한때 사회주의자들은 더 야심만만했다. 그들은 자본주의를 폐지하고 싶어 했다. 그 후 처음으로 권력을 얻었을 때 그들의 목표는 경제 기간산업을 차지하거나 통제함으로써 국가가 자본주의를 관리하는 것이 되었다. 이제 그들의 목표는 국가자본주의의 '규제'다. 그러나 이것은 무엇을 위한 것일까? 자본주의가 갈수록 세계화하는 상황에서 어떻게 그 목표를 이룰 수 있을까?

하버마스Jürgen Habermas는 자본주의자들은 자기 힘으로 자본주의 자체를 가능하게 만드는 조건을 재생산할 수 없다고 설명했다. 자본주의자들이 스스로 지배자가 되는 것은 그들 자신의 이익에 부합하는 일이 아님을 암시했을 때, 마르크스도 그 사실을 지각하고 있었다. "부르주아는 인정한다. 그들의 이익을 지키기 위해서는 직접 지배하는 위험에서 빠져나와야 한다는 것을… 그들의 사회적 권력을 고스란히 지키기 위해서는 자신의 정치적 권력은 파괴되어야 한다는 것을… 그들의 지갑을 지키기 위해서는 왕관을 내놔야 한다는 것을."[42] 또 하버마스는 자본주의에는 '비자본주의자'로서 개별 자본주의자들에 맞서는 국가라는 존재가 필요하며, 그래야 자본주의자들이 자신들의 '집단적 의지'를 수행할 수 있다고 말했다.[43] 이는 자본주의자들을 계속되는 치명적인 투쟁에 갇힌 홉스적 최소 단위로 바라본 것이다. 오직 리바이어던Leviathan, 즉 거대한 국가의 개입이 그들을 자멸하지 않게 막아줄 수 있다. 이런 야경꾼으로서 국가의 기능은 하이에크의 '추상적 규칙'과도 가깝다. 자본주의 축적의 초기에는 그것만으로도 충분했을지 모른다. 19세기 말 이후, 특히 양차 세계대전 사이의 위기 이후 자본주의 사회의 국가는 대대적으로 개입해야 했다. 게임의 기본 규칙을 세우고, 체제의 재생산을 확고히 하기 위해서였다. 그 목적을 위해 새로운 자본주의 기업에 맞게 법을 바꾸고, 통화를 안정시켰으며, 끊임없이 확대되는 의료 서비스와 교육, 교통과 통신체계를 제공했다. 또 국가는 자본주의의 부정적인―정치적으로 허용할 수 없는―결과, 즉 불균등 발전과 지역 불균형, 실업, 광산업이나 조선업, 농업 부문의 폐업이나 쇠퇴 같은 문제를 떠맡아야 했다.[44] 유럽의 좌파 정당들은 다른 어떤 지역보다 노동운동의 정치적 표출로 훨씬 활발하게 활동하면서 사실상 자본주의를 개혁했고, 자본주의를 정치적으로 허용 가능한 것으로 만들기 위해 복지 서비스 분배를 시장 관계에서 분리했다. 이는 실업 보호와 의료 서비스를 제공하고 노후에 대비하기 위한 공평한 시스템일 뿐만 아니라, 알려진 어떤 시장 체제보다 월등히 효율적이기도 하다(의료 서비스 분야에서 곤경에 처한 미국의 예를 보면 그런 사실을 잘 알 수 있다). 따라서 사회민주주의는 자본주의 발전에서 중요한 단계가 되어왔다.[45]

 1987년의 주가 폭락은 1929년의 주가 폭락과 달리 유럽의 경제를 쓰러뜨리지 못했는데, 이것은 1929년과 1987년의 구조적 차이 때문이다. 그 차이점 중 두 가지가 두드러진다. 1930년에는 3차 산업 부문이 전체 노동인구의 3분의 1을 차지했지만, 1987년에는 3분의 2를 차지했고, 그중 거의 절반이 공무원으로 구성되었다. 제조업보다 안정적인 정부 부문의 고용이 유럽 경제의 고용 상황을 안정시켰고, 덕분에 1930년대만큼 심각한 실업 위기는 피할 수 있었다. 두 번째 구조적 차이는 이전소득(주로 복지 수당)이 1930년에는

GNP의 4퍼센트에도 미치지 못했지만, 1987년에는 거의 30퍼센트에 달했다는 것이다.[46] 이 수당은 경제적으로나 사회적으로 1987년 '블랙 먼데이Black Monday'의 부정적 결과를 1930년에는 불가능한 방식으로 막아주었다. 정부의 권한이 1920년대 수준으로 축소되었다면 1990년대 유럽의 자본주의는 현재보다 훨씬 좋지 않은 상태였을 것이다. 사회복지 제도가 1980년대에 유럽의 자본주의를 구했다고 해도 과언이 아니다.[47]

서유럽에서 사회주의가 지난 100년간 얻은 주요 성과는 자본주의를 문명화한 것이다. 다른 정치적 전통 또한 이 임무에 일조했다. 유럽 대륙에서는 사회적 기독교 전통을 꼽을 수 있고, 영국에서는 20세기 초 자유당 정부의 개혁 활동을, 미국에서는 1930년대 뉴딜 정책과 1960년대 '위대한 사회Great Society' 입법을 들 수 있다. 그러나 사회주의 비평가 레셰크 코와코프스키Leszek Kołakowski는 다음과 같이 썼다.

> 사회주의의 순진함과 착각에도 사회주의 사상과 사회주의 운동의 압력이 없었다면 서유럽에 더 많은 정의, 더 많은 안전, 더 많은 교육 기회, 더 많은 복지, 가난하고 무력한 이들을 위한 더 많은 정부의 책임을 부과하는 어떤 일도 시도되지 못했을 것이다.[48]

이 내용은 서유럽 사회주의뿐 아니라 이탈리아 공산당이나 그들보다는 상상력이 떨어지는 프랑스 공산당 같은 서유럽의 대형 공산주의 정당에도 동일하게, 혹은 더 많이 적용된다. 1991년 8월 소련의 종말이 시작되었음을 알린 쿠데타가 실패한 직후, 아카데미 프랑세즈Académie Française 회원인 장–드니 브르댕Jean-Denis Bredin이 여름휴가에서 잘 쉬고 잘 먹고 돌아가는 프랑스 중산층의 점잖은 시민들에게 그들의 자유와 권리 일부를 프랑스 공산주의자들에게 빚진 것인지도 모른다는 생각을 해보라고 한 것은 그 사실을 염두에 두고 한 말이었을 것이다.

> 이 완고하고 파벌적인 인간들에게, 우리의 공장을 장악하고 거리에 무질서를 불러오는 이 포기할 줄 모르는 파업 참가자들에게, 혁명을 꿈꾸면서 끊임없이 개혁을 위해 투쟁한 이 고집스러운 자들에게, 역사의 흐름에 맞서 진군하며 자본주의의 자기만족적 단잠을 방해한 이 마르크스주의자들에게 우리가 많은 것을 빚지고 있다고 말해도 괜찮을까? 공산주의는 죽었다. 기뻐하자. 그러나 프랑스의 공산주의자들, 우리에게 자유를 주기 위해 죽어간 그들, 궁핍한 이들 대신 싸운 그들을 생각하면서 그들이 우리보다 사욕이 없고 열정적이며 공정했다고, 다시 말해 더 나은 사람들이라고 말해도 될까?[49]

사회주의자들은 복지 제도 확립에 결정적인 역할을 했을 뿐만 아니라 유럽 계몽주의의 진정한 계승자들이고, 시민권과 민주주의의 수호자들이었다. 그들은 투표권이 제한된 시절 투표권을 확대하기 위해 싸웠다. 다른 어떤 정당보다 일관되게, 일찍부터 여성의 권리를 위해 싸웠다. 구체제의 견고한 권리와 특권을 폐지하기 위해 싸웠다. 그들은 인종 차별에 단호하게 반대하는 모든 투쟁을 지지했다. 사형 제도 폐지와 동성애 합법화, 낙태의 비非범죄화에 중요한, 때로는 주도적 역할을 하기도 했다.

이런 성공에도 사회주의자들은 자본주의를 폐지하지 못했고, 경제계획을 통해 자본주의를 이끌지도 못했다. 이 실패의 원인은 정치와 현대자본주의, 그 둘의 관계에 내재된 속성에 있다. 찰스 린드블롬Charles Lindblom이 주장하듯이 개별 자본주의자들은 폭넓은 결정을 책임지는데, 자원과 노동 배분, 공장 위치, 과학기술 활용, 제품과 서비스의 질 등에 관한 이런 결정은 전반적인 사회복지에 영향을 미치기 때문에 사실상 개인이 내리는 공공 정책 결정과 같다.50 그렇다고 자본주의자의 권력에 제한이 없다는 뜻은 아니지만, 가장 중요한 일(즉 자본주의를 유지해야 한다는 것) 때문에 다른 모든 이들의 권한이 제한되는 건 사실이다. 소비자들이 일종의 거부권을 행사하는 듯 보일 때도 있지만, 그들은 대개 민간 기업이 내린 의사결정에 반응할 뿐이다. 또 소비자들은 상품을 고를 때 '주권'을 행사할 수도 있지만, 그 선택을 의미 있게 만드는 많은 조건은 다른 곳에서 결정된 것들이다. 소비자가 무엇을 살지에 대한 재량권을 행사하기 위해 꼭 필요한 정보를 기업들이 마지못해 제공하는 경우는 소비자들이 직접 로비나 단체, 캠페인 등을 통해 조직적으로 활동할 때, 그보다 자주 누군가가 대신 그 일을 해줄 때뿐이다. 이는 길고 고통스러운 과정이며, 언제나 자본주의 발전의 속도를 따라잡지 못한다. 결국 정부는 자본주의가 발전할 수 있는 틀을 세우고 그것을 유지함으로써 자본주의를 위해 복무해야 한다. 그렇게 하면 자본주의의 성장을 유도할 수 있지만, 성장을 지휘할 수는 없다.51 자본주의자들의 활동에 정부가 행사할 수 있는 권한이 아무리 커도, 그것이 자본주의에 악영향을 미쳐서 실업과 저성장을 가져올지도 모른다는 두려움 때문에 그 권한은 억제될 수밖에 없다.

현재의 정치 언어는 린드블롬의 통찰을 뒷받침한다. 사회주의자들과 보수주의자들 모두 경제를 책임지는 위치에 있을 때는 "시장이 어떻게 반응할까?"라는 질문을 던지는 것이다. 보수주의자들은 자본주의에 이념적으로 열성적이며 시장 신호에 따라 움직이는 것에 반대하지 않는 반면, 사회주의자들은 대개 자본주의의 번영이 사회복지와 노동계급의 안녕을 위해 반드시 필요한 조건임을 마지못해 받아들여야 했다는 점이 다를 뿐이다.

한 세기가 넘는 시간 동안 서유럽 사회주의 정당들은 두 가지 뚜렷한 제약 내에서 자본주의를 규제하려고 했다. 첫째 제약은 자본주의 자체를 존속하기 위한 필요조건이다. 좌파 정당들이 반자본주의 정책, 즉 실행된다면 자본주의 체제를 붕괴시킬 수 있는 정책을 사용하지 않아야 한다는 것이었다. 둘째 제약은 민족국가로, 모든 규제의 틀에 법적 테두리를 제공했다. 자본주의자들이 민족국가 바깥으로 도망가서 그 테두리를 벗어날 수는 있었다. 그러나 강한 이들만 그럴 수 있었고, 그다음에도 '고국'에 매일 수밖에 없었다. 제국을 세우고 식민지를 건설하는 강력한 민족국가의 지원이 없었다면 자본주의가 세계 구석구석까지 침투하는 일은 일어날 수 없었을 것이다. 유럽 민족국가의 부상은 발전과 경제성장, 과학기술과 무역의 보급을 위한 조건이었고, 에릭 존스Eric L. Jones가 말했듯이 "여러 나라에서 수공예품만 있던 곳에 공장을 세우기 위한" 조건이었다.[52] 많은 다국적기업도 처음에 국가, 보통은 사회민주주의 국가의 보호를 받는 국내시장에서 운영되지 않았다면 존재하지 못했을 것이다.[53]

민족국가는 자본 활동을 위한 필수적 틀을 마련해줬다. 그러나 자본은 결코 국가의 테두리에 머물지 않았다. 특히 유럽의 자본주의는 일본이나 미국의 '경쟁자'들보다 국경을 뚫고 밖으로 나갈 수밖에 없었다. 유럽의 민족국가는 작고 그들의 국내시장은 한정되었다. 상호 의존은 모든 자본주의에 영향을 끼칠 테지만, 유럽의 자본주의만큼 상호 의존적 영향을 많이 받은 자본주의는 없다.[54] 유럽의 자본주의가 세계 자본주의로 융합될 수도 있지만, 국가의 규제는 여전히 존재하고 효력이 줄더라도 가까운 장래에는 틀림없이 살아남을 것이다. 정치인들은 어떤 규제를 부과하거나 유지하기 전에 '자국의' 자본주의자들(즉 민족국가 내에서 활동하는 이들)의 상대적인 입장을 외부의 경쟁자들과 비교해서 고려해야 한다. 유권자들의 복지는 자본주의에 달렸다. 그러나 자본주의가 항상 유권자들의 복지에 달린 것은 아니다. 자본은 다른 곳으로 이동할 수 있지만, 유권자들은 그럴 수 없다.

사회주의자들은 그런 상황에 대응하기 위해 유럽 차원의 새로운 규제의 틀을 다시 만들려고 시도했다. 그들은 유럽 통합에 대한 초기의 적대적인 태도를 버렸다. 1980년대와 1990년대 초반에 걸쳐 '탈민족적' 사회주의라는 역사적 비전을 주창한 자크 들로르는 선견지명을 갖춘 인물로, 1989년에 당대의 핵심 쟁점은 조종사 없는 세계경제의 현실이라고 설명하면서 나가야 할 길을 가리켰다. 그는 새로운 정치적 분업이 확립되어야 한다고 봤다. 오래된 대륙에서 "유럽이 가야 할 길은 민족국가의 권한에서 알맹이를 없애는 것이 아니라, 민족국가가 자신들의 필수적인 일을 수행할 수 있게 해줄 자율성의 여지를 되살려주는 것이어야 한다. EC 수준에서 거시경제정책이 새롭게 구성돼야 할 것이다".[55]

같은 해, 대표적인 공동시장 반대자였다가 열렬한 유럽 연방 지지자가 된 미셸 로카르가 이끄는 프랑스 사회당 정부는 유럽의 운명이라는 관점에서 프랑스의 미래를 기술해 프랑스 역사상 최초로 모네Jean Monnet의 가르침을 받아들인 국가 계획을 공포했다. 그 계획은 '프랑스, 유럽 : 계획La France, L'Europe: Le Plan 1989~1992'다.[56] 핀란드와 스웨덴, 오스트리아, 노르웨이의 사회주의자 등 이전에는 EU 가입에 회의적이던 유럽인도 1994년에는 자국의 EU 가입을 지지했다. 한때 유럽 사회주의 정당 중 유럽 통합에 가장 소극적이던 영국 노동당 당수 존 스미스John Smith는 1993년에 다음과 같이 선언했다.

> 좋든 싫든 상호 의존은 현대 세계의 현실이다. 경제적 번영과 환경보호처럼 우리 삶의 중대한 문제들이 모두 국제적 협력에 달렸다. 오늘날에는 어떤 나라도 홀로 설 수 없다.[57]

그리스의 파판드레우는 한때 신랄한 EC 반대자였고, 그가 작성한 1983~1988년을 위한 5개년 계획에는 유럽에 관한 언급이 없었다. 그러나 그는 1988년 정당 선언문에서 "유럽 속에 우리의 국가적 전망이 압축되었다"고 선언했다.[58] 그의 뒤를 이은 코스타스 시미티스는 충실한 유럽주의자였다. 이제 정치인에게 유럽은 국가적 수준에서 잃었던 권력을 다시 손에 넣을 수 있는 지대로 보였다.

지금 단계에서는 기본 윤곽만 어렴풋하게 감지할 수 있는 유럽 통합이라는 프로젝트는 수많은 어려움에 직면했다. 우선 사회주의 정당들은 자본주의에 대한 유럽의 규제가 EU의 제도를 통해 실시돼야 한다는 것을 받아들여야 했다. 여기에는 많은 문제가 제기된다. 그중 하나는 각국의 정치인은 EU가 민주적이기를 바라지 않기 때문에 EU에는 민주적 정당성이 없다는 것, 즉 '민주적 결핍'이라는 문제를 들 수 있다. 그 결과 EU는 유럽인의 마음속에 강력한 기술 관료적 이미지를 떠올리게 한다.[59] 또 다른 문제는 EC가 원래는 자유무역 지역, 즉 (전통적 좌파 반유럽주의자의 용어를 사용하면) '자본주의 클럽'으로 고안되었다는 점이다. 처음부터 어떤 상황을 만들어가는 것보다 현재의 상황을 개혁하고 방향을 다시 잡는 것이 훨씬 어려운 법이다. 게다가 무역에 대한 국가적 장벽을 없애는 것을 목표로 하는 강력한 신자유주의 문화에서 단일 시장을 형성하라는 거센 압력이 밀어닥쳤고, 들로르가 앞장서서 누그러뜨리려고 애써도 그 기세를 막을 수 없었다.[60] 유럽의 제도와 기준으로 각각의 민족국가 제도와 기준을 대체하는 것은 결과를 예측할 수 없는 모험이 될 것이다.

현대 유럽에는 19세기에 존재한, 국가 건설을 위한 전제 조건 중 남은 것이 거의 없다. 지적인 엘리트조차 유럽인이라는 의식이 없다. 중앙 권력도 없고, '유럽인을 만드는' 일을 수행할 (정복이나 혁명, 전통에 따라 세워진) 군대나 경찰력도 없다. 공동체 의식이나 연대 의식도 없으며, (서)유럽 전체에 대한 외부의 실제적 위협이나 상상할 수 있는 위협도 없다. 더구나 EU는 자국의 이익을 추구하는 민족국가들이 만든 기구다. 루카스 투칼리스Loukas Tsoukalis는 다음과 같이 썼다. "정치 게임은 여전히 대부분 국가적이다. 개별 국가들은 이 게임을 할 때 실제보다 경제적으로 독립적인 것처럼 행동한다."[61]

좋든 나쁘든 민족국가는 여전히 지속되는 실체다. 민주적 정당성을 갖춘 최초의 정치적 구성체가 민족국가이기 때문이다. 국가 건설은 언제나 엘리트들이 주도해왔지만, 국가는 대중의 폭넓은 지지를 확보했다. 국가는 자본주의 발달과 민주주의를 위해 반드시 필요한 정치적 틀을 제공한다. 따라서 민주적 지배가 조금이라도 훼손되는 것을 원치 않는 국가의 유권자들은 실제적 특권이든, 가상의 특권이든 국가가 가진 모든 특권을 지키려고 할 것이다. 또 유권자들은 정부의 지원을 받을 것이다. 유럽의 경제적·정치적 통합에 아무리 열성적인 정부라도 자국의 유권자들을 지원할 것이다. 그 정부들은 더 큰 정부에 권한을 내주고 싶어 하지 않는다.

유럽 민족국가들은 국가 수준에서 확보할 수 없는 것들을 유럽 협력으로 얻기 위해 힘을 합친 것이다. 밀워드Alan S. Milward는 이렇게 설명했다. "EC 회원국들은 주권을 내놓는 일을 실행해야 할 때마다 거의 모든 정치적 권력이 민족국가의 손에 남아 있게 하기 위한 방책을 마련해왔다."[62] 그 나라들은 유럽 연방주의자의 꿈과 열망을 사용했지만, 국가를 폐지할 의도는 없었다. EU는 각국 정부의 여러 차례 협상을 거쳐 구축되었다. 주권이 이양되었지만 이것이 새로운 상황은 아니다. 절대적 주권은 일부 민족주의자들의 상상 속에나 존재하는 것이다. 유럽 단체의 구축에서 결정적으로 중요한 부분은 공동의 주권에 대한 통제권이 여전히 민족국가 행정부의 손에 있다는 것이다. 공동의 주권은 결코 (유럽 통합에 반대하는 선전원들이 지겹도록 반복하는 말대로) 정체불명의 행정조직이나 민주적으로 선출되고 공적 책임이 있는 의회로 넘어가지 않았다. 사회주의 정당들이 자국의 권한을 약화하는 일에 노력할 가능성은 없다. 그들도 국가에 기반을 둔 유권자들에게서 정당성을 획득한다. 야당일 때는 권력이 부족한 탓에 유럽의회의 권한 확대를 지지하는 입장에 설 수도 있다. 그러나 집권당일 때는 압력이 다른 방향으로 작용해서 민족국가의 특권을 지키려고 할 것이다. 현대의 민주적 민족국가와 좌파 정당의 긴밀한 협력은 지난 100년 역사의 특징이다. 이런 습관을 쉽게 버릴 수는 없을 것이다. 사회주의자들은 '민족주의자'가 되는 것을 피할 수 없었다. 그들은 '자국' 유권자들의 열망에 반응한 것이다.

자본은 그렇게 제약받지 않는다. 마르크스는 자본을 "생산의 물질적 힘을 키우고 적절한 세계시장을 창출하기 위한 역사적 수단"이라고 기술했다.[63] 자본은 전 세계를 날아다닐 수 있다. 경제체제로서 자본주의는 시작 단계부터(자본주의의 시작을 16세기로 보든, 그 이후로 보든 상관없이) 한 국가가 통제할 수 있는 것보다 넓은 영토에서 작동했다.[64] 그러나 자본주의는 민족국가의 지원에 의존했고, 세계화는 지속적인 추세가 되지 못한 채 1914년에 전진을 멈췄으며, 양차 세계대전 사이에는 후퇴했다.[65] 현재 자본주의는 과도기에 접어든 상태로, 여전히 민족국가가 주요 규제 기관이고 다국적 기업들이 모국을 중요한 본거지로 삼고 있는 국제경제에서 다양한 국가적 외피를 벗어던진 진정한 '글로벌' 경제로 이동하는 중이다. 이런 이행이 필연적인 것은 아니다. 현대 사회주의의 위기 중 상당 부분은 자본주의 세계화의 부산물이다.[66]

킨들버거Charles P. Kindleberger처럼 명석한 경제학자는 "민족국가가 경제적 단위였던 시절은 거의 끝나간다"는 것을 1969년에 감지했다. 그 말을 하고 얼마 안 되어 "민족국가는 살아남고 번성할 것이다"라고 덧붙이긴 했지만 말이다.67 그러나 서아프리카의 몇몇 나라들처럼 현대의 가장 약한 나라조차 정부의 권한이 대단히 커졌음에도 우리가 민족국가의 위기를 말하는 것은 자국민의 기대에 충족하는 민족국가의 능력에 관한 것이다.68

진정한 신자유주의자들과 달리 사회주의자들에게는 이 새로운 단계에 적합한 정치적 노력을 기울이기가 쉽지 않을 것이다. 그들은 국제적 합의에 의존할 개혁과 공공 지출이나 고용주의 비용에 영향을 주는 국내의 개혁을 구별해야 할 것이다. 유럽 차원의 국제적인 사회정책은 복지나 노동조건의 최소 기준 같은 기본적 틀을 세우려고 할 것이다. 이런 규제를 실시할 때는 그 정책에 필요한 비용을 무시할 수 있다. 그 비용은 고용주가 부담할 테니 말이다. 이는 EC(지금의 EU) 회원국들이 1992년 마스트리흐트에서 사회 헌장을 채택할 때 택한 방향이다.69 규제가 초국가적 차원에서 가해진다면, 그것이 경쟁에 미치는 효과로 인해 잘 조직된 기업들은 이득을 얻을 것이다. 예전 스웨덴의 렌-마이드너 모델에서 '공정한 임금'의 정착이 효율적인 기업에게 이득이 된 것처럼 말이다. 호황을 누리는 자본주의 경제를 책임지는 사회주의자들은 덜 선진화된 국가의 사회주의자들보다 진보된 국제적 규제를 요구할 수 있을 것이다.

EU는 이런 규제를 실시할 기관의 좋은 예다. EU의 사회정책은 (복지 비용을 사회가 부담하는) 전통적인 사회주의 복지 제도보다 운영비가 적다. (노동자를 고용한 공공 기관을 제외하면) 추가적인 공공경비가 들지 않기 때문이다. 이런 공공 정책의 주요 문제는 고용된 사람들을 보호하는 데 중점을 두기 때문에 실업자들에게 일자리를 제공하는 효과는 거의 없을 거라는 점이다. 그러나 향후 수십 년간 사회주의자들이 해결해야 할 가장 중요한 과제는 실업이 될 것이다. 이는 과소평가할 수 없는 문제다. 1992년에 서유럽의 실업자 수는 1845만 5700명으로 덴마크와 노르웨이, 스웨덴의 전체 인구를 합친 것보다 많았다. 케인스가 『고용, 이자, 화폐의 일반 이론 The General Theory of Employment, Interest and Money』 '마무리하는 글'에서 언급한 것처럼, 과거와 마찬가지로 오늘날도 "우리가 사는 경제사회의 두드러진 결점은 완전고용을 제공하지 못하는 것과 부와 소득이 제멋대로 불공평하게 분배되는 것이다".[70]

국가 경제활동의 모든 분야 중에서 통화정책은 정부가 자율성을 가장 많이 잃은 분야다. 그러나 그 외에 출입국 심사, 국제무역, 경제 운용, 산업 정책, 이민, 직장 내 평등, 외교정책, 조세 등 유럽 민족국가들의 다른 전통적 '핵심' 기능도 부분적으로는 '유럽화'되었다. 복지는 각국 정부의 손에 대부분 그대로 남았다.[71] 사회주의자들이나 그 계승자들은 사회정의를 위해 자본주의를 규제할 때 생산과 재생산, 문화, 통신, 성별 관계, 삶의 질 등도 과거보다 많이 살펴야 할 것이다. 이중 많은 부분은 여전히 국가 차원의 정치가 미치는 범위에 있다. 의미 있는 국내 개혁은 주로 공공 부문, 특히 교육(보육 포함)과 의료 서비스의 (재원 마련보다) 조직화 같은 쟁점을 다룰 것이다. 이는 상호 의존적 세계의 지배를 가장 덜 받는 부문이며, 교육과 의료 서비스의 조직화는 (비용과 달리) 적어도 단기적으로는 자본주의 기업의 경쟁력에 영향을 미치지 않는다. 물론 장기적으로 교육은 경제성장에 결정적인 요소다.

이 책의 많은 부분은 상호 의존성이 사회주의 정치에 미치는 영향을 조명해보는 일과 관련된다. 세계의 어느 한 지역에서 일어나는 일이 다른 곳에서 일어나는 일에 영향을 준다는 것이 새로운 현상은 아니다. 이탈리아 공산당 지도자 팔미로 톨리아티처럼 통찰력 있는 일부 좌파 지성인은 1950년대 말, 상호 의존 때문에 사회주의 정치에 변화가 필요할 것이라고 지적했다.[72] 그러나 특히 1980년대 이후 달라진 것은, 상호 의존성이 국가 정치의 전통적 개념과 모든 정당과 이념을 위기에 내몰 정도로 강도가 높아졌다는 점이다. 사회주의자들은 정치가 경제를 지배할 수 있다는 근본적 신념 때문에 보수주의자들보다 많은 영향을 받았다. 글로벌 경제에서 국가 정치가 살아남기 위해서는 큰 야심을 품을 수 없다. 그렇다고 좌파와 우파 경제정책의 주요 차이점이 완전히 사라지지는 않을 테지만 말이다.[73]

상호 의존성은 어디에서 찾아볼 수 있을까? 첫째, 세계 생산량의 성장을 두 배 이상 앞지르는 국제무역의 극적인 성장이다.[74] 둘째, 무역을 위해 필요한 규모보다 열 배 이상 성장한 국제금융시장의 발달이다. 본질적으로 매인 데 없는 자금이 거래되는 투기시장이라고 할 수 있는 국제금융시장은 미래의 가격 변동을 둘러싼 광범위한 불확실성에 반응한다.[75] 이런 불확실성은 규제되지 않는 시장의 이면적 속성이다. 운용자들은 시장의 불확실성으로 사소한 변동에 단기적으로 반응할 수밖에 없다. 이런 상황은 대부분 국가적 결정이나 국가적 결정의 부족 때문에 초래되었다.[76] 예를 들면 영국 정부는 1979년 10월에 외환 관리법을 폐지해서 돌이킬 수 없는 상황을 만들었다. 외환 관리는 통화에 최악의 상황이 벌어지지 않고는 부활할 수 없는 것이 되었다.[77]

자본주의는 튼튼한 밧줄을 끊어내 민족국가에서 자신을 분리함으로써 가장 중요한 규제의 틀을 잃었다. 세계적 규제 장치—지난 50년 가까이 팍스아메리카나Pax Americana가 이 역할을 했다—가 없는 상황에서 체제는 무질서한 상태가 되어 붕괴될까? 낙관할 수 있는 징조는 없다. 부채 부담이 있는 한 제3세계 국가들이 번영을 바랄 수는 없을 것이다. 무역 흑자를 낸다 해도 채무를 상환하면 순식간에 사라진다. UN '개발 10년' 동안 가난한 제3세계 국가들은 2360억 달러가 넘는 금액을 선진국으로 보냈다. 일종의 '거꾸로 된 개발원조'인 셈이다.[78]

'세계화'된 것이 자본주의만은 아니다. (사회주의자를 포함한) 국내 정치인들 역시 세계화의 국제적 영향에 맞닥뜨려야 했다. 환경문제는 이제 국제적 문제가 되었고, 자동차 배기가스와 산성비, 강과 바다의 오염, 원유 유출, 원자력, 지구온난화 등 거의 모든 환경문제가 경제 발전과 연관되었다. 단기간 내에 다른 나라들에 영향을 주지 않을 독립적인 '국내' 문제를 그려보는 것은 불가능한 일이 되었다. 매스 커뮤니케이션 시대에 모든 것은 이동한다. 바람직한 성 행동뿐만 아니라 이슬람원리주의도 이동하고, 대중음악은 물론 CNN 뉴스도 퍼져 나간다. 제3세계 문제도 그들만의 문제가 아니다. 약물중독과 테러는 19세기 이후 줄곧 여러 나라에서 문제가 되었지만, 1970년대 이후에는 국제적 공조가 필요한 주요 공공 정책 문제가 되었다.

이런 상황에 반응해 국가 간 문제 해결과 국제적 협력 증대를 목표로 하는 국제기구가 증가했다. 사실상 무역 블록인 이 국제기구들은 모두 민족국가에 기반을 둔다. 1995년 1월 1일 스위스와 노르웨이, 아이슬란드를 제외한 서유럽 국가들이 EU 회원국이 되었고, 그 결과 세계에서 가장 큰 단일 시장이 형성되었다. 미국과 캐나다, 멕시코는 그보다 일찍 북대서양 자유무역지역NAFTA을 창설했다. 아프리카통일기구OAU 국가들은 아프리카경제공동체AEC를 결성했다(1991년). 알제리, 리비아, 모로코, 모리타니, 튀니지는 아랍 마그레브 연합UMA을 결성했고(1989년), 볼리비아와 베네수엘라, 에콰도르, 페루, 콜롬비아는 1996년까지 모든 관세를 폐지하는 것을 목표로 1991년 12월에 안데스 조약Pacto Andino을 재가동했다. 한편 브라질과 아르헨티나, 우루과이, 파라과이는 메르코수르(MERCOSUR, 남미공동시장)를 출범했고, 에스토니아와 라트비아, 리투아니아는 독립한 직후 발트 공동시장을 창설했다. 태국, 싱가포르, 필리핀, 말레이시아, 인도네시아, 브루나이로 구성된 아세안(ASEAN, 동남아시아국가연합)도 활동을 재개했다.[79] 국제적 수준에서는 GATT 협상이 완결되었고, 이는 WTO(세계무역기구)의 출범으로 이어졌다.

이 모든 기구들은 '주권'을 가진 민족국가의 연합이다. 따라서 국가권력 약화에 대응하는 길은 국가를 대변하는 최고 협상가로서 정부의 위치를 확고히 하는 것이 되었다. 국내 정치는 갈수록 누가 '자국의 이익'을 가장 잘 지킬 수 있는가를 두고 벌이는 정당들의 경쟁이 될 것이다. 자본주의의 새로운 세계 무대는 보수주의자들보다 사회주의자들을 제약할 것이다. 보수주의자들은 국제적 활동 무대에서 자신의 민족국가 대표로 더 나은 조건을 협상하기 위해 민족주의적 신뢰성을 이용할 것이다. 동시에 그들은 현대자본주의의 국제적 요구라는 미명 아래 내부의, 즉 국가의 규제를 포기하는 것을 받아들일 것이다. 마르크스주의자들은 보수주의자들이 한때 사회주의의 핵심 조건이던 국제주의와 '국가의 소멸'을 받아들이는 것을 보며 쓴웃음 지을 것이다.

제약받지 않는 세계 자본주의와 민족주의를 결합시킬 수 있는 정치 담론은 보수주의자들에게 엄청난 정치적 이점을 제공할 것이다. 자본은 (그리고 자본에 수반되는 문제는) 한층 국제화된 반면, 정치는 한층 '국내화'되었다. 옛 공산주의 진영에서 점점 힘이 커지던 민족주의는 서유럽에서도 새 생명을 얻고 다시 살아났다. 1994년 유럽 통합을 열렬히 지지한 프랑스 사회당은 유럽에 냉담한 반응을 보인 우파에게 참패했다. 영국 보수당은 '영국의 이익을 지키기 위해'(즉 다른 나라에서 인정되는 노동자의 권리를 직원들에게 주지 않아야 유럽에서 경쟁력 있는 비효율적인 영국 기업들의 이익을 지키기 위해) EU의 노동시장 규제를 거부하기로 했다. 이탈리아에서는 1994년 새로운 세력이 부상해서 좌파를 누르고 오랫동안 노려온 승리를 낚아챘다. 의미심장하게도 당의 이름은 전진 이탈리아당이었다. 축구 경기장에서 민족주의자들이 외치는 바로 그 함성이다. 전진 이탈리아당의 주요 세력은 완전히 합법화된 무솔리니 계승 세력인 국민연합이었다.

다른 곳에서는 민족주의와 유럽 통합을 지향하는 추세가 공존한다. 그리스에서는 마케도니아가 그리스 마케도니아 주와 같은 이름을 국명으로 사용하는 것을 막기 위해 사회당이 애국심을 북돋우지만, 그리스의 경제 회복은 GDP의 5퍼센트에 달하는 EU 기금에 전적으로 의존하는 상황이다.[80] 1994년 국민투표에서 유일하게 EU 가입안이 부결된 노르웨이처럼 작은 나라에서도 국가 주권이라는 상상의 산물을 지키고자 하는 가슴 아픈 노력이 있다. 그러나 노르웨이의 현실은 서유럽 거의 전체를 포함하는 정치와 경제 공동체 바깥에 머물며 다른 곳에서 확립된 규칙에 따를 수밖에 없고, 그 규칙에 아무런 발언권도 없다는 것이다.[81]

국가의 행정부는 국회를 희생해서 자신들의 힘을 강화한다. 국회에게 남은 기능이라곤 정부에 민주적 정당성을 제공하는 것뿐이다. 쟁점의 중요성은 줄어들 것이다. 결과를 장담할 수 없는(선거공약에서도 결과를 약속할 수 없는) 절충이 계속되는 풍토에서, 유권자와 정치인의 절대적인 신뢰라는 개념이 어느 때보다 중요해질 것이기 때문이다. 유권자들은 정치인이 무엇을 약속하는지 혹은 무엇을 옹호하는지에 근거해서가 아니라, '신뢰'할 만하다는 믿음으로 결정권을 위임한다.[82] 정책이 명확하지 않고 누가 무엇을 할지 알지 못한다면, (TV를 통해 부각된) 정치인의 인격이라는 문제가 대단히 큰 의미가 있을 것이다. 이론상으로는 이런 상황이 좌파나 우파 중 어느 한쪽에 선험적으로 유리하다고 볼 수 없다. 문제는 그로 인해 재생산되는 정치 개념 속에서 유권자들이 통치자를 선택한 뒤에는 멀찌감치 떨어져서 진행되는 게임을 구경하는 방관자로 남는다는 것이다. 그럼에도 특정 쟁점에 관한 운동은 점점 자주 일어나지만 말이다. 이런 조건에서 유권자들이 유일하게 중요한 권력인 구매력을 갖기를 바라는 마음에 세금을 줄여주는 정부를 뽑는 것이 당연한 일이 아니겠는가? 복잡한 국제 무대의 단순한 행위자가 된 힘없는 민족국가들은 외모나 개인적인 도덕성, TV에 출연해서 질의에 답변을 잘하는 능력 때문에 뽑힌 수명이 짧은 인물들의 지배를 받으며, 이런 국가들이 사회주의자들에게 미래를 만들 최고의 틀을 제공할 가능성은 없다.

사회주의 활동가들은 그들이 지켜온 가치를 쇄신의 소용돌이에 내던지고, 진정한 혁신자는 새로운 지형에 맞게 전략을 바꾸고 조정하는 이들이지 자신의 나침반(즉 정치에 방향성을 부여하는 가치)을 잃어버린 이들이 아니라는 마키아벨리의 교훈을 잊고 싶은 유혹에 시달릴 것이며, 많은 이들이 그 유혹에 굴복했다. '이데올로기의 종언'이라는 이데올로기는 사회주의자들의 것이 아니다. 이제 좌파와 우파를 구분하는 일이 의미 없다고 주장하는 이들은 1930년 알랭(Alain, 본명 에밀 샤르티에Émile Chartier)이 말한 유명한 문장을 기억해야 할 것이다. "좌파와 우파의 구분이 여전히 의미가 있냐는 질문을 받으면 가장 먼저 드는 생각은, 그 질문을 하는 사람은 좌파가 아닐 거라는 점이다."[83]

모든 정당(특히 좌파 정당)이 느끼는, 국가라는 외피에 계속 싸여 있어야 한다는 압력은 거부하기 힘들다. 그들이 이 압력에 어떻게 대응할지, 21세기를 거치면서 국가 정치가 어떤 식으로 전개될지 예측하는 것은 불가능하다. 자본주의가 국제화된 상황에서 좌파가 여전히 국가의 틀을 벗어나지 못하는 것은 몸체를 잃은 그림자가 되는 것이나 다름없을 것이다. 그렇지만 정당들은 자신을 태어나게 한 조건이 사라진 뒤에도 존재할 수 있다.

지금까지 되짚어본 이야기는 서유럽 사회주의의 운명과 미래는 유럽의 자본주의와 분리될 수 없다는 것을 보여준다. 서유럽 사회주의와 사회민주주 전통의 위기는 공산주의의 위기처럼 상대의 우수한 정치·조직적 힘에 의해 좌절된 이데올로기의 위기가 아니다. 그것은 예사롭지 않은 속도로 지구를 변모시키는 세기말적 혼란의 필요 불가결한 요소다.

사회주의 정당은 살아남아도 사회주의적 구상은 사라질지 모른다. 나는 사회주의 사상이 이번 세기말과 다음 세기 시작의 엄청난 혼돈을 이겨낼지 알지 못한다. 사회주의 활동을 지지하고, 사회주의의 희망과 가치에 공감하며, 조직된 사회주의 정당의 끝없는 얼버무림과 끝나지 않는 타협, 헛된 망설임에 애태운 이들은 이러니저러니 해도 그 정당들이 남아 있는 유일한 좌파임을 기억해야 할 것이다.

주석

16장 | 세계적 위기와 좌파에 대한 개괄적 고찰

1. Marx, *Capital*, Vol. 1, p. 763.
2. Ibid., *Capital*, Vol. 3, p. 249.
3. Jean Fourastié, *Les trentes glorieuses ou la révolution invisible de 1945 à 1975*, Fayard, Paris, 1979.
4. Robert Z. Lawrence and Charles L. Schultze (eds), *Barriers to European Growth. A Transatlantic View*, Brookings Institution, Washington DC, 1987, p. 1.
5. Gottfried Bombach, *Post-war Economic Growth Revisited*, Elsevier Science, Amsterdam, 1985, p. 105.
6. Angus Maddison, *Dynamic Forces in Capitalist Development. A Long-Run Comparative View*, Oxford University Press, Oxford, 1991, p. 131.
7. Herbert Giersch, Karl-Heinz Paqué and Holger Schmieding, *The Fading Miracle. Four Decades of Market Economy in Germany*, Cambridge University Press, Cambridge, 1992, p. 218; Scharpf, *Crisis and Choice in European Social Democracy*, p. 50; Edmond Malinvaud, 'The Rise of Unemployment in France' *Economica*, Vol. 53, 1986, Supplement to no. 210, *Unemployment*, p. S198.
8. Maddison, op. cit., p. 155.
9. Stephen A. Marglin, 'Lessons of the Golden Age: An Overview', in Marglin and Schor (eds), *The Golden Age of Capitalism*, p. 19 and the essay by A. Glyn, A. Hughes, A. Lipietz and A. Singh, 'The Rise and Fall of the Golden Age', in ibid., p. 73. See also Edmond Malinvaud, 'Wages and the Unemployed', *Economic Journal*, Vol. 92, no. 365, March 1982, p. 1, and Michael Bruno and Jeffrey D. Sachs, *Economics of Worldwide Stagflation*, Basil Blackwell, Oxford, 1985, p. 167.
10. 이런 비난 내용은 다음에서 찾아볼 수 있다. Lawrence and Schultze (eds), op. cit., p. 7.
11. Norman Mackenzie (ed.), *Conviction*, MacGibbon and Kee, London, 1959, p. 15.
12. Thomas Balogh, *The Irrelevance of Conventional Economics*, Weidenfeld and

Nicolson, London, 1982, p. 47.
13   Maddison, op. cit., p. 187.
14   Esping-Andersen, *The Three Worlds of Welfare Capitalism*, p. 182.
15   Jim Tomlinson, *Monetarism: Is There an Alternative?*, Basil Blackwell, Oxford, 1986, p. 97.
16   Denis Healey, *The Time of My Life*, Michael Joseph, London, 1989, p. 401.
17   Kevin Done, 'Windfall wilts away', Survey on Norway, *Financial Times*, 23 June 1986, p. i.
18   이런 관계에 대한 Milton Friedman의 유력한 재정의를 보려면 'The Role of Monetary Policy', *American Economic Review*, Vol. 58, 1968, pp. 1~17을 참조할 것.
19   실업률과 인플레이션의 관계에 대한 A. W. Phillips의 대표적 지론(필립스곡선)은 'The Relation between Unemployment and the Rate of Change of Money Wage Rates in the United Kingdom, 1861~1957', *Economica*, Vol. 25, 1958, pp. 283~299를 참조할 것.
20   Paul R. Krugman, 'Slow Growth in Europe: Conceptual Issues', in Lawrence and Schultze (eds), op. cit., p. 58.
21   See the evidence in Robert J. Flanagan, 'Labor Market Behavior and European Economic Growth', in Lawrence and Schultze (eds), op. cit., p. 177.
22   Patrick Minford, *Unemployment: Cause and Cure*, Basil Blackwell, Oxford, 1985, p. 34.
23   Robert M. Solow, 'Unemployment: Getting the Questions Right', in *Economica*, Vol. 53, 1986, Supplement to no. 210, *Unemployment*, p. S33.
24   Paul R. Krugman, *The Age of Diminished Expectations*, rev. edn, MIT Press, Cambridge MA, 1994, p. 34.
25   Charles L. Schultze, 'Real Wages, Real Wage Aspirations, and Unemployment in Europe' in Lawrence and Schultze (eds), op. cit., pp. 230~289, Jacques R. Artus, pp. 292~295, Charles R. Bean, pp. 295~299를 참조할 것. 또 수요 원인과 임금이 분리될 수 없다고 주장(p. S19)한 C. R. Bean, R. Layard and S. J. Nickell, 'The Rise in Unemployment: A Multi-country Study', *Economica*, Vol. 53, 1986, Supplement to no. 210, *Unemployment*, pp. S1~S22를 참조할 것. 하지만 같은 호 *Economica*에서 R. Layard와 S. J. Nickell은 1979년 이후 영국의 실업률은 대부분 수요 하락 때문에 야기되었다고 주장한다. 'Unemployment in Britain', p. S146을 참조할 것.
26   Rudiger Dornbusch, Giorgio Basevi, Olivier Blanchard, Willem Buiter and Richard Layard, 'Macroeconomic Prospects and Policies for the European Community', in Olivier Blanchard, Rudiger Dornbusch and Richard Layard

(eds), *Restoring Europe's Prosperity: Macroeconomic Papers from the Centre for European Policy Studies*, MIT Press, Cambridge MA and London, 1986, pp. 13~14.

27 Bernard Donoughue, *Prime Minister. The Conduct of Policy under Harold Wilson and James Callaghan*, Jonathan Cape, London, 1987, p. 146.

28 Maddison, op. cit., p. 110.

29 See Göran Therborn, 'Does Corporatism Really Matter? The Economic Crisis and Issues of Political Theory', *Journal of Public Policy*, Vol. 7, Part 3, July-September 1987, pp. 259~284.

30 See Minford, op. cit.; Herbert Giersch, *Liberalisation for Faster Economic Growth*, Occasional Paper no. 74, Institute of Economic Affairs, London, 1986, pp. 14~15.

31 Andrea Boltho, 'Western Europe's Economic Stagnation', in *New Left Review*, no. 201, September-October 1993, pp. 65~66.

32 Minford, op. cit., pp. 6~7.

33 Ibid., p. 128.

34 OECD, *Historical Statistics 1960~1989*, Paris, 1991.

35 Göran Therborn, *Why Some People Are More Unemployed than Others*, Verso, London, 1986, pp. 64~65.

36 Richard Layard, Giorgio Basevi, Olivier Blanchard, Willem Buiter and Rudiger Dornbusch, 'Europe: The Case for Unsustainable Growth', in Blanchard, Dornbusch and Layard (eds), op. cit., pp. 48~49.

37 See, for instance, Glyn et al., op. cit., p. 82.

38 Assar Lindbeck and Dennis J. Snower, 'Wage Setting, Unemployment and Insider-Outsider Relations' *American Economic Review*, Vol. 76, no. 2, May 1986, pp. 235~236.

39 Krugman, op. cit., p. 64.

40 See the contribution by R. Layard and S. J. Nickell, 'Performance of the British Labour Market', in Blanchard, Dornbusch and Layard (eds), and Lindbeck and Snower, op. cit., pp. 235~239.

41 Giersch, Paqué and Schmieding, op. cit., p. 200.

42 Robert Gilpin, *The Political Economy of International Relations*, Princeton University Press, Princeton NJ, 1987, pp. 135~141. See also Strange, *Casino Capitalism*, pp. 6~8.

43 이런 관점은 OECD McCracken Report에 가장 충실하게 나타난다. Paul McCracken et al., *Towards Full Employment and Price Stability: A Report to the OECD by a Group of Independent Experts*, OECD, Paris, 1977.

44 Bruno and Sachs, op. cit., p. 7.
45 Scharpf, op. cit., p. 41; see also the introduction in Marglin and Schor (eds), op. cit.
46 Giersch Paqué and Schmieding, op. cit., pp. 189~190.
47 Bruno and Sachs, op. cit., p. 122.
48 Solow, op. cit., p. S23.
49 Therborn, *Why Some People…*, p. 92 and Scharpf, op. cit.
50 Peter J. Katzenstein, *Small States in World Markets. Industrial Policy in Europe*. Cornell University Press, Ithaca NY and London, 1985, p. 207.
51 Data (April 1994), reported in *The European*, 6~12 May 1994, p. 19. Source: Datastream.
52 Perry Anderson, Introduction to Perry Anderson and Patrick Camiller (eds), *Mapping the West European Left*, Verso, London, 1994 and Herbert Kitschelt, *The Transformation of European Social Democracy*, Cambridge University Press, Cambridge, 1994, p. 1.

17장 | 군소 국가의 사회민주주의 : 오스트리아, 스웨덴, 네덜란드, 벨기에

1 Bob Rowthorn and Andrew Glyn, 'The Diversity of Unemployment Experience since 1973', in Marglin and Schor (eds), *The Golden Age of Capitalism*, p. 245.
2 Antonio Missiroli, 'Tra Waldheim e la Cee: Democrazia consociativa e crisi economica in Austria', in *Annali Sinistra Europea 1988~1989*, Franco Angeli, Milan, 1989, p. 307.
3 Richard S. Katz and Peter Mair (eds), *Party Organizations. A Data Handbook on Party Organizations in Western Democracies 1960~1990*, Sage, London, 1992, p. 41.
4 Sully, *Continuity and Change in Austrian Socialism*, p. 209.
5 See Kurt Richard Luther, 'Consociationalism, Parties and the Party System' *West European Politics*, Vol. 15, no. 1, January 1992, p. 54. Of course, the ÖVP was equipped with a similar range of associations.
6 Sully, 'Austrian Social Democracy', in Paterson and Thomas (eds), *The Future of Social Democracy*, 1986, p. 165.
7 Missiroli, op. cit., p. 305.
8 Katzenstein, *Small States in World Markets*, p. 77. 1980년대 선진국 대다수 은행 체계상 불량 채권을 묻어두는 현상이 흔하게 나타났다.
9 Paulette Kurzer, 'The Internationalization of Business and Domestic Class Compromises: A Four Country Study', *West European Politics*, Vol. 14, no, 4,

October 1991, p. 11.
10   Scharpf, op. cit., p. 57.
11   Raimund Loew, 'The Politics of the Austrian "Miracle"', *New Left Review*, no. 123, September-October 1980, p. 75.
12   Scharpf, op. cit., pp. 56~58.
13   Sully, 'Austrian Social Democracy', p. 166.
14   Jelavich, *Modern Austria*, p. 305.
15   Sully, *Continuity and Change*, p. 208.
16   Ibid., p. 219.
17   Sully, 'Austrian Social Democracy', p. 157.
18   Wolfgang C. Müller, 'The Catch-all Party Thesis and the Austrian Social Democrats', *German Politics*, Vol. 1, no. 2, August 1992, p. 186.
19   Sully, *Continuity and Change*, p. 225.
20   Kreisky를 평한 비평가 중 한 명인 Raimund Loew가 Kreisky에게 마지못해 전한 찬사는 op. cit., p. 76을 참조할 것.
21   Felix Kreissler, 'Le parti socialiste Autrichien entre le nouveau programme (Mai 1978) et les nouvelles elections générales (Mai 1979)' in *Austriaca*, Vol. 8, 1979, pp. 36~37.
22   Sully, *Continuity and Change*, p. 201.
23   Cited in Felix Kreissler, 'Un bilan de cinq annees de gouvernement socialiste. Reformes et "Sozialpartnerschaft" (1970~1975)' in *Austriaca*, no. 1, 1975, p. 39. See also Sully, *Continuity and Change*, p. 204.
24   Sully, *Continuity and Change*, p. 232
25   Kreissler, 'Un bilan …', p. 50.
26   Jelavich, op. cit., pp. 305~307.
27   Scharpf, op. cit., p. 58.
28   Kreissler, 'Un bilan …', pp. 34~35.
29   Sully, *Continuity and Change*, pp. 206, 228.
30   See the praise for the Austrian model in Giles Radice and Lisanne Radice, *Socialists in the Recession. The Search for Solidarity*, Macmillan, London, 1986, p. 97. Even Ian Birchall, author of a Trotskyist critique of social democracy, grudgingly accepts that 'there were real reforms' in Austria; see his *Bailing Out the System. Reformist Socialism in Western Europe 1944~1985*, Bookmarks, London, 1986, p. 200.
31   Wolfgang C. Müller, 'Economic Success without an Industrial Strategy: Austria in the 1970s', *Journal of Public Policy*, Vol. 3, no. 1, February 1983, p. 123.
32   Katzenstein, op. cit., pp. 76~77.

33 Scharpf, op. cit., p. 67.
34 Fritz Plasser, Peter A. Ulram and Alfred Grausgruber, 'The Decline of "*Lager* mentality" and the New Model of Electoral Competition in Austria', *West European Politics*, Vol. 15, no. 1. January 1992, p. 29.
35 Volkmar Lauber 'Changing Priorities in Austrian Economic Policy', *West European Politics*, Vol. 15, no. 1, January 1992, p. 156.
36 Ibid., pp. 157~158.
37 Wolfgang C. Müller, 'Privatising in a Corporatist Economy: The Politics of Privatisation in Austria', *West European Politics*, Vol. 11, no. 4, October 1988, pp. 105, 109.
38 Lauber, op. cit., p. 159.
39 Peter Gerlich, 'Deregulation in Austria', in *European Journal of Political Research*, Vol. 17, no. 2, 1989, pp. 209~222.
40 Lauber, op. cit., p, 166.
41 Judy Dempsey, 'Austria's working class trade unionism coming to an end', *Financial Times*, 7 October 1987.
42 Patrick Blum, 'An attractive deal is needed', Survey on Austria, *Financial Times*, 10 November 1993, p. iii.
43 R. Kent Weaver, 'Political Foundations of Swedish Economic Policy', in Barry Bosworth and Alice M. Rivlin (eds), *The Swedish Economy*, Brookings Institution, Washington DC, 1987, pp. 303~304.
44 Olsson, 'Swedish Communism Poised Between Old Reds and New Greens', p. 369.
45 OECD, *Economic Outlook, Historical Statistics 1960~1989*, p. 40.
46 Kurzer, op. cit., p. 12.
47 Erik Lundberg, 'The Rise and Fall of the Swedish Model', *Journal of Economic Literature*, Vol. 23, March 1985, p. 3.
48 Porter, *The Competitive Advantages of Nations*, p. 343.
49 Gøsta Esping-Andersen, 'The Making of a Social Democratic Welfare State', in Klaus Misgeld, Karl Molin and Klas Åmark (eds), *Creating Social Democracy. A Century of the Social Democratic Labor Party in Sweden*, Pennsylvania State University Press, University Park PA, 1992, p. 50.
50 Ibid., p. 54.
51 Korpi, *The Democratic Class Struggle*, pp. 210, 225.
52 Tilton, *The Political Theory of Swedish Social Democracy*, pp. 223~226.
53 Esping-Andersen, op. cit., p. 59.
54 Lundberg, op. cit., p. 21.

55 See Scharpf's lucid description of these developments in op. cit., pp. 94~97.
56 Scharpf, op. cit., pp. 97~98 and Lundberg, op. cit., p. 25.
57 Roger Henning, 'Industrial Policy or Employment Policy? Sweden's Response to Unemployment', in Richardson and Henning (eds), *Unemployment: Policy Responses of Western Democracies*, p. 197.
58 Scharpf, op. cit., pp. 99~100.
59 Kjell Lundmark, 'Welfare State and Employment Policy: Sweden', in Kenneth Dyson and Stephen Wilks (eds), *Industrial Crisis*, Blackwell, Oxford, 1983, p. 232.
60 David Arter, 'A Tale of Two Carlssons: The Swedish General Elections of 1988', *Parliamentary Affairs*, Vol. 42, no. 1, January 1989, p. 94.
61 Hans Bergström, 'Sweden's Politics and Party System at the Crossroads', *West European Politics*, Vol. 14, no. 3, July 1991, pp. 11~12.
62 See Ingemar Elander and Stij Montin, 'Decentralization and Control: Central-Local Government Relations in Sweden', *Policy and Politics*, Vol. 18, no. 3, July 1990 and Buci-Glucksmann and Therborn, *Le défi social-democrate*, pp. 232~233.
63 Arne Ruth, 'The Second New Nation: The Mythology of Modern Sweden', *Daedalus*, Spring 1984, p. 90.
64 Lundberg, op. cit., p. 24.
65 Rowthorn and Glyn, op. cit., p. 252.
66 Lundberg, op. cit., p. 21.
67 See the *Programme of the Swedish Social Democratic Party adopted by the 1975 Party Conference*, Socialdemokraterna, Stockholm, 1975, p. 17; English-language version.
68 Lundberg, op. cit., p. 25.
69 Kristina Ahlén, 'Swedish Collective Bargaining Under Pressure: Inter-union Rivalry and Incomes Policies', *British Journal of Industrial Relations*, Vol. 27, no. 3, November 1989, P. 337.
70 Ahlén, op. cit., p. 334.
71 Robert Taylor, 'Swedes' pay deal breaks old mould', *Financial Times*, 30 April 1988.
72 Ahlén, op. cit., pp. 340~341.
73 Gary Burtless, 'Taxes, Transfers and Swedish Labor Supply', in Bosworth and Rivlin (eds), op. cit., p. 189. 엄밀히 말하면 스웨덴의 비상근(시간제) 노동자들과 다른 국가의 비상근 노동자들을 비교할 수 없다. 스웨덴에서 비상근 노동자는 주당 30시간 미만으로 일하는 모든 사람들을 포함하기 때문이다. 다른

국가에서는 기준점이 보통 20시간이다.

74 William J. Baumol, 'Macroeconomics of Unbalanced Growth: The Anatomy of Urban Crisis', *American Economic Review* Vol. 57, no. 3, June 1967, pp. 419~420.

75 Robert Bacon and Walter Eltis, *Britain's Economic Problem: Too Few. Producers*, London, Macmillan, 1978. 이는 공공 지출 삭감을 정당화한 영국과 주로 관련된 내용이다. *Economic Journal*, Vol. 89, June 1979: George Hadjimatheou and A. Skouras, 'Britain's Economic Problem: The Growth of the Non-Market Sector?', pp. 392~401 and Bacon and Eltis's reply, pp. 402~415.

76 Barry Bosworth and Robert Z. Lawrence, 'Economic Goals and the Policy Mix', in Bosworth and Rivlin (eds), op. cit., p. 105.

77 Lundberg, op. cit., p. 27.

78 이 수치는 훈련 계획 관련 노동인구의 5퍼센트에 실직자 8.5퍼센트를 더해서 나온 것이다. *Financial Times*, Survey on Sweden, 21 December 1993, p. ii.

79 Peter Garpenby, 'The Transformation of the Swedish Health Care System, or The Hasty Rejection of the Rational Planning Model', *Journal of European Social Policy*, Vol. 2, no.1, 1992, pp. 17~31.

80 Jane Jenson and Rianne Mahon, 'Representing Solidarity: Class, Gender and the Crisis in Social-Democratic Sweden', *New Left Review*, no. 201, September-October 1993, p. 92.

81 See the interview with the SAP leader Ingvar Carlsson, Survey on Sweden, *Financial Times*, 21 December 1993, p. v.

82 Hugh Carnegy, 'Reluctant to walk the gangplank', *Financial Times*, 4 November 1993, p. 19, and 'Sweden shows effects of painful cure', *Financial Times*, 8 November 1993, p. 3.

83 Rudolf Meidner, 'Why Did the Swedish Model Fail?', in Ralph Miliband and Leo Panitch (eds), *Real Problems, False Solutions, Socialist Register, 1993*, London, Merlin Press, London, 1993, pp. 225~226.

84 Dietmar Braun, 'Political Immobilism and Labour Market Performance: The Dutch Road to Mass Unemployment', *Journal of Public Policy* Vol. 7, no. 3, July-September 1987, p. 319.

85 Göran Therborn, '"Pillarization" and "Popular Movements". Two Variants of Welfare State Capitalism: The Netherlands and Sweden', in Francis G. Castles (ed.) *The Comparative History of Public Policy*, Polity Press, Oxford, 1989, p. 210.

86 G. A. Irwin, 'Patterns of Voting Behaviour in the Netherlands', in Richard T. Griffiths (ed.), *The Economics and Politics of the Netherlands since 1945*,

Martinus Nijhoff, The Hague 1980, pp. 209~210.
87 Gladdish, *Governing from the Centre*, p. 47.
88 Ibid., p. 29, which cites as its source the OECD.
89 Braun, op. cit., p. 325.
90 Therborn, op. cit., p. 234.
91 Rudy B. Andeweg, 'Less Than Nothing? Hidden Privatisation of the Pseudo-Private Sector: The Dutch Case', *West European Politics*, Vol. 11, no. 4, October 1988, p. 122.
92 See table in *Financial Times*, 21 July 1993, p. 3; the ranking is for non-financial transnational corporations. The ranking had not significantly changed in 1994. The fourth UNCTAD World Investment Report ranks Shell first, Philips eleventh and Unilever twentieth; see *Financial Times*, 31 August 1994, p. 4.
93 Kurzer, op. cit., pp. 13~15.
94 Gladdish, op. cit., pp. 151~152.
95 Wolinetz, 'Socio-economic Bargaining in the Netherlands', pp. 85~89.
96 Gladdish, op. cit., p. 151.
97 Ibid., p. 153.
98 Braun, op. cit., p. 312.
99 Laura Raun, 'Forecast of meagre expansion', Survey on the Netherlands, *Financial Times*, 16 October 1986, p. 2 and 'Many losers, but some winners', Survey on the Netherlands, *Financial Times*, 23 November 1987, p. 5.
100 Gladdish, op. cit., p. 155.
101 Charles Batchelor, 'Concern at decline in membership', Survey on the Netherlands, *Financial Times*, 16 October 1986, p. 5.
102 See the description of the social security cuts in Ilja Scholten, 'Corporatism and the Neo-Liberal Backlash in the Netherlands', in Ilja Scholten (ed.), *Political Stability and Neocorporatism*, Sage, London, 1987, pp. 144~147.
103 Wolinetz, op. cit., p. 92.
104 Braun, op. cit., p. 309.
105 Therborn, op. cit., p. 232.
106 Laura Raun, 'Facing tough decisions', Survey on the Netherlands, *Financial Times*, 23 November 1987, p. 1.
107 Laura Raun, 'OECD prescribes more bitter medicine for Dutch economy', *Financial Times*, 7 June 1989, p. 3.
108 See P. M. M. W. van de Ven, 'From Regulated Cartel to Regulated Competition in the Dutch Health Care System' *European Economic Review*, Vol. 34, 1990, pp. 632~645.

109 Alain Franco, 'Le nouveau gouvernement donne la priorité à l'emploi', *Le Monde*, 16 August 1994, p. 4.
110 Henri R. Sneessens and Jacques H. Drèze, 'A Discussion of Belgian Unemployment, Combining Traditional Concepts and Disequilibrium Econometrics', *Economica*, Vol. 53, 1986 Supplement to no. 210, *Unemployment*, p. S93.
111 Ibid., p. S97.
112 Ibid., p. S95.
113 Claude Demelenne, *Le Socialisme du possible. Guy Spitaels: Changer la gauche?*, Editions Labor, Brussels, 1985, p. 39.
114 Michel Mignolet, 'Les économies régionales', in Guy Quaden (ed.), *L'économie belge dans la crise*, Editions Labor, Brussels, 1987, p. 320. 벨기에는 플랑드르와 왈론의 상대적 성장률 통계자료가 정치적으로 뜨거운 논쟁 대상임을 알아둘 필요가 있다.
115 Demelenne, op. cit., p. 48.
116 Dick Leonard, 'Mr. Wallonia pulls the strings', *Financial Times*, 12 July 1993, p. 11.
117 Dick Leonard, 'Fashioning federalism', *Financial Times*, 12 July 1993, p. 10.
118 Paul Cheeseright, 'Cry for help in mining crisis', Survey on Belgium, *Financial Times*, 13 June 1986, p. 3.
119 Mabille, *Histoire politique de la Belgique*, p. 365; Georges Vandermissen, 'La crisi delle relazioni industriali in Belgio', in Paolo Perulli and Bruno Trentin (eds), *Il sindacato nella recessione*, De Donato, Bari 1983, p. 167; and Katzenstein, op. cit., p. 197.
120 Dick Leonard, 'Eye on coalition chances', Survey on Belgium, *Financial Times*, 19 June 1987, p. 4.
121 Herman Daems and Peter Van de Weyrer, *L'économie belge sous influence*. Academia/Fondation Roi Baudouin, Brussels, 1993, p. 39.
122 Michel Monitor, 'Social Conflicts in Belgium', in Crouch and Pizzorno (eds), *The Resurgence of Class Conflict in Western Europe since 1968*, Vol. 1: *National Studies*, p. 21.
123 Tim Dickson, 'Flexible times', Survey on Belgium, *Financial Times*, 16 June 1988, p. 3.
124 Tim Dickson, 'High cost of cultural divide', Survey on Belgium, *Financial Times*, 13 June 1986, p. 4.
125 Andrew Hill, 'Franc fears for Belgian social pact talks', *Financial Times*, 7 October 1993, P. 3.

126 Quaden (ed.), op. cit., p. 16.
127 David Gardner, 'Export fall fuels recession', *Financial Times*, 12 July 1993, p. 10.
128 Katzenstein, op. cit., p. 119.
129 Demelenne, op. cit., p. 79.

18장 | 독일과 영국 : 정권을 잡은 사회민주당과 노동당

1   William Carr, 'German Social Democracy since 1945', in Roger Fletcher (ed.), *Bernstein to Brandt. A Short History of German Social Democracy*, Edward Arnold, London, 1987, p. 199.
2   Cited in Jeremy Moon, 'The Responses of British Governments to Unemployment', in Richardson and Henning (eds), *Unemployment*, p. 24.
3   Martin Holmes, *Political Pressure and Economic Policy: British Government 1970~1974*, Butterworth, London, 1982, p. 46에서 인용했다. p. 47에서 Holmes는 감정적인 관심을 전혀 보이지 않는다.
4   Anderson, 'The Figures of Descent', p. 64.
5   Kathleen Burk and Alec Cairncross, *'Goodbye, Great Britain'. The 1976 IMF Crisis*, Yale University Press, New Haven and London, 1992, p. 145. 5장 'The Movement of Opinion' 전체. 이 책은 IMF 위기를 다룬 핵심적인 텍스트다.
6   James Callaghan, *Time and Chance*, Collins, London, 1987, p. 426.
7   Burk and Cairncross, op. cit., p. 160.
8   Donoughue, *Prime Minister*, p. 94.
9   Perter Jay의 저작 관련해서 Healey, *The Time of My Life*, p. 443, Donoughue, op. cit., p. 82와 Callaghan의 회고록 op. cit., p. 425를 참조할 것. 영국 대중은 정치인들의 회고록이라면 사족을 못 쓰는 게 분명하다. 영국에서는 정치인의 회고록에 대한 지칠 줄 모르는 욕구 때문에 유럽 다른 나라와 견줄 수 없을 정도로 출판물이 쏟아졌다. 전부 자기 잇속을 차리는 결과물이긴 해도 신중한 판단력을 바탕으로 상호 참조해보면 여러 가지 제약을 인지하고 있다는 인상을 받는다.
10 See Labour Party, *Labour's Programme, 1976*, May 1976.
11 Stuart Holland는 Keynes의 거시경제학적 주안점은 대기업 수준, 즉 '중간 경제meso-economic 영역'을 목표로 한 정책이 낄 틈을 남기지 않았다고 지적했다. *The Socialist Challenge*, Quartet Books, London, 1976, p. 28.
12 Donoughue, op. cit., pp. 82~84.
13 Healey, op. cit., p. 379.
14 Michael Artis and David Cobham (eds), *Labour's Economic Policies 1974~1979*, Manchester University Press, Manchester, 1991, p. 21.

15 Healey, op. cit., p. 394.
16 Ibid., pp. 394~395 and Edmund Dell, *A Hard Pounding. Politics and Economic Crisis 1974~1976*, Oxford University Press, Oxford, 1991, pp. 163~164.
17 Harold Wilson, *Final Term. The Labour Government 1974~1976*, Weidenfeld and Nicolson and Michael Joseph, London, 1979, p. 115.
18 Healey, op. cit., p. 426.
19 Christopher Allsopp, 'Macroeconomic Policy: Design and Performance', in Artis and Cobham (eds), op. cit., pp. 31~34.
20 Burk and Cairncross, op. cit., p. xiv.
21 Callaghan, op. cit., p. 436.
22 Healey, op. cit., pp. 380~381.
23 Ibid., p. 432.
24 Crosland, op. cit., pp. 289~290.
25 Crossman, *The Diaries of a Cabinet Minister*, Vol. 1, entry for 12 July 1966, p. 568.
26 Crosland, *Tony Crosland*, pp. 377~378; corroborated in Tony Benn, *Against the Tide. Diaries 1973~1976*, Hutchinson, London, 1989, p. 667.
27 Benn, op. cit., p. 674.
28 전략 B라고 암호화된 이 전략의 개요는 다음 출처에서 다시 쓰인다. Appendix IV of Benn, op. cit., pp. 725~727.
29 Ibid., p. 664.
30 Donoughue, op. cit., p. 90; Dell, op. cit., p. 226; Callaghan, op. cit., pp. 436~438.
31 S. Crosland, op. cit., p. 381.
32 Healey, op. cit., p. 431.
33 Ibid., p. 433.
34 Ibid., p. 434.
35 Burk and Cairncross, op. cit., pp. 37, 46.
36 Callaghan, op. cit., pp. 431~432; Healey, op. cit., p. 430.
37 Lieber, 'Labour in Power: Problems of Political Economy', pp. 197, 202.
38 Labour Party, *Labour Programme 1973*, London, 1973, pp. 22~25.
39 Paul Ormerod, 'Incomes Policy', in Artis and Cobham (eds), op. cit., p. 62.
40 노조에 호의적이지 않은 노동당 출신 장관 Edmund Dell(op. cit., p. 159)이 이런 인식을 보여주며 관련자 모두 이를 분명히 확인하게 해준다. *Union Man. An Autobiography*, Collins, London, 1986, pp. 296~302의 Jack Jones 회고 내용을 참조할 것.
41 See the TUC pamphlet *The Development of the Social Contract*, London, July 1975.

42 Bert Ramelson, *Social Contract: Cure-all or Con-trick?*, Communist Party pamphlet, London n.d. (1974), p. 21.
43 See TUC, *TUC Economic Review 1978*, London, 1978, pp. 40~41.
44 Healey, op. cit., p. 398.
45 Artis and Cobham (eds), op. cit., p. 15.
46 Healey, op. cit., p. 467.
47 William Brown, 'Industrial Relations', in Artis and Cobham (eds), op. cit., p. 215.
48 Joel Barnett, *Inside the Treasury*, André Deutsch, London, 1982, pp. 166~168.
49 Balogh, *The Irrelevance of Conventional Economics*, p. 47.
50 이 부분에 대한 내용과 새로운 과학기술의 전반적 주제, 노동에 대한 영향력에 관해서는 Ian Benson and John Lloyd, *New Technology and Industrial Change*, Kogan Page, London, 1983을 참조할 것. 특히 chapter 3 and 8.
51 Leaman, *The Political Economy of West Germany, 1945~1985*, p. 241.
52 Josef Esser and Wolfgang Fach, '"Social Market" and Modernization Policy: West Germany', in Dyson and Wilks (eds), *Industrial Crisis*, p. 103.
53 Graham Hallett, 'West Germany', in Graham with Seldon (eds), *Government and Economies in the Postwar Worlds*, pp. 80~81.
54 See the Clearing Banks' 1982 report, cited in Wyn Grant and Stephen Wilks, 'British Industrial Policy: Structural Change, Policy Inertia', *Journal of Public Policy*, Vol. 3, no. 1, February 1983, p. 19.
55 Esser and Fach, op. cit., p. 105.
56 Ibid., p. 109.
57 철강 산업 개편에 대한 문단 내용은 다음을 바탕으로 한다. Esser and Fach, op. cit., pp. 111~114, Kenneth Dyson, 'The Politics of Corporate Crises in West Germany', *West European Politics*, Vol. 7, no. 1, January 1984, pp. 34~36.
58 Porter, *The Competitive Advantages of Nations*, p. 378.
59 Minkin, *The Contentious Alliance*, p. 173.
60 예를 들어 나중에 재무부 장관과 무역부 장관을 지낸 Edmund Dell의 회고록을 보면, 그는 Stuart Holland가 장황한 정책서를 언제든 즉시 만들 수 있었다고 한다.
61 Labour Party, *The National Enterprise Board. Labour's State Holding Company, An Opposition Green Paper*, London, n.d. (1973), p. 14.
62 Ibid., p. 21.
63 이 부분을 인정한 사람은 Stuart Holland의 제안과 노동당 좌파의 제안을 비평한 S. A. Walkland다. Andrew Gamble, S. A. Walkland, *The British Party System and Economic Policy 1945~1983*, Clarendon Press, Oxford, 1984, pp.

133~140.
64 Labour Party, *Labour's Programme 1973*, p. 34.
65 Ibid., p. 17.
66 Ibid., p. 18.
67 F. W. S. Craig (ed.), *British General Election Manifestos 1900~1974*, p. 403.
68 Wilson, op. cit., p. 30.
69 Tom Forester, 'Neutralising the Industrial Strategy', in Ken Coates (ed.), *What Went Wrong*, Spokesman, Nottingham, 1979, p. 77 and Roy Jenkins, *A Life at the Centre*, Macmillan, London, 1991.
70 Wilson, op. cit., p. 125.
71 Ibid., p. 141.
72 Malcom Sawyer, 'Industrial Policy', in Artis and Cobham (eds), op. cit., p. 160.
73 Healey, op. cit., p. 407.
74 Sawyer, op. cit., p. 162; Forester, op. cit., p. 86.
75 Stephen Wilks, 'Liberal State and Party Competition: Britain', in Dyson and Wilks (eds), op. cit., p. 145.
76 The episode is examined in David Coates, *Labour in Power? A Study of the Labour Government 1974~1979*, Longman, 1980, pp. 102~106.
77 Dell, op. cit., p. 90.
78 Sawyer, op. cit., p. 166.
79 Donoughue는 위엄 있는 금융기관의 직원들에게 실업이라는 운명이 닥칠 일은 없을 것이라고 지적한다. Donoughue, op. cit., p. 83.
80 Healey, op. cit., p. 398.
81 Klaus Hinrich Hennings, 'West Germany', in Boltho (ed.), *The European Economy*, p. 496.
82 Leaman, op. cit., pp. 217~218.
83 Douglas Webber, 'Social Democracy and the Re-emergence of Mass Unemployment in Western Europe', in Paterson and Thomas (eds), *The Future of Social Democracy, 1986*, p. 53n.
84 Leaman, op. cit., p. 218.
85 See the analysis of a former president of the Bundesbank, Otmar Emminger, in 'West Germany: Europe's Driving Force?', in Ralf Dahrendorf (ed.), *Europe's Economy in Crisis*, Weidenfeld and Nicolson, London, 1981, p. 23.
86 Ibid., p. 24.
87 Leaman, op. cit., p. 226.
88 Emminger, op. cit., p. 31.
89 Helmut Schmidt, *The World Crisis: Between Recession and Hope*, Foundation

for International Relations, n.p. 1984, pp. 18~19; 이 부분은 1983년 11월 4일 리스본 강연 내용이다.
90 Hennings, 'West Germany', p. 497.
91 Douglas Webber and Gabriele Nass, 'Employment Policy in West Germany', in Richardson and Henning (eds), op. cit., pp. 166~167.
92 Ibid., pp. 169~179.
93 Günther Schmidt, 'Labour Market Policy under the Social-Liberal Coalition', in Klaus von Beyme and Manfred G. Schmidt (eds), *Policy and Politics in the Federal Republic of Germany*, Gower, Aldershot, 1985, p. 126.
94 Webber and Nass, op. cit., p. 183.
95 Giersch, Paqué and Schmieding, *The Fading Miracle*, p. 193.
96 David Marsh, 'Wunder turns to whimper', *Financial Times*, 4 November 1987, p. 26.
97 Hallett, op. cit., pp. 94~95.
98 Pimlott, *Harold Wilson*, p. 150.
99 이 연설 본문 출처는 다음과 같다. Helmut Schmidt, *Perspectives on Politics*, Westview Press, Boulder CO, 1982; 인용구는 p. 194에 있다.
100 Cited in Horst Heimann, 'Fine del movimento operaio?', in Antonio Missiroli (ed.), *Modernizzazione e sistema politico. Italia e Germania federale a confronto*, Supplement to *Democrazia e diritto*, no. 1~2, January-April 1989; the survey was published in no. 21 of *Vorwärts*, 21 May 1988.
101 Webber, 'Social Democracy and the Re-emergence of Mass Unemployment in Western Europe', pp. 23, 27.
102 Volker R. Berghahn and Detlev Karsten, *Industrial Relations in West Germany*, Berg, Oxford, 1987, p. 246.
103 Peter Bruce, 'West German unions set might against "demon Kohl"', *Financial Times*, 3 June 1986.
104 Ute Schmidt, 'La Cdu e le difficoltà della "svolta"', in Missiroli (ed.), op. cit., p. 131.
105 Ronaldo Schmidtz, finance director of BASF, the chemicals company, quoted in David Marsh, 'In the clutch of corporatism', *Financial Times*, 5 November 1987, p. 27.
106 Kenneth Dyson, 'The Problem of Morality and Power in the Politics of West Germany', *Government and Opposition*, Vol. 16, no. 2, Spring 1981, p. 131.
107 Manfred G. Schmidt, 'Learning from Catastrophes: West Germany's Public Policy', in Francis G. Castles (ed.), *The Comparative History of Public Policy*, Polity Press, Oxford, 1989, pp. 56~61. Schmidt는 1910년대에 독일의 사회복지

지출 할당량이 다른 OECD 국가들보다 높았다고 지적한다.
108 Marsh, op. cit., p. 26.
109 Padgett and Paterson, *A History of Social Democracy in Postwar Europe*, pp. 149~150.
110 Miller and Potthoff, *A History of German Social Democracy*, pp. 198~199.
111 Ardagh, *Germany and the Germans*, pp. 406~407.
112 Sebastian Cobler, *Law, Order and Politics in West Germany*, trans. Francis McDonagh, Penguin, Harmondsworth, 1978, pp. 33~34.
113 Victorial Isenberg, 'Le SPD et l'Etat', *Nouvelle Revue Socialiste*, April-May 1983, pp. 83~84.
114 Schmidt, *Perspectives on Politics*, pp. 187~188.
115 Brandt, *My Life in Politics*, pp. 275~276.
116 Enzo Collotti, *Esempio Germania. Socialdemocrazia tedesca e coalizione social-liberale 1969~1976*, Feltrinelli, Milan, 1977, p. 97.
117 Braunthal, *The West German Social Democrats 1969~1982*, pp. 144~145.
118 Miller and Potthoff, op. cit., pp. 192~193.
119 John H. Herz, 'Social Democracy versus Democratic Socialism', p. 255.
120 SPD, *Ökonomisch-politischer Orientierungsrahmen für die Jahre 1975~1985*, published by the Press and Information of the SPD, p. 8.
121 Ibid., p. 11.
122 Ibid., p. 30.
123 Ibid., p. 38.
124 Ibid., p. 39.
125 Ibid.
126 Braunthal, op. cit., p. 151.
127 Brandt, *The State of the Nation*, p. 11 in English-language text.
128 Herz, op. cit., pp. 265~266.
129 See Paul Whiteley, 'The Decline of Labour's Local Party Membership and Electoral Base 1945~1979', in Dennis Kavanagh (ed.), *The Politics of the Labour Party*, Allen and Unwin, London, 1982, p. 113.
130 Katz and Mair (eds), *Party Organizations*, p. 332.
131 Pontusson, *Swedish Social Democracy and British Labour*, p. 25. 사회민주주의 헤게모니와 보편 구제주의 복지제도의 관계는 다음 책의 중심 내용이다. Gøsta Esping-Andersen, *Politics against Markets*. 특히 pp. 245~246을 참조할 것. 동일 지은이의 *The Three Worlds of Welfare Capitalism*, pp. 26~33도 참조할 것.
132 Minkin, op. cit., pp. 115~116; Leo Panitch, *Social Democracy and Industrial*

Militancy. *The Labour Party, the Trade Unions and Incomes Policy 1945~1974*, Cambridge University Press, Cambridge, 1976, p. 228.
133 S. Holland, op. cit., pp. 139~140.
134 Colin Leys, *Politics in Britain*, Heinemann, London, 1983 p. 75.
135 아동 수당은 어머니에게 지급 가능한 가족수당을 대체했다. 가족수당은 둘째 아이와 그다음 자녀들에게 해당되는 것이었고, 아동 수당보다 가치가 훨씬 떨어졌다. Nicholas Barr and Fiona Coulter, 'Social Security: Solution or Problem?' in Hills (ed.), *The State of Welfare*, pp. 279~280을 참조할 것.
136 *Labour Manifesto 1974*, in F. W. S. Craig (ed.), op. cit., p. 459.
137 Barbara Castle, *The Castle Diaries1974~1976*, Weidenfeld and Nicolson, London, 1980, p. 708.
138 Healey, op. cit., pp. 448~449.
139 Barnett, op. cit., pp. 54~55.
140 Allan Gillie, 'Redistribution', in Artis and Cobham (eds), op. cit., p. 232.
141 See figures in William Brown and Keith Sisson, *A Positive Incomes Policy*, Fabian Tract no. 442, May 1976, p. 6.
142 Markovits, *The Politics of the West German Trade Unions*, p. 108.
143 Ibid., pp. 117~120.
144 Berghahn and Karsten, op. cit., p. 204.
145 Ibid., pp. 120~122.
146 Ibid., p. 124.
147 Helmut Schmidt, 'The Role of the Trade Unions in the Federal Republic', 14 March 1976, Hannover, in *The Bulletin of the Press and Information Office of the Government of the FRG*, Vol. 3, no. 3, 6 April 1976, Bonn, p. 2; henceforth: *Press Bulletin, FRG*.
148 Walter Arendt, 'Speech at the Second and Third Reading of the Co-Determination Bill', 18 March 1976, in *Press Bulletin, FRG*, 6 April 1976, p. 4.
149 Markovits, op. cit., p. 112.
150 Doug Miller, 'Social Partnership and the Determinants of Workplace Independence in West Germany', in *British Journal of Industrial Relations*, Vol. 20, no. 1, March 1982, pp. 52~53.
151 Walther Müller-Jentsch and Hans-Joachim Sperling, 'Economic Development, Labour Conflicts and the Industrial Relations System in West Germany', in Crouch and Pizzorno (eds), *The Resurgence of Class Conflict in Western Europe since 1968*, Vol. 1, pp. 288~290.
152 Wolfgang Streeck, 'Organizational Consequences of Neo-Corporatist Co-operation in West German Labour Unions', in Gerhard Lehmbruch and

Philippe C. Schmitter (eds), *Patterns of Corporatist Policy-Makings*, Sage, Beverly Hills, 1982, pp. 35~36.
153 Ibid., p. 51.
154 Wolfgang Streeck, 'Neo-Corporatist Industrial Relations and the Economic Crisis in West Germany' in John H. Goldthorpe (ed.), *Order and Conflict in Contemporary Capitalism*, Clarendon Press, Oxford, 1984, pp. 291~314.
155 Ibid., p. 307.
156 Labour Party, *Labour's Programme 1973*, p. 27.
157 *Labour Manifesto 1974*, in F. W. S. Craig, op. cit., pp. 403, 458.
158 「불록 보고서」에 대한 권위 있는 설명은 다음을 참조한다. John Elliott, *Conflict or Cooperation? The Growth of Industrial Democracy*, Kogan Page, London, 1978; the analysis of the actual report is on pp. 234~240.
159 Ibid., p. 245.
160 Coates, op. cit., p. 139; Colin Crouch, *The Politics of Industrial Relations*, Fontana/Collins, Glasgow, 1979, p. 109.
161 Tom Clarke, 'Industrial Democracy: The Institutionalized Suppression of Industrial Conflict?', in Tom Clarke and Laurie Clements (eds), *Trade Unions Under Capitalism*, Fontana, n.p. 1977, p. 357.
162 Peregrine Worsthorne, 'Beefing up the bosses', *Sunday Telegraph*, 30 January 1977, p. 18.
163 Rhys David, 'Employee polls back worker directors', *Financial Times*, 26 January 1977, p. 1.
164 J. Elliott, op. cit., pp. 243~244; see also Benn, op. cit., p. 690.
165 Healey, op. cit., p. 459.
166 See the resolution in *TUC Report 1978*, pp. 561~562 and the speech by Lord Allen of the shopworkers' union, USDAW, who moved the resolution, p. 562.
167 J. Jones, op. cit., p. 316.
168 W. Brown, 'Industrial Relations', p. 219.
169 Kevin Hawkins, *Trade Unions*, Hutchinson, London, 1981, pp. 61~64.

19장 | 프랑스의 정치 실험

1 Vincent Wright and Howard Machin, 'The French Socialist Party in 1973: Performance and Prospects', in *Government and Opposition*, Vol. 9, no. 2, 1974, pp. 127~128.
2 Hugues Portelli, 'L'intégration du Parti socialiste a la Cinquiéme République', *Revue française de science politique*, Vol. 34, no. 4~5, August-October 1984,

p. 821.
3   Jenson and Ross, 'The Tragedy of the French Left', p. 27.
4   Cited in *Socialist International Information*, no. 5~6, May-June 1971.
5   D. S. Bell and Byron Criddle, *The French Socialist Party*, Clarendon Press, Oxford, 1988, p. 70.
6   An example of this view is in Lazar, *Maisons rouges*, p. 136.
7   프랑스 공산당이 출간한 책에 나온 본문을 사용했다. Georges Marchais가 서론을 쓴 이 책은 가장 손쉽게 가져다 쓸 수 있는 텍스트다. *Programme commun de gouvernement*, Editions Sociales, Paris, 1972.
8   Ibid., p. 53.
9   Ibid., pp. 61~64, 68.
10 Ibid., pp. 75, 97.
11 Ibid., pp. 95~96.
12 Ibid., pp. 105~112, 117.
13 Ibid., pp. 115~116.
14 Ibid., p. 131.
15 Ibid., pp. 143~149.
16 Ibid., pp. 150~154.
17 See Portelli, 'La voie nationale des PC français et italien', pp. 659~672.
18 Jean-Pierre Cot, 'Autogestion and Modernity in France', in B. Brown (ed.), *Eurocommunism and Eurosocialism*, p. 82.
19 Ibid., p. 71.
20 Ibid., p. 83.
21 See E. Maire, A. Detraz and F. Krumnov, *La CFDT et l'Autogestion*, Editions de Cerf, Paris, 1973 and E. Maire and J. Julliard, *La CFDT d'aujourd'hui*, Editions du Seuil, Paris, 1975.
22 George Ross, 'French Trade Unions Face the 1980s: The CGT and the CFDT in the Strategic Conflicts and Economic Crisis of Contemporary France', in Esping-Andersen and Friedland, *Political Power and Social Theory*, Vol. 3, p. 59.
23 Bell and Criddle, op. cit., p. 88.
24 Cot, op. cit., p. 74, Jenson and Ross, op. cit., p. 30.
25 Cot, op. cit., pp. 77~78.
26 Hugues Portelli, 'La voie nationale …', pp. 659~672; see also a succinct summary of *le socialisme autogestionnaire* in D. L. Hanley, A. P. Kerr and N. H. Waites, *Contemporary France. Politics and Society since 1945*, Routledge and Kegan Paul, London, 1979, p. 156.
27 Pierre Rosanvallon, *L'âge de l'autogestion*, Editions du Seuil, Paris, 1976, p. 8.

28 Ibid., pp. 16~17.
29 Ibid., p. 117.
30 Ibid., p. 119.
31 Ibid., p. 120.
32 Byron Criddle, 'The French Socialist Party', in Paterson and Thomas (eds), *The Future of Social Democray*, p. 227.
33 Extracts in Michel Rocard, *Parler Vrai. Textes politiques*, Editions du Seuil, Paris, 1979, p. 102.
34 W. Rand Smith, 'Towards *Autogestion* in Socialist France? The Impact of Industrial Relations Reform', *West European Politics*, Vol. 10, no. 1, January 1987, pp. 57~58.
35 Jacques Julliard, 'Epinay-sur-Seine et retour ou la fin d'un cycle', *Intervention*, no. 13, July-September 1985, p. 6.
36 Lazar, op. cit., p. 136.
37 Mitterrand, *Ma part de vérité*, p. 120 and his *Politique. Textes et discours 1938~1981*, Fayard, Paris, 1984, p. 333.
38 Lazar, op. cit., p. 138
39 See the analysis in Jean Ranger, 'Le déclin du Parti communiste français', *Revue frarnçaise de science politique*, Vol. 36, no. 1, February 1986, especially pp. 46~53.
40 Jenson and Ross, op. cit., p. 13.
41 Bell and Criddle, op. cit., p. 99.
42 François Platone, 'Les communistes au gouvernement: une expérience "complexe" et contradictoire', *Revue politique et parlementaire*, Vol. 87, no. 914, January-February 1985, p. 31.
43 프랑스 여론에서 공산당의 이미지가 끊임없이 나빠지던 부분은 Ranger, op. cit., pp. 53~55를 참조할 것.
44 1970~1980년대에 공산주의 지식인의 역할을 면밀히 살펴보려면 Sudhir Hazareesingh, *Intellectuals and the French Communist Party. Disillusion and Decline*, Clarendon Press, Oxford, 1991을 참조할 것.
45 Platone, op. cit., p. 42.
46 Parti socialiste, *Projet socialiste. Pour la France des années 80*, Club Socialiste du Livre, Paris, 1980; henceforth cited as *Projet socialiste*.
47 Among those cited we find: Edgar Morin, Theodor Adorno, David Riesman, Noam Chomsky, Régis Debray, Antonio Gramsci, Dominique Lecourt.
48 *Project socialiste*, p. 43.
49 Ibid., pp. 64ff

50 Ibid., p. 78.
51 Speech of 21 May 1981, in Mitterrand, *Politique*, p. 415.
52 *Project socialiste*, p. 33.
53 Ibid., p. 32.
54 Ibid., p. 33.
55 Bell and Criddle, op. cit., p. 252.
56 Ibid., p. 111.
57 Pierre Mauroy, 'La gauche au pouvoir', *Revue politique et parlementaire*, Vol. 87, no. 916, May-June 1985, p. 6.
58 José Frèches, 'L'Etat socialiste', in Michel Massenet et al., *La France socialiste. Un premier bilan*, Hachette, Paris, 1983, pp. 401~412, 386~391 and Anne Stevens, '"L'Alternance" and the Higher Civil Service', in Philip G. Cerny and Martin A. Schain (eds), *Socialism, the State and Public Policy in France*, Frances Pinter, London, 1985, p. 157.
59 굽실거리는 무리를 다른 이들로 대체하는 문제에 관해서는 Thierry Pfister, *La vie quotidienne à Matignon au temps de l'union de la gauche*, Hachette, Paris, 1985, p. 138을 참조할 것. 대중매체에 대한 불간섭주의는 진정한 민주주의자의 품질 증명이나 다름없다는 묵약은 François Mitterrand, *L'Abeille et l'architecte*, Flammarion, Paris, 1978, p. 26을 참조할 것.
60 Pfister, op. cit., p. 103 and Pierre Favier and Michel Martin-Roland, *La Décennie Mitterrand. Vol. 1: Les ruptures*, Editions du Seuil, Paris, 1990, pp. 90~93.
61 Jenson and Ross, op. cit., p. 12.
62 Dominique Reynié, 'La question russe', *Intervention*, no. 13, July-September 1985, pp. 80~81.
63 Lionel Jospin, *L'invention du possible*, Flammarion, Paris, 1991, p. 98.
64 Pfister, op. cit., p. 244.
65 Ibid., pp. 248~249. Thierry Pfister는 Rocard가 일찍이 평가절하를 제안했다는 점을 부인한다. 하지만 이것은 Pierre Mauroy(*C'est ici le chemin*, Flammarion, Paris, 1982, p. 19)도 Jacques Attali(*Verbatim, I 1981~1986*, Fayard, Paris, 1993, p. 22)도 지지하지 않는 내용이다.
66 Jacques Attali, op. cit., pp. 24~25, 408, 411~412 and *passim*. 나중에 Schmidt는 프랑스와 독일의 긴밀한 협력이 Giscard d'Estaing 정권 출범 이후 약화되었다고 개탄했다. Helmut Schmidt, *A Grand Strategy for the West. The Anachronism of National Strategies in an Interdependent World*, Yale University Press, New Haven CT, 1985, p.15.
67 Mauroy, op. cit., pp. 19, 24.
68 M.-F. and R. Mouriaux, 'Unemployment Policy in France 1976~1982', p. 160.

69 Pierre-Alain Muet and Alain Fonteneau, *Reflation and Austerity. Economic Policy under Mitterrand*, trans. Malcom Slater, Berg, Oxford, 1990, pp. 198~204.
70 M.-F. and R. Mouriaux, op. cit., pp. 162~163.
71 Muet and Fonteneau, op. cit., p. 308.
72 Favier and Martin-Roland, op. cit., Vol. 1, p. 114.
73 Muet and Fonteneau, op. cit., pp. 75, 79; Beatrice Bazil, 'L'irrésistible logique de la socialisation', in Massenet et al., op. cit., pp. 312~313; and André Helder, 'Les trois phases de la politique économique', *Revue politique et parlementaire*, Vol. 87, no. 916, May-June 1985, p. 118.
74 Muet and Fonteneau, op. cit., p. 239.
75 Bell and Criddle, op. cit., pp. 155~156.
76 M.-F. and R. Mouriaux, op. cit., p. 162; Muet and Fonteneau, op. cit., p. 83.
77 Muet and Fonteneau, op. cit., pp. 84~85.
78 See Rose Solfeco, 'Nationalisation des banques et nouvelle politique du crédit', *Nouvelle revue socialiste*, September-October 1982, p. 28 ('Rose Solfeco' is the collective pseudonym of the economic commission of the Socialist Party). See also Alain Redslob, 'Un système bancaire socialisé', in Massenet et al., pp. 143~145 and Richard Holton, 'Industrial Politics in France: Nationalisation under Mitterrand', *West European Politics*, Vol. 9, no. 1, January 1986, p. 70.
79 See, in Howard Machin and Vincent Wright (eds), *Economic Policy and Policy-Making Under the Mitterrand Presidency 1981~1984*, Frances Pinter, London, 1985, the analysis of Paul Fabra, 'Banking Policy under the Socialists', pp. 173~183; and the comments by Alan Butt Philip, pp. 183~186.
80 Claude Walon, 'L'économie: la rupture avec l'ancien socialisme', *Intervention*, no. 13, July-September 1985, pp. 58~59.
81 Philip G. Cerny, 'State Capitalism in France and Britain and the International Economic Order', in Cerny and Schain (eds), op. cit., p. 213.
82 Laurent Fabius, *Le coeur du futur*, Calmann-Lévy, Paris, 1985, p. 207.
83 Serge July, *Les années Mitterrand*, Bernard Grasset, Paris, 1986, p. 49.
84 '문화적 콜베르주의'에 대한 비판적인 논평은 Frèches, op. cit., pp. 432~441을 참조할 것.
85 Jill Forbes, 'Cultural Policy: The Soul of Man under Socialism', in Sonia Mazey and Michael Newman (eds), *Mitterrand's France*, Croom Helm, London, 1987, p. 155.
86 Jean-Pierre Chevènement, interview in *Intervention*, nos 5~6, August-October 1983, pp. 97~98.
87 이 점에 대해서는 Cerny op. cit., pp. 213ff에 명쾌하게 설명되었다.

88 Christian Stoffaës, 'The Nationalizations: An Initial Assessment, 1981~1984', in Machin and Wright (eds), op. cit., pp. 144~169.
89 Roland Granier, 'Expérience socialiste, emploi, chômage', in Massenet et al., op. cit., p.287.
90 Ibid., p. 288 and Peter A. Hall, 'The Evolution of Economic Policy under Mitterrand', in George Ross, Stanley Hoffmann and Sylvia Malzacher (eds), *The Mitterrand Experiment*, Polity Press, Oxford, 1987, p. 68.
91 Helder, op. cit., p. 114.
92 W. Rand Smith, '"We can make the Ariane, but we can't make washing machines": The State and Industrial Performance in Post-War France', in Jolyon Howorth and George Ross (eds), *Contemporary France*, Vol. 3, Frances Pinter, London, 1989, p. 180.
93 Pierre Biacabe, 'Les mésaventures du franc', in Massenet et al., op. cit., pp. 125~126.
94 Muet and Fonteneau, op. cit., pp. 100~101.
95 See Jacques Delors, 'France: Between Reform and Counter-Reform', in Dahrendorf (ed.), *Europe's Economy in Crisis*, p. 65.
96 Claude Jessua, 'La rupture des grands équilibres', in Massenet et al., op. cit., p. 103.
97 See the data in Biacabe, op. cit., pp. 119~120.
98 Jospin, op. cit., p. 250.
99 Scharpf, 'A Game-Theoretical Interpretation of Inflation and Unemployment in Western Europe', pp. 253~254.
100 This point is made by some critics of the socialist government; see, for instance, Jean Féricelli, 'Les logiques de l'Etat socialiste', in Massenet et al., op. cit., pp. 69~71.
101 Muet and Fonteneau, op. cit., p. 73.
102 Favier and Martin-Roland, op. cit., Vol. 1, p. 111.
103 Rocard, op. cit., p. 74, this is the text of an article which appeared in *Le Monde*, 11~12 September 1977.
104 Jospin, op. cit., p. 101.
105 Jacques Julliard, 'Réflexions d'après le prochain congrès', *Intervention*, no. 5~6, August-October 1983, p. 7.
106 July, op. cit., pp. 96~100 and Pfister, op. cit., pp. 263~264.
107 Pfister, op. cit., p. 255.
108 Walon, op. cit., p. 57 and Muet and Fonteneau, op. cit., pp. 154~158.
109 Cited in P. A. Hall, 'Evolution …', p. 57.

110 Florence Haegel이 조사한 내용 참조. 'Le dernier acte de l'Union de la gauche', *Intervention*, no. 13, July-September 1985, p. 35~36.
111 Cited in ibid., p. 37.
112 Laurent Joffrin, *La Gauche en voie de disparition. Comment changer sans trahir?*, Editions du Seuil, Paris, 1984, p. 77.
113 Cited in Gérard Grunberg, 'Le cycle d'Epinay', *Intervention*, no. 15, July-September 1985, p. 83.
114 Jean-Pierre Chevènement, *Le pari sur l'intelligence* (interview with Hervé Hamon and Patrick Rotman), Flammarion, Paris, 1985, p. 38.
115 Michel Rocard, *A l'épreuve des faits. Textes politiques 1979~1985*, Editions du Seuil, Paris, 1986, pp. 41~43.
116 Fabius, op. cit., p. 49
117 Ibid., p. 51.
118 Ibid., pp. 52~54.
119 Chevènement, *Le pari sur l'intelligence*, p. 267.
120 Alain Touraine, 'Fin de Partie', *Intervention*, no. 13, July-September 1985, p. 17; see on the same theme Machin and Wright, 'Introduction' to their collection *Economic Policy and Policy-Making Under the Mitterrand Presidency 1981~1984*, p. 3.
121 Lionel Jospin이 사회당 제1서기일 때 이 주제에 대한 생각을 표명했다. 'Le socialisme français, défenseur et garant de la République', *Revue politique et parlementaire*, Vol. 87, no. 915, March-April 1985, pp. 33~39.
122 Cited in Grunberg, op. cit., p. 84.
123 Diana Pinto가 남긴 이 모든 핵심 내용은 그녀의 통찰력 있는 저작에서 확인할 수 있다. 'Vive la République!', *Intervention*, no. 10, August-December 1984, pp. 89~90. 'The Atlantic Influence and the Mellowing of French Identity', in Howorth and Ross (eds), Vol. 2, 특히 pp. 122~124.
124 Rocard의 인용문은 Hobsbawm, *Echoes of the Marseillaise*, pp. ix~x를 참조할 것. 이 책은 프랑스혁명의 새로운 수정론에 대한 반박이다. 수정주의적인 역사 기술은 François Furet, *Penser la révolution française*, Gallimard, Paris, 1978을 참조할 것. 프랑스혁명을 공부하는 영국 학생 중 Alfred Cobban의 *The Myth of the French Revolution*(1955)을 읽은 이들은 이런 주장을 잘 알았다.
125 W. Rand Smith, 'We can make the Ariane …', p. 193.
126 See *Programme commun*, p. 150.
127 See Jenson and Ross, op. cit., pp. 10~11.
128 Rocard gave his reasons in 'Les raisons d'un départ', *Le Monde*, 6 April 1985; reprinted in his *A l'épreuve des faits*, pp. 160~164.

129 P. A. Hall, 'Evolution ...', p. 70.
130 Peter Holmes, 'Broken Dreams: Economic Policy in Mitterrand's France', in Mazey and Newman (eds), op. cit., p. 45.
131 1981~1988년 사회당 제1서기였고 이후에 장관을 역임했으며, 1995년 사회당의 대통령 후보로 나선 Lionel Jospin은 이 딜레마를 명쾌하게 설명했다. Lionel Jospin, *L'invention du possible*, pp. 252~253.
132 Catherine Grémion, 'Decentralisation in France. A Historical Perspective', in Ross, Hoffmann and Malzacher (eds), op. cit., p. 237.
133 Ibid., p. 245.
134 Ibid., p. 246.
135 Yves Mény, 'The Socialist Decentralisation', in Ross, Hoffmann and Malzacher (eds), op. cit., p. 249.
136 Mark Kesselman, 'The Demise of French Socialism', *New Politics*, Vol. 1, no. 1, Summer 1986, p. 142.
137 Sonia Mazey, 'Decentralisation: La grande affaire du septennat?', in Mazey and Newman (eds), op. cit., p. 124.
138 Vivien A. Schmidt, 'Decentralization: A Revolutionary Reform', in Patrick McCarthy, *The French Socialists in Power 1981~1986*, Greenwood Press, New York, 1987, p. 83.
139 Daniel Singer, *Is Socialism Doomed? The Meaning of Mitterrand*, Oxford University Press, New York, 1988, p. 110.
140 Mény, op. cit., p. 250; Mark Kesselman, 'The Tranquil Revolution at Clochemerle: Socialist Decentralisation in France', in Cerny and Schain, op. cit., pp. 169, 175.
141 Mény, op. cit., p. 261.
142 This is the view of V. A. Schmidt, op. cit., p. 102.
143 Kesselman, 'The Tranquil Revolution ...', p. 181 and Mazey, op. cit., p. 125.
144 Ian Davidson, 'French Socialists under siege', *Financial Times*, 31 May 1990, p. 22.
145 Kesselman, 'The Demise ...', p. 144.
146 Duncan Gallie, 'Les lois Auroux: The Reform of French Industrial Relations?' in Machin and Wright (eds), pp. 211, 214.
147 Fabius, op. cit., p. 213.
148 See, for instance, Hubert Landier, 'Vers un renforcement du corporatisme syndical', in Massenet et al., op. cit., p. 361. Rand Smith too thinks that the laws mainly strengthened the unions; see his 'Towards *Autogestion* in Socialist France?', p. 56. This article also contains a succinct summary of the legislation;

see pp. 49~50.
149 Alain Bergounioux, 'Sur la crise du syndicalisme', *Intervention*, no. 13, July-September 1985, p. 50.
150 David Buchan, 'France's grassroots shake the union tree', *Financial Times*, 28 October 1993, p. 2.
151 Bergounioux, op. cit., p. 53.
152 Hervé Hamon and Patrick Rotman, *La deuxième gauche. Histoire intellectuelle et politique de la CFDT*, Editions du Seuil, Paris, 1984 (1st edn, 1982), pp. 344~345—a book whose enthusiasm for the CFDT and its leader, Edmond Maire, is close to idolatry.
153 Hélène Gras, 'Justice: la fin des archaïsmes', *Revue politique et parlementaire*, VoJ. 87, no. 916, May-June 1985, pp. 26~27.
154 Ian Davidson, 'France's penal Code Napoléon meets its Waterloo at last', *Financial Times*, 11 May 1989.
155 John S. Ambler, 'Educational Pluralism in the French Fifth Republic', in James F. Hollifield and George Ross (eds), *Searching for the New France*, Routledge, London and New York, 1991, p. 198.
156 Jean-Paul Martin and Jol Roman, 'Le socialisme en proie à l'école', *Intervention*, no. 13, July-September 1985, p. 35.
157 Chevènement, *Le pari sur l'intelligence*, p. 140.
158 Jean-Pierre Chevènement, *Apprendre pour entreprendre*, Livre de Poche, Paris, 1985, p. 28.
159 Ibid., p. 8.
160 Ambler, op. cit., p. 200.
161 Gérard Courtois, '1981~1993: l'érosion des ambitions', *Le Monde*, 18 March 1993, p. 13.
162 Data in Gérard Courtois, 'La FEN en miettes', *Le Monde*, 18 March 1993, p. 15.
163 Ambler, op. cit., p. 202, see also Antoine Prost, 'The Educational Maelstrom', in Ross, Hoffmann and Malzacher (ed.), op. cit., p.231~233.
164 Michalina Vaughan, 'Education: Cultural Persistence and Institutional Change', in P. McCarthy (ed.), op. cit., p. 74.
165 David Housego, 'Chirac beset by handicaps', Survey on France, *Financial Times*, 16 June 1986, p. iii.
166 Jolyon Howorth and George Ross, 'Introduction: In Search of New Parameters For National Identity?', in their *Contemporary France*, Vol. 2, p. 1.
167 See the analysis of the Lille Congress in Sandro Guerrieri, 'Il Congresso di Lilla del Partito socialista francese', in *Sinistra Europea 1987*, supplement to

Democrazia e diritto, nos 4~5, July-October 1987, pp. 117~133.
168 Touraine, op. cit., p. 16.
169 Jacques Julliard, 'Comment la gauche peut revenir', *Intervention*, no. 16, April-June 1986, p. 5.
170 See extracts of the letter in *Le Monde*, *L'élection présidentielle, supplément aux dossiers et documents du Monde*, May 1988, pp. 20~21.
171 Steven C. Lewis and Serenella Sferza, 'The Second Mitterrand Experiment: Charisma and the Possibilities of Partisan Renewal', in Howorth and Ross (eds), op. cit., Vol. 3, p. 38.
172 See his interview in *Le Monde*, 3 June 1988, reprinted in *Le Monde*, *L'élection législative, supplément aux dossiers et documents du Monde*, June 1988, p. 27.
173 See the summary of the survey of the Centre d'Etude des Revenus, *Les Français et leurs Revenus*, in Ian Davidson, 'Inequality grows in "socialist" France', *Financial Times*, 24 November 1989.
174 See OECD, *Economic Outlook, Historical Statistics 1960~1989*, p. 95.
175 Cited in Ian Davidson, 'France charts a new course for the economy', *Financial Times*, 21 February 1989, p. 2.
176 Ian Davidson, 'Prudent policies beginning to bear fruit', in Survey on France, *Financial Times*, 17 June 1991, p. ii.
177 Suzanne Berger, 'Liberalism Reborn: The New Liberal Synthesis in France', in Howorth and Ross (eds), op. cit., Vol. 1. The itinerary of French intellectuals from Marxism to anti-collectivist liberalism is ably mapped out by George Ross in his 'Where Have All the Sartres Gone? The French Intelligentsia Born Again', in Hollifield and Ross (eds), op. cit., pp. 221~249. For a more sympathetic account, see Khilnani, *Arguing Revolution*, pp. 121~154. *Contra* Khilnani read Gregory Elliott, 'Contentious Commitments: French Intellectuals and Politics', *New Left Review*, no. 206, July-August 1994, pp. 110~124.

20장 | 이탈리아 공산주의의 실패

1 Enrico Berlinguer, 'La peculiarità socialista', reprinted in E. Berlinguer, *La 'Questione Comunista'*, Vol. 1, Editori Riuniti, Rome, 1975, p. 508.
2 Ibid., p. 505.
3 Ibid., p. 506.
4 Ibid., p. 508.
5 Ibid., pp. 510~511.
6 See Enrico Berlinguer, speech to the Thirteenth Congress, in *La 'Questione*

Comunista', Vol. 1, p. 415.
7   Berlinguer, 'La peculiarità socialista', p. 510.
8   See text in Berlinguer, *La 'Questione Comunista'*, Vol. 1; the words cited are on p. 415.
9   I use here the text published in Berlinguer, *La 'Questione Comunista'*, Vol. 2, p. 633. Berlinguer's original articles in *Rinascita* were 'Imperialismo e coesistenza alla luce dei fatti cileni', 28 September 1973; 'Via democratica e violenza reazionaria', 5 October 1973; and 'Alleanze sociali e schieramenti politici', 12 October 1973.
10 Ibid., p. 616.
11 Ibid., p. 619. Referring to Greece, Berlinguer clearly alluded to Chile.
12 Ibid., p. 631.
13 Ibid., p. 636.
14 Ibid., pp. 636~638.
15 See text of declaration in Domenico Rosati, *La questione politica delle ACLI*, Edizioni Dehoniane, Naples, 1975, pp. 254~261.
16 Aniello Coppola, *Moro*, Feltrinelli, Milan, 1976, p. 136.
17 G. De Lutiis, *Storia dei servizi segreti in Italia*, Editori Riuniti, Rome, 1985 (especially the conclusion); G. Flamini, *Il partito del golpe*, 3 vols, Bovolenta, Ferrara 1981~1983; R. Chiarini and Paolo Corsini, *Da Salò a piazza della Loggia. Blocco d'ordine, neofascismo, radicalismo di destra a Brescia (1945~1974)*, Franco Angeli, Milan, 1983; Paolo Corsini and Laura Novati (eds), *L'eversione nera. Cronache di un decennio 1974~1984*, Franco Angeli, Milan, 1985.
18 See Gerardo Chiaromonte, *Le scelte della solidarietà democmtica. Cronache, ricordi e riflessioni sul triennio 1976~1979*, Editori Riuniti, Rome, 1986, pp. 30, 163; Giorgio Napolitano, *In mezzo al guado*, Editori Riuniti, Rome 1979, p. xix; and Fernando Di Giulio, *Un ministro ombra si confessa* (with Emmanuele Rocco), Rizzoli, Milan, 1979, p. 28. Berlinguer, however, at the Fifteenth Congress of the PCI in April 1979, denied the existence of a special relationship between the PCI and the DC; see his *Per il socialismo nella pace e nella democrazia in Italia e in Europa*, Editori Riuniti, Rome, 1979, p. 109.
19 See my *The Strategy of the Italian Communist Party*, chapter 3, and 'The Role of the Italian Communist Party in the Consolidation of Parliamentary Democracy in Italy', in Pridham (ed.), *Securing Democracy*.
20 Giacomo Luciani, *Il PCI e il capitalismo occidentale*, Longanesi, Milan, 1977, p. 11; and Giulio Andreotti, *Visti da vicino. Il meglio delle tre serie*, Rizzoli, Milan, 1986, pp. 226~227.

21 매일 우여곡절을 겪는 이탈리아의 정치와 적절히 거리를 둔 다른 나라 학자 몇몇을 언급할 필요가 있다. D. L. M. Blackmer and Sidney Tarrow (eds), *Communism in Italy and France*, Princeton University Press, Princeton NJ, 1975; Ginsborg, *A History of Contemporary Italy*; Urban, *Moscow and the Italian Communist Party*; Sidney Tarrow, *Peasant Communism in Southern Italy*, Yale University Press, New Haven CT, 1967; D. L. M. Blackmer, *Unity in Diversity*; Amyot, *The Italian Communist Parry*; James Ruscoe, *The Italian Communist Parry 1976~1981. On the Threshold of Government*, Macmillan, London, 1982; Lumley, *States of Emergency*; Stephen Hellman, *Italian Communism in Transition: The Rise and Fall of the Historic Compromise in Turin 1975~1980*, Oxford University Press, New York, 1988; Chris Shore, *Italian Communism: The Escape from Leninism*, Pluto Press, London, 1990; Lazar, *Maisons rouges*; Timmermann, *I comunisti italiani*. 다음 학자들의 저작은 이탈리아 공산당에 관한 수많은 참고 문헌이다. Joseph La Palombara, Percy Allum, Peter Lange, Robert Leonardi 등등. 젊은 학자들의 글에는 1970~1980년대 이탈리아 공산당의 민주주의 신뢰도에 관한 압도적인 합의를 두고 이의를 제기할 가능성이 희박하다는 암시가 담겨 있다.

22 Chiara Valentini, *Berlinguer Il Segretario*, Mondadori, Milan, 1987, pp. 32~33.

23 See Berlinguer's criticisms of the Portuguese communists in his concluding remarks to the Fourteenth Congress of the PCI (23 March 1975), in Enrico Berlinguer, *La politica internazionale dei comunisti italiani*, Editori Riuniti, Rome, 1976, p. 29.

24 Celso Ghini, *Il terremoto del 15 giugno*, Feltrinelli, Milan, 1976, p. 162.

25 The quoted passages of this interview can be found in Donald Sassoon (ed.), *The Italian Communists Speak for Themselves*, Spokesman, Nottingham, 1978, pp. 73~74.

26 See Franco De Felice's perceptive essay 'Doppia lealtà e doppio stato', *Studi Storici*, no. 3, 1989, pp. 516ff.

27 Moro는 Andreotti에게 차기 총리가 되어달라고 요구했다. Andreotti가 이탈리아 기독민주당 우파와 미국을 모두 안심시킬 수 있었기 때문이다. Giulio Andreotti, *Diari 1976~1979. Gli anni della solidarietà*, Rizzoli, Milan, 1981, p. 19.

28 이탈리아 사회당의 입장은 Bettino Craxi가 1978년 5월 중앙위원회에 제출한 보고서에 잘 나온다. 그는 이를 통해 사회당을 변호했다. Bettino Craxi, *Prove marzo 1978 gennaio 1980*, Sugarco Edizione, Milan 1980, 특히 p. 31.

29 Craxi가 주장한 자유의지론자의 소명에 대한 Adriano Sofri의 찬사와 그 개인에 대한 존경심은 다음에 잘 나타난다. *L'ombra di Moro*, Sellerio, Palermo,

1991, p. 153. Sofri는 1970년대에 활동한 혁명 조직 '지속적 투쟁Lotta continua'의 지도자였다.

30 See Giampaolo Pansa, *Comprati e venduti. I giornali e il potere negli anni '70*, Bompiani, Milan, 1977, p. 271.
31 Franco Cazzola, 'La solidarietà nazionale dalla parte del Parlamento', *Laboratorio politico*, nos 2~3, March-June 1982, pp. 188~189.
32 Chiaromonte, op. cit., p. 34.
33 Ibid., p. 36.
34 Valentini, op. cit., p. 119.
35 Chiaromonte, op. cit., p. 160.
36 Data in Mauro Galleni, *Rapporto sul terrorismo. Le stragi, gli agguati, i sequestri, le sigle 1969~1980*, Rizzoli, Milan, 1981, pp. 49~63.
37 Zbigniew Brzezinski, *Power and Principle: Memoirs of the National Security Advisor 1977~1981*, Weidenfeld and Nicolson, London, 1983, p. 312. Brzezinski는 이탈리아 국민이 정치 스캔들 때문에 점점 기독민주당을 멀리했다고 인정했다. 이런 '확고한 입장'이 공산주의 세력의 실패로 정당성을 입증 받았다고 본 그의 생각은 극도로 단순화된 자부심에서 기인한 것이다. Andreotti는 이탈리아 정사에 대한 이런 간섭이 쓸데없고 시의적절치 않으며 '우아하지 못한' 것이라고 봤다. *Diari*, p. 173.
38 Vittorio Valli, *L'economia e la politica economica italiana 1945~1979*, Etas Libri, Milan, 1979, pp. 133~136.
39 다음 출간물의 본문을 인용했다. *Accordo Programmatico* published in Gerardo Chiaromonte, *L'accordo programmatico e l'azione dei comunisti*, Editori Riuniti, Rome, 1977, pp. 53~116. 협약서 구절은 pp. 69~70 참조.
40 Napolitano, op. cit., pp. xviii~xix.
41 Renato Filosa and Ignazio Visco, 'Costo del lavoro, indicizzazione e perequazione delle retribuzioni negli anni '70', in Giangiacomo Nardozzi (ed.), *I Difficili anni '70. I problemi della politica economica italiana 1973/1979*, Etas Libri, Milan, 1980, pp. 111ff.
42 Enrico Berlinguer, *Austerità occasione per trasformare l'Italia*, Editori Riuniti, Rome, 1977, pp. 52~53; this volume includes the text of both speeches. The theme of austerity had earlier been presented to the Central Committee meeting of October 1976.
43 Ibid., p. 13.
44 Ibid., p. 18.
45 Ginsborg, op. cit., p. 389.
46 For evidence of local communist resistance to Lama's EUR line, see Miriam

Golden, *Labor Divided. Austerity and Working Class Politics in Contemporary Italy*, Cornell University Press, Ithaca NY and London, 1988, pp. 150~151.
47   See the various citations in Valentini, op. cit., pp. 140~141.
48   Lumley, op. cit., p. 297.
49   Enrico Berlinguer, *La nostra lotta dall'opposizione verso il governo*, Editori Riuniti, Rome, 1979, PP. 47~50.
50   Maurizio Ferrera, 'Politics, Institutional Features, and the Government of Industry', in Peter Lange and Marino Regini (eds), *State, Market, and Social Regulation*, Cambridge University Press, Cambridge, 1989, pp. 121~123. Ferrera는 675법의 실패를 자세히 나타내는 인상적인 참고 문헌 일람표를 제시한다.
51   '충실함'의 개념에 대한 비평은 Giuseppe Vacca's critique of his party's policy in the 1970s: *Tra compromesso e solidarietà. La politica del Pci negli anni '70*, Editori Riuniti, Rome, 1987을 참조할 것. 특히 p. 117.
52   Fernando Di Giulio, 'Lotta politica e riforme istituzionali', *Democrazia e diritto*, no. 5, pp. 6~7.
53   Enrico Berlinguer, report to the Central Committee (10 December 1974), published as *La proposta comunista*, Einaudi Editore, Turin, 1975, p. 5.
54   Vacca, op. cit., p. 189.
55   Napolitano, op. cit., pp. lix~lx.
56   Craxi, op. cit., pp. 112, 230.
57   See Craxi's 1979 speeches in ibid., especially pp. 111, 164 and 232.

21장 | 서유럽 독재 정권의 종말 : 포르투갈, 스페인, 그리스

1   쿠데타를 둘러싼 사건들에 관해서는 Paul Preston, *The Triumph of Democracy in Spain*, Methuen, London, 1987을 참조할 것. 특히 pp. 195~206.
2   Walter C. Opello Jr., 'Portugal: A Case Study of International Determinats of Regime Transition', in Geoffrey Pridham (ed.), *Encouraging Democracy. The International Context of Regime Transition in Southern Europe*, Leicester University Press, Leicester and London, 1991, p. 85.
3   Susannah Verney and Panos Tsakaloyannis, 'Linkage Politics: The Role of the European Community in Greek Politics in 1973', *Byzantine and Modern Greek Studies*, Vol. 10, 1986, pp. 184~189.
4   Willy Brandt는 독일 사회민주당이 스페인 사회노동당에게 자금을 지원했다고 1980년에 시인했다. Richard Gunther, Giacomo Sani and Goldie Shabad, *Spain After Franco. The Making of a Competitive Party System*, University of California Press, Berkeley, 1985, pp. 75, 460n을 참조할 것.

5   Mário Soares, *Portugal: Quelle révolution?*, Calmann-Lévy, Paris, 1976, p. 93.
6   Thomas C. Bruneau, 'The Left and the Emergence of Portuguese Liberal Democracy', in B. Brown (ed.), *Eurocommunism and Eurosocialism*, p. 167.
7   Hans Janitschek, *Mário Soares. Portrait of a Hero*, Weidenfeld and Nicolson, London, 1985, p. 33을 참조할 것. 전 사회주의 인터내셔널 사무총장 Janitschek는 개인숭배 경향이 짙은 역사 기술을 통해 Soares에게 아첨하는 듯한 태도로 그를 묘사한다.
8   Soares, op. cit., p. 26.
9   Gillespie, *The Spanish Socialist Party*, p. 137.
10 José María Maravall, 'The Socialist Alternative: The Policies and the Electorate of the PSOE', in Howard Penniman and Eusebio M. Mujal-León (eds), *Spain at the Polls 1977, 1979 and 1982. A Study of National Elections*, American Enterprise Institute and Duke University Press, n. p. 1985, p. 132.
11 Gillespie, op. cit., pp. 276~277 and Maravall, op. cit., p. 134.
12 Donald Share, *Dilemmas of Social Democracy. The Spanish Socialist Workers Party in the 1980s*, Greenwood Press, Westport CT, 1989, p. 40.
13 NATO에 관해서는 *Programa e Estatutos do PCP aprovado No VII Congresso (Extraordinário) em 20/10/74*, 2nd edn, Edições Avante!, Lisbon, 1975, pp. 60~61을 참조할 것.
14 포르투갈 공산당의 친소련 성향에 대해서는 Alex Macleod, 'Portrait of a Model Ally: The Portuguese Communist Party and the International Communist Movement, 1968~1983', *Studies in Comparative Communism*, Vol. XVII, no. 1, Spring 1984를 참조할 것.
15 Soares, op. cit., p. 62.
16 Gunther, Sani and Shabad, op. cit., p. 67.
17 Ken Gladdish, 'Portugal: An Open Verdict', in Geoffrey Pridham (ed), *Securing Democracy: Political Parties and Democratic Consolidation in Southern Europe*, Routledge, London, 1990, p. 104.
18 Diamantino P. Machado, *The Structure of Portuguese Society. The Failure of Fascism*, Praeger, New York, 1991, p. 125.
19 Eusebio Mujal-León, *Communism and Political Change in Spain*, Indiana University Press, Bloomington, 1983, p. 22.
20 Preston, op. cit., pp. 25~26.
21 Mujal-León, op. cit., p. 129.
22 Victor Alba, *The Communist Party in Spain*, Transaction Books, New Brunswick, 1983, P. 387.
23 Gianfranco Pasquino, 'Party Elites and Democratic Consolidation: Cross-

national Comparison of Southern European Experience', in Pridham (ed.), *Securing Democracy*, p. 49.
24 Machado, op. cit., pp. 52~53, 83.
25 Eric N. Baklanoff, *The Economic Transformation of Spain and Portugal*, Praeger, New York, 1978, p. 104.
26 Walter C. Opello Jr., 'The Continuing Impact of the Old Regime on Portuguese Political Culture', in Lawrence S. Graham and Douglas L. Wheeler (eds), *In Search of Modern Portugal. The Revolution and Its Consequences*, University of Wisconsin Press, Madison, 1983, pp. 207~208.
27 Machado, op. cit., pp. 15~16.
28 Mário Murteira, 'The Present Economic Situation: Its Origins and Prospects', in Lawrence S. Graham and Harry M. Makler (eds), *Contemporary Portugal. The Revolution and its Antecedents*, University of Texas Press, Austin, 1979, p. 333.
29 Baklanoff, op. cit., p. 132.
30 Machado, op. cit., p. 24 and Murteira, op. cit., p. 333.
31 Murteira, op. cit., p. 334.
32 Rodney J. Morrison, *Portugal: Revolutionary Change in an Open Economy*, Auburn House, Boston, 1981, p. 5 and Joan Esteban, 'The Economic Policy of Francoism: An Interpretation', in Paul Preston (ed.), *Spain in Crisis. The Evolution and Decline of the Franco Régime*, Harvester Press, Hassocks, Sussex, 1976, pp. 99~100.
33 Hans O. Schmitt, *Economic Stabilization and Growth in Portugal*, Occasional Paper no. 2, International Monetary Fund, Washington DC, April 1981, p. 2.
34 Tom Gallagher, *Portugal. A Twentieth-century Interpretation*, Manchester University Press, Manchester, 1983, pp. 157, 163n.
35 Baklanoff, op. cit., p. 130.
36 Ibid., p. 21.
37 Sima Lieberman, *The Contemporary Spanish Economy: A Historical Perspective*, Allen and Unwin, London, 1982, p. 193.
38 Raymond Carr and Juan Pablo Fusi, *Spain: Dictatorship to Democracy*, Allen and Unwin, London, 1979, p. 54.
39 Lieberman, op. cit., pp. 201~203.
40 Ibid., p. 223.
41 Ramón Tamames, *¿Adónde vas, España?*, Editorial Planeta, Barcelona, 1976, pp. 192~193.
42 Lieberman, op. cit., p. 234.
43 Baklanoff, op. cit., p. 68 and Lieberman, op. cit., p. 212.

44　Lieberman, op. cit., p. 214.
45　Carr and Fusi, op. cit., p. 59.
46　Baklanoff, op. cit., p. 175.
47　Lieberman, op. cit., p. 238.
48　Víctor M. Pérez-Díaz, *The Return of Civil Society, The Emergence of Democratic Spain*, Harvard University Press, Cambridge MA, 1993, p. 14.
49　Morrison, op. cit., p. 13.
50　Schmitt, op. cit., p. 2, and Rudiger Dornbusch, Richard S. Eckaus and Lance Taylor, 'Analysis and Projection of Macroeconomic Conditions in Portugal', in Graham and Makler (eds), op. cit., p. 299.
51　Gallagher, op. cit., p. 169.
52　John Hooper, *The Spaniards*, Penguin, Harmondsworth, 1986, p. 28.
53　Ibid., p. 28.
54　Ibid., p. 29.
55　Tamames, op. cit., pp. 54, 62~64.
56　Cited in Carr and Fusi, op. cit., p. 192.
57　Mário Soares, *Le Portugal bâillonné. Un témoignage*, Calmann-Lévy, Paris, 1972. 이 책은 1975년에 새로운 서문을 빼고 바뀐 내용 없이 영어로 번역 출간되었다. *Portugal's Struggle for Liberty*, Allen and Unwin, London, 1975를 참조할 것.
58　Alvaro Cunhal, *Discursos politicos (Abril/Julho de 1974)*, Vol. 1, Edições *Avante!*, Lisbon, 1975, pp. 11~12 and PCP, op. cit., pp. 12ff.
59　Morrison, op. cit., p. 23.
60　Ibid., p. 47.
61　Lawrence S. Graham, 'The Military in Politics: The Politicization of the Portuguese Armed Forces', in Graham and Makler (eds), op. cit., p. 243.
62　Hugo Gil Ferreira and Michael W. Marshall, *Portugal's Revolution: Ten Years On*, Cambridge University Press, Cambridge, 1986, p. 92에 실린 Vasco Gonçalves의 인터뷰를 참조할 것. 그 설명을 입증하는 자료는 OECD, *Economic Survey, Portugal*, November 1976, p. 7과 Gallagher, op. cit., p. 210에 있다.
63　Morrison, op. cit., p. 48.
64　John L. Hammond, 'Electoral Behavior and Political Militancy', in Graham and Makler (eds), op. cit., pp. 262~263.
65　Ibid., p. 273.
66　Tom Gallagher, 'From Hegemony to Opposition: The Ultra Right before and after 1974', in Graham and Wheeler (eds), op. cit., p. 92.
67　*Discursos políticos, Dezembro 1974/Março 1975*, Vol. 3, Edições *Avante!*, Lisbon,

1975, p. 161에 실린 Alvaro Cunhal의 연설(1975년 3월 16일)을 참조할 것.
68 Soares, *Portugal: Quelle révolution?*, p. 117.
69 Ibid., p. 118.
70 Speech to the Central Committee of 10 August 1975, in Alvaro Cunhal, *A crise politicomilitar. Discursos políticos, Maio/Novembro 1975*, Vol. 5, Edições Avante!, Lisbon, 1975, p. 132.
71 Ibid., p. 145.
72 Ibid., pp. 131, 136.
73 Ferreira and Marshall, op. cit., p. 119에 실린 인터뷰를 참조할 것.
74 Martin Kayman, *Revolution and Counter-revolution in Portugal*, Merlin Press, London, 1987, pp. 168~169.
75 Morrison, op. cit., p. 60.
76 Baklanoff, op. cit., p. 140.
77 Dornbusch, Eckaus and Taylor, op. cit., pp. 300~301.
78 Schmitt, op. cit., p. 3.
79 OECD, *Economic Survey, Portugal*, 1976, pp. 16~17.
80 Morrison, op. cit., p. 13.
81 포르투갈 당국이 제공한 수치로 Schmitt, op. cit., p. 17에서 인용했다.
82 OECD, *Economic Survey, Portugal*, p. 9.
83 Ibid., p. 24.
84 Dornbusch, Eckaus and Taylor, op. cit., pp. 299~300.
85 Morrison, op. cit., p. 68.
86 남부 시골 프롤레타리아의 특징에 관해서는 Caroline B. Brettell, 'Emigration and Its Implications for the Revolution in Northern Portugal', in Graham and Makler (eds), op. cit., p. 285와 Hammond, op. cit., p. 259를 참조할 것.
87 Murteira, op. cit., p. 337.
88 Morrison, op. cit., p. 45.
89 Gladdish, op. cit., p. 109.
90 Ibid., pp. 107~108. See also Tom Gallagher, 'The Portuguese Socialist Party: The Pitfalls of Being First', in Tom Gallagher and Allan M. Williams (eds), *Southern European Socialism. Parties, Elections and the Challenge of Government*, Manchester University Press, Manchester, 1988, p. 14.
91 Schmitt, op. cit., p. 4.
92 Morrison, op. cit., p. 74.
93 Schmitt, op. cit., p. 4를 참조할 것. 이야기의 전모는 Morrison, op. cit., pp. 75~87에 간결하게 나와 있다.
94 Donoughue, *Prime Minister*, p. 95.

95 Schmitt, op. cit., p. 17에서 인용한 공식 수치다.
96 Morrison, op. cit., p. 107.
97 Gallagher, 'The Portuguese Socialist Party …', p. 27.
98 Peter Wise, 'A time for celebration and reflection', *Financial Times*, 22 February 1994, p. 11.
99 Preston, *The Triumph of Democracy in Spain*, p. 76.
100 Alba, op. cit., p. 406.
101 Carr and Fusi, op. cit., pp. 208~209.
102 Ibid., pp. 148~149.
103 Baklanoff, op. cit., p. 91 and Share, op. cit., p. 37.
104 Preston, *The Triumph of Democracy in Spain*, p. 81.
105 Maravall, op. cit., p. 135.
106 Sebastian Balfour, *Dictatorship, Workers, and the City. Labour in Greater Barcelona Since 1939*, Clarendon Press, Oxford, 1989, pp. 219~220.
107 Mujal-León, op. cit., pp. 159~160.
108 Paul Heywood, 'Mirror-images: The PCE and PSOE in the Transition to Democracy in Spain', *West European Politics*, Vol. 10, no. 2, April 1987, p. 195.
109 Eusebio Mujal-León, 'Decline and Fall of Spanish Communism', *Problems of Communism*, Vol. XXXV, no. 2 March-April 1986, p. 3.
110 Share, op. cit., p. 40.
111 Mujal-León, *Communism and Political Change in Spain*, p. 158.
112 Maravall, op. cit., p. 136.
113 PSOE, *XXVII Congreso. Memoria de gestión de la Comisión Ejecutiva. Informe de la Comisión Ejecutiva al Congreso*, n.p. and n.d, pp. 13, 29, and 101.
114 Robert M. Fishman, *Working-Class Organization and the Return to Democracy in Spain*, Cornell University Press, Ithaca NY and London, 1990, p. 145. Fishman은 자기 연구에 지나치게 많은 의미를 부여한다. 그 연구는 기껏해야 공산주의 노동조합원들이 자신들과 공산당에게 불리하게 돌아간 상황에 불만이었다는 것을 보여줄 뿐이다.
115 PSOE, *XXVII Congreso*, pp. 112~113에 있는 스페인 사회노동당 전국위원회의 과도기 계획을 참조할 것.
116 Felipe González, 'La unidad de los socialistas', *Sistema*, no. 15, October 1976, pp. 46~47.
117 Alfonso Guerra, 'Los partidos socialistas del sur de Europa y las relaciones socialistas-comunistas', *Sistema*, no. 15, October 1976, pp. 54~55.
118 Ibid., pp. 59~60.
119 Share, op. cit., pp. 41~43.

120 David Gilmour, *The Transformation of Spain*, Quartet Books, London, 1985, p. 182.
121 Preston, *The Triumph of Democracy in Spain*, p. 119.
122 Share, op. cit., p. 42.
123 Gunther, Sani and Shabad, op. cit., pp. 160~161.
124 Mujal-León, *Communism and Political Change in Spain*, p. 178. 두 지도자의 긴밀한 관계에 대해서는 Munuel Azcárate, *Crisis del Eurocomunismo*, Editorial Argos Vergara, Barcelona, 1982, p. 98을 참조할 것.
125 Richard Gunther, 'Democratization and Party Building: The Role of Party Elites in the Spanish Transition', in Robert P. Clark and Michael H. Haltzel (eds), *Spain in the 1980s. The Democratic Transition and a New International Role*, Ballinger, Cambridge MA, 1987, p. 59.
126 Mujal-León, *Communism and Political Change in Spain*, pp. 181~182.
127 Gillespie, op. cit., p. 326 and Richard Clogg, *Parties and Elections in Greece. The Search for Legitimacy*, C. Hurst and Co., London, 1987, pp. 90, 143.
128 이런 사실은 José Maravall, *The Transition to Democracy in Spain*, Croom Helm, London, 1982, pp. 158~159에 있다. 그러나 수치와 연도는 잘못된 것이다.
129 Baklanoff, op. cit., pp. 90~94 and Carr and Fusi, op. cit., p. 219.
130 Lieberman, op. cit., p. 276.
131 Gilmour, op. cit., p. 190 and Lieberman, op. cit., pp. 276~277.
132 R. M. Fishman, op. cit., p. 217.
133 Preston, *The Triumph of Democracy in Spain*, p. 137.
134 Maravall, op. cit., p. 138.
135 Fishman, op. cit., pp. 219~220.
136 Ibid., p. 216. 지은이는 이 시기의 파업 통계가 정확하지 않다고 지적한다.
137 Carr and Fusi, op. cit., pp. 234~235.
138 Ibid., pp. 95~103.
139 Heywood, op. cit., p. 201.
140 스페인의 헌법 제정에 관해서는 Andrea R. Bonime, 'The Spanish State Structure: Constitution Making and the Creation of the New State', in Thomas D. Lancaster and Gary Prevost (eds), *Politics and Change in Spain*, Praeger, New York, 1985, pp. 10~34를 참조할 것.
141 Share, op. cit., p. 49. 그러나 그 헌법에서 생존권을 보장했다는 사실에 주목하라. 생존권은 낙태를 허용하는 법률을 막기 위해 법원이 사용할 수 있는 애매한 개념이었다. Monica Threlfall, 'Social Policy Towards Women in Spain, Greece and Portugal', in Tom Gallagher and Allan M. Williams (eds), *Southern*

European Socialism. Parties, Elections and the Challenge of Government, Manchester University Press, Manchester, 1989, pp. 219, 235를 참조할 것.
142 Monica Threlfall, 'The Women's Movement in Spain', *New Left Review*, no. 151, May-June 1985, p. 49.
143 Share, op. cit., pp. 58~59.
144 스페인 사회노동당 내 좌파 세력의 철저한 무능함에 관해서는 Gillespie, op. cit., pp. 348~354를 참조할 것.
145 Share, op. cit., pp. 54~57 and Heywood, op. cit., p. 206.
146 González, op. cit., pp. 50~51.
147 Gillespie, op. cit., pp. 340~341.
148 Ibid., pp. 337~338.
149 Mujal-León, *Communism and Political Change in Spain*, pp. 174~176.
150 Gunther, Sani and Shabad, op. cit., p. 153.
151 Patrick Camiller, 'The Eclipse of Spanish Communism', *New Left Review*, no. 147, September-October 1984, p. 122.
152 Paul Preston, 'The PCE in the Struggle for Democracy in Spain' in Howard Machin (ed.), *National Communism in Western Europe. A Third Way for Socialism?*, Methuen, London, 1983, p. 158.
153 Mujal-León, 'Decline and Fall of Spanish Communism', p. 7.
154 Azcárate, op. cit., pp. 21ff.
155 See Pedro Vega and Peru Erroteta, *Los herejes del PCE*, Editorial Planeta, Barcelona 1982, especially pp. 207~231.
156 Gerardo Iglesias, 'Adecuar el partido a la estrategia', *Nuestra Bandera*, Nos 118~119, 1983 pp. 6~11.
157 Benny Pollack, 'The 1982 Spanish General Election and Beyond', in *Parliamentary Affairs*, Vol. 36, no. 2, Spring 1983, p. 205.
158 PSOE, *Estrategia economica del PSOE*, Editorial Pablo Iglesias, Madrid 1980, p. 19.
159 Ibid., p. 49.
160 Camiller, op. cit., p. 255.
161 Georges B. Dertilis, 'Terre, paysans et pouvoir politique (Grèce, XVIIIe~XXe siècle)', *Annales*, Vol. 48, no. 1, January-February 1993, p. 85.
162 Nicos P. Mouzelis, 'Capitalism and Dictatorship in Post-war Greece', *New Left Review*, no. 96, March-April 1976, p. 61. 1881년까지 그리스 정부의 토지 정책에 대한 분석은 William W. McGrew, *Land and Revolution in Modern Greece, 1800~1881: The Transition in the Tenure and Exploitation of Land from Ottoman Rule to Independence*, Kent State University Press, Kent OH, 1985에

있다. 특히 Part II.
163 See John D. Bell, *Peasants in Power. Alexander Stamboliski and the Bulgarian Agrarian National Union, 1899~1923*, Princeton University Press, Princeton NJ, 1977.
164 Nicos Mouzelis, 'On the Greek Elections', *New Left Review*, no. 108, March-April 1978, p. 73.
165 스페인 내전의 원인이 된 농지 문제에 관해서는 Preston, *The Coming of the Spanish Civil War*를 참조할 것.
166 인물 중심적이고 후견주의적인 그리스 정치의 역사적 뿌리에 관해서는 George Th. Mavrogordatos, *Stillborn Republic: Social Conditions and Party Strategies in Greece 1922~1936*, University of California Press, Berkeley, 1983을 참조할 것.
167 P. Nikiforos Diamandouros, 'Greek Political Culture in Transition: Historical Origins, Evolution, Current Trends', in Richard Clogg (ed.), *Greece in the 1980s*, Macmillan, London, 1983, pp. 44~45.
168 David Close, 'Conservatism, Authoritarianism and Fascism in Greece, 1915~1945', in Blinkhorn (ed.), *Fascists and Conservatives*, p. 205.
169 A. F. Freris, *The Greek Economy int the Twentieth Century*, Croom Helm, London and Sydney, 1986, p. 151.
170 Nicos P. Mouzelis, *Modern Greece. Facets of Underdevelopment*, Holmes and Meier Publs., New York, 1978, pp. 27, 118~119.
171 Mouzelis, *Modern Greece*, p. 25 and Freris, op. cit., pp. 168~176.
172 Mouzelis, *Modern Greece*, p. 37.
173 Freris, op. cit., p. 156.
174 Mouzelis, *Modern Greece*, pp. 28~29.
175 Freris, op. cit., pp. 144~149.
176 Ibid., p. 187.
177 Clogg, *Parties and Elections in Greece*, p. 29.
178 Cited in John O. Iatrides, 'Beneath the Sound and the Fury: US Relations with the PASOK Government', in Richard Clogg (ed.), *Greece, 1981~1989. The Populist Decade*, St Martin's Press, New York, 1993, p. 166.
179 Andreas G. Papandreou, *A Strategy for Greek Economic Development*, Center of Economic Research, Contos Press, Athens, 1962, p. 96.
180 Robert McDonald, 'The Colonels' Dictatorship 1967~1974', in Marion Sarafis and Martin Eve (eds), *Background to Contemporary Greece*, Vol. II, Merlin Press, London, 1990, p. 258.
181 Jon V. Kofas, *Authoritarianism in Greece: The Metaxas Regime*, Columbia

University Press, New York, 1983.
182 Mouzelis, *Modern Greece*, p. 128.
183 Constantine P. Danopoulos, 'Military Professionalism and Regime Legitimacy in Greece, 1967~1974', *Political Science Quarterly*, Vol. 98, no. 3, Fall 1983, p. 491; and McDonald, op. cit., p. 270.
184 Kallistos Ware, 'The Church: A Time of Transition', in Clogg (ed.), *Greece in the 1980s*, p. 208.
185 S. Victor Papacosma, 'The Historical Context', in Clogg (ed.), *Greece in the 1980s*, P. 37.
186 Danopoulos, op. cit., p. 493.
187 Freris, op. cit., p. 162.
188 Danopoulos, op. cit., p. 497.
189 George S. Alogoskoufis, 'On the Determinants of Consumer Price Inflation in Greece', *Greek Economic Review*, Vol. 8, no. 2, December 1986, p. 251.
190 William S. Shepard, 'The Cyprus Issue: Waiting for Sadat', in Nikolaos A. Stavrou (ed.), *Greece under Socialism. A NATO Ally Adrift*, Orpheus Publishing, New Rochelle NY, 1988, p. 381.
191 See Yannis Papadopoulos, 'Parties, the State and Society in Greece: Continuity within Change', *West European Politics*, Vol. 12, no. 2, April 1989.
192 Clogg, *Parties and Elections in Greece*, p. 59.
193 Geoffrey Pridham and Susannah Verney, 'The Coalitions of 1989~1990 in Greece: Inter-party Relations and Democratic Consolidation', *West European Politics*, Vol. 14, no. 4, October 1991, p. 47.
194 Clogg, *Parties and Elections in Greece*, p. 78.
195 Andreas G. Papandreou, *Paternalistic Capitalism*, Minneapolis University Press, Minneapolis, 1972, p. 160.
196 Ibid., p. 161.
197 그리스인의 반미주의에 관해서는 Ioannis Papadopoulos, *Dynamique du discours politique et conquête du pouvoir. Le cas du PASOK: 1974~1981*, Peter Lang, Berne, 1989(University of Geneva doctoral dissertation no. 321)를 참조할 것. 1980년 미국에 대한 불신이 다른 EEC 회원국보다 그리스에서 깊었음을 보여주는 유로바로미터 조사가 pp. 234~235에서 인용되었다.
198 Michalis Spourdalakis, *The Rise of the Greek Socialist Party*, Routledge, London and New York, 1988, p. 5.
199 C. M. Woodhouse, *Karamanlis. The Restorer of Greek Democracy*, Clarendon Press, Oxford, 1982, pp. 216~218, 236~237.
200 Panayote E. Dimitras, 'La Grèce en quête d'une politique indépendante', *Revue*

française de science politique, Vol. 33, no. 1, February 1983, pp. 110~112.
201 Ibid., p. 115.
202 이 견해는 George Mavrogordatos, *the Rise of Greek Sun: The Greek Elections of 1981*, King's College London, Centre for Contemporary Greek Studies, Occasional Paper no. 1, 1983에서 상세히 다뤘다. Spourdalakis, op. cit., p. 23도 참조할 것.
203 Dimitras, op. cit., pp. 125~126.
204 Shepard, op. cit., p. 382.
205 See Nicos Mouzelis, 'On the Demise of Oligarchic Parliamentarism in the SemiPeriphery: A Balkan-Latin American Comparison', *Sociology*, Vol. 17, no. 1, February 1983, PP. 28~43.
206 Papandreou, *Paternalistic Capitalism*, pp. 168~169.
207 선언문 원문은 Clogg, *Parties and Elections in Greece*, pp. 217~222와 Spourdalakis, op. cit., pp. 288~295에 실렸다.
208 Clogg, *Parties and Elections in Greece*, pp. 217~218.
209 Ibid., p. 220.
210 Ibid., pp. 221~222.
211 Angelos Elephantis, 'PASOK and the Elections of 1977: The Rise of the Populist Movement', in Howard R. Penniman (ed.), *Greece at the Polls. The National Elections of 1974 and 1977*, American Enterprise Institute for Public Policy Research, Washington and London, 1981, p. 113.
212 자료가 많지만 그중에서도 Spourdalakis, op. cit.와 Vassilis Fouskas, *Populism and Modernization, the Exhaustion of the Third Hellenic Republic, 1974~1994*, Athens, 1995(그리스어)를 참조할 것. Fouskas는 그리스 사회당 인민주의의 '긍정적인' 면, 특히 1981~1985년의 복지 정책을 인정한다. Elephantis, op. cit., p. 119는 사회당에 대한 적대적인 편견의 예로 읽어야 할 것이고, 그 편견은 개혁파 공산당 활동가들에 의해 부풀려진 것이다.
213 Spourdalakis, op. cit., chapter 3에 당내 분쟁에 대한 상세한 설명이 있다. 직접 체험에서 나온 설명이지만, 분쟁의 중요성을 다소 과장한 면이 있다.
214 Clogg, *Parties and Elections in Greece*, p. 84.
215 Spourdalakis, op. cit., p. 166 and Clogg, *Parties and Elections in Greece*, p. 92.
216 Ware, op. cit., p. 226.
217 Nicos P. Mouzelis, 'Continuities and Discontinuities in Greek Politics: From Elefterios Venizelos to Andreas Papandreou', in Kevin Featherstone and Dimitrios K. Katsoudas (eds), *Political Change in Greece. Before and after the Colonels*, Croom Helm, London, 1987, pp. 275~276.
218 Richard Gillespie, 'Regime Consolidation in Spain: Party, State, and Society', in

Pridham (ed.), *Securing Democracy*, p. 140.
219 Spourdalakis, op. cit., p. 187.
220 Ibid., p. 212.
221 Cited in ibid., p. 195.
222 Mouzelis, 'On the Greek Elections', p. 66.
223 Stylianos Hadjiyannis, 'Democratization and the Greek State', in Ronald H. Chilcote et al., *Transitions from Dictatorship to Democracy. Comparative Studies of Spain, Portugal and Greece*, Crane Russak, New York, 1990, p. 143.
224 이 내용과 그리스 사회당의 점진적인 유럽화에 관해서는 Susannah Verney, 'Greece and the European Community', in Featherstone and Katsoudas (eds), op. cit., pp. 264ff를 참조할 것.
225 Clogg, *Parties and Elections in Greece*, pp. 97, 133 and 141.
226 See Theodore A. Couloumbis, 'PASOK's Foreign Policies, 1981~1989: Continuity or Change?', in Clogg (ed.), *Greece, 1981~1989*, pp. 120~121 and Iatrides, op. cit., p. 155.
227 Cited in Spourdalakis, op. cit., p. 202.
228 Ibid., p. 203.
229 Stavrou (ed.), op. cit.의 서문 pp. 1~3에서 Matthew Nimetz가 인용한 문장을 참조할 것.
230 James Petras, 'The Contradictions of Greek Socialism', *New Left Review*, no. 163, May-June 1987, p. 13.
231 Alogoskoufis, op. cit., p. 256.
232 Efthalia Kalogeropoulou, 'Election Promises and Government Performance in Greece: PASOK's Fulfilment of its 1981 Election Pledges', *European Journal of Political Research*, Vol. 17, no. 3, 1989, p. 291.
233 See Eleni Stamiris, 'The Women's Movement in Greece', New Left Review, no, 158, July-August 1986, pp. 109~110. See also Gisela Kaplan, *Contemporary Western European Feminism*, Allen and Unwin, Sydney, 1992, pp. 223~227.
234 George Tsalikis, 'Evaluation of the Social Health Policy in Greece', *International Journal of Health Services*, Vol. 18, no. 4, 1988, p. 554.
235 Christos Lyrintzis, 'PASOK in Power: From "Change" to Disenchantment', in Clogg (ed.), *Greece, 1981~1989*, p. 27.
236 Athanasios P. Papadopoulos, 'The Effects of Monetary, Fiscal and Exchange-rate Policies on Output, Prices and the Balance of Payments in the Open Economy of Greece, 1955~1990', *Applied Economics*, Vol. 25, no. 7, July 1993, p. 879.
237 그리스와 포르투갈의 공공 지출 비교는 Anthony S. Courakis, Fatima

Mouraroque and George Tridimas, 'Public-expenditure Growth in Greece and Portugal, the Wagner Law and Beyond', *Applied Economics*, Vol. 25, no. 1, January 1993, pp. 125~134를 참조할 것.
238 이런 'underdog' 문화에 대한 분석은 P. Nikiforos Diamandouros의 에세이 'Politics and Culture in Greece, 1974~1991: An Interpretation', in Clogg (ed.), *Greece, 1981~1989*, pp. 1~25에 있다.
239 Lyrintzis, op. cit., p. 36.
240 이 복잡한 사건에 대한 명확한 설명은 Pridham and Verney와 Fouskas, op. cit. (그리스어)를 참조할 것.
241 Pridham and Verney, op. cit., pp. 55~56.

22장 | 노동자, 여성, 환경보호주의자

1 Alain Touraine, *L'après socialisme*, 2nd edn, Grasset, Paris, 1983, p. 19.
2 Ralf Dahrendorf, *Reflections on the Revolution in Europe*, Chatto and Windus, London, 1990, p. 38.
3 Anthony Giddens, *Beyond Left and Right. The Future of Radical Politics*, Polity Press, Cambridge, 1994, p. 52.
4 Perry Anderson, Introduction to Perry Anderson and Patrick Camiller (eds), *Mapping the West European Left*, Verso, London, 1994, p. 2.
5 Wolfgang Merkel, 'After the Golden Age. Is Social Democracy Doomed to Decline?', in Christiane Lemke and Gary Marks (eds), *The Crisis of Socialism in Europe*, Duke University Press, Durham and London, 1992, p. 140. 서유럽 유권자들의 안정적인 지지 성향에 관해서는 Peter Mair and Stefano Bartolini, *Identity, Competition and Electoral Availability. The Stabilization of European Electorates 1885~1985*, Cambridge University Press, Cambridge, 1990도 참조할 것.
6 John Dunn, *The Politics of Socialism*, Cambridge University Press, Cambridge, 1984, P. 25.
7 Roth, *The Social Democrats in Imperial Germany*, p. 52.
8 많은 찬사를 받은 Gorz의 이론적 틀은 Anthony Giddens, 'The Perils of Punditry: Gorz and the End of the Working Class', *Social Theory and Modern Sociology*, Polity Press, Cambridge, 1987, pp. 275~296에서 비판을 받았다.
9 다음 자료에서도 통계 수치를 통해 그와 비슷한 점을 지적한다. Wolfgang Merkel, 'Between Class and Catch-all: Is There an Electoral Dilemma for Social Democratic Parties in Western Europe?', in Institut de Ciències Polítiques i Socials (ICPS), *Socialist Parties in Europe II: of Class, Populars, Catch-all?*,

Barcelona, 1992, p. 29.
10 Kitschelt, *The Transformation of European Social Democracy*, p. 41.
11 Ivor Crewe, 'The Labour Party and the Electorate', in Dennis Kavanagh (ed.), *The Politics of the Labour Party*, Allen and Unwin, London, 1982, pp. 10~11.
12 Daniel Bell, *The Coming of Post-Industrial Society*, Heinemann, London, 1974.
13 북유럽 국가들에서 나타난 이런 현상을 분석한 내용은 Thomas P. Boje and Lise Drewes Nielsen, 'Flexible Production, Employment and Gender', in Thomas P. Boje and Sven E. Olsson Hort (eds), *Scandinavia in a New Europe*, Scandinavia University Press, Oslo, 1993을 참조할 것.
14 Mimmo Carrieri, 'Superare il "modello proletario" di azione sindacale', *Democrazia e diritto*, nos 1~2, January-February 1989, pp. 58~59.
15 3회 SISE 학회에 제출된 논문, Mario Caciagli, 'Apogeo e declino delle due grandi subculture politiche territoriali', *Italia 1948~1988: Quarant'anni di dinamiche elettorali e istituzionali*, Naples, 6~8 October 1988.
16 Ivor Crewe, 'Labor Force Changes, Working Class Decline and the Labour Vote: Social and Electoral Trends in Postwar Britain', in Frances Fox Piven (ed.), *Labor Parties in Postindustrial Societies*, Polity Press, Cambridge, 1991, pp. 25~29에서는 1983년 영국 총선에서 전국적 추세와 반대로 실직한 육체노동자들의 4.5퍼센트가 지지 정당을 노동당으로 바꿨다는 점을 지적한다.
17 Patrick Seyd and Paul Whiteley, *Labour's Grass Roots. The Politics of Party Membership*, Clarendon Press, Oxford, 1992, pp. 28, 34.
18 Ibid., p. 34.
19 Ibid., p. 35. 영국 광부노조가 노동당의 가맹 노조이기 때문에 광부노조 조합원들은 개인적으로 가입할 필요가 없다. 그렇지만 그 내용은 영국 노동당 평당원들의 계급 기반을 보여준다.
20 Ibid.; see table on p. 39.
21 영국인들의 투표 행태에 관한 연구인 Anthony Heath, Roger Jowell and John Curtice, *How Britain Votes*, Pergamon Press, Oxford, 1985에서는 "노동당은 1983년에도 여전히 계급정당이었다. 이전보다 덜 성공적인 계급정당이었을 뿐이다"라고 썼다. p. 29와 chapter 3을 참조할 것.
22 See Ivor Crewe and David Denver, *Electoral Change in Western Democtacies: Patterns and Sources of Electoral Volatility*, Croom Helm, London, 1985; Russell J. Dalton, Scott C. Flanagan and Paul Allen Beck (eds), *Electoral Change in Advanced Industrial Democracies: Realignment or Dealignment?*, Princeton University Press, Princeton NJ, 1984; Paul Whiteley, *The Labour Party in Crisis*, Methuen, London and New York, 1983, pp. 81~107; and Mark Franklin, *The Decline of Class Voting in Britain. Changes in the Basis of Electoral Choice*

1964~1983, Clarendon Press, Oxford, 1985.
23   Ivor Crewe, 'On the Death and Resurrection of Class Voting: Some Comments on How Britain Votes', *Political Studies*, Vol. 34, no. 4, December 1986, p. 620; see the rejoinder by Anthony Heath, Roger Howell and John Curtice, 'Trendless Fluctuation: A Reply to Crewe', *Political Studies*, Vol. 35, no. 2, June 1987, pp. 256~277.
24   Andei S. Markovits and Philip S. Gorski, *The German Left. Red, Green and Beyond*, Polity Press, Cambridge, 1993, p. 267.
25   프랑스 공산당에 관한 내용은 Lazar, *Maisons rouges*, pp. 212~215를 참조하고, 이탈리아 공산당에 관해서는 Donald Sassoon, 'The 1987 Elections and the PCI', in Robert Leonardi and Piergiorgio Corbetta (eds), *Italian Politics. A Review*, Vol. 3, Pinter Publishers, New York and London, 1989, p. 130을 참조할 것.
26   David Butler and Dennis Kavanagh, *The British General Election of 1987*, Macmillan, London, 1988, p. 275.
27   Frigga Haug, *Beyond Female Masochism*, Verso, London and New York, 1992, p. 176.
28   Gisela Erler, 'The German Paradox; Non-feminization of the Labor Force and Postindustrial Social Policies', in Jane Jenson, Elisabeth Hangen and Ceallaigh Reddy (eds), *Feminization of the Labour Force. Paradoxes and Promises*, Polity Press, Cambridge, 1988, pp. 232~234.
29   John F. Keller, 'The Division of Labour in Electronics', in June Nash and María Patricia Fernández-Kelly (eds), *Women, Men, and the International Division of Labor*, SUNY Press, Albany NY, 1983, p. 354.
30   Catherine Hakim, 'The Myth of Rising Female Employment', *Work, Employment and Society*, Vol. 7, no. 1, 1993, pp. 97~100.
31   Jouko Nätti, 'Atypical Employment in the Nordic Countries: Towards Marginalisation or Normalisation?', in Boje and Olsson Hort (eds), op. cit., p. 180.
32   Hakim, 'The Myth ...', p. 103에 나온 계산을 참조할 것.
33   ibid., p. 103에 나온 표를 참조할 것.
34   Ibid., p. 102.
35   Eva Kolinsky, *Women in Contemporary Germany. Life, Work and Politics*, Berg, Providence and Oxford, 1993, pp. 174~175.
36   Norman Bonney and Elizabeth Reinach, 'Housework Reconsidered: The Oakley Thesis Twenty Years Later', *Work, Employment and Society*, Vol. 7, no. 4, December 1993, pp. 615~627. See also Catherine Hakim, 'Five Feminist Myths

about Women's Employment', *British Journal of Sociology*, Vol. 46, no. 3, pp. 429~455, September 1995.

37 Kristin Tornes, 'The Timing of Women's Commodification—How Part-time Solutions Became Part-time Traps', in Boje and Olsson Hort (eds), op. cit., pp. 298ff에는 다른 불이익들이 열거되었다.

38 John F. Ermisch and Robert E. Wright, 'Differential Returns to Human Capital in Full-time and Part-time Employment', in Nancy Folbre, Barbara Bergmann, Bina Agarwal and Maria Floro (eds), *Women's Work in the World Economy*, Macmillan, London, 1993, p. 196. 이런 상황은 EU 집행위원회의 동일 임금 지침이 시행된 1995년 이후에는 시정되었을 것이다.

39 Hakim, 'The Myth …', pp. 104~106은 광범위한 자료를 인용함으로써 이를 뒷받침한다. 그녀가 쓴 'Grateful Slaves and Self-Made Women: Fact and Fantasy in Women's Work Orientations', p. 109도 참조할 것.

40 Richard Rose and Ian McAllister, *The Loyalties of Voters*, Sage, London, 1990, p. 51.

41 See Hakim, 'Grateful Slaves …', p. 109.

42 Patricia Hewitt, *About Time. The Revolution in Work and Family Life*, IPPR/ Rivers Oram Press, London, 1993, pp. 53~54.

43 Anna Coote, 'The AES: A New Starting Point', *New Socialist*, November-December 1981, p. 5; this was reprinted in James Curran (ed.), *The Future of the Left*, Polity Press, Cambridge, 1984.

44 '각기 다른 삶의 단계에 있는 각기 다른 사람들을 위한 각기 다른 노동시간'을 획득하기 위해 노동시간을 규제해야 한다는 제안은 Hewitt, op. cit.에 나온다. 인용된 부분은 p. 172에 있는 내용이다. 1973~1987년 프랑스와 네덜란드에서는 실업을 줄이기 위한 일자리 나누기 계획을 통해 노동시간 감축이 실시되었다. 그 내용은 Maddison, *Dynamic Forces in Capitalist Development*, pp. 137~138을 참조할 것.

45 Bob Rowthorn and Andrew Glyn, 'The Diversity of Unemployment Experience since 1973', in Marglin and Schor (eds), *The Golden Age of Capitalism*, pp. 220~223.

46 Therborn, *Why Some People Are More Unemployed Than Others*, pp. 72~73.

47 Harriet Holter and Bjørg Aase Sørensen, 'Norway', in Alice H. Cook, Val R. Lorwin and Arlene Kaplan Daniels (eds), *Women and Trade Unions in Eleven Industrialized Countries*, Temple University Press, Philadelphia, 1983, p. 244.

48 Jane Jenson and Elisabeth Hangen 'Paradoxes and Promises. Work and Politics in the Postwar Years', in Jenson, Hangen and Reddy (eds), op. cit., p. 9.

49 대다수 설문 조사를 통해 그런 '선호'가 사실임을 알 수 있다. Hakim, 'Five

Feminist Myths'를 참조할 것. 정말로 중요한 질문은 이 '선호'가 사회적으로 어떻게 구성되었는가 하는 것이다.

50 Mary Ruggie, *The State and Working Women. A Comparative Study of Britain and Sweden*, Princeton University Press, Princeton NJ, 1984, p. 85.

51 Mary Ruggie, 'Gender, Work, and Social Progress. Some Consequences of Interest Aggregation in Sweden', in Jenson, Hangen and Reddy (eds), op. cit., p. 181; and Christina Jonung, 'Patterns of Occupational Segregation by Sex in the Labor Market', in Günther Schmidt and Renate Weitzel (eds), *Sex Discrimination and Equal Opportunity. The Labour Market and Employment Policy*, Gower, Aldershot, 1984, p. 55.

52 Tornes, op. cit., p. 292와 Jenson and Mahon, 'Representing Solidarity: Class, Gender and the Crisis in Social-Democratic Sweden', p. 84를 참조할 것. 그러나 Jenson과 Mahon은 그 분리는 오로지 사회정책과 관련이 있다고 말한다.

53 Alice H. Cook, 'Introduction' in Cook, Lorwin and Daniels (eds), op. cit., p. 5.

54 Catherine Hakim, 'Explaining Trends in Occupational Segregation: The Measurement, Causes, and Consequences of the Sexual Division of Labour', *European Sociological Review*, Vol. 8, no. 2, September 1992, pp. 127~152; Kathleen Kiernan, 'Men and Women at Work and at Home', in Roger Jowell et al. (eds), *British Social Attitudes. The 9th Report*, SCPR/Dartmouth, Aldershot, 1992, p. 95도 참조할 것. 이 자료는 시간제 여성 노동자의 직종 분리가 전일제 여성 노동자에 비해 심각하다는 것을 보여준다.

55 OECD, *Economic Outlook, Historical Statistics 1960~1989*, p. 37.

56 Marie-Gabrielle David and Christophe Starzec, 'Women and Part-time work: France and Great Britain compared', in Folbre, et al. (eds), op. cit., pp. 180~181.

57 Dominique Gambier and Michel Vernières, *L'emploi en France*, Editions La Découverte, Paris, 1988, pp. 22~24.

58 Marianne Sundström, 'Part-time Work in Sweden and Its Implications for Gender Equality', in Folbre, et al. (eds), op. cit., p. 217. 시간제의 정의가 나라마다 다를 수 있다. 스웨덴에서 시간제 일은 주당 30시간 미만으로 일하는 것이고, 영국에서는 20시간을 기준으로 한다. 이런 불일치가 통계상의 오해를 끝없이 불러올 수도 있다.

59 Hakim은 이것을 '신화'라고 부른다. 그녀가 인용하는 증거(European Commission, Employment in Europe 1993, COM[93], p. 314)를 통해 보육이 중요한 원인임이 드러나기는 한다. 그러나 그녀는 전일제 일을 하는 여성의 비율이 매우 높은 포르투갈에 "보육 서비스가 존재하지 않는다"는 점을 지적한다. 비공식적인 광대한 가족 네트워크의 도움이 상당히 컸을 것으로 추측할 수 있다. Hakim, 'Five Feminist Myths'를 참조할 것. 몇몇 실증적 연구

에 따르면 정부의 보육비 지원이 저임금 가구의 엄마들이 노동인구로 들어가는 데 도움이 된다. David M. Blau and Philip K. Robins, 'Child-care Costs and Family Labor Supply', *Review of Economics and Statistics*, Vol. 70, no. 3, August 1988, pp. 374~381을 참조할 것.

60 Bronwen Cohen and Neil Fraser, *Childcare in a Modern Welfare System. Towards a New National System*, IPPR, London, 1991; see table on p. 48.
61 Joni Lovenduski and Vicky Randall, *Contemporary Feminist Politics. Women and Power in Britain*, Oxford University Press, Oxford, 1993, p. 29.
62 Ruggie, *The State and Working Women*, pp. 248, 285, 297.
63 Cohen and Fraser, op. cit., pp. 44~47.
64 David and Starzec, op. cit., p. 190.
65 Olsson, *Social Policy and Welfare State in Sweden*, p. 283.
66 Chris Meyer, 'Nordic State Feminism in the 1990s: Whose Ally?', in Boje and Olsson Hort (eds), op. cit., p. 277.
67 Burtless, 'Taxes, Transfers, and Swedish Labor Supply', p. 190 and Siv Gustafsson, 'Equal Opportunity Policies in Sweden', in Schmidt and Weitzel (eds), op. cit., p. 139.
68 Sundström, op. cit., p. 213.
69 Heide M. Pfarr and Ludwig Eitel, 'Equal Opportunity Policies for Women in the Federal Republic of Germany', in Schmidt and Weitzel (eds), op. cit., pp. 168~169.
70 Jonung, 'Patterns of Occupational Segregation by Sex in the Labor Market', p. 48.
71 Joyce Gelb, 'Feminism and Political Action', in Russell J. Dalton and Manfred Kuechler (eds), *Challenging the Political Order. New Social and Political Movements in Western Democracies*, Polity Press, Cambridge, 1990, p. 148; Maud L. Eduards, 'The Swedish Gender Model: Productivity, Pragmatism and Paternalism' *West European Politics*, Vol. 14, no. 3, July 1991, p. 176; and Kaplan, *Contemporary Western European Feminism*, p. 28.
72 Jane Jenson, 'The Limits of "and the" Discourse. French Women as Marginal Workers', in Jenson, Hangen and Reddy (eds), op. cit., p. 165.
73 Wayne Northcutt and Jeffra Flaitz, 'Women, Politics and the French Socialist Government', *West European Politics*, Vol, 8, no. 4, October 1985, p. 58.
74 Jenson, 'The Limits of "and the" Discourse', pp. 161~162.
75 Daniela Del Boca, 'Women in a Changing Workplace. The Case of Italy', in Jenson, Hangen and Reddy (eds), op. cit., pp. 121~123.
76 Ibid., p. 125.

77 Ibid., p. 127.
78 1993년에 이탈리아의 전체 실업률은 11퍼센트인 반면, 19세 이하 젊은이들의 실업률은 38퍼센트였다. 스페인에서도 이와 비슷한 격차가 나타났다. ILO, *World Labour Report 1993*, Geneva, 1993, p. 19를 참조할 것.
79 독일은 Pfarr and Eitel, op. cit., p. 159를, 영국은 Coote and Campbell, *Sweet Freedom*, pp. 116~118을 참조할 것.
80 Robert J. Flanagan, 'Efficiency and Equality in Swedish Labor Markets', in Bosworth and Rivlin (eds), *The Swedish Economy*, pp. 143ff.
81 Ruggie, *The State and Working Women*, p. 71; Korpi, *The Working Class in Welfare Capitalism*, p. 103.
82 Ruggie, 'Gender, Work, and Social Progress' pp. 176, 180 and Gustafsson, op. cit., p. 132.
83 Gustafsson, op. cit., p. 144와 Maud Eduards, Beatrice Halsaa and Hege Skjeie, 'Equality: How Equal?', in Elina Haavio-Mannila et at. (eds), *Unfinished Democracy. Women in Nordic Politics*, trans. Christine Badcock, Pergamon Press, Oxford, 1985, p. 172를 참조할 것. 독일 노동조합의 견해도 스웨덴의 노동조합과 같았다. Alice H. Cook, 'Federal Republic of Germany', in Cook, Lorwin and Daniels (eds), op. cit., p. 83을 참조할 것.
84 Jenson and Mahon, op. cit., p. 90; for Norway, see Hege Skjeie, The Uneven Advance of Norwegian Women', *New Left Review*, no. 187, May-June 1991, p. 87.
85 Ruggie, *The State and Working Women*, pp. 7, 71.
86 Gillian Whitehouse, 'Legislation and Labour Market Gender Inequality: An Analysis of OECD Countries', *Work, Employment and Society*, Vol. 6, no. 1, March 1992, pp. 65~86.
87 Pauline Glucklicht, 'The Effects of Statutory Employment Policies on Women in the United Kingdom Labour Market', in Schmidt and Weitzel (eds), op. cit., pp. 119~120; Coote and Campbell, op. cit., p. 160 and table on p. 81.
88 그런 입법을 기꺼이 받아들인 보수당의 태도에 대해서는 Vicky Randall, *Women and Politics*, Macmillan, London, 1987, p. 287을 참조할 것.
89 Coote and Campbell, op. cit., p. 155.
90 Glucklicht, op. cit., pp. 114~115; 이 에세이는 M. W Snell, P. Glucklicht and M. Povall, *Equal Pay and Opportunities*, Research Paper no. 20, Department of Employment, London, 1981에서 밝혀진 사실에 근거한다. 법률의 실패에 관해서는 Christine Jackson, 'Policies and Implementation of Anti-Discrimination Strategies', in Schmidt and Weitzel (eds), op. cit., p. 194를 참조할 것.
91 그런 지침으로는 1975년 동일 임금에 관한 지침(75/117/EEC), 1976년 처우

평등에 관한 지침(76/207/EEC), 1979년 사회보장에 관한 지침(79/7/EEC)이 있다.

92 Susan Cunningham, 'The Development of Equal Opportunities. Theory and Practice in the European Community', *Policy and Politics*, Vol. 20, no. 3, 1992, pp. 177~189.
93 June O'Neill, 'Earnings Differentials: Empirical Evidence and Causes', in Schmidt and Weitzel (eds), op. cit., pp. 82~85.
94 Ben Fine, *Women's Employment and the Capitalist Family*, Routledge, London, 1992, pp. 163~165의 문헌 고찰을 참조할 것.
95 Jenson and Hangen, 'Paradoxes and Promises', p. 10. 여성의 임금에 관해서는 Isabella Bakker, 'Women's Employment in Comparative Perspective', in Jenson, Hargen and Reddy, op. cit., p. 26도 참조할 것.
96 성별과 생산-소비에 관해서는 Nancy Fraser, *Unruly Practices. Power, Discourse and Gender in Contemporary Social Theory*, Polity Press, Cambridge, 1989, pp. 124~125를 참조할 것.
97 Martin Pugh, *Women and the Women's Movement in Britain 1914~1959*, Macmillan, London, 1992, p. 291.
98 Hobsbawm, *Industry and Empire*, pp. 65~69.
99 Alain Lipietz, *Mirages and Miracles. The Crisis of Global Fordism*, Verso, London 1977, PP. 75~77.
100 Joan Smith, 'Women's Unwaged Labour and the Formation of the World Labour Force', in Erik Aerts, Paul M. M. Klep, Jürgen Kocka and Marina Thorborg (eds), *Women in the Labour Force: Comparative Studies on Labour Market and Organization of Work since the 18th Century*, Leuven University Press, Louvain, 1990, p. 13.
101 Singapore Department of Statistics, *Yearbook of Statistics*, Singapore, 1990, pp. 298~299.
102 Franklin, op. cit., p. 150.
103 Ronald Inglehart의 저술, 특히 *The Silent Revolution;* 'The Changing Structure of Political Cleavages in Western Society', in Dalton, Flanagan and Beck (eds), op. cit.와 'Values, Ideology, and Cognitive Mobilization in New Social Movements', in Dalton and Kuechler (eds), op. cit.를 참조할 것.
104 이런 일반적 인식은 실증적 연구를 통해 입증된다. 그런 연구의 예는 Geoffrey Evans, 'Is Gender on the "New Agenda"?', *European Journal of Political Research*, Vol. 24, 1993, pp. 135~158에서 찾아볼 수 있다.
105 Patricia Hewitt가 Neil Kinnock에게 보낸 메모의 내용으로 언론에 곧바로 유출되었고, Colin Hughes and Patrick Wintour, *Labour Rebuilt. The New Model*

Party, Fourth Estate, London, 1990, p. 19에서 인용되었다.
106 Francis Mulhern, 'Towards 2000, or News From You-Know-Where', *New Left Review*, no. 148, November-December 1984, p. 20.
107 See table in Herbert Kitschelt, 'New Social Movements and the Decline of Party Organization', in Dalton and Kuechler (eds), op. cit., p. 183.
108 Alan Scott, *Ideology and the New Social Movements*, Unwin Hyman, London, 1990, pp. 10~11.
109 Karl-Werner Brand, 'Cyclical Aspects of New Social Movements : Waves of Cultural Criticism and Mobilization Cycles of New Middle-class Radicalism', in Dalton and Kuechler (eds), op. cit., pp. 23, 32.
110 Sully, *Continuity and Change in Austrian Socialism*, p. 231 and Jelavich, *Modern Austria*, pp. 306~307.
111 Göran Therborn, 'Swedish Social Democracy and the Transition from Industrial to Postindustrial Politics', in Fox Piven (ed.), op. cit., pp. 114~118.
112 Elmar Altvater, *The Future of the Market. An Essay on the Regulation of Money and Nature after the Collapse of 'Actually Existing Socialism'*, trans. Patrick Camiller, Verso, London, 1993, p. 183.
113 무단 침입 사건은 (노동당원과 공산당원으로 구성된) 영국노동자스포츠연맹British Workers' Sports Federation과 도보여행자권리운동Ramblers' Rights Movement에 의해 조직되었다. 간략한 내용을 알고 싶으면 Howard Newby, *The Countryside in Question*, Hutchinson, London, 1988, p. 117을 참조할 것.
114 Jean-Pierre Cot, 'Autogestion and Modernity in France', p. 84.
115 See Anthony Crosland's 1971 Fabian Tract, *A New Social Democratic Britain*, cited in Neil Carter, 'The "Greening" of Labour', in Martin J. Smith and Joanna Spear (eds), *The Changing Labour Party*, Routledge, London, 1992, p. 120.
116 Anthony Crosland, *Social Democracy in Europe*, Fabian Tract no. 438, December 1975, pp. 9~10.
117 1975년 5월 25일 오스트리아 빈에서 한 대화로 원문은 Willy Brandt, Bruno Kreisky and Olof Palme, *La Social-démocratie et l'avenir*, Gallimard, Paris, 1976에 실렸다. 독일어 원서는 *Briefe und Gespräche* (1975)다.
118 Anna Bramwell, *Ecology in the 20th Century. A History*, Yale University Press, New Haven and London, 1989, pp. 7~8. 반환경보호주의와 반집단주의 관점에서 쓰인 책이다. 관련 문헌이 대부분 생태주의를 지지하는 데 반해, 이 책은 그런 문헌에 대한 설득력 있는 반론을 담고 있다.
119 David Pepper, *The Roots of Modern Environmentalism*, Routledge, London, 1984, pp. 68~84, 91~103.
120 Bramwell, op. cit., pp. 197~203. 지루한 오해를 피하기 위해 짚고 넘어가자면,

나는 결코 채식주의자와 동물 애호가들이 초기 단계의 나치라는 말을 하는 것이 아니다.
121 원래 제목은 *Ein Planet wird geplündert. Die Schreckensbilanz unserer Politik*다. 좌파 환경보호주의 관점에서 썼고 Gruhl에 반대하는 입장이 담긴 글은 Werner Hülsberg's *The German Greens. A Social and Political Profile*, trans. Gus Fagan, Verso, London, 1988, pp. 87~89에 나온다.
122 A. Scott, op. cit., pp. 84~85.
123 Rudolf Bahro, *From Red to Green. Interviews with New Left Review*, Verso, London, 1984, pp. 133, 185~186.
124 A. Scott, op. cit., p. 89.
125 이 내분은 극좌파 내 분쟁 못지않게 치열했다. E. Gene Frankland and Donald Schoonmaker, *Between Protest and Power. The Green Party in Germany*, Westview Press, Boulder CO, 1992, p. 113과 Markovits and Gorski, op. cit.를 참조할 것. Markovits와 Gorski는 환경보호라는 대의에 대단한 열의가 있었음에도 "레닌주의 정당을 연상시키는… 맞선 (환경보호주의자들의) 광신과 편협"(p. 274)은 제대로 볼 줄 알았다.
126 Bramwell, op. cit., pp. 221~223.
127 Ferdinand Müller-Rommel이 'The German Greens in the 1980s: Short-term Cyclical Protest or Indicator of Transformation', *Political Studies*, Vol. 37, no. 1, March 1989, p. 115에서 한 주장이다.
128 Kitschelt, 'New Social Movements', p. 202.
129 See tables in Frankland and Schoonmaker, op. cit., pp. 70~71.
130 헤센 주와 함부르크 주 적녹 연정의 종말에 관해서는 Diane L. Parness, *The SPD and the Challenge of Mass Politics*, Westview Press, Boulder CO, 1991, pp. 135~167과 Markovits and Gorski, op. cit., pp. 221~225를 참조할 것.
131 Frankland and Schoonmaker, op. cit., pp. 160~162.
132 Klaus von Beyme, 'A United Germany Preparing for the 1994 Elections', *Government and Opposition*, Vol. 29, no. 4, Autumn 1994, pp. 459~460.
133 Herbert Kitschelt도 *The Transformation of European Social Democracy* 서문 p. xiii에서 같은 말을 했다.
134 68세대가 1970~1980년대에 반페미니즘 정서가 사그라지는 데 어떤 기여를 했는지 살펴보려면 April Morgan and Clyde Wilcox, 'Anti-feminism in Western Europe 1975~1987', *West European Politics*, Vol. 15, no. 4, October 1992, p. 154를 참조할 것.
135 Lesley Caldwell, *Italian Family Matters. Women, Politics and Legal Reform*, Macmillan, London, 1991, p. 87.
136 Monica Threlfall, 'The Women's Movement in Spain', pp. 56~57.

137 Threlfall, 'Social Policy Towards Women in Spain, Greece and Portugal', in Gallagher and Williams (eds), *Southern European Socialism*; 특히 그리스에 관해서는 Stamiris, 'The Women's Movement in Greece'와 이 책 chapter 21을 참조할 것.
138 Stamiris, op. cit., pp. 234~237.
139 Jelavich, op. cit., p. 302.
140 Coote and Campbell, op. cit., p. 157.
141 Enrico Berlinguer, *La 'Questione Comunista'*, Vol. 1, p. 410.
142 See Valentini, *Berlinguer Il Segretario*, pp. 54~55, 80~83.
143 Bianca Beccalli, 'The Modern Women's Movement in Italy', *New Left Review*, no. 204, March-April 1994, pp. 98~100을 참조할 것. 이 문제에서 정당들이 한 역할에 대한 폭넓은 논의는 Caldwell, op. cit., pp. 87~101에서 찾아볼 수 있다. 이탈리아 공산당의 역할에 관해서는 Hellman, *Journeys among Women*, p. 36을 참조할 것.
144 Lenin, 'To the Working Women', in *Collected Works*, Vol. 30, p. 372.
145 Marila Guadagnini, 'A "Partitocrazia", Without Women: The Case of the Italian Party System', in Joni Lovenduski and Pippa Norris (eds), *Gender and Party Politics*, Sage, London, 1993. p. 190.
146 상세한 분석은 Guadagnini, op. cit., pp. 186~188을 참조할 것.
147 명부는 지역별로 작성한다. 각 '지역'에서 의석을 하나밖에 얻지 못하는 작은 정당들은 대개 명부 맨 위에 남자 후보를 올려놓을 것이다. 그 때문에 여성들이 정당 명부제 의석의 절반을 얻지 못했다.
148 Pippa Norris, 'Women's Legislative Participation in Western Europe', *West European Politics*, Vol. 8, no. 4, October 1985, pp. 94~99. Pippa Norris, 'Conclusions: Comparing Legislative Recruitment', in Lovenduski and Norris, op. cit., pp. 312~315에도 유사한 주장이 나온다. 정당 명부제가 여성에게 유리하게 작용한 점에 관해서는 Pippa Norris, *Politics and Sexual Equality. The Comparative Position of Women in Western Democracies*, Wheatsheaf, Brighton, 1987, pp. 129~130을 참조할 것. 핀란드에서 선호투표제가 여성에게 어떤 식으로 유리하게 작용했는지에 관해서는 Torild Skard and Elina Haavio-Mannila, 'Women in Parliament', in Haavio-Mannila et al. (eds), op. cit., p. 58을 참조할 것.
149 Skjeie, op. cit., pp. 79, 84.
150 Ibid., p. 80.
151 Duane F. Alwin, Michael Braun and Jacqueline Scott, 'The Separation of Work and Family: Attitudes Towards Women's Labour-Force Participation in Germany, Great Britain and the United States', *European Sociological Review*,

Vol. 8, no. 1, May 1992, p. 18~19.
152 Clyde Wilcox, 'The Causes and Consequences of Feminist Consciousness among West European Women', *Comparative Political Studies*, Vol. 23, no. 4, January 1991; p. 529에 있는 표를 참조할 것. p. 521에서는 '페미니스트'를 다음 네 가지 중 적어도 세 가지에 해당하는 사람으로 정의한다. 네 가지 조건은 여성에 대한 편견에 반대하고, 직장 내 평등을 지지하며, 정치에서 평등을 지지하고, 부모 중 누구라도 아픈 아이를 집에서 돌볼 수 있게 해야 한다고 주장하는 것이다. 이 조사는 비교 수치를 살펴봐야 할 것이다. Kaplan, op. cit., pp. 17, 266에 인용된 EEC의 *Women and Men of Europe 1983*과 유사한 다른 조사에서는 영국의 순위가 낮다. 그러나 이를 영국에서 반평등주의가 강했다는 증거로 받아들여서는 안 된다. 같은 시기에 실시된 다른 조사에서는 그와 다른 상황이 드러난다. Sharon Witherspoon, 'Sex Roles and Gender Issues', in Roger Jowell and Sharon Witherspoon (eds), *British Social Attitudes. The 1985 Report*, Gower, Aldershot 1985, pp. 55~94를 참조할 것.
153 Kaplan, op. cit., p. 223. 허위 답변으로 결과가 왜곡되었다고 가정한다면, 여성 문제에 관해 의식이 깨어 있는 것처럼 보이고 싶어 하는 그리스인이 그토록 많은 까닭은 무엇일까?
154 Ibid., pp. 224~229.
155 Ibid., p. 265.
156 Anne Phillips, 'Democracy and Difference: Some Problems for Feminist Theory', *Political Quarterly*, Vol. 63, no. 1, January-March 1992, p. 89.
157 영국 노동당이 여성을 대하는 태도가 어떻게 변해왔는지 상세한 설명은 Valerie Atkinson and Joanna Spear in 'The Labour Party and Women: Policies and Practices', in Smith and Spear (eds), op. cit., pp. 151~167에 나온다.
158 Eva Kolinsky, 'Party Change and Women's Representation in Unified Germany', in Lovenduski and Norris (eds), op. cit., pp. 130ff.
159 사회주의 인터내셔널 여성회의(1993년 10월 3~4일)에 제출된 *Report on Quota in SI Member Parties*를 참조할 것.
160 Monica Threlfall, 'Feminism and Social Change in Spain', in M. Threlfall (ed.), *Mapping the Women's Movements*, Verso, London, 1996.
161 Frigga Haug, 'Lessons from the Women's Movement in Europe', pp. 111~112.
162 Hang, *Beyond Female Masochism*, p. 163.
163 Judt, *Marxism and the French Left*, p. 278.
164 Robert Ladrech, 'Social Movements and Party Systems: The French Socialist Party and New Social Movements', *West European Politics*, Vol. 12, no. 3, July 1989, p. 270.
165 인터내셔널 프랑스지부에 관해서는 Judt, op. cit., p. 278을 참조할 것. de

Gaulle에 관해서는 Andrew Appleton and Amy G. Mazur, 'Transformation or Modernization: The Rhetoric and Reality of Gender and Party Politics in France', in Lovenduski and Norris (eds), op. cit., p. 99를 참조할 것.
166 See Kolinsky, *Women in Contemporary Germany*, p. 204 and the table on p. 201.
167 Jenson and Mahon, op. cit., p. 95.
168 Therborn, 'Swedish Social Democracy', p. 122.
169 Rose and McAllister, op. cit., p. 50.
170 Lovenduski and Randall, op. cit., p. 160; see MORI poll in Butler and Kavanagh, op. cit., p. 275.
171 Patricia Hewitt and Deborah Mattinson, *Women's Votes: The Key to Winning*, Fabian Research Series no. 353, June 1989, pp. 4~5. MORI 조사 결과를 자료로 사용했다.
172 Ibid., p. 1.
173 Anna Coote and Polly Pattullo, *Power and Prejudice. Women and Politics*, Weidenfeld and Nicolson, London, 1990, p. 186.
174 David Butler and Dennis Kavanagh, *The British General Election of 1992*, Macmillan, London, 1992, p. 279.
175 See, for instance, the Fabian pamphlet by Hewitt and Mattinson, op. cit.
176 Catherine Hakim, 'Explaining Trends in Occupational Segregation', pp. 129~130.
177 Beatrix Campbell, *Iron Ladies. Why Do Women Vote Tory?*, Virago Press, London, 1987, p. 151.
178 Beccalli, op. cit., p. 91.
179 양차 세계대전 사이에 보수당이 여성 문제에 접근한 방식을 분석한 내용은 Pugh, op. cit., pp. 124~129를 참조할 것.
180 Kolinsky, *Women in Contemporary Germany*, p. 241.
181 Haug, *Beyond Female Masochism*, pp. 213~214.
182 Lovenduski and Randall, op. cit., p. 164.
183 네덜란드, 이탈리아, 독일에서 여성 유권자들의 투표 행태를 조사한 내용은 Lawrence C. Mayer and Roland E. Smith, 'Feminism and Religiosity: Female Electoral Behaviour in Western Europe', *West European Politics*, Vol. 8, no. 4, October 1985, pp. 38~49를 참조할 것.
184 Rose and McAllister, op. cit., p. 52.
185 Butler and Kavanagh, *The British General Elections of 1992*, p. 165.
186 Bryan Gould, *A Future for Socialism*, Jonathan Cape, London, 1989, p. 53.
187 Marc Lazar, 'Le parti communiste italien et le défi des années quatre-vingt', *Commentaire*, no. 44, Winter 1988~1989, p. 939.

188 Sharon Witherspoon and Jean Martin, 'What do we Mean by Green?', in Jowell et al. (eds), op. cit., p. 22.
189 Helmut Schmidt의 연방 하원 연설(1979년 5월 17일). *Perspectives on Politics*, p. 138.
190 Kiernan, op. cit., pp. 97~99.
191 Alva Myrdal and Viola Klein, *Women's Two Roles. Home and Work*, Routledge and Kegan Paul, London, 1956. 그러나 이 책의 지은이들은 문제를 해결하기 위해 남성의 역할 변화가 필요하다고 보지는 않았다. "여성이 두 가지 역할을 모두 수행할 수 있도록 실질적인 기회를 주는 방향으로 사회가 조직될 수 있다는 데는 의심할 여지가 없다." pp. xii~xiii을 참조할 것.
192 여성들이 이중 역할에 느끼는 죄책감과 일과 경력에 대한 양면적인 태도는 Rosalind Coward, *Our Treacherous Hearts*, Faber and Faber, London, 1991, pp. 28ff를 참조할 것.
193 Gustafsson, op. cit., p. 136과 Sundström, op. cit., p. 219. 이 입법에는 '부르주아' 연정과 자유당의 역할이 컸다.
194 Sundström, op. cit., p. 220; Jenson and Mahon, op. cit., p. 90.
195 Anthony Giddens, *The Transformation of Intimacy*, Polity Press, Cambridge, 1992에서 정당들의 역할이 한 번도 언급되지 않았다는 사실은 중요한 의미가 있으면서도 당연한 결과다.
196 Carole Pateman, *The Disorder of Women*, Stanford University Press, Stanford CA, 1989, p. 204.

23장 | 1980년대 : 마지막 보루에서 급진주의

1 Lothar Gall, *Bismarck, The White Revolutionary. Vol. 1: 1815~1871*, trans. J. A. Underwood, Unwin Hyman, London, 1986, p. 226에 인용된 1863년 1월 29일 연설이다.
2 1979년 이후 부자와 빈자의 격차가 점점 벌어지는 것을 보여주는 수치는 영국 사회보장부의 공식 간행물 *Households Below Average Income*, HMSO, July 1994에 있다.
3 See his 'The Great Moving Right Show', originally in *Marxism Today*, December 1978; now in Stuart Hall, *The Hard Road to Renewal*, Verso, London, 1988, p. 44.
4 See the collection of the magazine's most significant articles in Stuart Hall and Martin Jacques (eds), *New Times. The Changing Face of Politics in the 1990s*, Lawrence and Wishart, London, 1989.
5 Michael Rustin, 'The Politics of Post-Fordism: or, The Trouble with "New

Times"', *New Left Review*, no. 175, May-June 1989, p. 56.
6 『뉴타임스New Times』에 대한 Gregory Elliott의 비판을 참조할 것. Gregory Elliott, *Labourism and the English Genius*, pp. 148~151.
7 이 문제와 그 시기에 노동당 내부 분쟁에서 노동조합의 역할에 대해서는 Lewis Minkin, *The Contentious Alliance*, 특히 pp. 301~305를 참조할 것.
8 1970년대 초 대안경제전략의 최초 공식화에 대해서는 Stuart Holland, *The Socialist Challenge*나 John Eaton, Michael Barratt Brown and Ken Coates, *An Alternative Economic Strategy for the Labour Movement*, Spokesman Pamphlet no. 47, Nottingham, 1975를 참조할 것.
9 이에 대한 간략한 내용은 the Conference of Socialist Economists London Working Group, *The Alternative Economic Strategy*, LCC/CSE, London, 1980에 있다. 노동당이 제안한 내용에 관한 설명은 *Labour's Programme 1982*, published by the Labour Party, London, 1982, 특히 pp. 15~25에 나온다.
10 예를 들면 David Currie도 영국 사회민주당의 경제 계획에 대한 비평에서 그 점을 지적했다. 'SDP: A Prop For Profits', *New Socialist*, March-April 1982, p. 11.
11 대안경제전략과 일반 당원에 대한 평가는 Patrick Seyd, *The Rise and Fall of the Labour Left*, Macmillan, London, 1987, p. 94를 보라.
12 Andrew Gamble, 'The Labour Party and Economic Management', in Smith and Spear (eds), *The Changing Labour Party*, p. 62.
13 Bruce George, *The British Labour Party and Defense*, Praeger, New York, 1991, p. 70.
14 Ibid., pp. 40ff.
15 Paul Whiteley, *The Labour Party in Crisis*, p. 9에서 활동가들의 '부정적인 힘'에 대해 쓴 내용을 참조할 것.
16 사회민주당 편향의 신랄한 언론 보도 내용은 David Kogan and Maurice Kogan, *The Battle for the Labour Party*, Fontana, n.p. 1982를 참조할 것.
17 See Noel Tracy, *The Origins of the Social Democratic Party*, Croom Helm, London and Canberra, 1983, pp. 37~38.
18 Roy Jenkins, *Partnership of Principle*, Secker and Warburg, London, 1985, pp. 16, 20. 과거에도 Woodrow Wyatt나 Dick Taverne을 비롯해 유사한 요구를 한 이들이 있었지만, Jenkins처럼 정치적 위상을 갖춘 이들은 없었다.
19 David Marquand, 'Inquest on a Movement. Labour's Defeat and Its Consequences', *Encounter*, Vol. 53, no. 1, July 1979, pp. 14, 17.
20 Colin Seymour-Ure, 'The SDP and the Media', *Political Quarterly*, Vol. 53, no. 4, October-December 1982, pp. 433~442.
21 보수주의 성향을 띠는 종합금융회사 경영자가 쓴 전기에 1970년대 말까

지 Benn의 정치적 여정이 그려졌다. 이 전기에는 Benn에 대한 연민이 보이지만, 그를 변호하는 내용은 없다. Robert Jenkins, *Tony Benn: A Political Biography*, Writers and Readers, London, 1980.

22 Benn의 인터뷰를 통해 이런 사실을 분명히 알 수 있다. Tony Benn, *Parliament, People and Power*, Verso, London, 1982. pp. 39~40(영국의 독특한 권리 체계와 영국 정부의 비민주적 성격에 관한 내용-), p. 69(대중민주주의와 의회주권에 관한 내용-), p. 95(EEC에 관한 내용-), p. 107(영국의 국제적 역할에 관한 내용-)을 참조할 것.

23 영국 노동당이 현대적인 광고와 통신 기법을 채택한 것에 관해서는 Colin Hughes and Patrick Wintour, *Labour Rebuilt. The New Model Party*, Fourth Estate, London, 1990, esp. pp. 22~35에 상세히 기술되었다.

24 Reg Underhill의 보고서에 관해서는 Michael Crick, *The March of Militant*, Faber and Faber, London, 1986, p. 103을 참조하고, 영국 노동당 내 트로츠키파와 관련된 사건에 대해서는 Seyd, op. cit., pp. 161~166을 참조할 것.

25 환경보호적 관점이 부족한 점에 대해서는 Neil Carter, 'The "Greening" of Labour', p. 120을 참조할 것.

26 'Observations on the Debate' in Eric Hobsbawm et al., *The Forward March of Labour Halted?*, Verso, London, 1981; 인용된 구절은 pp. 170, 173, 177, 180에 나온다.

27 Eric Hobsbawm, 'Labour's Lost Millions', *Marxism Today*, October 1983, p. 7. 이 글에서 Hobsbawm은 다시 예전의 강력한 노동당이 되기 위해서는 중도 정당들과 타협하거나 노골적인 개혁 정책으로 잃은 표를 되찾는 길밖에 없을 것이라고 경고한다.

28 Coote, 'The AES: A New Starting Point', p. 7, now in Curran (ed.), *The Future of the Left*.

29 Charles Clarke and David Griffiths, *Labour and Mass Politics. Rethinking our Strategy*, Labour Co-ordinating Committee, November 1982, p. 3.

30 Ibid., p. 5.

31 Ibid., p. 29.

32 Michael Foot, *Another Heart and Other Pulses*, Collins, London, 1984, p. 157.

33 Cited in ibid., pp. 157~158.

34 See Greater London Council, *The London Industrial Strategy*, London, 1985 and the 158-page *The London Financial Strategy*, London, 1986.

35 개혁된 극좌파 David Blunkett의 평가로 Hughes and Wintour, op. cit., p. 11에서 인용되었다.

36 Eric Shaw, 'The Labour Party and the Militant Tendency', *Parliamentary Affairs*, Vol. 42, no. 2, April 1989, p. 189. 노동당 내부 문제에 대한 폭넓은 대처에

관해서는 Eric Shaw, *Discipline and Discord in the Labour Party 1951~1987*, Manchester University Press, Manchester, 1988을 참조할 것.

37 Seyd, op. cit., p. 167.
38 George, op. cit., p. 84.
39 David Marquand, 'Half-way to Citizenship? The Labour Party and Constitutional Reform', in Smith and Spear (eds), op. cit., pp. 47, 55.
40 Tony Benn, *Parliament, People and Power*, pp. 39~70과 민주개혁에 관한 그의 연설과 글을 모아놓은 *Arguments for Democracy*, Penguin, Harmondsworth, 1982를 참조할 것.
41 G. Elliott, op. cit., p. 199.
42 Stuart Holland, 'New Strategy for Europe', *New Socialist*, November-December 1982, pp. 12~13; reprinted in Curran (ed.), op. cit.
43 Stuart Holland, *UnCommon Market. Capital, Class and Power in the European Community*, Macmillan, London, 1980, p. 82.
44 Neil Kinnock, 'New Deal for Europe', in Curran (ed.), op. cit., p. 236. 이 글에서 그는 EC 탈퇴를 분명하게 주장하지는 않았다. 따라서 그것은 영국 노동당이 유럽 정책을 바꿀 준비를 한다는 신호였다. 이 글은 사회주의 인터내셔널 저널인 *Socialist Affairs*, no. 1, 1984, pp. 13~17에 다시 실렸다.
45 Tomlinson, *Monetarism*, p. 31.
46 Roy Jenkins, *Partnership of Principle*, p. 76에 실린 Jenkins의 연설(1981년 2월 23일)을 참조할 것.
47 사회민주당 대표 Shirley Williams와 자유당 대표 Des Wilson의 공동성명, *People in Power. Why Constitutional Reform Matters to Everyone in Britain*, SDP-Liberal Alliance, Autumn 1986, 특히 pp. 3, 10을 참조할 것. Wilson Finnie, 'The SDP's Plans for Britain's Constitution', *Political Quarterly*, Vol. 54, no. 1, January-March 1983, pp. 32~42도 참조할 것.
48 Shirley Williams, *Politics is for People*, Penguin, Harmondsworth, 1981, pp. 63~64.
49 사회민주당을 '전형적인 플래시 정당'으로 정의한 것에 대해서는 David Denver and Hugh Bochel, 'Merger or Bust: Whatever Happened to Members of the SDP?', *British Journal of Political Science*, Vol. 24, Part 3, July 1994, p. 403을 참조할 것.
50 Bernard Crick, 'The Future of the Labour Party, *Political Quarterly*, Vol. 54, no. 4, October-December 1983, p. 348.
51 See Martin Harrop, 'The Changing British Electorate', *Political Quarterly*, Vol. 53, no. 4 October-December 1982, pp. 395~396.
52 George, op. cit., pp. 60~61 and Hughes and Wintour, op. cit., p. 109.

53 Cited in Hughes and Wintour, op. cit., pp. 105~106.
54 David Owen, 'The Enabling Society', in Wayland Kennet (ed.), *The Rebirth of Britain*, Weidenfeld and Nicolson, London, 1982, p, 236.
55 David Owen을 과대평가한 글은 무수히 많지만, 그중 Ian Bradley's *Breaking the Mould? The Birth and Prospects of the Social Democratic Party*, Martin Robertson, Oxford, 1981, p. 160과 Geoffrey Lee Williams and Alan Lee Williams, *Labour Decline and the Social Democrats' Fall*, Macmillan, London, 1989, p. 173을 참조할 것.
56 Hughes and Wintour, op. cit., pp. 48~63.
57 Seyd and Whiteley, *Labour's Grass Roots*, p. 207.
58 Tomlinson, op. cit., 특히 pp. 158ff에 나온 체계적인 비교를 참조할 것.
59 Roy Jenkins, op. cit., p. 76.
60 Ibid., p. 100. 위에서 언급된 Holland의 1982년 *New Socialist* 기사도 참조할 것.
61 Tony Benn, *Against the Tide. Diaries, 1973~1976*, p. 631.
62 D. Owen, 'The Enabling Society', p. 238.
63 이 문제를 가장 체계적으로 다룬 내용은 Jonas Pontusson, *The Limits of Social Democracy: Investment Politics in Sweden*, Cornell University Press, Ithaca NY and London, 1992에 나온다. 그 이전에도 같은 주제에 관한 에세이가 발표된 적이 있다. 'Radicalization and Retreat in Swedish Social Democracy', *New Left Review*, no. 165, September-October 1987.
64 이 신조의 기원은 1930~1940년대, 특히 스웨덴 사회민주주의 주요 이론가이자 재무부 장관을 지낸 Ernst Wigforss의 저술로 거슬러 올라간다. Tilton, *The Political Theory of Swedish Social Democracy*, pp. 39~69를 참조할 것.
65 Rudolf Meidner, 'Swedish Union Strategies Towards Structural Change', *Nordisk Tidskrift för Politisk Economi*, no. 20, 1987, p. 34.
66 Meidner, *Employee Investment Funds*, p. 51. 이 책은 1976년 마이드너 플랜 원안의 영어 번역서다.
67 Ibid., p. 15.
68 Korpi, *The Democratic Class Struggle*, p. 235.
69 Gösta Rehn, 'The Debate on Employees' Capital Funds in Sweden', *Report to the Commission of the European Communities*, August 1983, mimeo text, p. 30.
70 Esping-Andersen and Korpi, 'Social Policy as Class Politics in Post-War Capitalism', p. 189.
71 Meidner, *Employee Investment Funds*, p. 94.
72 Ibid., p. 77.
73 Lundberg, 'The Rise and Fall of the Swedish Model', p. 30.
74 Tilton, op. cit., p. 230.

75 Meidner, *Employee Investment Funds*, p. 45.
76 Ibid., pp. 47, 74.
77 Ibid., p. 59.
78 Ibid., p. 82.
79 Erik Lundberg and Olle Lindgren, 'Uncertainty about Employee Investment Funds—Economic Effects', *Skandinaviska Enskilda Banken Quarterly Review*, no. 2, 1982, pp. 22~25. 다음에서 제기된 반대 의견도 참조할 것. Ulf Himmelstrand, Göran Ahrne, Leif Lundberg and Lars Lundberg, *Beyond Welfare Capitalism. Issues, Actors and Forces in Societal Change*, Heinemann, London, 1981, p. 274.
80 Pontusson, op. cit., p. 196; Tilton, op. cit., p. 231; and Rehn, op. cit., p. 28.
81 Rehn, op. cit., p. 10; Pontusson, op. cit., p. 194; Himmelstrand et al., op. cit., pp. 264~265.
82 Erland Waldenström, 'The Investment Fund Debate in the Shadow of the General Election', *Skandinaviska Enskilda Banken Quarterly Review*, no. 2, 1982, p. 27.
83 Rehn, op. cit., p. 18.
84 See data in Pekka Kosonen, 'The Scandinavian Welfare Model in the New Europe', in Boje and Olsson Hort (eds), *Scandinavia in a New Europe*, pp. 63~65.
85 Rehn, op. cit., p. 11; Himmelstrand et al., op. cit., p. 272. 이윤과 관련해 바뀐 내용은 Sven-Erik Johansonn이 분석했다. 'Profit-sharing. Excess Profits. Wage Solidarity', *Skandinaviska Enskilda Banken Quarterly Review*, no. 2, 1982, p. 34.
86 Meidner, *Employee Investment Funds*, p. 103.
87 Cited in Rehn, op. cit., p. 22.
88 Assar Lindbeck이 기금에 대해 비판한 내용은 1982년에 *Makt och ekonomi*(권력과 경제)라는 제목으로 출간되었다.
89 Himmelstrand et al., op. cit., p. 276.
90 Pontusson, op. cit., p. 15; Rehn, op. cit., p. 29.
91 Ruth, The Second New Nation, p. 57.
92 Himmelstrand et al., op. cit., p. 277.
93 Pontusson, op. cit., p. 198.
94 Tilton, op. cit., p. 234.
95 Pontusson, op. cit., p. 187.
96 Ibid., p. 187.
97 Ibid., p. 201.
98 See ibid., pp. 225ff.

99   Sven Ove Hansson, *SAF i politiken*, 1984, cited in Pontusson, op. cit., p. 230.
100 Gøsta Esping-Andersen, 'Postindustrial Cleavage Structures: A Comparison of Evolving Patterns of Social Stratification in Germany, Sweden, and the United States', in Fox Piven (ed.), *Labour Parties in Postindustrial Society*, p. 166.
101 Pontusson, op. cit., p. 231. Pontusson은 그 계획을 통해 힘을 얻는 이들이 산업 노동자들만은 아닐 거라고 지적한다. 그러나 당시 사람들은 그렇게 느끼지 않았다.
102 Nils Elvander, 'Interest Organisations and Democracy', in *Skandinaviska Enskilda Banken Quarterly Review*, no. 2, 1982, p. 46.
103 Korpi, *The Democratic Class Struggle*, pp. 234~235.
104 Korpi, *The Working Class in Welfare Capitalism*, p. 333. 이 내용은 그의 다른 저서 *Fonder för ekonomisk democrati*, Sveriges Kommunaltjänstemannaförbund, Stockholm, 1980에서 상세히 다뤘다.
105 Ton Notermans, 'The Abdication from National Autonomy: Why the Macroeconomic Policy Regime Has Become So Unfavorable to Labor', *Politics and Society*, Vol. 21, no. 2, June 1993, pp. 140, 147~153.
106 그 에세이집은 Boje와 Olsson Hort가 편집했다.
107 Paterson, 'The German Social Democratic Party', pp. 147~148.
108 Gordon Smith, 'The "New" Party System', in Gordon Smith, William E. Paterson, Peter H. Merkl and Stephen Padgett (eds), *Developments in German Politics*, Macmillan, London, 1992, p. 96.
109 Peter Glotz, 'German Futures', *Socialist Affairs*, no. 4, 1984, p. 36.
110 Günter Grass, 'Dear Willy' (on Willy Brandt's seventieth birthday), *Socialist Affairs*, no. 1, 1984, p. 4, originally published in *Sozialdemokrat magazin*.
111 Peter Glotz, 'Let's Stop Waiting for the Right to Fail', *Socialist Affairs*, no. 1, 1985, pp. 28~30.
112 Ibid., p. 32.
113 Peter Glotz, 'Otto tesi per una nuova Bad Godesberg', *Mondoperaio*, Vol. 39, no. 3, March 1986, pp. 85~86. 새 강령의 초안 작성에 관한 상세한 설명은 Stephen Padgett, 'The German Social Democrats: A Redefinition of Social Democracy or Bad Godesberg Mark II?', *West European Politics*, Vol. 16, no. 1, January 1993, pp. 20~37을 참조할 것.
114 Johannes Rau, 'The Right Divides, We Unite', *Socialist Affairs*, no. 2, 1986, p. 31.
115 Ibid., pp. 31~32.
116 Ibid., p. 32.
117 Stephen Padgett and William Paterson, 'The Rise and Fall of the German Left', *New Left Review*, no. 186, March-April 1991, p. 49.

118 이 정책의 기원은 보통 1967년 벨기에의 외무부 장관 Pierre Harmel이 기초한 NATO 보고서로 거슬러 올라간다.
119 SPD, *Resolution Adopted by the SPD Party Conference on Peace and Security*, Cologne, 19 November 1983; unofficial translation, typescript, pp. 5~6.
120 Diana Johnstone, *The Politics of Euromissiles. Europe's Role in America's World*, Verso, London, 1984, p, 68.
121 Ardagh, *Germany and the Germans*, p. 450.
122 Markovits and Gorski, *The German Left*, pp. 106~112의 독일 평화운동에 관한 논의를 참조할 것.
123 Johnstone, op. cit., p. 49.
124 Richard Löwenthal, 'Letter from Berlin: Neutralism and Nationalism', *Partisan Review*, no. 2, 1984, p. 186.
125 H. Schmidt, *A Grand Strategy for the West*, p. 20.
126 Ibid., p. 60.
127 Helmut Schmidt, *Men and Powers. A Political Retrospective*, trans. Ruth Hein, Jonathan Cape, London, 1990, pp. 279~280. 이 회고록은 미국의 외교정책 입안자에 대한 정당한 의문으로 가득하다.
128 1982년 4월 뮌헨에서 열린 당대회 결의안 SPD, *Preventing War in the Atomic Age. Towards a New Strategy for NATO*, mimeo text, English trans., p. 2를 참조할 것.
129 Hans-Jochen Vogel, *NATO in the year 1983. The Testing of a Partnership*, speech at the Friedrich-Ebert-Stiftung, 23 June 1983, mimeo text, English trans., p. 5.
130 See SPD, *European Security 2000 — A Comprehensive Concept for European Security from a Social-Democratic Point of View*, English trans. by SPD Press office, mimeo text, Bonn, 6 July 1989.
131 Dieter S. Lutz, 'La difficile strada verso una nuova concezione della sicurezza', in Mario Telò (ed.), *Tradizione socialista e progetto europeo*, pp. 175~181.
132 1989년 12월 20일 베를린 당대회에서 채택된 강령 SPD, *Basic Programme and Berlin Declaration of the Social Democratic Party of Germany*, Friedrich-Ebert-Stiftung, Bonn 1990, p. 12. 이하「베를린 강령」.
133 Denis Healey의 페이비언협회 가을 강연(1985년 11월 26일)을 참조할 것. Fabian Tract no. 510, *Beyond Nuclear Deterrence*, 특히 p. 9.
134 April Carter, *Peace Movements. International Protest and World Politics since 1945*, Longman, London, 1992, p. 260 and Thomas R. Rochon, 'The West European Peace Movement and the Theory of New Social Movements' in Dalton and Kuechler (eds), *Challenging the Political Order*, p. 113.
135 Johnstone, op. cit., pp. 81~87.

136 Andrei S. Markovits, 'The West German Left in a Changing Europe', in Lemke and Marks (eds), *The Crisis of Socialism in Europe*, pp. 176~178. 그러나 독일 '좌파'에 대한 지은이의 정의가 인상에 의존한다는 점에 주목하라. 그가 말하는 좌파에는 '사회민주당과 대다수 노동조합'뿐만 아니라 모든 공산주의자, 녹색당의 근본주의자, 페미니스트, 평화주의자가 포함되기 때문이다.

137 Timothy Garton Ash, *In Europe's Name. Germany and the Divided Continent*, Jonathan Cape, London, 1993, p. 373.

138 따라서 나는 ibid., pp. 118ff에서 제시된 Timothy Garton Ash의 비판을 수용한다.

139 SPD, *Irsee Draft for a new Manifesto of the Social Democratic Party of Germany*, June 1986, mimeo text, English trans., p. 22 (henceforth cited as *Irsee Draft*); and *Berlin Programme*, p. 13.

140 *Berlin Programme*, p. 13.

141 Ibid., pp. 13~14.

142 Hans-Jochen Vogel, 'La dimensione politica del Mercato unico europeo', *Nuova Rivista Internazionale*, no. 5~6, May-June 1989, pp. 6~8.

143 T. Meyer, 'Un mutamento di paradigma', pp. 109~110.

144 Willy Brandt, 'No Limits to Qualitative Growth', *Socialist International Information*, no. 4, 1982, p. 162.

145 *Berlin Programme*, p. 30.

146 Ibid.

147 Ibid.

148 Ibid., pp. 32~33.

149 Ibid., p. 34.

150 Volker Hauff, 'Lavoro e ambiente. Tesi per una riforma ecologica', in Telò (ed.), op. cit., p.225.

151 Porter, *The Competitive Advantages of Nations*, p. 346.

152 Padgett and Paterson, op. cit., pp. 56~57.

153 *Berlin Programme*, pp. 22~23.

154 See the paragraph 'Working hours' in *Irsee Draft*, pp. 68~69.

155 *Berlin Programme*, pp. 16~18.

156 Ibid., p. 18.

157 Oskar Lafontaine, 'Progresso e solidarietà', *Democrazia e diritto*, nos 1~2, January-February 1989, pp. 211~212 (Italian trans. of Munster Congress Report).

158 Peter Glotz, *La socialdemocrazia tedesca a una svolta*, Editori Riuniti, Rome, 1985, p. 32 (Italian trans. of *Die Arbeit der Zuspitzung. Über die Organisation*

einer regierungsfähigen Linken, Berlin, 1984).
159 *Berlin Programme*, p. 45.
160 Ibid., p. 8.
161 Padgett and Paterson, op. cit., pp. 76~77.
162 동독의 인권에 관해서는 Missiroli, op. cit., pp. 143~144를 참조할 것.
163 Peter H. Merkl, *German Unification in the European Context*, Penn State University Press, University Park PA, 1993, pp. 126~127; Johannes Rau와 Hans-Jochen Vogel의 반대 의견에 주목하고, 다음 자료도 참조할 것. Konrad H. Jarqusch, *The Rush to German Unity*, Oxford University Press, New York and Oxford, 1994, p. 68과 Stephen Padgett, 'The German Social Democratic Party: Between Old and New Left', in David S. Bell and Eric Shaw (eds), *Conflict and Cohesion in Western European Social Democratic Parties*, Pinter Publishers, London, 1994, p. 25. 독일 통일에 관한 책은 Timothy Garton Ash, op. cit.이다.
164 Jarqusch, op. cit., p. 28.
165 Stefan Berger, 'Nationalism and the Left in Germany', *New Left Review*, no. 206, July-August 1994, p. 68.
166 독일 통일에 대한 사회민주당의 양면적 입장에 관해서는 Melanie Drane, 'A Divided Left Faces German Unity: A Response to Andrei Markovits', *German Politics*, Vol. 1, no. 2, August 1992, pp. 279~280을 참조할 것.
167 Cited in Missiroli, op. cit., p. 173.
168 Berger, op. cit., p. 63.
169 Cited in G. A. Craig, *The Germans*, p. 309.

24장 | 신수정주의

1 이 문장은 폴란드에 대한 이탈리아 공산당 결의안(1979년 12월 29일)에도 등장한다. Enrico Berlinguer, *After Poland*, ed. and trans. Antonio Bronda and Stephen Bodington, Spokesman, Nottingham, 1982, p. 16.
2 Willy Brandt, 'Social Democracy After the Communist Collapse', *Socialist Affairs*, no. 3. 1991, p. 4.
3 예를 들어 사회주의에서 사회정책과 노동자 보호에 대한 Gorbachev의 의견은 *Perestroika. New Thinking for Our Country and the World*, Fontana, London, 1988, pp. 98~102, 113~114를 참조할 것.
4 Dahrendorf, *Reflections on the Revolution in Europe*, p. 13.
5 러시아 지식인들이 Gorbachev에게 취한 양면적인 태도에 관해서는 Giulietto Chiesa, *Da Mosca. Alle origini di un colpo di stato annunciato*, Laterza, Rome-Bari, 1993을 참조할 것.

6   Ernest Gellner, 'The Struggle to Catch Up', *Times Literary Supplement*, 9 December 1994, p. 14.
7   이 찬사는 Robert V. Daniels, *The End of the Communist Revolution*, Routledge, London, 1993, p. 27에 나온다. 대단히 명쾌하고 재미있게 서술된 책이다.
8   Labour Party, *Labour's Programme 1973*, London, 1973, p. 14.
9   Guillaume Devin, *L'internationale socialiste: Histoire et sociologie du socialisme international(1945~1990)*, Presses de la Fondation nationale des sciences politiques, Paris, 1993 부록에 두 선언문이 실렸다. 특히 pp. 366, 381을 참조할 것.
10 Peter Glotz, 'What Is To Be Done?', *Socialist Affairs*, Nos 1~2, 1988, pp. 25~26.
11 Gould, *A Future for Socialism*, p. xiii.
12 Ibid., p. 90.
13 Ibid., p. 120.
14 Ibid., pp. 177, 179~180.
15 Ibid., p. 35.
16 See Ian McAllister and Jack Vowles, 'The Rise of New Politics and Market Liberalism in Australia and New Zealand', *British Journal of Political Science*, Vol. 24, part 3, July 1994.
17 Knut Heidar, 'The Norwegian Labour Party: "En Attendant l'Europe"', *West European Politics*, Vol. 16, no. 1, January 1993, p. 64.
18 SPÖ, *Sozial Demokratie 2000. Vorschläge zur Diskussion über Österreichs Zukunft*, Vienna, 1989, p. 19.
19 이 문건은 *Meet the Challenge, Make the Change. A New Agenda for Britain, Final Report of Labour's Policy Review for the 1990s*, Labour Party, London, 1989의 최신 버전이다. 나는 이 문건에 대한 보다 상세한 논의를 다음 글에서 제시했다. 'Reflections on the Labour Party's Programme for the 1990s', *Political Quarterly*, Vol. 62, no. 3, July-September 1991, pp. 365~376.
20 Labour Party, *Looking to the Future*, London, 1990, p. 5.
21 Ibid., p. 6.
22 Ibid., p. 7.
23 Ibid., p. 9.
24 Ibid., p. 11; 더 자세한 내용은 pp. 12~15, 17, 22, 29~30을 참조할 것.
25 Ibid., pp. 21~22.
26 Ibid., p. 27.
27 Ibid., p. 32.
28 Ibid., p. 37.
29 Ibid., p. 34.

30 Ibid., p. 6. Neil Kinnock의 노팅엄 연설(1989년 3월)을 참고하라. 이 연설은 'A Hand on the Tiller—and the Till'이라는 제목으로 「가디언The Guardian」 1989년 4월 10일자, p. 38에 실렸다.
31 N. Carter, 'The "Greening" of Labour', p. 127.
32 Crewe, 'Labor Force Changes', 표 2.3에서 비교한 내용을 참고하라.
33 1988년 3월 23일 노동당 국가집행위원회에서 통과된 Labour Party, *Democratic Socialist Aims and Values*, London, n.d. (1988), mimeo, p. 3. 이 선언문은 Neil Kinnock과 Roy Hattersley가 기초한 것으로 알려졌다.
34 Ibid.; see especially p. 11.
35 Gregory Elliott, op. cit., pp. 17ff.
36 Hugues and Wintour, *Labour Rebuilt*, p. 75.
37 Commission on Social Justice, *Social Justice. Strategies for National Renewal*, Vintage, London, 1994, pp. 17~18.
38 그 보고서에 한 철학자가 보인 반응은 G. A. Cohen, 'Back to Socialist Basics', *New Left Review*, no. 207, September-October 1994, pp. 3~16을 참조할 것.
39 이런 상황에 대한 논평을 보려면 현대적 전문가들의 핵심 저서인 다음 두 권을 참조할 것. John Kenneth Galbraith, *The Culture of Contentment*, Penguin, Harmondsworth, 1992와 Krugman, *The Age of Diminished Expectations*.
40 1990년대의 특색을 잘 나타내는 머리기사는 1995년 2월 3~4일자 「파이낸셜 타임스Financial Times」를 참조할 것. "실업 데이터 발표로 미국 시장 급등"과 함께 "실업률 상승으로 느린 경기회복이 예상되기 때문에 투자자들은 초기에 금리가 오를 위험이 적다고 보고 있다"는 설명이 덧붙었다.
41 Padgett, 'The German Social Democratic Party', p. 26.
42 Quentin Peel and Judy Dempsey, 'Firmly footed for the final hurdle', *Financial Times*, 10 September 1994, p. 6.
43 Steven B. Wolinetz, 'Reconstructing Dutch Social Democracy', *West European Politics*, Vol. 16, no. 1, January 1993, p. 101.
44 Paul Kalma, 'Towards a New Class Compromise', *Socialist Affairs*, no. l, 1986, pp. 33~35.
45 Laura Raun, 'Viewpoints are converging', Survey on the Netherlands, *Financial Times*, 23 November 1987, p. ii.
46 Wolinetz, op. cit., p. 103. 이 책에는 1986~1989년에 발표된 네덜란드 노동당의 다른 주요 보고서를 분석한 내용도 있다. Gerrit Voerman, 'De la confiance à la crise. La gauche aux Pays-Bas depuis les années soixante-dix', in Pascal Delwit and Jean-Michel De Waele (eds), *La gauche face aux mutations en Europe*, Editions de l'Université de Bruxelles, Brussels, 1993, pp. 75~76도 참조할 것.

47 Wolinetz, op. cit., pp. 107~108.
48 Hugh Carnegy, 'Liberal who may be the next prime minister', Survey on Finland, *Financial Times*, 9 November 1994, p. iv.
49 SPÖ, *Sozial Demokratie 2000*, p. 5.
50 Ibid., p. 49.
51 Ibid., p. 65.
52 이는 널리 받아들여지는 견해였고, (스웨덴 사회민주당이 야당이던 시절에) 마이드너 플랜의 주요 반대자였던 Assar Lindbeck가 이끈 정부 위원회의 보고서에서도 언급되었다. 그 보고서를 요약한 내용은 Assar Lindbeck et al., *Options for Economic and Political Reform in Sweden*, Seminar Paper no. 540, Institute for International Economic Studies, Stockholm University, Stockholm, 1993, p. 9를 참조할 것.
53 Ibid., p. 10.
54 Ibid., pp. 19, 24, 37.
55 Assar Lindbeck, *Overshooting, Reform and Retreat of the Welfare State*, Seminar Paper no. 552, Institute for International Economic Studies, Stockholm University, Stockholm, 1993, p. 13.
56 Ibid., pp. 17~18.
57 Richard O'Brien, 'Swedes show how to save money by spending it', *Financial Times*, 4 May 1988, p. 23.
58 Tilton, *The Political Theory of Swedish Social Democracy*, p. 3. 이와 비슷한 조직을 갖춘 다른 좌파 정당들도 같은 문제에 부딪혔다. 오스트레일리아의 사회주의자, 독일 사회민주주의자, 이탈리아 공산주의자들이 그 예다.
59 Berndt Ahlqvist, *I bräcklig farkost* ('In a fragile craft'), published in 1983; cited in Tilton, op. cit., p. 238.
60 Tilton, op. cit., p. 261.
61 Lundberg, 'The Rise and Fall of the Swedish Model', p. 32.
62 Robert Taylor, 'Minister champions market socialism for Sweden', *Financial Times*, 21 February 1989.
63 Robert Taylor, 'Swedish tax reforms endorsed by OECD', *Financial Times*, 7 April 1989, p. 2.
64 Diane Sainsbury, 'Swedish Social Democracy in Transition: The Party's Record in the 1980s and the Challenge of the 1990s', *West European Politics*, Vol. 14, no. 3, July 1991, pp. 36~37.
65 Jonas Pontusson, 'Sweden: After the Golden Age', in Anderson and Camiller (eds), *Mapping the West European Left*, p. 36.
66 Robert Taylor, 'Swedish parties agree on economic package', *Financial Times*, 24

May 1989, p. 2.
67 Therborn, 'Swedish Social Democracy', p. 120.
68 Sainsbury, op. cit., p. 49.
69 Pontusson, op. cit., p. 37.
70 Therborn, op. cit., p. 105.
71 Heidar, op. cit., pp. 73~74.
72 Sainsbury, op. cit., p. 35.
73 Christian Berggren, 'Work Reforms in Sweden 1970~1990: From Labour Market Pressures to Corporate Strategies', in Boje and Olsson Hort (eds), *Scandinavia in a New Europe*, pp. 222~223, and his *The Volvo Experience. Alternatives to Lean Production in the Swedish Auto Industry*, Macmillan, London, 1993, p. 81.
74 Berggren, *The Volvo Experience*, p. 81.
75 Hugh Carnegy, 'Swedish companies look overseas for salvation', *Financial Times*, 22 July 1993, p. 2.
76 Pontusson, op. cit., p. 40.
77 Hugh Carnegy, 'Swedes go to ground while summer days are long', *Financial Times*, 7~8 August 1993, p. 2.
78 SAP, *Political Platform Adopted by the Party Executive and the National Executive of the Swedish Confederation of Trade Unions*, 24 January 1991; mimeo.
79 SAP, *Draft New Party Programme*, Socialdemokraterna, Stockholm, 1989, mimeo, English trans. p. 2. 이 초안은 1990년 9월에 승인되었다.
80 Ibid., p. 11. 1990년에 출간된 정부 출판물에서도 정확히 같은 내용을 강조한다. Sweden, Ministry for Foreign Affairs, *Sweden and West European Integration*, Stockholm, 1990, p. 11을 참조할 것.
81 Brandt, Kreisky and Palme, *La Social-démocratie et l'avenir*, p. 224.
82 Christopher Brown-Humes, 'Swedish package lifts taxes and cuts spending', *Financial Times*, 26 April 1995, p. 2.
83 Ian Rogers, 'Austria's old parties feel winds of change', *Financial Times*, 26 April 1995, p. 3.
84 나는 공식적인 영어 번역본을 사용했다. PSOE, *Manifesto of Programme. Draft for Discussion (Programa 2000)*, January 1990, Editorial Pablo Iglesias, n.p., mimeo.
85 Richard Gillespie, '"Programa 2000": The Appearance and Reality of Socialist Renewal in Spain', *West European Politics*, Vol. 16, no. 1, January 1993, pp. 82~84를 참조할 것. Paul Heywood, 'Rethinking Socialism in Spain: *Programa*

2000 and the Social State', *Coexistence*, Vol. 30, 1993, pp. 167~185도 참조할 것. 이 책은 Gillespie보다는 스페인 사회노동당에 덜 비판적이며, 강령의 핵심적인 특징을 상세히 분석했다.
86 PSOE, *Manifesto of Programme*, p. 9.
87 Ibid., p. 17.
88 Ibid., pp. 25~26.
89 *Vendredi, L'hebdomadaire des socialistes*, no. 53, 16 March 1990에 나온 선언문 원문과 Centro per La Riforma dello Stato (ed.), *Politica Europa Annali 1990~1991*, Franco Angeli, Milan, 1991 부록 pp. 345~346에 나온 원문을 참조할 것. 같은 책에 나온 다음 논평도 참조할 것. Sandro Guerrieri, 'Regime presidenziale e forma-partito: il Ps nel sistema politico della quinta repubblica', 특히 pp. 248~251.
90 John Hooper, 'Catching the Spanish drift', *Guardian*, 13 April 1989, p. 23.
91 Patrick Camiller, 'Spain: The Survival of Socialism?', in Anderson and Camiller (eds), op. cit., p. 250.
92 Felipe González, 'Taking on the Challenge of Modernisation', *Socialist Affairs*, no. 3, 1987, pp. 24~25.
93 Camiller, op. cit., p. 261.
94 Ibid., p. 256.
95 나도 Patrick Camiller와 마찬가지로 스페인에 깨어 있는 보수주의자들이 있었을지 의심스럽다. ibid., p. 262를 참조할 것.
96 James Petras, 'Spanish Socialism: The Politics of Neoliberalism', in James Kurth and James Petras (eds), *Mediterranean Paradoxes. The Politics and Social Structure of Southern Europe*, Berg, Providence and Oxford, 1993, p. 95.
97 Martin Rhodes, 'Craxi and the Lay-Socialist Area: Third Force of Three Forces?', in Robert Leonardi and Piergiorgio Corbetta (eds), *Italian Politics: A Review*, Vol. 3, Pinter Publishers, London and New York, 1989, p. 116.
98 Partito Socialista Italiano(PSI), *Un riformissmo moderno. Un socialismo liberale. Tesi Programmatiche*, Conferenza programmatica di Rimini, 22~23 March 1990, pp. 94~95.
99 부패 스캔들에 관해서는 Donatella Della Porta, 'La capitale immorale: le tangenti di Milano', in S. Hellman and G. Pasquino (eds), *Politica in Italia 1993*, Il Mulino, Bologna, 1993을 참조할 것. 스캔들의 경제적 규모에 관해서는 Andrea Pamparana, *Il processo Cusani. Politici e faccendieri della Prima Repubblica*, Mondadori, Milan, 1994와 Marcella Andreoli, *Processo all'Italia. Il Belpaese alla sbarra: storie di delitti ordinari e di castighi eccellenti*, Sperling and Kupfer Editori, Milan, 1994를 참조하고, 폭넓게 분석한 내용은 Giulio Sapelli,

Cleptocrazia, Feltrinelli, Milan, 1994를 참조할 것.
100 Degl'Innocenti, Storia del PSI. Vol. 3, p. 472.
101 Pérez-Díaz, The Return of Civil Society, p. 49.
102 Krugman, op. cit., p. 37.
103 Peter Lange, 'The End of an Era: The Wage Indexation Referendum of 1985', in Italian Politics: A Review, Vol. 1, Pinter Publishers, London and New York, 1986, pp. 42~43. Degl'Innocenti도 동의했다. Degl'Innocenti, op. cit., p. 455를 참조할 것.
104 Kevin Featherstone, 'Political Parties and Democratic Consolidation in Greece', in Pridham (ed.), Securing Democracy, pp. 193~194.
105 George Ross, 'The Changing Face of Popular Power in France', in Fox Piven (ed.), Labor Parties in Postindustrial Societies, p. 92.
106 Craxi가 권력을 확보한 과정은 Degl'Innocenti, op. cit., 특히 pp. 430ff에서 분명하게 나타난다.
107 굽실거리는 정도가 특히 심한 예는 Virgilio Dagnino's Introduction to Bettino Craxi, L'Italia liberata, Sugarco Edizioni, Milan, 1984를 참조할 것.
108 나는 이 문제를 'Political and Market Forces in Italian Broadcasting', West European Politics, Vol. 8, no. 2, April 1985에서 살펴보았다.
109 See PSI, Un riformismo moderno, pp. 113~114.
110 See, for instance, Partito Socialista Italiana (PSI), Governare il cambiamento. Conferenza programmatica del PSI, Rimini, 31 March~4 April 1982, pp. 107, 264.
111 이에 대한 통찰력 있는 분석은 Gianfranco Pasquino, 'Modernity and Reforms: The PSI between Political Entrepreneurs and Gamblers', West European Politics, Vol. 9, no. 1, January 1986, pp. 123~124를 참조할 것.
112 See Paul Preston and Denis Smyth, Spain, the EEC and NATO, Chatham House Papers 22, RIIA/RKP, London, 1984, pp. 72~78.
113 이 주제를 폭넓게 다룬 내용은 Giorgio Ruffolo, 'La grande inflazione craxiana', Micromega, no. 3, June-August 1993, 특히 pp. 120~121을 참조할 것.
114 핵심 내용은 Occhetto가 1989년 11월 14일 이탈리아 공산당 집행위원회 (the Direzione)에 제출한 보고서에 있다. 이 보고서는 Achille Occhetto, Il sentimento e la ragione, Rizzoli, Milan 1994, pp. 181~189(특히 pp. 185~186)와 Achille Occhetto, Relazione al Comitato centrale, 20 November 1989, L'Unità, 21 November 1989에 실렸다.
115 See Politica e economia, supplement to no. 6, June 1989, 'Il nuovo PCI: due congressi a confronto'.
116 Hodgson, 'The Finnish Communist Party and Neutrality', p. 286.

117 See the surveys in Martin Bull and Paul Heywood (eds), *West European Communist Parties after the Revolutions of 1989*, St Martin's Press, New York, 1994 and D. S. Bell (ed.), *Western European Communists and the Collapse of Communism*, Berg, Oxford and Providence, 1993.
118 PDS, *Programma di Governo del PDS. Elezioni politiche 27~28 marzo 1994*, Rome, February 1994, pp. 13, 15, 21.
119 Ibid., p. 15.
120 Ibid., p. 17.
121 Ibid., p. 22.
122 Achille Occhetto, *Relazione al 180 Congresso, Il nuovo Pci in Italia e in Europa*, *L'Unità*, 19 March 1989. Occhetto는 1989년 11월 20일 중앙위원회 회의에서도 그 말을 되풀이했다.

에필로그

1 Louis Althusser는 독창적인 은유를 통해 모든 것의 시작과 끝을 아는 '관념론자'인 철학자와 '유물론자'인 철학자를 대조한다. Louis Althusser, 'Philosophie et marxisme. Entretiens avec Fernanda Navarro (1984~1987)', in *Sur la philosophie*, Gallimard, Paris, 1994, pp. 64~65와 Louis Althusser, *Ecrits philosophiques et politiques*, Vol. 1, Stock/IMEC, Paris, 1994, pp. 581~582를 참조할 것.
2 'The Revolution against "Capital"', in Antonio Gramsci, *Selections from Political Writings 1910~1920*, Quintin Hoare (ed.), trans. John Mathews, Lawrence and Wishart, London, 1988, p. 34.
3 V. I. Lenin, 'The Tasks of the Proletariat in Our Revolution', in *Collected Works*, Vol. 24, Progress Publishers, Moscow, 1974, p. 88.
4 Vicente Navarro, 'Has Socialism Failed? An Analysis of Health Indicators under Socialism', *International Journal of Health Services*, Vol. 22, no. 4, 1992, pp. 586~587.
5 Ibid., pp. 588~589.
6 Ibid., p. 591.
7 Ibid., p. 592.
8 See data in Paul Kennedy, *The Rise and Fall of the Great Powers*, Fontana, London, 1989, p. 641. See also Murray Feshbach and Alfred Friendly Jr., *Ecocide in the USSR: Health and Nature Under Siege*, Basic Books, New York, 1992.
9 Charles S. Maier, 'The Collapse of Communism: Approaches for a Future History', *History Workshop*, no. 31, Spring 1991, p. 39. 이 에세이에는 내가 지

금까지 접한 가장 통찰력 있는 공산주의 종말에 대한 분석이 있다.
10 Karl Marx, *Critique of the Gotha Programme*, International Publishers, New York, 1970, p. 10.
11 Marx, *Capital*, Vol. 1, p. 763.
12 Terry Eagleton, 'Discourse and discos', *Times Literary Supplement*, 15 July 1994, p. 4.
13 이 견해는 André Gorz, *Les chemins du paradis*, Editions Galilée, Paris, 1983, 특히 pp. 85~86에 풍부하게 담겨 있다. Marx, *Capital*, Vol. 3, p. 820도 참조할 것.
14 예를 들어 Hayek의 *The Constitution of Liberty*, Routledge and Kegan Paul, London, 1960을 참조할 것. 특히 chapter 18 노동조합에 관한 내용을 살펴보라. 거기에서 제시된 처방은 20년 뒤 미국과 영국 우파의 반노조적 결의를 강화했다.
15 이 이야기는 Pierre Rosanvallon, *Le libéralisme économique*, Editions du Seuil, Paris, 1989, p. 82에 있다. 경제 이론에서 자유방임주의laissez-faire라는 표현을 가장 먼저 사용한 사람은 Quesnay와 동시대에 산 Marquis d'Argenson이다.
16 Friedrich A. Hayek, *The Fatal Conceit. The Errors of Socialism*, Vol. 1 of the *Collected Works*, ed. W. W. Bartley, Routledge, London, 1988, p. 27.
17 Ibid., p. 63.
18 이 주옥같은 내용은 Friedrich A. Hayek, *Law, Legislation and Liberty*. Vol. 3: *The Political Order of a Free People*, Routledge, London, 1993, p. 113에 나온다. 이 책에서는 그 자유주의자가 쓴 플라톤풍의 사회공학에 대한 상세한 내용을 찾아볼 수 있다(p. 117에서는 새 헌법으로 선거권을 잃은 더 젊은 사람들은 '동년배 클럽'에 가입하도록 장려해야 한다고 제안한다. 남성 회원보다 두 살 어린 여성 회원을 받으면 클럽의 매력이 더 커질 것이라는 내용도 있다). 나는 이 원문을 David Marquand, *The Unprincipled Society. New Demands and Old Politics*, Fontana, London, 1988, pp. 81~83에서 보고 알았다.
19 Joan Robinson, *Economic Heresies. Some Old-fashioned Questions in Economic Theory*, Macmillan, London, 1972, p. 143.
20 Ibid., p. 133.
21 Marx, *Capital*, Vol. 3, p. 240.
22 Ibid., p. 880.
23 이런 관점을 다룬 가장 탁월한 글은 Louis Hartz, *The Liberal Tradition in America*, Harcourt, Brace and World, New York, 1955에 있다.
24 Patricia Ruggles, 'Short-and Long-Term Poverty in the United States: Measuring the American "Underclass"', in Lars Osberg (ed.), *Economic Inequality and Poverty. International Perspectives*, M.E. Sharpe, Armonk NY, 1991, p. 186.
25 See Albert Berry, François Bourguignon and Christian Morrison, 'Global

Economic Inequality and Its Trends since 1950', in Osberg (ed.), op. cit., p. 48.
26 이것은 Jill Quadagno의 중요한 저서 *The Color of Welfare. How Racism Undermined the War on Poverty*, Oxford University Press, New York and Oxford, 1994, pp. 191~192의 핵심 내용이다.
27 Gertrude Schaffner Goldberg, 'The United States: Feminization of Poverty amidst Plenty', in Gertrude Schaffner Goldberg and Eleanor Kremen (eds), *The Feminization of Poverty: Only in America?*, Praeger, New York, 1990, pp. 45~46.
28 Christopher Howard, 'The Hidden Side of the American Welfare State', *Political Science Quarterly*, Vol. 108, no. 3, 1993, p. 416.
29 Goldberg, op. cit., p. 42 and Ruggles, op. cit., p. 162.
30 Giddens, *Beyond Left and Right*, p. 149
31 1993년에 OECD 유럽 회원국의 실업률은 10.7퍼센트였고, 미국은 6.8퍼센트, 일본은 2.5퍼센트에 불과했다. OECD, *Employment Outlook*, Paris, July 1994, p. 6을 참조할 것.
32 Galbraith, *The Culture of Contentment*, p. 39.
33 Hobsbawm, *Age of Extremes*, p. 341.
34 Goldberg, op. cit., p. 41.
35 Quadagno, op. cit., p. 183.
36 이 문장과 그 앞에 나온 내용의 출처는 Paul Kennedy, *Preparing for the Twenty-First Century*, Fontana, London, 1994, pp. 304~307이다.
37 Source: US Bureau of the Census in Michael Prowse, 'Clinton budget a manifesto to middle classes', *Financial Times*, 7 February 1995, p. 6.
38 Richard Wilkinson, 'Health, Redistribution and Growth', in Andrew Glyn and David Miliband (eds), *Paying for Inequality. The Economic Cost of Social Injustice*, IPPR/Rivers Oram Press, London, 1994, pp. 24~43, especially pp. 27~30.
39 군비 지출이 반드시 경제성장에 부담이 된 것은 아니라는 주장을 설득력 있게 펼친 글은 Massimo Pivetti, 'Military Spending as a Burden on Growth: An "Underconsumption" Critique', *Cambridge Journal of Economics*, Vol. 16, no. 4, December 1992가 있다.
40 Brandt, 'Social Democracy After the Communist Collapse', p. 7.
41 David Marquand, 'After Socialism', *Political Studies*, Vol. 41, Special Issue 1993, p. 51.
42 Karl Marx, *The Eighteenth Brumaire of Louis Bonaparte*, Progress Publishers, Moscow, 1967, p. 55.
43 Jürgen Habermas, *Legitimation Crisis*, trans. Thomas McCarthy, Heinemann, London, 1976, pp. 50~51.

44 Ibid., pp. 53~54.
45 Alan Wolfe, 'Has Social Democracy a Future?', *Comparative Politics*, Vol. 11, no. 1, October 1978, p. 103.
46 Paul Bairoch, *Economics and World History. Myths and Paradoxes*, Harvester Wheatsheaf, Hemel Hempstead 1993, p. 174.
47 Hobsbawm, op. cit., pp. 95~96.
48 1973년 4월 'What Is Wrong with the Socialist Idea?'라는 제목으로 열린 회의에서 그가 한 개회사를 참조할 것. 그 회의록은 더 중립적인 제목 *The Socialist Idea: A Reappraisal*, Leszek Kolakowski and Stuart Hampshire (eds), Weidenfeld and Nicolson, London, 1974로 출간되었다. 인용된 글은 이 책 p. 16에 있다.
49 Jean-Denis Bredin, 'Est-il permis?', *Le Monde*, 31 August 1991.
50 Charles Lindblom, *Politics and Markets. The World's Political-Economic Systems*, Basic Books, New York, 1977, p. 171.
51 Ibid., p. 173.
52 E. L. Jones, *The European Miracle*, pp. 149 and 124.
53 예를 들면 스웨덴에서 가구 브랜드 이케아IKEA가 성장한 원동력은 1950~1960년대에 스웨덴 사회민주당이 추진한 공공 주택 정책의 일환으로 건설된 아파트 수백만 채에 가구를 공급했기 때문이다. Meidner, 'Why Did the Swedish Model Fail?' p. 226을 참조할 것.
54 Krugman, *The Age of Diminished Expectations*, p. 197.
55 Jacques Delors, 'Une nouvelle frontière pour la social-démocratie: l'Europe?' in Piet Dankert and Ad Kooyman (eds), *Europe sans frontières. Les socialistes et l'avenir de la CEE*, EPO, Antwerp, 1989, p. 9.
56 Davidson, 'France charts a new course', p. 2.
57 John Smith, 'No One Can Go It Alone', *Socialist Affairs*, no. 1, 1993, p. 4.
58 Susannah Verney, 'From the "Special Relationship" to Europeanism: PASOK and the European Community, 1981~1989', in Clogg (ed.), *Greece 1981~1989*, pp. 140~148.
59 이 내용은 Jean-Louis Quermonne, 'Le spectre de la technocratie et le retour de la politique', *Pouvoir*, no. 69, 1994, p. 11에서도 논의된다.
60 See John Grahl and Paul Teague, *1992—The Big Market. The Future of the European Community*, Lawrence and Wishart, London, 1990, especially chapter 1.
61 Loukas Tsoukalis, *The New European Economy. The Politics and Economics of European Integration*, Oxford University Press, Oxford, 1991, p. 305.
62 Milward with the assistance of Brennan and Romero, *The European Rescue of*

the Nation-State, p. 446.
63 Marx, *Capital*, Vol. 3, p. 250.
64 Immanuel Wallerstein, *The Modern World-System I. Capitalist Agriculture and the Origins of the European World-Economy in the Sixteenth Century*, Academic Press, San Diego, 1974, p. 348.
65 Hobsbawm, op. cit., p. 88.
66 이에 관한 문헌, 특히 좌파 진영의 문헌은 방대하다. 현대적 선구자들의 문헌 중 다음을 꼽을 수 있다. Robin Murray, 'The Internationalization of Capital and the Nation State', *New Left Review*, no. 61, May-June 1971과 Wallerstein, op. cit.와 Wallerstein, *The Politics of the World-Economy*, Cambridge University Press, Cambridge, 1984. 다음 자료도 참조할 것. David M. Gordon, 'The Global Economy: New Edifice or Crumbling Foundations?', *New Left Review*, no. 168, March-April 1988; Anderson, 'The Figures of Descent'; Holland, *The Global Economy*; Robert Cox, *Production, Power and World Order*, Columbia University Press, New York, 1987; Leo Panitch, 'Globalization and the State', in Ralph Miliband and Leo Panitch (eds), *Between Globalism and Nationalism, Socialist Register 1994*, Merlin Press, London, 1994. 이 책에는 Manfred Bienefeld와 Arthur McEwan이 기고한 글도 실렸다. Paul Hirst와 Grahame Thompson은 여전히 세계화가 실현될 가능성은 낮다고 경고한다. 'The Problem of "Globalization": International Economic Relations, National Economic Management and the Formation of Trading Blocs', *Economy and Society*, Vol. 21, no. 4, November 1992를 참조할 것.
67 Charles P. Kindleberger, *American Business Abroad. Six Lectures on Direct Investment*, Yale University Press, New Haven and London, 1969, pp. 207~208.
68 A point made by John Dunn in his 'Introduction: Crisis of the Nation State', *Political Studies*, Vol. 42, Special issue 1994: *Contemporary Crisis of the Nation State?*, ed. John Dunn, p. 7.
69 This point is made by Laura Cram, 'Calling the Tune without Paying the Piper? Social Policy Regulation: The Role of the Commission in European Community Social Policy', *Policy and Politics*, Vol. 21. no. 2, 1993, p. 141.
70 John Maynard Keynes, *The General Theory of Employment, Interest and Money*, in *Collected Writings*, Vol. VII, Macmillan, London, 1972, p. 372; see also his 'The End of Laissez-Faire', in *Essays in Persuasion*, Vol. IX, pp. 291~292.
71 William Wallace, 'Rescue or Retreat? The Nation State in Western Europe, 1945~1993', *Political Studies*, Vol. 42, Special issue 1994, pp. 65~66.
72 Palmiro Togliatti, 'Alcuni problemi della storia dell'Internazionale comunista' (1959), in *Opere*, Vol. 6, p. 380을 참조할 것. 물론 Togliatti는 상호 의존이 사

회주의적 세계 질서를 향해 가고 있다는 잘못된 믿음이 있었다.
73   Geoffrey Garrett and Peter Lange, 'Political Responses to Interdependence: What's "Left" for the Left?', *International Organization*, Vol. 45, no. 4, Autumn 1991, pp. 539~564에서 시사한 내용이다. 같은 호 Jeffrey A. Frieden, 'Invested Interests: The Politics of National Economic Policies in a World of Global Finance', pp. 425~451에서도 같은 점을 시사했다.
74   Michael Stewart, *The Age of Interdependence*, MIT Press, Cambridge MA, 1984, p. 20.
75   Strange, *Casino Capitalism*, p. 111.
76   '무의사 결정non-decision'의 힘에 관해서는 Strange, op. cit., pp. 26~46의 탁월한 분석을 참조할 것.
77   Stewart, op. cit., p. 85.
78   Altvater, *The Future of the Market*, pp. 162~165.
79   이 지역적 국제기구의 출현에 관해서는 Henri Bourguinat, 'L'émergence contemporaine des zones et blocs régionaux', in Louis Mucchielli and Fred Célimène (eds), *Mondialisation et régionalisation*, Economica, Paris, 1993, 특히 p. 6에 있는 표를 참조할 것.
80   Kerin Hope, 'European prosperity proves elusive', Survey on Greece, *Financial Times*, 14 November 1994, p. i.
81   See comments in Inger-Lise Ostrem, 'La Norvège et la communauté européenne: d'une appartenance de fait à une appartenance de droit?', *Revue du Marché commun et de l'Union européenne*, no. 364, January 1993, pp. 8~23.
82   절대적인 신뢰라는 개념에 관해서는 Pierre Bourdieu, *Questions de sociologie*, Editions de Minuit, Paris, 1981, pp. 245~248을 참조할 것.
83   Alain, *Propos*, ed. Maurice Savin, Gallimard/Bibliothèque la Pléiade, Paris, 1956, p. 983. Alain은 Emile Chartier의 필명이다.

참고 문헌

Abelshauser, Werner, 'Les nationalisations n'auront pas lieu. La controverse sur l'instauration d'un nouvel ordre économique et social dans les zones occidentales de l'Allemagne de 1945 à 1949', *Le mouvement social*, no. 134, January-March, 1986.

Abendroth, Wolfgang, *A Short History of the European Working Class*, New Left Books, London, 1972.

Abraham, David, *The Collapse of the Weimar Republic. Political Economy and Crisis*, Princeton University Press, Princeton NJ, 1981.

— 'Labor's Way: On the Successes and Limits of Socialist Parties in Interwar and Post-World War II Germany', *International Labor and Working Class History*, no. 28, Fall, 1985.

Abs, Robert, *Histoire du Parti socialiste Belge de 1885 à 1978*, Editions Fondation Louis de Brouckère, Brussels, 1979.

Adam, Gérard, 'Etude statistique des grèves de Mai-Juin 1968', *Revue française de science politique*, Vol. 20, no. 1, February, 1970.

Adams, R. J. and C. H. Rummel, 'Workers' Participation in Management in West Germany: Impact on the Worker, the Enterprise and the Trade Union', *Industrial Relations Journal*, Vol. 8, no. 1, Spring, 1977.

Adams, William James, *Restructuring the French Economy. Government and the Rise of Market Competition since World War II*, Brookings Institution, Washington DC, 1989.

Addison, Paul, *The Road to 1945*, Quartet Books, London, 1977.

Adereth, Maurice, *The French Communist Party. A Critical History (1920~1984): From Comintern to 'The Colours of France'*, Manchester University Press, Manchester, 1984.

Agosti, Aldo, *La Terza Internazionale, Storia documentaria*, 3 vols, Editori Riuniti, Rome, 1974~1979.

Ahlén, Kristina, 'Swedish Collective Bargaining Under Pressure: Inter-union Rivalry and Incomes Policies', *British Journal of Industrial Relations*, Vol. 27, no. 3,

November, 1989.

Alain, *Propos*, ed. Maurice Savin, Gallimard/Bibliothèque la Pléiade, Paris, 1956.

Alba, Victor, *The Communist Party in Spain*, Transaction Books, New Brunswick, 1983.

Albistur, Maïté and Daniel Armogathe, *Histoire du féminisme français*, Vol. 1, Edition des Femmes, Paris, 1978.

Aldcroft, Derek H., *The European Economy 1914~1980*, Croom Helm, London, 1980.

Allard, Sven, *Russia and the Austrian State Treaty. A Case Study of Soviet Policy in Europe*, Pennsylvania State University Press, University Park, PA, 1970.

Allison, Roy, *Finland's Relations with the Soviet Union, 1944~1984*, Macmillan, London, 1985.

Allsopp, Christopher, 'Macroeconomic Policy: Design and Performance', in Artis and Cobham (eds), op. cit.

Alogoskoufis, George S., 'On the Determinants of Consumer Price Inflation in Greece', *Greek Economic Review*, Vol. 8, no. 2, December, 1986.

Althusser, Louis, 'What Must Change in the Party', *New Left Review*, no. 109, May-June, 1978.

— 'Philosophie et marxisme. Entretiens avec Fernanda Navarro (1984~1987)', in *Sur la philosophie*, Gallimard, Paris, 1994.

— *Ecrits philosophiques et politiques*, Vol. 1, Stock/IMEC, Paris, 1994.

Altvater, Elmar, *The Future of the Market. An Essay on the Regulation of Money and Nature after the Collapse of 'Actually Existing Socialism'*, trans. Patrick Camiller, Verso, London, 1993.

Alwin, Duane F., Michael Braun and Jacqueline Scott, 'The Separation of Work and Family: Attitudes Towards Women's Labour-force Participation in Germany, Great Britain and the United States', *European Sociological Review*, Vol. 8, no. 1, May, 1992.

Amato, Pietro, *Il PSI tra frontismo e autonomia (1948~1954)*, Cosenza, 1978.

Ambler, John S., 'Educational Pluralism in the French Fifth Republic', in Hollifield and Ross (eds), op. cit.

Amendola, Giorgio, *Lotta di classe e sviluppo economico dopo la Liberazione*, Editori Riuniti, Rome, 1962.

— 'Il socialismo in occidente', *Rinascita*, 7 November 1964.

— 'Ipotesi sulla riunificazione', *Rinascita*, 28 November 1964.

— 'I comunisti e il movimento studentesco: necessità della lotta su due fronti', *Rinascita*, 7 June 1968.

— Speech to the European Parliament, 12 March 1969, in *I comunisti italiani al parlamento europeo — Interventi dei parlamentari della delegazione PCI-PSIUP-Ind. Sinistra*, December, 1969.

— *I comunisti e l'Europa*, Editori Riuniti, Rome, 1971.

Amyot, Grant, *The Italian Communist Party. The Crisis of the Popular Front Strategy*, Croom Helm, London, 1981.

Anderson, Harriet, *Utopian Feminism. Women's Movements in fin-de-siècle Vienna*, Yale University Press, New Haven and London, 1992.

Anderson, Perry, 'Sweden: Mr. Crosland's Dreamland', *New Left Review*, no. 7, January-February, 1961.

— *Considerations on Western Marxism*, New Left Books, London, 1976.

— 'The Antinomies of Antonio Granisci', *New Left Review*, no. 100, November, 1976-January, 1977.

— 'Trotsky's Interpretation of Stalinism', *New Left Review*, no. 139, May-June, 1983.

— 'The Figures of Descent', *New Left Review*, no. 161, January-February, 1987.

— and Patrick Camiller (eds), *Mapping the West European Left*, Verso, London, 1994.

Andeweg, Rudy B., 'Less Than Nothing? Hidden Privatisation of the Pseudo-Private Sector: The Dutch Case', *West European Politics*, Vol. 11, no. 4, October, 1988.

— T. H. van der Tak and K. Dittrich, 'Government Formation in the Netherlands', in Richard T. Griffiths, *The Economy and Politics of the Netherlands since 1945*, Martinus Nijhoff, The Hague, 1980.

Andreoli, Marcella, *Processo all'Italia. Il Belpaese alla sbarra: storie di delitti ordinari e di castighi eccellenti*, Sperling and Kupfer Editori, Milan, 1994.

Andreotti, Giulio, *Diari 1976~1979. Gli anni della solidarietà*, Rizzoli, Milan, 1981.

— *Visti da vicino. Il meglio delle tre serie*, Rizzoli, Milan 1986.

Andreucci, Franco, 'La diffusione e la volgarizzazione del marxismo', in *Storia del Marxismo. Vol. 2: Il marxismo nell'età della Seconda Internazionale*, Einaudi Editore, Turin, 1979.

Andrews, William G. and Stanley Hoffmann (eds), *The Impact of the Fifth Republic on France*, State University of New York Press, Albany, 1981.

Andrieu, Claire, 'La France à gauche de l'Europe', *Le mouvement social*, no. 134, January-March, 1986.

— Lucette Le Van and Antoine Prost (eds), *Les nationalisations de la Libération*, Presses de la Fondation Nationale des Sciences Politiques, Paris, 1987.

Angcnot, Marc, *Le centenaire de la révolution 1889*, La documentation française, Paris, 1989.

— *1889. Un état du discours social*, Editions du Préambule, Québec, 1989.

Antonelli, E. 'Pour penser le socialisme', *La revue socialiste*, nos 108~109, June and July, 1957.

Appleton, Andrew and Amy G. Mazur, 'Transformation or Modernization: The Rhetoric and Reality of Gender and Party Politics in France', in Lovenduski and Norris (eds), op. cit.

Ardagh, John, *The New France. A Society in Transition 1945~1977*, Penguin, Harmondsworth, 1977.

— *Germany and the Germans*, Penguin, Harmondsworth, 1988.

Arendt, Hannah, *The Human Condition. A Study of the Central Dilemmas Facing Modern Man*, Doubleday Anchor Books, New York, 1959.

Arendt, Walter, 'Speech at the Second and Third Reading of the Co-Determination Bill', 18 March 1976, *Press Bulletin, FRG*, 6 April 1976.

Arfè, Gaetano, *Storia del socialismo italiano 1892~1926*, Einaudi Editore, Turin, 1965.

Armstrong, Philip, Andrew Glyn and John Harrison, *Capitalism since World War II. The Making and Breakup of the Great Boom*, Fontana, London, 1984.

Arndt, H., *The Economic Lessons of the Nineteen-Thirties*, Oxford University Press, London, 1944.

Arnold, Heinz Ludwig, 'From Moral Affirmation to Subjective Pragmatism: The Transformation of German Literature since 1947', in Stanley Hoffmann and Paschalis Kitromilides (eds), *Culture and Society in Contemporary Europe*, Allen and Unwin, London, 1981.

Aron, Raymond, *La révolution introuvable. Réflexions sur la Révolution de Mai*, Fayard, Paris, 1968.

Arter, David, 'A Tale of Two Carlssons: The Swedish General Elections of 1988', *Pariliamentary Affairs*, Vol. 42, no. 1, January 1989.

Artis, Michael and David Cobham (eds), *Labour's Economic Policies 1974~1979*, Manchester University Press, Manchester, 1991.

Asselain, Jean-Charles, *Histoire économique de la France. Vol. 2: De 1919 à la fin des années 1970*, Editions du Seuil, Paris, 1984.

Atkinson, A. B., 'Poverty and Income Inequality in Britain' in Wedderburn (ed.), op. cit.

Atkinson, Valerie and Joanna Spear, 'The Labour Party and Women: Policies and Practices', in Smith and Spear (eds), op. cit.

Attali, Jacques, *Verbatim, I 1981~1986*, Fayard, Paris, 1993.

Attlee, C. R., *The Labour Party in Perspective*, Left Book Club edn, Victor Gollancz, London, 1937.

Avon (Lord), *The Eden Memoirs. The Reckoning*, Cassel, London, 1965.
Azcáratc, Manuel, *Crisis del Eurocomunismo*, Editorial Argos Vergara, Barcelona, 1982.
Bacon, Robert and Walter Eltis, *Britain's Economic Problem: Too Few Producers*, London, Macmillan, 1978.
― 'Reply to Hadjimatheou and Skouras', *Economic Journal*, Vol. 89, June, 1979.
Baget-Bozzo, Gianni, *Il Partito cristiano al potere. La DC di De Gasperi e di Dossetti 1945/1954*, Vallecchi, Florence, 1974.
Bahro, Rudolf, *From Red to Green. Interviews with New Left Review*, Verso, London, 1984.
Bairoch, Paul, *Economics and World History. Myths and Paradoxes*, Harvester Wheatsheaf, Hemel Hempstead, 1993.
Baker, Donald N., 'Two Paths to Socialism: Marcel Déat and Marceau Pivert', *Journal of Contemporary History*, Vol. 11, no. 1, 1976.
Bakker, Isabella, 'Women's Employment in Comparative Perspective', in Jenson, Hangen and Reddy (eds), op. cit.
Baklanoff, Eric N., *The Economic Transformation of Spain and Portugal*, Praeger, New York, 1978.
Bakvis, Herman, 'Towards a Political Economy of Consociationalism. A Commentary on Marxist Views of Pillarization in the Netherlands', *Contemporary Politics*, Vol. 16, no. 3, April, 1984.
Balbo, Laura, 'Family, Women, and the State', in Maier (ed.), op. cit.
Baldwin, Peter, 'Class, Interest and the Welfare State. A Reply to Sven E. Olsson', *International Review of Social History*, Vol. 34, 1989.
― 'The Scandinavian Origins of the Social Interpretation of the Welfare State', *Comparative Studies in Society and History*, Vol. 13, no. 1, 1989.
― *The Politics of Social Solidarity. Class Bases of the European Welfare State 1875~1975*, Cambridge University Press, Cambridge, 1990.
Balfour, Michael, *The Adversaries. America, Russia and the Open World 1941~1962*, Routledge and Kegan Paul, London, 1981.
― *West Germany. A Contemporary History*, Croom Helm, London and Canberra, 1982.
Balfour, Sebastian, *Dictatorship, Workers, and the City. Labour in Greater Barcelona since 1939*, Clarendon Press, Oxford, 1989.
Balogh, Thomas, 'Britain and the Dependent Commonwealth, in A. Creech Jones (ed.), *New Fabian Colonial Essays*, Hogarth Press, London, 1959.
― *The Irrelevance of Conventional Economics*, Weidenfeld and Nicolson, London,

1982.

Banks, Olive, *Faces of Feminism*, Martin Robertson, Oxford, 1981.

— *Becoming a Feminist The Social Origins of 'First Wave' Feminism*, Wheatsheaf, Brighton, 1986.

Barca L., F. Botta, and A. Zevi (eds), *I comunisti e l'economia italiana 1944~1974*, De Donato, Bari, 1975.

Bard, Christine (ed.), *Madeleine Pelletier (1874~1939). Logique et infortunes d'un combat pour l'églité*, Côté-femmes éditions, Paris, 1992.

Bariety, Jacques (ed.), *1889: Centenaire de la Révolution Française*, Peter Lang, Berne, 1992.

Bark, Dennis L. and David R. Gress, *A History of West Germany*, 2 vols, Basil Blackwell, Oxford, 1989.

Barkan, Joanne, *Visions of Emancipation. The Italian Workers' Movement since 1945*, Praeger, New York, 1984.

Barnett, Correlli, *The Audit of War. The Illusion and Reality of Britain as a Great Nation*, Macmillan, London, 1986.

Barnett, Joel, *Inside the Treasury*, André Deutsch, London, 1982.

Barr, Nicholas and Fiona Coulter, 'Social Security: Solution or Problem?', in Hills (ed.), op. cit.

Bartolini, Stefano, 'I primi movimenti socialisti in Europa. Consolidamento organizzativo e mobilitazione politica', *Rivista italiana di scienza politica*, Vol. 23, no. 2, August, 1993.

Batchelor, Charles, 'Concern at decline in membership', Survey on the Netherlands, *Financial Times*, 16 October 1986.

Bauer, Otto, 'What Is Austro-Marxism?' *Arbeiter-Zeitung*, 3 November 1927, in Tom Bottomore and Patrick Goode, *Austro-Marxism*, Clarendon Press, Oxford, 1978.

— *Austrian Democracy under Fire*, London, 1934, in Beetham (ed.), op. cit.

— *Tra due guerre mondiali?*, (Italian trans. of *Zwischen zwei Weltkriegen?*) Einaudi Editore, Turin, 1979.

Bautmol, William J., 'Macroeconomics of Unbalanced Growth: The Anatomy of Urban Crisis', *American Economic Review*, Vol. 57, no. 3, June, 1967.

Bazil, Béatrice, 'L'irrésistible logique de la socialisation', in Massenet et al., op. cit.

Bean, C. R., R. Layard and S. J. Nickell, 'The Rise in Unemployment: A Multi-country Study', *Economica*, Vol. 53, 1986, Supplement to no. 210, *Unemployment*.

Bebel, August, *Woman in the Past, Present and Future*, Zwan Publications, London, 1988.

Beccalli, Bianca, 'The Modern Women's Movement in Italy', *New Left Review*, no.

204, March-April, 1994.

Becker, Jean-Jacques, *Le parti communiste veut-il prendre le pouvoir? La stratégie du PCF de 1930 à nos jours*, Editions du Seuil, Paris, 1981.

― 'Le PCF, in Andrieu, Le Van and Prost (eds), op. cit.

Becker, Renate and Rob Burns, 'The Women's Movement in the Federal Republic of Germany', *Contemporary German Studies, Occasional Papers*, no. 3, Department of Modern Languages, Strathclyde, 1987.

Beckerman, Wilfred (ed.), *The Labour Government's Economic Record 1964~1970*, Duckworth, London, 1972.

Beetham, David (ed.), Marxism in the Face of Fascism, Manchester University Press, Manchester 1983.

Bell, Daniel, *The End of Ideology. On the Exhaustion of Political Ideas in the Fifties*, Free Press, New York, 1965 (1st edn 1960).

― *The Coming of Post-Industrial Society*, Heinemann, London, 1974.

Bell, D. S. (ed.), *Western European Communists and the Collapse of Communism*, Berg, Oxford and Providence, 1993.

― and Byron Criddle, *The French Socialist Party*, Clarendon Press, Oxford, 1988.

Bell, John D., *Peasants in Power. Alexander Stamboliski and the Bulgarian Agrarian National Union, 1899~1923*, Princeton University Press, Princeton NJ, 1977.

Bell, Laurence, 'May 68: Parenthesis or Staging Post in the Development of the Socialist Left?', in Hanley and Waiter (eds), 1989.

Bénéton, Philippe and Jean Touchard, 'Les interprétations de la crise de mai-juin 1968', *Revue française de science politique*, Vol. 20, no. 3, June 1970.

Benn, Tony, *Arguments for Democracy*, Penguin, Harmondsworth, 1982.

― *Parliament, People and Power*, Verso, London, 1982.

― *Against the Tide. Diaries 1973~1976*, Hutchinson, London, 1989.

Benson, Ian and John Lloyd, *New Technology and Industrial Change*, Kogan Page, London, 1983.

Benzoni, Alberto, 'I socialisti e la politica estera', in Massimo Bonanni (ed.), *La politica estera della Repubblica italiana*, I.A.I and Edizioni di Comunità, Milan, 1967.

Berger, Stefan, 'Nationalism and the Left in Germany', *New Left Review*, no. 206, July-August, 1994.

Berger, Suzanne, 'Liberalism Reborn: The New Liberal Synthesis in France', in Howorth and Ross (eds), op. cit., Vol. 1.

Berggren, Christian, 'Work Reforms in Sweden 1970~1990: From Labour Market Pressures to Corporate Strategies', in Boje and Olsson Hort (eds), op. cit.

— *The Volvo Experience. Alternatives to Lean Production in the Swedish Auto Industry*, Macmillan, London, 1993.

Berghahn, Volker R., *The Americanisation of West German Industry, 1945~1973*, Berg, Leamington and New York, 1986.

— *Modern Germany*, Cambridge University Press, Cambridge, 1982.

— and Detlev Karsten, *Industrial Relations in West Germany*, Berg, Oxford, 1987.

Bergounioux, Alain, 'Sur la crise du syndicalisme', *Intervention*, no. 13, July-September, 1985.

— 'Le néosocialisme. Marcel Déat: réformisme traditionnel ou esprit des années trentes', *Revue Historique*, Vol. 102, no. 528, October-December 1978.

Bergström, Hans, 'Sweden's Politics and Party System at the Crossroads', *West European Politics*, Vol. 14, no. 3, July 1991.

Berlinguer, Enrico, *La proposta comunista*, Einaudi Editore, Turin, 1975.

— *La 'Questione Comunista'*, 2 vols, Editori Riuniti, Rome, 1975.

— *La politica internazionale dei comunisti italiani*, Editori Riuniti, Rome, 1976.

— *Austerità occasione per trasformare l'Italia*, Editori Riuniti, Rome, 1977.

— *La nostra lotta dall'opposizione verso il governo*, Editori Riuniti, Rome, 1979.

— *Per il socialismo nella pace e nella democrazia in Italia e in Europa*, Editori Riuniti, Rome, 1979.

— *After Poland*, ed. and trans. Antonio Bronda and Stephen Bodington, Spokesman, Nottingham, 1982.

Bernard, Philippe and Dubief, Henri, *The Decline of the Third Republic 1914~1938*, Cambridge University Press, Cambridge, 1988.

Bernstein, Eduard, *Evolutionary Socialism*, Schocken Books, New York, 1963.

— 'The Struggle of Social Democracy and the Social Revolution: 2. The Theory of Collapse and Colonial Policy', originally in *Neue Zeit*, 19 January 1898; English trans, in H. Tudor and J. M. Tudor (eds), *Marxism and Social Democracy. The Revisionist Debate 1896~1898*, Cambridge University Press, Cambridge, 1988.

— *The Preconditions of Socialism*, ed. and trans. Henry Tudor, Cambridge University Press, Cambridge, 1994.

Berry, Albert, François Bourguignon and Christian Morrison, 'Global Economic Inequality and its Trends since 1950', in Osberg (ed.), op. cit.

Berstein, Serge, 'La SFIO', in Andrieu, Le Van and Prost (eds), op. cit.

Berti, Giuseppe (ed.), *I primi dieci anni di vita del PCI. Documenti inediti dell'archivio Angelo Tasca*, Feltrinelli, Milan, 1967.

Beveridge, William, *Social Insurance and Allied Services*, Cmd. 6404, HMSO, London, 1942.

— *Full Employment in a Free Society*, 2nd edn with a new prologue, Allen and Unwin, London, 1960.

Beyme, Klaus von, 'The Ostpolitik in the West German 1969 Elections', *Government and Opposition*, Vol. 5, no. 2, Spring 1970.

— *Challenge to Power. Trade Unions and Industrial Relations in Capitalist Countries*, Sage, London and Beverly Hills, 1980.

— 'A United Germany Preparing for the 1994 Elections', *Government and Opposition*, Vol. 29, no. 4, Autumn 1994.

Bezbakh, Pierre, *Histoire et figures du socialisme français*, Bordas, Paris, 1994.

Biacabe, Pierre, 'Les mésaventures du franc', in Massenet et al., op. cit.

Birchall, Ian, *Bailing Out the System. Reformist Socialism in Western Europe 1944~1985*, Bookmarks, London, 1986.

Birnbaum, Pierre, The State in Contemporary France', in Richard Scase (ed.), *The State in Western Europe*, Croom Helm, London, 1980.

Bizcarrondo, Marta, 'Los origenes del feminismo socialista en España', in *La mujer en la historia de España*, Actas de las II jornadas de investigación interdisciplinaria, Universidad Autonoma de Madrid, Madrid, 1984.

Blackbourn, David, *Class, Religion and Local Politics in Wilhelmine Germany. The Centre Party in Württemberg before, 1914*, Yale University Press, New Haven, 1980.

Blackmer, D. L. M., *Unity in Diversity. Italian Communism and the Communist World*, MIT Press, Cambridge MA, 1968.

— and Sidney Tarrow (eds), *Communism in Italy and France*, Princeton University Press, Princeton NJ, 1975.

Blanchard, Olivier, Rudiger Dornbusch and Richard Layard (eds), *Restoring Europe's Prosperity: Macro-economic Papers from the Centre for European Policy Studies*, MIT Press, Cambridge MA and London, 1986.

Blau, David M. and Philip K. Robins, 'Child-care Costs and Family Labor Supply', *Review of Economics and Statistics*, Vol. 70, no. 3, August 1988.

Blinkhorn, Martin (ed.), *Fascists and Conservatives. The Radical Right and the Establishment in Twentieth-Century Europe*, Unwin Hyman, London, 1990.

Bloomfield, Jon, *Passive Revolution. Politics and the Czechoslovak Working Class 1945~1948*, St Martin's Press, New York, 1979.

Blum, Léon, *L'Oeuvre de Léon Blum (1940~1945)*, Albin Michel, Paris, 1955.

— *L'Oeuvre de Blum*, Vol. III-i (1914~1928), Vol. VI-i (1945~1947), Albin Michel, Paris, 1972.

Blume, Daniel et al., *Histoire du réformisme en France depuis 1920*, Vol. 2, Editions

Sociales, Paris, 1976.

Blum, Patrick, 'An attractive deal is needed', Survey on Austria, *Financial Times*, 10 November 1993.

Boccara, Paul, *Etudes sur le capitalisme monopoliste d'Etat, sa crise et son issue*, Editions Sociales, Paris, 1974.

Boje, Thomas P. and Lise Drewes Nielsen, 'Flexible Production, Employment and Gender, in Boje and Olsson Hort (eds), op. cit.

Boje, Thomas P. and Sven E. Olsson Hort (eds), *Scandinavia in a New Europe*, Scandinavia University Press, Oslo, 1993.

Boltho, Andrea 'Western Europe's Economic Stagnation', *New Left Review*, no. 201, September-October, 1993.

— (ed.), *The European Economy. Growth & Crisis*, Oxford University Press, Oxford, 1982.

Bombach, Gottfried, *Post-war Economic Growth Revisited*, Elsevier Science, Amsterdam, 1985.

Bon, Frédéric, 'Structure de l'idéologie communiste', in *Le Communisme en France*, Cahiers de la Fondation Nationale des Sciences Politiques, Colin, Paris, 1969.

Bonaccorsi, Marina, 'Gli enti pubblici del settore della sicurezza sociale', in Franco Cazzola (ed.), *Anatomia del potere DC. Enti pubblici e "centralità democristiana"*, De Donato, Bari, 1979.

Bonime, Andrea R., 'The Spanish State Structure: Constitution Making and the Creation of the New State', in Lancaster and Prevost (eds), op. cit.

Bonnel, R, 'Hegel et Marx', *La revue socialiste*, nos 110 and 111, October and November, 1957.

Bonney, Norman and Elizabeth Reinach, 'Housework Reconsidered: The Oakley Thesis Twenty Years Later', *Work, Employment and Society*, Vol. 7, no. 4, December, 1993.

Borchardt, Knut, *Perspectives on Modern German Economic History*, trans. Peter Lambert, Cambridge University Press, Cambridge, 1991.

Borghini, Gian Franco and Achille Occhetto, text of reports to the Congress of the FGCI held at Ariccia 29~30 November 1968, in supplement to *Nuova Generazione*, no. 24, 1968.

Bornstein, Stephen, 'States and Unions: From Postwar Settlement to Contemporary Stalemate', in S. Bornstein, D. Held and J. Krieger, *The State in Capitalist Europe*, Allen and Unwin, London, 1984.

Bosworth, Barry and Robert Z. Lawrence, 'Economic Goals and the Policy Mix', in Bosworth and Rivlin (eds), op. cit.

Bosworth, Barry and Alice M. Rivlin (eds), *The Swedish Economy*, Brookings Institution, Washington DC, 1987.
Botz, Gerhard, 'Austro-Marxist Interpretation of Fascism', *Journal of Contemporary History*, Vol. 11, no. 4, 1976.
Bourderon, Roger et al., *Le PCF: étapes et problèmes*. Editions Sociales, Paris, 1981.
Bourdieu, Pierre, *Questions de sociologie*, Editions de Minuit, Paris, 1981.
― *Distinction. A Social Critique of the Judgement of Taste*, Routledge and Kegan Paul, London, 1984.
― and Jean-Claude Passeron, *The Inheritors. French Students and Their Relation to Culture*, University of Chicago Press, Chicago and London, 1979.
Bourguinat, Henri, 'L'émergence contemporaine des zones et blocs régionaux', in Louis Mucchielli and Fred Célimène (eds), *Mondialisation et régionalisation*, Economica, Paris, 1993.
Bouvier, Beatrix W., *Zwischen Godesberg und Grosser Koalition: der Weg der SPD in die Regierungs-verantwortung*, Dietz, Bonn, 1990.
Boyce, Robert W. D., *British Capitalism at the Crossroads 1919~1932. A Study in Politics, Economics and International Relations*, Cambridge University Press, Cambridge, 1987.
Bradley, Ian, *Breaking the Mould? The Birth and Prospects of the Social Democratic Party*, Martin Robertson, Oxford, 1981.
Bramwell, Anna, *Ecology in the 20th Century. A History*, Yale University Press, New Haven and London, 1989.
Brand, Carl F., *The British Labour Party*, Hoover Institution Press, Standford, 1974.
Brand, Karl-Werner, 'Cyclical Aspects of New Social Movements: Waves of Cultural Criticism and Mobilization Cycles of New Middle-class Radicalism', in Dalton and Kuechler (eds), op. cit.
Brands, H. W., 'India and Pakistan in American Strategic Planning, 1947~1954: Commonwealth as Collaborator', *Journal of Imperial and Commonwealth History*, Vol. 15, no. 1, October, 1986.
Brandt, Willy, *The State of the Nation*, speech at the SPD Party Conference at Dortmund, 1 June 1966, SPD, Bonn n.d., English language text.
― *A Peace Policy for Europe*, Weidenfeld and Nicolson, London, 1969.
― 'The German View', *Socialist International Information*, Vol. 21, no. 5~6, May-June 1971.
― 'No Limits to Qualitative Growth', *Socialist International Information*, no. 4, 1982.
― 'Social Democracy after the Communist Collapse', *Socialist Affairs*, no. 3, 1991.
― *My Life in Politics*, Penguin, Harmondsworth, 1993.

— Bruno Kreisky and Olof Palme, *La Social-démocratie et l'avenir*, Gallimard, Paris, 1976.
Branson, Noreen, *History of the Communist Party of Great Britain 1927~1941*, Lawrence and Wishart, London, 1985.
Bratteli, Trygve, 'The Norwegian View', *Socialist International Information*, Vol. 21, nos 5~6, May-June 1971.
Braudel, Fernand, *A History of Civilizations*, trans. Richard Mayne, Allen Lane/ Penguin, London, 1994.
Braun, Dietmar, 'Political Immobilism and Labour Market Performance: The Dutch Road to Mass Unemployment', *Journal of Public Policy*, Vol. 7, no. 3, July-September, 1987.
Braunthal, Gerard, *The West German Social Democrats, 1969~1982. Profile of a Party in Power*, Westview Press, Boulder, CO, 1983.
Bredin, Jean-Denis, 'Est-il permis?', *Le Monde*, 31 August, 1991.
Brettell, Caroline B., 'Emigration and Its Implications for the Revolution in Northern Portugal', in Graham and Makler (eds), op. cit.
Bridgford, Jeff, 'The Events of May. Consequences for Industrial Relations in France', in Hanley, Kerr and Waites (eds), op. cit.
Brittan, Samuel, 'Some Common Market Heresies', *Journal of Common Market Studies*, Vol. 8, no. 4, June 1970.
Brower, Daniel R., *The New Jacobins. The French Communist Party and the Popular Front*, Cornell University Press, Ithaca, NY, 1968.
Brown, Bernard (ed.), *Eurocommunism and Eurosocialism: The left Confronts Modernity*, Cyrco Press, New York and London, 1979.
Brown, Irene Coltman, 'Mary Wollstonecraft and the French Revolution or Feminism and the Rights of Men', in Siân Reynolds (ed.), *Women, State and Revolution*, Wheatsheaf, Brighton, 1986.
Brown, William, 'Industrial Relations', in Artis and Cobham (eds), op. cit.
— and Keith Sisson, *A Positive Incomes Policy*, Fabian Tract, no. 442, May 1976.
Brown-Humes, Christopher, 'Swedish package lifts taxes and cuts spending', *Financial Times*, 26 April 1995.
Bruce, Peter, 'West German unions set might against "demon Kohl"', *Financial Times*, 3 June 1986.
Bruneau, Thomas C., 'The Left and the Emergence of Portuguese Liberal Democracy', in B. Brown (ed.), op. cit.
Bruno, Michael and Jeffrey D. Sachs, *Economics of Worldwide Stagflation*, Basil Blackwell, Oxford, 1985.

Brzezinski, Zbigniew, *Power and Principle: Memoirs of the National Security Advisor 1977~1981*, Weidenfeld and Nicolson, London, 1983.
Buchan, David, 'France's grassroots shake the union tree', *Financial Times*, 28 October 1993.
Buci-Glucksmann, Christine, *Gramsci and the State*, Lawrence and Wishart, London, 1980.
— and Göran Therborn, *Le défi social-democrate*, Maspero, Paris, 1981.
Bull, Martin and Paul Heywood (eds), *West European Communist Parties after the Revolutions of 1989*, St Martin's Press, New York, 1994.
Bullock, Alan, *The Life and Times of Ernest Bevin*, Vol. 1 : Trade Union Leader 1881~1940, Heinemann, London, 1960.
— *Ernest Bevin Foreign Secretary 1945~1951*, Oxford University Press, Oxford, 1985.
Burk, Kathleen and Alec Cairncross, *'Goodlye. Great Britain'. The 1976 IMF Crisis*, Yale University Press, New Haven and London, 1992.
Burlatsky, Fedor, *Khrushchev and the First Russian Spring*, Weidenfeld and Nicolson, London, 1991.
Burnham, James, *The Managerial Revolution*, Penguin, London, 1945.
Burrin, Philippe, *La Dérive fasciste. Doriot, Déat, Bergery 1933~1954*, Editions du Seuil, Paris, 1986.
Burtiess, Gary, 'Taxes, Transfers, and Swedish Labor Supply', in Bosworth and Rivlin (eds), op. cit.
Buse, Dieter K., 'Party Leadership and Mechanism of Unity: The Crisis of German Social Democracy Reconsidered, 1910~1914', *Journal of Modern History*, Vol. 62, no. 3, September 1990.
Butler, David and Dennis Kavanagh, *The British General Election of 1987*, Macmillan, London, 1988.
— *The British General Election of 1992*, Macmillan, London, 1992.
Butler, L. J., *Economic Development and the 'Official Mind': The Colonial Office and Manufacturing in West Africa, 1939~1951*, Unpublished doctoral dissertation, University of London, 1991.
Caciagli, Mario, 'Apogeo e declino delle due grandi subculture politiche territoriali', paper presented to the Third Conference of the SISE, *Italia 1948~1988: Quarant'anni di dinamiche elettorali e istituzionali*, Naples 6~8 October 1988.
Cairncross, Alec, *Years of Recovery. British Economic Policy, 1945~1951*, Methuen, London and New York, 1985.
— 'The United Kingdom', in Graham with Seldon (eds), op. cit.

— and Barry Eichengreen, *Sterling in Decline*, Blackwell, Oxford, 1983.
Caldwell, Lesley, *Italian Family Matters. Women, Politics and Legal Reform*, Macmillan, London, 1991.
Callaghan, James, *Time and Chance*, Collins, London, 1987.
Calvocoressi, Peter and Guy Wint, *Total War*, Penguin, Harmondsworth, 1972.
Camboni, Gianfranco and Danilo Samsa, *PCI e movimento degli studenti 1968~1973*, De Donato, Bari, 1975.
Cameron, David R., 'The Expansion of the Public Economy: A Comparative Analysis', *American Political Science Review*, Vol. 72, no. 4, December 1978.
Camiller, Patrick, 'The Eclipse of Spanish Communism', *New Left Review*, no. 147, September-October 1984.
— 'Spain: The Survival of Socialism?', in Anderson and Camiller (eds), op. cit.
Campbell, Beatrix, *Iron Ladies, Why Do Women Vote Tory?*, Virago Press, London, 1987.
Caridi, Paola, *La scissione di Palazzo Barberini*, Edizioni Scientifiche Italiane, Naples, 1991.
Carlson, Allan, *The Swedish Experiment in Family Politics: The Myrdals and the Interwar Population Crisis*, Transaction, New Brunswick, 1990.
Carlsson, Ingvar, 'Interview', Survey on Sweden, *Financial Times*, 21 December 1993.
Carnegy, Hugh, 'Swedish companies look overseas for salvation', *Financial Times*, 11 July 1993.
— 'Swedes go to ground while summer days are long', *Financial Times*, 7~8 August 1993.
— 'Reluctant to walk the gangplank', *Financial Times*, 4 November 1993.
— 'Sweden shows effects of painful cure', *Financial Times*, 8 November 1993.
— 'Liberal who may be the next prime minister', Survey on Finland, *Financial Times*, 9 November 1994.
Carpenter, L. P., *G. D. H. Cole. An Intellectual Biography*, Cambridge University Press, Cambridge, 1973.
Carr, E. H., *The Bolshevik Revolution 1917~1923*, Vol. 3, Penguin, Harmondsworth, 1971.
Carr, Raymond and Juan Pablo Fusi, *Spain: Dictatorship to Democracy*, Allen and Unwin, London, 1979.
Carr, William, *A History of Germany 1815~1985*, Edward Arnold, London, 1987.
— 'German Social Democracy since 1945', in Roger Fletcher (ed.), *Bernstein to Brandt. A Short History of German Social Democracy*, Edward Arnold, London, 1987.

Carrieri, Mimmo, 'Superare il "modello proletario" di azione sindacale', *Democrazia e diritto*, nos 1~2, January-February, 1989.

Carter, April, *Peace Movements. International Protest and World Politics since 1945*, Longman, London, 1992.

Carter, Neil, 'The "Greening" of Labour' in Smith and Spear (eds), op. cit.

Casalini, Maria, 'Femminismo e socialismo in Anna Kuliscioff. 1890~1907', *Italia Contemporanea*, no. 143, June 1981.

___ *La Signora del socialismo italiano. Vita di Anna Kuliscioff*, Editori Riuniti, Rome, 1987.

Casanova, Laurent, 'A propos de la guerre d'Algérie: L'internationalisme prolétarien et l'intérêt national', *Cahiers du communisme*, Vol. 33, no. 4, April 1957.

Castle, Barbara, *The Castle Diaries 1974~1976*, Weidenfeld and Nicolson, London, 1980.

Castles, Francis, *The Social Democratic Image of Society: A study of the Achievements and Origins of Scandinavian Social Democracy in Comparative Perspective*, Routledge and Kegan Paul, London, 1978.

Castles, Stephen and Godula Kosack, *Immigrant Workers and Class Structure in Western Europe*, Oxford University Press, Oxford, 1985.

Castoldi, Alberto, *Intellettuali e Fronte popolare in Francia*, De Donato, Bari, 1978.

Caute, David, *Communism and the French Intellectuals 1914~1960*, André Deutsch, London, 1964.

___ *Sixty-eight. The Year of the Barricades*, Hamish Hamilton, London, 1988.

Cazzola, Franco, 'Consenso e esposizione nel parlamento italiano. Il ruolo del PCI dalla I alla IV Legislatura', *Rivista Italiana di Scienza Politica*, January 1972.

___ 'La solidarietà nazionale dalla parte del Parlamento', *Laboratorio politico*, no. 2~3, March-June 1982.

Centre de regroupement des informations universitaires, *Quelles université? Quelle société?*, Editions du Seuil, Paris, 1968.

Centro per La Riforma dello Stato (ed.), *Politica Europa Annali 1990~1991*, Franco Angeli, Milan, 1991.

Cerny, Philip G., *The Politics of Grandeur. Ideological Aspects of de Gaulle's Foreign Policy*, Cambridge University Press, Cambridge, 1980.

___ 'State Capitalism in France and Britain and the International Economie Order', in Cerny and Schain (eds), op. cit.

___ and Martin A. Schain (eds), *Socialism, the State and Public Policy in France*, Frances Pinter, London, 1985.

Cerroni, Umberto, *Il rapporto uomo-donna nella civiltà borghese*, Editori Riuniti,

Rome, 1975.

Chappaz, G., 'Réflexion sur le matérialisme marxiste', *La revue socialiste*, no. 110, October 1957.

Charzat, Gisèle, *Les Françaises sont-elles des citoyennes?*, Editions Denoël, Paris, 1972.

Chaveau, Henri, 'Le parti, la SFIO et la paupérisation', *Cahiers du communisme*, Vol. 33, no. 3, March, 1957.

Cheeseright, Paul, 'Cry for Help in Mining Crisis', Survey on Belgium, *Financial Times*, 13 June 1986.

Chester, Norman, *The Nationalisation of British Industry 1945~1951*, HMSO, London, 1975.

Chevènement, Jean-Pierre, 'Interview' in *Intervention*, no. 5~6, August-October, 1983.

— *Apprendre pour entreprendre*, Livre de Poche, Paris, 1985.

— *Le pari sur l'intelligence* (with Hervé Hamon and Patrick Rotman), Flammarion, Paris, 1985.

Chiarante, Giuseppe, *La rivolta degli studenti*, Editori Riuniti, Rome, 1968.

Chiarini R. and Paolo Corsini, *Da Salò a piazza della Loggia. Blocco d'ordine, neofascismo, radicalismo di destra a Brescia (1945~1974)*, Franco Angeli, Milan, 1983.

Chiaromonte, Gerardo, *L'accordo programmatico e l'azione dei comunisti*, Editori Riuniti, Rome, 1977.

— *Le scelte della solidarietà democratica. Cronache, ricordi e riflessioni sul triennio 1976~1979*, Editori Riuniti, Rome, 1986.

Chick, Martin, 'Private Industrial Investment', in Helen Mercer, Neil Rollings and Jim Tomlinson (eds), *Labour Governments and Private Industry. The Experience of 1945~1951*, Edinburgh University Press, Edinburgh, 1992.

Chiesa, Giulietto, *Da Mosca. Alle origini di un colpo di stato annunciato*, Laterza, Rome-Bari, 1993.

Childs, David, *Britain since 1945*, Methuen, London, 1984.

Chinese Communist Party, 'On the Differences between Comrade Togliatti and Us', *Peking Review*, 4 January 1963.

— 'More on the Differences between Comrade Togliatti and Us', *Peking Review*, 15 March 1963.

Christiansen, Ernst, 'The Ideological Development of Democratic Socialism in Denmark', *Socialist International Information*, Vol. 18, no. 1, 4 January 1958.

Clark, Jon, 'Concerted Action in the Federal Republic of Germany', *British Journal of Industrial Relations*, Vol. 17, no. 2, July 1979.

Clark, Robert P. and Michael H. Haltzel (eds), *Spain in the, 1980s. The Democratic Transition and a New International Role*, Ballinger, Cambridge MA, 1987.

Clarke, Charles and David Griffiths, *Labour and Mass Politics. Rethinking our Strategy*, Labour Co-ordinating Committee, November 1982.

Clarke, John et al., 'Subcultures, Cultures and Class', in Stuart Hall and Tony Jefferson (eds), *Resistance through Rituals. Youth Subcultures in Post-war Britain*, Hutchinson, London, 1977.

Clarke, Sir Richard W. B., *Anglo-American Economic Collaboration in War and in Peace 1942~1949*, ed. Sir Alec Cairncross, Clarendon Press, Oxford, 1982.

Clarke, Tom, 'Industrial Democracy: The Institutionalized Suppression of Industrial Conflict?', in Tom Clarke and Laurie Clements (eds). *Trade Unions Under Capitalism*, Fontana, n.p. 1977.

Claudin, Fernando, *The Communist Movement. From Comintern to Cominform*, Penguin, Harmondsworth, 1975.

Clavau, Fernand, 'La crise du Marché commun', *Cahiers du communisme*, Vol. 41, no. 6, September 1965.

Clogg, Richard, *Parties and Elections in Greece. The Search for Legitimacy*, C. Hurst and Co., London, 1987.

— (ed.), *Greece in the 1980s*, Macmillan, London, 1983.

— (ed.), *Greece, 1981~1989. The Populist Decade*, St Martin's Press, New York, 1993.

Close, David, 'Conservatism, Authoritarianism and Fascism in Greece, 1915~1945', in Blinkhorn (ed.), op. cit.

Coates, David, *Labour in Power? A Study of the Labour Government, 1974~1979*, Longman, London, 1980.

Cobler, Sebastian, *Law, Order and Politics in West Germany*, trans. Francis McDonagh, Penguin, Harmondsworth, 1978.

Cogniot, Georges, 'Les nouveaux pièges "européens"', *Cahiers du communisme*, Vol. 33, no. 2, February 1957.

Cohen, Bronwen and Neil Fraser, *Childcare in a Modern Welfare System. Towards a New National System*, IPPR, London, 1991.

Cohen, G. A., 'Back to Socialist Basics', *New Left Review*, no. 207, September-October 1994.

Cole, G. D. H., *A History of Socialist Thought*. Vol. 5: *Socialism and Fascism 1931~1939*, Macmillan, London, 1960.

Collard, Léon, speech of 16 November 1958 to the special Congress of the Belgian Socialist Party, *Socialist International Information*, Vol. 8, no. 48, 29 November 1958.

— 'The Future of Socialism', *Le Peuple*, 21 September 1959; reprinted and trans, in *Socialist International Information*, Vol. 9, no. 41, 10 October 1959.

Collotti, Enzo, *Esempio Germania. Socialdemocrazia tedesca e coalizione socialliberale 1969~1976*, Feltrinelli, Milan, 1977.

Colton, Joel, *Léon Blum. Humanist in Politics*, Alfred A. Knopf, New York, 1966.

Commission on Social Justice, *Social Justice. Strategies for National Renewal*, Vintage, London, 1994.

Condorcet, Antoine de, *Foundations of Social Choice and Political Theory*, trans. and ed. Iain McLean and Fiona Hewitt, Edward Elgar, Aldershot, 1994.

Conference of Socialist Economists London Working Group, *The Alternative Economic Strategy*, LCC/CSE, London, 1980.

Cook, Alice H., 'Federal Republic of Germany', in Cook, Lorwin and Daniels (eds), op. cit.

Cook, Alice H., Val R. Lorwin and Arlene Kaplan Daniels (eds), *Women and Trade Unions in Eleven Industrialized Countries*, Temple University Press, Philadelphia, 1983.

Coole, Diana, *Women in Political Theory*, Wheatsheaf, Brighton, 1988.

Cooper, Richard N., 'The Balance of Payments', in Richard E. Caves (ed.), *Britain's Economic Prospects*, Brookings Institution and Allen and Unwin, Washington and London, 1968.

Coopey, Richard, 'The White Heat of Scientific Revolution', *Contemporary Record. The Journal of Contemporary British History*, Vol. 5, no. 1, Summer 1991.

Coote, Anna, 'The AES: A New Starting Point', *New Socialist*, November-December 1981.

— and Beatrix Campbell, *Sweet Freedom*, 2nd edn, Basil Blackwell, Oxford, 1987.

— and Polly Pattullo, *Power and Prejudice. Women and Politics*, Weidenfeld and Nicolson, London, 1990.

Coppola, Aniello, *Moro*, Feltrinelli, Milan, 1976.

Corsini, Paolo and Laura Novati (eds), *L'eversione nera. Cronache di un decennio 1974~1984*, Franco Angeli, Milan, 1985.

Cot, Jean-Pierre, 'Autogestion and Modernity in France', in B. Brown (ed.), op. cit.

Couloumbis, Theodore A., 'PASOK's Foreign Policies, 1981~1989: Continuity or Change?', in Clogg (ed.) op. cit., 1993.

Courakis, Anthony S., Fatima Mouraroque and George Tridimas, 'Public-expenditure Growth in Greece and Portugal, the Wagner Law and Beyond', *Applied Economics*, Vol. 25, no. 1, January 1993.

Courtieu, Paul and Jean Houdremont, 'La paupérisation absolue de la classe ouvrière',

Cahiers du communisme, Vol. 31, no. 4, April 1955.
Courtois, Gérard, '1981~1993: l'érosion des ambitions', *Le Monde*, 18 March 1993.
― 'La FEN en miettes', *Le Monde*, 18 March 1993.
Courtois, Stéphane, *Le PCF dans la guerre. De Gaulle, La Résistance, Staline* ..., Editions Ramsay, Paris, 1980.
Coward, Rosalind, *Patriarchal Precedents. Sexuality and Social Relations*, Routledge and Kegan Paul, London, 1983.
― *Our Treacherous Hearts*, Faber and Faber, London, 1992.
Cox, Robert, *Production, Power and World Order*, Columbia University Press, New York, 1987.
Craig, F. W. S. (ed), *British General Election Manifestos 1900~1974*, Macmillan, London, 1975.
― (ed.), *Conservative and Labour Party Conference Decisions 1945~1981*, Parliamentary Research Services, Chichester, 1982.
Craig, Gordon A., *Germany 1866~1945*, Oxford University Press, Oxford, 1981.
― *The Germans*, Penguin, Harmondsworth, 1984.
Cram, Laura, 'Calling the Tune without Paying the Piper? Social Policy Regulation: The Role of the Commission in European Community Social Policy', *Policy and Politics*, Vol. 21, no. 2, 1993.
Craxi, Bettino, *Prove marzo 1978 gennaio 1980*, Sugarco Edizioni, Milan, 1980.
― *L'Italia liberata*, Sugarco Edizioni, Milan, 1984.
Creech Jones, Arthur, 'The Labour Party and Colonial Policy 1945~1951', in A. Creech Jones (ed.), *New Fabian Colonial Essays*, Hogarth Press, London, 1959.
Crewe, Ivor, 'The Labour Party and the Electorate', in Dennis Kavanagh (ed.), *The Politics of the Labour Party*, Allen and Unwin, London, 1982.
― 'On the Death and Resurrection of Class Voting: Some Comments on *How Britain Vote*', *Political Studies*, Vol. 34, no. 4, December 1986.
― 'Labor Force Changes, Working Class Decline and the Labour Vote: Social and Electoral Trends in Postwar Britain', in Fox Piven (ed.), op. cit.
― and David Denver, *Electoral Change in Western Democracies: Patterns and Sources of Electoral Volatility*, Croom Helm, London, 1985.
Crick, Bernard, 'The Future of the Labour Party', *Political Quarterly*, Vol. 54, no. 4, October-December 1983.
Crick, Michael, *The March of Militant*, Faber and Faber, London, 1986.
Criddle, Byron, 'The French Socialist Party' in Paterson and Thomas (eds), op. cit., 1986.
Crosland, Anthony, *The Future of Socialism*, Jonathan Cape, London, 1956 (2nd edn

1967).
— *Social Democracy in Europe*, Fabian Tract no. 438, December 1975.
Crosland, Susan, *Tony Crosland*, Jonathan Cape, London, 1982.
Cross, Gary, *A Quest for Time. The Reduction of Work in Britain and France, 1840~1940*, University of California Press, Berkeley, 1989.
Crossman, R. H. S., *The Diaries of a Cabinet Minister*, Vols 1 and 2, Hamish Hamilton and Jonathan Cape, London, 1976.
— (ed.), *New Fabian Essays*, Turnstile Press, London, 1952.
Crouch, Colin, *The Politics of Industrial Relations*, Fontana/Collins, Glasgow, 1979.
— and Alessandro Pizzorno (eds), *The Resurgence of Class Conflict in Western Europe since 1968*. Vol. 1: *National Studies*, Macmillan, London, 1978; Vol. 2: *Comparative Analyses*, Holmes and Meier, New York, 1978.
Cunhal, Alvaro, *Discursos politicos (Abril/Julho de 1974)*, Vol. 1, Edições *Avante!*, Lisbon, 1975.
— *Discursos políticos, Dezembro 1974/ Março 1975*, Vol. 3, Edições *Avante!*, Lisbon, 1975.
— *A crise politico-militar. Discursos políticos, Maio/Novembro 1975*, Vol. 5, Edições *Avante!*, Lisbon, 1975.
Cunningham, Susan, 'The Development of Equal Opportunities. Theory and Practice in the European Community', *Polity and Politics*, Vol. 20, no. 3, 1992.
Curran, James (ed.), *The Future of the Left*, Polity Press, Cambridge, 1984.
Currie, David, 'SDP: A Prop For Profits', *New Socialist*, March-April, 1982.
Curtis, David, 'Marx against the Marxists: Catholic Uses of the Young Marx in the Front populaire period (1934~1938)', *French Cultural Studies*, Vol. 2, part 2, no. 5, June 1991.
Czechoslovak Communist Party, *The Action Programme of the Czechoslovak Communist Party. Prague, April 1968*, Spokesman Pamphlet no. 8, Nottingham n.d. (1970).
Daems, Herman and Peter Van de Weyer, *L'économie belge sous influence*, Academia/ Fondation Roi Baudouin, Brussels, 1993.
Dahrendorf, Ralf (ed.), *Europe's Economy in Crisis*, Weidenfeld and Nicolson, London, 1981.
— *Reflections on the Revolution in Europe*, Chatto and Windus, London, 1990.
Dalton, Russell J., Scott C. Flanagan and Paul Allen Beck (eds), *Electoral Change in Advanced Industrial Democracies: Realignment or Dealignment?* Princeton University Press, Princeton NJ, 1984.
Dalton, Russell J. and Manfred Kuechler (eds), *Challenging the Political Order. New*

Social and Political Movements in Western Democracies, Polity Press, Cambridge, 1990.

Daneo, Camillo, La politica economica della ricostruzione 1945~1949, Einaudi Editore, Turin, 1974.

D'Angelillo, Massimo, 'Crisi economica e identità nazionale nella politica di governo della socialdemocrazia tedesca', in Paggi (ed.), op. cit.

Daniels, Robert V., The End of the Communist Revolution, Routledge, London, 1993.

Danopoulos, Constantine P., 'Military Professionalism and Regime Legitimacy in Greece, 1967~1974', Political Science Quarterly, Vol. 98, no. 3, Fall 1983.

D'Attorre, Pier Paolo, 'Sogno americano e mito sovietico nell'Italia contemporanea', in Pier Paolo D'Attorre (ed.), Nemici per la pelle. Sogno americano e mito sovietico nell'Italia contemporanea, Franco Angeli, Milan, 1991.

David, Marie-Gabrielle and Christophe Starzec, 'Women and Part-time Work: France and Great Britain Compared', in Folbre et al. (eds), op. cit.

David, Rhys, 'Employee polls back worker directors', Financial Times, 26 January 1977.

Davidson, Ian, 'France charts a new course for the economy', Financial Times, 21 February 1989.

— 'France's penal Code Napoléon meets its Waterloo at last', Financial Times, 11 May, 1989.

— 'Inequality grows in "socialist" France', Financial Times, 24 November 1989.

— 'French Socialists under siege', Financial Times, 31 May 1990.

— 'Prudent policies beginning to bear fruit', Survey on France, Financial Times, 17 June 1991.

De Beauvoir, Simone, Le deuxième sexe, Gallimard, Paris, 1968.

De Clementi, Andreina, Amadeo Bordiga, Einaudi Editore, Turin, 1971.

De Felice, Franco, Serrati, Bordiga, Gramsci e il problema della rivoluzione in Italia 1919~1920, De Donato, Bari, 1974.

— 'Doppia lealtà e doppio stato', Studi Storici, no. 3, 1989.

De Gaulle, Charles, Mémoires de Guerre. L'Unité 1942~1944, Librairie Plon, Paris, 1956.

Degl'Innocenti, Maurizio Storia del PSI. Vol. 3: Dal Dopoguerra a Oggi, Laterza, Roma-Bari, 1993.

Degras, Jane (ed.), The Communist International 1919~1943. Documents, Vol. 3, Frank Cass, London, 1971.

Deighton, Anne (ed.), Britain and the Second World War, Macmillan, London, 1990.

— 'Towards a "Western Strategy": The Making of British Policy Towards Germany,

1945~1946', in Deighton (ed.), op. cit.
Del Boca, Daniela, 'Women in a Changing Workplace. The Case of Italy', in Jenson, Hangen and Reddy (eds), op. cit.
Dell, Edmund, *A Hard Pounding. Politics and Economic Crisis 1974~1976*, Oxford University Press, Oxford, 1991.
Della Porta, Donatella, 'La capitale immorale: le tangenti di Milano', in Hellman and Pasquino (eds), *Politica in Italia 1993*, Il Mulino, Bologna, 1993.
Della Volpe, Galvano, *Rousseau e Marx*, Editori Riuniti, Rome, 1971.
Delors, Jacques, 'France: Between Reform and Counter-Reform', in Dahrendorf (ed.), op. cit.
— Une nouvelle frontière pour la social-démocratie: l'Europe?', in Piet Dankert and Ad Kooyman (eds), *Europe sans frontières. Les socialistes et l'avenir de la CEE*, EPO, Antwerp, 1989.
De Lutiis, G., *Storia dei servizi segreti in Italia*, Editori Riuniti, Rome, 1985.
De Man, Hendrik, *A Documentary Study of Hendrik de Man, Socialist Critic of Marxism*, compiled, ed. and trans. Peter Dodge, Princeton University Press, Princeton NJ, 1979.
Demelenne, Claude, *Le Socialisme du possible. Guy Spitaels: Changer la gauche?*, Editions Labor, Brussels, 1985.
Dempsey, Judy, 'Austria's working class trade unionism coming to an end', *Financial Times*, 7 October 1987.
Denver, David and Hugh Bochel, 'Merger or Bust: Whatever Happened to Members of the SDP?', *British Journal of Political Science*, Vol. 24, part 3, July 1994.
Deppe, Rainer, Richard Herding and Dietrich Hoss, 'The Relationship between Trade Union Action and Political Parties', in Crouch and Pizzorno (eds), op. cit., Vol. 2.
Depraetere, Hans and Jenny Dierickx, *La guerre froide en Belgique. La répression envers le PCB et le FI*, Editions EPO, Brussels, 1986.
Derry, T. K., *A History of Modern Norway 1814~1972*, Oxford University Press, Oxford, 1973.
Dertilis, Georges B., 'Terre, paysans et pouvoir politique (Grèce, XVIIIe-XXe siècle)', *Annales*, Vol. 48, no. 1, January-February 1993.
Detti, Tommaso, *Serratti e la formazione del Partito comunista italiano*, Editori Riuniti, Rome, 1972.
Devin, Guillaume, *L'internationale socialiste: Histoire et sociologie du socialisme international (1945~1990)*, Presses de la Fondaton Nationale des Sciences Politiques, Paris, 1993.

Diamandouros, P. Nikiforos, 'Greek Political Culture in Transition: Historical Origins, Evolution, Current Trends', in Clogg (ed.), op. cit., 1983.
— 'Politics and Culture in Greece, 1974~1991: An Interpretation', in Clogg (ed.) op. cit., 1993.
Dickson, Tim, 'High cost of cultural divide', Survey on Belgium, *Financial Times*, 13 June 1986.
— 'Flexible times', Survey on Belgium, *Financial Times*, 16 June 1988.
Di Giulio, Fernando, 'Lotta politica e riforme istituzionali', *Democrazia e diritto*, no. 5.
— *Un ministro ombra si confessa* (with Emmanuele Rocco), Rizzoli, Milan, 1979.
Dimitras, Panayote E., 'La Grèce en quête d'une politique indépendante', *Revue française de science politique*, Vol. 33, no. 1, February 1983.
Di Toro, Claudio and Augusto Illuminati, *Prima e dopo il centrosinistra*, Edizioni Ideologie, Rome, 1970.
Dockrill, Michael, *The Cold War 1945~1963*, Macmillan, London, 1988.
Donati, Pier Paolo, 'Social Welfare and Social Services in Italy since 1950', in R. Girod, P. de Laubicr and A. Gladstone (eds), *Social Policy in Western Europe and the USA, 1950~1985*, Macmillan, London, 1985.
Done, Kevin, 'Windfall Wilts Away', Survey on Norway, *Financial Times*, 23 June 1986.
Donolo, Carlo, 'La politica ridefinita. Note sul Movimento studentesco', *Quaderni piacentini*, no. 35, July 1968.
Donoughue, Bernard, *Prime Minister. The Conduct of Policy under Harold Wilson and James Callaghan*, Jonathan Cape, London, 1987.
Dornbusch, Rudiger, Richard S. Eckaus and Lance Taylor, 'Analysis and Projection of Macroeconomic Conditions in Portugal', in Graham and Makler (eds), op. cit.
Dornbusch, Rudiger, Giorgio Basevi, Olivier Blanchard, Willem Buiter and Richatd Layard, 'Macroeconomic Prospects and Policies for the European Community', in Olivier Blanchard, Rudiger Dornbusch and Richard Layard (eds), *Restoring Europe's Prosperity: Macroeconomic Papers from the Centre for European Policy Studies*, MIT Press, Cambridge MA and London, 1986.
Drane, Melanie, 'A Divided Left Faces German Unity: A Response to Andrei Markovits', *German Politics*, Vol. 1, no. 2, August 1992.
DuBois, Ellen Carol, 'Woman Suffrage and the Left: An International Socialist-Feminist Perspective', *New Left Review*, no. 186, March-April, 1991.
Dubois, Pierre, 'New Forms of Industrial Conflict', in Crouch and Pizzorno (eds), op. cit., Vol. 2.
Duchcn, Claire, *Feminism in France. From May '68 to Mitterrand*, Routledge and

Kegan Paul, London, 1986.
Dunn, John, *The Politics of Socialism*, Cambridge University Press, Cambridge, 1984.
— 'Introduction: Crisis of the Nation State', *Political Studies*, Vol. 42, Special issue 1994: *Contemporary Crisis of the Nation State?*, ed. John Dunn.
Dupuy, Trevor N. and Gay M. Hammerman, *A Documentary History of Arms Control and Disarmament*, R. R. Bowker and T. N. Dupuy Associates, New York and Dunn Loring VA, 1973.
Dyson, Kenneth, 'The Problem of Morality and Power in the Politics of West Germany', *Government and Opposition*, Vol. 16, no. 2, Spring, 1981.
— 'The Politics of Corporate Crises in West Germany', *West European Politics*, Vol. 7, no. 1, January 1984.
— and Stephen Wilks (eds), *Industrial Crisis*, Blackwell, Oxford, 1983.
Eagleton, Terry, 'Discourse and discos', *The Times Literary Supplement*, 15 July 1994.
Eaton, John, Michael Barratt Brown and Ken Coates, *An Alternative Economic Strategy for the Labour Movement*, Spokesman Pamphlet no. 47, Nottingham, 1975.
Eatwell, Roger, *The 1945-1951 Labour Governments*, Batsford Academic, London, 1979.
Edinger, Lewis J., *Kurt Schumacher*, Stanford University Press, Stanford CA, 1965.
Eduards, Maud, 'The Swedish Gender Model: Productivity, Pragmatism and Paternalism', *West European Politics*, Vol. 14, no. 3, July 1991.
— Beatrice Halsaa and Hege Skjeie, 'Equality: How Equal?', in Haavio-Mannila et al. (eds), op. cit.
Einaudi, Mario, Maurice Byé and Ernesto Rossi, *Nationalization in France and Italy*, Cornell University Press, Ithaca NY, 1955.
Eisenbetg, Christiane, 'The Comparative View in Labour History. Old and New Interpretations of the English and the German Labour Movement before 1914', *International Journal of Social History*, Vol. 34, 1989.
Ekman Stig, 'The Research Project Sweden During the Second World War', Report to the XIth IALHI Conference, 2-4 September 1980, Stockholm, in *Meddelande Fran Arbetarrörelsens Arkiv Och Bibliotek*, no. 16, 1980.
Elander, Ingemar and Stij Montin, 'Decentralization and Control: Central-Local Government Relations in Sweden', *Policy and Politics*, Vol. 18, no. 3, July 1990.
Elephantis, Angelos, 'PASOK and the Elections of 1977: The Rise of the Populist Movemem', in Howard R. Penniman (ed), *Greece at the Polls. The National Elections of 1974 and 1977*, American Enterprise Institute for Public Policy Research, Washington and London, 1981.

Elliott, Gregory, *Labourism and the English Genius. The Strange Death of Labour England?*, Verso, London, 1993.

— 'Contentious Commitments: French Intellectuals and Politics', *New Left Review*, no. 206, July-August 1994.

Elliott, John, *Conflict or Cooperation? The Growth of Industrial Democracy*, Kogan Page, London, 1978.

Ellwood, David, *Italy 1943~1945*, Leicester University Press, Leicester, 1985.

— *Rebuilding Europe. Western Europe, America and Postwar Reconstruction*, Longman, London, 1992.

Elvander, Nils, 'Interest Organisations and Democracy', *Skandinavtska Enskilda Banhen Quarterly Review*, no. 2, 1982.

Emminger, Otmar, 'West Germany: Europe's Driving Force?', in Dahrendorf (ed.), op. cit.

Engels, Friedrich, 'Introduction' to Karl Marx, *Class Struggles in France 1848~1850*, International Publishers, New York, 1964.

— *The Origin of the Family, Private Property and the State*, Progress Publishers, Moscow, 1968.

Erler, Gisela, 'The German Paradox: Non-feminization of the Labor Force and Postindustrial Social Policies', in Jenson, Hangen and Reddy (eds), op. cit.

Ermisch, John F. and Robert E. Wright, 'Differential Returns to Human Capital in Full-time and Part-time Employment', in Folbre et al. (eds), op. cit.

Esping-Andersen, Gøsta, *Politics against Markets, The Social Democratic Road to Power*, Princeton University Press, Princeton NJ, 1985.

— *The Three Worlds of Welfare Capitalism*, Polity Press, Cambridge, 1990.

— 'Postindustrial Cleavage Structures: A Comparison of Evolving Patterns of Social Stratification in Germany, Sweden, and the United States', in Fox Piven (ed.), op. cit., p. 166.

— 'The Making of a Social Democratic Welfare State', in Klaus Misgeld, Karl Molin and Klas Åmark (eds), *Creating Social Democracy. A Century of the Social Democratic Labor Party in Sweden*, Pennsylvania State University Press, University Park PA, 1992.

— and R. Friedland (eds), *Political Power and Social Theory*, Vol. 3, JAI Press, Greenwich CT and London, 1982.

— and Walter Korpi, 'Social Policy as Class Politics in Post-war Capitalism: Scandinavia, Austria, and Germany', in John H. Goldthorpe (ed.), *Order and Conflict in Contemporary Capitalism*, Clarendon Press, Oxford, 1984.

Esser, Josef, and Wolfgang Fach, '"Social Market" and Modernization Policy: West

Germany', in Dyson and Wilks (eds), op. cit.

Esteban, Joan, 'The Economic Policy of Francoism : An Interpretation', in Preston (ed.), op. cit.

Eurostat, *Iron and Steel. Yearly Statistics 1992*, Luxemburg, 1992.

Evalenko, René, 'Planification et organisation de l'économie', *Socialisme*, Vol. 6, no. 34, July 1959.

Evans, Geoffrey, 'Is Gender on the "New Agenda"?', *European Journal of Political Research*, Vol. 24, 1993.

Evans, Richard J., *The Feminists*, Croom Helm, London, 1977.

— *Rethinking German History. Nineteenth Century Germany and the Origins of the Third Reich*, Unwin Hyman, London, 1987.

— *Death in Hamburg. Society and Politics in the Cholera Years 1830~1910*, Penguin, Harmondsworth, 1990.

Fabius, Laurent, *Le coeur du futur*, Calmann-Lévy, Paris, 1985.

Fabra, Paul, 'Banking Policy under the Socialists', in Machin and Wright (eds), op. cit.

Fainsod, Merle, *International Socialism and the World War*, Octagon Books, New York, 1973 (first published in 1935).

Fauvet, Jacques, *Histoire du Parti communiste français. Vol. 2: Vingt-cinq ans de drames 1939~1965*, Fayard, Paris, 1965.

Favier, Pierre and Michel Martin-Roland, *La Décennie Mitterrand. Vol. 1 : Les ruptures*, Editions du Seuil, Paris, 1990.

Faxén, Karl-Olof, 'Incomes Policy and Centralized Wage Formation', in Boltho (ed.), op. cit.

Featherstone, Kevin, *Socialist Parties and European Integration*, Manchester University Press, Manchester, 1988.

— 'Political Parties and Democratic Consolidation in Greece', in Pridham (ed.), op. cit., 1990.

Feinstein, Charles, 'Benefits of Backwardness and Costs of Continuity', in Graham with Seldon (eds), op. cit.

Feldman, G., 'German Interest Group Alliances in War and Inflation, 1914~1923', in Suzanne D. Betger (ed.), *Organizing Interests in Western Europe*, Cambridge University Press, Cambridge, 1983.

Feminist Review, Editorial, *The Past Before Us. Twtnty Years of Feminism*, no. 31, Spring 1989.

Féricelli, Jean, 'Les logiques de l'Etat socialiste', in Massenet et al., op. cit.

Ferreira, Hugo Gil and Michael W. Marshall, *Portugal's Revolution: Ten Years On*,

Cambridge University Press, Cambridge, 1986.

Ferrera, Maurizio, *Il Welfare State in Italia*, Il Mulino, Bologna, 1984.

— 'Politics, Institutional Features, and the Government of Industry', in Peter Lange and Marino Regini (eds), *State, Market, and Social Regulation*, Cambridge University Press, Cambridge, 1989.

Feshbach, Murray and Alfred Friendly Jr., *Ecocide in the USSR: Health and Nature Under Siege*, Basic Books, New York, 1992.

Fetscher, Iring, 'Bernstein e la sfida all'ortodossia', in *Storia del Marxismo*. Vol. 2: *Il marxismo nell'età della Seconda Internazionale*, Einaudi Editore, Turin, 1979.

Fieldhouse, D. K., 'The Labour Governments and the Empire-Commonwealth, 1945~1951', in Ovendale (ed.), op. cit.

Fieseler, Beate, 'The Making of Russian Female Social Democrats, 1890~1917', *International Review of Social History*, Vol. 34, 1989.

Figueres, Léo, 'Non! au plébiscite', *Cahiers du communisme*, Vol. 34, no. 7, July 1958.

Filipelli, Ronald L., *American Labor and Postwar Italy, 1943~1953. A Study of Cold War Politics*, Stanford University Press, Stanford CA, 1989.

Filosa, Renato and Ignazio Visco, 'Costo del lavoro, indicizzazione e perequazione delle retribuzioni negli anni '70', in Giangiacomo Nardozzi (ed.), *I Difficili anni '70. I problemi della politica economica italiana 1973/1979*, Etas Libri, Milan, 1980.

Fine, Ben, *Women's Employment and the Capitalist Family*, Routledge, London, 1992.

Finer, S. E. (ed.), *Five Constitutions*, Penguin, Harmondsworth, 1979.

Finnie, Wilson, 'The SDP's Plans for Britain's Constitution', *Political Quarterly*, Vol. 54, no. 1, January-March 1983.

Firestone, Shulamith, *The Dialectic of Sex. The Case for a Feminist Revolution*, Paladin, London, 1971.

Fisher, Joel M. and Sven Groennings, 'German Electoral Politics in 1969', *Government and Opposition*, Vol. 5, no. 2, Spring 1970,

Fishman, Nina, *The British Communist Party and the Trade Unions, 1933~1945*, Scolar Press, Aldershot, 1995.

Fishman, Robert M, *Working-Class Organization and the Return to Democracy in Spain*, Cornell University Press, Ithaca NY and London, 1990.

Fiterman, Charles, 'Les communistes, l'Europe et la nation française', *Cahiers du communisme*, Vol. 42, no. 4, April 1966.

Fitzmaurice, John, *The Politics of Belgium. Crisis and Compromise in a Plural Society*, C. Hurst and Co., London, 1988.

Flamini, G., *Il partito del golpe*, 3 vols, Bovolenta, Ferrara, 1981~1983.

Flanagan, Robert J., 'Efficiency and Equality in Swedish Labor Markets', in Bosworth and Rivlin (eds), op. cit.

— 'Labor Market Behavior and European Economic Growth', in Lawrence and Schultze (eds), op. cit.

Flechtheim, Ossip K., 'The German Left and the World Crisis', in B. Brown (ed.), op. cit.

Flora, Peter and Heidenheimer, Arnold J. (eds), *The Development of Welfare States in Europe and North America*, Transaction Books, New Brunswick and London, 1981.

— et al., *State, Economy and Society in Western Europe 1815~1975. A Data Handbook*, 2 vols, Campus Verlag, Macmillan Press and St James Press, Frankfurt, London and Chicago, 1983 and 1987.

Folbre, Nancy, Barbara Bergmann, Bina Agarwal and Maria Floro (eds), *Women's Work in the World Economy*, Macmillan, London, 1993.

Foot, M. D. R., *Resistance. An Analysis of European Resistance to Nazism 1940~1945*, Eyre Methuen, London, 1976.

— 'What Good Did Resistance Do?', in Hawes and White (eds), op. cit.

Foot, Michael, *Another Heart and Other Pulses*, Collins, London, 1984.

Foote, Geoffrey, *The Labour Party's Political Thought. A History*, Croom Helm, London, 1985.

Forbes, Jill, 'Cultural Policy: The Soul of Man under Socialism', in Mazey and Newman (eds), op. cit.

Forester, Tom, 'Neutralising the Industrial Strategy', in Ken Coates (ed.), *What Went Wrong*, Spokesman, Nottingham, 1979.

Fourastié, Jean, *Les trentes glorieuses ou la révolution invisible de 1946 à 1975*, Fayard, Paris, 1979.

Fouskas, Vassilis, *Populism and Modernization, the Exhaustion of the Third Hellenic Republic, 1974~1994*, Ideokinissi, Athens, 1995.

Fowkes, Ben, *Communism in Germany under the Weimar Republic*, Macmillan, London, 1984.

Fox Piven, Frances (ed.), *Labor Parties in Postindustrial Societies*, Polity Press, Cambridge, 1991.

Franco, Alain, 'Le nouveau gouvernement donne la priorité à l'emploi', *Le Monde*, 16 August 1994.

Frankland, E. Gene and Donald Schoonmaker, *Between Protest and Power. The Green Party in Germany*, Westview Press, Boulder CO, 1992.

Franklin, Mark, *The Decline of Class Voting in Britain. Changes in the Basis of*

Electoral Choice 1964~1983, Clarendon Press, Oxford, 1985.
Fraser, Nancy, *Unruly Practices. Power, Discourse and Gender in Contemporary Social Theory*, Polity Press, Cambridge, 1989.
Frèches, José, 'L'Etat socialiste', in Massenet et al., op. cit.
Freris, A. F., *The Greek Economy in the Twentieth Century*, Croom Helm, London and Sydney, 1986.
Frevert, Ute, *Women in German History. From Bourgeois Emancipation to Sexual Liberation*, Berg, Oxford, 1989.
Friedan, Betty, *The Feminine Mystique*, W. W. Norton, New York, 1963.
Frieden, Jeffrey A., 'Invested Interests: The Politics of National Economic Policies in a World of Global Finance', *International Organization*, Vol. 45, no. 4, Autumn, 1991.
Friedman, Milton, 'The Role of Monetary Policy', *American Economic Review*, Vol. 58, 1968, pp. 1~17.
Furet, François, *Penser la révolution française*, Gallimard, Paris, 1978.
Galant, Henry C., *Histoire politique de la sécurité sociale française, 1945~1952*, Colin, Paris, 1955.
Galbraith, John Kenneth, *The Culture of Contentment*, Penguin, Harmondsworth, 1992.
Gall, Lothar, *Bismarck, The White Revolutionary*. Vol. 1: *1815~1871*, trans. J. A. Underwood, Unwin Hyman, London, 1986.
Gallagher, Tom, 'From Hegemony to Opposition: The Ultra Right before and after 1974', in Graham and Wheeler (eds), op. cit.
— *Portugal. A Twentieth-century Interpretation*, Manchester University Press, Manchester, 1983.
— 'The Portuguese Socialist Party: The Pitfalls of Being First', in Gallagher and Williams (eds), op. cit.
— and Allan M. Williams (eds), *Southern European Socialism. Parties, Elections and the Challenge of Government*, Manchester University Press, Manchester, 1988.
Galleni, Mauro, *Rapporto sul terrorismo. Le stragi, gli agguati, i sequestri, le sigle 1969~1980*, Rizzoli, Milan, 1981.
Gallie, Duncan, 'Les lois Auroux: The Reform of French Industrial Relations?', in Machin and Wright (eds), op. cit.
Gambier, Dominique and Michel Vernières, *L'emploi en France*, Editions La Découverte, Paris, 1988.
Gamble, Andrew, 'The Labour Party and Economic Management', in Smith and Spear (eds), op. cit.

— and S. A. Walkland, *The British Party System and Economic Policy 1945~1983*, Clarendon Press, Oxford, 1984.

Gane, Mike, *Harmless Lovers? Gender, Theory and Personal Relationships*, Routledge, London and New York, 1993.

Garaudy, Roger, 'A propos de la "voie italienne vers le socialisme"', *Cahiers du communisme*, Vol. 33, no. 1, January 1957.

— 'De Gaulle et le fascisme', *Cahiers du communisme*, Vol. 34, no. 6, June 1958.

Garcia, Patrick, 'L'Etat républicain face au centenaire: raisons d'Etat et universalisme dans la commémoration de la Révolution française', in Bariety (ed.), op. cit.

Gardner, David, 'Export fall fuels recession', *Financial Times*, 12 July 1993.

Garpenby, Peter, 'The Transformation of the Swedish Health Care System, or The Hasty Rejection of the Rational Planning Model', *Journal of European Social Policy*, Vol. 2, no. 1, 1992.

Garraty, John A., *Unemployment in History. Economic Thought and Public Policy*, Harper, New York, 1979.

Garrett, Geoffrey and Peter Lange, 'Political Responses to Interdependence: What's "Left" for the Left?', *International Organization*, Vol. 45, no. 4, Autumn 1991.

Garrigues, Jean, 'Le Boulangisme et la Révolution française', in Bariety (ed.), op. cit.

Garton Ash, Timothy, *In Europe's Name. Germany and the Divided Continent*, Jonathan Cape, London, 1993.

Gazier, Albert, 'French Socialist on Algeria', *Socialist International Information*, Vol. 6, no. 31, 4 August 1956.

Geary, Dick, *Karl Kautsky*, Manchester University Press, Manchester, 1987.

Gelb, Joyce, 'Feminism and Political Action', in Dalton and Kuechler (eds), op. cit.

Gellner, Ernest, 'The Struggle to Catch Up', *Times Literary Supplement*, 9 December 1994.

George, Bruce, *The British Labour Party and Defense*, Praeger, New York, 1991.

Gerlich, Peter, 'Deregulation in Austria', *European Journal of Political Research*, Vol. 17, no. 2, 1989.

Ghini, Celso, *Il terremoto del 15 giugno*, Feltrinelli, Milan, 1976.

Giddens, Anthony, *Social Theory and Modem Sociology*, Polity Press, Cambridge, 1987.

— *The Transformation of Intimacy*, Polity Press, Cambridge, 1992.

— *Beyond Left and Right. The Future of Radical Politics*, Polity Press, Cambridge, 1994.

Giersch, Herbert, *Liberalisation for Faster Economic Growth*, Occasional Paper no. 74, Institute of Economic Affairs, London, 1986.

— Karl-Heinz Paqué and Holger Schmieding, *The Fading Miracle. Four Decades of Market Economy in Germany*, Cambridge University Press, Cambridge, 1992.

Gildea, Robert, *Barricades and Borders. Europe 1800~1914*, Oxford University Press, Oxford, 1987.

Gillespie, Richard, *The Spanish Socialist Party. A History of Factionalism*, Clarendon Press, Oxford, 1989.

— 'Regime consolidation in Spain: Party, State, and Society', in Pridham (ed.), op. cit., 1990.

— '"Programa 2000": The Appearance and Reality of Socialist Renewal in Spain', *West European Politics*, Vol. 16, no. 1, January 1993.

Gillie, Allan, 'Redistribution', in Artis and Cobham (eds), op. cit.

Gilmour, David, *The Transformation of Spain*, Quartet Books, London, 1985.

Gilpin, Robert, *The Political Economy of International Relations*, Princeton University Press, Princeton NJ, 1987.

Ginsborg, Paul, *A History of Contemporary Italy. Society and Politics, 1943~1988*, Penguin, Harmondsworth, 1990.

Giolitti, Antonio, *Riforme e rivoluzione*, Einaudi Editore, Turin, 1957.

— 'Le basi scientifiche della politica economica', *Passato e present*, Vol. 1, no. 1, January-February 1957.

Giovanni XXIII (John XXIII), *Pacem in Terris*, Pontificia Editrice Arcivescovile Daverio, Milan, 1963.

Gjelsvik, T., *Norwegian Resistance 1940~1945*. C. Hurst and Co., London, 1979.

Gladdish, Ken, 'Portugal: An Open Verdict', in Pridham (ed.), op. cit., 1990.

— *Governing from the Centre. Politics and Policy-Making in the Netherlands*, C. Hurst and Co., London, 1991.

Glennerster, Howard, 'Social Policy since the Second World War', in Hills (ed.), op. cit.

Glotz, Peter, 'German futures', *Socialist Affairs*, no. 4, 1984.

— *La socialdemocrazia tedesca a una svolta*, Editori Riuniti, Rome, 1985 (Italian trans. of *Die Arbeit der Zuspitzung. Über die Organisation einer regierungsfähigen Linkent*, Berlin, 1984).

— 'Let's Stop Waiting for the Right to Fail', *Socialist Affairs*, no. 1, 1985.

— 'Otto tesi per una nuova Bad Godesberg', *Mondoperaio*, Vol. 39, no. 3, March 1986.

— 'What Is To Be Done?', *Socialist Affairs*, no. 1~2, 1988.

Glucklicht, Pauline, 'The Effects of Statutory Employment Policies on Women in the United Kingdom Labour Market', in Schmidt and Weitzel (eds), op. cit.

Glyn, Andrew, A. Hughes, A. Lipietz and A. Singh, 'The Rise and Fall of the Golden Age', in Marglin and Schor (eds), op. cit.

Goldberg, Gertrude Schaffner, 'The United States: Feminization of Poverty amidst Plenty', in Gertrude Schaffner Goldberg and Eleanor Kremen (eds), *The Feminization of Poverty: Only in America?*, Praeger, New York, 1990.

Goldberger, Leo (ed.), *The Rescue of the Danish Jews: Moral Courage under Stress*, New York University Press, New York, 1987.

Golden, Miriam, *Labor Divided. Austerity and Working Class Politics in Contemporary Italy*, Cornell University Press, Ithaca NY and London, 1988.

González, Felipe, 'La unidad de los socialistas', *Sistema*, no. 15, October 1976.

— 'Taking on the Challenge of Modernisation', *Socialist Affairs*, no. 3, 1987.

Gorbachev, Mikhail, *Perestroika. New Thinking for Our Country and the World*, Fontana, London, 1988.

Gordon, David M., 'The Global Economy: New Edifice or Crumbling Foundations?', *New Left Review*, no. 168, March-April 1988.

Gorz, André, *Les chemins du paradis*, Editions Galilée, Paris, 1983.

Gotto, Klaus, 'Adenauers Deutschland und *Ostpolitik 1954~1963*', in Rudolf Morsey and Konrad Repgen (eds), *Adenauer-Studien Bd.III. Untersuchungen und Dokumente zur Ostpolitik und Biographie*, Mainz, 1974.

Gough, Ian, *The Political Economy of the Welfare State*, Macmillan, London, 1979.

Gould, Bryan, *A Future for Socialism*, Jonathan Cape, London, 1989.

Gout, Etienne, Pierre Juvigny and Michel Moussel, 'La politique sociale du front populaire', in *Léon Blum chef du gouvernment 1936~1937*, Cahiers de la Fondation Nationale des Sciences Politiques, Colin, Paris, 1967.

Gowan, Peter, 'The Origins of the Administrative Elite', *New Left Review*, no. 162, March-April 1987.

Gowing, Margaret, 'Britain, America and the Bomb' in David Dilks (ed.), *Retreat from Power. Studies in Britain's Foreign Relations in the Twentieth Century*, Vol. 2: *After 1939*, Macmillan, London, 1981.

Graf, William D., *The German Left since 1945. Socialism and Social Democracy in the German Federal Republic*, Oleander Press, New York, 1976.

Graham, Andrew and Wilfred Beckerman, 'Introduction: Economic Performance and the Foreign Balance', in Beckerman (ed.), op. cit.

Graham, Andrew with Anthony Seldon (eds), *Government and Economies in the Postwar World. Economic Policies and Comparative Performance 1945~1985*, Routledge, London, 1990.

Graham, Helen, 'The Spanish Popular Front and the Civil War', in Helen Graham

and Paul Preston (eds), *The Popular Front in Europe*, Macmillan, London, 1987.
— *Socialism and War. The Spanish Socialist Party in Power and Crisis 1936~1939*, Cambridge University Press, Cambridge, 1991.
Graham, Lawrence S., 'The Military in Politics: The Politicization of the Portuguese Armed Forces', in Graham and Makler (eds), op. cit.
— and Harry M. Makler (eds), *Contemporary Portugal. The Revolution and its Antecedents*, University of Texas Press, Austin TX, 1979.
Graham, Lawrence S. and Douglas L. Wheeler (eds), *In Search of Modem Portugal. The Revolution and Its Consequences*, University of Wisconsin Press, Madison, 1983.
Grahl, John and Paul Teague, *1992— The Big Market. The Future of the European Community*, Lawrence and Wishart, London, 1990.
Graml, Hermann et al., *The German Resistance to Hitler*, Batsford, London, 1970.
Gramsci, Antonio, *Selections from the Prison Notebooks*, ed. and trans. Quintin Hoare and Geoffrey Nowell Smith, Lawrence and Wishart, London, 1971.
— *Selections from Political Writings 1921~1926*, trans. and ed. Quintin Hoare, Lawrence and Wishart, London, 1978.
— *Selections from Political Writings 1910~1920*, ed. Quintin Hoare, trans. John Mathews, Lawrence and Wishart, London, 1988.
Granier, Roland, 'Expérience socialiste, emploi, chômage', in Massenet et al. op. cit.
Grant, Wyn and Stephen Wilks, 'British Industrial Policy: Structural Change, Policy Inertia', *Journal of Public Policy*, Vol. 3, no. 1, February 1983.
Gras, Hélène, 'Justice: la fin des archaïsmes', *Revue politique et parlementaire*, Vol. 87, no. 916, May-June, 1985.
Grass, Günter, 'Dear Willy' (on Willy Brandt's seventieth birthday), *Socialist Affairs*, no. 1, 1984; originally published in *Sozialdemokrat magazin*.
Greater London Council, *The London Industrial Strategy*, London, 1985.
— *The London Financial Strategy*, London, 1986.
Greenwood, Victoria and Jock Young, *Abortion in Demand*, Pluto Press, London, 1976.
Greer, Germaine, *The Female Eunuch*, Paladin, London, 1991.
Gregor, James A., *Young Mussolini and the Intellectual Origins of Fascism*, University of California Press, Berkeley CA, 1979.
Grémion, Catherine, 'Decentralisation in France. A Historical Perspective', in Ross, Hoffmann and Malzacher (eds), op. cit.
Groom, A. J. R., *British Thinking About Nuclear Weapons*, Frances Pinter, London, 1974.

Grosser, Alfred, *The Western Alliance. European-American Relations since 1945*, Macmillan, London, 1978.

Gruber, Helmut, *Red Vienna: Experiment in Working Class Culture, 1919~1934*, Oxford University Press, Oxford, 1991.

Grunberg, Gérard, 'Le cycle d'Epinay', *Intervention*, no. 13, July-September 1985.

Guadagnini, Marila, 'A "Partitocrazia" Without Women: The Case of the Italian Party System', in Lovenduski and Norris (eds), op. cit.

Guerra, Alfonso, 'Los partidos socialistas del sur de Europa y las relaciones socialistas-comunistas', *Sistema*, no. 15, October 1976.

Guerrieri, Sandro, 'Il Congresso di Lilla del Partito socialista francese', *Sinistra Europea 1987*, supplement to *Democrazia e diritto*, no. 4~5, July-October 1987.

— 'Regime presidenziale e forma-partito: il Ps nel sistema politico della quinta repubblica', in Centro per La Riforma dello Stato (ed.), op. cit.

Gunther, Richard, 'Democratization and Party Building: The Role of Party Elites in the Spanish Transition', in Clark and Haltzel (eds), op. cit.

— Giacomo Sani and Goldie Shabad, *Spain After Franco. The Making of a Competitive Party System*, University of California Press, Berkeley, 1985.

Gupta, Partha Sarathi, *Imperialism and the British Labour Movement 1914~1964*, Macmillan, London, 1975.

Gustafsson, Siv, 'Equal Opportunity Policies in Sweden', in Schmidt and Weitziel (eds), op. cit.

Guttsman, W. L., *The German Social Democratic Party 1875~1933*, Allen and Unwin, London, 1981.

Haapakoski, Pekka, 'Brezhnevism in Finland', *New Left Review*, no. 86, July-August 1974.

Haavio-Mannila, Elina et al. (eds), *Unfinished Democracy. Women in Nordic Politics*, trans. Christine Badcock, Pergamon Press, Oxford, 1985.

Habermas, Jürgen, *Towards a Rational Society*, trans. Jeremy J. Shapiro, Heinemann, London, 1971.

— *Legitimation Crisis*, trans. Thomas McCarthy, Heinemann, London, 1976.

Hadjimatheou, George and A. Skouras, 'Britain's Economic Problem: The Growth of the Non-Market Sector?', *Economic Journal*, Vol. 89, June 1979, pp. 392~401.

Hadjiyannis, Stylianos, 'Democratization and the Greek State', in Ronald H. Chilcote et al., *Transitions from Dictatorship to Democracy. Comparative Studies of Spain, Portugal and Greece*, Crane Russak, New York, 1990.

Haegel, Florence, 'Le dernier acte de l'Union de la gauche', *Intervention*, no. 13, July-September 1985.

Haestrup, Jørgen, *Europe Ablaze. An Analysis of the History of the European Resistance Movements 1939~1945*, Odense University Press, 1978.

Hagemann, Karen, 'La "question des femmes" et les rapports masculin—féminin dans la sociai-démocratie allemande sous la République de Weimar', *Le Mouvement Social*, no. 163, April-June 1993.

Hakim, Catherine, 'Grateful Slaves and Self-Made Women: Fact and Fantasy in Women's Work Orientations', *European Sociological Review*, Vol. 7, no. 2, September 1991.

— 'Explaining Trends in Occupational Segregation: The Measurement, Causes, and Consequences of the Sexual Division of Labour' *European Sociological Review*, Vol. 8, no. 2, September 1992.

— 'The Myth of Rising Female Employment', *Work, Employment and Society*, Vol. 7, no. 1, 1993, pp. 97~100.

— 'Segregated and Integrated Occupations: A New Approach to Analysing Social Change', *European Sociological Review*, Vol. 9, no. 3, December 1993.

— 'Five Feminist Myths about Women's Employment', *British Journal of Sociology*, Vol. 46, no. 3, September 1995, pp. 429~455.

Hall, Peter A., 'Economic Planning and the State: The Evolution of Economic Challenge and Political Response in France', in Esping-Andersen and Friedland (eds), op. cit.

— 'The Evolution of Economic Policy under Mitterrand', in Ross, Hoffmann and Malzacher (eds), op. cit.

Hall, Stuart, 'The Great Moving Right Show', *Marxism Today*, December 1978.

— *The Hard Road to Renewal*, Verso, London, 1988.

— and Martin Jacques (eds), *New Times. The Changing Face of Politics in the 1990s*, Lawrence and Wishart, London, 1989.

Hallett, Graham, 'West Germany', in Graham with Seldon (eds), op. cit.

Hamilton, Malcom B., *Democratic Socialism in Britain and in Sweden*, Macmillan, London, 1989.

Hammond, John L., 'Electoral Behavior and Political Militancy', in Graham and Makler (eds), op. cit.

Hamon, Hervé, '68. The Rise and Fall of a Generation?', in Hanley and Kerr (eds), op. cit.

— and Patrick Rotman, *La deuxième gauche. Histoire intellectuelle et politique de la CFDT*, Editions du Seuil, Paris, 1984 (1st edn 1982).

Hancock, M. Donald, 'Sweden's Emerging Labor Socialism', in B. Brown (ed.), op. cit.

Hanley, D. L. and A. P. Kerr (eds), *May '68: Coming of Age*, Macmillan, London,

1989.

Hanley, D. L., A. P. Kerr and N. H. Waites, *Contemporary France. Politics and Society since 1945*, Routledge and Kegan Paul, London, 1979.

Hanrieder, Wolfram F., *Germany America, Europe. Forty Years of German Foreign Policy*, Yale University Press, New Haven CT, 1989.

Hansen, Erik, 'Crisis in the Party: *De Tribune* Faction and the Origins of the Dutch Communist Party 1907~1909', *Journal of Contemporary History*, Vol. 11, nos 2~3, July 1976.

— 'Hendrik de Man and the Theoretical Foundations of Economic Planning: the Belgian Experience, 1933~1940', *European Studies Review*, Vol. 8, no. 2, April 1978.

— 'Depression Decade Crisis: Social Democracy and Planisme in Belgium and the Netherlands 1929~1939', *Journal of Contemporary History*, Vol. 16, no. 2, April 1981.

— and Peter A. Prosper, 'Political Economy and Political Action: The Programmatic Response of Dutch Social Democracy to the Depression Crisis', *Journal of Contemporary History*, Vol. 29, no. 1, January 1994.

Hanson, Philip, 'The Soviet Union', in Graham with Seldon, (eds), op. cit.

Harding, Neil, *Lenin's Political Thought*, Macmillan, London, 1983.

Harris, Jose, 'War and Social History: Britain and the Home Front during the Second World War', *Contemporary European History*, Vol. 1, part 1, March 1992.

Harris, Kenneth, *Attlee*, Weidenfeld and Nicolson, London, 1984.

Harrison, Michael M., 'Consensus, Confusion and Confrontation in France: The Left in search of Defence Policy' in Andrews and Hoffmann (eds), op. cit.

Harrop, Martin, 'The Changing British Electorate', *Political Quarterly*, Vol. 53, no. 4, October-December 1982.

Harsh, Donna, *German Social Democracy and the Rise of Nazism*, University of North Carolina press, Chapel Hill, 1993.

Hartz, Louis, *The Liberal Tradition in America*, Harcourt, Brace and World, New York, 1955.

Haseler, Stephen, *The Gaitskellites. Revisionism in the British Labour Party 1951~1964*, Macmillan, London, 1969.

Hauff, Volker, 'Lavoro e ambiente. Tesi per una riforma ecologica', in Telò (ed.), op. cit.

Haug, Frigga, 'Lessons from the Women's Movement in Europe', *Feminist Review*, no. 31, Spring 1989.

— *Beyond Female Masochism*, Verso, London and New York, 1992.

Haupt, Georges, *Socialism and the Great War. The Collapse of the Second International*, Clarendon Press, Oxford, 1972.
— *Aspects of International Socialism 1871~1914*, Cambridge University Press, Cambridge, 1986.
Hawes, Stephen and Ralph White (eds), *Resistance in Europe: 1939~1945*, Pelican, Harmondsworth, 1976.
Hawkins, Kevin, *Trade Unions*, Hutchinson, London, 1981.
Hayek, Friedrich A., *The Constitution of Liberty*, Routledge and Kegan Paul, London, 1960.
— *The Fatal Conceit. The Errors of Socialism*, Vol. 1 of the *Collected Works*, ed W. W. Bartley, Routledge, London, 1988.
— *Law, Legislation and Liberty*. Vol. 3: *The Political Order of a Free People*, Routledge, London, 1993.
Hazareesingh, Sudhir, *Intellectuals and the French Communist Party. Disillusion and Decline*, Clarendon Press, Oxford, 1991.
Healey, Denis, 'Power Politics and the Labour Party', in Crossman (ed.), op. cit.
— *Beyond Nuclear Deterrence*, Fabian Tract no. 510.
— *The Time of My Life*, Michael Joseph, London, 1989.
— *When Shrimps Learn to Whistle*, Penguin, Harmondsworth, 1991.
Heath, Anthony, Roger Jowell and John Curtice, *How Britain Votes*, Pergamon Press, Oxford, 1985.
— 'Trendless Fluctuation: A Reply to Crewe', *Political Studies*, Vol. 35, no. 2, June 1987.
Heidar, Knut, 'The Norwegian Labour Party: Social Democracy in a Periphery of Europe', in Paterson and Thomas (eds) 1986, op. cit.
— 'The Norwegian Labour Party: "En Attendant l'Europe"', *West European Politics*, Vol. 16, no. 1, January 1993.
Heimann, Horst, 'Fine del movimento operaio?', in Missiroli (ed.), op. cit.
Helder, André, 'Les trois phases de la politique économique', *Revue politique et parlementaire*, Vol. 87, no. 916, May-June 1985.
Hellman, Judith, *Journeys among Women, Feminism in Five Italian Cities*, Polity Press, Cambridge, 1987.
Hellman, Stephen, *Italian Communism in Transition: The Rise and Fall of the Historic Compromise in Turin 1975~1980*, Oxford University Press, New York, 1988.
Henderson, W. O., *The Life of Friedrich Engels*, Vol. 2, Frank Cass, London, 1976.
Hennessy, Peter, *Whitehall*, Fontana, London, 1990.
— *Never Again. Britain 1945~1951*, Jonathan Cape, London, 1992.

Henning, Roger, 'Industrial Policy or Employment Policy? Sweden's Response to Unemployment', in Richardson and Henning (eds), op. cit.

Hennings, Klaus Hinrich, 'West Germany', in Boltho (ed.), op. cit.

Herz, John H., 'Social Democracy versus Democratic Socialism. An Analysis of SPD Attempts to Develop a Party Doctrine', in B. Brown (ed.), op. cit.

Hewitt, Patricia, *About Time. The Revolution in Work and Family Life*, IPPR/Rivers Oram Press, London, 1993.

— and Deborah Mattinson, *Women's Votes: The Key To Winning*, Fabian Research Series no. 353, June 1989.

Heywood, Paul, 'Mirror-images: The PCE and PSOE in the Transition to Democracy in Spain', *West European Politics*, Vol. 10, no. 2, April 1987.

— 'Rethinking Socialism in Spain: *Programa 2000* and the Social State', *Coexistence*, Vol. 30, 1993.

Hibbs, Douglas A. Jr., 'Political Parties and Macroeconomic Policy', *American Political Science Review*, Vol. 71, no. 4, December 1977.

Higgins, Joan, *States of Welfare*, Basil Blackwell and Martin Robertson, Oxford, 1981.

Hill, Andrew, 'Franc fears for Belgian social pact talks', *Financial Times*, 7 October 1993.

Hills, John (ed.), *The State of Welfare, The Welfare State in Britain since 1974*, Clarendon Press, Oxford, 1990.

Himmelstrand, Ulf, Göran Ahrne, Leif Lundberg and Lars Lundberg, *Beyond Welfare Capitalism. Issues, Actors and Forces in Societal Change*, Heinemann, London, 1981.

Hincker, François, *Le parti communiste an carrefour. Essai sur quinze ans de son Histoire 1965~1981*, Albin Michel, Paris, 1981.

Hindess, Barry, *The Decline of Working Class Politics*, Paladin, London, 1971.

Hinds, Allister E., 'Sterling and Imperial Policy, 1945~1951', *Journal of Imperial and Commonwealth History*, Vol. 15, no. 2, January 1987.

Hinton, James, *Protests and Visions, Peace Politics in 20th Century Britain*, Hutchinson Radius, London, 1989.

Hirschfeld, Gerhard, *Nazi Rule and Dutch Collaboration. The Netherlands under German Occupation 1940~1945*, Berg, Oxford, 1988.

Hirst, Paul and Grahame Thompson, 'The Problem of "Globalization": International Economic Relations, National Economic Management and the Formation of Trading Blocs', *Economy and Society*, Vol. 21, no. 4, November 1992.

Histoire de IIe Internationale. Congrès International Ouvrier Socialiste, Paris 14~22 July 1889, Vols 6~7, Minkoff Reprint, Geneva, 1976.

Hobsbawm, Eric J., *Industry and Empire*, Penguin, Harmondsworth, 1969.
— *Labouring Men. Studies in the History of Labour*, Weidenfeld and Nicolson, London, 1972.
— *Revolutionaries*, Quartet Books, London, 1977.
— 'The Fortunes of Marx's and Engels' Writings', in E. J. Hobsbawm (ed.), *The History of Marxism*. Vol. 1: *Marxism in Marx's Day*, Harvester, Brighton, 1982.
— 'Labour's Lost Millions' *Marxism Today*, October 1983.
— *The Age of Empire 1875~1914*, Weidenfeld and Nicolson, London, 1987.
— *Echoes of the Marseillaise. Two Centuries Look Back on the French Revolution*, Verso, London, 1990.
— *Age of Extremes. The Short Twentieth Century 1914~1991*, Michael Joseph, London, 1994.
— et al., *The Forward March of Labour Halted?*, Verso, London, 1981.
— (ed.), *Labour's Turning Point 1880~1900*, Harvester, Brighton, 1974.
Hodgson, John H., 'The Finnish Communist Party and Neutrality', *Government and Opposition*, Vol. 2, no. 2, 1966~1967.
— *Communism in Finland. A History and Interpretation*, Princeton University Press, Princeton NJ, 1967.
Hodne, Fritz, *The Norwegian Economy 1920~1980*, Croom Helm, London, 1983.
Holland, R. F., *European Decolonization 1918~1981*, Macmillan, London, 1985.
Holland, Stuart, *The Socialist Challenge*, Quartet Books, London, 1976.
— *UnCommon Market. Capital, Class and Power in the European Community*, Macmillan, London, 1980.
— 'New Strategy for Europe', *New Socialist*, November-December 1982.
— *The Global Economy: From Meso to Macroeconomics*, Weidenfeld and Nicolson, London, 1987.
Hollifield, James F. and George Ross (eds), *Searching for the New France*, Routledge, London and New York, 1991.
Holmes, Martin, *Political Pressure and Economic Policy: British Government 1970~1974*, Butterworth, London, 1982.
Holmes, Peter, 'Broken Dreams: Economic Policy in Mitterrand's France', in Mazey and Newman (eds), op. cit.
Holter, Harriet and Bjørg Aase Sørensen, 'Norway', in Cook, Lorwin and Kaplan Daniels (eds), op. cit.
Holton, Bob, *British Syndicalism 1900~1914. Myth and Realities*, Pluto Press, London, 1976.
Holton, Richard, 'Industrial Politics in France: Nationalisation under Mitterrand',

West European Politics, Vol. 9, no. 1, January 1986.

Honigsbaum, Frank, *Health, Happiness and Security: The Creation of the National Health Service*, Routledge, London, 1989.

Hooper, John, *The Spaniards*, Penguin, Harmondsworth, 1986.

— 'Catching the Spanish drift', *Guardian*, 13 April 1989.

Hope, Kerin, 'European prosperity proves elusive', Survey on Greece, *Financial Times*, 14 November 1994.

Horden, Francis, 'Genèse et vote de la loi du 20 juin 1936 sur les congés payés', *Le Mouvement Social*, no. 150, January-March 1990.

Horowitz, Tamar, 'From Elite Fashion to Mass Fashion', *Archives européennes de sociologie*, Vol. 16, no. 2, 1975.

Housego, David, 'Chirac beset by handicaps', Survey on France, *Financial Times*, 16 June 1986.

Howard, Christopher, 'The Hidden Side of the American Welfare State', *Political Science Quarterly*, Vol. 108, no. 3, 1993.

Howell, David, *British Social Democracy. A Study in Development and Decay*, Croom Helm, London, 1976.

Howorth, Jolyon and George Ross (eds), *Contemporary France*, Vols 1~3, Frances Pinter, London, 1987~1989.

Hudson, Michael, '"Concerted Action": Wages Policy in West Germany, 1967~1977', *Industrial Relations Journal*, Vol. 11, no. 4, September-October 1980.

Hughes, Colin and Patrick Wintour, *Labour Rebuilt. The New Model Party*, Fourth Estate, London, 1990.

Hülsberg, Werner, *The German Greens. A Social and Political Profile*, trans. Gus Fagan, Verso, London, 1988.

Hyhynen, Pertti, 'The Popular Front in Finland', *New Left Review*, no. 57, September-October 1969.

Iatrides, John O., 'Beneath the Sound and the Fury: US Relations with the PASOK Government', in Clogg (ed.), op. cit., 1993.

Iglesias, Gerardo, 'Adecuar el partido a la estrategia', *Nuestra Bandera*, no. 118~119, 1983.

ILO, *Yearbook of Labour Statistics*, ILO, Geneva, 1990, 1991, 1992 and 1994.

— *Yearbook of Labour Statistics. Retrospective Edition on Population Census 1945~1989*, ILO, Geneva, 1990.

— *World Labour Report 1993*, Geneva, 1993.

Inglehart, Ronald, *The Silent Revolution. Changing Values and Political Styles Among Western Publics*, Princeton University Press, Princeton NJ, 1977.

— 'The Changing Structure of Political Cleavages in Western Society', in Dalton, Flanagan and Beck (eds), op. cit.
— 'Values, Ideology, and Cognitive Mobilization in New Social Movements', in Dalton and Kuechler (eds), op. cit.
Ingrao, Pietro, 'Risposta a Lombardi', *Rinascita*, no. 21, 23 May 1964.
— *Masse e potere*, Editori Riuniti, Rome, 1964.
Irwin, G. A., 'Patterns of Voting Behaviour in the Netherlands', in Richard T. Griffiths (ed.), *The Economics and Politics of the Netherlands since 1945*, Martinus Nijhoff, The Hague, 1980.
Jackson, Christine, 'Policies and Implementation of Anti-Discrimination Strategies', in Schmidt and Weitzel (eds), op. cit.
Jackson, Julian, *The Popular Front in France. Depending Democracy, 1934~1938*, Cambridge University Press, Cambridge, 1988.
Jäggi, Max, Roger Müller and Sil Schmid, *Red Bologna*, Writers and Readers, London, 1977.
Janitschek, Hans, *Mário Soares. Portrait of a Hero*, Weidenfeld and Nicolson, London, 1985.
Jarqusch, Konrad H., *The Rush to German Unity*, Oxford University Press, New York and Oxford, 1994.
Jefferys, Kevin, *The Churchill Coalition and Wartime Politics, 1940~1945*, Manchester University Press, Manchester, 1991.
Jelavich, Barbara, *Modem Austria. Empire and Republic 1815~1986*, Cambridge University Press, Cambridge, 1986.
Jenkins, Mark, *Bevanism. Labour's High Tide: The Cold War and the Democratic Mass Movement*, Spokesman, Nottingham, 1979.
Jenkins, Robert, *Tony Benn: A Political Biography*, Writers and Readers, London, 1980.
Jenkins, Roy, 'British Labour—Retrospect and Prospect', *Socialist Information International*, Vol. 20, no. 11, November 1970.
— *Partnership of Principle*, Secker and Warburg, London, 1985.
— *A Life at the Centre*, Macmillan, London, 1991.
Jenson, Jane, 'The limits of "and the" Discourse. French Women as Marginal Workers', in Jenson, Hangen and Reddy (eds), op. cit.
— and Elisabeth Hangen, 'Paradoxes and Promises. Work and Politics in the Postwar Years', in Jenson, Hangen and Reddy (eds), op. cit.
— and Rianne Mahon, 'Representing Solidarity: Class, Gender and the Crisis in Social-Democratic Sweden', *New Left Review*, no. 201, September-October 1993.

— and George Ross, 'The Tragedy of the French Left', *New Left Review*, no. 171, September-October 1988.
— Elisabeth Hangen and Ceallaigh Reddy (eds), *Feminization of the Labour Force. Paradoxes and Promises*, Polity Press, Cambridge, 1988.
Jessua, Claude, 'La rupture des grands équilibres', in Massenet et al., op. cit.
Joffrin, Laurent, *La Gauche en voi de disparition. Comment changer sans trahir?*, Editions du Seuil, Paris, 1984.
Johansonn, Sven-Erik, 'Profit-sharing. Excess Profits. Wage Solidarity', *Skandinaviska Enskilda Banken Quarterly Review*, no. 2, 1982.
Johnson, R., *The French Communist Party versus the Students*, Yale University Press, New Haven CT and London, 1972.
— 'The British Political Elite, 1955~1972', *Archives européennes de sociologie*, Vol. 14, no. 1, 1973.
— *The Long March of the French Left*, Macmillan, London, 1981.
Johnstone, Diana, *The Politics of Euromissiles. Europe's Role in America's World*, Verso, London, 1984.
Joll, James, *Intellectuals in Politics*, Weidenfeld and Nicolson, London, 1960.
— *The Second International 1889~1914*, Routledge and Kegan Paul, London, 1974.
Joly, Danièle, *The French Communist Party and the Algerian War*, Macmillan, London, 1991.
Jones, E. L., *The European Miracle. Environments, Economies and Geopolitics in the History of Europe and Asia*, Cambridge University Press, Cambridge, 1987.
Jones, Jack, *Union Man. An Autobiography*, Collins, London, 1986.
Jones, W. Glyn, *Denmark. A Modern History*, Croom Helm, London, 1986.
Jonung, Christina, 'Patterns of Occupational Segregation by Sex in the Labor Market', in Schmidt and Weitzel (eds), op. cit.
Jospin Lionel, 'Le socialisme français, défenseur et garant de la République', *Revue politique et parlementaire*, Vol. 87, no. 915, March-April 1985.
— *L'invention du possible*, Flammarion, Paris, 1991.
Journès, Claude, 'Les interprétations de Mai 68', *Pouvoirs*, no. 39, 1986.
Joyce, Patrick, *Visions of the People. Industrial England and the Question of Class 1848~1914*, Cambridge University Press, Cambridge, 1991.
Judt, Tony, *Marxism and the French Left*, Clarendon Press, Oxford, 1986.
— *Past Imperfect. French Intellectuals, 1944~1956*, University of California Press, Berkeley, 1992.
— (ed.) *Resistance and Revolution in Mediterranean Europe 1939~1948*, Routledge, London and New York, 1989.

Juillard, Jacques, 'Réflexions d'après le prochain congrès', *Intervention*, nos 5~6, August-September-October 1983.
— 'Epinay-sur-Seine et retour ou la fin d'un cycle', *Intervention*, no. 13, July-September 1985.
— 'Comment la gauche peut revenir', *Intervention*, no. 16, April-May-June 1986.
July, Serge, *Les années Mitterrand*, Bernard Grasset, Paris, 1986.
Kahn, Jacques, 'Monopoles, nations et marché commun', *Cahiers du communisme*, Vol. 42, no. 4, April 1966.
Kaldor, Nicholas, *Further Essays on Applied Economics*, Duckworth, London, 1978.
Kalogeropoulou, Efthalia, 'Election Promises and Government Performance in Greece: PASOK's Fulfilment of its 1981 Election Pledges', *European Journal of Political Research*, Vol. 17, no. 3, 1989.
Kaplan, Gisela, *Contemporary Western European Feminism*, Allen and Unwin, Sydney, 1992.
Katz, Richard S. and Peter Mair (eds), *Party Organizations. A Data Handbook on Party Organizations in Western Democracies, 1960~1990*, Sage, London, 1992.
Katzenstein, Peter J., *Small States in World Markets. Industrial Policy in Europe*, Cornell University Press, Ithaca NY and London, 1985.
Kautsky, Benedikt, 'The Ideological Development of Democratic Socialism in Austria', *Socialist International Information*, Vol. 6, no. 16, 21 April 1956.
Kayman, Martin, *Revolution and Counter-revolution in Portugal*, Merlin Press, London, 1987.
Kedward, H. R., 'Behind the Polemics: French Communists and the Resistance 1939~1941', in Hawes and White (eds), op. cit.
Keller, John F., 'The Division of Labour in Electronics', in June Nash and María Patricia Fernández-Kelly (eds), *Women, Men, and the International Division of Labor*, SUNY Press, Albany NY, 1983.
Kennedy, Paul, *The Rise and Fall of the Great Powers*, Fontana, London, 1989.
— *Preparing for the Twenty-First Century*, Fontana, London, 1994.
Kent, John, 'Bevin's Imperialism and the Idea of Euro-Africa, 1945~1949', in Michael Dockrill and John W. Young (eds), *British Foreign Policy 1945~1956*, Macmillan, London, 1989.
Kenwood, A. G. and A. L. Lougheed, *The Growth of the International Economy 1820~1980. An Introductory Text*, Allen and Unwin, London, 1983.
Kernbauer, Hans, Eduard März, Siegfried Mattl, Robert Schediwy and Fritz Weber, 'Les nationalisations en Autriche', *Le mouvement social*, no. 134, January-March 1986.

Kesselman, Mark, 'The Tranquil Revolution at Clochemerle: Socialist Decentralisation in France', in Cerny and Schain (eds), op. cit.
— 'The Demise of French Socialism', *New Politics*, Vol. 1, no. 1, Summer 1986.
Keylor, William R., *The Twentieth-Century World*, Oxford University Press, Oxford, 1984.
Keynes, John Maynard, *The General Theory of Employment, Interest and Money*, in *Collected Writings*, Vol. 7, Macmillan, London, 1972.
— 'The End of Laissez-Faire', in *Essays in Persuasion, Collected Writings*, Vol. 9, Macmillan, London, 1973.
Khilnani, Sunil, *Arguing Revolution. The Intellectual Left in Postwar France*, Yale University Press, New Haven CT and London, 1993.
Khrushchev, N. S., *Report to the 22nd Congress of the Communist Party of the Soviet Union*, Soviet Booklet no. 80, London, 1961.
Kiernan, Kathleen, 'Men and Women at Work and at Home', in Roger Jowell et al. (eds), *British Social Attitudes. The 9th Report*, SCPR/Dartmouth, Aldershot, 1992.
Kieve, Ronald A., 'Pillars of Sand: A Marxist Critique of Consociational Democracy in the Netherlands', *Comparative Politics*, Vol. 13, no. 3, April 1981.
Kindleberger, Charles P., *Europe's Postwar Growth. The Role of Labor Supply*, Harvard University Press, Cambridge MA, 1967.
— *American Business Abroad. Six Lectures on Direct Investment*, Yale University Press, New Haven CT and London, 1969.
King, Francis and George Matthews (eds), *About Turn. The British Communist Party and the Second World War*, Lawrence and Wishart, London, 1990.
Kinnock, Neil, 'New Deal for Europe', *Socialist Affairs*, no. 1, 1984.
— 'A Hand on the Tiller — and the Till', *Guardian*, 10 April 1989.
Kirby, David, 'The Finnish Social Democratic Party and the Bolsheviks', *Journal of Contemporary History*, Vol. 11, no. 2~3, July 1976.
— 'The Baltic States 1940~1950', in Martin McCauley (ed.), *Communist Power in Europe 1944~1949*, Macmillan, London, 1977.
— *Finland in the Twentieth Century*, C. Hurst and Co., London, 1979.
— 'New Wine in Old Vessels? The Finnish Socialist Workers' Party, 1919~1923', *Slavonic and East European Review*, Vol. 66, no. 3, July 1988.
— 'The Labour Movement', in Max Engman and David Kirby (eds), *Finland. People, Nation and State*, C. Hurst and Co., London, 1989.
Kirchheimer, Otto, 'The Transformation of the Western European Party Systems', in Joseph LaPalombara and Myrin Weiner (eds), *Political Parties and Political*

Development, Princeton University Press, Princeton NJ, 1966.
Kissinger, Henry, *White House Years*, Little, Brown and Co., Boston, 1979.
Kitschelt, Herbert, 'New Social Movements and the Decline of Party Organization', in Dalton and Kuechler (eds), op. cit.
— *The Transformation of European Social Democracy*, Cambridge University Press, Cambridge, 1994.
Kitzinger, Uwe, *The Second Try. Labour and the EEC*, Pergamon Press, Oxford, 1968.
Kalma, Paul, 'Towards a New Class Compromise', *Socialist Affairs*, no. 1, 1986.
Kofas, Jon V., *Authoritarianism in Greece: The Metaxas Regime*, Columbia University Press, New York, 1983.
Kogan, David and Maurice Kogan, *The Battle for the Labour Party*, Fontana, n.p. 1982.
Kolakowski, Leszek and Stuart Hampshire (eds), *The Socialist Idea. A Reappraisal*, Weidenfeld and Nicolson, London, 1974.
Kolb, Eberhard, *The Weimar Republic*, Unwin and Hyman, London, 1988.
Kolinsky, Eva, *Women in West Germany*, Berg, Oxford, 1989.
— *Women in Contemporary Germany. Life, Work and Politics*, Berg, Providence and Oxford, 1993.
— 'Party Change and Women's Representation in Unified Germany', in Lovenduski and Norris (eds), op. cit.
Korpi, Walter, *The Working Class in Welfare Capitalism. Work, Unions and Politics in Sweden*, Routledge and Kegan Paul, London, 1978.
— *The Democratic Class Struggle*, Routledge and Kegan Paul, London, 1983.
— 'Power, Politics, and State Autonomy in the Development of Social Citizenship: Social Rights During Sickness in Eighteen OECD Countries Since 1930', *American Sociological Review*, Vol. 54, no. 3, June 1989.
Kosonen, Pekka, 'The Scandinavian Welfare Model in the New Europe', in Boje and Olsson Hort (eds), op. cit.
Kousoulas, D. George, *Revolution and Defeat. The Story of the Greek Communist Party*, Oxford University Press, London, 1965.
Krag, Jen Otto, 'Why Denmark Applied to Join the Common Market', *Socialist International Information*, Vol. 11, no. 35, 2 September 1961.
— 'The Danish View', *Socialist International Information*, Vol. 21, no. 5~6, May-June, 1971.
Krasucki, Henri, 'Salaire réel et valeur de la force de travail', *Cahiers du communisme*, Vol. 33, no. 3, March 1957.
Kreile, Michael, 'Ostpolitik Reconsidered', in Ekkehart Krippendorff and Volker

Rittberger (eds), *The Foreign Policy of West Germany. Formation and Contents*, Sage, London and Beverly Hills, 1980.

Kreisky, Bruno, 'Social Democracy's Third Historical Phase', *Socialist International Information*, Vol. 20, no. 5, May 1970.

— Speech at Helsinki Conference of the Socialist International of 25~27 May 1971, *Socialist International Information*, Vol. 21, nos 5~6, May-June 1971.

Kreissler, Felix, 'Un bilan de cinq annees de gouvernement socialiste. Reformes et "Sozial-partnerschaft" (1970~1975)', *Austriaca*, Vol. 4, 1975.

— 'Le parti socialiste Autrichien entre le nouveau programme (Mai 1978) et les nouvelles elections générales (Mai 1979)', *Austriaca*, Vol. 8, 1979.

Krossman, E. H., *The Low Countries 1780~1940*, Clarendon Press, Oxford, 1978.

Krugman, Paul R., 'Slow Growth in Europe: Conceptual Issues', in Lawrence and Schultze (eds), op. cit.

— *The Age of Diminished Expectations*, rev. edn, MIT Press, Cambridge MA, 1994.

Kuisel, Richard F., *Seducing the French. The Dilemma of Americanization*, University of California Press, Berkeley, 1993.

— *Capitalism and the State in Modern France. Renovation and Economic Management in the Twentieth Century*, Cambridge University Press, Cambridge, 1981.

Kurzer, Paulette, 'The Internationalization of Business and Domestic Class Compromises: A Four Country Study', *West European Politics*, Vol. 14, no. 4, October 1991.

Labour Party, *For Socialism and Peace. The Labour Party's Programme of Action*, London, 1934.

— *Signposts for the Sixties. A Statement of Labour's Home Policy Accepted by the 60th Annual Conference of the Labour Party at Blackpool*, 2~6 October 1961.

— draft of *Signposts for the Sixties*, published as 'Missing Signposts' in *New Left Review*, no. 12, November-December 1961.

— *Labour's Programme 1973*, London, 1973.

— *The National Enterprise Board, Labour's State Holding Company, An Opposition Green Paper*, London, n. d. (1973).

— *Labour's Programme 1976*, London, 1976.

— *Labour's Programme 1982*, London, 1982.

— *Democratic Socialist Aims and Values*, London, n.d. (1988); mimeo.

— *Meet the Challenge, Make the Change. A New Agenda for Britain, Final Report of Labour's Policy Review for the 1990s*, London, 1989.

— *Looking to the Future*, London, 1990.

Lacroix-Ritz, Annie, 'Négociation et signature des accords Blum-Byrnes (Octobre 1945~Mai 1946). D'après les archives du Ministère des Affaires Etrangères', *Revue d'histoire moderne et contemporaine*, Vol. XXXI, July-September 1984.

Ladrech, Robert, 'Social Movements and Party Systems: The French Socialist Party and New Social Movements', *West European Politics*, Vol. 12, no. 3, July 1989.

Lafon, François, 'Structures idéologiques et nécessités pratiques au congrès de la SFIO en 1946', *Revue d'histoire moderne et contemporaine*, Vol. XXXVI, 1989.

Lafontaine, Oskar, 'Progresso e solidarietà', *Democrazia e diritto*, no. 1~2, January-February 1989 (Italian trans. of Munster Congress Report).

Lama, Luciano, *Intervista sul sindacato*, Laterza, Rome-Bari, 1976.

— *Il potere del sindacato*, Editori Riuniti, Rome, 1978.

Lancaster, Thomas D. and Gary Prevost (eds), *Politics and Change in Spain*, Praegcr, New York, 1985.

Landauer, Carl, *European Socialism. A History of Ideas and Movements*, Vol. 11, University of California Press, Berkeley and Los Angeles, 1959.

Landes, Joan, *Women and the Public Sphere in the Age of the French Revolution*, Cornell University Press, Ithaca NY and London, 1988.

Landier, Hubert, 'Vers un renforcement du corporatisme syndical', in Massenet et al., op. cit.

Lange, Peter, 'The End of an Era: The Wage Indexation Referendum of 1985', in Robert Leonardi and Raffaella Y. Nanette, (eds), *Italian Politics: A Review*, Vol. 1, Pinter Publishers, London and New York, 1986.

Laqueur, Walter, *Europe since Hitler. The Rebirth of Europe*, Penguin, Harmondsworth, 1982.

Larkin, Maurice, *France since the Popular Front. Government and People 1936~1986*, Clarendon Press, Oxford, 1988.

Laroque, Pierre, *Succès et faiblesses de l'effort social français*, Colin, Paris, 1961.

Lasch, Christopher, *The Minimal Seif. Psychic Survival in Troubled Times*, Pan Books, London, 1984.

Lauber, Volkmar, 'Changing Priorities in Austrian Economic Policy', *West European Politics*, Vol. 15, no. 1, January 1992.

Laubier, Claire (ed.), *The Condition of Women in France 1945 to the Present*, Routledge, London and New York, 1990.

Lavau, Georges, 'The Effects of Twenty Years of Gaullism on the Parties of the Left', in Andrews and Hoffmann (eds), op. cit.

LaVigna, Claire, 'The Marxist Ambivalence Toward Women: Between Socialism and Feminism in the Italian Socialist Party', in Marilyn J. Boxer and Jean H. Quataert (eds), *Socialist Women. European Socialist Feminism in the Nineteenth and Early Twentieth Centuries*, Elsevier, New York, 1978.

Lawrence, Robert Z. and Charles L. Schultze (eds), *Barriers to European Growth. A Trans-atlantic View*, Brookings Institution, Washington DC, 1987.

Layard, R. and S. J. Nickell, 'Unemployment in Britain', *Economica*, Vol. 53, 1986, Supplement to no. 210, *Unemployment*.

— 'Performance of the British Labour Market', in Blanchard, Dornbusch and Layard (eds), op. cit.

Layard, Richard, Giorgio Basevi, Olivier Blanchard, Willem Buiter and Rudiger Dornbusch, 'Europe: The Case for Unsustainable Growth', in Blanchard, Dornbusch and Layard (eds), op. cit.

Lazar, Marc, 'Le parti communiste italien et le défi des années quatre-vingt', *Commentaire*, no. 44, Winter 1988~1989.

— *Maisons rouges. Les partis communistes français et italien de la Libération à nos jours*, Aubier, Paris, 1992.

Leaman, Jeremy, *The Political Economy of West Germany, 1945~1985*, Macmillan, London, 1988.

Le Couriard, Daniel, 'Les socialistes et les débuts de la guerre d'Indochine (1946~1947)', *Revue d'histoire moderne et contemporaine*, Vol. XXXI, April-June 1984.

Le Cour Grandmaison, Olivier, 'Le Mouvement de la paix pendant la guerre froide: le cas français (1948~1952)', *Communisme*, no. 18~19, 1988.

Lee, Stephen J., *The European Dictatorships 1918~1945*, Routledge, London, 1987.

Lemke Christiane and Gary Marks (eds), *The Crisis of Socialism in Europe*, Duke University Press, Durham and London, 1992.

Lenin, V. I., *Collected Works*, Volumes 13, 27, 29, 30, 31 and 32, Progress Publishers, Moscow, 1965~1974.

— 'The Tasks of the Proletariat in Our Revolution', in *Collected Works*, Vol. 24, Progress Publishers, Moscow, 1974.

— *The State and Revolution* (1917), trans. Robert Service, Penguin, Harmondsworth, 1992.

Leonard, Dick, 'Eye on coalition chances', Survey on Belgium, *Financial Times*, 19 June 1987.

— 'Fashioning federalism', *Financial Times*, 12 July 1993.

— 'Mr. Wallonia pulls the strings', *Financial Times*, 12 July 1993.

Lepre, A. (ed.), *Dal crollo del fascismo all'egemonia moderata*, Guida Editore, Naples, 1973.

Leviné-Meyer, Rosa, *Inside German Communism. Memoirs of Party Life in the Weimar Republic*, Pluto Press, London, 1977.

Lewin, Leif, *Ideology and Strategy. A Century of Swedish Politics*, Cambridge University Press, Cambridge, 1988.

Lewis, Jill, 'Red Vienna: Socialism in One City, 1918~1927', *European Studies Review*, Vol. 13, no. 3, 1983.

— *Fascism and the Working Class in Austria 1918~1934. The Failure of Labour in the First Republic*, Berg, New York, 1991.

Lewis, Steven C. and Serenella Sferza, 'The Second Mitterrand Experiment: Charisma and the Possibilities of Partisan Renewal', in Howorth and Ross (eds), op. cit., Vol. 3.

Leys, Colin, *Politics in Britain*, Heinemann, London, 1983.

Lichtheim, George, *A Short History of Socialism*, Weidenfeld and Nicolson, London, 1970.

Liddington, Jill and Jill Norris, *One Hand Tied Behind Us. The Rise of the Women's Suffrage Movement*, Virago, London, 1978.

Lidtke, Vernon L., *The Outlawed Party: Social Democracy in Germany 1878~1890*, Princeton University Press, Princeton NJ, 1966.

Lieber, Robert J., *British Politics and European Unity*, University of California Press, Berkeley and London, 1970.

— 'Labour in Power: Problems of Political Economy', in B. Brown (ed.), op. cit.

Lieberman, Sima, 'The Ideological Foundations of Western European Planning', *Journal of European Economic History*, Vol. 10, no. 2, Fall 1981.

— *The Contemporary Spanish Economy: A Historical Perspective*, Allen and Unwin, London, 1982.

Liebman, Marcel, 'The Crisis of Belgian Social Democracy', in Ralph Miliband and John Saville (eds), *The Socialist Register 1966*, Merlin Press, London, 1966.

Ligou, Daniel, *Histoire du socialisme en France 1871~1961*, Presses Universitaires de France, Paris, 1962.

Lijpart, Arend, *The Politics of Accommodation. Pluralism and Democracy in the Netherlands*, University of California Press, Berkeley, 1968.

— 'Typologies of Democratic Systems', in Arend Lijphart (ed.), *Politics in Europe*, Prentice Hall, Englewood Cliffs NJ, 1969.

Lilli, Laura and Chiara Valentini, *Care compagne. Il femminismo nel PCI e nelle organizzazioni di massa*, Editori Riuniti, Rome, 1979.

Lindbeck, Assar, *Overshooting, Reform and Retreat of the Welfare State*, Seminar Paper no. 552, Institute for International Economic Studies, Stockholm

University, Stockholm, 1993.
— et al., *Options for Economic and Political Reform in Sweden*, Seminar Paper no. 540, Institute for International Economic Studies, Stockholm University, Stockholm, 1993.
— and Dennis J. Snower, 'Wage Setting, Unemployment and Insider-Outsider Relations', *American Economic Review*, Vol. 76, no. 2, May 1986.
Lindblom, Charles, *Politics and Markets. The World's Political-Economic Systems*, Basic Books, New York, 1977.
Linden, Carl A., *Khrushchev and the Soviet Leadership 1957-1964*, Johns Hopkins Press, Baltimore MD, 1966.
Lingis, Alphonso, *The Will to Revolution*, 22 May 1970 public lecture at Pennsylvania State University.
Lipietz, Alain, *Mirages and Miracles. The Crisis of Global Fordism*, Verso, London, 1977.
Lipsey, David and Dick Leonard (eds), *The Socialist Agenda. Crosland's Legacy*, Jonathan Cape, London, 1981.
Lloyd, Genevieve, *The Man of Reason, 'Male and 'Female' in Western Philosophy*, Methuen, London, 1984.
Lodge, Paul and Tessa Blackstone, *Educational Policy and Educational Inequality*, Martin Robertson, London, 1982.
Loew, Raimund, 'The Politics of Austro-Marxism', *New Left Review*, no. 118, November-December 1979.
— The Politics of the Austrian "Miracle"', *New Left Review*, no. 123, September-October 1980.
Löfgren, Orvar, 'Consuming Interests', *Culture and Society* (Denmark), no. 7, 1990.
Longo, Luigi, 'Il movimento studentesco nella lotta anticapitalista', *Rinascita*, no. 8, 3 May 1968.
Lorwin, Val R., 'Labor Unions and Political Parties in Belgium', *Industrial and Labor Relations Review*, Vol. 28, no. 2, January 1975.
Loth, Wilfried, 'Les projects de politique extérieure de la Résistance socialiste en France', *Revue d'histoire moderne et contemporaine*, Vol. XXIX, 1977.
Lovenduski, Joni, *Women and European Politics. Contemporary Feminism and Public Policy*, Wheatsheaf, Brighton, 1986.
— and Pippa Norris (eds), *Gender and Party Politics*, Sage, London, 1993.
— and Vicky Randall, *Contemporary Feminist Politics. Women and Power in Britain*, Oxford University Press, Oxford, 1993.
Löwenthal, Richard, 'Communism: Clear Position of German Social Democracy',

Socialist International Information, Vol. 20, no. 12, 1970.
— 'Letter from Berlin: Neutralism and Nationalism', *Partisan Review*, no. 2, 1984.
Luciani, Giacomo, *Il PCI e il capitalismo occidentale*, Longanesi, Milan, 1977.
Lumley, Robert, *States of Emergency. Cultures of Revolt in Italy from 1968 to 1978*, Verso, London, 1990.
Lundberg, Erik, 'The Rise and Fall of the Swedish Model', *Journal of Economic Literature*, Vol. 23, March 1985.
— and Olle Lindgren, 'Uncertainty about Employee Investment Funds — Economic Effects', *Skandinaviska Enskilda Banken Quarterly Review*, no. 2, 1982.
Lundestad, G., *America, Scandinavia and the Cold War 1945~1949*, Oslo, 1980.
Lundmark, Kjell, 'Welfare State and Employment Policy: Sweden', in Dyson and Wilks (eds), op. cit.
Luther, Kurt Richard, 'Consociationalism, Parties and the Party System', *West European Politics*, Vol. 15, no. 1, January 1992.
Lutz, Dieter S., 'La difficile strada verso una nuova concezione della sicurezza', in Telò (ed.), op. cit.
Luza, Radomir V., *The Resistance in Austria 1938~1945*, University of Minnesota Press, Minneapolis, 1984.
Lynch, Frances M. B., 'Resolving the Paradox of the Monnet Plan: National and International Planning in French Reconstruction', *Economic History Review*, Vol. XXXVII, no. 2, May 1984.
Lyrintzis, Christos, 'PASOK in Power: From "Change" to Disenchantment', in Clogg (ed.) op. cit., 1993.
McAllister, Ian and Jack Vowles, 'The Rise of New Politics and Market Liberalism in Australia and New Zealand', *British Journal of Political Science*, Vol. 24, Part 3, July 1994.
McCarthy, Patrick, *The French Socialists in Power 1981~1986*, Greenwood Press, New York, 1987.
McCarthy, W. E. J., 'The Nature of Britain's Strike Problem', *British Journal of Industrial Relations*, Vol. 8, no. 2, July 1970.
McCauley, Martin (ed.), *Communist Power in Europe 1944~1949*, Macmillan, London, 1977.
McCracken, Paul, et al., *Towards Full Employment and Price Stability: A Report to the OECD by a Group of Independent Experts*, OECD, Paris, 1977.
McDonald, Robert, 'The Colonels' Dictatorship 1967~1974', in Marion Sarafis and Martin Eve (eds), *Background to Contemporary Greece*, Vol. II, Merlin Press, London, 1990.

McGrew, William W., *Land and Revolution in Modern Greece, 1800~1881: The Transition in the Tenure and Exploitation of Land from Ottoman Rule to Independence*, Kent State University Press, Kent OH, 1985.

McKeown, Thomas, *The Modern Rise of Population*, Edward Arnold, London, 1976.

Mackenzie, Norman (ed.), *Conviction*, MacGibbon and Kee, London, 1959.

McKibbin, Ross, 'The Economic Policy of the Second Labour Government 1929~1931', *Past and Present*, no. 68, August 1975.

Mackie, Thomas T. and Richard, Rose, *The International Almanac of Electoral History*, Macmillan, London, 1974.

Macleod, Alex, 'Portrait of a Model Ally: The Portuguese Communist Party and the International Communist Movement, 1968~1983', *Studies in Comparative Communism*, Vol. XVII, no. 1, Spring 1984.

McMillan, James E., *Housewife or Harlot. The Place of Women in French Society 1870~1940*, Harvester, Brighton, 1981.

Mabille, Xavier, *Histoire politique de la Belgique*, CRISP, Brussels, 1986.

Machado, Diamantino P., *The Structure of Portuguese Society. The Failure of Fascism*, Praeger, New York, 1991.

Machin, Howard and Vincent Wright (eds), *Economic Policy and Policy-Making Under the Mitterrand Presidency 1981~1984*, Frances Pinter, London, 1985.

Maddison, Angus, *Phases of Capitalist Development*, Oxford University Press, Oxford, 1982.

— *Dynamic Forces in Capitalist Development. A Long-run Comparative View*, Oxford University Press, Oxford, 1991.

Mafai, Miriam, *L'apprendistato della politica. Le donne italiane nel dopoguerra*, Editori Riuniti, Rome, 1979.

Magraw, Roger, *A History of the French Working Class. Vol. 2: Workers and the Bourgeois Republic*, Blackwell, Oxford, 1992.

Maier, Charles S. *Recasting Bourgeois Europe. Stabilization in France, Germany, and Italy in the Decade after World War I*, Princeton University Press, Princeton NJ, 1975.

— 'The Two Postwar Eras and the Conditions for Stability in Twentieth-Century Western Europe', *American Historical Review*, Vol. 86, no. 2, 1981.

— '"Fictitious bonds... of wealth and law": on the theory and practice of interest representation' in Suzanne D. Berger (ed.) *Organizing Interests in Western Europe*, Cambridge University Press, 1983.

— *In Search of Stability. Explorations in Political Economy*, Cambridge University Press, 1987.

— 'The Collapse of Communism: Approaches for a Future History', *History Workshop*, no. 31, Spring 1991.
— (ed.), *Changing Boundaries of the Political*, Cambridge University Press, Cambridge, 1987.
Maiorini, Maria Grazia, *Il Mouvement republicain populaire partito della IV Repubblica*, Giuffrè Editore, Milan, 1983.
Mair, Peter and Stefano Bartolini, *Identity, Competition and Electoral Availability. The Stabilization of European Electorates 1885~1985*, Cambridge University Press, Cambridge, 1990.
Maire, E., A. Detraz and F. Krumnov, *La CFDT et l'Autogestion*, Editions de Cerf, Paris, 1973.
— and J. Julliard, *La CFDT d'aujourd'hui*, Editions du Seuil, Paris, 1975.
Malinvaud, Edmond, 'The Rise of Unemployment in France', *Economica*, Vol. 53, 1986, Supplement to no. 210, *Unemployment*.
— 'Wages and the Unemployed', *Economic Journal*, Vol. 92, no. 365, March 1982.
Malraux, André, *Les chênes qu'on abat* ..., Gallimard, Paris, 1971.
Mandel, Ernest, 'The Lessons of May 1968', *New Left Review*, no. 52, November-December, 1968.
Maravall, José María, *The Transition to Democracy in Spain*, Croom Helm, London, 1982.
— 'The Socialist Alternative: The Policies and the Electorate of the PSOE', in Penniman and Mujal-León (eds), op. cit.
Marchal-Van Belle, Graziella, *Les socialistes belges et l'intégration européenne*, Editions de l'Institut de Sociologie, ULB, Brussels, 1968.
Marglin, Stephen A. and Juliet Schor (eds), *The Golden Age of Capitalism. Reinterpreting the Postwar Experience*, Clarendon Press, Oxford, 1990.
Markovits, Andrei S., *The Politics of the West German Trade Unions. Strategies of Class and Interest Representation in Growth and Crisis*, Cambridge University Press, Cambridge, 1986.
— 'The West German Left in a Changing Europe', in Lemke and Marks (eds), op. cit.
— and Philip S. Gorski, *The German Left. Red, Green and Beyond*, Polity Press, Cambridge, 1993.
Marks, Elaine and Isabelle de Courtivron (eds), *New French Feminisms*, Harvester, Brighton, 1981.
Marquand, David, 'Inquest on a Movement. Labour's Defeat and Its Consequences' *Encounter*. Vol. 53, no. 1, July 1979.

— *The Unpricipled Society, New Demands and Old Politics*, Fontana, London, 1988.
— 'Half-way to Citizenship? The Labour Party and Constitutional Reform', in Smith and Spear (eds), op. cit.
— 'After Socialism', *Political Studies*, Vol. 41, Special Issue 1993.

Marramao, Giacomo, *Austromarxismo e socialismo di sinistra fra le due guerre*, La Pietra, Milan, 1975.

Marsh, David, 'Wunder turns to whimper', *Financial Times*, 4 November 1987.
— 'In the clutch of corporatism', *Financial Times*, 5 November 1987.

Marshall, T. H., *Citizenship and Social Class and Other Essays*, Cambridge University Press, Cambridge, 1950.

Martelli, Roger, 'L'année 1956', in Bourderon et al., op. cit.

Martin, Jean-Paul and Jol Roman, 'Le socialisme en proie à l'école', *Intervention*, no. 13, July-September 1985.

Marx, Karl, *Critique of the Gotha Programme*, International Publishers, New York, 1970.
— *Capital*, trans. Moore-Aveling, Progress Publishers, Moscow, Vol. 1, 1965; Vol. 3, 1971.
— *Economic and Philosophic Manuscripts of 1844*, in *Early Writings*, trans. and ed. Tom Bottomore, McGraw-Hill, New York, 1964.
— *The Eighteenth Brumaire of Louis Bonaparte*, Progress Publishers, Moscow, 1967.
— *The Communist Manifesto*, Penguin, Harmondsworth, 1967.

Marx, Karl and Friedrich Engels, *The German Ideology*, International Publishers, New York, 1968.
— *Selected Correspondence, 1846–1895*, Martin Lawrence, London, 1934.

Massenet, Michel et al., *La France socialiste. Un premier bilan*, Hachette, Paris, 1983.

Mauroy, Pierre, *C'est ici le chemin*, Flammarion, Paris, 1982.
— 'La gauche au pouvoir', *Revue politique et pariementaire*, Vol. 87, no. 916, May-June 1985.

Mavrogordatos, George, *The Rise of the Greek Sun: The Greek Elections of 1981*, King's College London, Centre for Contemporary Greek Studies, Occasional Paper no. 1, 1983.
— *Stillborn Republic: Social Conditions and Party Strategies in Greece 1922–1936*, University of California Press, Berkeley, 1983.

Mayer, Lawrence C. and Roland E. Smith, 'Feminism and Religiosity: Female Electoral Behaviour in Western Europe', *West European Politics*, Vol. 8, no. 4, October 1985.

Mayeur, Jean-Marie and Madeleine Rebérioux, *The Third Republic from Its Origins to* the Great War 1871~1914, Cambridge University Press, Cambridge, 1984.

Mazey, Sonia, 'Decentralisation: La grande affaire du septennat?', in Mazey and Newman (eds), op. cit.

— and Michael Newman (eds), *Mitterrand's France*, Croom Helm, London, 1987.

Meek, Ronald L., 'Marx's "Doctrine of Increasing Misery"', *Science and Society*, Vol. 16, no. 4, Autumn 1962.

Meidner, Rudolf, *Employee Investment Funds. An Approach to Collective Capital Formation*, Allen and Unwin, London, 1978.

— 'Swedish Union Strategies Towards Structural Change', *Nordisk Tidskrift för Politisk Economi*, no. 20, 1987.

— 'Why Did the Swedish Model Fail?', in Ralph Miliband and Leo Panitch (eds), *Real Problems, False Solutions, Socialist Register*, Merlin Press, London, 1993.

Mény, Yves, 'The Socialist Decentralisation', in Ross, Hoffmann and Malzacher (eds), op. cit.

Merkel, Wolfgang, 'Between Class and Catch-All: Is There an Electoral Dilemma for Social Democratic Parties in Western Europe?', in Institut de Ciències Polítiques i Socials (ICPS), *Socialist Parties in Europe II: Class, Populars, Catch-all?*, Barcelona, 1992.

— 'After the Golden Age. Is Social Democracy Doomed to Decline?', in Lemke and Marks (eds), op. cit.

Merkl, Peter H., 'The Role of Public Opinion in West German Foreign Policy', in Wolfram F. Hanrieder (ed.), *West German Foreign Policy: 1949~1979*, Westview Press, Boulder CO, 1980.

— *German Unification in the European Context*, Penn State University Press, University Park PA, 1993.

Meyer, Chris, 'Nordic State Feminism in the 1990s: Whose Ally?', in Boje and Olsson Hort (eds), op. cit.

Meyer, Thomas, 'Un mutamento di paradigma: il nuovo programma nella storia della SPD', in Telò (ed.), op. cit.

Michel, Henri, *Les courants de pensée de la Résistatue*, Presses Universitaires de France, Paris, 1962.

— *The Second World War*, André Deutsch, London, 1975.

Middlemas, Keith, *Politics in Industrial Society. The Experience of the British System since 1911*, André Deutsch, London, 1979.

Mignolet, Michel, 'Les économies régionales', in Guy Quaden (ed.), *L'économie belge dans la crise*, Editions Labor, Brussels, 1987.

Miliband, Ralph, *Parliamentary Socialism*, Allen and Unwin, London, 1961.

Mill, John Stuart, *The Subjection of Women*, Virago, London, 1983.

Miller, Doug, 'Social Partnership and the Determinants of Workplace Independence in West Germany', *British Journal of Industrial Relations*, Vol. 20, no. 1, March 1982.

Miller, Susanne and Heinrich Potthoff, *A History of German Social Democracy. From 1848 to the Present*, Berg, Leamington Spa, 1986.

Millett, Kate, *Sexual Politics*, Doubleday, New York, 1970.

Milward, Alan S., *The Reconstruction of Western Europe 1945~1951*, Methuen, London, 1984.

— *War, Economy and Society 1939~1945*, Pelican, Harmondsworth, 1987.

— with the assistance of George Brennan and Federico Romero, *The European Rescue of the Nation-State*, Routledge, London, 1992.

Minford, Patrick, *Unemployment: Cause and Cure*, Basil Blackwell, Oxford, 1985.

Minkin, Lewis, *The Labour Party Conference. A Study in the Politics of Intra-Party Democracy*, Allen Lane, London, 1978.

— *The Contentious Alliance. Trade Unions and the Labour Party*, Edinburgh University Press, Edinburgh, 1991.

Misgeld, Klaus, 'As the Iron Curtain Descended: The Co-ordinating Committee of the Nordic Labour Movement and the Socialist International between Potsdam and Geneva (1945~1955)', *Scandinavian Journal of History*, Vol. 13, no. 1, 1988.

Mishra, Ramesh, *The Welfare State in Crisis*, Harvester Wheatsheaf, New York and London, 1984.

Missiroli, Antonio, 'Tra Waldheim e la Cee: Democrazia consociativa e crisi economica in Austria', *Annali Sinistra Europea 1988~1989*, Franco Angeli, Milan, 1989.

— *La questione tedesca. Le due Germanie dalla divisione all'unità 1945~1990*, Ponte Alle Grazie, Florence, 1991.

— (ed.), *Modernizzazione e sistema politico. Italia e Germania federale a confronto, Supplement to Democrazia e diritto*, no. 1~2, January-April 1989.

Mitchell, B. R., 'Statistical Appendix, 1920~1970', in Carlo M. Cipolla (ed.), *The Fontana Economic History of Europe, Contemporary Economies*, Vol. 2, Collins/Fontana, Glasgow, 1976.

Mitchell, Claudine, 'Madeleine Pelletier (1874~1939): The Politics of Sexual Oppression', *Feminist Review*, no. 33, Autumn 1989.

Mitchell, Juliet, 'Women: The Longest Revolution', *New Left Review*, no. 40, November-December 1966.

— *Women: The Longest Revolution*, Virago, London, 1984.

Mitter, Swasti, *Common Fate, Common Bond. Women in the Global Economy*, Pluto Press, London, 1986.
Mitterrand, François, *Ma part de vérité. De la rupture a l'unité*, Fayard, Paris, 1969.
— *L'Abeille et l'architecte*, Flammarion, Paris, 1978.
— *Politique. Textes et discours 1938~1981*, Fayard, Paris, 1984.
Mlynár, Zdeněk, *Praga questione aperta*, De Donato Editore, Bari, 1976.
— 'Khrushchev's Policies as a Forerunner of the Prague Spring', in R. F. Miller and F. Féhér (eds), *Khrushchev and the Communist World*, Croom Helm, London, 1984.
Moch, Jules, *Confrontations*, Gallimard, Paris, 1952.
— 'Socialist Re-Thinking in France', *Socialist International Information*, Vol. 9, no. 13~14, 28 March 1959.
Mollet, Guy, 'The Rapacki Plan and European Security', *Socialist International Information*, Vol. 8, no. 16, 19 April 1958.
— *L'élection présidentielle, supplément aux dossiers et documents du Monde*, May 1988.
Le Monde, *L'élection législative, supplément aux dossiers et documents du Monde*, June 1988.
Monitor, Michel, 'Social Conflicts in Belgium', in Crouch and Pizzorno (eds), op. cit., Vol. 1.
Monnet, Jean, *Memoirs*, trans. Richard Maine, Collins, London, 1978.
Moon, Jeremy, 'The Responses of British Governments to Unemployment', in Richardson and Henning (eds), op. cit.
Moore, Barrington, Jr., *Injustice. The Social Bases of Obedience and Revolt*, Macmillan, London, 1978.
Moore, Bob, 'Occupation, Collaboration and Resistance', *European Historical Quarterly*, Vol. 21, no. 1, January 1991.
Morgan, April and Clyde Wilcox, 'Anti-feminism in Western Europe 1975~1987', *West European Politics*, Vol. 15, no. 4, October 1992.
Morgan, Kenneth O., *Labour in Power*, Clarendon Press, Oxford, 1984.
Morgan, Roger, 'The *Ostpolitik* and West Germany's External Relations', in Roger Tilford (ed.), *The Ostpolitik and Political Change in Germany*, Saxon House, Farnborough, 1975.
Moro, Aldo, *L'intelligenza e gli avvenimenti. Testi 1959~1978*, Garzanti, Milan, 1979.
Morrison, Rodney J., *Portugal: Revolutionary Change in an Open Economy*, Auburn House, Boston, 1981.
Mortimer, Edward, *The Rise of the French Communist Party 1920~1947*, Faber and

Faber, London, 1984.

Mouriaux, Marie-Françoise and René, 'Unemployment Policy in France, 1976~1982', in Richardson and Henning (eds), op. cit.

Mouriaux, René, 'Trade Union Strategies After May 1968', in Hanley, Kerr and Waites (eds), op. cit.

Mouzelis, Nicos P., 'Capitalism and Dictatorship in Post-war Greece', *New Left Review*, no. 96, March-April 1976.

— *Modern Greece. Facets of Underdevelopment*, Holmes and Meier, New York, 1978.

— 'On the Greek Elections', *New Left Review*, no. 108, March-April 1978.

— 'On the Demise of Oligarchic Parliamentarism in the Semi-Periphery: A Balkan-Latin American Comparison', *Sociology*, Vol. 17, no. 1, February 1983.

— 'Continuities and Discontinuities in Greek Politics: From Elefterios Venizelos to Andreas Papandreou', in Kevin Featherstone and Dimitrios K. Katsoudas (eds), *Political Change in Greece. Before and after the Colonels*, Croom Helm, London, 1987.

Mozer, Alfred, 'Socialist Victory in the Netherlands', *Socialist International Information*, Vol. 6, no. 26, 30 June 1956.

— 'Thoughts on the Seventy-fifth Anniversary of the Death of Karl Marx', *Socialist International Information*, Vol. 8, no. 11, 15 March 1958.

Muet, Pierre-Alain and Alain Fonteneau, *Reflation and Austerity. Economic Policy under Mitterrand*, trans. Malcom Slater, Berg, Oxford, 1990.

Mujal-León, Eusebio, *Communism and Political Change in Spain*, Indiana University Press, Bloomington, 1983.

— 'Decline and Fall of Spanish Communism' *Problems of Communism*, Vol. XXXV, no. 2, March-April 1986.

Mulhern, Francis, 'Towards 2000' or News From You-Know-Where', *New Left Review*, no. 148, November-December 1984.

Müller, Wolfgang C., 'Economic Success without an Industrial Strategy: Austria in the 1970s', *Journal of Public Policy*, Vol. 3, no. 1, February 1983.

— 'Privatising in a Corporatist Economy: The Politics of Privatisation in Austria', *West European Politics*, Vol. 11, no. 4, October 1988.

— 'The Catch-all Party Thesis and the Austrian Social Democrats', *German Politics*, Vol. 1, no. 2, August 1992.

Müller-Jentsch, Walther, 'Strikes and Strike Trends in West Germany, 1950~1978', *Industrial Relations Journal*, Vol. 12, no. 4, July-August 1981.

— and Hans-Joachim Sperling, 'Economic Development, Labour Conflicts and the Industrial Relations System in West Germany', in Crouch and Pizzorno (eds), op.

cit., Vol. 1.
Müller-Rommel, Ferdinand, 'The German Greens in the 1980s: Short-term Cyclical Protest or Indicator of Transformation', *Political Studies*, Vol. 37, no. 1, March 1989.
Murray, Robin, 'The Internationalization of Capital and the Nation State', *New Left Review*, no. 61, May-June 1971.
Murshid, Ghulam, *Reluctant Debutante: Response of Bengali Women to Modernization, 1849~1905*, Sahitya Samsad, Rajshahi University, 1983.
Murteira, Mário, 'The Present Economic Situation: Its Origins and Prospects', in Graham and Makler (eds), op. cit.
Myrdal, Alva and Viola Klein, *Women's Two Roles. Home and Work*, Routledge and Kegan Paul, London, 1956.
Nairn, Tom, 'British Nationalism and the EEC', *New Left Review*, no. 69, September-October 1971.
— 'The Left Against Europe?', special number of *New Left Review*, no. 75, September-October, 1972.
Napolitano, Giorgio, *In mezzo al guado*, Editori Riuniti, Rome, 1979.
Nätti, Jouko, 'Atypical Employment in the Nordic Countries: Towards Marginalisation or Normalisation?', in Boje and Olsson Hort (eds), op. cit.
Navarro, Vicente, 'Has Socialism Failed? An Analysis of Health Indicators under Socialism', *International Journal of Health Services*, Vol. 22, no. 4, 1992.
Nederhorst, G.-M., 'Les nationalisations aux Pays-Bas confronteés à l'expérience britannique', *La revue socialiste*, no. 30, October 1949.
Negt, Oscar, 'Rosa Luxemburg e il rinnovamento del marxismo', in *Storia del marxismo. Vol. 2: Il marxismo nell'età della Seconda Internazionale*, Einaudi, Turin, 1979.
Nenni, Pietro, 'La relazione di Pietro Nenni', in Partito socialista italiano, *35° Congresso Nazionale*, Rome, 25~29 October 1963, Edizioni *Avanti!*, Milan, 1964.
— *I nodi della politica estera italiana* (ed.), Domenico Zucàro, Sugarco Edizioni, Milan, 1974.
Nettl, Peter, 'The German Social Democratic Party 1890~1914 as a Political Model', *Past and Present*, no. 30, April 1965.
— *Rosa Luxemburg*, Oxford University Press, Oxford, 1969.
Neuhold, Hanspeter 'Background Factors of Austria's Neutrality', in Karl E. Birnbaum and Hanspeter Neuhold (eds), *Neutrality and Non-alignment in Europe*, Wilhelm Braumüller, Vienna, 1982.
Newby, Howard, *The Countryside in Question*, Hutchinson, London, 1988.

Newman, Michael, *Socialism and European Unity. The Dilemma of the Left in Britain and France*, Junction Books, London, 1983.
— *John Strachey*, Manchester University Press, Manchester, 1989.
Nimetz, Matthew, Introduction to Stavrou, op. cit.
Nixon, Richard, 'President's Message on Foreign Policy for the 1970s', *National Diplomacy 1965~1970, Congressional Quarterly*, May 1970.
Nolan, Mary and Charles F. Sabel, 'The Social Democratic Reform Cycle in Germany', in Esping-Andersen and Friedland (eds), op. cit.
Norris, Pippa, 'Women's Legislative Participation in Western Europe', *West European Politics*, Vol. 8, no. 4, October 1985.
— *Politics and Sexual Equality. The Comparative Position of Women in Western Democracies*, Wheatsheaf, Brighton, 1987.
Northcutt, Wayne and jeffra Flaitz, 'Women, Politics and the French Socialist Government', *West European Politics*, Vol. 8, no. 4, October 1985.
Notermans, Ton, 'The Abdication from National Autonomy: Why the Macroeconomic Policy Regime Has Become So Unfavorable to Labor', *Politics and Society*, Vol. 21, no. 2, June 1993.
O'Brien, Richard, 'Swedes show how to save money by spending it', *Financial Times*, 4 May 1988.
Occhetto, Achille, *Il sentimento e la ragione*, Rizzoli, Milan, 1994.
— *Relazione al 18o Congresso, Il nuovo Pci in Italia e in Europa, L'Unità*, 19 March 1989.
— *Relazione al Comitato centrale*, 20 November 1989, *L'Unità*, 21 November 1989.
O'Connor, James, *The Fiscal Crisis of the State*, St Martin's Press, New York, 1975.
OECD, *Economic Outlook, Historical Statistics 1960~1989*, Paris, 1991.
— *Employment Outlook*, Paris, July 1994.
— *Economic Survey, Portugal*, November 1976.
Offe, Claus, *The Contradictions of the Welfare State*, Hutchinson, London, 1984.
Öhman, Berndt, *LO and Labour Market Policy since the Second World War*, Prisca, Stockholm, 1974.
Ollenhauer, Erich, 'A New Chance for the Rapacki Plan', *Socialist International Information*, Vol. 8, no. 46, 15 November 1958.
Olson Jr., Mancur, *The Logic of Collective Action: Public Goods and the Theory of Groups*, Harvard University Press, Cambridge MA, 1965.
Olsson, Sven E., 'Swedish Communism Poised Between Old Reds and New Greens' , *Journal of Communist Studies*, Vol. 2, no. 4, December 1986.
— *Social Policy and Welfare State in Sweden*, Arkiv förlag, Lund, 1990.

O'Neill, June, 'Earnings Differentials: Empirical Evidence and Causes', in Schmidt and Weitzcl (eds), op. cit.
Opello, Jr., Walter C., 'The Continuing Impact of the Old Regime on Portuguese Political Culture', in Graham and Wheeler (eds), op. cit.
― Portugal: A Case Study of International Determinants of Regime Transition', in Geoffrey Pridham (ed.), op. cit., 1991.
Ormerod, Paul, 'Incomes Policy', in Artis and Cobham (eds), op. cit.
Örvik, Nils (ed.), *Fears and Expectations. Norwegian Attitudes Towards European Integration*, Universitetsforlaget, Oslo, 1972.
Ory, Pascal, 'The Concept of Generation as Exemplified by the Class of 68', in Hanley, Kerr and Waites, (eds) op. cit.
Osberg, Lars (ed.), *Economic Inequality and Poverty. International Perspectives*, M. E. Sharpe, Armonk NY, 1991.
Ostrem, Inger-Lise, 'La Norvège et la communauté européenne: d'une appartenance de fait à une appartenance de droit?', *Revue du Marché commun et de l'Union européenne*, no. 364, January 1993.
Ovendale, Ritchie (ed.), *The Foreign Policy of the British Labour Governments, 1945~1951*, Leicester University Press, Leicester, 1984.
Owen, David, 'The Enabling Society', in Wayland Kennet (ed.), *The Rebirth of Britain*, Weidenfeld and Nicolson, London, 1982.
Owen, Nicholas, '"More Than a Transfer of Power": Independence Day Ceremonies in India, 15 August 1947', *Contemporary Record*, Vol. 6, no. 3, Winter 1992.
― (ed.), 'Decolonisation and the Colonial Office' (Witness Seminar), *Contemporary Record*, Vol. 6, no. 3, Winter 1992.
Paavonen, Tapani, 'Neutrality, Protectionism and the International Community. Finnish Foreign Economic Policy in the Period of Reconstruction of the International Economy, 1945~1950', *Scandinavian Economic History Review*, Vol. XXXVII, no. 1, 1989.
Pace, David, 'Old Wine, New Bottles: Atomic Energy and the Ideology of Science in Postwar France', *French Historical Studies*, Vol. 17, no. 1, Spring 1991.
Paci, Massimo, 'Long Waves in the Development of Welfare Systems, in Maier (ed.), op. cit.
Padgett, Stephen, 'The German Social Democrats: A Redefinition of Social Democracy or Bad Godesberg Mark II?', *West European Politics*, Vol. 16, no. 1, January 1993.
― 'The German Social Democratic Party: Between Old and New Left', in David S. Bell and Eric Shaw (eds), *Conflict and Cohesion in Western European Social*

Democratic Parties, Pinter Publishers, London, 1994.
— and William Paterson, 'The Rise and Fall of the West German Left', *New Left Review*, no. 186, March-April 1991.
Padgett, Stephen and William E. Paterson, *A History of Social Democracy in Postwar Europe*, Longman, London, 1991.
Paggi, Leonardo, *Le strategie del potere in Gramsci*, Editori Riuniti, Rome, 1984.
— (ed.), *Americanismo e riformismo. La socialdemocrazia europea nell'economia mondiale aperta*, Einaudi Editore, Turin, 1989.
Pamparana, Andrea, *Il processo Cusani. Politici e faccendieri della Prima Repubblica*, Mondadori, Milan, 1994.
Panitch, Leo, *Social Democracy and Industrial Militancy. The Labour Party, the Trade Unions and Incomes Policy 1945~1974*, Cambridge Univetsity Press, Cambridge, 1976.
— 'Globalization and the State', in Ralph Miliband and Leo Panitch (eds), *Between Globalism and Nationalism, Socialist Register 1994*, Merlin Press, London, 1994.
Pansa, Giampaolo, *Comprati e venduti. I giornali e il potere negli anni '70*, Bompiani, Milan, 1977.
Papacosma, S. Victor, 'The Historical Context', in Clogg (ed.), op. cit, 1983.
Papadopoulos, Athanasios P., 'The Effects of Monetary, Fiscal and Exchange-Rate Policies on Output, Prices and the Balance of Payments in the Open Economy of Greece, 1955~1990', *Applied Economics*, Vol. 25, no. 7, July 1993.
Papadopoulos, Ioannis, *Dynamique du discours politique et conquête du pouvoir. Le cas du PASOK: 1974~1981*, Peter Lang, Berne, 1989 (University of Geneva doctoral dissertation no. 321).
Papadopoulos, Yannis, 'Parties, the State and Society in Greece: Continuity within Change', *West European Politics*, Vol. 12, no. 2, April 1989.
Papandreou, Andreas G., *A Strategy for Greek Economic Development*, Center of Economic Research, Contos Press, Athens, 1962.
— *Paternalistic Capitalism*, Minneapolis University Press, Minneapolis, 1972.
Parness, Diane L., *The SPD and the Challenge of Mass Politics*, Westview Press, Boulder CO, 1991.
Parodi, Maurice, *L'économie et la société française depuis 1945*, Colin, Paris, 1981.
Parti Communiste Française, *Histoire du Parti communiste française*, Editions Sociales, Paris, 1964.
Parti Communiste Française-Parti Socialiste, *Programme commun de gouvernement*, Editions Sociales, Paris, 1972.
Parti Socialiste, *Projet Socialiste. Pour la France des années 80*, Club Socialiste du

Livre, Paris, 1980.

Parti Socialiste Belge, *La Charte de Quaregnon, déclaration de principes du Parti Socialiste Belge*, Fondation Louis de Brouckère, Brussels, 1980.

Partito Comunista Italiano, *La politica economica italiana (1945~1974) Orientamenti e proposte dei comunisti*, ed. Sezione centrale scuole di partito, PCI, Rome, n.d.

Partito Socialista Italiano, *Il Partito Socialista Italiano nei suoi Congressi*, Vol. II, Edizioni *Avanti!*, Milan, 1961.

— *Il Partito Socialista Italiano nei suoi Congressi*. Vol. V: *1942~1955. Il Socialismo italiano di questo dopoguerra*, ed. Franco Pedone, Edizione del Gallo, Milan, 1968

— *37° Congresso e l'unificazione socialista, Roma, ottobre 1966*, ed. Maurizio Punzo, Edizioni La Squilla, Bologna, 1976.

— *Governare il cambiamento. Conferenza programmatica del PSI*, Rimini, 31 March~4 April 1982.

— *Un riformismo moderno. Un socialismo liberale. Tesi Programmatiche*, Conferenza di Rimini, 22~23 March 1990.

Pasquino, Gianfranco, 'Modernity and Reforms: The PSI between Political Entrepreneurs and Gamblers', *West European Politics*, Vol. 9, no. 1, January 1986.

— 'Party Elites and Democratic Consolidation : Cross-national Comparison of Southern European Experience', in Pridham (ed.), op. cit. 1990.

Pateman, Carole, *The Disorder of Women*, Stanford University Press, Stanford CA, 1989.

Paterson, William E. *The SPD and European Integration*, Saxon House, Farnborough, 1974.

— 'The Ostpolitik and Régime Stability in West Germany', in Roger Tilford (ed), *The Ostpolitik and Political Change in Germany*, Saxon House, Farnborough, 1975.

— 'The German Social Democratic Party', in Paterson and Thomas (eds), op. cit., 1986.

— and Alastair H. Thomas (eds), *Social Democratic Parties in Western Europe*, Croom Helm, London, 1977.

— *The Future of Social Democracy*, Clarendon Press, Oxford, 1986.

PCP, *Programa e Estatutos do PCP aprovado No VII Congresso (Extraordinário) em 20/10/74*, 2nd edn, Edições *Avante!*, Lisbon, 1975.

PDS, *Programma di Governo del PDS. Elezioni politiche 27~28 marzo 1994*, Rome, February 1994.

Pecchioli, Ugo, 'Le forze democratiche e l'Europa del Mec', *Critica Marxista*, Vol. 4,

no. 3, May-June 1966.
Pedersen, Susan, *Family, Dependence and the Origins of the Welfare State. Britain and France 1914~1945*, Cambridge University Press, Cambridge, 1993.
Peel, Quentin and Judy Dempsey, 'Firmly footed for the final hurdle', *Financial Times*, 10 September 1994.
Pelling, Henry, *Britain and the Marshall Pian*, Macmillan, London, 1988.
Pels, Dick, 'The Dark Side of Socialism: Hendrik de Man and the Fascist Temptation', *History of Human Sciences*, Vol. 6, no. 2, 1993.
Penniman, Howard and Eusebio M. Mujal-León (eds), *Spain at the Polls 1977, 1979, and 1982. A Study of National Elections*, American Enterprise Institute and Duke University Press, n.p. 1985.
Pepper, David, *The Roots of Modern Environmentalism*, Routledge, London, 1984.
Pérez-Díaz, Víctor M., *The Return of Civil Society. The Emergence of Democratic Spain*, Harvard University Press, Cambridge MA, 1993.
Petersen, Nikolai, 'The Cold War and Denmark', *Scandinavian Journal of History*, Vol. 10, 1985.
Peterson, Richard B., 'The Swedish Experience with Industrial Democracy', *British Journal of Industrial Relations*, Vol. 6, no. 2, July 1968.
Petras, James, 'The Contradictions of Greek Socialism', *New Left Review*, no. 163, May-June 1987.
— 'Spanish Socialism: The Politics of Neoliberalism', in James Kurth and James Petras (eds), *Mediterranean Paradoxes. The Politics and Social Structure of Southern Europe*, Berg, Providence and Oxford, 1993.
Pfarr, Heide M. and Ludwig Eitel, 'Equal Opportunity Policies for Women in the Federal Republic of Germany', in Schmidt and Weitzel (eds), op. cit.
Pfister, Thierry, *La vie quotidienne à Matignon au temps de l'union de la gauche*, Hachette, Paris, 1985.
Pharo, Helge, 'Bridgebuilding and Reconstruction. Norway Faces the Marshall Plan', *Scandinavian Journal of History*, Vol. 1, 1976.
— 'The Cold War in Norwegian and International Historical Research', *Scandinavian Journal of History*, Vol. 10, 1985.
Philip, André, *Le Socialisme trahi*, Plon, Paris, 1957.
— *Les socialiste*, Editions du Seuil, Paris, 1967.
Phillips, Anne, 'Democracy and Difference: Some Problems for Feminist Theory', *Political Quarterly*, Vol. 63, no. 1, January-March 1992.
Phillips, A. W., The Relation between Unemployment and the Rate of Change of Money Wage Rates in the United Kingdom, 1861~1957, *Economica*, Vol. 25,

1958.

Pickles, Dorothy, *The Government and Politics of France*, Vol. 2, Methuen, London, 1973.

Pierson, Stanley, *Marxist Intellectuals and the Working Class Mentality in Germany 1887~1912*, Harvard University Press, Cambridge MA, 1993.

Pimlott, Ben, *Labour and the Left in the 1930s*, Cambridge University Press, Cambridge, 1977.

— *Hugh Dalton*, Macmillan, London, 1985.

— *Harold Wilson*, HarpcrCollins, London, 1992.

Pinder, John, 'Positive Integration and Negative Integration: Some Problems of Economic Union in the EEC', in Michael Hodges (ed.), *European Integration*, Penguin, Harmondsworth, 1972.

Pinto, Diana, 'Vive la République!', *Intervention*, no. 10, August-December 1984.

— 'The Atlantic Influence and the Mellowing of French Identity', in Howorth and Ross (eds), *Contemporary France*, Vol. 2.

Pinzani, Carlo, 'L'Italia repubblicana', in Ragionieri, op. cit., 1976.

Pivert, Maurice, 'Le socialisme Internationale et l'opération de Suez', *La revue socialiste*, no. 109, July 1957.

Pivetti, Massimo, 'Military Spending as a Burden on Growth : An "Underconsumption" Critique', *Cambridge Journal of Economics*, Vol. 16, no. 4, December 1992.

Pizzorno, Alessandro, *I soggetti del pluralismo. Classi Partiti Sindacati*, Il Mulino, Bologna, 1980.

Plasser, Fritz, Peter A. Ulram and Alfred Grausgruber, 'The Decline of "Lager Mentality" and the New Model of Electoral Competition in Austria', *West European Politics*, Vol. 15, no. 1, January 1992.

Platone, François, 'Les communistes au gouvernement: une expérience "complexe" et contradictoire', *Revue politique et parlementaire*, Vol. 87, no. 914, January-February 1985.

Polasky, Janet L., 'A Revolution for Socialist Reforms: The Belgian General Strike for Universal Suffrage', *Journal of Contemporary History*, Vol. 27, no. 3, July 1992.

Politica e economia, Supplement to no. 6, June 1989, 'Il nuovo PCI: due congressi a confronto'.

Pollack, Benny, 'The 1982 Spanish General Election and Beyond', *Parliamentary Affairs*, Vol. 36, no. 2, Spring 1983.

Pollack, Oscar, 'The Programme Debate in Austria', *Socialist International Information*, Vol. 8, no. 8, 22 February 1958.

Pollard, Sidney, *The Idea of Progress*, C. A. Watts, London, 1968.

Pons, Silvio, 'Le politica estera dell'URSS, il Cominform e il PCI (1947~1948)', *Studi Storici*, Vol. 35, no. 4, October-December 1995.

Pontusson, Jonas, 'Radicalization and Retreat in Swedish Social Democracy', *New Left Review*, no. 165, September-October 1987.

— *Swedish Social Democracy and British Labour: Essays on the Nature and Condition of Social Democratic Hegemony*, Western Societies Program Occasional Paper no. 19, Center for International Studies, Cornell University, Ithaca NY, 1988.

— *The Limits of Social Democracy. Investment Politics in Sweden*, Cornell University Press, Ithaca NY and London, 1992.

— 'Sweden: After the Golden Age', in Anderson and Camiller (eds), op. cit.

Poperen, Jean, *L'Unité de la Gauche 1965~1973*, Fayard, Paris, 1975.

Portelli, Hugues, 'La voie nationale des PC Français et italien', *Projet*, June 1976.

— *Le socialisme Français tel qu'il est*, Presses Universitaires de France, Paris, 1980.

— L'Intégration du Parti socialiste a la Cinquième République', *Revue française de science politique*, Vol. 34, no. 4~5, August-October 1984.

Porter, Michael E., *The Competitive Advantages of Nations*, Free Press, New York, 1990.

Presa, Silvano, 'La socialdemocrazia austriaca', in Paggi (ed.), op. cit.

Preston, Paul, *The Coming of the Spanish Civil War*, Methuen, London, 1983.

— 'The PCE in the Struggle for Democracy in Spain', in Howard Machin (ed.), *National Communism in Western Europe. A Third Way for Socialism?*, Methuen, London, 1983.

— 'The Agrarian War in the South', in Preston (ed.), *Revolution and War in Spain, 1931~1939*, Methuen, London, 1984.

— *The Triumph of Democracy in Spain*, Methuen, London, 1987.

— (ed.), *Spain in Crisis. The Evolution and Decline of the Franco Régime*, Harvester Press, Hassocks Sussex, 1976.

— and Denis Smyth, *Spain, the EEC and NATO*, Chatham House Papers 22, RIIA/RKP, London, 1984.

Pridham, Geoffrey (ed.), *Securing Democracy: Political Parties and Democratic Consolidation in Southern Europe*, Routledge, London, 1990.

— (ed.), *Encouraging Democracy. The International Context of Regime Transition in Southern Europe*, Leicester University Press, Leicester and London, 1991.

— and Susannah Verney, 'The Coalitions of 1989~1990 in Greece: Inter-party Relations and Democratic Consolidation', *West European Politics*, Vol. 14, no. 4, October 1991.

Procacci, Giuliano (ed), *The Cominform. Minutes of the Three Conferences 1947/1948/1949, Annali 1994*, Feltrinelli, Milan, 1994.
Prost, Antoine, 'The Educational Maelstrom', in Ross, Hoffmann and Malzacher (eds), op. cit.
Prowse, Michael, 'Clinton budget a manifesto to middle classes', *Financial Times*, 7 February 1995.
Przeworski, Adam and John Sprague, *Paper Stones. A History of Electoral Socialism*, University of Chicago Press, Chicago, 1988.
PSOE, *Estrategia economica del PSOE*, Editorial Pablo Iglesias, Madrid, 1980.
— *Manifesto of Programme. Draft for Discussion (Programa 2000)*, January 1990, Editorial Pablo Iglesias, n.p., mimeograph.
— *XXVII Congreso. Memoria de gestión de la Comisión Ejecutiva. Informe de la Comisión Ejecutiva al Congreso*, n.p. and n.d.
Pugh, Martin, *Women and the Women's Movement in Britain, 1914~1959*, Macmillan, London, 1992.
Puntila, L. A., *The Political History of Finland 1809~1966*, Heinemann, London, 1975.
Quadagno, Jill, *The Color of Welfare. How Racism Undermined the War on Poverty*, Oxford University Press, New York and Oxford, 1994.
Quattrocchi, Angelo and Tom Nairn, *The Beginning of the End. France May 1968*, Panther, London, 1968.
Quermonne, Jean-Louis, 'Le spectre de la technocratie et le retour de la politique', *Pouvoir*, no. 69, 1994.
Quillot, Roger, 'Les leçons de Suez', *La revue socialiste*, no. 103, January 1957.
Racine, Nicole, 'Le parti communiste Français devant les problème idéologiques et culturels', *Le communisme en France*, Cahiers de la Fondation Nationale des Sciences Politiques, Colin, Paris, 1969.
Radice, Giles and Lisanne Radice, *Socialists in the Recession. The Search for Solidarity*, Macmillan, London, 1986.
Ragionieri, Ernesto, *Il marxismo l'Internazionale*, Editori Riuniti, Rome, 1972.
— *Storia d'Italia, Dall'Unità a oggi*, Vol. 4, Tome 3, Einaudi Editore, Turin, 1976.
Ramelson, Bert, *Social Contract: Cure-all or Con-trick?*, Communist Party pamphlet, London, n.d. (1974).
Ramsden, John, 'From Churchill to Heath', in Lord Butler (ed.), *The Conservatives. A History from the Origins to 1965*, Allen and Unwin, London, 1977.
Rand Smith, W., 'Towards *Autogestion* in Socialist France? The Impact of Industrial Relations Reform', *West European Politics*, Vol. 10, no. 1, January 1987.

— '"We can make the Ariane, but we can't make washing machines": The State and Industrial Performance in Post-war France', in Howorth and Ross (eds), op. cit., Vol. 3.

Randall, Vicky, *Women and Politics*, Macmillan, London, 1987.

Ranger, Jean, 'Le déclin du Parti communiste Français', *Revue française de science politique*, Vol. 36, no. 1, February 1986.

Rathkolb, Oliver, 'Die SPÖ uad der aussenpolitische Entscheidungsprozess 1945~1955. Mit einem Ausblick auf die Neutralitätspolitik bis 1965', in Wolfgang Maderthaner (ed.), *Auf dem Weg zur Macht. Integration in den Staat, Sozialpartnerschaft und Regierungspartei*, Loecker-Verlag, Vienna, 1992.

Rau, Johannes, 'The Right Divides, We Unite', *Socialist Affairs*, no. 2, 1986.

Raun, Laura, 'Forecast of meagre expansion', Survey on the Netherlands, *Financial Times*, 16 October 1986.

— 'Viewpoints are converging', Survey on the Netherlands, *Financial Times*, 23 November 1987.

— 'Facing tough decisions' Survey on the Netherlands, *Financial Times*, 23 November 1987.

— 'Many losers, but some winners', Survey on the Netherlands, *Financial Times*, 23 November 1987.

— 'OECD prescribes more bitter medicine for Dutch economy', *Financial Times*, 7 June 1989.

Reale, Eugenio, *Nascita del Cominform*, Mondadori, Milan, 1958.

Rearick, Charles, 'Festivals in Modern France: The Experience of the Third Republic', *Journal of Contemporary History*, Vol. 12, no. 3, July 1977.

Rebérioux, Madeleine, 'Il dibattito sulla guerra', *Storia del Marxismo. Vol. 2: Il marxismo nell'età della Seconda Internazionale*, Einaudi Editore, Turin, 1979.

Redslob, Alain, 'Un système bancaire socialisé', in Massenet et al., op. cit.

Rehn, Gösta, 'The Debate on Employees' Capital Funds in Sweden', *Report to the Commission of the European Communities*, August 1983, mimeo.

— 'Swedish Active Labor Market Policy: Retrospect and Prospect', *Industrial Relations*, Vol. 24, no. 1, 1985 (SOFI Reprint Series no. 140).

Rehn-Meidner Report: see under Swedish Confederation of Trade Unions.

Reichhardt, Hans-Joachim, 'Resistance in the Labour Movement', in Graml et al., op. cit.

Renner, Karl, 'Democracy and the Council System', in Tom Bottomore and Patrick Goode (eds), *Austro-Marxism*, Clarendon Press, Oxford, 1978.

Reynaud, Jean-Daniel, 'Trade Unions and Political Parties in France: Some Recent

Trends', *Industrial and Labor Relations Review*, Vol. 28, no. 2, January 1975.

Reynié, Dominique, 'La question russe', *Intervention*, no. 13, July-September 1985.

Reynolds, David, *Britannia Overruled British Policy and World Power in the 20th Century*, Longman, London, 1991.

Reynolds, Siân (ed.), *Women, State and Revolution*, Wheatsheaf, Brighton, 1986.

Rhodes, Martin, 'Craxi and the Lay-Socialist Area: Third Force of Three Forces?', in Robert Leonardi and Piergiorgio Corbetta (eds), *Italian Politics: A Review*. Vol. 3, Pinter Publishers, London and New York, 1989.

Richardson, Jeremy and Roger Henning (eds), *Unemployment: Policy Responses of Western Democracies*, Sage, London, 1984.

Rimbert, Pierre, 'Paupérisation et niveau de vie des travailleurs', *La revue socialiste*, nos 89~94, 1955~1956.

— 'Pourquoi le Parti communiste a-t-il lancé la campagne de la paupérisation?', *La revue socialiste*, no. 95, March 1956.

— 'Une vue d'ensemble sur Karl Marx', *La revue socialiste*, nos 111 and 112, November and December 1957.

Rioux, Jean-Pierre, *La France de la Quatrième République*. Vol. 1 : *L'ardeur et la nécessité 1944~1952*, Editions du Seuil, Paris, 1980.

Roberts, Geoffrey, *The Unholy Alliance. Stalin's Pact with Hitler*, I.B. Tauris, London, 1989.

— 'The Soviet Decision for a Pact with Nazi Germany', *Soviet Studies*, Vol. 44, no. 1, 1992.

Robins, L. J., *The Reluctant Party: Labour and the EEC 1961~1975*, Hesketh, Ormskirk, 1979.

Robinson, Derek, 'Labour Market Policies', in Beckerman (ed.), op. cit.

Robinson, Joan, *Economic Heresies. Some Old-fashioned Questions in Economic Theory*, Macmillan, London, 1972.

Robrieu, Philippe, *Histoire intérieure du parti communiste 1945~1972*, Vol. 2, Fayard, Paris, 1981.

Rocard, Michel, *Le PSU et l'avenir socialiste de la France*, Editions du Seuil, Paris, 1969.

— *Parler vrai. Textes politiques*, Editions du Seuil, Paris, 1979.

— *A l'épreuve des faits. Textes politiques 1979~1985*, Editions du Seuil, Paris, 1986.

Rochon, Thomas R., 'The West European Peace Movement and the Theory of New Social Movements', in Dalton and Kuechler (eds), op. cit.

Rogers, Ian, 'Austria's old parties feel winds of change', *Financial Times*, 26 April 1995.

Rosanvallon, Pierre, *L'âge de l'autogestion*, Editions du Seuil, Paris, 1976.

— *Le libéralisme économique*, Editions du Seuil, Paris, 1989.

Rosati, Domenico, *La questione politica delle ACLI*, Edizioni Dehoniane, Naples, 1975.

Rose, Richard, *Do Parties Make a Difference?*, 2nd edn, Macmillan, London, 1984.

— and Ian McAllister, *The Loyalties of Voters*, Sage, London, 1990.

Rose Solfeco (pseud.), 'Nationalisation des banques et nouvelle politique du crédit', *Nouvelle revue socialiste*, September-October 1982.

Ross, George, 'The Changing Face of Popular Power in France', in Fox Piven (ed.), op. cit.

— 'French Trade Unions Face the 1980s: The CGT and the CFDT in the Strategic Conflicts and Economic Crisis of Contemporary France', in Esping-Andersen and Friedland, op. cit.

— Where Have All the Sartres Gone? The French Intelligentsia Born Again', in Hollifield and Ross (eds), op. cit.

— Stanley Hoffmann and Sylvia Malzacher (eds), *The Mitterrand Experiment*, Polity Press, Oxford, 1987.

Roth, Günther, *The Social Democrats in Imperial Germany. A Study in Working-Class Isolation and National Integration*, Bedminster Press, Towota NJ, 1963.

Rowbotham, Sheila, *Hidden from History*, Pluto Press, London, 1973.

Rowthorn, Bob and Andrew Glyn, 'The Diversity of Unemployment Experience since 1973', in Marglin and Schor (eds), op. cit.

Rubinstein, W. D., *Wealth and Inequality in Britain*, Faber and Faber, London, 1986.

Ruffolo, Giorgio, 'La grande inflazione craxiana', *Micromega*, no. 3, June-August 1993.

Ruggie, Mary, 'Gender, Work, and Social Progress. Some Consequences of Interest Aggregation in Sweden', in Jenson, Hangen and Reddy (eds), op. cit

— *The State and Working Women. A Comparative Study of Britain and Sweden*, Princeton University Press, Princeton NJ, 1984.

Ruggles, Patricia, 'Short- and Long-Term Poverty in the United States: Measuring the American "Underclass"', in Osberg (ed.), op. cit.

Runciman, W. G., 'Occupational Class and the Assessment of Economic Inequality in Britain', in Wedderburn (ed.), op. cit.

Ruoff, Karen, '*Warenasthetik* in America, or Reflections on a Multi-National Concern', in W. F. Haug (ed.), *Warenasthetik. Beitrage zur Diskussion, Weiterentwicklung und Vermittlung ihrer Kritik*, Suhrkamp, Frankfurt, 1975.

Ruscoe, James, *The Italian Communist Party 1976~1981, On the Threshold of Government*, Macmillan, London, 1982.

Russell, Bertrand, *The Selected Letters of Bertrand Russell*. Vol. 1: *The Private Years (1884~1914)*, ed. Nicholas Griffin, Allen Lane, Penguin, Harmondsworth, 1992.

Russell, Dora, *The Tamarisk Tree. My Quest for Liberty and Love*, Virago, London, 1977.

Rustin, Michael, 'The Politics of Post-Fordism: or, The Trouble with "New Times"', *New Left Review*, no. 175, May-June 1989.

Ruth, Arne, 'The Second New Nation: The Mythology of Modern Sweden', *Daedalus*, Spring 1984.

Ryan, Alan, *J. S. Mill*, Routledge and Kegan Paul, London, 1974.

Sabbatucci, Giovanni, *Il riformismo impossibile. Storie del socialismo italiano*, Laterza, Rome-Bari, 1991.

Sadoun, Marc, *Les socialistes sous l'occupation. Résistance et collaboration*, Presses de la Fondation Nadonale des Sciences Politiques, Paris, 1982.

Saeter, M., 'Nuclear Disengagement Efforts 1955~1980: Politics of *Status Quo* or Political Change?', in Sverre Lodgaard and Marek Thee (eds), *Nuclear Disengagement in Europe*, SIPRI and Pugwash publication, Taylor and Francis, London and New York, 1983.

Sainsbury, Diane, 'Swedish Social Democracy in Transition: The Party's Record in the 1980s and the Challenge of the 1990s', *West European Politics*, Vol. 14, no. 3, July 1991.

Salvadori, Massimo L., *Kautsky e la rivoluzione socialista 1880/1938*, Feltrinelli, Milan, 1976.

— 'La socialdemocrazia tedesca e la rivoluzione russa del 1905', *Storia del marxismo*. Vol. 2: *Il marxismo nell'età della Seconda Internazionale*, Einaudi Editori, Turin, 1979.

Samuel, Raphael, 'The Lost World of British Communism', *New Left Review*, no. 154, November-December 1985.

SAP, *The Postwar Programme of Swedish Labour. Summary in 27 Points and Comments*, Stockholm 1948, English trans. of the Swedish edition published in 1944.

— *Programme of the Swedish Social Democratic party* (1960), Socialdemokraterna, Stockholm, 1961.

— *Programme of the Swedish Social Democratic Party adopted by the 1975 Party Conference*, Socialdemokiaterna, Stockholm 1975 (in English).

— *Draft New Party Programme*, Socialdemokraterna, Stockholm, 1989, mimeo, English trans.

— *Political platform adopted by the Party Executive and the National Executive of the*

Swedish Confederation of Trade Unions, 24 January 1991, mimeo.
Sapelli, Giulio, *Cleptocrazia*, Feltrinelli, Milan, 1994.
Sartre, Jean-Paul, *Being and Nothingness*, trans. Hazel E. Barnes, Washington Square Press, New York, 1966.
— *The Communists and Peace*, trans. I. Clephane, Hamish Hamilton, London, 1969.
Sassoon, Anne Showstack, *Gramsci's Politics*, Hutchinson, London, 1987.
Sassoon, Donald 'The Italian Communist Party's European Strategy', *Political Quarterly*, no. 3, 1976.
— *The Strategy of the Italian Communist Party. From the Resistance to the Historic Compromise*, Frances Pinter, London, 1981.
— 'Political and Market Forces in Italian Broadcasting', *West European Politics*, Vol. 8, no. 2, April 1985.
— *Contemporary Italy*, Longman, London, 1986.
— 'Italian Communism and the Popular Front', in Graham and Preston (eds), *The Popular Front in Europe*, Macmillan, London, 1987.
— 'The 1987 Elections and the PCI', in Robert Leonardi and Piergiorgio Corbetta (eds), *Italian Politics: A Review*, Vol. 3, Pinter Publishers, New York and London, 1989.
— 'The Role of the Italian Communist Party in the Consolidation of Parliamentary Democracy in Italy', in Pridham, op. cit.
— 'Reflections on the Labour Party's Programme for the 1990s', *Political Quarterly* Vol. 62, no. 3, July-September 1991.
— (ed.), *The Italian Communists Speak for Themselves*, Spokesman Books, Nottingham, 1978.
Sauvageot, Jacques et al., *The Student Revolt. the Activists Speaks*, Panther, London, 1968.
Sawyer, Malcom, 'Industrial Policy', in Artis and Cobham (eds), op. cit.
Scase, Richard, *Social Democracy in Capitalist Society: Working Class Politics in Britain and Sweden*, Croom Helm, London, 1977.
Scharpf, Fritz W., 'A Game-Theoretical Interpretation of Inflation and Unemployment in Western Europe', *Journal of Public Policy*, Vol. 7, no. 3, July-September 1987.
— *Crisis and Choice in European Social Democracy*, Cornell University Press, Ithaca NY and London, 1991.
Schiller, Berndt, 'Years of Crisis, 1906~1914', in Steven Koblik (ed.), *Sweden's Development from Poverty to Affluence*, University of Minnesota Press,

Minneapolis, 1975.

Schmidt, Günther, 'Labour Market Policy under the Social-Liberal Coalition', in Klaus von Beyme and Manfred G. Schmidt (eds), *Policy and Politics in the Federal Republic of Germany*, Gower, Aldershot, 1985.

— and Renate Weitzel (eds), *Sex Discrimination and Equal Opportunity. The Labour Market and Employment Policy*, Gower, Aldershot, 1984.

Schmidt, Helmut, 'The Role of the Trade Unions in the Federal Republic', 14 March 1976, *The Bulletin of the Press and Information Office of the Government of the FRG*, Vol. 3, no. 3, 6 April 1976, Bonn.

— *Perspectives on Politics*, Westview Press, Boulder CO, 1982.

— *The World Crisis: Between Recession and Hope*, Foundation for International Relations, n.p. 1984.

— *A Grand Strategy for the West. The Anachronism of National Strategies in an Interdependent World*, Yale University Press, New Haven CT, 1985.

— *Men and Powers. A Political Retrospective*, trans. Ruth Hein, Jonathan Cape, London, 1990.

Schmidt, Manfred G., 'Learning from Catastrophes: West Germany's Public Policy', in Francis G. Castles (ed.), *The Comparative History of Public Policy*, Polity Press, Oxford, 1989.

Schmidt, Ute, 'La Cdu e le difficoltà della "svolta"', in Missiroli (ed.), op. cit.

Schmidt, Vivien A., 'Decentralization: A Revolutionary Reform', in McCarthy, op. cit.

Schmitt, Hans O., *Economic Stabilization and Growth in Portugal*, Occasional Paper no. 2, International Monetary Fund, Washington DC, April 1981.

Schmitter, Philippe C. and Gerhard Lehmbruch (eds), *Trends towards Corporatist Intermediation*, Sage, Beverly Hills and London, 1979.

Schneer, Jonathan, *Labour's Conscience. The Labour Left 1945~1951*, Unwin and Hyman, Boston, 1988.

Schneider, Michael, *A Brief History of the German Trade Unions*, trans. B. Selman, Verlag J. H. W. Dietz Nachf, Bonn, 1991.

Scholten, Ilja, 'Corporatism and the Neo-Liberal Backlash in the Netherlands', in Ilja Scholten (ed.), *Politicai Stability and Neo-corporatism*, Sage, London, 1987.

Schorske, Carl E., *German Social Democracy 1905~1917. The Development of the Great Schism*, John Wiley and Sons, New York, 1965.

Schreiner, Olive, *Woman and Labour*, Virago, London, 1978.

Schultze, Charles L., 'Real Wages, Real Wage Aspirations, and Unemployment in Europe', in Lawrence and Schultze (eds), op. cit.

Schwartz, Joel, *The Sexual Politics of Jean-Jacques Rousseau*, University of Chicago

Press, Chicago, 1984.

Scott, Alan, *Ideology and the New Social Movements*, Unwin Hyman, London, 1990.

Scott, Joan Wallach, '"A Woman Who Has Only Paradoxes to Offer": Olympe de Gouges Claims Rights for Women', in Sara E. Melzer and Leslie W. Rabine (eds), *Rebel Daughters. Women and the French Revolution*, Oxford University Press, New York, 1992.

Secchia, Pietro, (ed.), *Il PCI e la guerra di liberazione 1943~1945*, Feltrinelli, Milan, 1973.

Seyd, Patrick, *The Rise and Fall of the Labour Left*, Macmillan, London, 1987.

— and Paul Whiteley, *Labour's Grass Roots. The Politics of Party Membership*, Clarendon Press, Oxford, 1992.

Seymour, Susan, *Anglo-Danish Relations and Germany 1933~1945*, Odense University Press, 1982.

Seymour-Ure, Colin, 'The SDP and the Media', *Political Quarterly*, Vol. 53, no. 4, October-December 1982.

Shalev, Michael, 'The Problem of Strike Measurement', in Crouch and Pizzorno (eds), op. cit., Vol. l.

Share, Donald, *Dilemmas of Social Democracy. The Spanish Socialist Workers Party in the 1980s*, Greenwood Press, Westport CT, 1989.

Shaw, Eric, *Discipline and Discord in the Labour Party 1951~1987*, Manchester University Press, Manchester, 1988.

— 'The Labour Party and the Militant Tendency', *Parliamentary Affairs*, Vol. 42, no. 2, April 1989.

Shell, Kurt L., *The Transformation of Austrian Socialism*, State University of New York Press, New York, 1962.

Shennan, Andrew, *Rethinking France. Plans for Renewal 1940~1946*, Clarendon Press, Oxford, 1989.

Shepard, William S., 'The Cyprus Issue: Waiting for Sadat', in Nikolaos A. Stavrou (ed.), *Greece under Socialism. A NATO Ally Adrift*, Orpheus Publishing, New Rochelle NY, 1988.

Shonfield, Andrew, *Modern Capitalism. The Changing Balance of Public and Private Power*, Oxford University Press, Oxford, 1965.

Shore, Chris, *Italian Communism: The Escape from Leninism*, Pluto Press, London, 1990.

Short, Edward, speech, 29 January 1969, *Parliamentary Debates (Hansard)*, Vol. 776.

Shorter, Edward and Charles Tilly, *Strikes in France 1830~1968*, Cambridge University Press, Cambridge, 1974.

Simmons, Harvey G., 'The French Socialist Opposition in 1969', *Government and Opposition*, Vol. 4, no.3, 1969.

Singapore Department of Statistics, *Yearbook of Statistics*, Singapore, 1990.

Singer, Daniel, *Is Socialism Doomed? The Meaning of Mitterrand*, Oxford University Press, New York, 1988.

Skard, Torild and Elina Haavio-Mannila, 'Women in Parliament', in Haavio-Mannila et al. (eds), op. cit.

Skidelsky, Robert, *Politicians and the Slump. The Labour Government of 1929~1931*, Macmillan, London, 1967.

― *Oswald Mosley*, Macmillan, London, 1981.

Skjeie, Hege, 'The Uneven Advance of Norwegian Women', *New Left Review*, no. 187, May-June 1991.

Skocpol, Theda and Edwin Amenta, 'States and Social Policies', *Annual Review of Sociology*, Vol. 12, 1986.

Smith, Gordon, *Politics in Western Europe*, Heinemann, London, 1972.

― *Democracy in Western Germany, Parties and Politics in the Federal Republic*, third edn, Gower, Aldershot, 1986.

― 'The "New" Party System', in Gordon Smith, William E. Paterson, Peter H. Merkl and Stephen Padgett (eds), *Developments in German Politics* Macmillan, London, 1992.

Smith, Joan, 'Women's Unwaged Labour and the Formation of the World Labour Force', in Erik Aerts, Paul M. M. Klep, Jürgen Kocka and Marina Thorborg (eds), *Women in the Labour Force: Comparative Studies on Labour Market and Organization of Work since the 18th Century*, Leuven University Press, Louvain, 1990.

Smith, John, 'No One Can Go It Alone', *Socialist Affairs*, no. 1, 1993.

Smith, Martin J. and Joanna Spear (eds), *The Changing Labour Party*, Routledge, London, 1992.

Smith, R. and J. Zametica, J., 'The Cold Warrior: Clement Attlee Reconsidered 1945~1947', *International Affairs*, Vol. 61, no. 2, 1985.

Smith, Raymond, 'Ernest Bevin, British Officials and British Soviet Policy, 1945~1947', in Deighton (ed.), op. cit.

Sneessens, Henri R. and Jacques H. Drèzc, 'A Discussion of Belgian Unemployment, Combining Traditional Concepts and Disequilibrium Econometrics', *Economica*, Vol. 53, 1986 Supplement to no. 210, *Unemployment*.

Snell, M. W., P. Glucklicht and M. Povall, *Equal Pay and Opportunities*, Research Paper no. 20, Department of Employment, London, 1981.

Snyder, Paula, *The European Women's Almanac*, Scarlet Press, London, 1992.

Soares, Mário, *Le Portugal bâillonné. Un témoignage*, Calmann-Lévy, Paris, 1972.

— *Portugal's Struggle for Liberty*, Allen and Unwin, London, 1975.

— *Portugal: Quelle révolution?*, Calmann-Lévy, Paris, 1976.

Socialist International Women, *Report on Quota in SI Member Parties*, presented at the Bureau meeting of the Socialist International Women of 3~4 October 1993, Lisbon, mimeo.

Söderplan, Sven Anders, 'The Crisis Agreement and the Social Democratic Road to Power', in Steven Koblic (ed.), *Sweden's Development from Poverty to Affluence 1750~1970*, trans. Joanne Johnson, University of Minnesota Press, Minneapolis, 1975.

Sofri, Adriano, *L'ombra di Moro*, Sellerio, Palermo, 1991.

Soldani, Simonetta, 'Un primo maggio piccolo piccolo', *Italia Contemporanea*, no. 190, March, 1993.

Solley, Leslie J., 'Europe Today', *Labour Monthly*, March 1947.

Solow, Robert M., 'Unemployment: Getting the Questions Right', *Economica*, Vol. 53, 1986, Supplement to no. 210, *Unemployment*.

Soskice, David, 'Strike Waves and Wage Explosions, 1968~1970: An Economic Interpretation', in Crouch and Pizzorno (eds), op. cit., Vol. 2.

Sowerwine, Charles, *Sisters or Citizens? Women and Socialism in France since 1876*, Cambridge University Press, Cambridge, 1982.

SPD, *Ökonomisch-politischer Orientierungsrahman für die Jahre 1975~1985*, n.p. n.d., published by the Press and Information of the SPD.

— *Sixteen Durkheim Points*, in *Jahrbuch der SPD 1948/1949*.

— *Aktions-Programm der SPD*, Bonn, 1952.

— *Aktions-Programm der SPD*, Berlin, 1954.

— *Basic Programme of the Social Democratic Party of Germany (Bad Godesbtrg Programme)*, Bonn, 1959.

— *Deutschlandplan*, Bonn, April 1959.

— *Resolution Adopted by the SPD Party Conference on Peace and Security*, Cologne, 19 November 1983; unofficial translation, typescript.

— *Irsee Draft for a new Manifesto of the Social Democratic Party of Germany*, June 1986, mimeo, English trans.

— *European Security 2000 — A Comprehensive Concept for European Security from a Social-Democratic Point of View*, English trans. by SPD Press office, mimeo, Bonn, 6 July 1989.

— *Basic Programme and Berlin Declaration of the Social Democratic Party of*

Germany, adopted by the Programme Conference at Berlin, 20 December 1989, Friedrich-Ebert-Stiftung, Bonn, 1990.
— *Preventing War in the Atomic Age. Towards a New Strategy for NATO*, mimeo, English trans.
— Text of programmes from Gotha to Bad Godesberg in appendix to Miller and Potthoff, op. cit.
SPÖ, *Sozial Demokratie 2000. Vorschläge zur Diskussion über Österreichs Zukunft*, Vienna, 1989.
Spourdalakis, Michalis, *The Rise of the Greek Socialist Party*, Routledge, London and New York, 1988.
Spriano, Paolo, *Storia del Partito comunista italiano*. Vol. III: *I fronti popolari, Stalin, la guerra*, Einaudi, Turin, 1970.
— *Stalin and the European Communists*, Verso, London, 1985.
Stalin, J. V., *The Essential Stalin*, ed. Bruce Franklin, Croom Helm, London, 1973.
Stamiris, Eleni, 'The Women's Movement in Greece', *New Left Review*, no. 158, July-August 1986.
Stavrou, Nikolaus A. (ed.), *Greece Under Socialism. A NATO Ally Adrift*, Orpheus Publishing, New Rochelle NY, 1988.
Stedman Jones, Gareth, *Languages of Class*, Cambridge University Press, Cambridge, 1983.
Steininger, Rolf, *The German Question. The Stalin Note of 1952 and the Problem of Reunification*, trans. Jane T. Hedges, Columbia University Press, New York, 1990.
Stephens, John D., *The Transition from Capitalism to Socialism*, Macmillan, London, 1979.
Stevens, Anne, '"L'Alternance" and the Higher Civil Service', in Cerny and Schain (eds) op. cit.
Stewart, Michael, *The Age of Interdependence*, MIT Press, Cambridge MA, 1984.
Stites, Richard, *The Women's Liberation Movement in Russia. Feminism, Nihilism, and Bolshevism, 1860~1930*, Princeton University Press, Princeton NJ, 1978.
Stoffaës, Christian, 'The Nationalizations: An Initial Assessment, 1981~1984', in Machin and Wright (eds), op. cit.
Strange, Susan, *Sterling and British Policy. A Political Study of an International Currency in Decline*, Oxford University Press, Oxford, 1971.
— *Casino Capitalism*, Blackwell, Oxford, 1986.
Streeck, Wolfgang, 'Organizational Consequences of Neo-Corporatist Co-operation in West German Labour Unions', in Gerhard Lehmbruch and Philippe C. Schmitter (eds), *Patterns of Corporatist Policy-Making*, Sage, Beverly Hills, 1982.

Streeck, Wolfgang, 'Neo-Corporatist Industrial Relations and the Economic Crisis in West Germany', in John H. Goldthorpe (ed.), *Order and Conflict in Contemporary Capitalism*, Clarendon Press, Oxford, 1984.

Sully, Melanie Ann, *Continuity and Change in Austrian Socialism. The Eternal Quest for the Third Way*, Columbia University, New York, 1982.

— 'Austrian Social Democracy', in Paterson and Thomas (eds), op. cit., 1986.

Sundström, Marianne, 'Part-time Work in Sweden and Its Implications for Gender Equality', in Folbre et al. (eds), op. cit.

Sweden, Ministry for Foreign Affairs, *Sweden and West European Integration*, Stockholm, 1990.

Swedish Confederation of Trade Unions (LO), *Trade Unions and Full Employment*, (Rehn-Meidner Report), Report to the 1951 Congress, English trans., Stockholm, 1953.

Sweets, J. F., *The Politics of Resistance in Frame 1940~1944*, Northern Illinois University Press, DeKalb IL, 1976.

— *Choices in Vichy France*, Oxford University Press, 1986.

Taddei, Francesca, *Il socialismo italiano del dopoguerra: correnti ideologiche e scelte politiche (1943~1947)*, Franco Angeli, Milan, 1984.

Tamames, Ramón, *¿Adónde vas, España?*, Editorial Planeta, Barcelona, 1976.

Tarrow, Sidney, *Peasant Communism in Southern Italy*, Yale University Press, New Haven CT, 1967.

— *Democracy and Disorder. Protest and Politics in Italy 1965~1975*, Clarendon Press, Oxford, 1989.

Taylor, Barbara, *Eve and the New Jerusalem. Socialism and Feminism in the Nineteenth Century*, Virago, London, 1983.

— 'Mary Wollstonecraft and the Wild Wish of Early Feminism', *History Workshop*, no. 33, Spring 1992.

Taylor, Lynne, 'The Parti communiste français and the French Resistance in the Second World War', in Judt (ed.), op. cit.

Taylor, Richard, *Against the Bomb. The British Peace Movement 1958~1965*, Clarendon Press, Oxford, 1988.

Taylor, Robert, 'Swedes' pay deal breaks old mould', *Financial Times*, 30 April 1988.

— 'Minister champions market socialism for Sweden', *Financial Times*, 21 February 1989.

— 'Swedish tax reforms endorsed by OECD', *Financial Times*, 7 April 1989.

— 'Swedish parties agree on economic package', *Financial Times*, 24 May 1989.

Telò, Mario, *La Socialdemocrazia europea nella crici degli anni trenta*, Franco Angeli,

Milan, 1985.
— (ed.), *Tradizione socialista e progetto europeo. Le idee della Socialdemocrazia tedesca tra storia e prospettiva*, Editori Riuniti, Rome, 1988.
— and Sven Schwersensky, 'L'unità tedesca e l'Europa. Difficoltà di ieri e di oggi della sinistra', in *Politica Europa Annali 1990~1991*, ed. Sezione Politica e Istituzioni in Europa del Centro per La Riforma dello Stato, Franco Angeli, Milan, 1991.
Therborn, Göran, *Why Some People Are More Unemployed than Others*, Verso, London, 1986.
— 'Does Corporatism Really Matter? The Economic Crisis and Issues of Political Theory', *Journal of Public Policy*, Vol. 7 Part 3, July-September 1987.
— '"Pillarization" and "Popular Movements". Two Variants of Welfare State Capitalism: The Netherlands and Sweden', in Francis G. Castles (ed.) *The Comparative History of Public Policy*, Polity Press, Cambridge, 1989.
— 'Swedish Social Democracy and the Transition from Industrial to Post-industrial Politics', in Fox Piven (ed.), op. cit.
Thomas, Alastair H., 'Social Democracy in Denmark' in Paterson and Thomas (eds), op. cit., 1977.
— 'Denmark: Coalitions and Minority Governments', in Eric C. Browne and John Dreijmanis (eds), *Government Coalitions in Western Democracies*, Longman, New York and London, 1982.
Thorez, Maurice, *France Today and the People's Front*, Left Book Club edn, Victor Gollancz, London, 1936.
— 'Nouvelles données sur la paupérisation. Réponse à Mendès-France', *Cahiers du commmisme*, Vol. 31, nos 7~8, July-August 1955.
— Speech to the Fourteenth Congress of the PCF, July 1956 in *XIV Congrès du Parti communiste français, Numero special des 'Cahiers du commmisme'*, July-August 1956.
— 'Encore une fois la paupérisation!', *Cahiers du commmisme*, Vol. 33, no. 5, May 1957.
— *Oeuvres*, Vol. 5, part 21 (June 1945~March 1946), and part 23 (November 1946~June 1947), Editions Sociales, Paris, 1963.
Thosrsud, Einar and F. E. Emery, *Industrielt Demokrati*, University of Oslo Press, Oslo, 1964.
Threlfall, Monica, 'The Women's Movement in Spain', *New Left Review*, no. 151, May-June 1985.
— 'Social Policy Towards Women in Spain, Greece and Portugal', in Gallagher and

Williams (eds), op. cit.
— 'Feminism and Social Change in Spain', in M. Threlfall (ed.), *Mapping the Women's Movements*, Verso, London, 1996.
Tiersky, Ronald, *French Communism 1920~1972*, Columbia University Press, New York and London, 1974.
Tilton, Tim, *The Political Theory of Swedish Social Democracy. Through Welfare State to Socialism*, Clarendon Press, Oxford, 1990.
Timmermann, Heinz, *I comunisti italiani*, De Donato Editore, Bari, 1974.
Tingsten, Herbert, *The Swedish Social Democrats*, Bedminster Press, Totowa NJ, 1973.
Tipton, Frank B. and Robert, Aldrich, *An Economic and Social History of Europe from 1939 to the Present*, Macmillan, London, 1987.
Togliatti, Palmiro, 'Rapporto all' VIII Congresso', in *Nella democrazia e nella pace verso il socialismo*, Editori Riuniti, Rome, 1963.
— *L'emancipazione femminile*, Editori Riuniti, Rome, 1973.
— *Sul movimento operaio internazionale*, Editori Riuniti, Rome, 1964.
— *Opere scelte*, Editori Riuniti, Rome, 1974.
— *On Gramsci and Other Writings*, ed. Donald Sassoon, Lawrence and Wishart, London, 1979.
— 'Alcuni problemi della stona dell'Internazionale comunista' (1959), in *Opere*, Vol. 6, 1956~1964 Luciano Gruppi (ed.), Editore Riuniti, Rome, 1984.
— *Discorsi Parlamentari*, Vol. 1, Ufficio Stampa e Pubblicazioni della Camera dei Deputati, Rome, 1984.
— *Opere* Vol. 5, *1944~1955*, Editori Riuniti, Rome, 1984.
Tomlinson, Jim, *Monetarism: Is There an Alternative?*, Basil Blackwell, Oxford, 1986.
— *Mr. Attlee's Supply-Side Socialism: Survey and Speculations*, Discussion Papers, in Economics no. 9101, Brunel University, London, n.d. (1991).
Topolski, Jerzy, 'Continuity and Discontinuity in the Development of the Feudal System in Eastern Europe (Xth to XVIIth Centuries)', *Journal of European Economic History*, Vol. 10, no. 2, Fall 1981.
Tornes, Kristin, 'The Timing of Women's Commodification — How Part-time Solutions Became Part-time Traps', in Boje and Olsson Hort (eds), op. cit.
Touchard, Jean, *La gauche en France depuis 1900*, Editions du Seuil, Paris, 1977.
Touraine, Alain, *Le mouvement de Mai ou le communisme utopique*, Editions du Seuil, Paris, 1968.
— *L'après Socialisme*, 2nd edn, Grasset, Paris, 1983.
— 'Fin de Partie', *Intervention*, no. 13, July-September 1985.

Tracy, Noel, *The Origins of the Social Democratic Party*, Croom Helm, London and Canberra, 1983.
Trentin, Bruno, *Il Sindacato dei Consigli*, Editori Riuniti, Rome, 1980.
Trotsky, Leon, 'Bonapartism and Fascism', in *Writings of Leon Trotsky, 1934~1935*, New York, 1971.
Tsalikis, George, 'Evaluation of the Social Health Policy in Greece', *International Journal of Health Services*, Vol. 18, no. 4, 1988.
Tsoukalis, Loukas, *The New European Economy. The Politics and Economics of European Integration*, Oxford University Press, Oxford, 1991.
TUC, *The Development of the Social Contract*, London, July 1975.
— *TUC Economic Review 1978*, London, 1978.
— *TUC Report 1978*, London, 1978.
Turner, H. A., 'Collective Bargaining and the Eclipse of Incomes Policy: Retrospect, Prospect and Possibilities', *British Journal of Industrial Relations*, Vol. VIII, no. 2, July 1970.
— *Is Britain Really Strike Prone?: A Review of the Incidence, Character and Costs of Industrial Conflict*, Occasional Paper 20, Cambridge University Press, Cambridge, May 1969.
Turner, Jr., Henry Ashby, *The Two Germanies since 1945*, Yale University Press, New Haven CT, 1987.
Upton, Anthony, 'Finland' in McCauley (ed.), op. cit.
Urban, Joan Barth, *Moscow and the Italian Communist Party. From Togliatti to Berlinguer*, I.B.Tauris, London, 1986.
Vacca, Giuseppe (ed.), *Gli intellettuali di sinistra e la crisi del 1956*, Editori Riuniti, Rome, 1978.
— *Tra compromesso e solidarietà. La politica del Pci negli anni '70*, Editori Riuniti, Rome, 1987.
Valentini, Chiara, *Berlinguer Il Segretario*, Mondadori, Milan, 1987.
Valli, Vittorio, *L'economia e la politica economica italiana 1945~1979*, Etas Libri, Milan, 1979.
Vanbergen, Pierre, 'Pacte scolaire et projet de loi Moureaux' in *Socialisme*, Vol. 6, no. 33, May 1959.
van der Esch, Patricia, *La deuxième internationale 1889~1923*, Librairie Marcel Rivière, Paris, 1957.
Vandermissen, Georges, 'La crisi delle relazioni industriali in Belgio', in Paolo Perulli and Bruno Trentin (eds), *Il sindacato nella recessione*, De Donato, Bari, 1983.
Van de Ven, P. M. M. W., 'Front Regulated Cartel to Regulated Competition in the

Dutch Health Care System', *European Economic Review*, Vol. 34, 1990.

Van der Wee, Herman, *Prosperity and Upheaval. The World Economy 1945~1980*, Penguin, Harmondsworth, 1987.

Van Lingen, J. and N. Slooff, *Van Verzetsstrijder tot Staatsgevaarlijk Berger*, Anthos, Baarn, 1987.

Van Rijkeghem, Willy, 'Benelux', in Boltho (ed.), op. cit.

Van Voss, Lex Heerman, 'The International Federation of Trade Unions and the Attempt to Maintain the Eight-hour Working Day (1919~1929)', in Fritz Van Holtoon and Marcel van der Linden (eds), *Internationalism and the Labour Movement 1830~1940*, Vol. II, E. J. Brill, Leiden, 1988.

Vaughan, Michalina, 'Education: Cultural Persistence and Institutional Change', in P. McCarthy (ed.), op. cit.

Vazey, John, *The Political Economy of Education*, Duckworth, London, 1972.

Vega, Pedro and Peru Erroteta, *Los herejes del PCE*, Editorial Pianeta, Barcelona, 1982.

Verdès-Leroux, Jeannine, *Le réveil des somnanbules. Le parti communiste, les intellectuels et la culture (1956~1985)*, Fayard/Editions de Minuit, Paris, 1987.

Vermeylen, Pierre, 'Vue cavalière des programmes socialistes', *Socialisme*, Vol. 6, no. 35, September 1959.

Verney, Douglas V., *Parliamentary Reform in Sweden 1866~1921*, Clarendon Press, Oxford, 1957.

Verney, Susannah, 'From the "Special Relationship" to Europeanism: PASOK and the European Community, 1981~1989 in Clogg (ed.), op. cit., 1993.

— and Panos Tsakaloyannis, 'Linkage Politics: The Role of the European Community in Greek Politics in 1973', *Byzantine and Modern Greek Studies*, Vol. 10, 1986.

Vernon, Betty D., *Ellen Wilkinson 1891~1947*, Croom Helm, London, 1982.

Viansson-Ponté, Pierre, *Histoire de la République Gaullienne*. Vol. II: *Le temps des orphelias*, Fayard, Paris, 1971.

Villon, Pierre, 'Les contradictions de la politique étrangère gaulliste', *Cahiers du communisme*, Vol. 41, no 1, January 1965.

Vlavianos, Haris, 'The Greek Communist Party: In Search of Revolution', in Judt (ed.), op. cit.

Voerman, Gerrit, 'De la confiance à la crise. La gauche aux Pays-Bas depuis les années soixante-dix', in Pascal Delwit and Jean-Michel De Waele (eds), *La gauche face aux mutations en Europe*, Editions de l'Université de Bruxelles, Brussels, 1993.

Vogel, Hans-Jochen, *NATO in the year 1983. The Testing of a Partnership*, speech at the Friedrich-Ebert-Stiftung, 23 June 1983, mimeo, English trans.
― 'La dimensione politica del Mercato unico europeo', *Nuova Rivista Internazionale*, no. 5~6, May-June 1989.
Volnea, Serban, 'Le projet de programme du parti socialiste autrichien', *La revue socialiste*, no. 116, April 1958.
Waldeberg, Marek, 'La strategia politica della socialdemocrazia tedesca', in *Storia del marxismo*, Vol. 2: *Il marxismo nell'età della Seconda Internazionale*, Einaudi Editore, Turin, 1979.
Waldenström, Erland, 'The Investment Fund Debate in the Shadow of the General Election', *Skandinaviska Enskilda Banken Quarterly Review*, no. 2, 1982.
Wall, Irwin, *French Communism in the Era of Stalin. The Quest for Unity and Integration, 1945~1962*, Greenwood Press, Westport CT and London, 1983.
Wallace, William, 'Rescuc or Retreat? The Nation State in Western Europe, 1945~1993', *Political Studies*, Vol. 42, Special issue, 1994.
Wallerstein, Immanuel, *The Modern World-System I. Capitalist Agriculture and the Origins of the European World-Economy in the Sixteenth Century*, Academic Press, San Diego, 1974.
― *The Politics of the World-Economy*, Cambridge University Press, Cambridge, 1984.
Walon, Claude, 'L'économie: la rupture avec l'ancien socialisme', *Intervention*, no. 13, July-September 1985.
Warde, Alan, *Consensus and Beyond. The Development of Labour Party Strategy since the Second World War*, Manchester University Press, Manchester, 1992.
Ware, Kallistos, 'The Church: A Time of Transition', in Clogg (ed.), op. cit., 1983.
Warner, Geoffrey, 'The Labour Government and the Unity of Western Europe', in Ovendale (ed.), op. cit., 1984.
Watt, D. C., *Personalities and Politics*, University of Notre Dame Press, South Bend, IN 1965.
Weaver, R. Kent, 'Political Foundations of Swedish Economic Policy', in Bosworth and Rivlin (eds), op. cit.
Webb, Sidney and Beatrice, *Soviet Communism: A New Civilization*, Longmans, Green and Co., London, 1944.
Webber, Douglas, 'Social Democracy and the Re-emergence of Mass Unemployment in Western Europe', in Paterson and Thomas (eds), op. cit., 1986.
― and Gabriele Nass, 'Employment Policy in West Germany', in Richardson and Henning (eds), op. cit.

Wedderburn, Dorothy, (ed.), *Poverty Inequality and Class Structure*, Cambridge University Press, Cambridge, 1974.

Weiler, Peter, *British Labour and the Cold War*, Stanford University Press, Stanford CA, 1988.

Weitz, Eric D., 'State Power, Class Fragmentation, and the Shaping of German Communist Politics, 1890~1933', *Journal of Modern History*, Vol. 62, no. 2, June 1990.

Wettig, Gerhard, 'Stalin and German Reunification: Archival Evidence on Soviet Foreign Policy in Spring 1952', *Historical Journal*, Vol. 37, no. 2, 1994.

White, Dan S., *Lost Comrades. Socialists of the Front Generation 1918~1945*, Harvard University Press, Cambridge MA, 1992.

Whitehouse, Gillian, 'Legislation and Labour Market Gender Inequality: An Analysis of OECD Countries', *Work, Employment and Society*, Vol. 6, no. 1, March 1992.

Whiteley, Paul, 'The Decline of Labour's Local Party Membership and Electoral Base 1945~1979', in Dennis Kavanagh (ed.), *The Politics of the Labour Party*, Allen and Unwin, London, 1982.

— *The Labour Party in Crisis*, Methuen, London and New York, 1983.

Wilcox, Clyde, 'The Causes and Consequences of Feminist Consciousness Among West European Women', *Comparative Political Studies*, Vol. 23, no. 4, January 1991.

Wilensky, Harold L., *The Welfare State and Equality*, University of California Press, Berkeley, 1975.

Wilensky, Harold L., 'Leftism, Catholicism, and Democratic Corporatism: The Role of Political Parties in Recent Welfare State Development', in Flora and Heidenheimer (eds), op. cit.

Wilkinson, Richard, 'Health, Redistribution and Growth', in Andrew Glyn and David Miliband (eds), *Paying for Inequality. The Economic Cost of Social Injustice*, IPPR/Rivers Oram Press, London, 1994.

Wilks, Stephen, 'Liberal State and Party Competition: Britain', in Dyson and Wilks (eds), op. cit.

Williams, Beryl, 'Kollontai and After: Women in the Russian Revolution', in Reynolds (ed) op. cit.

Williams, Geoffrey Lee and Alan Lee Williams, *Labour Decline and the Social Democrats' Fall*, Macmillan, London, 1989.

Williams, Philip M., *Crisis and Compromise. Politics in the Fourth Republic*, Longman, London, 1972.

— *Hugh Gaitskell*, Oxford University Press, Oxford, 1982.

― and Martin Harrison, *Politics and Society in De Gaulle's Republic*, Longman, London, 1971.

Williams, Raymond (ed.), *May Day Manifesto 1968*, Penguin, Harmondsworth, 1968.

Williams, Shirley, *Politics is for People*, Penguin, Harmondsworth, 1981.

― and Des Wilson, *People in Power. Why Constitutional Reform Matters to Everyone in Britain*, SDP-Liberal Alliance, Autumn 1986.

Willis, F. Roy, *Italy Chooses Europe*, Oxford University Press, Oxford, 1971.

Wilson, Dorothy, *The Welfare State in Sweden, A Study in Comparative Social Administration*, Heinemann, London, 1979.

Wilson, Frank L., *The French Democratic Left 1963~1969. Towards a Modern Party System*, Stanford University Press, Stanford CA, 1971.

Wilson, Harold, *The New Britain*, Penguin, Harmondsworth, 1964.

Wilson, Harold, *The Labour Government 1964~1970, A Personal Record*, Weidenfeld and Nicolson and Michael Joseph, London, 1971.

― Final Term. *The Labour Government 1974~1976*, Weidenfeld and Nicolson and Michael Joseph, London, 1979.

Wise, Peter, 'A time for celebration and reflection', *Financial Times*, 22 February 1994.

Witherspoon, Sharon, 'Sex Roles and Gender Issues', in Roger Jowell and Sharon Witherspoon (eds), *British Social Attitudes. The 1985 Report*, Gower, Aldershot, 1985.

Witherspoon, Sharon and Jean Martin, 'What Do We Mean by Green?', in Roger Jowell et al., *British Social Attitudes. The 9th Report*, SCPR/Dartmouth, Aldershot, 1992.

Wittig, Monique, *The Straight Mind and Other Essays*. Harvester Wheatsheaf, Hemel Hempstead, 1992.

Wohl, Robert, *French Communism in the Making 1914~1924*, Stanford University Press, Stanford CA, 1966.

Wolfe, Alan, 'Has Social Democracy a Future?' *Comparative Politics*, Vol. 11, no. 1, October, 1978.

Wolinetz, Steven B., 'Socio-economic Bargaining in the Netherlands: Redefining the Postwar Policy Coalition', *West European Politics*, Vol. 12, no. 1, January 1989.

― 'Reconstructing Dutch Social Democracy', *West European Politics*, Vol. 16, no. 1, January 1993.

Wollstonecraft, Mary, *The Rights of Woman*, Dent, Everyman's Library, London, 1977.

Woodhouse, C. M., *Karamanlis. The Restorer of Greek Democracy*, Clarendon Press,

Oxford, 1982.

Worsthorne, Peregrine, 'Beefing up the bosses', *Sunday Telegraph*, 30 January 1977.

Wright, A. W., *G. D. H. Cole and Socialist Democracy*, Clarendon Press, Oxford, 1979.

Wright, Vincent and Howard Machin, 'The French Socialist Party in 1973: Performance and Prospects', *Government and Opposition*, Vol. 9, no. 2, 1974.

Yergin, Daniel, *Shattered Peace. The Origins of the Cold War and the National Security State*, Penguin, Harmondsworth, 1977.

Young, John W., *France, the Cold War and the Western Alliance, 1944~1949: French Foreign Policy and Post-war Europe*, Leicester University Press, Leicester and London, 1990.

Zamagni, Vera, 'The Marshall Plan: An Overview of its Impact on National Economies', in Antonio Varsori (ed.), in *Europe 1945~1990s. The End of an Era?*, Macmillan, London, 1995.

Zeman, Z. A. B., *The Making and Breaking of Communist Europe*, Blackwell, Oxford, 1991.

Zetkin, Clara, *Reminiscences of Lenin*, International Publishers, New York, 1934.

— *Selected Writings*, ed. Philip S. Foner, International Publishers, New York, 1984.

Ziebura, Gilbert, 'Léon Blum à la veille de l'exercice du pouvoir', in *Léon Blum chef du gouvernement 1936~1937*, Cahiers de la Fondation Nationale des Sciences Politiques, Colin, Paris, 1967.

찾아보기

가

가로디, 로제 (1) 534~535, 551, 695
가리발디, 주세페 (1) 214, 288
가세트, 호세 오르테가 이 (1) 403
가이스마, 알랭 (1) 727
갈반, 티에르노 (2) 334, 341
「강령 2000」 (2) 572~573
갤브레이스, 존 (2) 604
게드, 쥘 (1) 45, 74~75, 87, 289
게라, 알폰소 (2) 339, 348, 572~573
게바라, 체 (1) 772 (2) 216
게이츠킬, 휴 (1) 330, 368, 458~459, 463, 483, 496, 505, 520, 523~525, 540, 548, 606~607, 673~675 (2) 558
게입스, 마이크 (2) 494
겐셔, 한스 디트리히 (2) 519
계획 사회주의 (1) 335
고들리, 윈 (2) 121, 166
고르, 앙드레 (2) 397
고르바초프, 미하일 (1) 528, 753 (2) 471, 519, 533, 536, 541, 543, 545~546
고용보호법 (2) 42, 168, 177, 498
고용촉진법 (1) 747 (2) 171, 499
고잉, 마거릿 (1) 361
고정환율제 (2) 37, 46, 128, 131, 565
「고타 강령」 (1) 97, 419
고트발트, 클레멘트 (1) 234
곤살레스, 펠리페 (2) 182, 298~299, 303, 339, 341, 343~345, 347~349, 352~353, 355, 367, 522, 547, 572~574, 577, 579
곤살베스, 바스코 (2) 321
「공동 강령」 (2) 185~187, 189~190, 198, 200, 203, 209, 213, 217, 224, 231, 345
공동결정법 (2) 40, 157, 498

찾아보기 791

공동경제 (2)68~69
『공산당선언』 (1)8, 505, 519 (2)394
「괴를리츠 강령」 (1)142
구즈, 올랭프 드 (1)801~802
구텐베르크, 카를테오도어 추 (1)611
구트, 빌프리드 (2)157
국가독점자본주의론 (1)593~595
『국가와 혁명』 (1)577
국가적 사회주의 (1)177
국제사회주의자회의위원회 (1)293
국제연맹 (1)157
군데라흐, 핀 (2)173
「군비축소와 핵전쟁 : 다음 단계」 (1)458
굴드, 브라이언 (2)463, 551
권력 점유 (1)150, 153
그라스, 귄터 (1)544, 760 (2)511
그람시, 안토니오 (1)54~55, 78, 109, 127, 159, 187~200, 407, 530, 532, 729, 758, 854 (2)7, 23, 584, 588
그레미용, 카트린 (2)233
그로테볼, 오토 (1)266~267
그론키, 조반니 (1)494
그룰, 헤르베르트 (2)443
그리스 (1)17, 20, 25, 46, 54, 137, 151, 154, 159, 201, 219, 222~225, 229, 262, 273, 301, 369, 373, 438, 459~460, 522, 560, 577, 754, 774~775, 827, 848~849, 856 (2)30~31, 51~55, 57~59, 61~62, 73, 260, 269~270, 274, 295, 298~301, 305~306, 309, 313, 316, 318, 341~343, 351, 355~379, 381, 383~385, 391, 398~401, 403, 410, 448~449, 453~454, 456, 547, 553, 575, 579, 583, 615, 624
그리스 공산당 (1)223~225, 229 (2)57, 299, 305~306, 359, 362, 364~366, 373, 375, 380~381, 383, 575, 583
그리스 국민급진연합 (2)359
그리스 민족해방전선/민족인민해방군 (2)224
그리스 민주민족연맹 (1)224
그리스 신민당 (2)299, 365, 380~381, 453
그리스 좌파민주연합 (2)305, 359
그리스 중도연합당 (2)299, 359~360, 365, 374
그리어, 저메인 (1)841

그릴로, 베페 (1) 29
글라스노스트 (2) 543
글래드스턴, 윌리엄 (1) 12, 78
글로츠, 페터 (2) 159, 511, 531, 550
글리스트루프, 모겐스 (2) 94
기동전 (1) 196, 198
기든스, 앤서니 (2) 389
기르쉬, 헤르베르트 (2) 157
「기본 원칙과 목적 선언문」 (2) 371~373
기술 관료적 협동조합주의 (1) 179
긴츠부르그, 나탈리아 (1) 761
길, 켄 (1) 676

―
나

나로드니키 (1) 92
나바로, 카를로스 아리아스 (2) 335~336
나세르, 가말 (1) 462~464, 550, 664
나치 (1) 18, 26, 75, 90, 117, 119, 121~122, 124, 127, 129, 145~146, 159, 164, 171~174, 178, 183, 200, 204, 206~212, 215, 220~222, 226, 234~235, 245, 264~266, 270, 272~274, 279, 281~282, 307~309, 339, 344, 349, 353, 360, 363, 401, 420, 446, 473, 476~477, 497, 502, 511, 525, 530~531, 541, 584, 586~587, 591, 613, 615, 658, 666, 670, 684, 689~691, 716~717, 771, 786, 791, 793, 795, 809, 813, 816, 829, 836, 858 (2) 442, 589, 605
나폴리타노, 조르조 (2) 284, 292
냉전 (1) 53, 204, 209, 224, 227, 230, 233~234, 240, 243, 248, 251~254, 267, 283, 290, 311, 351, 353~354, 362, 366, 374, 382, 395, 400, 430~431, 437, 440, 445, 448, 455, 469, 478, 527, 582, 601, 640, 643, 646~647, 651, 683, 697, 799 (2) 66, 161, 189, 198, 253, 259, 274, 369, 532, 543, 548, 585, 606
네덜란드 (1) 12, 17, 20, 70, 87, 103, 109, 114, 118, 130, 152, 176~177, 206, 211, 222~223, 226~227, 236, 251, 259, 261, 263, 267, 273~274, 281, 296, 308, 333, 335~336, 358, 364, 380~381, 392, 394, 400, 409, 414, 416, 440, 444, 471, 473, 489, 493, 516, 558~560, 565, 567~568, 570~572, 579~580, 583~584, 629, 651, 677, 683, 707, 711, 754, 775, 815, 829, 848~849 (2) 27, 30~31, 39, 53, 57, 59~61, 63~64, 77, 96~104, 108, 110~111, 114, 164, 211, 249, 390, 398~400, 403, 409~410, 413, 418, 437, 449, 453, 470, 502, 515, 521, 543, 561~563, 602, 604

네덜란드 공산당 (1) 114, 118
네덜란드 기독민주당 (1) 335 (2) 97, 101, 103, 108 (2) 453, 561~562
네덜란드 노동당 (1) 263, 335~336, 380~381, 471, 516, 570, 579~580 (2) 57, 59, 97~103, 453, 521, 561~562
네덜란드 사회민주노동당 (1) 114, 176~177, 211
네덜란드 자유민주당 (2) 101, 103
네덜란드노동조합연합 (2) 97
네루, 자와할랄 (1) 664
넨니, 피에트로 (1) 214, 289, 434, 454, 466, 479, 539~540, 690 (2) 303
노동관계법 (2) 168, 177 (2) 498
노동생산성 (2) 22, 24, 421
노동자의 경영 참여 (1) 324, 345, 412~413, 490, 632, 728, 737, 747
노동절선언위원회 (1) 799
「노동조합과 완전고용」 (1) 417
노르베르토 보비오 (2) 287
노르웨이 (1) 46, 70, 73, 113, 118, 130~131, 134, 151~152, 162, 209, 211, 222~223, 226~227, 236, 259, 261, 264, 268, 280, 296, 299, 305, 333, 353~354, 363, 381, 391~392, 394, 409, 414, 416, 440, 444, 479, 483, 516, 558~560, 565~566, 568, 571~572, 616, 649, 669~673, 711, 737, 747, 754, 774~775, 790, 848~849, 856 (2) 30~33, 39~40, 43, 51, 53~54, 58~61, 63, 70, 76, 93, 391, 399~400, 403, 410, 414, 423, 453, 455, 493, 522, 526, 539, 552, 556, 563, 569, 572, 602, 615, 620, 622, 624~625
노르웨이 공산당 (1) 118, 353, 790
노르웨이 노동당 (1) 73, 113~114, 134, 264, 299, 305, 333, 363, 381, 392, 416, 479, 516, 672, 790 (2) 58~59, 423, 453, 455, 552, 569
노르웨이 사회민주당 (1) 113
노보트니, 안토닌 (1) 692
노사 공동 결정 제도 (2) 170~171, 500
노사협의법 (2) 40
「노스코트-트리벨리언 보고서」 (1) 275
『논리 철학 논고』 (1) 332
뉘고르스볼, 요한 (1) 134
뉴질랜드 (1) 62, 481, 558
니묄러, 마르틴 (1) 544
니장, 폴 (1) 123
닉슨, 리처드 (1) 612, 650, 663, 684, 688 (2) 296, 363
닉슨독트린 (1) 663

다

다극 공존형 민주주의 (1) 241, 264, 581, 584
다렌도르프, 랄프 (2) 389
다윈, 찰스 (1) 67 (2) 442
달랑베르, 장 (1) 125
달리, 로렌스 (1) 744
대공황 (1) 29, 68, 194, 205, 221, 269, 298, 322, 486
대서양 동맹 (1) 352, 444, 641, 651, 696, 698 (2) 477
대연정 (1) 145, 567, 569, 616~617, 631~632, 656, 695 (2) 79, 171, 511
『대지의 저주받은 사람들』 (1) 759
대처, 마거릿 (1) 680, 745 (2) 33, 42~43, 68, 89, 117, 119, 131, 135~136, 152, 154, 156~157, 176, 178~179, 243, 248, 391, 425, 438, 472~474, 486, 488, 494~496, 524, 526, 547, 574, 579
더빈, 에번 (1) 169, 496
덧, 팜 (1) 206
데가스페리, 알치데 (1) 282, 301, 358
데리다, 자크 (1) 758, 854
데스탱, 지스카르 (1) 587 (2) 193, 201, 203, 219, 268
데이비스, 어니스트 (1) 385
데이비슨, 에밀리 (1) 855
데페르, 가스통 (1) 597~598, 600, 793 (2) 183~184, 197, 234
덴마크 (1) 20, 31, 70, 103, 130, 134, 136~137, 151, 210~211, 222~223, 226~227, 236, 259, 261, 264, 267, 296, 305, 353~354, 364, 392, 394, 404, 409, 414, 416, 440, 483, 558~560, 565~568, 571~572, 577, 582, 616, 669~672, 709, 754, 773, 775, 789, 848~849 (2) 30~31, 39, 51, 53~54, 58~61, 93~94, 355, 390, 399~400, 403, 410, 412, 453, 493, 502, 522, 553, 620
덴마크 공산당 (1) 118, 210, 264, 789
덴마크 국민당 (1) 17
덴마크 노동당 (1) 72~73
덴마크 사회국민당 (1) 669, 789 (2) 58, 493
덴마크 사회민주당 (1) 136, 210, 264, 669, 672, 789 (2) 58, 453
델 보쉬, 밀란스 (2) 297, 350
델 보카, 다니엘라 (2) 420
델, 에드먼드 (2) 147, 175
「도노반 보고서」 (1) 742, 744
도노휴, 버나드 (2) 37, 119, 121

「도르트문트 행동 강령」(1) 447, 507
도세티, 주세페 (1) 282
독일 (1) 10~12, 14, 20, 22, 25, 31, 43~45, 54, 63, 68~79, 82, 85, 88~89, 94, 97~99, 102~109, 111, 115~117, 119~122, 124~126, 129~131, 133, 135, 140~142, 144~146, 151~152, 158, 162~165, 170, 173, 176, 178~179, 186, 188, 199~200, 204~212, 214~217, 220~222, 226, 244~245, 247~248, 250, 252, 259, 265~267, 270, 273, 280~281, 283~284, 288, 291, 295~296, 301, 303, 306, 316~317, 329, 333, 336~340, 345, 351~352, 354, 356~359, 362, 364, 367~370, 381~384, 391~393, 395~398, 400, 409, 411~413, 434~435, 438~456, 458, 467~468, 471~474, 476, 478, 483~489, 491, 493, 504~509, 514~515, 539~540, 544, 548, 553, 557, 559, 567, 569, 572, 575, 588, 611~619, 622~623, 626~627, 629~636, 641~643, 649~651, 653~662, 665~666, 671, 676~677, 682~683, 687, 693~696, 699, 713~714, 720, 725, 732, 734, 739, 745~747, 749, 754~758, 760~761, 763, 767, 769, 773~776, 778, 793~794, 803, 807~810, 815, 830~833, 852~853, 855, 859 (2) 25~26, 29, 31, 39~40, 44~45, 48, 51~54, 56, 59~61, 64, 68~71, 73, 80, 83~84, 88, 99, 108, 110, 112~114, 117, 121, 123, 125, 127~130, 138~144, 148~164, 167~168, 170, 172~174, 181~183, 193, 203, 205, 207, 210, 212, 215, 220~222, 226, 238, 248~249, 260, 272~273, 281, 291, 299, 301, 339, 354, 360, 371~372, 390~392, 395~396, 398~402, 404, 406, 408~411, 413, 419, 422, 430, 437~438, 442~445, 447, 449, 455~457, 459, 462, 471, 476, 498, 500, 502, 510, 512~519, 521~526, 528~530, 532~538, 542~543, 547, 550, 553, 555, 560, 568, 572, 585, 589, 592, 597, 602, 604, 607
독일 계획 (1) 449~451, 458
독일 공산당 (1) 116, 119~121, 164, 266~267, 356, 393, 666 (2) 56, 514
독일 금속노조 (1) 746 (2) 142, 155, 529
독일 기독민주당 (1) 265, 284~285, 301, 336~339, 411~412, 446~447, 449~450, 452, 454, 484, 487, 504~505, 508, 575, 611~615, 617, 627, 631~632, 641~642, 654~658, 662, 734, 833 (2) 52, 56, 114, 142~143, 152, 156~157, 170, 404, 443, 445, 449, 453, 459, 462, 510~511, 522, 526, 533, 536
독일 노동조합연맹 (1) 412, 449, 484~485, 631, 734 (2) 155, 170, 172
독일 노동조합총동맹 (1) 163
독일 녹색당 (2) 56, 437, 443~445
독일 녹색행동미래 (2) 443
독일 모델 (1) 619 (2) 112, 129~130, 138~139, 143, 149~150, 153
독일 민주사회당 (2) 533, 537~538
독일 사회민주당 (1) 11, 14, 20, 68~73, 75, 78, 82, 85, 89~90, 94, 96~99,

102, 105~108, 115~116, 119~122, 130~131, 133, 140~146, 164, 179, 186, 199, 214, 265~267, 281, 284~285, 291, 317, 336~339, 352, 356~357, 359, 384, 392, 395, 411, 413, 442, 444~453, 456, 458, 467, 483~487, 489, 491, 493, 504~509, 514~515, 540, 544, 548, 569, 611~612, 614~619, 622~623, 626~633, 641~642, 650, 653~655, 657~662, 665~666, 671, 682~683, 686~687, 693~696, 734, 747, 756, 774, 793~794, 810, 815, 832~833, 853 (2) 52, 54, 59~60, 68, 73, 112~114, 129, 139~142, 149~154, 156~164, 170~171, 181~183, 203, 207, 272~273, 291, 301, 372, 396, 401~402, 443~446, 449, 453, 457, 471, 476, 510~516, 518~528, 530~538, 555, 560, 607

독일 사회주의학생동맹 (1) 794, 853

독일 선언 (1) 449

독일 이데올로기 (1) 316

독일 자유민주당 (1) 284~285, 446, 449~450, 484, 505, 569, 611~615, 630~633, 655~658, 662 (2) 52, 58, 60, 114, 129, 140, 151~154, 170, 445, 449, 510~511, 519, 522

돌치, 다닐로 (1) 544

돌턴, 휴 (1) 165, 168, 325, 360, 367, 372

돌푸스, 엥겔베르트 (1) 179, 182

동방정책 (1) 452~453, 653~659, 661~662, 666, 671, 683, 686~687, 695 (2) 268, 518~519, 523~524, 532~533

동일임금법 (2) 42, 169, 422, 424, 438

둡체크, 알렉산드르 (1) 663, 693~695

뒤라스, 마르그리트 (1) 853

「뒤셀도르프 강령」 (1) 301

뒤클로, 자크 (1) 16, 234, 393, 600 (2) 196

드 만, 핸드릭 (1) 172~178, 185, 211, 499, 510

드골, 샤를 (1) 14 (1) 216~220, 244, 290, 342, 345, 379, 381~382, 393, 411, 439, 459~461, 474, 538, 546~547, 550~552, 572, 577~578, 587~592, 595~600, 620, 650, 652, 656, 662, 668~669, 671, 673, 675, 677~678, 687~688, 690, 694~695, 697~699, 720, 726, 728, 756, 773, 775, 782~783, 785, 787~789, 797, 834 (2) 52, 184~185, 196, 203~207, 234, 240, 244~246, 248, 253, 459, 516, 522

드레이스, 빌렘 (1) 263, 380, 471

드브레, 레지 (2) 216

드브레, 미셸 (2) 240

들로르, 자크 (2) 213, 220, 238, 614, 616

찾아보기   797

디드로, 드니 (1)125
디즈레일리, 벤저민 (1)12, 78, 272, 303

라

라귀예, 아를레트 (2)246
라데크, 카를 (1)88
라로크, 피에르 (1)306, 308
라르센, 악셀 (1)789
라마, 루치아노 (1)732 (2)287
라브리올라, 안토니오 (1)77
라살레, 페르디난트 (1)11, 70
라야드, 리처드 (2)37
라우, 요하네스 (2)512~513
라좌니, 앙드레 (1)16 (2)196, 246
라캉, 자크 (1)758, 854
라킨, 모리스 (1)547
라테란조약 (1)495
라트비아 (1)201, 204, 623
라파츠키, 아담 (1)444~445, 449
라퐁텐, 오스카 (2)513, 529, 531, 535~536, 538
란스테인, 안네 엥에르 (2)455
랄리스, 게오르기오스 (2)374
래멀슨, 버트 (2)133
래스키, 해럴드 (1)496
래시, 크리스토퍼 (1)779
램스덴, 존 (1)303
러셀, 도라 (1)762
러셀, 버트런드 (1)544, 809
러스틴, 마이클 (2)473
러시아혁명 (1)90, 92, 109~110, 113~114, 187
럼리, 로버트 (1)731
레너, 카를 (1)179, 263, 292, 518
레닌, 블라드미르 (1)18, 72, 88~89, 91, 93, 95, 99, 105, 109, 111~116, 120, 180, 188~190, 193, 199~200, 208, 220, 228, 251, 265, 267, 277, 281, 289, 303, 315~316, 318, 425, 510, 577, 594, 723, 748, 784, 792, 815, 823, 827, 830 (2)21, 259~260, 265, 291, 306, 320, 327, 349~351, 383, 389, 396, 453,

541, 543, 585, 589~590
레더러, 에밀 ⑴173
「레룸노바룸」 ⑴11, 272
레버, 해럴드 ⑵124
레오 13세 ⑴11, 47, 272
레오네, 조반니 ⑵264
레오폴드 2세 ⑴178
레오폴드 3세 ⑴281
레이건, 로널드 ⑵152, 207, 218, 391, 517, 520, 547
레이프하르트, 아렌트 ⑴584
레토, 오이바 ⑴635
렌, 괴스타 ⑴417, 421 ⑵500
렌-마이드너 모델 ⑴417~422 ⑵84, 86, 500~501, 619
로마조약 ⑴468~470, 472, 474, 476~477, 481, 484, 486, 667 ⑵422, 425
로마클럽 ⑵441
로빈슨, 조앤 ⑵596
로세, 발데크 ⑴596, 667, 694~695
로장발롱, 피에르 ⑵191
로저스, 윌리엄 ⑵479
로젠크란츠, 바르바라 ⑴17
로즈, 리처드 ⑴576
로카르, 미셸 ⑴791, 793 ⑵184, 190, 192, 197, 200, 202, 213, 224, 228, 230~233, 238, 244~245, 247~249, 573, 615
롬바르디, 리카르도 ⑴465, 479, 540~542
롱고, 루이지 ⑴234, 364, 602, 606, 665~667, 795
뢰벤탈, 리하르트 ⑴694 ⑵159
루마니아 ⑴19, 75, 151, 201, 440, 655, 663, 692 ⑵357, 542
루소, 발데크 ⑴87
루소, 장 자크 ⑴125, 498, 805
루수, 에밀리오 ⑴466, 494
루스, 아르네 ⑵90
루스벨트, 프랭클린 ⑴28, 153, 216, 220
루이스, 질 ⑴184
루카치, 죄르지 ⑴758
룩셈부르크 ⑴54, 89, 95, 98~99, 102, 109, 115~116, 151, 196, 227, 358, 440, 758, 772, 816 ⑵51, 142, 410, 418
룩셈부르크, 로자 ⑴89, 98~99, 102, 109, 196, 758, 772, 816

찾아보기   799

뤼거, 카를 (1) 12, 818
뤼버스, 뤼트 (2) 101~103, 561
뤼케, 파울 (1) 611
르 펜, 마린 (1) 17
르 펜, 장-마리 (2) 231, 246
르나르, 앙드레 (1) 578
르드뤼롤랭, 알렉상드르 (1) 728
르카뉘에, 장 (1) 668
르페브르, 앙리 (1) 123
리, 트뤼그베 (1) 354
리먼브러더스 (1) 24, 27~28
리버, 로버트 (1) 482
리빙스턴, 켄 (2) 475
「리옹 테제」 (1) 191
리처드슨, 톰 (1) 103
리투아니아 (1) 25, 201, 204, 623
리포넨, 파보 (2) 563
리프크네히트, 빌헬름 (1) 45, 70 (2) 395
리프크네히트, 카를 (1) 109, 115~116, 815
리플레이션 (2) 32, 95, 118, 126, 148, 166 (2) 209, 330, 491
린드베크, 아사르 (2) 505, 565
린드블롬, 찰스 (2) 612~613
릴리, 라우라 (1) 836

마

마르셰, 조르주 (1) 667, 695 (2) 185, 188, 195~197, 199~200, 204, 227, 442
마르쿠제, 헤르베르트 (1) 745, 759, 766
마르크스, 카를 (1) 8, 45~46, 62~63, 65~68, 72~76, 79~80, 82~88, 95, 97, 99, 104, 106, 112, 114, 127, 131, 138, 147~148, 159, 164~165, 169, 173, 179~180, 186, 190, 193, 211, 260, 265, 289, 291~292, 301, 311, 313, 315~317, 419, 431, 446, 491~494, 496, 498, 505~506, 509, 514~516, 518~520, 530, 532~533, 535, 538, 540~541, 549, 553, 561, 564, 576, 586, 593~594, 599, 639, 716, 745, 750~751, 754~755, 757, 758~760, 764~765, 780, 787, 792, 804, 807~808, 827~828, 833, 837, 844, 854 (2) 21~22, 73~74, 154, 179, 184, 200, 211, 299, 306, 337, 348~350, 360, 367, 373, 394, 397, 526, 532, 588~589, 591~592, 596, 608, 611, 618, 624

『마르크스를 위하여』 (1) 758
마르텐, 빌프리드 (2) 107
마르티노, 프란체스코 데 (1) 690~691 (2) 266, 276
마브로스, 게오르기오스 (2) 365, 374
마셜, 토머스 (1) 313~314, 672
마셜플랜 (1) 234, 252, 340~341, 361~365, 413
마스트리흐트 조약 (2) 27, 35, 525, 557~558
마야콥스키, 블라디미르 (1) 110
마오쩌둥 (1) 437, 593, 649, 726, 753, 765, 771~772, 794, 796, 798 (2) 296, 371, 375, 591
마이드너 플랜 (1) 738 (2) 85, 90, 471, 499~502, 504~505, 507, 509~510, 566
마이드너, 루돌프 (1) 417, 422 (2) 500, 502, 505, 507
마이어, 에른스트 (1) 120
마이에르, 다니엘 (1) 290
마츠너, 에곤 (2) 72
마치니, 주세페 (1) 197~198
마카레조스, 니콜라오스 (2) 361
마퀀드, 데이비드 (2) 479, 607
마키아벨리, 니콜로 (1) 67, 199, 605 (2) 156, 222, 626
마테오티, 자코모 (1) 189
만델, 에르네스트 (1) 784, 794
말레, 세르주 (2) 397
말로, 앙드레 (1) 688, 770 (2) 340
망데스 프랑스, 피에르 (1) 239, 545, 547, 782
매디슨, 앵거스 (1) 395, 558 (2) 30, 37
매켄지, 노먼 (2) 26
매클라우드, 이언 (1) 697
매키빈, 로스 (1) 156
맥그로, 로저 (1) 821
맥도널드, 제임스 램지 (1) 103, 109, 153, 156, 166
맥밀런, 모리스 (1) 464~465, 481, 589, 609, 629, 675, 680, 687~688
맬서스, 토머스 (2) 442
메르, 에드몽 (2) 189
메르켈, 볼프강 (2) 392
메링, 프란츠 (1) 102
메이어, 찰스 (1) 111, 364~365, 563
메이저, 존 (2) 462

찾아보기　801

메일러, 노먼 (1)845
메타크사스, 이오니아스 (1)201
멕상도, 루이 (2)240~241
모건, 케네스 (1)277
모네, 장 (1)328~330, 346~348, 373~374, 382~383, 439, 473, 668 (2)615
모네플랜 (1)383
모니첼리, 마리오 (1)761
모들링, 레지널드 (1)697
모라비아, 알베르토 (1)544, 761
모란테, 엘사 (1)761
모로, 알도 (1)756 (2)262, 268, 271, 275, 277~279
모루아, 피에르 (2)183~184, 190, 204, 210~211, 214, 226, 228~229, 241
모리스, 윌리엄 (1)45, 80
모리슨, 허버트 (1)367
모리아크, 프랑수아 (1)838
모샨느, 디디에 (2)184
모즐리, 오즈월드 (1)155~156, 164, 172
모크, 쥘 (1)170~171, 281, 500, 548~549
몬탈레, 에우제니오 (2)278
몬티, 마리오 (1)29
몰레, 기 (1)289~290, 444, 465, 473, 482~483, 485, 537, 546~550, 591, 597, 773, 788, 792 (2)182, 196~197, 207
몰로토프, 뱌체슬라프 (1)117, 364
몰로토프-리벤트로프 조약 (1)117
몰리나, 안토니오 테헤로 (2)297, 350
몽클로아 협정 (2)345~346
몽탕, 이브 (1)543
몽테스키외, 샤를 (1)125
무솔리니, 베니토 (1)103, 173, 179, 189, 193, 198, 208, 212, 325, 346, 476, 539 (2)293, 624
무젤리스, 니코스 (2)360
문화대혁명 (1)753 (2)371
물가안정실업률 (2)34~36
물가연동제 (2)30, 104, 108~110, 284~285, 288, 292, 578~579
물랭, 장 (1)218
뮈르달, 알바 (1)286~287, 305, 736 (2)465
뮈르달, 칼 군나르 (1)286~287, 305

뮐러, 헤르만 (1) 569
뮐러-아르막, 알프레드 (1) 337
미들마스, 키스 (1) 745
「미래 내다보기」 (2) 553~555, 557
「미래를 맞이합시다」 (1) 323, 374
미어트, 카렐 반 (2) 106
미첼, 줄리엣 (1) 799~800
미테랑, 프랑수아 (1) 552, 596, 598~599, 698, 727, 782~783, 787~788, 791, 793, 834 (2) 48, 181~182, 184~187, 190, 193~195, 197~198, 200~201, 203~204, 207, 209~210, 213, 216~217, 220, 222, 224~226, 230~234, 240~241, 243~248, 250~251, 253, 303, 377, 392, 419, 459, 522, 547, 580
미헬스, 로베르트 (1) 173
민주66 (1) 580 (2) 103
「민주사회주의의 목표와 가치」 (2) 555~557
민주연맹 (1) 80~81, 245~247, 309, 436
민주연합강령 (2) 335
「민주적 사회주의의 목표와 과제」 (1) 431
민주주의공장평의회 (2) 40
민주화합 (2) 335
민즈, 가디너 (1) 500
민퍼드, 패트릭 (1) 34, 42~43
밀, 존 스튜어트 (1) 803~804, 806
밀랑, 알렉상드르 (1) 87
밀러, 수잔 (1) 515
밀러, 아서 (2) 393
밀러, 헨리 (1) 845
밀레트, 케이트 (1) 845
밀워드, 앨런 (1) 364, 383 (2) 617

바

바넷, 코렐리 (1) 369
바데, 프리츠 (1) 163
바돌리오, 피에트로 (1) 212
바로, 루돌프 (2) 443
바르, 레몽 (2) 223, 246, 248
바르, 에곤 (1) 655 (2) 519

바르가, 에브게니 (1)594
바르샤바조약 (1)440, 448~449, 458, 692, 696
바르샤바조약기구 (1)660~661
바르트, 롤랑 (1)758, 854
바사니, 조르지오 (1)761
바소, 렐리오 (1)466, 494
바스리니, 안토니오 (2)256
바양, 에두아르 (1)45, 75, 88, 108
바우어, 오토 (1)62, 159, 175, 179~186, 193, 200, 291~292, 317, 341, 407, 518 (2)74, 262
바이마르공화국 (1)111, 119~122, 141~142, 145~146, 163, 265~266, 295, 357, 623, 810, 830
「바트고데스베르크 강령」 (1)451, 484, 492~493, 504~509, 514~516, 540, 548, 552, 606 (2)73, 348~349, 476, 512~514, 526, 532, 548, 564
바파사나 그룹 (1)245, 248
반더벨데, 에밀 (1)72, 108, 177~178, 815~816
「반둥 강령」 (1)434
발라게르, 호세마리아 에스크리바 데 (2)311
발렌티니, 치아라 (1)836
발로프, 토머스 (1)376 (2)27, 135
발트하임, 쿠르트 (2)78
배쉬테르, 앙트완느 (2)246
배클러노프, 에릭 (2)314
『백악관 시절』 (1)649
버넘, 제임스 (1)500
버틀러, 리처드 (1)279, 697
베너, 헤르베르트 (1)450~452, 611~612, 654
베네시, 에두아르드 (1)212
베니젤로스, 엘리우테리오스 (2)357, 360, 369
베레고부아, 피에르 (2)224, 248
베르거, 스테판 (2)535
베르나드스카야, 마리야 (1)813
베른슈타인, 에두아르트 (1)72, 75, 81~85, 90, 94~95, 98~100, 102, 109, 171, 175, 317, 320, 407, 490, 492, 505~506, 510, 536, 759 (2)159, 392, 547, 585
베를, 아돌프 (1)500
베를루스코니, 실비오 (1)16, 20, 28 (2)579, 584
「베를린 강령」 (2)476, 520, 524, 527, 532, 534, 555

「베를린 행동 강령」 (1)493, 506, 509, 514~515
베를린장벽 (1)16, 48, 445, 611, 613, 655, 660, 713 (2)280, 381, 393, 513, 520, 535, 538, 541, 564, 581~582, 584
베를링구에르, 엔리코 (1)527, 606, 663, 665 (2)200, 257~273, 276, 279~280, 286~288, 291, 304, 307, 342, 450, 542
베버, 막스 (2)154, 596, 601
베버리지, 윌리엄 (1)298, 302, 346, 398~399, 427
『베버리지보고서』 (1)298~299, 302~303, 398
베번, 어나이린 (1)299, 456~458, 525
베벨, 아우구스트 (1)45, 62, 70, 266, 807, 813~816, 822, 827~828 (2)395, 511
베빈, 어니스트 (1)152, 155, 162, 167, 169, 337, 355, 360~362, 366~367, 378, 385
베옌, 요한 빌렘 (1)471
베이너, 존 (1)28
베인코프, 다비드 (1)114
베치에티, 툴리오 (1)466, 494, 540
베켓, 마거릿 (2)489
베트남 (1)51, 379~380, 436, 461, 546, 637, 649~651, 662, 677, 682~687, 690~691, 698, 714, 754~755, 761, 764, 772, 794, 851, 855 (2)163, 364, 390, 542
벤, 토니 (2)119, 125~126, 164, 232, 479, 481~482, 486, 489~490, 497
벨, 대니얼 (1)402~403, 511 (2)402
벨기에 (1)17, 20, 25, 45~46, 53, 70, 72~73, 90, 103, 108, 118, 130, 152, 172, 174~178, 211, 222~223, 226~227, 236, 251, 259, 261~263, 267, 273~274, 281, 296, 358~359, 364, 392, 394, 400, 404, 408~409, 414~416, 440, 444, 464, 470~471, 489, 494, 510, 516~517, 558~560, 565, 567~568, 571~572, 578, 629, 651, 677, 683, 707, 709, 712, 739, 773, 775, 815~816, 822, 830, 848~849 (2)30~31, 39, 44, 53~54, 56, 59~61, 63~64, 77, 96~97, 99, 104~111, 114, 211, 249, 390, 398~401, 403, 410, 413, 437, 453~454, 456, 470, 515, 521, 543, 547, 554
벨기에 공산당 (1)118, 263
벨기에 기독노조연합 (1)739 (2)109
벨기에 기독민주당 (1)262~263 (2)108, 453
벨기에 기독사회당 연합 (1)262~263
벨기에 노동당 (1)72~73, 90, 175~178, 263, 822
벨기에 노동자총연합 (1)739 (2)109
벨기에 사회당 (1)263, 470~471, 494, 516~517, 571, 578, 739, 815~816 (2)108,

111

벨기에 플랑드르민족당 (1) 17
보건안전법 (2) 168, 177
보노미, 이바노에 (1) 86
『보람 있는 노동』 (2) 569
보르게세, 주니오 발레리오 (2) 263
보르디가, 아마데오 (1) 109, 187~191
보링크, 쿠스 (1) 211
보몰, 윌리엄 (2) 94
보부아르, 시몬 드 (1) 543, 770, 837~841, 843, 846 (2) 465
보비오, 노르베르토 (2) 287
보이스, 로버트 (1) 157
보이틴스키, 블라디미르 (1) 163
보카라, 폴 (1) 594
보티, 폴린 (1) 841
볼셰비키 (1) 82, 88, 91~93, 101, 104, 110, 115, 124, 126, 140, 188, 193, 201, 231, 250, 268, 316, 548, 822~823, 827 (2) 320, 383, 453, 588~589, 606
볼테르 (1) 125
뵐, 하인리히 (1) 544, 615, 760
부르드롱, 알베르 (1) 109
부셀, 피에르 (2) 246
부스비, 로버트 (1) 325
부시, 조지 (2) 547
부하린, 니콜라이 (1) 192
북대서양 동맹 (1) 651
북대서양 자유무역지역 (2) 623
분배 정의 (2) 591
불, 빌헬름 (1) 210
불가리아 (1) 19, 70, 152, 201, 401, 440 (2) 356~357, 542
불가리아 사회당 (1) 19
「불록 보고서」 (2) 40, 174~176
불록, 앨런 (1) 152 (2) 173~176
붉은 여단 (2) 275, 277~279, 288, 591
뷔크, 카를 (1) 245
뷔페, 마리 조르주 (1) 16
브라운, 고든 (1) 23
브라운, 조지 (1) 606, 678, 680

브라텔리, 트뤼그베 (1) 673
브란트, 빌리 (1) 569, 582, 612, 616~617, 623, 632~633, 636, 655~660, 662, 672, 682~684, 686, 774 (2) 66, 114, 158~159, 161, 301~303, 442, 527, 535, 538, 606
브란팅, 칼 얄마르 (1) 85
브램웰, 애나 (2) 442
브레주네프, 레오니트 (1) 694
브레턴우즈 체제 (2) 46, 49, 121, 390
브룬틀란, 그로 할렘 (2) 33, 455
브뤼닝, 하인리히 (1) 164
브르댕, 장-드니 (2) 611
브르통, 앙드레 (1) 123
브리턴, 새뮤얼 (1) 689 (2) 118
블랑, 장 루이 (1) 73~74
블랑코, 루이 카레로 (2) 334
블랑키, 오귀스트 (1) 74, 190
블렁킷, 데이비드 (2) 475, 489
블레어, 토니 (1) 14, 20, 522 (2) 558
블레이크, 윌리엄 (2) 442
블룸, 레옹 (1) 148~153, 159, 172, 215~216, 219, 281, 285, 288~290, 363, 373, 381, 500, 548~549, 552 (2) 207
비그포르스, 에른스트 (1) 134
「비르켈바하 보고서」 (2) 314
비솔라티, 네오니다 (1) 86, 108
비스마르크, 오토 폰 (1) 11~12, 47, 68, 78, 303, 481, 575 (2) 469
비어메쉬, 자네트 (1) 695
비이에르, 르네 (1) 773
비토리오, 주세페 디 (1) 476
비트겐슈타인, 루트비히 (1) 332
빅셀, 욘 구스타브 (1) 134
빌로크, 코레 (2) 33

사

사다트, 안와르 (1) 649
사라가트, 주세페 (1) 292, 355, 540
『사랑의 기술』 (1) 759

사르코지, 니콜라 ⑴ 28
사르트르, 장 폴 ⑴ 543, 545, 770, 784, 839 ⑵ 250
사리넨, 아르네 ⑴ 635
사바리, 알랭 ⑵ 240~241, 243
『사회계약론』 ⑴ 805
「사회노동당 경제 전략」 ⑵ 354
사회적동반협력제도 ⑵ 70, 74, 79
사회주의 동맹 ⑴ 80, 285
사회주의 인터내셔널 ⑴ 293, 431~432, 464, 672, 691 ⑵ 66, 301~304, 372, 457, 548, 583, 585
「사회주의 프로젝트 80」 ⑵ 200~203, 217
사회주의연구조사교육센터 ⑵ 184~185, 190, 197, 200, 213, 226, 230, 522
「사회주의와 평화를 위해」 ⑴ 166
산업민주주의 ⑴ 132, 239, 324, 548, 607, 730, 737~739, 747 ⑵ 39~40, 85, 139, 164, 170, 173~176, 186, 189, 233~234, 237, 497, 500
살라자르, 안토니우 ⑴ 179 ⑵ 274, 296, 310, 316, 361
살로마, 에르키 ⑴ 635
살트셰바덴 협약 ⑴ 133, 135, 162~163, 423
삼프손, 니코스 ⑵ 363
생시몽 ⑴ 74
샤르핑, 루돌프 ⑵ 560
샤이데만, 필리프 ⑴ 108
샤프, 아돌프 ⑴ 292
샤프, 프리츠 ⑵ 50, 89
서브프라임 ⑴ 24
석탄철강위원회 ⑴ 472
「선택할 정당」 ⑵ 562
『성의 변증법』 ⑴ 843, 845
『성의 정치학』 ⑴ 365, 845
성차별금지법 ⑵ 42, 168, 498
세그레, 세르지오 ⑴ 666
세라티, 지아신토 ⑴ 187~190
세브, 뤼시앙 ⑴ 593
센, 아마르티아 ⑵ 37
셀베르트, 엘리자베스 ⑴ 832
셰넌, 앤드루 ⑴ 217, 308
셰송, 클로드 ⑵ 213

셸, 발터 (1) 632, 657

소니크로프트, 피터 (1) 697

소련 (1) 51, 110, 117~118, 122, 124, 140, 168, 170, 178~179, 185~186, 201~209, 212~213, 218~227, 229~230, 234~236, 239, 244~247, 249~251, 267, 269, 292, 294, 311~312, 339~340, 352, 354~356, 358, 360~364, 366, 369, 371, 380, 382, 386, 391, 393, 401~402, 427, 430~431, 433~445, 448, 450, 452, 454~455, 458~461, 464~467, 475, 477~479, 487, 509, 514, 526~529, 531~535, 537~539, 544~545, 547, 592, 594~596, 603, 636, 642~645, 647, 656~662, 664~665, 668, 686~687, 691~696, 698~699, 753, 758, 764, 788~789, 798, 855 (2) 54, 65, 71, 188, 195, 200~201, 245, 249~250, 264, 268~269, 273, 275, 293, 304, 308, 351, 362, 369, 376, 381, 389, 416, 453, 471, 515~516, 519, 522~523, 533, 538, 541~546, 580, 590~591, 604, 606, 610

소련 공산당 (1) 117~118, 363, 393, 487, 527~528, 535, 537~538, 592, 665, 789, 822 (2) 306

소련식 모델 (1) 203, 433 (2) 371

소바조, 자크 (1) 727

소비에트 모델 (1) 116, 181, 249, 251, 528

소시마로, 마우로 (1) 239

소아레스, 마리우 (2) 298, 301~302, 304, 319, 323~325, 327~329, 331~333, 343, 345, 377, 379

소여, 톰 (2) 489

소워와인, 샤를 (1) 821

소텔로, 레오폴도 칼보 (2) 350

솔리, 레슬리 (1) 355

솔제니친, 알렉산드르 (2) 188

솔즈베리, 로버트 (1) 12

쇼, 조지 버나드 (1) 80, 839

쇼르스케, 칼 (1) 97

쇼어, 피터 (1) 676 (2) 125

쇼탕, 카미유 (1) 153

쇼트, 에드워드 (1) 755

숀필드, 앤드루 (1) 587

숄베르, 볼프강 (1) 657

수아레스, 아돌포 (2) 298, 336~337, 340~342, 344, 347~348

수하르토 (2) 274

쉬망, 로베르 (1) 358

쉬망플랜 (1)368, 383~384, 439, 468, 473, 484
슈라이너, 올리브 (1)812
슈뢰더, 게르하르트 (1)20
슈마허, 쿠르트 (1)265~267, 336, 356~357, 359, 442, 447~448, 485, 514 (2)537
슈미트, 비비안 (2)235
슈미트, 카를로 (1)450
슈미트, 헬무트 (1)630 (2)48, 128, 138, 150, 152~154, 156~158, 160~161, 164, 171, 203, 210, 268, 331, 465, 511, 515, 517~519, 535, 538
슈벤느망, 장 피에르 (2)184, 218, 224, 226, 228~229, 241, 244
슈트라서, 그레고르 (1)164
슈트라우스, 프란츠 (1)613, 656
슈틴네스-레기엔 협약 (1)142, 162
슈펭글러, 오스발트 (1)623
슈프링거, 악셀 (1)683
스노든, 필립 (1)156, 166
스메토나, 안타나스 (1)201
스미스, 존 (2)615
스미스소니언 협정 (2)46
스웨덴 (1)20, 25, 31, 46, 54, 70~72, 85, 87, 90, 103, 118, 129~137, 149, 152, 162~163, 176, 208~209, 211, 222~223, 226, 236, 247, 259, 261, 264, 280, 286~288, 295~296, 300, 304~305, 308, 333~335, 352~354, 364, 391~392, 394, 397, 409, 414, 416~417, 420~424, 434~435, 444, 453, 515~516, 518, 558~560, 565~566, 568, 570~572, 574, 577, 584, 616, 634~639, 641~642, 645~646, 649~650, 672, 689, 707, 712, 732, 736~737, 739, 747, 754, 773~775, 785, 848~849 (2)30~32, 39~40, 43, 47, 50~51, 53~54, 57, 59~61, 63~66, 69~73, 77, 81~99, 102, 110~111, 114, 130, 141, 144, 155, 162~163, 181, 183, 211, 213, 249, 291, 301, 309, 353, 372, 390~392, 399~400, 403~404, 409~411, 414~415, 418~419, 422~423, 437~439, 446~447, 453, 459~460, 465, 470~471, 476, 493, 498~510, 522, 530, 538~539, 553, 563, 565~572, 583, 597, 602, 604, 615, 619~620
스웨덴 고용주연합 (1)133
스웨덴 공산당 (1)226, 265, 334, 566 (2)57, 83
스웨덴 노조연맹 (1)132, 417, 420, 423, 737 (2)85, 86, 568~569
스웨덴 농민당 (1)131, 133, 135, 265, 392, 423 (2)87, 439
스웨덴 모델 (1)135~136, 637 (2)77, 88~92, 95, 114, 499, 570
스웨덴 사회민주당 (1)54, 57, 85, 87, 131~136, 209, 264~265, 288, 333~335, 392, 417, 420~424, 515~516, 518, 566, 636~637, 650, 736~737 (2)59, 64,

83, 85, 87~92, 94~95, 114, 162, 181, 183, 291, 422~423, 438~439, 453, 460, 499, 504~509, 522, 565~567, 569~571

스웨덴 평가회사 (2) 144

스위스 (1) 43, 54, 72, 109, 176, 178, 209, 259, 334, 352, 404, 432, 434, 443, 583~584, 642, 646, 830~831 (2) 51, 63, 64, 526, 622

스카길, 아서 (2) 488~489

스캔런, 휴 (1) 744 (2) 144, 174

스키델스키, 로버트 (1) 156, 158

스타우닝, 토르발 (1) 136

스타하노프, 알렉세이 (1) 533

스탈린, 이오시프 (1) 89, 124~125, 192~193, 221, 226, 393, 430, 433, 441~443, 445, 449, 465, 487, 492, 528~535, 537~539, 593~594, 600, 603, 726, 749, 758~759, 765, 789 (2) 250, 304, 306, 351, 389, 543

스탈린-라발 반독일 조약 (1) 124

스탐불리스키, 알렉산더 (2) 356

스태그플레이션 (2) 24, 33, 39, 47, 117~118, 148, 292, 471

「스톡홀름 선언문」 (2) 548

「스톡홀름 호소문」 (1) 453, 454

스튜어트, 로버트 (1) 684

스트레이치, 존 (1) 149, 164~165, 496

스트리크, 볼프강 (2) 172

스틸, 데이비드 (1) 857

스파르타쿠스단 (1) 115~116, 141

스파크, 폴 앙리 (1) 471

스페인 (1) 14, 17, 22, 25, 46, 54, 76, 103, 113~114, 118~119, 122, 124, 126, 128~129, 131, 134~135, 138~140, 151~152, 154, 158, 192, 200, 208~209, 226, 231, 262, 271, 464, 560, 650, 754, 775, 795, 814, 829~830, 849 (2) 30~31, 50~55, 57, 59~62, 153, 211, 269~271, 274, 295, 297~318, 334~344, 346~349, 351~358, 360, 364~367, 369~371, 373~375, 383~385, 391, 398~401, 403~404, 410, 448~449, 453, 458, 522, 547, 553, 572~574, 579, 581, 583

스페인 공산당 (1) 17, 119, 208 (2) 57, 299, 303, 305~308, 315, 334~344, 346~353, 383

스페인 국민동맹 (2) 299

스페인 노동자총연맹 (1) 138~139 (2) 346, 574

스페인 대중사회당 (2) 334, 341

스페인 민주중도연합 (2) 299, 340~341, 347~348, 350, 353, 383

스페인 사회노동당 (1)76, 103, 138~139 (2)57, 59, 182, 289, 299~303, 307, 335, 337~339, 341~344, 346~354, 373~375, 448~449, 453, 458, 572~574, 581
스페인 인민전선 (1)139~140, 154
스피놀라, 안토니우 드 (2)298, 302, 318~320, 331
스피타엘스, 기 (1)105~106, 111
슬란스키, 루돌프 (1)436
슬립먼, 수 (2)493
시뇨레, 시몬 (1)543
시라크, 자크 (2)203~204, 231, 243~244, 246
시리자 (1)17~18
시미티스, 코스타스 (2)379, 615
시아시아, 레오나르도 (2)278
신사회주의 (1)159, 161, 172, 174, 178
신수정주의 (1)489, 496 (2)396, 471, 498, 539, 541, 548~552, 556, 558, 561~563, 565~567, 572, 575~577, 580, 584~586
신웰, 이매뉴얼 (1)325, 368
신자유주의 (1)12, 14, 19, 26~30, 507, 629, 743, 798 (2)33~34, 38, 44, 68, 76, 94, 101, 109, 117, 157, 181, 213, 220, 225, 243~244, 250, 353, 472, 560, 572, 576~577, 595, 616, 619
신협동주의 (1)735
실러, 카를 (1)616, 629~630 (2)121
실리, 오토 (2)445
싱어, 대니얼 (2)235

아

아가르츠, 빅토르 (1)336
아넬리, 수산나 (1)837
아데나워, 콘라트 (1)358, 412, 442~443, 473, 484, 612~613, 633, 654, 656~657 (2)536
아들러, 빅토르 (1)45, 818
아들러, 프리드리히 (1)102
아라공, 루이 (1)123
아라파트, 야세르 (2)66, 376
아렌트, 발터 (2)171
아렌트, 해나 (1)403

아롱, 레몽 (1)786~787 (2)250

아르노, 자크 (1)637

아르놀트, 카를 (1)446

아마랄, 프레이타스 두 (2)331

아멘돌라, 조르지오 (1)602~606, 666, 795

아스카라테, 마누엘 (2)352

아옌데, 살바도르 (2)260

아우어, 이그나즈 (1)94

아이슬란드 (1)24, 54, 353 (2)30, 198, 526, 623

아이젠하워, 드와이트 (1)437, 612

아이켄그린, 배리 (1)622

아일랜드 (1)54, 152, 159, 209, 259, 669~670

아제베두, 피녜이루 지 (2)325

아탈리, 자크 (2)210, 216

아흐트, 반 (2)100

안데르손, 스텐 (1)650

안두손, 클레스 (2)583

안드레오티, 줄리오 (2)275~276, 284, 293

안토니오니, 미켈란젤로 (1)761

안투네스, 멜루 (2)324

「알렌 강령」 (1)301, 336

알바니아 (1)201, 222~223, 440 (2)542

알크비스트, 베른트 (2)567

알토넨, 아미모 (1)635

알튀세르, 루이 (1)758, 854 (2)587

애들러, 막스 (1)179

애스퀴스, 허버트 (1)12

애시, 티모시 가튼 (2)523

애틀리, 클레멘트 (1)158, 167, 169, 328~329, 360~362, 378, 634, 740 (2)163, 204, 480

앤더슨, 페리 (1)268, 638

야루젤스키, 보이체흐 (2)200, 376

야스퍼스, 카를 (1)403, 615

『에로스와 문명』 (1)759

에르베, 귀스타브 (1)88

「에르푸르트 강령」 (1)72~73, 79, 83, 85, 95~98, 100, 116, 142~143, 149, 291, 492, 505, 810, 815 (2)22, 385, 396, 607

에르하르트, 루트비히 (1) 613, 615, 629, 656
에를란데르, 타게 (2) 353
에를러, 프리츠 (1) 450, 655, 683
에스토니아 (1) 201, 204, 623
에스핑-안데르센, 괴스타 (1) 297, 303 (2) 85
에이머리, 줄리언 (1) 697
에클룬드, 클라스 (2) 567
에트그렌, 예스타 (2) 86
에펠, 구스타브 (1) 44
엘뤼아르, 폴 (1) 123, 543
엘리엇, 토머스 (1) 403
엘우드, 데이비드 (1) 365
엠케, 호르스트 (2) 535
엥겔스, 프리드리히 (1) 8, 45, 68, 97~98, 106, 179, 316, 505, 515, 530, 807 (2) 394, 532
여성 협동 길드 (1) 456
『여성, 거세당하다』 (1) 841~842
『여성론』 (1) 808
여성사회정치동맹 (1) 825~826
『여성의 권리 옹호』 (1) 802
『여성의 신비』 (1) 843
『여성의 종속』 (1) 803~804, 811, 838
여성참정권 (1) 800, 824~826, 829, 850, 854~855 (2) 192
여성참정권전국연맹 (1) 826
여성해방운동 (1) 800, 809 (2) 192
여성해방행동위원회 (1) 853
영국 (1) 10~12, 14, 20~25, 31, 45~46, 53~54, 61, 69~71, 74, 76, 78~82, 101~103, 107~109, 111, 114, 118, 125, 127, 129~131, 133, 134~135, 145, 149, 152~157, 162, 164~170, 176, 201, 206~208, 210~212, 218, 222, 226, 230, 239, 241, 252, 259, 261, 266~268, 270~273, 275~280, 283, 286~287, 293, 295~296, 298~300, 302~308, 312, 318, 320~325, 328~331, 333~334, 337~344, 346, 349, 354~355, 358~364, 366~379, 381~386, 392, 394~395, 397, 400, 402, 409~413, 415, 423, 427, 431~433, 438, 440~447, 449~459, 462~465, 470, 479~483, 486~487, 489, 491~492, 496, 499, 502~505, 509, 517, 520, 524~526, 531, 539, 544, 548, 550, 553, 557~560, 565~566, 568~573, 578, 581, 584, 586~590, 606~614, 616~621, 623~627, 629, 631, 633~636, 638, 642, 645, 650~653, 659, 662, 669~681, 687~690, 697~699,

712, 719~720, 725, 732, 739~742, 744, 749~750, 754~758, 760, 762~763, 769~770, 773~775, 790, 794, 799~802, 808, 810, 825~826, 829~830, 834, 841~842, 846, 848~849, 852, 854~855, 857, 859 (2) 25~26, 30~34, 37, 40~44, 50~54, 58~61, 64, 67, 69~71, 73, 75, 77, 88~89, 93, 99~104, 110, 112~117, 120~131, 133~140, 143~145, 148~149, 151~157, 159, 161~167, 169, 173~175, 177~179, 181~182, 203~207, 210~212, 215~218, 220~221, 228, 232~233, 239, 242, 244, 248~249, 254, 258, 281, 284, 291, 293, 299, 301, 314, 317, 339, 345, 369, 371, 376, 390~392, 396, 398~403, 405~407, 409~413, 416~418, 422~424, 428, 433, 438, 442, 446~447, 449, 453~457, 460~465, 470~473, 476~478, 481, 483, 486, 488~494, 496~498, 514~518, 521, 525, 536, 538~539, 542, 547, 549, 551, 553~555, 557~558, 560, 562~563, 566, 568, 572~573, 579~580, 585, 592, 602~604, 610, 615, 621, 624

영국 공산당 (1) 80, 114, 118, 208, 226, 675, 826 (2) 133, 174, 483

영국 광부노조 (1) 744 (2) 115, 122, 174

영국 국가기업위원회 (2) 144, 164

『영국 노동계급의 형성』 (1) 854

영국 노동당 (1) 20, 81~82, 103, 129, 131, 133, 145, 149, 154~158, 164~169, 210, 267~273, 275~280, 286, 293, 295, 299~300, 303, 305, 313, 320, 323~326, 328~329, 332~334, 354~355, 359~363, 366~378, 384~386, 392, 394~395, 431~433, 441, 444, 447, 450, 455~459, 463, 465, 479~483, 489, 492, 496, 502, 504~505, 509, 520~526, 531, 540, 544, 548, 566, 569~573, 578, 587, 589~590, 606~607, 609~612, 614, 616~627, 633~634, 650, 652, 669~670, 673~681, 687~689, 697~698, 720, 739~741, 743~745, 750, 773, 775, 794, 799, 834, 857 (2) 33, 37, 43, 50~51, 53~54, 58~60, 65, 68, 73, 88, 112, 114~136, 143~149, 151, 162~169, 173~179, 181~182, 203~204, 218, 228, 232~233, 239, 244, 284, 291, 301, 396, 402, 405~407, 424, 433, 441, 446, 453, 457, 460~461, 463, 471~498, 514~515, 521, 547, 549, 551, 553~560, 573, 580, 615

영국 노동조합회의 (1) 152, 463, 744 (2) 71, 133~134, 169, 173

영국 보수당 (1) 12, 20, 154~156, 205, 268~269, 272, 279, 298~300, 303, 323, 325~326, 332, 341, 355, 374, 378, 408, 411, 413, 441, 457~458, 463~465, 475, 479~481, 520~521, 571~572, 575, 578, 587, 589, 607~610, 617, 620~621, 624, 689, 697, 740, 743, 745, 774, 834, 857 (2) 33, 52, 64, 114~117, 122, 126, 132, 134~136, 145, 154, 156, 167~168, 176~179, 402, 407, 424, 453, 460~462, 472~473, 480, 483, 486, 490, 494~498, 553~554, 624

영국 사회당 (1) 103, 108
영국 사회민주당 (2) 58, 478~479, 481, 483~484, 492~497
영국 사회민주연맹 (1) 80~81
영국 산업연맹 (1) 679 (2) 137, 175
「영국과 핵폭탄」 (1) 456
오드너, 클라스-에릭 (2) 86
오루, 장 (2) 237~238
오루법 (2) 40, 193, 236~239
오리올, 뱅상 (1) 281
오바마, 버락 (1) 28
오스트레일리아 (1) 62, 397, 481, 558, 841
오스트리아 (1) 12, 14, 17, 20, 25, 45~46, 62, 70, 72, 90, 102~103, 110, 115, 118, 130, 143, 151~152, 159, 169, 175, 179~182, 186, 188~190, 200, 211~212, 223, 226~227, 249, 259, 261, 263, 267, 273~274, 280~281, 291~292, 296, 303, 308~309, 317, 325, 333, 339~342, 346, 349, 352, 358, 362, 364, 369, 391~392, 394, 409, 414~415, 432, 434, 443~444, 487, 493, 500, 509, 517~520, 557~560, 565~572, 580~584, 629, 636, 638~642, 645~647, 649, 666, 672, 707, 709, 739, 774~775, 815, 818, 829~830, 848~849 (2) 25, 30~31, 39, 53~55, 59~61, 63~78, 80~84, 87, 90~91, 96~97, 99, 102, 110~111, 113, 130, 155, 162, 183, 187, 213, 249, 301, 360, 376, 390~392, 398~400, 403, 410, 413, 437~439, 446, 449, 453, 470, 493, 541, 552, 563~564, 572, 615
오스트리아 공산당 (1) 118, 211, 339, 416
오스트리아 국민당 (1) 263, 292, 308, 339, 341, 391~392, 432, 518~519, 580~582 (2) 65, 67~69, 74, 78~81, 111
오스트리아 기독민주당 (1) 325, 569
오스트리아 노동조합총연맹 (2) 70~71
오스트리아 사회당 (1) 102, 186, 263, 280, 291~292, 308~309, 311, 325, 339~342, 392, 415, 432, 493, 509, 518~520, 566, 569, 580~583, 638~639, 672 (2) 54, 59, 65, 68, 72, 74, 76, 78, 81, 83, 113, 162, 183, 564
오스트리아 자유당 (1) 17, 263, 638 (2) 65, 77
「오스트리아의 미래에 관한 토론 제안」 (2) 563
오언, 데이비드 (2) 479, 495~497
오언, 로버트 (1) 810
오체토, 아킬레 (1) 527 (2) 582
오클레르, 위베르틴 (1) 819~821
오펠로, 월터 (2) 310

오푸스 데이 (2) 311~313
올랑드, 프랑수아 (1) 28
요빅 (1) 19
우고, 카를로스 (2) 334
울마니스, 카를리스 (1) 201
울스턴크래프트, 메리 (1) 802~803, 805~806, 828, 838 (2) 465
「원칙 선언」 (2) 573
웨브, 비어트리스 (1) 168~169
웨브, 시드니 (1) 82, 168~169
위, 로베르 (1) 16
위기 협약 (1) 133
위티그, 모니크 (1) 846
윌렌스키, 해럴드 (1) 297, 574
윌리암스, 셜리 (2) 124, 479, 493
윌리엄스, 레이먼드 (1) 799
윌슨, 해럴드 (1) 480, 582, 587~589, 606~607, 609~610, 612, 617, 621~624, 626, 650~653, 673~674, 676~680, 682~684, 687~689, 740, 742, 755 (2) 116, 120~122, 144, 146, 154, 159, 164, 210, 268, 376, 474~475, 554
윌킨슨, 엘런 (1) 279
유고슬라비아 (1) 118, 201, 219, 222~224, 229, 234, 401, 433, 444, 529, 655, 664 (2) 72, 189, 357, 377, 541~542
유럽방위공동체 (1) 438~439, 441~442, 448, 468, 481, 543, 548
유럽사회헌장 (2) 557
유럽안보협력회의 (1) 661
유럽원자력공동체 (1) 468, 474~485
「유럽의 남성과 여성」 (2) 456
유럽통화연맹 (2) 491~492
유럽통화제도 (2) 210, 225, 510
유럽환경헌장 (2) 557
이글레시아스, 파블로 (1) 46
이글레시아스, 헤라르도 (2) 352
이글턴, 테리 (2) 592
이데올로기의 종언 (1) 402 (2) 626
이리바르네, 마누엘 프라가 (2) 318, 341, 353
이오아니디스, 디미트리오스 (2) 363
이탈리아 (1) 12, 14~16, 20, 22, 25, 28~29, 31, 45~46, 52, 54, 69~70, 75~79, 85~86, 103, 108~109, 111~114, 118~119, 125, 127, 129~130, 138, 140,

146, 151~152, 156, 158~159, 165, 175, 179, 186~191, 193, 197~200, 204~205, 207~208, 212~214, 220~229, 232~241, 243~244, 248~249, 251~252, 259, 261~262, 266~267, 273~274, 280~283, 288~289, 292~293, 296, 301, 309~312, 325, 338~339, 341, 345~346, 351~352, 354~356, 358, 363~364, 369, 391~394, 396~397, 400, 409~413, 415, 425, 431~432, 434~435, 437~440, 448, 453~456, 465~467, 473, 475~479, 483~484, 487, 494~495, 513~514, 526~532, 534, 538~542, 544, 553, 557~560, 565, 567~569, 571~572, 577~578, 582, 584, 600~606, 616, 619, 631, 636, 639, 641~643, 649, 651, 656, 663~668, 672, 677, 683, 690~693, 695~696, 707, 711, 713~714, 719, 726, 729~736, 739, 749~750, 754~758, 761, 763, 766, 773~776, 778, 781, 790~791, 793~797, 819~820, 830~831, 835~837, 848~849, 852, 859 (2)25, 30~32, 40, 47, 53~55, 58~61, 67~70, 88, 93, 99, 101~102, 130, 144, 182~183, 187~188, 195, 198, 200, 207, 211, 215~216, 236, 250, 253~256, 258~264, 266~275, 277~279, 281~284, 287~293, 300~301, 303~304, 306~309, 313, 316, 339, 341~342, 344, 351, 354, 360, 364, 371~372, 384, 391, 396, 399~401, 403~404, 406, 409~410, 417, 420~422, 446~447, 450, 453~454, 456, 461, 463, 470, 493, 498, 515, 522~523, 529, 543, 547, 549, 553~554, 563, 573~584, 586, 591, 610, 621, 624

이탈리아 가톨릭노조연맹 (1)734, 749 (2)261
이탈리아 공산당 (1)15, 118, 127, 188, 191, 193, 204, 207, 213~214, 225, 228, 234, 237, 238~241, 243~244, 252, 262, 274, 282~283, 288, 292, 311~312, 345, 355, 363~364, 392, 425, 453~456, 465~466, 474~478, 487, 494~495, 513~514, 526~528, 530~532, 534, 538~542, 582, 600~601, 604~606, 636, 639, 642, 651, 664~668, 690, 692~693, 695~696, 729, 733~735, 758, 795~797, 835 (2)53~54, 58~59, 68, 182~183, 188, 195, 200, 255~293, 303~304, 306~307, 372, 384, 404, 406, 446, 450, 454, 463~464, 522~523, 549, 573, 575~576, 580~584, 610, 621
이탈리아 금속노조 (1)730~731
이탈리아 기독교노동자협회 (2)261
이탈리아 기독민주당 (1)236~237, 239~241, 243, 262, 282~283, 301, 309~312, 341, 345, 356, 411, 466, 475~476, 494, 539~540, 560, 569, 577, 600, 602~604, 733~734, 756, 761, 797, 831 (2)68, 253~254, 256~264, 266~267, 269~272, 275~284, 287~288, 290, 293, 307, 316, 341, 406, 450, 453, 461, 522, 576
이탈리아 노동조합연맹 (1)734 (2)261
이탈리아 노동총동맹 (1)476, 604, 732~734 (2)259, 261, 287, 578

이탈리아 모델 (2) 307, 344
이탈리아 사회당 (1) 16, 77, 103, 112, 187~188, 212, 288, 293, 311, 352, 355, 392, 431, 434, 454, 465~466, 476, 478~479, 487, 494~495, 539~542, 544, 565, 569, 571, 600, 602, 642, 656, 690~691, 733~735, 790, 819~820, 835 (2) 272~273, 344, 522, 549, 573~576, 579~581, 583
이탈리아 사회민주당 (1) 293, 355, 466, 540, 602, 691, 734 (2) 255~256, 277
이탈리아 사회운동당 (2) 256
이탈리아 산업부흥공사 (2) 144
이탈리아 인민당 (1) 187
이탈리아 통일사회당 (1) 212~214, 237, 281, 289, 292~293, 602, 691, 790~791
「인간 계획」 (1) 583, 639
『인간 불평등 기원론』 (1) 805
『인간의 차원에서』 (1) 219
인터내셔널 프랑스지부 (1) 70~71, 74~76, 87~88, 103~104, 114~115, 126, 130, 133, 146~150, 169~172, 215~217, 237, 240, 242, 289~290, 293, 306, 342, 345, 379, 381~382, 392, 439, 461~465, 472~473, 482, 518, 537, 544, 547~552, 591~592, 596~600, 668, 773, 788, 790, 792, 820~821, 834 (2) 182~184, 189~190, 201, 459, 580
인플레이션 (1) 143, 145, 164, 239, 304, 319, 395~396, 400, 415, 417~422, 486, 587, 623, 714~716, 724, 726, 743 (2) 26~27, 29~30, 32, 34~36, 39, 45~47, 50, 65, 75, 84, 87~88, 97, 100, 104, 113, 117~118, 121~123, 127, 131~132, 134, 148, 150, 153, 165, 221, 226, 248~249, 285, 291, 312, 326, 332, 336, 353, 363, 379, 463, 492, 501, 509, 535, 558~559, 570, 577~578
『일차원적 인간』 (1) 759, 766
임금노동자기금 (2) 85~87, 91, 476, 498~502, 504~505, 507~510
임금정책 (1) 333, 416, 419~423, 427, 618, 723, 726 (2) 71, 84, 91, 131~135, 284, 422, 475, 500~501, 508
잉그라오, 피에트로 (1) 513, 541~542, 602~606 (2) 277

자

『자본론』 (1) 260, 492, 586, 758 (2) 588~589
『자본론을 읽는다』 (1) 758
『자유 사회에서 완전고용』 (1) 302, 427
자유 조국 바스크 (2) 334, 344
자주관리 (1) 739, 747~748, 793 (2) 185, 189~193, 203, 233~234, 238, 338
「자주관리에 관한 15가지 견해」 (2) 190~191, 203

자카니니, 베니뇨 (2) 271
자코뱅 (1) 44, 87, 108, 124~125
잔 다르크 (1) 125, 288
잔더, 헬케 (1) 853
저우언라이 (1) 649, 798 (2) 296
전국여성해방회의 (1) 846
전문직노동자연맹 (2) 86, 508
「정부 행동 계획」 (1) 238
제1인터내셔널 (1) 43, 112
제2.5인터내셔널 (1) 115
『제2의 성』 (1) 838, 840
제2인터내셔널 (1) 5, 45, 48, 62, 71, 80, 85, 90, 101~102, 109, 112, 115, 129, 179~180, 190, 204, 259, 287, 490, 492, 759, 815~816 (2) 199, 397, 430, 541
제3세계 (1) 51, 397, 407, 433~434, 461, 463, 478, 480~481, 525, 637, 642~643, 665, 699, 766, 795, 798~799, 850, 861 (2) 25, 66, 81, 127, 201, 286, 367, 370, 372, 375, 390, 431, 440, 446, 474, 512, 622
제3시기 (1) 123~124, 191
제3인터내셔널 (1) 110~112, 114, 117, 180, 185, 490, 759
제이, 더글러스 (1) 165, 496, 521, 676
제이, 피터 (2) 118~119
제일란트, 폴 반 (1) 177
제정러시아 (1) 72, 88, 92, 106, 108, 249~250, 830
젱킨스, 로이 (1) 520, 626, 634, 653, 674, 857 (2) 115, 144, 146, 479, 497
젱킨스, 클라이브 (1) 676 (2) 174
젱킨스, 피터 (2) 480
조그, 아흐메트 (1) 201
조레스, 장 (1) 74~75, 84~85, 87, 103, 148, 289, 822
조스팽, 리오넬 (1) 17, 20 (2) 224
조엣, 프레데릭 윌리엄 (1) 103
조지, 로이드 (1) 12, 153, 155, 173, 296
존스, 아서 크리치 (1) 376
존스, 에릭 (2) 613
존슨, 린든 (1) 650, 678
졸로타스, 크세노폰 (2) 381
졸리티, 안토니오 (1) 540~542
졸리티, 조반니 (1) 12, 78, 187
주다노프, 안드레이 (1) 234, 538

주트, 토니 (1) 114
줄리아르, 자크 (2) 224, 245
중국 (1) 50~51, 382, 456, 458, 478, 604, 652~653, 664~665, 675, 691, 753, 764, 798
중동전쟁 (2) 46, 370
쥐켕, 피에르 (2) 246
지노바츠, 프레트 (2) 77
지노비예프, 그리고리 (1) 89
진지전 (1) 196~197, 200 (2) 23
질라스, 밀로반 (1) 234
집단 지성 (1) 729

차

차티스트운동 (1) 810
처칠, 윈스턴 (1) 205, 210, 216, 218, 220, 224, 298~300, 323, 325, 355, 367, 378
체르네츠, 카를 (1) 583
체임벌린, 조지프 (1) 12
체코슬로바키아 (1) 118~119, 151~152, 212, 220, 232~235, 246~249, 363, 397, 401, 436, 440, 444~445, 449, 458, 636, 659, 662~663, 665, 692~696, 753, 788, 855 (2) 308, 362, 542
체코슬로바키아 공산당 (1) 212, 233~235, 247, 363, 662, 665, 692, 753
체트킨, 클라라 (1) 814, 816~818
『치명적 자만』 (2) 595~596
치아로몬테, 제라르도 (2) 280~281
치프리아니, 아밀카레 (1) 45

카

카라만리스, 콘스탄티노스 (1) 459 (2) 298, 341, 364~365, 367~369, 374, 376
카롤 2세 (1) 201
카르네이루, 프란시스쿠 사 (2) 322, 333
카르델 (1) 224, 234
카르발류, 오텔루 드 (2) 324
카리요, 산티아고 (2) 271, 303, 306, 308, 337, 342, 345, 351~353
카뮈, 알베르 (1) 838
카밀러, 패트릭 (2) 574

카바예로, 프란치스코 (1) 138~139

카보우르, 카밀로 (1) 197

카에타누, 마르셀루 (2) 296, 312, 316, 322, 333

카우츠키, 카를 (1) 62, 67, 72~73, 75, 82~83, 85~86, 88~90, 94~95, 98~99, 102, 109, 114, 138, 159, 180, 189~190, 199, 317, 407, 492, 505~506, 536, 723 (2) 21, 327

카첸슈타인, 페터 (2) 50, 111

카탈루냐 통합사회당 (2) 350, 352

칸슬러가데 협약 (1) 136

칼도어, 니콜라스 (1) 400 (2) 121, 166

칼라일, 토머스 (1) 442

칼마, 폴 (2) 561

칼비노, 이탈로 (1) 530, 544, 761

캐머런, 데이비드 (1) 573~574

캐슬, 바버라 (1) 367, 653, 678, 744~745 (2) 163, 168

캐플린, 기젤라 (2) 456

캘러헌, 제임스 (1) 621, 680, 745 (2) 37, 116, 118~119, 121, 126, 128, 144, 168, 175, 268, 292, 331, 475~476

커즌스, 프랭크 (1) 459, 524

케네디, 존 F. (1) 597, 612, 649, 655, 687, 797 (2) 275

케니, 애니 (1) 827

케렌스키, 알렉산드르 (1) 104 (2) 298

케인스, 존 메이너드 (1) 25, 134, 155~156, 164~165, 168, 173, 176, 291, 302, 346, 365, 372~373, 497, 499, 502, 564, 594, 629~630 (2) 32~33, 36, 44, 48, 75, 118~121, 124, 130, 153, 158, 166, 179, 208~209, 224, 233, 292, 345, 492, 497, 578, 620

켈리, 페트라 (2) 444

코뉴, 조르주 (1) 473~474

코르쉬, 카를 (1) 758

코르피, 발터 (1) 574 (2) 508~509

코메콘 (1) 692 (2) 71

코민테른 (1) 89, 110~113, 116~117, 120~121, 123, 150, 187~192, 206~208, 210, 220, 249~251

코스코타스, 게오르게 (2) 380

코와코프스키, 레셰크 (2) 610

코워드, 로잘린드 (1) 828

콜, 조지 (1) 102, 167~169, 176

콜라르, 레오 (1) 517
콜론타이, 알렉산드라 (1) 819, 822
콜리야니스, 코스타스 (2) 362
콜베르, 장 바티스트 (2) 205
콜턴, 조엘 (1) 153
콩도르세, 마르퀴스 드 (1) 802~803
콩방디, 다니엘 (1) 726~727, 784, 852
「콰레농 헌장」 (1) 72~73, 517
쿠겔만, 루트비히 (1) 808
쿠시넨, 오토 (1) 533
쿠트, 안나 (2) 485
쿨, 다이애나 (1) 814
쿨리쇼프, 안나 (1) 819~820
퀘스티오, 니콜 (2) 226
퀴리, 장 프레데리크 졸리오 (1) 543
크라이스키, 브루노 (1) 519, 581~583, 636, 639, 647, 672 (2) 65~67, 71, 73~74, 77, 81, 302, 376, 439, 442
크락, 옌스 오토 (1) 669, 672
크락시, 베티노 (2) 182, 276, 278, 281, 293, 343, 391, 522, 547, 574, 577~581
크레송, 에디트 (2) 248
크로스랜드, 앤서니 (1) 171, 483, 492, 496~497, 499~504, 509, 520~522, 548, 552, 607, 636, 745 (2) 120, 124~126, 144, 166, 442, 490, 497, 548, 551, 556
크로스먼, 리처드 (1) 355, 368, 433, 483, 498, 502, 606, 653, 678 (2) 125, 163
크로체, 베네데토 (1) 530
크로포트킨, 표토르 (1) 104 (2) 442
크루아자, 앙브루아즈 (1) 306~307
크릭, 버나드 (2) 494
크립스, 리처드 (1) 167~168, 329~330, 360, 378
크립스, 프랜시스 (2) 121
클라인, 비올라 (2) 465
클레이, 에밀리에 (1) 822
키녹, 닐 (2) 482, 488~489, 492, 554
키르, 펠릭스 (1) 591~592
키르히슐래거, 루돌프 (2) 78
키르히하이머, 오토 (1) 402, 510
키신저, 헨리 (1) 649, 658, 684~685, 688~689 (2) 296, 302
키징거, 쿠르트 (1) 615~616

킨들버거, 찰스 (2) 618
킨타나, 엔리케 푸엔테스 (2) 345

타

타노우, 프리츠 (1) 163
타마스, G. M. (1) 19
타스카, 안젤로 (1) 187
타페, 에두아르드 (1) 308
탄네르, 베이뇌 (1) 247, 436
탈하이머, 아우구스트 (1) 120~121
탐브로니, 페르난도 (2) 261
태로, 시드니 (1) 781
테라치니, 움베르토 (1) 187
테르본 요란 (2) 43, 50~51
테일러, 리처드 (1) 456
테일러, 바버라 (1) 806, 810
테일러, 앨런 (1) 544
텔로, 마리오 (1) 161
토레즈, 모리스 (1) 125~126, 150~151, 172, 231, 238, 241, 404, 435, 473, 476, 531, 535, 537~538, 546, 548, 552, 592~593, 667, 695
토인비, 폴리 (2) 493
토크빌, 알렉시 드 (2) 394, 601
톨리아티, 팔미로 (1) 127, 159, 187, 191~193, 199, 213~214, 228, 231~232, 237, 239, 241, 274, 282~283, 454~455, 476, 495, 513~514, 527~532, 534, 542, 601~602, 605, 639, 663~665, 694, 795, 835~836 (2) 259, 307, 384, 579, 621
톰슨, 에드워드 팔머 (1) 757, 799, 854 (2) 481
투라티, 필리포 (1) 77, 187~189, 820
투렌, 알랭 (1) 770 (2) 229, 245, 389
「투쟁을 대신해서」 (1) 744~745 (2) 167
투칼리스, 루카스 (2) 616
트렌틴, 브루노 (1) 730~731
트로츠키, 레온 (1) 154, 371, 401
트루먼, 해리 (1) 360, 372
트자네타키스, 트자니스 (2) 380
티토, 요시프 (1) 229, 433, 581, 664
티트무스, 리처드 (1) 314

ㅍ

파농, 프란츠 (1) 759
파로디, 알렉산드르 (1) 306~307
파리코뮌 (1) 43, 73, 125, 202, 778
파브르, 로베르 (2) 185
파비우스, 로랑 (2) 199, 214, 226, 229
파솔리니, 피에르 파올로 (1) 761
파월, 이노크 (1) 676 (2) 64, 116
파이브, 케이시 쿨만 (2) 455
파이어스톤, 슐라미스 (1) 843~844
파인슈타인, 찰스 (1) 619
파타코스, 스틸리아노스 (2) 361
파파도풀로스, 게오르기오스 (2) 361, 363
파판드레우, 게오르기오스 (2) 359~362, 365
파판드레우, 마가렛 (2) 378
파판드레우, 안드레아스 (2) 182, 298, 301, 343, 359, 362, 364~381, 547, 579, 615
팍센, 칼-올라프 (2) 86
판파니, 아민토레 (2) 271
팔메, 올로프 (2) 66, 211, 302~303, 442, 506, 519, 571
「패널 이동하기」 (2) 561
패츠, 콘스탄틴 (1) 201
팽크허스트, 실비아 (1) 826~827
팽크허스트, 아델라 (1) 827
팽크허스트, 에멀린 (1) 827
팽크허스트, 크리스타벨 (1) 825~827
펄드, 리처드 (1) 27
페레스트로이카 (1) 534, 543
페론주의 운동 (2) 370
페미니즘 (1) 25, 34, 54, 67, 407, 553, 729~730, 767, 779, 800~801, 803, 805~806, 810~811, 816~820, 823~829, 832, 835~837, 839~847, 851, 853~854, 857~862 (2) 396, 412, 424, 431~432, 435~436, 447~448, 450~452, 455, 458, 460, 462~465, 484, 487, 493, 526, 531~532, 534, 552
페이비언협회 (1) 80~81, 377, 521, 815
페인소드, 머를 (1) 94
페탱, 필리프 (1) 215, 217

페퍼, 데이비드 (2) 442
페페, 세자르 드 (1) 46
펠리니, 페데리코 (1) 761
펠트, 셸-올로프 (2) 567~568
펠티에, 마들렌 (1) 819~820
평등조사위원회 (1) 736
포겔, 한스-요헨 (2) 159, 520
포레, 폴 (2) 215
포르투갈 (1) 14, 17, 20, 46, 54, 103, 137, 151~152, 154, 158, 179, 226, 262, 438, 560, 754, 775, 849, 856 (2) 30~32, 51~54, 57~62, 198, 200, 269~271, 274, 283, 295, 297~306, 309~322, 325~334, 339, 342, 351, 355~358, 364~367, 369, 371, 373~374, 379, 383~385, 398~400, 403, 410, 453, 553, 575, 583
포르투갈 공산당 (1) 17 (2) 57 (2) 200, 299, 303, 305~306, 320~324, 327~329, 333~334, 383, 575, 583
포르투갈 군부운동 (2) 319
포르투갈 대중민주당 (2) 299, 322, 332
포르투갈 민주사회중도당 (2) 299
포르투갈 사회민주당 (2) 299, 332~333
포르투나, 로리스 (2) 256
포세트, 밀리센트 (1) 826
포스트포디즘 (2) 405, 441, 474
포에르, 알랭 (1) 600
포텔리, 위그 (1) 76
포페랑, 장 (2) 184~185
폰드, 구나르 (2) 500
폰투손, 요나스 (1) 421 (2) 568~569
폴란드 (1) 19, 102, 112, 151~152, 201, 204, 207, 229, 232, 357, 393, 397, 410, 440, 444~445, 449~450, 458, 487, 659, 693 (2) 199~200, 376, 536, 541, 585
폴란드 민주좌파동맹 (1) 19
폴리처, 조르주 (1) 123
폴릿, 해리 (1) 206
퐁피두, 조르주 (1) 600, 694, 783, 787, 797
푸라스티에, 장 (2) 22
푸리에, 프랑수아 (1) 73~74, 808
푸코, 미셸 (1) 758, 854
풋, 마이클 (1) 116, 119, 125, 367~368, 524 (2) 303, 475, 477, 486, 488

프랑스 (1) 12, 14, 16~17, 20, 22, 25, 28, 43~45, 47~48, 52, 54, 70~71, 73~76, 78, 85, 87~88, 98, 102~104, 108~109, 111, 114~115, 118~119, 122~130, 133~135, 140, 146~150, 152~154, 162, 164~165, 169~172, 174, 176, 186, 188, 190, 201, 204, 206~207, 210, 214~219, 222~229, 231, 233~244, 248~249, 251~253, 259, 261~262, 266~267, 273~275, 280~281, 283~284, 286, 288~290, 293~296, 301, 305~308, 314, 328~329, 333, 338~340, 342~349, 358, 362, 364, 368, 370, 373~374, 378~384, 392~394, 400, 404, 409~413, 415, 425, 431, 433, 435, 438~440, 442~444, 446~448, 453~456, 458~465, 467, 469, 471~477, 479, 482~487, 500, 512~513, 517~518, 526~527, 531, 534~538, 543~552, 558~560, 565~568, 571~572, 577~579, 584, 587~600, 606, 616, 619~620, 627, 631, 637, 642~643, 649, 651, 656, 659, 662, 667~669, 676~677, 679, 687, 693~695, 697~699, 707, 710, 712, 714, 719~720, 726~729, 732, 739, 747~750, 754~758, 761, 763, 766~770, 773~776, 781~798, 801~803, 808, 815, 819~822, 825, 830~831, 833~834, 838, 846, 848~849, 852~853, 855 (2) 25, 30~31, 40, 48, 50, 52~53, 55~56, 58~62, 67, 70, 73, 84, 93, 96~97, 104~106, 110, 130, 144, 147, 149, 162, 177~178, 181~184, 186~190, 192~197, 199~201, 203~208, 210~231, 233~240, 242~251, 253~255, 258, 268, 271, 291, 300, 306, 308~309, 311, 317, 319, 326, 328, 331, 339, 344~345, 355, 369, 371, 375~376, 384, 391~392, 399~401, 403~404, 406, 410, 417~419, 422, 441, 446, 453~454, 456, 459, 471, 502, 514, 517~518, 522, 529, 539, 543, 547, 549, 554, 563, 572~575, 577, 579~581, 583, 604, 610~611, 615, 624
프랑스 공산당 (1) 16~17, 52, 115, 119, 122~127, 146~147, 150~151, 154, 172, 214, 216, 218~219, 225, 234, 236~238, 240~242, 244, 253, 289~290, 342, 345, 347, 378, 382, 393, 404, 425, 435, 453~456, 461, 473~476, 512~513, 518, 526~527, 531, 534~538, 543~548, 551~552, 579, 591~596, 598~600, 606, 637, 642, 667~669, 694~695, 698~699, 726~727, 748~749, 756, 783~784, 787~788, 791~795, 797, 831, 833~834, 836~837 (2) 57, 60, 184~190, 193~200, 204, 207, 213, 224, 226~227, 231, 244, 246~248, 306, 371, 384, 406, 441, 459, 522, 575, 580, 583, 610
「프랑스 국민 전 상서」 (2) 245
프랑스 국민전선 (2) 231
프랑스 급진사회당 (1) 125~127, 131, 146, 148
프랑스 기독교노동자동맹 (1) 748
프랑스 노동당 (1) 74
프랑스 노동총동맹 (1) 76, 109, 147, 170, 172, 348, 726, 728, 748~749 (2) 206, 237

프랑스 민주노동동맹 (1) 728, 748 (2) 189, 238
프랑스 사회당 (1) 17, 20, 172, 290, 546, 551, 596, 598, 600, 748, 783, 788, 793, 820~821 (2) 162, 181, 183, 205, 243~244, 250, 254, 291, 339, 384, 459, 549, 573~574, 580~581, 615, 624
프랑스 산업개발협회 (2) 144
프랑스 인민공화운동당 (1) 236~237, 289, 301, 306, 308, 342, 345, 463, 513, 598, 834
프랑스 인민전선 (1) 122, 124~126, 140, 146, 150~154, 162, 170, 172, 214~216, 595~596 (2) 182, 197~198, 208, 238, 271
프랑스 전국교육연맹 (1) 749 (2) 242
프랑스 통합사회당 (1) 598, 782, 790~793 (2) 190
프랑스혁명 (1) 43~44, 47~48, 98, 314, 757, 798, 802~803 (2) 230
프랑코, 프란시스코 (1) 140, 775 (2) 274, 296~297, 302~303, 305, 307~308, 310, 315~316, 334~338, 340~341, 345, 353, 361, 370
프랑크푸르트 선언문 (1) 431
프레스턴, 폴 (2) 351
프로디, 로마노 (1) 20
프로이트, 지그문트 (1) 593, 766, 780, 806, 843, 854
『프롤레타리아여 안녕』 (2) 397
프롬, 에리히 (1) 759
프롱크, 얀 (2) 561
프루동, 피에르 조제프 (1) 73
프리단, 베티 (1) 843
프리드먼, 밀턴 (2) 33
프리모 데 리베라, 미겔 (1) 138~139
프리스틀리, 존 (1) 403, 456, 544
플레하노프, 게오르기 (1) 45, 104, 108
플르벵 플랜 (1) 438~439, 484
플르벵, 르네 (1) 438
피나르, 블라스 (2) 350
피노, 크리스티앙 (1) 444, 462
피노체트, 아우구스토 (2) 274
피렐리, 알베르토 (1) 311
피사카네, 카를로 (1) 190
피셔, 앨런 (2) 133
피셔, 요슈카 (2) 444
피셔, 프리츠 (1) 760

피우수츠키, 요제프 (1) 201
피조르노, 알레산드로 (1) 530
피카소, 파블로 (1) 543
피케르트, 아우구스트 (1) 818
핀란드 (1) 20, 25, 70, 73, 79, 90, 130, 134, 151~152, 201, 207, 209, 212, 223, 225, 227~229, 236~237, 244~249, 252, 259, 261, 264, 296, 309, 352~354, 358~359, 363~364, 392~394, 409, 434, 436, 444, 533, 558~560, 565, 567~569, 571, 616, 635~636, 645, 710, 774~775, 830, 847~849 (2) 30~31, 43, 53~54, 56, 59~61, 81, 84, 93, 198, 309, 390, 398~400, 403, 410, 412~414, 453, 563, 583, 615
핀란드 공산당 (1) 225, 237, 244~248, 264, 363, 392~393, 569, 635~636 (2) 56, 583
핀란드 농민당 (1) 236, 245, 635
핀란드 사회당 (1) 362
핀란드 사회민주당 (1) 73, 79, 212, 225, 237, 245, 436, 569, 635 (2) 59, 563
핀란드 사회주의노동자당 (1) 245
핀란드 인민민주연맹 (1) 245, 309, 436
필리프, 제라르 (1) 543
필립, 앙드레 (1) 170~171, 472, 500, 548, 550
필립스, 올번 윌리엄 (2) 34

하

하디, 제임스 (1) 45, 81, 88, 103, 109
하버마스, 위르겐 (1) 780 (2) 608
하벨, 바츨라프 (2) 542
하우크, 프리가 (1) 841 (2) 458
하웁트, 조르주 (1) 72, 105
하이네만, 구스타브 (1) 756
하이더, 외르크 (2) 78
「하이델베르크 강령」 (1) 505
하이에크, 프리드리히 아우구스트 폰 (2) 250, 393, 595~598, 600, 607~608
하인드먼, 헨리 메이어스 (1) 80, 108
하킴, 캐서린 (2) 409
한리에더, 볼프람 (1) 660
한손, 페르 알빈 (1) 288, 672
해터슬리, 로이 (2) 125, 490
핵군축운동 (1) 449, 458~459 (2) 477

헉슬리, 줄리언 (1) 544

헝가리 (1) 18~19, 70, 102, 201, 393, 410, 431, 440, 445, 449~450, 455, 458, 465~466, 478, 487, 529~531, 537~539, 545, 547, 594, 692, 695, 758 (2) 81, 533, 535, 541, 585

헝가리 사회당 (1) 18~19

헤겔, 게오르크 빌헬름 프리드리히 (1) 77, 530, 593

헤드보리, 안나 (2) 500

헤르바르트, 요한 프리드리히 (1) 77

헤퍼, 에릭 (1) 675

헨드리, 데이비드 (2) 37

헬맨, 주디스 (1) 835~837

협동조합주의 (1) 132, 138, 162, 170, 172, 179, 281, 303~304, 308, 414, 629 (2) 38~40, 100, 137~139, 292, 555

호르티, 미클로스 (1) 201

호찌민 (1) 650

호흐후트, 롤프 (1) 760

홀, 스튜어트 (1) 799 (2) 473

홀, 피터 (2) 231

홀랜드, 스튜어트 (2) 119, 144, 166, 491, 497

홀랜드, R. F. (1) 380

홈, 앨릭 더글러스 (1) 587, 609, 612

홉스봄, 에릭 (1) 107, 207, 757 (2) 484

환율조정제도 (2) 557

황금새벽당 (1) 18

후퍼, 존 (2) 317

흐루시초프, 니키타 (1) 509, 527~529, 532~535, 537~538, 540, 656, 664, 693, 789, 798 (2) 606

히스, 에드워드 (1) 669, 674, 680, 689~690, 697 (2) 52, 114~116, 122, 131

히틀러, 아돌프 (1) 206, 220, 269, 462 (2) 364, 443

히펠, 테오도르 폰 (1) 803

힌델스, 요세프 (1) 519~520 (2) 74

힌든, 리타 (1) 377

힐, 크리스토퍼 (1) 757

힐리, 데니스 (1) 384, 502, 531, 673, 676 (2) 33, 121, 123~128, 134, 147~148, 168, 176, 475, 477, 479, 487, 521

힐퍼딩, 루돌프 (1) 132, 144~145, 159, 164, 180, 317

힙스, 더글러스 (1) 573

숫자

「110 제안서」 (2) 203, 245
「1960년대를 위한 이정표」 (1) 606~608 (2) 554
「1970년대의 미국 외교정책 : 새로운 평화 전략」 (1) 663
1차 세계대전 (1) 10, 33, 61, 87, 101~102, 107, 109, 111, 123, 129, 131, 140, 152, 158, 173, 203~205, 214, 226, 265, 297, 335, 357, 382, 760, 762, 815, 826, 830
2차 세계대전 (1) 52~53, 101, 127, 131, 159, 186, 203~206, 228, 254, 259~261, 263, 267~271, 276, 288, 291~292, 295, 297~301, 304~305, 308, 319, 334, 359, 369, 381, 416~417, 426, 436, 442, 452, 456, 463, 497~498, 528~529, 536, 540, 563, 581, 641, 660, 680, 830~831, 837 (2) 69, 73, 94, 130, 197, 205, 234, 240, 264, 305, 357, 359, 594
47그룹 (1) 760~761
5월 사태 (1) 729, 748, 766, 785~789, 791, 795
68세대 (1) 749 (2) 192

영문

A Future for Socialism (2) 463, 551
A Programme for Progress (1) 165

Between Two World Wars? (1) 186

CIA (1) 401, 651 (2) 275, 361
Contemporary Capitalism (1) 165
Critique (1) 97, 419

Déclaration des droits de la femme et de la citoyenne (1) 801
Der Weg zum Sozialismus (1) 181

EC (1) 168, 368, 383~384, 401, 441, 451, 461, 467~479, 481~484, 486, 592, 618, 651~652, 662, 664, 666~681, 687~689, 691~692, 698, 789~790 (2) 25~27, 30~32, 35, 40, 46~47, 51, 65, 71, 76, 81~82, 91, 93, 95~96, 99, 101, 103~104, 116, 119~120, 125~126, 129~130, 149, 153, 157, 173, 178, 195, 223, 231, 238, 249, 283, 301, 312~314, 331, 335, 354~355, 358, 362~363, 366~367, 370, 376, 378, 399, 403, 410, 415, 425, 455~456, 477,

479, 482, 490~492, 507, 512, 516, 524~525, 537, 551, 553~554, 557, 560, 568, 570, 574, 606, 614~617, 619, 623

EEC (1)368, 441, 451, 461, 467~479, 481~484, 486, 592, 618, 652, 662, 664, 666~681, 687~689, 691~692, 789~790 (2)40, 81, 116, 119~120, 125~126, 129, 149, 173, 195, 223, 283, 301, 312, 314, 331, 335, 362, 366~367, 376, 425, 455~456, 477

EFTA (1)678 (2)310, 314

El desarrollo politico (2)318

EU (1)20~24, 439, 468 (2)27, 95, 116, 418, 425, 525, 545, 558, 563, 571, 600, 615~617, 619, 623~624

Eurocomunismo' y Estado (2)308

GATT (1)678 (2)126, 310, 623

Het socialisme op sterk water (2)561

IBRD (2)310, 312

ILO (1)849 (2)399, 462

IMF (1)464 (2)46, 116, 118~120, 123~128, 165, 283, 310, 312, 330~332, 344

KGB (2)275

L'après socialisme (2)389

La nouvelle classe ouvrière (2)397

La pensée socialiste (1)289

Le Socialisme Suèdois (1)637

Le Socialisme trahi (1)548

Les Socialistes (1)548

NATO (1)353~354, 361~362, 366, 436, 438~440, 443~444, 448~449, 451~453, 455, 458~461, 468, 479, 484, 592, 595, 616, 618, 638, 642, 651, 659~661, 669, 682, 685, 690~691, 696, 698~699, 790 (2)185, 195, 207, 269, 272~273, 304, 366~367, 369, 371, 375~376, 444, 477, 483, 515~516, 521~522, 536, 562, 581

New Fabian Essay (1)498

「OR'85」 (2)160~162, 165

Paternalistic Capitalism (2) 367, 372
Perspectives socialistes (1) 171
Politics is for People (2) 493
Portugal e o futuro (2) 318
Practical Socialism for Britain (1) 168
Psychology of Socialism (1) 510

Socialisme et rationalisation (1) 170
Soviet Communism: A New Civilization? (1) 168

The Class Struggle (1) 67, 72
The Future of Socialism (1) 483, 492, 496~497, 503, 607 (2) 125, 551
The General Strike (1) 196
The Labour Party in Perspective (1) 158
The Managerial Revolution (1) 500
The Modern Corporation and Private Property (1) 500
The Principles of Economic Planning (1) 168
The Socialist Challenge (2) 166

Über die bügerliche Verbesserung der Weiber (1) 803
UN (1) 246, 354, 369, 444, 463~464, 691 (2) 66, 77, 99, 129, 622

Woman and Labour (1) 812
WTB 계획 (1) 163~164, 176
WTO (2) 623

지은이 소개

도널드 서순 Donald Sassoon

이집트 카이로에서 태어나 프랑스, 이탈리아, 영국, 미국 등지에서 공부했다. 펜실베이니아주립대학교에서 석사 학위를, 런던대학교 버크벡 칼리지에서 박사 학위를 받았다. 런던대학교 퀸메리 칼리지에서 유럽 비교사 교수로 있다가 2012년 은퇴했다. 지은 책으로 『사회주의 100년One Hundred Years of Socialism』 외에 *Strategy of the Italian Communist Party: From the Resistance to the Historic Compromise*(이탈리아 공산당의 전략 : 저항에서 역사적 약속까지), *Contemporary Italy: Politics, Economy and Society Since 1945*(현대 이탈리아 : 1945년 이후의 정치, 경제, 사회), *Looking Left: Socialism in Europe After the Cold War*(좌파 보기 : 냉전 이후 유럽 사회주의), *Mussolini and the Rise of Fascism*(무솔리니와 파시즘의 등장) 등 다수가 있다. 국내에 소개된 책은 『Mona Lisa : 세상에서 가장 유명한 그림 〈모나리자〉의 역사Leonardo and the Mona Lisa Story: The History of a Painting Told in Pictures』『유럽 문화사The Culture of the Europeans』가 있다.

옮긴이 소개

강주헌 │ 한국외국어대학교 불어과를 졸업하고, 같은 대학원에서 석사와 박사 학위를 받았다. 프랑스 브장송대학교에서 수학한 뒤 한국외국어대학교와 건국대학교 등에서 언어학을 강의했으며, 2003년 '올해의 출판인 특별상'을 수상했다. 지은 책으로 『기획에는 국경도 없다』가 있고, 옮긴 책으로 『지식인의 책무』『유럽사 산책』『문명의 붕괴 COLLAPSE』『슬럼독 밀리어네어 : Q&A』『키스 해링 저널』『월든』『습관의 힘』『어제까지의 세계』『인간이란 무엇인가』 등 100여 권이 있다.

김민수 │ 한국외국어대학교 사학과 졸업 후 광고 회사, 음반사, 영화사에서 근무했으며 지금은 번역가의 길을 걷고 있다. 옮긴 책으로 『거장처럼 써라』『역사, 진실에 대한 이야기의 이야기』『히틀러의 철학자들』『99%의 로마인은 어떻게 살았을까』 등이 있다.

강순이 │ 고려대학교 영어교육과를 졸업했으며, 펍헙 번역그룹에서 활동하고 있다. 옮긴 책으로 『가짜 우울』『무엇이 수업에 몰입하게 하는가』 등이 있다.

정미현 │ 연세대학교에서 신학을, 한양대학교에서 연극영화학을 공부했으며, 뉴질랜드 이든즈 칼리지에서 TESOL 과정을 마쳤다. 펍헙 번역그룹에서 전문 번역가로 활동하고 있다. 옮긴 책으로 『여행지에서만 보이는 것들』『모든 슬픔에는 끝이 있다』『중년 연습』『누가 나의 아픔을 알아주나요』『일생에 한 번 내게 물어야 할 것들』『이태원 아이들』『러셀의 행복 철학』『겸손』 등이 있다.

김보은 │ 서울대학교에서 미학을, 오스트레일리아 매쿼리대학교 대학원에서 통·번역을 공부했다. 현재 펍헙 번역그룹에서 전문 번역가로 활동하고 있다. 옮긴 책으로 『파슨스 디자인 스쿨 안나 키퍼의 패션 일러스트레이션』『게으른 작가들의 유유자적 여행기』 등이 있다.

서평

역사적 분석이 담긴 주목할 만한 저작. 조만간 고전의 반열에 오를 책이다. 도널드 서순의 명쾌하고 학술적인 『사회주의 100년』은 사회민주주의 정당이든 (프랑스나 이탈리아 공산당 같은) 공산주의 정당이든 유능한 좌파 정당들이 기여한 점은 아무런 목적도 없이 부를 창출하는 자본주의 경제의 역동성을 다른 것으로 대체한 것이 아니라, 그것을 규제하고 사회화한 것이었음을 보여준다.
_ 에릭 홉스봄Eric Hobsbawm, 「가디언The Guardian」

위엄 있는 대작. 이처럼 위대한 연구서는 어떤 언어로도 존재하지 않는다. 우아한 문체에 아이러니와 위트, 생생한 은유를 더한 이 책은 읽는 내내 즐거움을 준다.
_ 「이코노미스트The Economist」

서순의 책은 놀랍다. 고전이 될 만한 방대하고 독창적인 종합서로, 영어로 쓰인 저작 가운데 이 책에 비견될 만한 책은 없다.
_ 데이비드 마퀀드David Marquand, 옥스퍼드대학교 교수

읽는 내내 책에 대한 흥미와 열정이 식을 줄 몰랐고, 한 페이지도 버릴 것이 없었다. 마음을 사로잡는 서순의 설명을 읽고 나니, 말만 번지르르한 자본주의 승리주의가 앞 세대의 순진한 사회주의 천년왕국설만큼이나 그릇된 역사적 판단이 아닌가 싶다.
_ 피터 클라크Peter Clarke, 케임브리지대학교 교수

영국, 독일, 그리스, 덴마크, 핀란드 등 다양한 나라의 역사가 거침없이 펼쳐지는 방대하고 백과사전적인 비교 연구. 이 책의 가장 큰 장점은 자본주의 체제의 변화와 발전이라는 맥락에 좌우 이념 대결을 둔다는 데 있다. 서순은 말한다. 자본주의 때문에 사회주의가 패배한 것이 아니라고. 자본주의 내부에서 일어난 팽창과 변화에 따라 사회주의 위기가 초래된 것이라고.
_ 앨런 톰슨Alan Thompson, 「타임스 하이어 에듀케이션 서플리먼트Times Higher Education Supplement」

서순의 관점은 놀랍도록 광범위한 독서와 지식을 기반으로 한다. 그럼에도 책을 읽으면서 연결성이 없거나 충분히 이해할 수 없는 세세한 정보의 늪에 빠지는 기분은 전혀 느껴지지 않는다. 지식과 정보 때문에 생기와 위트가 방해받는 일도 없다. 사회주의 역사를 다룬 고전이 될 만한 눈부신 업적이다.
_ 앤서니 아블라스터Anthony Arblaster, 「트리뷴Tribune」

서순은 부러움을 살 정도로 넓고 놀라운 학식을 펼쳐 보인다. 그는 이전부터 존재해온 각국의 문화로 인해 여러 나라 사회주의 프로젝트가 제각각 다른 모습으로 전개되었다는 것을 끊임없이 강조한다. 이 책은 작은 걸작이다. 대단히 유익하고 알찬 내용을 담고 있으며, 현명한 결론에 도달한다. 어떤 저작이 권위 있는 책이 될 것이라고 이토록 강하게 확신한 것은 오랜만의 일이다.
_ 버나드 크릭Bernard Crick

『사회주의 100년』은 대단히 학술적이고, 광범위한 영역을 아우르며, 속이 꽉 찬 책이다. 그러면서도 아주 잘 읽히고, 섬세하고 세련된 판단과 학식이 담겨 있다. 이 책은 마르지 않는 영감의 원천이다.
_ 휴고 영Hugo Young

도널드 서순은 만화경처럼 변화무쌍한 이야기를 능숙하고 세련되게 들려주면서, 복잡한 이념 문제와 100년간 유럽 사회주의에 영향을 끼친 산업 발전과 외교, 전쟁 등을 뛰어난 솜씨로 독자가 이해하기 쉽게 안내한다.
_ 폴 프레스턴Paul Preston

감탄을 자아낸다. 방대한 독서에 바탕을 둔(86페이지에 달하는 참고 문헌 목록은 허영심을 만족시키기 위한 것이 아니다. 그 문헌들은 160페이지에 달하는 유익한 주석에서 풍부하게 이용된다) 이 책은 주요 서유럽 국가뿐만 아니라 여러 군소 국가의 사회민주주의 정당과 정부의 최근 역사를 다루는 권위 있는 안내서다.
_ 토니 주트Tony Judt, 『타임스 리터러리 서플리먼트The Times Literary Supplement』

오슬로에서 아테네까지, 1900년부터 1995년까지 유럽 좌파의 역사를 한눈에 보여주는 이 책은 처음부터 끝까지 흥미롭다. 지은이는 거대한 학문의 산을 등정했고, 필수 참고 문헌이자 깊은 숙고의 결과물을 가지고 귀환했다.
_ 노먼 번바움Norman Birnbaum, 『폴리티컬 쿼털리Political Quarterly』

설득력 있는 서술.
_ 말콤 러더퍼드Malcolm Rutherford, 「파이낸셜타임스Financial Times」

도널드 서순이 공감의 시선으로 우아하고 상세하게 기술한 서유럽 좌파의 역사는 혁명의 역사가 아니라 개혁의 역사다.
_ 스티븐 틴데일Stephen Tindale, 『프로스펙트Prospect』

주목하지 않을 수 없다. 세기말적 우울과 세간에 퍼진 이데올로기의 종언에 관한 소문을 중화할 해독제.
_ 『페이비언 리뷰Fabian Review』

올해 가장 중요한 정치서. 서순은 비범하고 폭넓은 시각으로 산업화된 세계 곳곳의 사회주의 정당들이 거쳐온 지난 100년의 역사에 초점을 맞춘다.
_ 패트리샤 휴이트Patricia Hewitt, 『뉴스테이츠먼New Statesman』

뛰어난 학술적 저작.
_ 토니 벤Tony Benn

실로 정치에 대한 이해를 크게 높일 책.
_ 『뉴욕타임스The New York Times』

거장의 저작. 이 책이 다루는 폭넓은 주제에 관한 중요한 참고 문헌이 될 것이 분명하다.
_ 『초이스Choice』

사회주의 100년
20세기 서유럽 좌파 정당의 흥망성쇠·2
One Hundred Years of Socialism: The West European Left in the Twentieth Century

펴낸날 2014년 8월 20일 초판 1쇄
지은이 도널드 서순
옮긴이 강주헌 김민수 강순이 정미현 김보은
만들어 펴낸이 정우진 강진영 김지영
꾸민이 Moon&Park(dacida@hanmail.net)
펴낸곳 121-856 서울 마포구 신수동 448-6 한국출판협동조합 내 도서출판 황소걸음
편집부 (02) 3272-8863
영업부 (02) 3272-8865
팩 스 (02) 717-7725
이메일 bullsbook@hanmail.net / bullsbook@naver.com
등 록 제22-243호(2000년 9월 18일)
SBN 978-89-89370-91-8 04920
　　　 978-89-89370-89-5 (전2권)

© 도널드 서순, 2014

이 책의 내용을 저작권자의 허락 없이 복제, 복사, 인용, 전재하는 행위는 법으로 금지되어 있습니다.

정성을 다해 만든 책입니다. 읽고 주위에 권해주시길…
잘못된 책은 바꿔드립니다. 값은 뒤표지에 있습니다.